ℒ133

Thomas Mann

# SÄMTLICHE ERZÄHLUNGEN
in zwei Bänden

2

S. Fischer Verlag

© 1966, 1967 by Katia Mann
Umschlaggestaltung: Jan Buchholz/Reni Hinsch
Druck und Einband: May & Co., Darmstadt
Printed in Germany 1987
ISBN 3-10-348116-0

# HERR UND HUND

## Ein Idyll

*Er kommt um die Ecke*

Wenn die schöne Jahreszeit ihrem Namen Ehre macht und das Tirili der Vögel mich zeitig wecken konnte, weil ich den vorigen Tag zur rechten Stunde beendigte, gehe ich gern schon vor der ersten Mahlzeit und ohne Hut auf eine halbe Stunde ins Freie, in die Allee vorm Hause oder auch in die weiteren Anlagen, um von der jungen Morgenluft einige Züge zu tun und, bevor die Arbeit mich hinnimmt, an den Freuden der reinen Frühe ein wenig teilzuhaben. Auf den Stufen, welche zur Haustüre führen, lasse ich dann einen Pfiff von zwei Tönen hören, Grundton und tiefere Quart, so, wie die Melodie des zweiten Satzes von Schuberts unvollendeter Sinfonie beginnt, – ein Signal, das etwa als die Vertonung eines zweisilbigen Rufnamens gelten kann. Schon im nächsten Augenblick, während ich gegen die Gartenpforte weitergehe, wird in der Ferne, kaum hörbar zuerst, doch rasch sich nähernd und verdeutlichend, ein feines Klingeln laut, wie es entstehen mag, wenn eine Polizeimarke gegen den Metallbeschlag eines Halsbandes schlägt; und wenn ich mich umwende, sehe ich Bauschan in vollem Lauf um die rückwärtige Hausecke biegen und gerade auf mich zustürzen, als plane er, mich über den Haufen zu rennen. Vor Anstrengung schürzt er die Unterlippe ein wenig, so daß zwei, drei seiner unteren Vorderzähne entblößt sind und prächtig weiß in der frühen Sonne blitzen.

Er kommt aus seiner Hütte, die dort hinten unter dem Boden der auf Pfeilern ruhenden Veranda steht, und worin er, bis mein zweisilbiger Pfiff ihn aufs äußerste belebte, nach wechselvoll verbrachter Nacht in kurzem Morgenschlummer gelegen haben mag. Die Hütte ist mit Vorhängen aus derbem Stoff versehen und mit Stroh ausgelegt, woher es kommt, daß ein oder der andere Halm in Bauschans obendrein vom Liegen etwas struppigem Fell haftet oder sogar zwischen seinen Zehen steckt: ein Anblick, der mich jedesmal an den alten Grafen von Moor erinnert, wie ich ihn einst, in einer Aufführung von höchst akkurater Einbildungskraft, dem Hungerturme entsteigen sah, einen Strohhalm zwischen zwei Trikotzehen seiner armen Füße. Unwillkürlich stelle ich mich seitlich gegen den Heranstürmenden, in Abwehrposition, denn seine Scheinabsicht, mir zwischen die Füße zu stoßen und mich zu Falle zu bringen, hat unfehlbare Täuschungskraft. Im letzten Augenblick aber und dicht vor dem Anprall weiß er zu bremsen und einzuschwenken, was sowohl für seine körperliche als seine geistige Selbstbeherrschung zeugt; und nun beginnt er, ohne Laut zu geben – denn er macht einen sparsamen Gebrauch von seiner sonoren und ausdrucksfähigen Stimme –, einen wirren Begrüßungstanz um mich herum zu vollführen, bestehend aus Trampeln, maßlosem Wedeln, das sich nicht auf das hierzu bestimmte Ausdruckswerkzeug des Schwanzes beschränkt, sondern den ganzen Hinterleib bis zu den Rippen in Mitleidenschaft zieht, ferner einem ringelnden Sichzusammenziehen seines Körpers sowie schnellenden, schleudernden Luftsprüngen nebst Drehungen um die eigene Achse, – Aufführungen, die er aber merkwürdigerweise meinen Blicken zu entziehen trachtet, indem er ihren Schauplatz, wie ich mich auch wende, immer auf die entgegengesetzte Seite verlegt. In dem Augenblick jedoch, wo ich mich niederbeuge und die Hand ausstrecke, ist er plötzlich mit einem Sprunge neben mir und steht, die Schulter gegen mein Schienbein gepreßt, wie eine Bildsäule: schräg an mich gelehnt steht er, die starken Pfoten gegen den Boden gestemmt, das Gesicht gegen das meine erhoben, so daß er mir verkehrt und von unten herauf in die Augen blickt, und seine Reglosigkeit, während ich ihm unter halblauten und guten Worten das Schulterblatt klopfe, atmet dieselbe Konzentration und Leidenschaft wie der vorhergegangene Taumel.

Es ist ein kurzhaariger deutscher Hühnerhund, – wenn man diese Bezeichnung nicht allzu streng und strikt nehmen, sondern sie mit einem Körnchen Salz verstehen will; denn ein Hühnerhund wie er im Buche steht und nach der peinlichsten Observanz ist Bauschan wohl eigentlich nicht. Für einen solchen ist er erstens vielleicht ein wenig zu klein, – er ist, dies will betont sein, entschieden etwas *unter* der Größe eines Vorstehhundes; und dann sind auch seine Vorderbeine nicht ganz gerade, eher etwas nach außen gebogen, – was ebenfalls jenem Idealbilde reiner Züchtung nur ungenau entsprechen mag. Die kleine Neigung zur ›Wamme‹, das heißt: zu jener faltigen Hautsackbildung am Halse, die einen so würdigen Ausdruck verleihen kann, kleidet ihn ausgezeichnet; doch würde auch sie wohl von unerbittlichen Zuchtmeistern als fehlerhaft beanstandet werden, denn beim Hühnerhund, höre ich, soll die Halshaut glatt die Kehle umspannen. Bauschans Färbung ist sehr schön. Sein Fell ist rostbraun im Grunde und schwarz getigert. Aber auch viel Weiß mischt sich darein, das an der Brust, den Pfoten, dem Bauche entschieden vorherrscht, während die ganze gedrungene Nase in Schwarz getaucht erscheint. Auf seinem breiten Schädeldach sowie an den kühlen Ohrlappen bildet das Schwarz mit dem Rostbraun ein schönes, samtenes Muster, und zum Erfreulichsten an seiner Erscheinung ist der Wirbel, Büschel oder Zipfel zu rechnen, zu dem das weiße Haar an seiner Brust sich zusammendreht, und der gleich

dem Stachel alter Brustharnische waagerecht vorragt. Übrigens mag auch die etwas willkürliche Farbenpracht seines Felles demjenigen für ›unzulässig‹ gelten, dem die Gesetze der Art vor den Persönlichkeitswerten gehen, denn der klassische Hühnerhund hat möglicherweise einfarbig oder mit abweichend gefärbten Platten geschmückt, aber nicht getigert zu sein. Am eindringlichsten aber mahnt von einer starr schematisierenden Einreihung Bauschans eine gewisse hängende Behaarungsart seiner Mundwinkel und der Unterseite seines Maules ab, die man nicht ohne einen Schein von Recht als Schnauz- und Knebelbart ansprechen könnte, und die, wenn man sie eben ins Auge faßt, von fern oder näherhin an den Typus des Pinschers oder Schnauzels denken läßt.
Aber Hühnerhund her und Pinscher hin – welch ein schönes und gutes Tier ist Bauschan auf jeden Fall, wie er da straff an mein Knie gelehnt steht und mit tief gesammelter Hingabe zu mir emporblickt! Namentlich das Auge ist schön, sanft und klug, wenn auch vielleicht ein wenig gläsern vortretend. Die Iris ist rostbraun – von der Farbe des Felles; doch bildet sie eigentlich nur einen schmalen Ring, vermöge einer gewaltigen Ausdehnung der schwarz spiegelnden Pupillen, und andererseits tritt ihre Färbung ins Weiße des Auges über und schwimmt darin. Der Ausdruck seines Kopfes, ein Ausdruck verständigen Biedersinnes, bekundet eine Männlichkeit seines moralischen Teiles, die sein Körperbau im Physischen wiederholt: der gewölbte Brustkorb, unter dessen glatt und geschmeidig anliegender Haut die Rippen sich kräftig abzeichnen, die eingezogenen Hüften, die nervicht geäderten Beine, die derben und wohlgebildeten Füße – dies alles spricht von Wackerheit und viriler Tugend, es spricht von bäurischem Jägerblut, ja, der Jäger und Vorsteher waltet eben doch mächtig vor in Bauschans Bildung, er ist ein rechtlicher Hühnerhund, wenn man mich fragt, obgleich er gewiß

keinem Akte hochnäsiger Inzucht sein Dasein verdankt; und eben dies mag denn auch der Sinn der sonst ziemlich verworrenen und logisch ungeordneten Worte sein, die ich an ihn richte, während ich ihm das Schulterblatt klopfe.

Er steht und schaut, er lauscht auf den Tonfall meiner Stimme, durchdringt sie mit den Akzenten einer entschiedenen Billigung seiner Existenz, die ich meiner Ansprache stark aufsetze. Und plötzlich vollführt er, den Kopf vorstoßend und die Lippen rasch öffnend und schließend, einen Schnapper hinauf gegen mein Gesicht, als wollte er mir die Nase abbeißen, eine Pantomime, die offenbar als Antwort auf mein Zureden gemeint ist und mich regelmäßig lachend zurückprallen läßt, was Bauschan auch im voraus weiß. Es ist eine Art Luftkuß, halb Zärtlichkeit, halb Neckerei, ein Manöver, das ihm von klein auf eigentümlich war, während ich es sonst bei keinem seiner Vorgänger beobachtete. Übrigens entschuldigt er sich sogleich durch Wedeln, kurze Verbeugungen und eine verlegen-heitere Miene für die Freiheit, die er sich nahm. Und dann treten wir durch die Gartenpforte ins Freie.

Rauschen wie das des Meeres umgibt uns; denn mein Haus liegt fast unmittelbar an dem schnell strömenden und über flache Terrassen schäumenden Fluß, getrennt von ihm nur durch die Pappelallee, einen eingegitterten, mit jungem Ahorn bepflanzten Grasstreifen und einen erhöhten Weg, den gewaltige Espen einsäumen, weidenartig bizarr sich gebärdende Riesen, deren weiße, samentragende Wolle zu Anfang Juni die ganze Gegend verschneit. Flußaufwärts, gegen die Stadt hin, üben Pioniere sich im Bau einer Pontonbrücke. Die Tritte ihrer schweren Stiefel auf den Brettern und Rufe der Befehlshaber schallen herüber. Aber vom jenseitigen Ufer kommen Geräusche des Gewerbefleißes, denn dort, eine Strecke flußabwärts vom Hause, ist eine Lokomotivenfabrik mit zeitgemäß erweitertem Tätigkeitsbezirk gelegen, deren hohe Hallenfenster zu jeder Nachtstunde durch das Dunkel glühen. Neue und schön lackierte Maschinen eilen dort probeweise hin und her; eine Dampfpfeife läßt zuweilen ihren heulenden Kopfton hören, dumpfes Gepolter unbestimmter Herkunft erschüttert von Zeit zu Zeit die Luft, und aus mehreren Turmschloten quillt der Rauch, den aber ein günstiger Wind hinwegtreibt, über die jenseitigen Waldungen hin, und der überhaupt nur schwer über den Fluß gelangt. So mischen sich in der vorstädtisch-halbländlichen Abgeschiedenheit dieser Gegend die Laute in sich selbst versunkener Natur mit denen menschlicher Regsamkeit, und über allem liegt die blankäugige Frische der Morgenstunde.

Es mag halb acht Uhr sein im Sinne des Gesetzes, wenn ich so ausgehe, in Wirklichkeit also halb sieben. Ich gehe, die Arme auf dem Rücken, im zarten Sonnenschein die von den langen Schatten der Pappeln schraffierte Allee hinunter, ich sehe den Fluß nicht von hier, aber ich höre seinen breiten, gleichmäßigen Gang; gelinde flüstert es in den Bäumen, das durchdringende Zirpen, Flöten, Zwitschern und schluchzende Trillern der Singvögel erfüllt die Luft, unter dem feuchtblauen Himmel steuert ein Flugzeug, von Osten kommend, ein starr mechanischer Vogel, mit leise an- und abschwellendem Dröhnen, über Land und Fluß hin seine unabhängige Bahn, und Bauschan erfreut mein Auge durch schöne, gestreckte Sprünge über das niedrige Gitter des Grasstreifens zur Linken, hinüber – herüber. Er springt in der Tat, weil er weiß, daß ich Gefallen daran finde; denn öfters habe ich ihn durch Zurufe und Klopfen auf das Gitter dazu angehalten und ihn belobt, wenn er meinem Wunsche entsprochen hatte; und auch jetzt kommt er beinahe nach jedem Satz, um sich sagen zu lassen, daß er ein kühner und eleganter Springer ist, worauf er auch noch gegen mein Ge-

sicht emporspringt und meinen abwehrenden Arm mit der Nässe seines Maules verunreinigt. Zum zweiten aber obliegt er diesen Übungen im Sinne einer gymnastischen Morgentoilette; denn er glättet sein rauhgelegenes Fell durch die turnerische Bewegung und verliert daraus die Strohhalme des alten Moor, die es verunzierten.
Es ist gut, so am Morgen zu gehen, die Sinne verjüngt, die Seele gereinigt von dem Heilbade und langen Lethetrunke der Nacht. Mit kräftigem Vertrauen blickst du dem bevorstehenden Tage entgegen, aber du zögerst wohlig, ihn zu beginnen, Herr einer außerordentlichen, unbeanspruchten und unbeschwerten Zeitspanne zwischen Traum und Tag, die dir zum Lohn ward für eine sittliche Führung. Die Illusion eines stetigen, einfachen, unzerstreuten und beschaulich in sich gekehrten Lebens, die Illusion, ganz dir selbst zu gehören, beglückt dich; denn der Mensch ist geneigt, seinen augenblicklichen Zustand, sei dieser nun heiter oder verworren, friedlich oder leidenschaftlich, für den wahren, eigentümlichen und dauernden seines Lebens zu halten und namentlich jedes glückliche ex tempore sogleich in seiner Phantasie zur schönen Regel und unverbrüchlichen Gepflogenheit zu erheben, während er doch eigentlich verurteilt ist, aus dem Stegreif und moralisch von der Hand in den Mund zu leben. So glaubst du auch jetzt, die Morgenluft einziehend, an deine Freiheit und Tugend, während du wissen solltest und im Grunde auch weißt, daß die Welt ihre Netze bereit hält, dich darein zu verstricken, und daß du wahrscheinlich morgen schon wieder bis neun Uhr im Bette liegen wirst, weil du um zwei erhitzt, umnebelt und leidenschaftlich unterhalten hineingefunden ... Sei es denn so. Heute bist du der Mann der Nüchternheit und der Frühe, der rechte Herr des Jägerburschen da, der eben wieder über das Gitter setzt, vor Freude, daß du heute mit ihm und nicht mit der Welt dort hinten leben zu wollen scheinst.

Wir verfolgen die Allee etwa fünf Minuten weit, bis zu dem Punkte, wo sie aufhört Allee zu sein und als grobe Kieswüste weiter dem Lauf des Flusses folgt; wir lassen diesen im Rücken und schlagen eine breit angelegte und, wie die Allee, mit einem Radfahrweg versehene, aber noch unbebaute Straße von feinerem Kiesgrund ein, die rechtshin, zwischen niedriger gelegenen Waldparzellen, gegen den Hang führt, welcher unsere Ufergegend, Bauschans Lebensschauplatz, im Osten begrenzt. Wir überschreiten eine andere, offen zwischen Wald und Wiesen hinlaufende Straße von ähnlichem Zukunftscharakter, die weiter oben, gegen die Stadt und die Trambahnhaltestelle hin, geschlossen mit Miethäusern bebaut ist; und ein abfallender Kiesweg führt uns in einen schön angelegten Grund, kurgartenartig zu schauen, aber menschenleer, wie die ganze Örtlichkeit um diese Stunde, mit Ruhebänken an den gewölbten Wegen, die sich an mehreren Stellen zu Rondells, reinlichen Kinderspielplätzen erweitern, und geräumigen Rasenplänen, auf welchen alte und wohlgeformte Bäume mit tief herabreichenden Kronen, so daß nur ein kurzes Stück der Stämme über dem Rasen zu sehen ist – Ulmen, Buchen, Linden und silbrige Weiden – in parkgemäßen Gruppen stehen. Ich habe meine Freude an der sorgfältigen Anlage, in der ich nicht ungestörter wandeln könnte, wenn sie mir gehörte. An nichts hat man es fehlen lassen. Die Kiespfade, welche die umgebenden sanften Grashänge herabkommen, sind sogar mit zementierten Rinnsteinen versehen. Und es gibt tiefe und anmutige Durchblicke zwischen all dem Grün, mit der Architektur einer der Villen als fernem Abschluß, die von zwei Seiten hereinblicken.
Hier ergehe ich mich ein Weilchen auf den Wegen, während Bauschan in zentrifugaler Schräglage seines Körpers, berauscht vom Glücke des planen Raumes, die Rasenplätze mit tummelnden Kreuzundquer-Galoppaden

erfüllt oder etwa mit einem Gebell, worin Entrüstung und Vergnügen sich mischen, ein Vöglein verfolgt, das, von Angst behext oder um ihn zu necken, immer dicht vor seinem Maule dahinflattert. Da ich mich aber auf eine Bank setze, ist auch er zur Stelle und nimmt auf meinem Fuße Platz. Denn ein Gesetz seines Lebens ist, daß er nur rennt, wenn ich selbst mich in Bewegung befinde, sobald ich mich aber niederlasse, ebenfalls Ruhe beobachtet. Das hat keine erkennbare Notwendigkeit; aber Bauschan hält fest daran.
Es ist sonderbar, traulich und drollig, ihn auf meinem Fuße sitzen zu fühlen, den er mit seiner fieberhaften Körperwärme durchdringt. Erheiterung und Sympathie bewegen mir die Brust, wie fast ohne Unterlaß in seiner Gesellschaft und Anschauung. Er hat eine stark bäurische Art zu sitzen, die Schulterblätter nach außen gedreht, bei ungleichmäßig einwärts gestellten Pfoten. Seine Figur scheint kleiner und plumper, als wahr ist, in diesem Zustande, und mit komischer Wirkung wird der weiße Haarwirbel an seiner Brust dabei vorgedrängt. Aber der würdig in den Nacken gestemmte Kopf macht jede Einbuße an schöner Haltung wett kraft all der hohen Aufmerksamkeit, die sich darin ausprägt... Es ist so still, da wir beide uns still verhalten. Sehr abgedämpft dringt das Rauschen des Flusses hierher. Da werden die kleinen und heimlichen Regungen in der Runde bedeutend und spannen die Sinne: das kurze Rascheln einer Eidechse, ein Vogellaut, das Wühlen eines Maulwurfs im Grunde. Bauschans Ohren sind aufgerichtet, soweit eben die Muskulatur von Schlappohren dies zuläßt. Er legt den Kopf schief, um sein Gehör zu schärfen. Und die Flügel seiner feuchtschwarzen Nase sind in unaufhörlicher, empfindlich witternder Bewegung.
Dann legt er sich nieder, wobei er jedoch die Berührung mit meinem Fuße wahrt. Er liegt im Profil gegen mich, in

der uralten, ebenmäßigen und tierisch-idolhaften Haltung der Sphinx, Kopf und Brust erhoben, die vier Oberschenkel am Leibe, die Pfoten gleichlaufend vorgestreckt. Da ihm warm geworden, öffnet er den Rachen, wodurch die gesammelte Klugheit seiner Miene sich ins Bestialische löst, seine Augen sich blinzelnd verschmälern; und zwischen seinen weißen, kernigen Eckzähnen schlappt lang eine rosenrote Zunge hervor.

## *Wie wir Bauschan gewannen*

Ein ansprechend gedrungenes, schwarzäugiges Fräulein, das, unterstützt von einer kräftig heranwachsenden und ebenfalls schwarzäugigen Tochter, in der Nähe von Tölz eine Bergwirtschaft betreibt, vermittelte uns die Bekanntschaft mit Bauschan und seine Erwerbung. Das ist zwei Jahre her, und er war damals ein halbes alt. Anastasia – dies der Name der Wirtin – wußte wohl, daß wir unsern Percy, einen schottischen Schäferhund und harmlos geisteskranken Aristokraten, der bei vorgerücktem Alter von einer peinvollen und entstellenden Hautkrankheit heimgesucht worden, hatten erschießen lassen müssen und seit Jahr und Tag des Wächters entbehrten. Darum meldete sie uns von ihrem Berge herab durch den Fernsprecher, daß ein Hund, wie wir ihn uns nur wünschen könnten, sich bei ihr in Kost und Kommission befinde und jederzeit zu besichtigen sei.

So stiegen wir denn, da die Kinder drängten und die Neugier der Erwachsenen kaum hinter der ihren zurückstand, schon am folgenden Nachmittag Anastasia's Höhe hinan und fanden die Pächterin in ihrer geräumigen, von warmen und nahrhaften Dünsten erfüllten Küche, wo sie, die runden Unterarme entblößt und das Kleid am Halse geöffnet, mit hochgerötetem, feuchtem Gesicht die Abendmahlzeit für ihre Pensionäre bereitete, wobei die Tochter, in ruhigem Fleiße hin und her gehend, ihr Handreichungen leistete. Wir wurden freundlich begrüßt; daß wir die Angelegenheit nicht auf die lange Bank geschoben und den Weg daher gleich gefunden hätten, ward lobend bemerkt. Und auf unser fragendes Umsehen führte Resi, die Tochter, uns vor den Küchentisch, wo sie die Hände auf die Knie stützte und einige schmeichelnd ermutigende Worte unter die Platte richtete. Denn dort, mit einem schadhaften Strick an ein Tischbein gebunden, stand ein Wesen, dessen wir im lodernden Halbdunkel des Raumes bisher nicht gewahr geworden, bei dessen Anblick aber niemand eines jammervollen Gelächters sich hätte enthalten können.

Er stand da auf hohen Knickbeinen, den Schwanz zwischen den Hinterschenkeln, die vier Füße nahe beieinander, den Rücken gekrümmt, und zitterte. Er mochte vor Furcht zittern, aber man gewann eher den Eindruck, daß es aus Mangel an wärmendem Fleische geschähe, denn nur ein Skelettchen stellte das Wesen dar, ein Brustgitter nebst Wirbelsäule, mit ruppigem Fell überzogen und vierfach gestelzt. Er hatte die Ohren zurückgelegt – eine Muskelstellung, die ja sofort jedes Licht verständigen Frohmuts in einer Hundephysiognomie zum Erlöschen bringt und in seinem übrigens noch ganz kindlichen Gesicht diese Wirkung denn auch so völlig erzielte, daß nichts als Dummheit und Elend sowie die inständige Bitte um Nachsicht sich darin ausdrückten, wozu noch kam, daß das, was man noch heute seinen Schnauz- und Knebelbart nennen könnte, damals im Verhältnis viel stärker ausgebildet war und dem Gesamtjammer seiner Erscheinung eine Schattierung säuerlicher Schwermut hinzufügte.

Alles beugte sich nieder, um dem Kummerbilde Lock- und Trostworte zuzuwenden. Und in den mitleidigen Ju-

bel der Kinder hinein gab Anastasia vom Herde her ihre Erläuterungen zu der Person des Köstlings. Er werde vorläufig Lux gerufen und sei bester Eltern Sohn, sagte sie mit ihrer angenehmen, gesetzten Stimme. Die Mutter habe sie selbst gekannt und von dem Vater nur Gutes gehört. Gebürtig sei Lux von einer Ökonomie in Huglfing, und nur bestimmter Umstände wegen wünschten seine Besitzer ihn preiswert abzugeben, weshalb sie ihn zu ihr gebracht hätten, im Hinblick auf den vielfachen Verkehr in ihrem Hause. Sie seien in ihrem Wägelchen gekommen, und Lux sei unverzagt zwischen den Hinterrädern gelaufen, die ganzen zwanzig Kilometer. Gleich habe sie ihn uns zugedacht, da wir nach einem guten Hunde doch ausschauten, und sie sei beinahe gewiß, daß wir uns zu ihm entschließen würden. Wollten wir es doch tun, dann sei allen Teilen geholfen! Wir würden bestimmt viel Freude an ihm haben, er für sein Teil stehe dann nicht mehr allein in der Welt, sondern habe ein behagliches Plätzchen gefunden, und sie, Anastasia, könne beruhigt seiner gedenken. Wir möchten uns nur nicht durch das Gesicht, das er jetzt mache, gegen ihn einnehmen lassen. Jetzt sei er betreten und ohne Selbstvertrauen infolge der fremden Umgebung. Aber in kürzester Zeit werde es sich schon zeigen, daß er von hervorragend guten Eltern stamme.
– Ja, aber sie hätten offenbar nicht recht zueinander gepaßt?
– Doch; insofern es beides ausgezeichnete Tiere gewesen seien. In ihm lägen die besten Eigenschaften, dafür leiste sie, Fräulein Anastasia, Gewähr. Auch sei er unverwöhnt und mäßig in seinen Bedürfnissen, was heutzutage ja ins Gewicht falle: bisher habe er sich überhaupt nur mit Kartoffelschalen genährt. Wir sollten ihn nur erst einmal heimführen, probeweise und ohne Verbindlichkeit. Sie nehme ihn zurück und zahle die kleine Kaufsumme wie-

der, sollten wir finden, daß wir kein Herz zu ihm fassen könnten. Das sage sie ungescheut und besorge gar nicht, daß wir sie beim Wort nehmen möchten. Denn wie sie ihn kenne und uns kenne – beide Parteien also –, sei sie überzeugt, daß wir ihn liebgewinnen und gar nicht daran denken würden, uns wieder von ihm zu trennen.
Sie sagte noch vieles in diesem Sinne, ruhig, fließend und angenehm, während sie am Herde hantierte und zuweilen die Flammen zauberisch vor ihr emporschlugen. Endlich kam sie sogar selbst und öffnete mit beiden Händen Luxens Maul, um uns seine schönen Zähne und aus irgendwelchen Gründen auch seinen rosigen, geriefelten Gaumen zu zeigen. Die fachmännisch vorgelegte Frage, ob er schon die Straupe gehabt, erklärte sie mit leichter Ungeduld, nicht beantworten zu können. Und was die Größe betreffe, die er erreichen werde, so werde es die unseres verstorbenen Percy sein, entgegnete sie schlagfertig. Es gab noch viel Hin und Her, viel warmherziges Zureden auf Anastasia's Seite, das in den Fürbitten der Kinder Verstärkung fand, viel halbgewonnene Ratlosigkeit auf der unserigen. Schließlich suchten wir um kurze Bedenkzeit nach, die gern gewährt wurde, und stiegen nachdenklich zu Tal, unsere Eindrücke prüfend und überschlagend.
Aber den Kindern hatte die vierbeinige Trübsal unter dem Tisch es natürlich angetan, und wir Erwachsenen gaben uns vergebens die Miene, ihre Wahl- und Urteilslosigkeit zu belächeln: auch wir fühlten den Stachel im Herzen und sahen wohl, daß es uns schwerfallen würde, das Bild des armen Lux wieder aus unserem Gedächtnis zu tilgen. Was würde aus ihm werden, wenn wir ihn verschmähten? In welche Hände würde er geraten? Eine mysteriöse und schreckliche Gestalt erhob sich in unsrer Phantasie: der Wasenmeister, vor dessen abscheulichem Zugriff wir Percy einst durch ein paar ritterliche Kugeln des Büchsenmachers und durch eine ehrliche Grabstätte am Rande

unsres Gartens bewahrt hatten. Wollten wir Lux einem ungewissen und vielleicht schaurigen Schicksal überlassen, so hätten wir uns hüten sollen, seine Bekanntschaft zu machen und sein Kindergesicht mit dem Schnurr- und Knebelbart zu studieren; da wir um seine Existenz nun einmal wußten, schien eine Verantwortung auf uns gelegt, die wir schwerlich und nur gewaltsamerweise würden verleugnen können. – So kam es, daß schon der dritte Tag uns wieder jenen sanften Ausläufer der Alpen erklimmen sah. Nicht daß wir zu der Erwerbung entschlossen gewesen wären. Aber wir sahen wohl, daß die Sache, wie alles stand und lag, einen andern Ausgang kaum würde nehmen können.

Diesmal saßen Anastasia und ihre Tochter an den Schmalseiten des Küchentisches einander gegenüber und tranken Kaffee. Zwischen ihnen, vor dem Tische, saß der mit dem vorläufigen Namen Lux – saß schon ganz so, wie er heute zu sitzen pflegt, die Schulterblätter bäurisch verdreht, die Pfoten einwärts gestellt, und hinter seinem vertragenen Lederhalsband stak ein Feldblumensträußchen, das eine festliche Aufhöhung seiner Erscheinung entschieden bewirkte und ihm ein wenig die Miene eines sonntäglich unternehmenden Dorfburschen oder ländlichen Hochzeiters verlieh. Das jüngere Fräulein, selbst schmuck in ihrer volkstümlichen Miedertracht, hatte ihn damit angetan, zum Einzuge in das neue Heim, wie sie sagte. Und Mutter und Tochter versicherten, nichts sei ihnen gewisser gewesen, als daß wir wiederkommen würden, um unsern Lux zu holen, und zwar ausgemacht heute.

So erwies sich denn gleich bei unserm Eintritt jede weitere Debatte als unmöglich und abgeschnitten. Anastasia bedankte sich in ihrer angenehmen Art für den Kaufschilling, den wir ihr einhändigten, und der sich auf zehn Mark belief. Es war klar, daß sie ihn uns mehr in unserm Interesse als in dem ihren oder dem der Ökonomensleute auferlegt hatte: um nämlich dem armen Lux in unsrer Vorstellung einen positiven und ziffernmäßigen Wert zu verleihen. Dies verstanden wir und erlegten die Abgabe gern. Lux ward losgebunden von seinem Tischbein, das Ende des Strickes mir eingehändigt, und die freundlichsten Wünsche und Verheißungen folgten unserm Zuge über Fräulein Anastasia's Küchenschwelle.

Es war kein Triumphzug, worin wir mit unserm neuen Hausgenossen den etwa einstündigen Heimweg zurücklegten, zumal der Hochzeiter sein Sträußchen in der Bewegung bald eingebüßt hatte. Wir lasen wohl Heiterkeit, aber auch spöttische Geringschätzung in den Blicken der Begegnenden, wozu die Gelegenheit sich vervielfältigte, als unser Weg uns durch den Marktflecken führte, und zwar der Länge nach. Zum Überfluß hatte sich bald herausgestellt, daß Lux, wahrscheinlich von langer Hand her, an einer Diarrhöe litt, was uns zu häufigem Verweilen unter den Augen der Städter zwang. Wir umstanden dann schützend im Kreise sein inniges Elend, indem wir uns fragten, ob es nicht schon die Staupe sei, die da ihre schlimmen Merkmale kundgebe, – eine hinfällige Besorgnis, wie die Zukunft lehrte, die überhaupt an den Tag brachte, daß wir es mit einer reinen und festen Natur zu tun hatten, welche sich gegen Seuchen und Süchte bis auf diesen Augenblick im Kerne gefeit erwiesen hat.

Sobald wir angelangt, wurden die Dienstmädchen zur Stelle beordert, damit sie mit dem Familienzuwachs Bekanntschaft machten und auch wohl ihr bescheidenes Gutachten über ihn abgäben. Man sah wohl, wie sie sich zur Bewunderung anschickten; nachdem sie ihn aber ins Auge gefaßt und in unseren schwankenden Mienen gelesen, lachten sie derb, wandten dem traurig Blickenden die Schultern zu und machten abwehrende Handbewegungen gegen ihn. Hierdurch in dem Zweifel bestärkt, ob für den menschenfreundlichen Sinn der Spesen, die Anastasia uns abgefordert, Verständnis bei ihnen vorauszusetzen sei, sagten wir ihnen, daß wir den Hund geschenkt bekommen hätten, und führten Lux auf die Veranda, um ihm eine aus gehaltvollen Abfällen zusammengesetzte Empfangsmahlzeit anzubieten.

Kleinmut ließ ihn alles zurückweisen. Er beroch wohl die Bissen, zu denen man ihn einlud, stand aber scheu davon ab, unfähig, sich zu dem Glauben zu ermannen, daß Käserinde und Hühnerbeine für ihn bestimmt sein könnten. Dagegen schlug er das mit Seegras gefüllte Sackkissen nicht aus, das zu seiner Bequemlichkeit auf dem Flur bereitgelegt worden, und ruhte dort mit unter sich gezogenen Pfoten, während in den inneren Zimmern der Name beraten und endgültig bestimmt wurde, den er in Zukunft führen sollte.

Auch am folgenden Tage noch weigerte er sich, zu essen, dann folgte ein Zeitabschnitt, während dessen er ohne Maß und Unterschied alles verschlang, was in den Bereich seines Maules kam, bis er endlich in Dingen der Ernährung zu ruhiger Regel und prüfender Würde gelangte. Es ist damit der Prozeß seiner Eingewöhnung und bürgerlichen Festigung in großem Zuge bezeichnet. Ich verliere mich nicht in eine übergetreue Ausmalung dieses Prozesses. Er erlitt eine Unterbrechung durch das vorübergehende Abhandenkommen Bauschans: die Kinder hatten ihn in den Garten geführt, sie hatten ihn der Leine entledigt, um ihm Bewegungsfreiheit zu gönnen, und in einem unbewachten Augenblick hatte er durch die niedrige Lücke, die die Zaunpforte über dem Boden ließ, das Weite gewonnen. Sein Verschwinden erregte Bestürzung und Trauer, zum mindesten in der herrschaftlichen Sphäre, da die Dienstmädchen den Verlust eines geschenkten Hundes auf die leichte Achsel zu nehmen geneigt waren, oder ihn als Verlust wohl überhaupt nicht anerkennen wollten. Das Telephon spielte stürmisch zwischen uns und Anastasia's Bergwirtschaft, wo wir ihn hoffnungsweise vermuteten. Umsonst, er hatte sich dort nicht sehen lassen; und zwei Tage mußten vergehen, bis das Fräulein uns melden konnte, sie habe Botschaft aus Huglfing, vor anderthalb Stunden sei Lux auf der heimatlichen Ökonomie erschienen. Ja, er war dort, der Idealismus seines Instinktes hatte ihn zurückgezogen in die Welt der Kartoffelschalen und ihn die zwanzig Kilometer Weges, die er einst zwischen den Rädern zurückgelegt, in einsamen Tagesmärschen, bei Wind und Wetter, wieder überwinden lassen! So mußten seine ehemaligen Besitzer ihr Wägelchen neuerdings anspannen, um ihn zunächst in Anastasia's Hände zurückzuliefern, und nach Verlauf von weiteren zwei Tagen machten wir uns abermals auf, den Irrfahrer einzuholen, den wir wie vordem an das Tischbein gefesselt fanden, zerzaust und abgetrieben, mit dem Kot der Landstraßen bespritzt. Wahrhaftig, er gab Zeichen des Wiedererkennens und der Freude, als er unsrer ansichtig wurde! Aber warum hatte er uns dann verlassen?

Es kam eine Zeit, da deutlich war, daß er sich die Ökonomie wohl aus dem Sinne geschlagen, bei uns aber auch so recht noch nicht Wurzel gefaßt hatte, so daß er in seiner Seele herrenlos und gleich einem taumelnden Blatt im Winde war. Damals mußte man beim Spazierengehen scharf auf ihn achthaben, da er sehr dazu neigte, das schwache sympathetische Band zwischen sich und uns unvermerkt zu zerreißen und sich in den Wäldern zu verlieren, wo er gewiß bei selbständig schweifender Lebensweise auf den Zustand seiner wilden Ureltern zurückgesunken wäre. Unsere Fürsorge bewahrte ihn vor diesem dunkeln Schicksal, sie hielt ihn fest auf der hohen, von seinem Geschlecht in Jahrtausenden erreichten Gesittungsstufe an der Seite der Menschen; und dann trug ein einschneidender Ortswechsel, unsere Übersiedelung in die Stadt oder Vorstadt, mit einem Schlage viel dazu bei, ihn eindeutig auf uns anzuweisen und ihn unserm Hauswesen mit Entschiedenheit zu verbinden.

## Einige Nachrichten über Bauschans Lebensweise und Charakter

Ein Mann im Isartale hatte mir gesagt, diese Art Hunde könne lästig fallen, sie wolle immer beim Herrn sein. So war ich gewarnt, die zähe Treue, die Bauschan mir wirklich alsbald zu beweisen begann, in ihrem Ursprunge allzu persönlich zu nehmen, wodurch es mir wiederum leichter wurde, sie zurückzudämmen und, so weit es nötig schien, von mir abzuwehren. Es handelt sich da um einen von weither überkommenen patriarchalischen Instinkt des Hundes, der ihn, wenigstens in seinen mannhaften, die freie Luft liebenden Arten, bestimmt, im Manne, im Haus- und Familienoberhaupt, unbedingt den Herrn, den Schützer des Herdes, den Gebieter zu erblicken und zu verehren, in einem besonderen Verhältnis ergebener Knechtsfreundschaft zu ihm seine Lebenswürde zu finden und gegen die übrigen Hausgenossen eine viel größere Unabhängigkeit zu bewahren. In diesem Geiste hielt es auch Bauschan mit mir beinahe vom ersten Tage an, hing mit mannentreuen Augen an meiner Person, indem er nach Befehlen zu fragen schien, die ich vorzog nicht zu erteilen, da sich bald zeigte, daß er im Gehorsam durchaus nicht besonders stark war, und heftete sich an meine Fersen in der sichtlichen Überzeugung, daß seine Unzertrennlichkeit von mir in der heiligen Natur der Dinge liege. Es war selbstverständlich, daß er im Familienkreise seinen Platz zu meinen und keines andren Füßen nahm. Es war ebenso selbstverständlich, daß er, wenn ich

mich unterwegs von der Gemeinschaft absonderte, um irgendwelche eigenen Wege zu gehen, sich mir anschloß und meinen Schritten folgte. Er bestand auch auf meiner Gesellschaft, wenn ich arbeitete, und wenn er die Gartentür geschlossen fand, so kam er mit jähem, erschreckendem Satz durchs offene Fenster herein, wobei viel Kies ins Zimmer stob, und warf sich hochaufseufzend unter den Schreibtisch nieder.
Es gibt aber eine Achtung vor dem Lebendigen, zu wach, als daß nicht auch eines Hundes Gegenwart uns stören könnte, wenn es darauf ankommt, allein zu sein; und dann störte Bauschan mich auch auf handgreifliche Weise. Er trat neben meinen Stuhl, wedelte, sah mich mit verzehrenden Blicken an und trampelte auffordernd. Die geringste entgegenkommende Bewegung hatte zur Folge, daß er mit den Vorderbeinen die Armlehne des Sessels erkletterte, sich an meine Brust drängte, mich mit Luftküssen zum Lachen brachte, dann zu einer Untersuchung der Tischplatte überging, in der Annahme wohl, daß dort Eßbares zu finden sein müsse, da ich mich so angelegentlich darüber beugte, und mit seinen breiten, haarigen Jägerpfoten die frische Schrift verwischte. Scharf zur Ruhe gewiesen, legte er sich wohl nieder und schlief ein. Aber sobald er schlief, begann er zu träumen, wobei er mit allen vier ausgestreckten Füßen Laufbewegungen vollführte und ein zugleich hohes und dumpfes, gleichsam bauchrednerisches und wie aus einer andern Welt kommendes Gebell vernehmen ließ. Daß dies erregend und ablenkend auf mich wirkte, kann nicht wundernehmen, denn erstens war es unheimlich, und außerdem rührte und belästigte es mein Gewissen. Dieses Traumleben war zu offenkundig nur ein künstlicher Ersatz für wirkliches Rennen und Jagen, den seine Natur sich bereitete, weil das Glück der Bewegung im Freien ihm beim Zusammenleben mit mir nicht in dem Maße zuteil wurde, wie sein Blut und Sinn es

verlangte. Das ging mir nahe; da es aber nicht zu ändern war, so geboten höhere Interessen, mir die Beunruhigung vom Halse zu schaffen, wobei ich vor mir selbst darauf hinweisen konnte, daß er bei schlechtem Wetter viel Schmutz ins Zimmer brachte und überdies mit seinen Klauen die Teppiche zerriß.

So wurde ihm denn der Aufenthalt in den Wohnräumen des Hauses und das Zusammensein mit mir, solange ich mich eben im Hause hielt, grundsätzlich, wenn auch unter Zulassung von Ausnahmen, verwehrt; und er begriff rasch das Verbot und fügte sich in das Widernatürliche, da gerade dies der unerforschliche Wille des Herrn und Hausgebieters war. Die Entfernung von mir, die oft und namentlich im Winter für große Teile des Tages gilt, ist nur eine Entfernung, keine wirkliche Trennung und Verbindungslosigkeit. Er ist nicht bei mir, auf meinen Befehl, aber das ist eben nur die Ausführung eines Befehls, ein verneintes Bei-mir-Sein, und von einem selbständigen Leben Bauschans, das er ohne mich während dieser Stunden führte, kann nicht gesprochen werden. Ich sehe wohl durch die Glastür meines Zimmers, wie er sich auf der kleinen Gartenwiese vorm Hause auf onkelhafte, ungeschickt possenhafte Art an den Spielen der Kinder beteiligt. Aber zwischendurch kommt er beständig zur Tür herauf, schnüffelt, da er mich durch die innere Tüllbespannung nicht sehen kann, an der Spalte, um sich meiner Anwesenheit zu versichern, und sitzt, dem Zimmer den Rücken zugewandt, wachthabend auf den Stufen. Ich sehe ihn wohl auch von meinem Tische aus auf dem erhöhten Wege drüben, zwischen den alten Espen, in nachdenklichem Bummeltrabe sich hinbewegen; doch solche Promenaden sind nur ein matter Zeitvertreib, ohne Stolz, Glück und Leben, und völlig undenkbar bleibt, daß Bauschan sich etwa auf eigene Hand dem herrlichen Jagdvergnügen hingeben könnte, obgleich niemand ihn daran hindern würde und meine Gegenwart, wie sich zeigen wird, nicht unbedingt erforderlich dazu wäre.

Sein Leben beginnt, wenn ich ausgehe – und ach, auch dann beginnt es oftmals noch nicht! Denn indem ich das Haus verlasse, fragt es sich, ob ich mich nach rechts wenden werde, die Allee hinunter, dorthin, wo es ins Freie und in die Einsamkeit unserer Jagdgründe geht, oder nach links, gegen die Trambahnstation, um in die Stadt zu fahren – und nur im ersteren Falle hat es für Bauschan einen Sinn, mich zu begleiten. Anfangs schloß er sich mir an, wenn ich die Welt wählte, nahm mit Erstaunen den herandonnernden Wagen wahr und folgte mir, seine Scheu gewaltsam unterdrückend, mit einem blinden und treuen Sprung auf die Plattform, mitten unter die Menschen. Aber ein Sturm der öffentlichen Entrüstung fegte ihn wieder hinunter, und so entschloß er sich denn, im Galopp neben dem brausenden Vehikel herzurennen, das so wenig dem Wägelchen glich, zwischen dessen Rädern er vorzeiten getrabt. Redlich hielt er Schritt, solange es gehen wollte, und seine Atemkraft hätte ihn schwerlich im Stich gelassen. Aber den Sohn der Ökonomie verwirrte das städtische Treiben; er geriet Menschen zwischen die Füße, fremde Hunde fielen ihm in die Flanke, ein Tumult wilder Gerüche, wie er dergleichen noch nie erfahren, reizte und verstörte seinen Sinn, Häuserecken, durchsättigt mit den Essenzen alter Abenteuer, bannten ihn unwiderstehlich, er blieb zurück, er holte den Schienenwagen wohl wieder ein, allein es war ein falscher gewesen, dem er sich angeschlossen, ein dem richtigen vollständig ähnlicher; Bauschan lief blindlings in falscher Richtung fort, geriet tiefer und tiefer in die tolle Fremde hinein und fand sich erst nach zwei Tagen, ausgehungert und hinkend, in den Frieden des äußersten Hauses am Flusse heim, wohin zurückzukehren auch der Herr unterdessen vernünftig genug gewesen war.

Das geschah zweimal und dreimal; dann verzichtete Bauschan und stand endgültig ab davon, mich nach links zu begleiten. Er erkennt es sofort, was ich im Sinne habe, den Jagdgrund oder die Welt, wenn ich aus der Haustür trete. Er springt auf von der Fußmatte, darauf er, unter dem schützenden Portalbogen, mein Ausgehen herangewartet hat. Er springt auf, und in demselben Augenblick sieht er, wohin meine Absichten gehen: meine Kleidung verrät es ihm, der Stock, den ich trage, auch wohl meine Miene und Haltung, der Blick den ich kalt und beschäftigt über ihn hinschweifen lasse oder ihm auffordernd zuwende. Er begreift. Er stürzt sich kopfüber die Stufen hinab und tanzt unter Schleuderdrehungen, in stummer Begeisterung, vor mir her zur Pforte, wenn der Ausgang gesichert scheint; er duckt sich, er legt die Ohren zurück, seine Miene erlischt, fällt gleichsam in Asche und Trübsal zusammen, wenn die Hoffnung entflieht, und seine Augen füllen sich mit dem Ausdruck scheuen Sünderelends, den das Unglück im Blicke der Menschen und Tiere erzeugt.
Zuweilen kann er nicht glauben, was er doch sieht und weiß, daß nämlich für diesmal alles aus und an kein Jagen zu denken ist. Seine Begierde war zu heftig, er leugnet die Merkmale, er will den städtischen Stock, die hochbürgerliche Herrichtung meiner Person nicht bemerkt haben. Er drängt sich mit mir durch die Pforte, schnellt sich draußen um seine Achse, sucht mich nach rechts zu ziehen, indem er zum Galopp ansetzt in dieser Richtung und den Kopf nach mir wendet, und zwingt sich, das schicksalhafte Nein zu übersehen, das ich seinen Anstrengungen entgegensetze. Er kommt zurück, wenn ich wirklich nach links gehe, begleitet mich, aus tiefster Brust schnaubend und kleine, wirre, hohe Laute ausstoßend, die sich aus der Überspannung seines Inneren lösen, den Zaun des Vorgartens entlang und fängt an, über das Gitter der ansto-

ßenden öffentlichen Anlage hin und her zu springen, obgleich dies Gitter ziemlich hoch ist und er in der Luft etwas ächzen muß, in Besorgnis, sich weh zu tun. Er springt aus einer Art von verzweifelter, die Tatsachen verwerfender Munterkeit und auch, um mich zu bestechen, mich durch seine Tüchtigkeit für sich zu gewinnen. Denn noch ist es nicht ganz – bei aller Unwahrscheinlichkeit nicht ganz und gar ausgeschlossen, daß ich am Ende der Anlage dennoch den Stadtweg verlasse, noch einmal nach links einbiege und ihn auf geringem Umwege, über den Briefkasten nämlich, wenn ich Post zu versorgen habe, dennoch ins Freie führe. Das kommt vor, aber es kommt selten vor, und wenn auch diese Hoffnung zerstob, so setzt Bauschan sich nieder und läßt mich ziehen.
Da sitzt er, in seiner bäurisch ungeschickten Haltung, mitten auf der Straße und blickt mir nach, den ganzen langen Prospekt hinauf. Drehe ich den Kopf nach ihm, so spitzt er die Ohren, aber er folgt nicht, auch auf Ruf und Pfiff würde er nicht folgen, er weiß, daß es zwecklos wäre. Noch am Ausgange der Allee kann ich ihn sitzen sehen, als kleines, dunkles, ungeschicktes Pünktchen inmitten der Straße, und es gibt mir einen Stich ins Herz, ich besteige die Tram nicht anders als mit Gewissensbissen. Er hat so sehr gewartet, und man weiß doch, wie Warten foltern kann! Sein Leben ist Warten – auf den nächsten Spaziergang ins Freie, und dieses Warten beginnt, wenn er ausgeruht ist von dem letztenmal. Auch in der Nacht wartet er, denn sein Schlaf verteilt sich auf die ganzen vierundzwanzig Stunden des Sonnenumlaufs, und manches Schlummerstündchen auf dem Grasteppich des Gartens, während die Sonne den Pelz wärmt, oder hinter den Vorhängen der Hütte muß die leeren Tagesstrecken verkürzen. So ist seine Nachtruhe denn auch zerrissen und ohne Einheit, vielfältig treibt es ihn um in der Finsternis, durch Hof und Garten, er wirft sich hierhin und dorthin und

wartet. Er wartet auf den wiederkehrenden Besuch des Schließers mit der Laterne, dessen stapfenden Rundgang er gegen besseres Wissen mit grauenvoll meldendem Gebell begleitet; er wartet auf das Erbleichen des Himmels, das Krähen des Hahnes in einer entlegenen Gärtnerei, das Erwachen des Morgenwindes in den Bäumen und darauf, daß der Kücheneingang geöffnet wird, damit er hineinschlüpfen kann, um sich am Herde zu wärmen.

Aber ich glaube, die Marter der nächtlichen Langeweile ist milde, verglichen mit der, die Bauschan am hellen Tag zu erdulden hat, besonders, wenn schönes Wetter ist, sei es nun Winter oder Sommer, wenn die Sonne ins Freie lockt, das Verlangen nach starker Bewegung in allen Muskeln zerrt, und der Herr, ohne den nun einmal eine rechte Unternehmung nicht möglich ist, noch immer nicht seinen Platz hinter der Glastür verlassen will. Bauschans beweglicher kleiner Leib, in dem das Leben so rasch und fieberhaft pulst, ist durch und durch und im Überfluß ausgeruht, an Schlaf ist nicht mehr zu denken. Er kommt auf die Terrasse vor meiner Tür, läßt sich mit einem Seufzer, der aus der Tiefe seines Innern kommt, auf den Kies fallen und legt den Kopf auf die Pfoten, indem er von unten herauf mit einem Dulderblick gen Himmel schaut. Das dauert nur ein paar Sekunden, dann ist er der Lage schon satt und übersatt, empfindet sie als unhaltbar. Etwas kann er noch tun. Er kann die Stufen hinabsteigen und an einem der pyramidenförmigen Lebensbäumchen, welche die Rosenbeete flankieren, das Bein heben – dem rechter Hand, das dank Bauschans Gewohnheiten alljährlich an Verätzung eingeht und ausgewechselt werden muß. Er steigt also hinab und tut, wozu kein wahres Bedürfnis ihn treibt, was aber vorübergehend immerhin zu seiner Zerstreuung dienen kann. Lange steht er, trotz vollständiger Unergiebigkeit seines Tuns, auf drei Beinen, so lange, daß das vierte in der Luft zu zittern beginnt und

Bauschan hüpfen muß, um sein Gleichgewicht zu wahren. Dann steht er wieder auf allen vieren und ist nicht besser daran als zuvor. Stumpf blickt er empor in die Zweige der Eschengruppe, durch die mit Zwitschern zwei Vögel huschen, sieht den Gefiederten nach, wie sie pfeilschnell davonstreichen, und wendet sich ab, indem er über soviel kindliche Leichtlebigkeit die Achseln zu zukken scheint. Er reckt und streckt sich, als wollte er sich auseinanderreißen, und zwar zerlegt er, der Ausführlichkeit halber, das Unternehmen in zwei Abteilungen: Er dehnt zuerst die vorderen Gliedmaßen, wobei er das Hinterteil in die Lüfte erhebt, und hierauf dieses, mit weit hinausgestreckten Hinterbeinen; und beide Male reißt er in viehischem Gähnen den Rachen auf. Dann ist auch dies geschehen – die Handlung ließ sich nicht weiter ausgestalten, und hat man sich eben nach allen Regeln gestreckt, so kann man es vorläufig nicht wieder tun. Bauschan steht also und blickt in trübem Sinnen vor sich zu Boden. Dann beginnt er, sich langsam und suchend um sich selber zu drehen, als wollte er sich niederlegen und sei nur noch ungewiß, in welcher Weise. Doch entschließt er sich anders und geht trägen Schrittes in die Mitte des Rasenplatzes, wo er sich mit einer plötzlichen, fast wilden Bewegung auf den Rücken wirft, um diesen in lebhaftem Hinundherwälzen auf dem gemähten Grasboden zu scheuern und zu kühlen. Das muß mit starkem Wonnegefühl verbunden sein, denn er zieht krampfig die Pfoten an, indem er sich wälzt, und beißt im Taumel des Reizes und der Befriedigung nach allen Seiten in die Luft. Ja, um so leidenschaftlicher kostet er die Lust bis zur schalen Neige, als er weiß, daß sie keinen Bestand hat, daß man sich nicht länger als allenfalls zehn Sekunden so wälzen kann, und daß nicht jene gute Müdigkeit darauf folgt, die man durch fröhliche Anstrengung erwirbt, sondern nur die Ernüchterung und verdoppelte Öde, mit der man den Rausch,

die betäubende Ausschweifung bezahlt. Er liegt einen Augenblick mit verdrehten Augen und wie tot auf der Seite. Dann steht er auf, um sich zu schütteln. Er schüttelt sich, wie nur seinesgleichen sich schütteln kann, ohne eine Gehirnerschütterung besorgen zu müssen, schüttelt sich, daß es klatscht und klappert, daß ihm die Ohren unter die Kinnbacken schlagen und die Lefzen von den weiß schimmernden Eckzähnen fliegen. Und dann? Dann steht er regungslos, in starrer Weltverlorenheit auf dem Plan und weiß endgültig auch nicht das geringste mehr mit sich anzufangen. Unter diesen Umständen greift er zu etwas Äußerstem. Er ersteigt die Terrasse, kommt an die Glastür, und mit zurückgelegten Ohren und einer wahren Bettlermiene hebt er zögernd die eine Vorderpfote und kratzt an der Tür – nur einmal und nur ganz schwach, aber diese sanft und zaghaft erhobene Pfote, dies zarte und einmalige Kratzen, zu dem er sich entschloß, da er sich anders nicht mehr zu raten wußte, ergreifen mich mächtig, und ich stehe auf, um ihm zu öffnen, um ihn zu mir einzulassen, obgleich ich weiß, daß das zu nichts Gutem führen kann; denn sofort beginnt er zu springen und zu tanzen, im Sinne der Aufforderung zu männlichen Unternehmungen, schiebt dabei den Teppich in hundert Falten, bringt das Zimmer in Aufruhr, und um meine Ruhe ist es geschehen.
Aber nun urteile man doch, ob es mir leichtfallen kann, mit der Tram davonzufahren, nachdem ich Bauschan so habe warten sehen, und ihn als trauriges Pünktchen tief unten in der Pappelallee sitzen zu lassen! Im Sommer, bei lang währendem Tageslicht, ist schließlich das Unglück noch nicht so groß, denn dann besteht gute Aussicht, daß wenigstens noch mein Abendspaziergang mich ins Freie führt, so daß Bauschan, wenn auch nach härtester Wartefrist, doch noch auf seine Kosten kommt und, einiges Jagdglück vorausgesetzt, einen Hasen hetzen kann. Im

Winter aber ist alles aus für diesen Tag, wenn ich mittags davonfahre, und Bauschan muß auf vierundzwanzig Stunden jede Hoffnung begraben. Denn dann ist zur Stunde meines zweiten Ausgangs schon lange die Nacht eingefallen, die Jagdgründe liegen in unzugänglicher Finsternis, ich muß meine Schritte in künstlich beleuchtete Gegenden lenken, flußaufwärts, durch Straßen und städtische Anlagen, und das ist nichts für Bauschans Natur und schlichten Sinn; er folgte wohl anfangs, verzichtete aber bald und blieb zu Hause. Nicht nur, daß sichtige Tummelfreiheit ihm fehlte – das Helldunkel machte ihn schreckhaft, er scheute wirrköpfig vor Mensch und Strauch, die aufwehende Pelerine eines Schutzmannes ließ ihn heulend zur Seite springen und mit dem Mut des Entsetzens den ebenfalls zu Tode erschreckten Beamten anfahren, der den erlittenen Choc durch einen Strom derber und drohender Schimpfreden an meine und Bauschans Adresse aufzuheben suchte – und was der Verdrießlichkeiten noch mehr waren, die uns beiden erwuchsen, wenn er mich bei Nacht und Nebel begleitete. – Bei Gelegenheit des Schutzmannes will ich übrigens einflechten, daß es drei Arten von Menschen sind, denen Bauschans ganze Abneigung gehört, nämlich Schutzleute, Mönche und Schornsteinfeger. Diese kann er nicht leiden und fällt sie mit wütendem Bellen an, wenn sie am Hause vorübergehen oder wo und wann immer sie ihm sonst unter die Augen kommen.

Überdies nun aber ist ja der Winter die Jahreszeit, wo die Welt unserer Freiheit und Tugend am dreistesten nachstellt, uns ein gleichmäßig gesammeltes Dasein, ein Dasein der Zurückgezogenheit und der stillen Vertiefung am wenigsten gönnt, und so zieht mich die Stadt denn nur allzuoft noch ein zweites Mal, auch abends noch, an sich, die Gesellschaft macht ihre Rechte geltend, und erst spät, um Mitternacht, setzt eine letzte Tram mich draußen am vorletzten Haltepunkt ihrer Linie ab, oder ich komme auch wohl noch später, wenn schon längst keine Fahrgelegenheit sich mehr bietet, zu Fuße daher, zerstreut, weinselig, rauchend, jenseits natürlicher Müdigkeit und von falscher Sorglosigkeit in betreff aller Dinge umfangen. Dann geschieht es wohl, daß mein Zuhause, mein eigentliches und stilles Leben mir entgegenkommt, mich nicht allein ohne Vorwürfe und Empfindlichkeit, sondern mit größter Freude begrüßt und willkommen heißt und bei mir selbst wieder einführt – und zwar in Bauschans Gestalt. In völliger Dunkelheit, beim Rauschen des Flusses, biege ich in die Pappelallee, und nach ein paar Schritten fühle ich mich lautlos umtanzt und umfuchtelt, – ich wußte anfangs minutenlang nicht, wie mir geschah. »Bauschan?« fragte ich in das Dunkel hinein... Da verstärkt sich das Tanzen und Fuchteln aufs äußerste, es artet aus ins Derwischmäßige und Berserkerhafte, bei dauernder Lautlosigkeit, und in dem Augenblick, wo ich stehenbleibe, habe ich die ehrlichen, wenn auch nassen und schmutzigen Pfoten auf dem Brustaufschlag meines Mantels, und es schnappt und schlappt vor meinem Gesicht, so daß ich mich zurückbeugen muß, indes ich das magere, von Schnee oder Regen ebenfalls nasse Schulterblatt klopfe... Ja, er hat mich von der Tram abgeholt, der Gute; wohl auf dem laufenden über mein Tun und Lassen, wie immer, hat er sich aufgemacht, als es ihm an der Zeit schien, und mich an der Station erwartet – hat vielleicht lange gewartet, in Schnee oder Regen, und seine Freude über mein endliches Eintreffen weiß nichts von Nachträgerei meiner grausamen Treulosigkeit wegen, obgleich ich ihn heute völlig vernachlässigt habe und all sein Hoffen und Harren vergeblich war. Ich lobe ihn sehr, während ich ihn klopfe und während wir heimwärts gehen. Ich sage ihm, daß er schön gehandelt, und gebe bindende Versprechungen ab in betreff des morgenden Tages, si-

chere ihm zu (das heißt: nicht sowohl ihm als mir), daß wir morgen mittag bestimmt und bei jeder Witterung auf die Jagd miteinander gehen werden, und unter solchen Vorsätzen verraucht meine Weltlaune, Ernst und Nüchternheit kehren in mein Gemüt zurück, und mit der Vorstellung der Jagdgründe und ihrer Einsamkeit verbindet sich der Gedanke an höhere, geheime und wunderliche Obliegenheiten...
Aber ich will weitere Einzelzüge zu Bauschans Charakterbild beibringen, so, daß es dem willigen Leser in höchst erreichbarer Lebendigkeit vor Augen trete. Vielleicht gehe ich am geschicktesten vor, indem ich dasjenige des verstorbenen Percy zur Vergleichung heranziehe; denn ein ausgeprägterer Gegensatz als der zwischen diesen beiden Naturen ist innerhalb ein und derselben Gattung kaum erdenklich. Als grundlegend ist festzuhalten, daß Bauschan sich vollkommener geistiger Gesundheit erfreut, während Percy, wie ich schon einflocht, und wie es bei adligen Hunden nicht selten vorkommt, zeit seines Lebens ein Narr war, verrückt, das Musterbild überzüchteter Unmöglichkeit. Es ist davon früher, in größerem Zusammenhange, die Rede gewesen. Hier sei nur Bauschans volkstümlich schlichter Sinn dagegengestellt, sich äußernd zum Beispiel bei Ausgängen oder Begrüßungen, wo denn die Kundgebungen seiner Gemütsbewegung sich durchaus im Bereich des Verständigen und einer gesunden Herzlichkeit halten, ohne je die Grenzen der Hysterie auch nur zu streifen, welche Percy's Gebaren bei jeder solchen Gelegenheit in oft empörender Weise überschritt.
Dennoch ist hiermit nicht der ganze Gegensatz zwischen den beiden Geschöpfen aufgezeigt; in Wahrheit ist er verwickelter und gemischter. Bauschan nämlich ist zwar derb wie das Volk, aber auch wehleidig wie dieses; während sein adliger Vorgänger mit mehr Zartheit und Leidensfähigkeit eine unvergleichlich festere und stolzere

Seele verband und trotz aller Narrheit es an Selbstzucht dem Bäuerlein bei weitem zuvortat. Nicht im Sinne einer aristokratischen Lehrmeinung, sondern einzig und allein der Lebenswahrheit zu Ehren hebe ich diese Mischung der Gegensätze von grob und weichlich, zart und standhaft hervor. Bauschan zum Beispiel ist ganz der Mann, auch die kältesten Winternächte im Freien, das heißt auf dem Stroh und hinter den Rupfenvorhängen seiner Hütte zu verbringen. Eine Blasenschwäche hindert ihn, sieben Stunden ununterbrochen sich in geschlossenem Raume aufzuhalten, ohne sich zu vergehen; und so mußte man sich entschließen, ihn auch zu unwirtlicher Jahreszeit auszusperren, in gerechtem Vertrauen auf seine robuste Gesundheit. Denn kaum daß er mir einmal, nach besonders eisiger Nebelnacht, nicht nur mit märchenhaft bereiftem Schnurr- und Knebelbart, sondern auch ein wenig erkältet, mit dem einsilbig-stoßhaften Husten der Hunde entgegenkommt, – nach wenig Stunden schon hat er die Reizbarkeit überwunden und trägt keinen Schaden davon. Wer hätte sich wohl getraut, den seidenhaarigen Percy dem Grimme solcher Nacht auszusetzen? Andererseits hegt Bauschan eine Angst vor jedem, auch dem geringsten Schmerz und antwortet auf einen solchen mit einer Erbärmlichkeit, die Widerwillen erregen müßte, wenn sie nicht eben durch ihre naive Volkstümlichkeit entwaffnete und Heiterkeit einflößte. Jeden Augenblick, während er im Unterholz pirscht, höre ich ihn laut aufquieken, weil ein Dorn ihn geritzt, ein schnellender Zweig ihn getroffen hat; und laßt ihn beim Sprung über ein Gitter sich ein wenig den Bauch geschunden, den Fuß verstaucht haben, das gibt ein antikisches Heldengeschrei, ein dreibeiniges Gehumpelt-Kommen, ein fassungsloses Weinen und Sich-Beklagen, – desto durchdringender übrigens, je mitleidiger man ihm zuredet, und all dies, obgleich er nach einer Viertelstunde wieder rennen und springen wird wie zuvor.

Da war es ein ander Ding mit Perceval. Der biß die Zähne zusammen. Die Lederpeitsche fürchtete er, wie Bauschan sie fürchtet, und leider bekam er sie öfter zu kosten als dieser; denn erstens war ich jünger und hitziger in seinen Lebenstagen als gegenwärtig, und außerdem nahm seine Kopflosigkeit nicht selten ein frevelhaftes und böses Gepräge an, welches nach Züchtigung geradezu schrie und dazu aufreizte. Wenn ich denn also, zum Äußersten gebracht, die Karbatsche vom Nagel nahm, so verkroch er sich wohl zusammengeduckt unter Tisch und Bank; aber nicht ein Wehelaut kam über seine Lippen, wenn der Schlag und noch einer niedersauste, höchstens ein ernstes Stöhnen, falls es ihn allzu beißend getroffen hatte, – während Gevatter Bauschan vor ordinärer Feigheit schon quiekt und schreit, wenn ich nur den Arm hebe. Kurzum, keine Ehre, keine Strenge gegen sich selbst. Übrigens gibt seine Führung zu strafendem Einschreiten kaum jemals Veranlassung, zumal ich es längst verlernt habe, Leistungen von ihm zu verlangen, die seiner Natur widersprechen, und deren Forderung also zum Zusammenstoß führen könnte.

Kunststücke, zum Beispiel, verlange ich nicht von ihm; es wäre vergebens. Er ist kein Gelehrter, kein Marktwunder, kein pudelnärrischer Aufwärter, er ist ein vitaler Jägerbursch und kein Professor. Ich hob hervor, daß er ein vorzüglicher Springer ist. Wenn es darauf ankommt, so nimmt er jedes Hindernis – ist es allzu hoch, um in freiem Sprunge bewältigt zu werden, so klettert er anspringend hinauf und läßt sich jenseits hinunterfallen, genug, er nimmt es. Aber das Hindernis muß ein wirkliches Hindernis sein, das heißt ein solches, unter dem man nicht durchlaufen oder durchschlüpfen kann: sonst würde Bauschan es als verrückt empfinden, darüber wegzuspringen.

Eine Mauer, ein Graben, ein Gitter, ein lückenloser Zaun, das sind solche Hindernisse. Eine querliegende Stange, ein vorgehaltener Stock, das ist *kein* solches, und also kann man auch nicht darüberspringen, ohne mit sich selbst und den Dingen in närrischen Widerspruch zu geraten. Bauschan weigert sich, dies zu tun. Er weigert sich, – versuche es, ihn zum Sprung über ein solches unwirkliches Hindernis zu bewegen; in deiner Wut wird dir schließlich nichts übrigbleiben, als ihn beim Kragen zu nehmen und den gellend Quiekenden hinüberzuwerfen, worauf er sich dann die Miene gibt, als sei hiermit das Ziel deiner Wünsche erreicht, und das Ergebnis mit Tänzen und begeistertem Bellen feiert. Schmeichle ihm, prügle ihn – hier herrscht ein Vernunftwiderstand gegen das reine Kunststück, den du auf keine Weise brechen wirst. Er ist nicht ungefällig, die Zufriedenheit des Herrn ist ihm wert, er setzt über eine geschlossene Hecke auf meinen Wunsch oder Befehl, nicht nur aus eigenem Antriebe, und holt sich freudig das Lob und den Dank dafür. Über die Stange, den Stock springt er nicht, sondern läuft darunter hindurch, und schlüge man ihn tot. Hundertfach bittet er um Vergebung, um Nachsicht, um Schonung, denn er fürchtet ja den Schmerz, fürchtet ihn bis zur Memmenhaftigkeit; aber keine Furcht und kein Schmerz vermögen ihn zu einer Leistung, die in körperlicher Hinsicht nur ein Kinderspiel für ihn wäre, zu der ihm aber offenbar die seelische Möglichkeit fehlt, zu zwingen. Sie von ihm fordern heißt nicht, ihn vor die Frage stellen, ob er springen wird oder nicht; diese Frage ist im voraus entschieden, und der Befehl bedeutet ohne weiteres Prügel. Denn das Unverständliche und wegen Unverständlichkeit Untunliche von ihm zu fordern, heißt in seinen Augen nur einen Vorwand für Streit, Störung der Freundschaft und Prügel suchen und ist selbst schon der Anfang von alldem. Dies ist Bauschans Auffassung, soviel ich sehe, und mir ist

zweifelhaft, ob man hier von Verstocktheit reden darf. Verstocktheit ist schließlich zu brechen, ja, will sogar gebrochen sein; seinen Widerstand aber gegen das absolute Kunststück würde er mit dem Tode besiegeln.
Wunderliche Seele! So nah befreundet und doch so fremd, so abweichend in gewissen Punkten, daß unser Wort sich als unfähig erweist, ihrer Logik gerecht zu werden. Welche Bewandtnis hat es zum Beispiel mit den furchtbaren, für Beteiligte wie Zuschauer entnervenden Umständlichkeiten, unter denen das Zusammentreffen, das Bekanntschaft-Machen oder auch nur Voneinander-Kenntnis-Nehmen der Hunde sich vollzieht? Hundertmal machten meine Streifzüge mit Bauschan mich zum Zeugen eines solchen Zusammentreffens – ich sage besser: sie zwangen mich, beklommener Zeuge davon zu sein; und jedesmal, für die Dauer der Szene, wurde sein sonst vertrautes Benehmen mir undurchsichtig – ich fand es unmöglich, in die Empfindungen, Gesetze, Stammessitten, die diesem Benehmen zugrunde liegen, sympathisch einzudringen. Wirklich gehört die Begegnung zweier einander fremder Hunde im Freien zu den peinlichsten, spannendsten und fatalsten aller denkbaren Vorgänge; sie ist von Dämonie und Sonderbarkeit umwittert. Eine Gebundenheit waltet da, für die es genauere Namen nicht gibt; sie kommen nicht aneinander vorbei, es ist eine schreckliche Verlegenheit.
Ich rede kaum von dem Fall, daß der eine Teil sich eingesperrt auf seinem Anwesen, hinter Zaun und Hecke befindet, – auch dann ist nicht einzusehen, wie den beiden zumute wird, aber die Sache ist vergleichsweise weniger brenzlich. Sie wittern einander aus unabsehbarer Ferne, und Bauschan kommt plötzlich, wie Schutz suchend, in meine Nähe, indem er ein Winseln vernehmen läßt, das von unbestimmbarer, mit keinem Worte zu treffender Seelenpein und Bedrängnis Kunde gibt, während gleich-

zeitig der Fremde, Eingesperrte ein wütendes Bellen anhebt, das den Charakter energisch meldender Wachsamkeit vortäuschen zu wollen scheint, zwischendurch aber unversehens in Töne umschlägt, die denen Bauschans gleichen, in ein sehnsüchtiges, weinerlich-eifersüchtiges, notvolles Winseln also. Wir nähern uns dem Orte, wir kommen heran. Der fremde Hund hat uns hinter dem Zaun erwartet, er steht dort schimpfend und seine Ohnmacht beweinend, springt wild am Zaun empor und gibt sich die Miene – wieweit es ihm ernst ist, weiß niemand –, als würde er Bauschan unfehlbar in Stücke reißen, wenn er nur an ihn gelangen könnte. Trotzdem geht Bauschan, der ja an meiner Seite bleiben und vorübergehen könnte, an den Zaun; er muß es, er täte es auch gegen mein Wort; sein Fernbleiben würde innere Gesetze verletzen – weit tiefer gegründet und unverbrüchlicher als mein Verbot. Er geht also heran und vollzieht vor allen Dingen mit demütiger und still verschlossener Miene jene Opferhaltung, durch welche, wie er wohl weiß, immer eine gewisse Beruhigung und vorübergehende Versöhnung des anderen zu bewirken ist, solange nämlich dieser an anderer Stelle dasselbe tut, wenn auch unter leisem Schimpfen und Weinen. Dann beginnen die beiden eine wilde Jagd den Zaun entlang, der eine diesseits, der andere jenseits, stumm und immer hart nebeneinander. Sie machen gleichzeitig kehrt am Ende des Anwesens und rasen nach der anderen Seite zurück, machen wieder kehrt und rasen noch einmal. Plötzlich aber, in der Mitte, bleiben sie wie angewurzelt stehen, nicht mehr seitlich zum Zaun, sondern senkrecht zu ihm, und halten durch ihn hindurch ihre Nasen aneinander. So stehen sie eine geraume Weile, um hierauf ihren sonderbaren und ergebnislosen Wettlauf, Schulter an Schulter, zu beiden Seiten des Zauns wiederaufzunehmen. Schließlich aber macht der meine von seiner Freiheit Gebrauch und entfernt sich. Das ist ein furchtbarer Augenblick für den Eingesperrten! Er steht es nicht aus, er sieht eine beispiellose Niedertracht darin, daß der andere sich einfallen läßt, einfach fortzugehen; er tobt, geifert, gebärdet sich wie verrückt vor Wut, rast allein sein Anwesen auf und ab, droht über den Zaun zu springen, um den Treulosen zu erwürgen, und sendet ihm die gemeinsten Schmähungen nach. Bauschan hört dies alles und ist sehr peinlich berührt davon, wie seine stille und betretene Miene bekundet; aber er sieht sich nicht um und trollt sich sachte weiter, während hinter uns das gräßliche Fluchen allmählich wieder in Winseln übergeht und langsam verstummt.

So spielt der Auftritt sich beiläufig ab, wenn der eine Teil sich in Gewahrsam befindet. Allein die Mißlichkeit kommt auf ihren Gipfel, wenn das Zusammentreffen unter gleichen Bedingungen erfolgt und beide auf freiem Fuße sind, – unangenehm ist das auszumalen; es ist die bedrückendste, verfänglichste und kritischste Sache von der Welt. Bauschan, der eben noch sorglos umhersprang, kommt zu mir, drängt sich förmlich in meine Nähe, mit jenem aus tiefster Seele kommenden Miefen und Winseln, von dem nicht zu sagen ist, welcher Gemütsbewegung es Audruck gibt, das ich aber sofort erkenne, und aus dem ich auf die Annäherung eines fremden Hundes zu schließen habe. Ich muß scharf ausspähen: es ist richtig, da kommt er, und man sieht schon von weitem an seinem zögernden und gespannten Gebaren, daß auch er des anderen wohl gewahr geworden. Meine eigene Befangenheit steht der der beiden kaum nach; der Zwischenfall ist mir höchst unerwünscht. »Geh weg!« sage ich zu Bauschan. »Warum an meinem Bein? Könnt ihr den Handel nicht unter euch ausmachen, in einiger Entfernung?« Und ich suche ihn mit dem Stocke von mir zu scheuchen; denn wenn es zu einer Beißerei kommt, was, ob ich den Grund nun einsehe oder nicht, durchaus nicht unwahrscheinlich ist, so wird sie an meinem Fuße vor sich gehen, und ich werde die unliebsamste Aufregung davon haben: »Geh weg!« sage ich leise. Aber Bauschan geht nicht weg, fest und beklommen hält er sich zu mir, und nur auf einen Augenblick geht er seitwärts an einen Baum, um das Opfer zu verrichten, während der Fremde dort hinten, wie ich sehe, dasselbe tut. Nun ist man einander auf zwanzig Schritte nahe gekommen, die Spannung ist furchtbar. Der Fremde hat sich auf den Bauch gelegt, sich niedergekauert wie eine Tigerkatze, mit vorgestrecktem Kopfe, und in dieser Wegelagererpose erwartet er Bauschans Herankommen, offenbar, um ihm im gegebenen Augenblick an die Kehle zu springen. Dies geschieht jedoch nicht, und Bauschan scheint es auch nicht zu erwarten; jedenfalls geht er, wenn auch schrecklich zögernd und schweren Herzens, gerade auf den Lauernden zu, täte es auch dann und müßte es tun, wenn ich meinerseits mich jetzt von ihm ablöste, einen Seitenpfad einschlüge und ihn allen Schwierigkeiten der Lage allein überließe. So drückend die Begegnung ihm ist, – an ein Ausweichen, ein Entkommen ist nicht zu denken. Gebannt geht er, er ist an den anderen gebunden, sie sind beide auf eine heikle und dunkle Weise aneinander gebunden und dürfen das nicht verleugnen. Wir sind nun auf zwei Schritte herangekommen.

Da steht der andere stille auf, als hätte er sich nie die Miene eines Dschungeltigers gegeben, und steht nun ebenso da wie Bauschan, – begossen, elend und tief verlegen stehen sie beide und kommen nicht aneinander vorbei. Sie möchten wohl, sie wenden die Köpfe ab, sie schielen traurig beiseite, ein gemeinsames Schuldbewußtsein scheint auf ihnen zu liegen. So schieben und schleichen sie sich gespannt und mit trüber Behutsamkeit zueinander und nebeneinander, Flanke an Flanke, und beschnüffeln einander das Geheimnis der Zeugung. Hierbei beginnen sie wohl zu knurren, und ich nenne Bauschan mit gesenkter Stimme bei Namen und warne ihn, denn dies ist der Augenblick, wo sich entscheidet, ob es zur Beißerei kommen wird oder ob ich dieser Erschütterung überhoben sein werde. Die Beißerei ist da, man weiß nicht wie und noch weniger warum – auf einmal sind beide nur noch ein Knäuel und rasendes Getümmel, aus dem die gräßlichesten Kehllaute reißender Bestien dringen. Dann muß ich mit dem Stocke hineinregieren, um ein Unglück zu verhüten, muß auch wohl Bauschan am Halsband oder Nackenfell zu ergreifen suchen, um ihn aus freiem Arm in die Luft zu erheben, während der andere verbissen an ihm hängt, und was der Schrecken noch mehr sein mögen, die ich noch während eines beträchtlichen Teiles des Spazierganges in den Gliedern spüre. Es kann aber auch sein, daß das Ganze, nach allen Veranstaltungen und Umständlichkeiten, ausgeht wie das Hornberger Schießen und still im Sande verläuft. Zwar schwer hält es auf jeden Fall, von der Stelle zu kommen: auch wenn sie sich nicht ineinander verbeißen, hangen die beiden doch gar zu zäh durch ein innerlich Band zusammen. Schon scheinen sie aneinander vorbei, sie zögern nicht mehr Flanke an Flanke, sondern stehen fast schon in gerader Linie, der eine hierhin gewandt, der andere dorthin, sie sehen sich nicht, sie drehen auch kaum die Köpfe zurück, nur mit den Augäpfeln schielen sie hinter sich, soweit es geht. Aber obgleich schon Raum zwischen ihnen ist, hält doch das zähe, traurige Band, und keiner weiß, ob schon der Augenblick erlaubter Befreiung gekommen, es möchten wohl beide fort, allein aus irgendeiner Gewissensbesorgnis wagt keiner sich loszumachen. Bis endlich, endlich der Bann gebrochen ist, das Band zerreißt und Bauschan dahinspringt, erlöst, erleichterten Herzens, als sei ihm das Leben wiedergeschenkt.

Ich rede von diesen Dingen, um anzudeuten, wie wildfremd und sonderbar das Wesen eines so nahen Freundes sich mir unter Umständen darstellt, – es wird mir unheimlich und dunkel dann; kopfschüttelnd betrachte ich es, und nur ahnungsweise finde ich mich hinein. Sonst aber kenne ich sein Inneres so gut, verstehe mich mit heiterer Sympathie auf alle Äußerungen desselben, sein Mienenspiel, sein ganzes Gebaren. Wie kenne ich, um nur irgendein Beispiel anzuführen, das gewisse piepsende Gähnen, das er an sich hat, wenn ein Ausgang ihn dadurch enttäuschte, daß er allzu kurz und sportlich unfruchtbar war: wenn ich den Tag spät begonnen habe, nur gerade vor Tisch noch auf eine Viertelstunde mit Bauschan ins Freie gegangen und gleich wieder umgekehrt bin. Dann geht er neben mir und gähnt. Es ist ein unverschämtes, unhöfliches, sperrangelweites, viehisches Gähnen, begleitet von einem piepsenden Kehllaut und von beleidigend gelangweiltem Ausdruck. ›Einen schönen Herrn habe ich‹, drückt es aus. ›Spät in der Nacht habe ich ihn von der Brücke abgeholt, und da sitzt er denn heut hinter der Glastür und läßt einen auf den Ausgang warten, daß man vor Langerweile verenden möchte, wenn er aber endlich ausgeht, so tut er es, um wieder umzukehren, bevor man nur irgendein Wild gerochen. Ah – i, ein schöner Herr! Kein rechter Herr! Ein lumpiger Herr!‹

Dies also drückt sein Gähnen mit grober Deutlichkeit aus, so daß es unmöglich mißzuverstehen ist. Auch sehe ich ein, daß er im Recht damit ist, und daß ich schuldig vor ihm bin, und so strecke ich denn wohl die Hand aus, um ihm tröstlich die Schulter zu klopfen oder die Schädelplatte zu streicheln. Aber er dankt für Liebkosungen unter solchen Umständen, er nimmt sie nicht an, er gähnt noch einmal, womöglich noch unhöflicher, und entzieht sich der Hand, obgleich er von Natur, zum Unterschiede von Percy und in Übereinstimmung mit seiner volkstümlichen Wehleidigkeit, ein großer Freund weichlicher Lieb-

kosungen ist. Besonders schätzt er es, an der Kehle gekrault zu werden, und hat eine drollig energische Art, die Hand durch kurze Kopfbewegungen an diese Stelle zu leiten. Daß er aber jetzt von Zärtlichkeiten nichts wissen will, hängt, außer mit seiner Enttäuschtheit, damit zusammen, daß er überhaupt im Zustande der Bewegung, das heißt: wenn auch ich mich in Bewegung befinde, keinen Sinn und kein Interesse dafür hat. Er befindet sich dann in einer zu männlichen Gemütsverfassung, um Geschmack daran zu finden, – was sich aber sofort ändert, wenn ich mich niederlasse. Dann ist er für Freundlichkeiten von Herzen empfänglich, und seine Art, sie zu erwidern, ist von täppisch-schwärmerischer Zudringlichkeit.
Gern, wenn ich, auf meinem Stuhl in der Mauerecke des Gartens oder draußen im Gras, den Rücken an einen bevorzugten Baum gelehnt, in einem Buche lese, unterbreche ich mich in meiner geistigen Beschäftigung, um etwas mit Bauschan zu sprechen und zu spielen. Was ich denn zu ihm spreche? Meist sage ich ihm seinen Namen vor, den Laut, der ihn unter allen am meisten angeht, weil er ihn selbst bezeichnet, und der darum auf sein ganzes Wesen elektrisierend wirkt, – stachle und befeuere sein Ichgefühl, indem ich ihm mit verschiedener Betonung versichere und recht zu bedenken gebe, daß er Bauschan heißt und ist; und wenn ich dies eine Weile fortsetze, kann ich ihn dadurch in eine wahre Verzückung, eine Art von Identitätsrausch versetzen, so daß er anfängt, sich um sich selber zu drehen und aus der stolzen Bedrängnis seiner Brust laut und jubelnd gen Himmel zu bellen. Oder wir unterhalten uns, indem ich ihm auf die Nase schlage, und er nach meiner Hand schnappt wie nach einer Fliege. Dies bringt uns beide zum Lachen – ja, auch Bauschan muß lachen, und das ist für mich, der ebenfalls lacht, der wunderlichste und rührendste Anblick von der Welt. Es ist

ergreifend zu sehen, wie unter dem Reiz der Neckerei es um seine Mundwinkel, in seiner tierisch hageren Wange zuckt und ruckt, wie in der schwärzlichen Miene der Kreatur der physiognomische Ausdruck des menschlichen Lachens oder doch ein trüber, unbeholfener und melancholischer Abglanz davon erscheint, wieder verschwindet, um den Merkmalen der Erschrockenheit und Verlegenheit Platz zu machen, und abermals zerrend hervortritt...

Aber ich will hier abbrechen und mich nicht weiter in Einzelheiten verlieren. Ohnedies macht der Umfang mir Sorge, den diese kleine Beschreibung ganz gegen mein Vorhaben anzunehmen droht. Ich will meinen Helden nun kurzerhand in seiner Pracht und in seinem Elemente zeigen, in jener Lebenslage, worin er am meisten er selbst ist, und die alle seine Gaben am schönsten begünstigt, nämlich auf der Jagd. Vorher muß ich aber den Leser mit dem Schauplatz dieser Freuden genauer bekannt machen, unserem Jagdrevier, meiner Landschaft am Fluß; denn sie hängt nahe mit Bauschans Person zusammen, ja ist mir auf ganz verwandte Art lieb, vertraut und bedeutend wie er – was man denn folgerechterweise auch ohne weiteren novellistischen Anlaß als Rechtstitel zu ihrer Schilderung wird gelten lassen müssen.

### *Das Revier*

In den Gärten unserer kleinen, weiträumig angelegten Kolonie zeichnen sich alte, die Dächer überhöhende Baumriesen überall scharf gegen die zarten Neupflanzungen ab und geben sich als Originalwuchs und Ureinwohner dieser Gegend unzweideutig zu erkennen. Sie sind der Stolz und die Zierde dieser noch jungen Niederlassung; man hat sie sorgfältig geschont und erhalten, sofern es irgend tunlich war, und wo es bei der Ausmessung und Einfriedung der Grundstücke zu einem Konflikt mit einem von ihnen kam, das heißt: wo sich erwies, daß so ein moosig-silbriger Würdenstamm gerade auf der Demarkationslinie stand, da beschreibt wohl ein Zaun eine kleine Ausbuchtung um ihn herum, um ihn mit in den Garten aufzunehmen, oder in dem Beton einer Mauer ist eine höfliche Lücke gelassen, in welcher der Alte nun ragt, halb privat und halb öffentlich, die kahlen Äste mit Schnee belastet oder im Schmuck seines kleinblättrigen, spätsprießenden Laubes.

Denn es sind Exemplare der Esche, eines Baumes, der die Feuchtigkeit wie wenige liebt, – und damit ist über die Grundbesonderheit unsres Landstriches etwas Entscheidendes ausgesagt. Es ist noch nicht lange, daß Menschenwitz ihn urbar und siedelungsfähig gemacht hat – anderthalb Jahrzehnte etwa, nicht mehr. Vordem war hier eine Sumpfwildnis – ein wahres Mückenloch, wo Weiden, Krüppelpappeln und dergleichen verkrümmtes Baumzeug sich in faul stehenden Teichen spiegelte. Die Gegend nämlich ist Schwemmgebiet; einige Meter unter dem Boden befindet sich eine undurchlässige Erdschicht; so war der Grund denn morastig von jeher, und überall in seinen Vertiefungen stand Wasser. Die Austrocknung geschah, indem man den Flußspiegel tiefer legte, – ich verstehe mich nicht auf ingeniöse Dinge, aber im wesentlichen lief es auf diesen Kunstgriff hinaus, durch welchen das Wasser, das nicht versickern konnte, zum Ablauf bewogen wurde, so daß nun vielerorten unterirdische Bäche sich in den Fluß ergießen und das Erdreich Festigkeit gewinnen konnte, wenigstens größtenteils; denn wenn man die Örtlichkeit kennt, wie ich und Bauschan sie kennen, so weiß man flußabwärts im Dickicht manche schilfige Niederung, die an ihren ursprünglichen Zustand gemahnt, verschwiegene Orte, deren feuchter Kühle der heißeste

Sommertag nichts anhaben kann, und wo man an solchen Tagen gern ein paar Minuten atmend verweilt.

Überhaupt aber hat die Gegend ihre kuriose Eigenart, worin sie sich auch von den Ufern des Bergwassers, wie sie sich sonst wohl mit ihren Nadelwäldern und moosigen Wiesen gewöhnlich darstellen, auf den ersten Blick unterscheidet – sie hat, sage ich, ihre anfängliche Eigenart, auch seit das Grundstückgeschäft sich ihrer bemächtigt, vollauf bewahrt, und überall, auch außerhalb der Gärten, hält ihre Ur- und Originalvegetation deutlich das Übergewicht gegen die eingeführte und nachgepflanzte. Da kommt wohl in Alleen und öffentlichen Anlagen die Roßkastanie fort, der rasch wachsende Ahorn, selbst Buchen und allerlei Ziergesträuch; doch alles das ist nicht urwüchsig, das ist gesetzt, so gut wie die welsche Pappel, die aufgereiht ragt in ihrer sterilen Männlichkeit. Ich nannte die Esche als autochthonen Baum, – sie ist sehr stark verbreitet, man findet sie in allen Lebensaltern, als hundertjährigen Riesen wie auch als weichen Schößling, der massenweise wie Unkraut dem Kies entsproßt; und sie ist es, die, zusammen mit der Silber- und Zitterpappel, der Birke, der Weide als Baum und Gebüsch, der Landschaft ihr eigentliches Gepräge verleiht. Das sind aber lauter kleinblättrige Bäume, und Kleinblättrigkeit, die Zierlichkeit des Laubwerks, bei oft gigantischen Ausmaßen der Baumgestalten, ist denn auch ein sofort auffallendes Merkmal der Gegend. Eine Ausnahme bildet die Ulme, die vielfach ihr geräumiges, wie mit der Säge gezacktes und an der Oberfläche klebrig glänzendes Blatt der Sonne hinbreitet, und dann die große Menge des Schlinggewächses, das überall im Gehölz die jüngeren Stämme umspinnt und verwirrend sein Laub mit dem ihrigen mischt. Die schlanke Figur der Erle tritt an vertieften Stellen zu kleinen Hainen zusammen. Die Linde aber findet sich sehr selten; die Eiche kommt überhaupt nicht vor; die Fichte

auch nicht. Doch stehen solche an mehreren Stellen den östlichen Hang hinauf, die Grenze unsres Gebietes, an welcher mit andrer Bodenbeschaffenheit ein andrer Pflanzenwuchs, der sonst gewohnte, beginnt. Schwarz gegen den Himmel ragen sie dort und blicken wachthabend in unsre Niederung herab.
Vom Hang bis zum Fluß sind es nicht mehr als fünfhundert Meter, ich habe es ausgeschritten. Mag sein, daß sich flußabwärts der Uferstreifen ein wenig fächerförmig erweitert – bedeutend ist die Abweichung keineswegs, und merkwürdig bleibt, welch reiche landschaftliche Abwechslung die schmale Gegend gewährt, auch wenn man von dem beliebigen Spielraum, den sie der Länge nach, in Richtung des Flußlaufes bietet, so mäßigen Gebrauch macht wie Bauschan und ich, die wir unsre Streifzüge nur selten über das Zeitmaß von zwei Stunden hin ausdehnen, den Vor- und Rückmarsch zusammengerechnet. Die Vielfältigkeit der Ansichten aber, und daß man seine Spaziergänge beständig abzuwandeln und wechselnd zusammenzusetzen vermag, auch darum der Landschaft trotz langer Vertrautheit nicht überdrüssig und sich ihrer Enge gar nicht bewußt wird, beruht darauf, daß sie in drei untereinander ganz verschiedene Regionen oder Zonen zerfällt, denen man sich einzeln widmen oder die man auf schrägen Querpfaden nach und nach miteinander verbinden mag: die Region des Flusses und seines unmittelbaren Ufers einerseits, die Region des Hanges auf der anderen Seite und die Waldregion in der Mitte.
Den größten Teil der Breite nimmt die Zone des Waldes, des Parks, des Weidichts, des Ufergehölzes ein, – ich sehe mich nach einem Namen um für das wunderliche Gelände, der es besser träfe und anschaulicher machte als das Wort Wald, und finde das eigentlich rechte doch nicht, wie mir scheint. Von einem Wald im üblichen Wortverstande – so einem Saal mit Moos- und Streugrund und

ungefähr gleichstarken Baumsäulen, kann keinesfalls die Rede sein. Die Bäume unsres Reviers sind ganz verschiedenen Alters und Umfanges; es gibt unter ihnen riesige Urväter des Weiden- und Pappelgeschlechtes, namentlich entlang des Flusses, doch auch im inneren Holze; dann sind andere, schon wohl ausgewachsen, die etwa zehn oder fünfzehn Jahre zählen mögen, und endlich eine Legion von dünnen Stämmchen, wilde Baumschulen einer Natursaat von jungen Eschen, Birken und Erlen, welche aber einen Eindruck von Magerkeit darum durchaus nicht hervorrufen, weil sie, wie ich schon angab, sämtlich von Schlingpflanzen dick umwickelt sind, die im ganzen vielmehr ein fast tropisch wucherisches Bild ergeben; doch habe ich sie in dem Verdachte, daß sie das Wachstum ihrer Wirte hemmen, denn in den Jahren, die ich hier lebe, meine ich nicht gesehen zu haben, daß viele dieser Stämmchen dicker geworden wären.

Der Bäume sind wenige, nahe verwandte Arten. Die Erle ist von der Familie der Birke, die Pappel zuletzt nichts sehr andres als eine Weide. Und eine Annäherung ihrer aller an den Grundtypus dieser letzteren ließe sich behaupten, – wie ja die Forstleute wissen, daß das Geschlecht der Bäume zur Anpassung an das Gepräge der umgebenden Örtlichkeit, einer gewissen Nachahmung des jeweilig herrschenden Linien- und Formengeschmacks, sehr bereit ist. Hier nun herrscht die phantastische, hexenhaft verwachsene Linie der Weide, dieser getreuen Begleiterin und Anwohnerin fließender wie ruhender Gewässer, mit den krummfingerig ausholenden, besenhaft bezweigten Ästen, und ihrem Wesen suchen die andern es sichtlich nachzutun. Die Silberpappel krümmt sich völlig in ihrem Geschmack; aber von dieser ist oft nur schwer die Birke zu unterscheiden, welche, vom Ortsgeist verleitet, sich ebenfalls zuweilen in den sonderbarsten Verkrümmungen gefällt, – womit nicht gesagt sein soll, daß dieser liebenswürdige Baum nicht auch hier, und zwar zahlreich, in höchst wohlgestalteten, ja bei günstig-farbiger Nachmittagsbeleuchtung das Auge bezaubernden Individuen vorkäme. Die Gegend kennt ihn als silbernes Stengelchen mit wenigen einzeln stehenden Blättchen zur Krone; als lieblich herangewachsene, adrett geformte Jungfrau mit dem schmucksten kreidigen Stamm, die auf ziere und schmachtende Art die Locken ihres Laubes herabhängen läßt, und ebensowohl in wahrhaft elefantenhaftem Wuchs, mit einem Stamm, den kein Mann mit den Armen umfassen könnte, und dessen Rinde nur hoch oben noch Spuren der glatten Weiße zeigt, weiter unten aber zur groben, kohligen, rissigen Borke geworden ist...

Den Boden angehend, so hat er mit dem eines Waldes fast gar keine Ähnlichkeit. Er ist kiesig, lehmig und sogar sandig, und man sollte ihn nicht für fruchtbar halten. Dennoch ist er es in seinen Grenzen bis zur Üppigkeit. Ein hochwucherndes Gras gedeiht darauf, welches oft einen trockenen, scharfkantigen, dünenmäßigen Charakter annimmt und im Winter wie zertretenes Heu den Boden bedeckt, oft auch geradezu in Schilf übergeht, anderwärts aber weich, dick und strotzend, untermischt mit Schierling, Brennesseln, Huflattich, allerlei kriechendem Blattwerk, hoch aufgeschossenen Disteln und jungen, noch weichen Baumtrieben, ein günstiger Unterschlupf für Fasanen und andre Wildhühner, gegen die Wurzelknollen der Bäume heranwogt. Aus diesem Schwall und Bodendickicht nun aber ranken überall die Waldrebe, der wilde Hopfen spiralförmig, in breitblättrigen Girlanden an den Bäumen empor, und noch im Winter halten ihre Stengel die Stämme wie harter, unzerreißbarer Draht umschlungen.

Das ist kein Wald und kein Park, das ist ein Zaubergarten, nicht mehr und nicht weniger. Ich will das Wort vertreten, obgleich es sich im Grunde um eine karge, eingeschränkte und zur Krüppelhaftigkeit geneigte Natur handelt, die mit ein paar einfachen botanischen Namen erschöpft und bezeichnet ist. Der Grund ist wellig, er hebt und senkt sich beständig, und das ergibt die schöne Geschlossenheit der Veduten, die Unabsehbarkeit auch nach den Seiten hin; ja, wenn die Holzung sich meilenweit nach rechts und links erstreckte oder so weit, wie sie sich in die Länge erstreckt, statt daß sie von der Mitte her beiderseits nur einhundert und etliche Schritte mißt, so könnte man sich nicht geborgener, vertiefter und abgeschiedener in ihr fühlen. Einzig das Ohr ist durch gleichmäßiges Rauschen von Westen her gemahnt an die befreundete Nähe des Flusses, den man nicht sieht... Es gibt da Schluchten, ganz angefüllt mit Holunder-, Liguster-, Jasmin- und Faulbaumgebüsch, so daß an qualmigen Junitagen die Brust den Duft kaum zu bergen weiß. Und wieder gibt es Bodenvertiefungen – die reinen Kiesgruben, an deren Abhängen und auf deren Grunde nichts als ein paar Weidentriebe und ein wenig trockener Salbei gedeihen.

Das alles will nicht aufhören, sonderbar auf mich zu wirken, obwohl es mir seit manchem Jahr zum täglichen Aufenthalt geworden. Irgendwie berührt dies viele Eschenlaub, das an riesige Farren erinnert, berühren diese Schlingranken und dies Röhricht, diese Feuchtigkeit und Dürre, dies kärgliche Dickicht mich phantastisch, und um meinen ganzen Eindruck zu sagen: es ist ein wenig, als finde man sich in die Landschaft einer anderen Erdperiode versetzt, oder auch in eine unterseeische, als wandle man auf Wasserboden, – eine Vorstellung, die ja mit der Wahrheit dies und das zu tun hat; denn Wasser stand hier ehemals vielerorts, in jenen Senkungen zumal, die jetzt als viereckige Wiesenbassins, mit wilden Baumschulen naturgesäter Eschen bestanden, Schafen zur Weide dienen, und von denen eine gleich hinter meinem Haus gelegen ist.

Die Wildnis ist in die Kreuz und Quere von Pfaden durchzogen, Streifen niedergetretenen Grases teilweise nur, oder auch kiesigen Fußsteigen, die ganz offenbar nicht angelegt, sondern eben nur durch Begehung entstanden sind, ohne daß man zu sagen vermöchte, wer sie wohl ausgetreten haben könnte; denn daß Bauschan und ich einem Menschen darauf begegnen, ist eine befremdende Ausnahme, und mein Begleiter bleibt bei solchem Anblick wohl stutzend stehen und läßt einen einzelnen dumpfen Blaff vernehmen, der ziemlich genau auch meine eigenen Empfindungen dem Zwischenfall gegenüber zum Ausdruck bringt. Selbst an schönen Sonntagnachmittagen im Sommer, wenn aus der Stadt eine große Menge Spaziergänger sich in unsre Gegend ergießt (denn immer ist es hier um ein paar Grad kühler als anderwärts), können wir auf diesen inneren Wegen so gut wie ungestört wandeln; denn die Leute kennen sie nicht, und dann zieht auch das Wasser, der Fluß, wie es zu gehen pflegt, sie mächtig an, und dicht an ihn gedrängt, so dicht wie möglich, auf dem untersten Quai, wenn es angeht, das heißt: wenn er nicht überschwemmt ist, bewegt sich der Menschenstrom in die Landschaft hinaus und abends wieder zurück. Höchstens, daß uns da drinnen im Busche ein gelagertes Liebespaar aufstößt, welches mit kecken und scheuen Tieraugen uns aus seinem Neste entgegenblickt, so, als wollte es trotzig fragen, ob wir etwa gegen seine Anwesenheit dahier und gegen sein Tun und abseitiges Treiben irgend etwas zu erinnern hätten, – was wir schweigend verneinen, indem wir uns beiseite machen: Bauschan mit jener Gleichgültigkeit, in der ihn alles beläßt, was nicht Wildgeruch nach sich zieht, und ich mit vollkommen verschlossener und ausdrucksloser Miene, welches alles auf sich beruhen und weder Beifall noch Mißbilligung im geringsten durchscheinen läßt.
Jene Pfade nun aber sind nicht die einzigen Verkehrs- und

Verbindungsmittel in meinem Park. Es gibt daselbst *Straßen* – genauer gesagt, Zurüstungen sind vorhanden, die einmal Straßen gewesen sind, oder solche einmal haben werden sollen, oder, will's Gott, vielleicht auch wirklich noch einmal sein werden... Die Sache ist diese: Spuren der bahnbrechenden Hacke und eines sanguinischen Unternehmertums zeigen sich noch ein gutes Stück über den angebauten Teil der Gegend, die kleine Villenkolonie hinaus. Man hatte weit geschaut, kühn geplant. Die Handelssozietät, die vor zehn oder fünfzehn Jahren den Landstrich in die Hand genommen, hatte es anders, großartiger nämlich, damit (und mit sich selber) im Sinne gehabt, als es dann kam; nicht auf die Handvoll Villen, die dastehen, hatte die Siedelung sich beschränken sollen. Baugründe waren in Menge vorhanden, wohl einen Kilometer flußabwärts war – und ist heute noch – alles zum Empfange von Käufern und Liebhabern einer seßhaften Lebensweise bereit. Großzügigkeit hatte geherrscht in den Ratssitzungen der Genossenschaft. Man hatte sich nicht mit sichernden Uferbauten, mit der Herstellung eines gangbaren Quais, mit gärtnerischen Anpflanzungen begnügt; ziemlich weit hinaus hatte man an das Gehölz selbst die kultivierende Hand angelegt, Rodungen vorgenommen, Schwemmkies aufgeschüttet, die Wildnis durch Straßen gegliedert, ein paarmal in die Länge und öfter noch in die Quere – schön gedachte, splendide Straßen oder Entwürfe zu solchen, aus grobem Schwemmkies, mit der Andeutung eines Fahrdammes und geräumiger Bürgersteige, auf welchen nun aber keine Bürger wandeln, außer Bauschan und mir: jener auf dem guten und haltbaren Leder seiner vier Sohlen, ich auf genagelten Stiefeln, von wegen des Schwemmkieses. Denn die Villen, die nach Berechnung und Absicht der Sozietät längst freundlich an ihnen prangen müßten, sind vorderhand ausgeblieben, obgleich doch ich mit so gutem Beispiel vorangegangen

bin und mein Haus in dieser Gegend gebaut habe. Sie sind, sage ich, ausgeblieben seit zehn, seit fünfzehn Jahren, und kein Wunder also, daß eine gewisse Mißstimmung sich auf die Gegend herniedersenkte, daß Unlust zu weiteren Aufwendungen und zur Fertigstellung des weitläufig Begonnenen Platz griff im Schoße der Sozietät.
Und doch war die Sache schon so weit gediehen, daß diese Straßen ohne Anwohner ihre ordnungsmäßigen Namen haben, so gut wie irgendeine im Weichbilde der Stadt oder außerhalb seiner; das aber wüßte ich gern, welcher Träumer und sinnig rückblickende Schöngeist von Spekulant sie ihnen zuerteilt haben mag. Da ist eine Gellert-, eine Opitz-, eine Fleming-, eine Bürger-Straße, und sogar eine Adalbert-Stifter-Straße ist da, auf der ich mich mit besonders sympathischer Andacht in meinen Nagelschuhen ergehe. Pfähle sind, wie es bei ungeschlossen bebauten Vorstadtstraßen, die keine Hausecke darbieten, zu geschehen pflegt, an ihren Eingängen errichtet und an ihnen Straßenschilder befestigt: blaue Emailschilder, wie hierzulande üblich, mit weißen Lettern. Aber ach, dieselben sind nicht in dem besten Zustande, allzu lange schon nennen sie Straßenskizzen beim Namen, an denen niemand wohnen will, und nicht zuletzt sind sie es, die die Merkmale der Mißstimmung, des Fiaskos und der stockenden Entwicklung hier deutlich zur Schau stellen. Vernachlässigt ragen sie; für ihre Unterhaltung, ihre Erneuerung ist nicht gesorgt, und Wetter und Sonne haben ihnen übel mitgespielt. Die Schmalte ist vielfach abgesprungen, die weißen Lettern vom Rost zerstört, so daß statt einzelner von ihnen nur braune Flecken und Lücken mit häßlich gezackten Rändern gähnen, welche die Namensbilder zerreißen und ihre Ablesung oft erschweren. Namentlich eines der Schilder machte mir strenge Kopfarbeit, als ich zuerst hierher kam und die Gegend forschend durchdrang. Es war ein ausnehmend langes Schild und das Wort

»Straße« ohne Unterbrechung erhalten; von dem eigentlichen Namen aber, der, wie gesagt, sehr lang war oder gewesen war, zeigte sich die übergroße Mehrzahl der Buchstaben völlig blind und vom Roste zerfressen: die braunen Lücken ließen auf ihre Anzahl schließen; erkennbar aber war nichts als am Anfange die Hälfte eines S, irgendwo in der Mitte ein e und am Schlusse wieder ein e. Das war zu wenig für meinen Scharfsinn, ich fand, daß es eine Rechnung mit allzu vielen Unbekannten sei. Lange stand ich, die Hände auf dem Rücken, blickte zu dem langen Schilde empor und studierte. Dann ging ich weiter mit Bauschan auf dem Bürgersteige. Aber während ich mir einbildete, an andre Dinge zu denken, arbeitete es unterderhand in mir weiter, mein Geist trachtete nach dem zerstörten Namen, und plötzlich schoß es mir ein, – ich blieb stehen und erschrak; hastig ging ich zurück, nahm abermals vor dem Schilde Aufstellung, verglich und probierte. Ja, es traf zu und kam aus. Es war die Shakespeare-Straße, in der ich wandelte.

Die passenden Schilder sind das zu diesen Straßen und genau die Straßen zu diesen Schildern – träumerisch und wunderlich verkommend. Sie laufen durch das Gehölz, in das sie gebrochen sind; das Gehölz aber ruht nicht, es läßt die Straßen nicht jahrzehntelang unberührt, bis Ansiedler kommen; es trifft alle Anstalten, sich wieder zu *schließen,* denn was hier wächst, scheut den Kies nicht, es ist gewohnt, darin zu gedeihen, und so sprießen purpurköpfige Disteln, blauer Salbei, silbriges Weidengebüsch und das Grün junger Eschen überall auf den Fahrdämmen und ungescheut auch auf den Bürgersteigen: es ist kein Zweifel, die Parkstraßen mit den poetischen Namen wuchern zu, das Dickicht verschlingt sie wieder, und ob man es nun beklagen oder beifällig begrüßen will, in weiteren zehn Jahren werden die Opitz-, die Fleming-Straße nicht mehr gangbar und wahrscheinlich so gut wie verschwunden sein. Im Augenblick ist freilich zur Klage kein Anlaß, denn unter dem malerischen und dem romantischen Gesichtspunkt gibt es gewiß in der ganzen Welt keine schöneren Straßen als diese in ihrem derzeitigen Zustande. Nichts erfreulicher, als durch die Verwahrlosung ihrer Unfertigkeit zu schlendern, wenn man derb beschuht ist und den groben Kies nicht zu fürchten braucht – als hinzublicken über den mannigfaltigen Wildwuchs ihres Grundes auf den kleinblättrigen, von weicher Feuchtigkeit gebundenen Baumschlag, der ihre Perspektiven umrahmt und schließt. Es ist ein Baumschlag, wie jener lothringische Landschaftsmeister vor dreihundert Jahren ihn malte... Aber was sage ich, – *wie* er ihn malte? Diesen hat er gemalt! Er war hier, er kannte die Gegend, er hat sie sicher studiert; und wenn nicht der schwärmerische Sozietär, der meine Parkstraßen benannte, sich so streng auf die Literatur beschränkt hätte, so dürfte wohl eines der verrosteten Schilder den Namen Claude Lorrains zu erraten geben.

So habe ich die Region des mittleren Gehölzes beschrieben. Aber auch die des östlichen Hanges hat unverächtliche Reize, für mich und für Bauschan ebenfalls, aus später folgenden Gründen. Man könnte sie auch die Zone des Baches nennen, denn ein solcher gibt ihr das idyllisch-landschaftliche Gepräge und bildet mit der Beschaulichkeit seiner Vergißmeinnicht-Gründe das diesseitige Gegenstück zu der Zone des starken Flusses dort drüben, dessen Rauschen man bei meistens wehendem Westwind leise auch hier noch vernimmt. Wo die erste der querlaufenden Kunststraßen, von der Pappelallee dammartig zwischen Wiesenbassins und Waldparzellen zum Hange laufend, an dessen Füßen mündet, führt links ein Weg, der im Winter von der Jugend als Rodelbahn benutzt wird, in das tiefer liegende Gelände hinab. Dort, wo er eben wird, beginnt der Bach seinen Lauf, und zu seiner Seite, rechts

oder links von ihm, worin man wiederum abwechseln kann, ergehen Herr und Hund sich gern, entlang dem verschieden gestalteten Hange. Zur Linken breiten baumbestandene Wiesen sich aus. Eine ländliche Gartenwirtschaft ist dort gelegen und zeigt die Rückseite ihrer Ökonomiegebäude, Schafe weiden und rupfen den Klee, regiert von einem nicht ganz gescheiten kleinen Mädchen in rotem Rock, das beständig in befehlshaberischer Wut die Hände auf die Knie stützt und aus Leibeskräften mit mißtöniger Stimme schreit, sich aber dabei entsetzlich vor dem großen, durch seine Wolle majestätisch dick erscheinenden Schafbock fürchtet, welcher sich nichts untersagen läßt und völlig tut, was er will. Am gräßlichsten schreit das Kind, wenn durch Bauschans Erscheinen eine Panik unter den Schafen erregt wird, was fast regelmäßig geschieht, ganz gegen Bauschans Absicht und Meinung, welchem vielmehr die Schafe in tiefster Seele gleichgültig sind, ja, der sie völlig wie Luft behandelt und sogar durch eine betonte Nichtachtung und verächtliche Vorsicht den Ausbruch der Torheit bei ihnen hintanzuhalten sucht. Denn obgleich sie für meine Nase stark genug (übrigens nicht unangenehm) duften, so ist es doch kein Wildgeruch, was sie ausströmen, und folglich hat Bauschan nicht das leiseste Interesse daran, sie zu hetzen. Trotzdem genügt eine plötzliche Bewegung von seiner Seite oder auch schon sein bloßes Auftreten, daß auf einmal die ganze Herde, die eben noch, mit Kinder- und Männerstimmen friedlich bähend, weit auseinandergezogen graste, in geschlossener Masse, Rücken an Rücken, nach ein und derselben Seite davonstürzt, während das unkluge Kind tief gebückt hinter ihnen her schreit, daß ihr die Stimme birst und die Augen ihr aus dem Kopfe treten. Bauschan aber sieht zu mir auf ungefähr in dem Sinne: Sage selbst, ob ich schuld bin und Anlaß gegeben habe.
Einmal jedoch geschah etwas Gegenteiliges, was eher

noch peinlicher und jedenfalls sonderbarer anmutete als die Panik. Eines der Schafe nämlich, ein gewöhnliches Beispiel seiner Gattung, von mittlerer Größe und durchschnittsmäßigem Schafsgesicht, übrigens mit einem schmalen, aufwärtsgebogenen Munde, der zu lächeln schien und dem Wesen einen Ausdruck fast hämischer Dummheit verlieh, schien sich in Bauschan vergafft und vernarrt zu haben und schloß sich ihm an. Es folgte ihm einfach, – es löste sich von der Herde ab, verließ die Weide und heftete sich an Bauschans Fersen, still und in übertriebener Dummheit lächelnd, wohin er sich auch wandte. Er verließ den Weg, und es folgte ihm; er lief, und es setzte sich ebenfalls in Galopp; er blieb stehen, und es tat ein gleiches, unmittelbar hinter ihm und geheimnisvoll lächelnd. Unmut und Verlegenheit malte sich in Bauschans Miene, und wirklich war seine Lage im höchsten Grade abgeschmackt, weder im Guten noch im Bösen hatte sie irgendwelchen Sinn und Verstand, sie schien so albern, wie weder ihm noch mir jemals etwas vorgekommen war. Das Schaf entfernte sich mehr und mehr von seiner Basis, aber das schien es nicht anzufechten, es folgte dem verärgerten Bauschan immer weiter, sichtlich entschlossen, sich nicht mehr von ihm zu trennen, sondern ihm anzuhaften, wie weit und wohin er nun gehen möge. Still hielt er sich zu mir, weniger aus Besorgnis, zu der kein Grund vorhanden war, als aus Scham über die Ehrlosigkeit seines Zustandes. Endlich, als habe er es satt, blieb er stehen, wandte den Kopf und knurrte drohend. Da blökte das Schaf, daß es klang, wie wenn ein Mensch recht boshaft lacht, und das entsetzte den armen Bauschan so, daß er mit eingekniffenem Schwanze davonrannte, – das Schaf in lächerlichen Sprüngen hinter ihm drein.
Unterdessen, wir waren schon weit von der Herde, schrie das närrische kleine Mädchen, als sollte es zerspringen, indem es sich nicht nur auf seine Knie beugte, sondern

diese im Schreien auch abwechselnd bis zum Gesicht emporzog, so daß es von weitem einen ganz verkrümmten und rasenden Anblick bot. Und dann kam eine geschürzte Hofmagd gelaufen, entweder auf das Schreien hin oder weil ihr der Vorgang sonst bemerklich geworden war. Sie lief, in der einen Hand eine Mistgabel, und hielt sich mit der anderen Hand die unbefestigte Brust, die im Laufen allzusehr schwankte, kam atemlos zu uns und machte sich daran, das Schaf, das wieder im Schritt ging, da auch Bauschan dies tat, mit der Gabel in der gehörigen Richtung zurückzuscheuchen, was aber nicht gelang. Das Schaf sprang wohl vor der Gabel beiseite, sogleich aber war es mit einem Einschwenken wieder auf Bauschans Spuren, und keine Macht schien imstande, es davon abzubringen. Da sah ich, was einzig frommte, und machte kehrt. Wir gingen alle zurück, an meiner Seite Bauschan, hinter ihm das Schaf und hinter diesem die Magd mit der Gabel, indes das rotröckige Kind uns gebückt und stampfend entgegenschrie. Es war aber nicht genug, daß wir bis zur Herde zurückkehrten, wir mußten ganze Arbeit tun und den Gang zu Ende gehen. Auf den Hof mußten wir und zum Schafstall, dessen breite Schiebetür die Magd mit Leibeskraft vor uns aufrollte. Dort zogen wir ein; und als wir alle darin waren, mußten wir anderen geschickt wieder entwischen und dem betrogenen Schaf die Stalltür rasch vor der Nase zuschieben, so daß es gefangen war. Erst dann konnten Bauschan und ich unter den Danksagungen der Magd den unterbrochenen Spaziergang wieder aufnehmen, auf welchem Bauschan jedoch bis ans Ende ein verstimmtes und gedemütigtes Wesen bewahrte.
Soviel von den Schafen. An die Wirtschaftsgebäude schließt sich zur Linken eine ausgedehnte Laubenkolonie, die friedhofartig wirkt mit ihren Lauben und Sommerhäuschen, welche Kapellen gleichen, und den vielen Ein-

hegungen ihrer winzigen Gärtchen. Sie selbst als Ganzes ist wohl umfriedet; nur die Heimgärtner haben Zutritt durch die Gitterpforte, die ihren Eingang bildet, und zuweilen sehe ich dort einen bloßarmigen Mann sein neun Schuh großes Gemüseäckerchen umgraben, so daß es aussieht, als grabe er sich sein eigenes Grab. Dann kommen wieder offene Wiesen, die sich, mit Maulwurfshügeln bedeckt, bis zum Rande der mittleren Waldregion hindehnen, und in welchen außer den Maulwürfen auch viele Feldmäuse hausen, was im Hinblick auf Bauschan und seine vielfältige Jagdlust bemerkt sei.

Andererseits, das heißt, zur Rechten, laufen Bach und Hang immer fort, dieser, wie ich sagte, in wechselnder Gestalt. Anfangs hat er ein düsteres, unbesonntes Gepräge und ist mit Fichten bestanden. Später wird er zur Sandgrube, welche die Sonnenstrahlen warm zurückwirft, noch später zur Kiesgrube, endlich zu einem Sturz von Ziegelsteinen, als habe man dort oben ein Haus abgebrochen und die wertlosen Trümmer einfach hier heruntergeworfen, so daß dem Lauf des Baches vorübergehend Schwierigkeiten bereitet werden. Aber er wird schon fertig damit, seine Wasser stauen sich etwas und treten über, rot gefärbt von dem Staub der gebrannten Steine und auch das Ufergras färbend, das sie benetzen. Dann aber fließen sie desto klarer und heiterer fort, Sonnenglitzer hier und da an ihrer Oberfläche.

Wie alle Gewässer vom Meere bis zum kleinsten Schilftümpel liebe ich Bäche sehr, und wenn mein Ohr, im sommerlichen Gebirge etwa, das heimliche Geplantsch und Geplauder eines solchen von ferne vernimmt, so gehe ich dem flüssigen Laute wohl lange nach, wenn es sein muß, um seinen Ort zu finden, dem versteckt-gesprächigen Söhnchen der Höhen ins Angesicht zu sehen und seine Bekanntschaft zu machen. Schön sind Gießbäche, die zwischen Tannen und über steile Felsenstufen mit hellem Donnern herabkommen, grüne, eiskalte Bäder bilden und in weißer Auflösung senkrecht zur nächsten Stufe stürzen. Aber auch den Bächen der Ebene sehe ich mit Vergnügen und Neigung zu, ob sie nun flach sind, so daß sie kaum die geschliffenen, silbrig-schlüpfrigen Kiesel ihres Beetes bedecken, oder so tief wie kleine Flüsse, die im Schutze beiderseits tief überhangender Weiden voll und kräftig dahinwallen, in der Mitte rascher strömend als an den Seiten. Wer folgte nicht auf Wanderungen dem Lauf der Gewässer, wenn er nur frei ist, seine Wahl zu treffen? Die Anziehungskraft, die das Wasser auf den Menschen übt, ist natürlich und sympathetischer Art. Der Mensch ist ein Kind des Wassers, zu neun Zehnteln besteht unser Leib daraus, und in einem bestimmten Stadium unserer Entwicklung vor der Geburt besitzen wir Kiemen. Für meine Person bekenne ich gern, daß die Anschauung des Wassers in jederlei Erscheinungsform und Gestalt mir die weitaus unmittelbarste und eindringlichste Art des Naturgenusses bedeutet, ja, daß wahre Versunkenheit, wahres Selbstvergessen, die rechte Hinlösung des eigenen beschränkten Seins in das allgemeine mir nur in dieser Anschauung gewährt ist. Sie kann mich, etwa gar die des schlafenden oder schmetternd anrennenden Meeres, in einen Zustand so tiefer organischer Träumerei, so weiter Abwesenheit von mir selbst versetzen, daß jedes Zeitgefühl mir abhanden kommt und Langeweile zum nichtigen Begriff wird, da Stunden in solcher Vereinigung und Gesellschaft mir wie Minuten vergehen. Aber auch über das Geländer eines Steges, der über einen Bach führt, gebeugt, könnte ich stehen, solange ihr wollt, verloren in den Anblick des Fließens, Strudelns und Strömens, und ohne daß jenes andere Fließen um mich und in mir, das eilige Schleichen der Zeit, mir in Angst oder Ungeduld etwas anzuhaben vermöchte. Solche Sympathie mit der Wassernatur macht es mir wert und wichtig, daß

die schmale Gegend, in der ich wohne, zu beiden Seiten von Wasser eingefaßt ist.
Der hiesige Bach nun also ist von den Schlichten und Treuherzigen unter den Seinen, es ist nichts Besonderes mit ihm, sein Charakter ist der einer freundlichen Durchschnittlichkeit. Von glasheller Naivität, ohne Falsch und Hehl, ist er weit entfernt, durch Trübheit Tiefe vorzutäuschen, er ist flach und klar und zeigt harmlos, daß auf seinem Grunde verworfene Blechtöpfe und die Leiche eines Schnürschuhes im grünen Schlamme liegen. Übrigens ist er tief genug, um hübschen, silbrig-grauen und äußerst gewandten Fischlein zur Wohnung zu dienen, welche bei unserer Annäherung in weitläufigen Zickzacklinien entschlüpfen. Er erweitert sich teichartig an mehreren Stellen, und schöne Weiden stehen an seinem Ranft, von denen ich eine im Vorübergehen mit Vorliebe betrachte. Sie wächst am Hange, in einiger Entfernung also von dem Gewässer. Aber einen ihrer Äste streckt sie von dorther sehnsüchtig zum Bache hinüber und hinunter und hat es wirklich erreicht, daß das fließende Wasser das silbrige Laub dieser Zweigspitze leicht benetzt. So steht sie und genießt die Berührung.
Es ist gut, hier zu gehen, sanft angefahren vom warmen Sommerwind. Ist es sehr warm, so geht Bauschan wohl in den Bach, um sich den Bauch zu kühlen; denn höhere Körperteile bringt er freiwillig mit Wasser nicht in Berührung. Er steht dort, die Ohren zurückgelegt, mit einer Miene voller Frömmigkeit und läßt das Wasser um sich herum- und vorüberströmen. Dann kommt er zu mir, um sich abzuschütteln, was seiner Überzeugung nach in meiner unmittelbaren Nähe geschehen muß, obgleich bei dem Nachdruck, womit er sich schüttelt, ein ganzer Sprühregen von Wasser und Schlamm mich anfliegt. Es nützt nichts, daß ich ihn mit Wort und Stock von mir abwehre. Was ihm natürlich, gesetzmäßig und

unumgänglich scheint, darin läßt er sich nicht beeinträchtigen.

Weiterhin wendet der Bachlauf sich gegen Abend einer kleinen Ortschaft zu, die zwischen Wald und Hang im Norden die Aussicht beherrscht, und an deren Eingang das Wirtshaus liegt. Der Bach bildet dort wieder einen Teich, in welchem die Dörflerinnen kniend Wäsche schwemmen. Ein Steg führt hinüber, und überschreitet man ihn, so betritt man einen Fahrweg, der vom Dorf zwischen Waldsaum und Wiesenrand gegen die Stadt führt. Aber ihn nach rechts hin verlassend, kann man auf einem ebenfalls ausgefahrenen Wege durch das Gehölz mit wenigen Schritten zum Flusse gelangen.

Das ist denn nun die Zone des Flusses, er selbst liegt vor uns, grün und in weißem Brausen, er ist im Grunde nichts als ein großer Gießbach aus den Bergen, aber sein immerwährendes Geräusch, das mehr oder weniger gedämpft überall in der Gegend zu hören ist, hier aber frei waltend das Ohr erfüllt, kann wohl Ersatz bieten für den heiligen Anprall des Meeres, wenn man dieses nun einmal nicht haben kann. Das unaufhörliche Geschrei zahlloser Möwen mischt sich darein, welche im Herbst, Winter und noch im Frühling mit hungrigem Krächzen die Mündungen der Abflußrohre umkreisen und ihre Nahrung hier finden, bis die Jahreszeit es ihnen erlaubt, an den oberen Seen wieder Aufenthalt zu nehmen – gleich den wilden und halbwilden Enten, die ebenfalls die kühlen und kalten Monate hier in der Nähe der Stadt verbringen, sich auf den Wellen wiegen, vom Gefälle, das sie dreht und schaukelt, sich dahintragen lassen, vor einer Stromschnelle im letzten Augenblick auffliegen und sich weiter oben wieder aufs Wasser setzen...

Die Uferregion ist folgendermaßen gegliedert und abgestuft: Nächst dem Rand des Gehölzes erstreckt sich eine breite Kiesebene als Fortsetzung der oft genannten Pap-

pelallee, wohl einen Kilometer weit flußabwärts, das heißt bis zum Fährhaus, von dem noch die Rede sein wird, und hinter welchem das Dickicht näher ans Flußbett herantritt. Man weiß schon, was es auf sich hat mit der Kieswüste: es ist die erste und wichtigste der längslaufenden Kunststraßen, üppig geplant von der Sozietät als landschaftlich reizvollste Esplanade für eleganten Wagenverkehr, wo Herren zu Pferde sich dem Schlage glänzend lackierter Landauer hätten nähern und mit lächelnd zurückgelehnten Damen fein tändelnde Worte wechseln sollen. Neben dem Fährhaus belehrt eine große, schon baufällig schiefstehende Holztafel darüber, welches das unmittelbare Ziel, der vorläufige Endpunkt des Wagenkorsos hätte sein sollen, denn in breiten Buchstaben ist darauf mitgeteilt, daß dieser Eckplatz zum Zweck der Errichtung eines Parkcafés und vornehmen Erfrischungsetablissements verkäuflich ist... Ja, das ist er und bleibt er. Denn an Stelle des Parkcafés mit seinen Tischchen, umhereilenden Kellnern und schlürfenden Gästen ragt immer noch die schiefe Holztafel, ein verzagend hinsinkendes Angebot ohne Nachfrage, und der Korso ist nur eine Wüste aus gröbstem Schwemmkies, mit Weidengebüsch und blauem Salbei beinah schon so dicht wie die Opitz- und Fleming-Straße bewachsen.
Neben der Esplanade, näher gegen den Fluß hin, läuft ein schmaler und ebenfalls arg verwucherter Kiesdamm mit Grasböschungen, auf dem Telegraphenstangen stehen, den ich aber doch beim Spaziergang gern benütze, erstens der Abwechslung halber, und dann, weil der Kies ein reinliches, wenn auch beschwerliches Gehen ermöglicht, wenn der lehmige Fußweg dort unten bei schwerem Regenwetter nicht gangbar erscheint. Dieser Fußweg, die eigentliche Promenade, die sich stundenweit längs des Flußlaufes hinzieht, um endlich in wilde Uferpfade überzugehen, ist an der Wasserseite mit jungen Bäumchen,

Ahorn und Birken, bepflanzt, und an der Landseite stehen die mächtigen Ureinwohner der Gegend, Weiden, Espen und Silberpappeln von kolossalischen Ausmaßen. Steil und tief fällt seine Böschung gegen das Flußbett ab. Sie ist mit klugen Arbeiten aus Weidenruten und obendrein noch durch die Betonierung ihres unteren Teiles gesichert gegen das Hochwasser, das ein- oder zweimal im Jahre, zur Zeit der Schneeschmelze im Gebirge oder bei andauernden Regengüssen, wohl zu ihr dringt. Hier und da bietet sie hölzerne Sprossensteige, halb Leitern, halb Treppen, auf denen man ziemlich bequem in das eigentliche Flußbett hinabsteigen kann: das meistens trocken liegende, ungefähr sechs Meter breite Reservekiesbett des großen Wildbaches, welcher sich ganz nach Art der kleinen und kleinsten seiner Familie verhält, nämlich zuzeiten und je nach den Wasserverhältnissen in den oberen Gegenden seines Laufs nur ein grünes Rinnsal vorstellt, mit kaum überspülten Klippen, wo Möwen hochbeinig auf dem Wasser zu stehen scheinen, – unter anderen Umständen aber ein geradezu gefährliches Wesen annimmt, zum Strome schwillt, sein weites Bett mit greulichem Toben erfüllt, ungehörige Gegenstände, Kiepen, Sträucher und Katzenkadaver kreiselnd mit sich dahinreißt und zu Übertritt und Gewalttat sich höchst aufgelegt zeigt. Auch das Reservebett ist gegen Hochwasser befestigt, durch gleichlaufend schrägstehende, hürdenartige Vorkehrungen aus Weidengeflecht. Es ist bestanden mit Dünengras, mit Strandhafer sowie der überall gegenwärtigen Prunkpflanze der Gegend, dem trockenen, blauen Salbei; und es ist gut gangbar dank dem Quaistreifen aus ebenen Steinen, der ganz außen am Rande der Wellen bereitet ist und mir eine weitere, und zwar die liebste Möglichkeit bietet, meine Spaziergänge abzuwandeln. Zwar ist auf dem unnachgiebigen Stein kein ganz behagliches Gehen; aber vollauf entschädigt dafür die intime Nähe des Wassers, und dann kann man zuweilen auch neben dem Quai im *Sande* gehen –, ja, es ist Sand da, zwischen dem Kies und dem Dünengras, ein wenig mit Lehm versetzt, nicht von so heiliger Reinlichkeit wie der des Meeres, aber wirklicher Schwemmsand doch, und das ist ein Strandspaziergang hier unten, unabsehbar sich hinziehend am Rande der Flut, – es fehlt weder Rauschen noch Möwenschrei, noch jene Zeit und Raum verschlingende Einförmigkeit, die eine Art von betäubender Kurzweil gewährt. Überall rauschen die flachen Katarakte, und auf halbem Wege zum Fährhaus mischt sich das Brausen des Wasserfalles darein, mit welchem drüben ein schräg einmündender Kanal sich in den Fluß ergießt. Der Leib des Falles ist gewölbt, blank, glasig, wie der eines Fisches, und an seinem Fuße ist immerwährendes Kochen.

Schön ist es hier bei blauem Himmel, wenn der Fährkahn mit einem Wimpel geschmückt ist, dem Wetter zu Ehren oder sonst aus einem festlichen Anlaß. Es liegen noch andere Kähne an diesem Ort, aber der Fährkahn hängt an einem Drahtseil, welches seinerseits mit einem anderen, noch dickeren, quer über den Fluß gespannten Drahtseil verbunden ist, so nämlich, daß er mit einer Rolle daran entlang läuft. Die Strömung selbst muß die Fähre treiben, und ein Steuerdruck von der Hand des Fährmannes tut das übrige. Der Fährmann wohnt mit Weib und Kind in dem Fährhause, das von dem oberen Fußweg ein wenig zurückliegt, mit Nutzgärtchen und Hühnerstall, und das gewiß eine Amts- und Freiwohnung ist. Es ist eine Art von Villa in zwerghaften Ausmaßen, launisch und leicht gebaut, mit Erkerchen und Söllerchen, und scheint zwei Stuben unten und zwei Stuben oben zu haben. Ich sitze gern auf der Bank vor dem Gärtchen, gleich an dem oberen Fußwege, Bauschan sitzt auf meinem Fuß, die Hühner des Fährmannes umwandeln mich, indem sie bei jedem Schritt den Kopf vorstoßen, und meistens erhebt sich der Hahn auf die Rückenlehne der Bank, läßt die grünen Bersaglieri-Federn seines Schwanzes nach hinten herabhangen und sitzt so neben mir, mich grell von der Seite mit einem roten Auge musternd. Ich sehe dem Fährbetrieb zu, der nicht eben stürmisch, kaum lebhaft zu nennen ist, vielmehr sich in großen Pausen vollzieht. Desto lieber sehe ich es, wenn hüben oder drüben ein Mann oder eine korbtragende Frau sich einstellt und über den Fluß gesetzt zu werden verlangt; denn die Poesie des »Holüber« bleibt menschlich anziehend wie in den ältesten Tagen, auch wenn die Handlung, wie hier, in neuzeitlich fortgeschritteneren Formen vonstatten geht. Hölzerne Doppeltreppen, für die Kommenden und Gehenden, führen beiderseits die Böschung hinab in das Flußbett und zu den Stegen, und je ein elektrischer Klingelknopf ist hier und jenseits seitlich von ihren Eingängen angebracht. Da erscheint denn ein Mann dort drüben am anderen Ufer, steht still und blickt über das Wasser her. Er ruft nicht mehr, wie einst, durch die hohlen Hände. Er geht auf den Klingelknopf zu, streckt den Arm aus und drückt. Schrill klingelt es in der Villa des Fährmannes: das ist das »Holüber«; auch so und immer noch ist es poetisch. Dann steht der Harrende, wartet und späht. Und fast in demselben Augenblick, in dem die Klingel schrillt, tritt auch der Fährmann aus seinem Amtshäuschen, als hätte er hinter der Tür gestanden oder auf einem Stuhle, nur auf das Zeichen passend, dahinter gesessen, – er kommt heraus, und in seinen Schritten ist etwas, als sei er mechanisch unmittelbar durch den Druck auf den Knopf in Bewegung gesetzt, wie wenn man in Schießbuden auf die Tür eines Häuschens schießt: hat man getroffen, so springt sie auf und eine Figur kommt heraus, eine Sennerin oder ein Wachtsoldat. Ohne sich zu übereilen und gleichmäßig mit den Armen schlenkernd, geht der Fährmann durch sein Gärtchen, über den Fußweg und die Holztreppe hinunter zum Fluß, macht den Fährkahn flott und hält das Steuer, während die Rolle an dem querlaufenden Drahtseil entlangläuft und der Kahn hinübergetrieben wird. Drüben läßt er den Fremden zu sich hineinspringen, der ihm am diesseitigen Stege seinen Nickel reicht, froh die Treppe hinaufläuft, nachdem er den Fluß überwunden, und sich nach rechts oder links wendet. Manchmal, wenn der Fährmann verhindert ist, sei es durch Unpäßlichkeit oder durch vordringliche häusliche Geschäfte, kommt auch sein Weib oder selbst sein Kind heraus und holen den Fremden; denn diese können es ebensogut wie er, und ich könnte es auch. Das Amt des Fährmannes ist leicht und erfordert keine besondere Veranlagung oder Vorbildung. Er kann von Glück und Schicksalsgunst sagen, daß er die Pfründe sein eigen nennt und die Zwergenvilla bewohnen darf. Jeder Dummkopf könnte ihn ohne weiteres ablösen, und er weiß es wohl auch und verhält sich bescheiden und dankbar. Auf dem Heimwege sagt er mir höflich Grüß Gott, der ich zwischen Hund und Hahn auf der Bank sitze, und man merkt ihm an, daß er sich keine Feinde zu machen wünscht.

Teergeruch, Wasserwind – und dumpf plantscht es gegen das Holz der Kähne. Was will ich mehr? Manchmal kommt eine andre heimatliche Erinnerung mich an: das Wasser steht tief, es riecht etwas faulig, – das ist die Lagune, das ist Venedig. Aber dann wieder ist Sturmflut, unendlicher Regen schüttet hernieder, im Gummimantel, das Gesicht überschwemmt, stemme ich mich auf dem oberen Weg gegen den steifen West, der in der Allee die jungen Pappeln von ihren Pfählen reißt und es erklärlich macht, warum hier die Bäume zur Windschiefheit neigen, einseitig ausgewachsene Kronen haben; und Bauschan bleibt oft auf dem Wege stehen, um sich zu schütteln, daß es nach allen Seiten spritzt. Der Fluß ist nicht mehr, der er war. Geschwollen, gelbdunkel, trägt er sich mit katastro-

phalem Ausdruck daher. Das ist ein Schwanken, Drängen und schweres Eilen der Wildflut, – in schmutzigen Wogen nimmt sie das ganze Reservebett bis zum Rande der Böschung ein, ja schlägt an der Betonierung, den Sicherungsarbeiten aus Weidengeflecht empor, so daß man die Vorsorge segnet, die da gewaltet. Das Unheimliche ist: der Fluß wird *still,* viel stiller als sonst, fast lautlos in diesem Zustande. Er bietet die gewohnten Stromschnellen nicht mehr, er steht zu hoch dazu; aber jene Stellen sind doch daran zu erkennen, daß die Wogen dort tiefere Täler bilden und höher gehen als anderswo, und daß ihre Kämme sich rückwärts – nicht wie die Kämme der Brandung nach vorn – überschlagen. Der Wasserfall spielt überhaupt keine Rolle mehr; sein Leib ist flach und armselig, das Gebrause zu seinen Füßen durch die Höhe des Wasserstandes fast aufgehoben. Was aber bei alledem Bauschan betrifft, so kennt sein Erstaunen über eine solche Veränderung der Dinge keine Grenzen. Er kommt aus dem Stutzen überhaupt nicht heraus, er begreift es nicht, daß der trockne Raum, wo er sonst zu traben und zu rennen gewohnt war, heute verschwunden, vom Wasser bedeckt ist; erschrocken flüchtet er vor der hochanschlagenden Flut die Böschung hinauf, sieht sich wedelnd nach mir um, sieht wieder das Wasser an und hat dabei eine verlegene Art, das Maul schief zu öffnen, es wieder zu schließen und dabei mit der Zunge in den Winkel zu fahren, – ein Mienenspiel, das ebenso menschlich wie tierisch anmutet, als Ausdrucksmittel etwas unfein und untergeordnet, aber durchaus verständlich ist, und das ganz ebenso, angesichts einer vertrackten Sachlage, ein etwas einfältiger und niedriggeborener Mensch zeigen könnte, indem er sich allenfalls noch das Genick dazu kratzte. –
Nachdem ich nun auch auf die Zone des Flusses näher eingegangen, habe ich die ganze Gegend beschrieben und, soviel ich sehe, alles getan, um sie anschaulich zu machen.

Sie gefällt mir gut in der Beschreibung, aber als Natur gefällt sie mir doch noch besser. Sie ist immerhin genauer und vielfältiger in dieser Sphäre, wie ja auch Bauschan selbst in Wirklichkeit wärmer, lebendiger und lustiger ist als sein magisches Spiegelbild. Ich bin der Landschaft anhänglich und dankbar, darum habe ich sie beschrieben. Sie ist mein Park und meine Einsamkeit; meine Gedanken und Träume sind mit ihren Bildern vermischt und verwachsen, wie das Laub ihrer Schlingpflanzen mit dem ihrer Bäume. Ich habe sie angeschaut zu allen Tages- und Jahreszeiten: im Herbst, wenn der chemische Geruch des welkenden Laubes die Luft erfüllt, wenn die Menge der Distelstauden wollig abblüht, die großen Buchen des ›Kurgartens‹ einen rostfarbenen Laubteppich um sich her auf die Wiese breiten und goldtriefende Nachmittage in theatralisch-romantische Frühabende übergehen, mit der am Himmel schwimmenden Mondsichel, milchigem Nebelgebräu, das über den Gründen schwebt, und einem durch schwarze Baumsilhouetten brennenden Abendrot... Im Herbst also und auch im Winter, wenn aller Kies mit Schnee bedeckt und weich ausgeglichen ist, so daß man mit Gummiüberschuhen darauf gehen kann; wenn der Fluß schwarz zwischen den bleichen, frostgebundenen Ufern dahinschießt und das Geschrei der Hunderte von Möwen von morgens bis abends die Luft erfüllt. Aber der zwangloseste und vertrauteste Umgang mit ihr ist eben doch in den milden Monaten, wo es keiner Zurüstung bedarf, um rasch, zwischen zwei Regenschauern, auf ein Viertelstündchen hinauszutreten, im Vorübergehen einen Faulbaumzweig vor das Gesicht zu biegen und nur eben einmal einen Blick in die wandernden Wellen zu tun. Vielleicht waren Gäste im Hause, nun sind sie fort, zermürbt von Konversation ist man in seinen vier Wänden zurückgeblieben, wo der Hauch der Fremden noch in der Atmosphäre schwebt. Da ist es gut, wie man geht und steht ein wenig auf die Gellert-, die Stifter-Straße hinauszuschlendern, um aufzuatmen und sich zu erholen. Man blickt zum Himmel empor, man blickt in die Tiefen des zierlichen und weichen Blätterschlages, die Nerven beruhigen sich, und Ernst und Stille kehren in das Gemüt zurück.

Bauschan aber ist immer dabei. Er hat das Eindringen der Welt in das Haus nicht verhindern können, mit fürchterlicher Stimme hat er Einspruch erhoben und sich ihr entgegengestellt, aber das nützte nichts, und so ging er beiseite. Nun ist er froh, daß ich wieder mit ihm im Reviere bin. Einen Ohrlappen nachlässig zurückgeschlagen und nach allgemeiner Hundeart schief laufend, so daß die Hinterbeine nicht gerade hinter den vordern, sondern etwas seitlich davon sich bewegen, trabt er auf dem Kies vor mir her. Und plötzlich sehe ich, wie es ihn an Leib und Seele packt, sein steif aufgerichteter Stummelschwanz in ein wildes Fuchteln gerät. Sein Kopf stößt vorwärts und abwärts, sein Körper spannt sich und zieht sich in die Länge, er springt dahin und dorthin und schießt im nächsten Augenblick, immer die Nase am Boden, in einer bestimmten Richtung davon. Das ist eine Fährte. Er ist einem Hasen auf der Spur.

*Die Jagd*

Die Gegend ist reich an jagdbarem Wild, und wir jagen es; das will sagen: Bauschan jagt es, und ich sehe zu. Auf diese Weise jagen wir: Hasen, Feldhühner, Feldmäuse, Maulwürfe, Enten und Möwen. Aber auch vor der hohen Jagd scheuen wir nicht zurück, wir pirschen auch auf Fasanen und selbst auf Rehe, wenn ein solches sich, etwa im Winter, einmal in unser Revier verirrt. Das ist dann ein erregender Anblick, wenn das hochbeinige, leichtgebaute Tier, gelb gegen den Schnee, mit hochwippendem weißen Hinterteil, vor dem kleinen, alle Kräfte einsetzenden Bauschan dahinfliegt – ich verfolge den Vorgang mit der größten Teilnahme und Spannung. Nicht daß etwas dabei herauskäme; das ist noch nie geschehen und wird auch nicht. Aber das Fehlen handgreiflicher Ergebnisse vermindert weder Bauschans Lust und Leidenschaft, noch tut es meinem eignen Vergnügen den geringsten Abbruch. Wir pflegen die Jagd um ihrer selbst, nicht um der Beute, des Nutzens willen, und Bauschan ist, wie gesagt, der tätige Teil. Von mir versieht er sich eines mehr als moralischen Beistandes nicht, da er eine andre Art des Zusammenwirkens, eine schärfere und sachlichere Manier, das Ding zu betreiben, aus persönlicher und unmittelbarer Erfahrung nicht kennt. Ich betone diese Wörter: »persönlich« und »unmittelbar«; denn daß seine Vorfahren, wenigstens soweit sie der Hühnerhundlinie angehörten, ein wirkliches Jagen gekannt haben, ist mehr als wahrscheinlich, und gelegentlich habe ich mich gefragt, ob wohl eine Erinnerung daran auf ihn gekommen sein und durch einen zufälligen Anstoß geweckt werden könnte. Auf seiner Stufe sondert gewiß das Leben des Einzelwesens sich oberflächlicher von dem der Gattung als in unserm Falle, Geburt und Tod bedeuten ein weniger tiefreichendes Schwanken des Seins, vielleicht erhalten die Überlieferungen des Geblütes sich unversehrter, so daß es nur ein Scheinwiderspruch wäre, von eingebornen Erfahrungen, unbewußten Erinnerungen zu reden, die, hervorgerufen, das Geschöpf an seinen persönlichen Erfahrungen irrezumachen, es damit unzufrieden zu machen vermöchten. Diesem Gedanken hing ich einmal nach, mit einiger Unruhe; aber ich schlug ihn mir ebenso bald wieder aus dem Sinn, wie Bauschan sich offenbar das brutale Vorkommnis aus dem Sinne schlug, dessen Zeuge er gewesen, und das mir zu meinen Erwägungen Anlaß gegeben.

Wenn ich zur Jagd mit ihm ausziehe, pflegt es Mittag zu sein, halb zwölf oder zwölf Uhr, zuweilen, besonders an sehr warmen Sommertagen, ist es auch vorgerückter Nachmittag, sechs Uhr und später, oder es geschieht auch um diese Zeit schon zum zweitenmal; in jedem Falle ist mein Zustand dabei ein ganz andrer als bei unsrem ersten lässigen Ausgang am Morgen. Die Unberührtheit und Frische jener Stunde ist längst dahin, ich habe gesorgt und gekämpft unterdessen, habe Schwierigkeiten überwunden, daß es nur so knirschte, mich mit dem einzelnen herumgeschlagen, während gleichzeitig ein weitläufiger und vielfacher Zusammenhang fest im Sinne zu halten, in seinen letzten Verzweigungen mit Geistesgegenwart zu durchdringen war, und mein Kopf ist müde. Da ist es die Jagd mit Bauschan, die mich zerstreut und erheitert, die mir die Lebensgeister weckt und mich für den Rest des Tages, an dem noch manches zu leisten ist, wieder instand setzt. Aus Dankbarkeit beschreibe ich sie.
Natürlich ist es nicht so, daß wir von den Wildarten, die ich nannte, tagweise eine bestimmte aufs Korn nähmen und etwa nur auf die Hasen- oder Entenjagd gingen. Vielmehr jagen wir alles durcheinander, was uns eben – ich hätte beinahe gesagt: vor die Flinte kommt; und wir brauchen nicht weit zu gehen, um auf Wild zu stoßen, die Jagd kann buchstäblich gleich außerhalb der Gartenpforte beginnen, denn Feldmäuse und Maulwürfe gibt es im Grunde des Wiesenbeckens hinter dem Hause schon eine Menge. Diese Pelzträger sind ja genaugenommen kein Wild; aber ihr heimlich-wühlerisches Wesen, namentlich die listige Behendigkeit der Mäuse, welche nicht tagblind sind wie ihr schaufelnder Vetter und sich oft an der Erdoberfläche klüglich herumtreiben, bei Annäherung einer Gefahr aber in das schwarze Schlupfloch hineinzucken, ohne daß man ihre Beine und deren Bewegung zu unterscheiden vermöchte, – wirkt immerhin mächtig auf sei-

nen Verfolgungstrieb, und dann sind gerade sie die einzige Wildart, die ihm zuweilen zur Beute wird: eine Feldmaus, ein Maulwurf, das ist ein *Bissen,* – nicht zu verachten in so mageren Zeiten wie den gegenwärtigen, wo er in seinem Napf neben der Hütte oft nichts als ein wenig geschmacklose Rollgerstensuppe findet.
So habe ich denn kaum meinen Stock ein paar Schritte die Pappelallee hinaufgesetzt, und kaum hat Bauschan sich, um die Partie zu eröffnen, ein wenig ausgetollt, da sehe ich ihn schon zur Rechten die sonderbarsten Kapriolen vollführen: schon hält die Jagdleidenschaft ihn umfangen, er hört und sieht nichts mehr als das aufreizend versteckte Treiben der Lebewesen rings um ihn her: gespannt, wedelnd, die Beine behutsam hochhebend, schleicht er durch das Gras, hält mitten im Schritte ein, von den Vorder- und Hinterbeinen je eins in der Luft, äugt schiefköpfig, mit spitzer Schnauze von oben herab in den Grund, wobei ihm die Lappen der straff aufgerichteten Ohren zu beiden Seiten der Augen nach vorn fallen, springt zutappend mit beiden Vorderpfoten auf einmal vorwärts und wieder vorwärts und guckt mit stutziger Miene dorthin, wo eben etwas war, und wo nun nichts mehr ist. Dann beginnt er zu graben... Ich habe die größte Lust, zu ihm zu stoßen und den Erfolg abzuwarten; aber wir kämen ja nicht vom Fleck, er würde seine ganze für diesen Tag angesammelte Jagdlust hier auf der Wiese verausgaben. So gehe ich denn weiter, unbekümmert darum, daß jener mich einholt, auch wenn er noch lange zurückbleibt und nicht gesehen hat, wohin ich mich wandte: meine Spur ist ihm nicht weniger deutlich als die eines Wildes, den Kopf zwischen den Vorderpfoten pirscht er ihr nach, wenn er mich aus den Augen verloren, schon höre ich das Klingeln seiner Steuermarke, seinen festen Galopp in meinem Rücken, er schießt an mir vorbei und macht kehrt, um sich wedelnd zur Stelle zu melden.

Aber draußen im Holz oder auf den Wiesenbreiten der Bachregion halte ich doch so manches Mal an und sehe ihm zu, wenn ich ihn beim Graben nach einer Maus betreffe, angenommen selbst, daß es schon spät ist und daß ich beim Zuschauen die gemessene Zeit zum Spazierengehen versäume. Seine leidenschaftliche Arbeit ist gar zu fesselnd, sein Eifer steckt an, ich kann nicht umhin, ihm von Herzen Erfolg zu wünschen, und möchte um vieles gern Zeuge davon sein. Der Stelle, wo er gräbt, war vielleicht von außen nichts anzumerken – vielleicht ist es eine moosige, von Baumwurzeln durchzogene Erhöhung am Fuß einer Birke. Aber er hat das Wild dort gehört, gerochen, hat wohl gar noch gesehen, wie es wegzuckte; er ist sicher, daß es dort unter der Erde in seinem Gange und Baue sitzt, es gilt nur, zu ihm zu gelangen, und so gräbt er aus Leibeskräften, in unbedingter und weltvergessener Hingebung, nicht wütend, aber mit sportlich sachlicher Leidenschaft, – es ist prachtvoll zu sehen. Sein kleiner getigerter Körper, unter dessen glatter Haut die Rippen sich abzeichnen, die Muskeln spielen, ist in der Mitte durchgedrückt, das Hinterteil mit dem unaufhörlich im raschesten Zeitmaß hin- und hergehenden Stummelschwanz ragt steil empor, der Kopf ist unten bei den Vorderpfoten in der schon ausgehobenen, schräg einlaufenden Höhlung, und abgewandten Gesichts reißt er mit den metallharten Klauen, so geschwinde es geht, den Boden weiter und weiter auf, daß Erdklumpen, Steinchen, Grasfetzen und holzige Wurzelteilchen mir bis unter die Hutkrempe fliegen. Dazwischen tönt in der Stille sein Schnauben, wenn er nach einigem Vordringen die Schnauze ins Erdreich wühlt, um das kluge, stille, ängstliche Wesen dort innen mit dem Geruchsinn zu belagern. Dumpf tönt es: er stößt den Atem hastig hinein, um nur rasch die Lunge zu leeren und wieder einwittern – den feinen, scharfen, wenn auch noch fernen und verdeckten Mäuseduft wieder ein-

wittern zu können. Wie mag dem Tierchen dort unten zumute sein bei diesem dumpfen Schnauben? Ja, das ist seine Sache oder auch Gottes Sache, der Bauschan zum Feind und Verfolger der Erdmäuse gesetzt hat, und dann ist die Angst ja auch ein verstärktes Lebensgefühl, das Mäuschen würde sich wahrscheinlich langweilen, wenn kein Bauschan wäre, und wozu wäre dann seine perläugige Klugheit und flinke Minierkunst gut, wodurch die Kampfbedingungen sich reichlich ausgleichen, so daß der Erfolg des Angreifers immer recht unwahrscheinlich bleibt? Kurzum, ich fühle kein Mitleid mit der Maus, innerlich bin ich auf Bauschans Seite, und oftmals leidet es mich nicht in der Rolle des Zuschauers: mit dem Stock greife ich ein, wenn ein festeingebetteter Kiesel, ein zäher Wurzelstrang ihm im Wege ist, und helfe ihm bohrend und hebend das Hindernis zu beseitigen. Dann sendet er wohl, aus der Arbeit heraus, einen raschen, erhitzten Blick des Einverständnisses zu mir empor. Mit vollen Kinnbacken beißt er in die zähe, durchwachsene Erde, reißt Schollen ab, wirft sie beiseite, schnaubt abermals dumpf in die Tiefe und setzt, von der Witterung befeuert, die Klauen wieder in rasende Tätigkeit...
In der großen Mehrzahl der Fälle ist das alles verlorene Mühe. Mit erdiger Nase, bis zu den Schultern beschmutzt, spürt Bauschan noch einmal oberflächlich an dem Orte umher und läßt dann ab davon, trollt sich gleichgültig weiter. »Es war nichts, Bauschan«, sage ich, wenn er mich ansieht. »Nichts war es«, wiederhole ich, indem ich der Verständlichkeit halber den Kopf schüttle und Brauen und Schultern emporziehe. Aber es ist nicht im mindesten nötig, ihn zu trösten, der Mißerfolg drückt ihn keinen Augenblick nieder. Jagd ist Jagd, der Braten ist das wenigste, und eine herrliche Anstrengung war es doch, denkt er, soweit er überhaupt noch an die eben so heftig betriebene Angelegenheit zurückdenkt; denn schon

ist er auf neue Unternehmungen aus, zu denen es in allen drei Zonen an Gelegenheit wahrhaftig nicht fehlt.

Aber es kommt auch vor, daß er das Mäuschen erwischt, und das läuft nicht ohne Erschütterung für mich ab, denn er frißt es ja ohne Erbarmen bei lebendigem Leibe mit Pelz und Knochen, wenn er seiner habhaft wird. Vielleicht war das unglückselige Wesen von seinem Lebenstriebe nicht gut beraten gewesen und hatte sich eine allzu weiche, ungesicherte und leicht aufwühlbare Stelle zu seinem Bau erwählt; vielleicht reichte der Stollen nicht tief genug, und vor Schreck war es dem Tierchen mißlungen, ihn rasch weiter hinab zu treiben, es hatte den Kopf verloren und hockte nun wenige Zoll unter der Oberfläche, während ihm bei dem furchtbaren Schnauben, das zu ihm drang, vor Entsetzen die Perläuglein aus dem Kopfe traten. Genug, die eiserne Klaue legt es bloß, wirft es auf – herauf, an den grausamen Tag, verlorenes Mäuschen! Mit Recht hast du dich so geängstigt, und es ist nur gut, daß die große berechtigte Angst dich wahrscheinlich schon halb bewußtlos gemacht hat, denn nun wirst du in Speisebrei verwandelt. Er hat es am Schwanz, zwei-, dreimal schleudert er es am Boden hin und her, ein ganz schwaches Pfeifen wird hörbar, das letzte dem gottverlass'nen Mäuschen vergönnte, und dann schnappt Bauschan es ein, in seinen Rachen, zwischen die weißen Zähne. Breitbeinig, die Vorderpfoten aufgestemmt, mit gebeugtem Nacken steht er da und stößt beim Kauen den Kopf vor, indem er den Bissen gleichsam immer von neuem fängt und ihn sich im Maule zurechtwirft. Die Knöchlein knakken, noch hängt ein Pelzfetzen einen Augenblick im Winkel seines Maules, er fängt ihn, dann ist es geschehen, und Bauschan beginnt eine Art von Freuden- und Siegestanz um mich herum aufzuführen, der ich auf meinen Stock gelehnt an der Stätte stehe, wie ich während des ganzen Vorganges zuschauend gestanden habe. »Du bist mir einer!« sage ich mit grausenvoller Anerkennung zu ihm und nicke. »Ein schöner Mörder und Kannibale bist du mir ja!« Auf solche Worte hin verstärkt er sein Tanzen, und es fehlt nur, daß er laut dazu lachte. So gehe ich denn auf meinem Pfade weiter, etwas kalt in den Gliedern von dem, was ich gesehen habe, und doch auch wieder aufgeräumt in meinem Innern durch den rohen Humor des Lebens. Die Sache ist in der natürlichen Ordnung, und ein von seinen Instinkten mangelhaft beratenes Mäuschen wird eben in Speisebrei verwandelt. Aber lieb ist es mir doch, wenn ich in solchem Falle der natürlichen Ordnung nicht mit dem Stocke nachgeholfen, sondern mich rein betrachtend verhalten habe.

Es ist erschreckend, wenn plötzlich der Fasan aus dem Dickicht bricht, wo er schlafend saß oder wachend unentdeckt zu bleiben hoffte, und von wo Bauschans Spürnase nach einigem Suchen ihn aufstörte. Klappernd und polternd, unter angstvoll entrüstetem Geschrei und Gegakker erhebt sich der große, rostrote, langbefiederte Vogel und flüchtet sich, seinen Kot aus der Höhe ins Holz fallen lassend, mit der törichten Kopflosigkeit des Huhns auf einen Baum, wo er fortfährt zu zetern, während Bauschan, am Stamme aufgerichtet, stürmisch zu ihm emporbellt. Auf, auf! heißt dieses Gebell. Flieg weiter, alberner Gegenstand meiner Lust, daß ich dich jagen kann! Und das Wildhuhn widersteht nicht der mächtigen Stimme, rauschend löst es sich wieder von seinem Zweige und macht sich schweren Fluges durch die Wipfel weiter davon, immer krähend und sich beklagend, indes Bauschan es zu ebener Erde scharf und in männlichem Stillschweigen verfolgt.

Hierin besteht seine Wonne; er will und weiß nichts weiter. Denn was wäre auch, wenn er des Vogels habhaft würde? Nichts wäre – ich habe gesehen, wie er einen zwischen den Klauen hatte, er mochte ihn in tiefem Schlafe betreten haben, so daß das schwerfällige Geflügel sich nicht rechtzeitig vom Boden hatte erheben können: nun stand er über ihm, ein verwirrter Sieger, und wußte nichts damit anzufangen. Einen Fittich gespreizt, mit weggedehntem Halse lag der Fasan im Grase und schrie, schrie ohne Pause, daß es klang, wie wenn im Gebüsch eine Greisin gemordet würde, und ich herzueilte, um etwas Gräßliches zu verhüten. Aber ich überzeugte mich rasch, daß nichts zu befürchten sei: Bauschans zutage liegende Ratlosigkeit, die halb neugierige, halb angewiderte Miene, mit der er schiefköpfig auf seinen Gefangenen niederblickte, versicherte mich dessen. Das Weibsgeschrei zu seinen Füßen mochte ihm auf die Nerven gehen, der ganze Zufall ihm mehr Verlegenheit als Triumph bereiten. Rupfte er ehren- und schandenhalber das Wild ein wenig? Ich sah, glaube ich, daß er ihm mit den Lippen, ohne die Zähne zu brauchen, ein paar Federn aus seinem Kleide zog und sie mit ärgerlichem Kopfschleudern beiseite warf. Dann trat er ab von ihm und gab ihn frei, – nicht aus Großmut, sondern weil die Sachlage ihn langweilte, ihm nichts mehr mit fröhlicher Jagd zu tun zu haben schien. Nie habe ich einen verblüffteren Vogel gesehen! Er hatte mit dem Leben wohl abgeschlossen, und es schien vorübergehend, als wisse er keinen Gebrauch mehr davon zu machen: wie tot lag er eine Weile im Grase. Dann taumelte er ein Stück am Boden hin, schwankte auf einen Baum, schien herunterfallen zu wollen, raffte sich auf und suchte mit schwer schleppenden Gewändern das Weite. Er schrie nicht mehr, er hielt den Schnabel. Stumm flog er über den Park, den Fluß, die jenseitigen Wälder, fort, fort, so weit wie möglich, und ist gewiß nie wiedergekommen.

Aber es gibt viele seinesgleichen in unserm Revier, und Bauschan jagt sie in Züchten und Ehren. Der Mäusefraß bleibt seine einzige Blutschuld, und auch sie erscheint als etwas Entbehrlich-Beiläufiges, das Spüren, Auftreiben, Rennen, Verfolgen als hochherziger Selbstzweck, – jedem erschiene es so, der ihn bei diesem glänzenden Spiele beobachtete. Wie schön er wird, wie idealisch, wie vollkommen! So wird der bäurische, plumpe Gebirgsbursch vollkommen und bildhaft, steht er als Gemsjäger im Gesteine. Alles Edle, Echte und Beste in Bauschan wird nach außen getrieben und gelangt zu prächtiger Entfaltung in diesen Stunden; darum verlangt er so sehr nach ihnen und leidet, wenn sie unnütz verstreichen. Das ist kein Pinscher, das ist der Weidner und Spürer, wie er im Buche steht, und hohe Freude an sich selbst spricht aus jeder der kriegerischen, männlich ursprünglichen Posen, die er in stetem Wechsel entwickelt. Ich wüßte nicht viele Dinge, die mir das Auge erquickten wie sein Anblick, wenn er in federndem Trabe durch das Gestrüpp zieht und dann gefesselt ansteht, eine Pfote zierlich erhoben und nach innen gebogen, klug, achtsam, bedeutend, in schöner Spannung aller seiner Eigenschaften! Dazwischen quiekt er. Er hat sich mit dem Fuße in etwas Dornigem verfangen, und laut schreit er auf. Aber auch das ist Natur, auch das erheiternder Mut zur schönen Einfalt, und nur flüchtig vermag es seine Würde zu beeinträchtigen, die Pracht seiner Haltung ist im nächsten Augenblicke wieder vollkommen hergestellt.

Ich sehe ihm zu und erinnere mich eines Zeitpunktes, da er all seines Stolzes und seines Edelmutes verlustig gegangen und buchstäblich wieder auf den körperlichen und seelischen Tiefstand herabgekommen war, worauf er sich zuerst in der Küche des Bergfräuleins uns dargestellt, und von welchem er sich mühselig genug zum Glauben an sich selbst und die Welt erhoben hatte. Ich weiß nicht, was mit ihm war, – er blutete aus dem Maule oder aus der Nase oder aus dem Halse, ich weiß es bis heute nicht; wo er ging und stand, hinterließ er Blutspuren, im Grase des

Reviers, auf dem Stroh seines Lagers, auf dem Fußboden des Zimmers, das er betrat, – ohne daß irgendeine äußere Verletzung nachzuweisen gewesen wäre. Oft erschien seine Schnauze wie mit roter Ölfarbe beschmiert. Er nieste, und es gingen Blutspritzer von ihm, in die er mit der Pfote trat, so daß der ziegelfarbene Abdruck seiner Zehen zurückblieb, wo er geschritten war. Sorgfältige Untersuchungen führten zu keinem Ergebnis und damit zu wachsender Beunruhigung. War er lungensüchtig? Oder sonst mit einem uns unbekannten Übel geschlagen, dem seine Art ausgesetzt sein mochte? Als die so unheimliche wie unreinliche Erscheinung nach einigen Tagen nicht weichen wollte, wurde seine Einlieferung in die tierärztliche Klinik beschlossen.

Am folgenden Tage, gegen Mittag, nötigte der Herr ihm mit freundlicher Festigkeit den Maulkorb auf, jene lederne Gittermaske, die Bauschan wie wenige Dinge verabscheut, und deren er sich durch Kopfschütteln und Pfotenstreichen beständig zu entledigen sucht, legte ihn an die geflochtene Schnur und leitete den so Aufgeschirrten nach links hin die Allee hinauf, dann durch den Stadtpark und dann eine städtische Straße empor zu den Baulichkeiten der Hochschule, deren Tor und Hof wir durchschritten. Ein Warteraum nahm uns auf, an dessen Wänden mehrere Personen saßen, von denen eine jede gleich mir einen Hund an der Leine hielt, – Hunde verschiedener Größe und Art, die einander durch ihre Ledervisiere schwermütig betrachteten. Es war da ein Mütterchen mit ihrem schlagflüssigen Mops, ein Livreebedienter mit einem hohen und blütenweißen russischen Windhund, der von Zeit zu Zeit einen vornehm krächzenden Husten vernehmen ließ, ein ländlicher Mann mit einem Teckelhund, welcher wohl der orthopäischen Wissenschaft vorgeführt werden sollte, da alle Füße ihm völlig falsch, verkrümmt und verschroben am Leibe saßen, und andere

mehr. Sie alle ließ der hin- und widergehende Anstaltsdiener nach und nach in das anstoßende Ordinationszimmer ein, dessen Tür er endlich auch für mich und Bauschan öffnete.
Der Professor, ein Mann auf der Höhe der Jahre, in weißem Operationsmantel, mit goldener Brille, einem lockigen Scheitel und von so kundiger, lebensfreundlicher Milde des Wesens, daß ich ihm unbedenklich mich selbst und alle die Meinen in jeder Leibesnot anvertraut haben würde, lächelte während meines Vortrages väterlich auf den vor ihm sitzenden und von seiner Seite vertrauensvoll zu ihm aufblickenden Klienten hinab. »Schöne Augen hat er«, sagte er, ohne des Knebelbartes zu gedenken, und erklärte sich dann bereit, eine Untersuchung sogleich zu vollziehen. Mit Hilfe des Dieners wurde der vor Erstaunen widerstandslose Bauschan auf einen Tisch gebreitet, und dann war es rührend zu sehen, wie der Arzt ihm das schwarze Hörrohr ansetzte und das getigerte Männchen gewissenhaft auskultierte, ganz wie ich es mehr als einmal im Leben bei mir selbst hatte geschehen lassen. Er behorchte sein geschwinde arbeitendes Hundeherz, behorchte sein organisches Innenleben von verschiedenen Punkten aus. Hierauf untersuchte er, das Hörrohr unter dem Arm, mit beiden Händen Bauschans Augen, seine Nase sowie die Höhle seines Maules und kam dann zu einem vorläufigen Spruch. Der Hund sei ein wenig nervös und anämisch, sagte er, sonst aber in gutem Stande. Die Herkunft der Blutungen sei ungewiß. Es könne sich um Epistaxis handeln oder um Hämatemesis. Aber auch ein Fall von trachealen oder pharyngealen Blutungen könne vorliegen, das sei nicht ausgeschlossen. Vielleicht spreche man bis auf weiteres am zutreffendsten von Hämoptyse. Eine sorgfältige Beobachtung des Tieres sei geboten. Ich möge es an Ort und Stelle lassen und mich in acht Tagen wieder nach ihm umsehen.

So belehrt, empfahl ich mich dankend und klopfte Bauschan zum Abschied die Schulter. Ich sah noch, wie der Gehilfe den neu Aufgenommenen über den Hof gegen den Eingang eines rückwärts gelegenen Gebäudes führte und wie Bauschan sich mit verwirrtem und ängstlichem Gesichtsausdruck nach mir umblickte. Und doch hätte er sich geschmeichelt fühlen sollen, wie ich selbst nicht umhinkonnte, mich zu fühlen, weil der Professor ihn für nervös und anämisch erklärt hatte. Es war ihm nicht an der Wiege gesungen worden, daß man ihn eines Tages dafür erklären und es überhaupt so gelehrt und genau mit ihm nehmen werde.
Aber meine Spaziergänge waren fortan, was ungesalzene Speisen dem Gaumen sind; sie gewährten mir nur wenig Vergnügen. Kein stiller Freudensturm herrschte bei meinem Ausgang, kein stolzes Jagdgetümmel um mich her unterwegs. Der Park schien mir öde, ich langweilte mich. Ich unterließ nicht, Erkundigungen durch den Fernsprecher in die Wartezeit einzulegen. Die Antwort, von einem untergeordneten Organ erteilt, lautete, der Patient befinde sich den Umständen entsprechend, – Umständen, deren nähere Kennzeichnung man aus guten oder schlimmen Gründen vermied. Da wieder der Wochentag herangekommen, an dem ich Bauschan in die Anstalt verbracht hatte, machte ich mich abermals dorthin auf.
Geleitet von reichlich angebrachten Schildern mit Inschriften und weisenden Händen, gelangte ich auf geradem Wege und ohne Irrgang vor die Tür der klinischen Abteilung, die Bauschan beherbergte, unterließ es, auf ein an der Tür angebrachtes Geheiß, zu klopfen, und trat ein. Der mäßig große Raum, der mich umgab, erweckte den Eindruck eines Raubtierhauses, und auch die Atmosphäre eines solchen herrschte darin; nur daß der wild-tierische Menageriegeruch hier mit allerlei medikamentösen Dünsten süßlich versetzt erschien, – eine beklemmende und

erregende Mischung. Gitterkäfige liefen ringsherum, fast alle bewohnt. Tiefes Gebell schlug mir aus einem von ihnen entgegen, an dessen offener Pforte ein Mann, offenbar der Wärter, sich eben mit Rechen und Schaufel zu schaffen machte. Ohne seine Arbeit zu unterbrechen, begnügte er sich damit, meinen Gruß zu erwidern, mich übrigens vorderhand meinen Eindrücken überlassend.
Der erste Rundblick, bei noch offener Tür, hatte mich Bauschan erkennen lassen, und ich trat auf ihn zu. Er lag hinter den Traljen seines Zwingers auf einer Bodenstreu, die aus Lohe oder ähnlichem Stoffe bestehen mochte und ihren besonderen Duft dem Geruch der Tierkörper und dem des Karbols oder Lysoforms noch hinzufügte, – lag dort wie ein Leopard, aber wie ein sehr müder, sehr teilnahmsloser und verdrossener Leopard: ich erschrak über die mürrische Gleichgültigkeit, die er meinem Ein- und Herantreten entgegensetzte. Schwach pochte er ein- oder zweimal mit dem Schwanz auf den Boden, und erst als ich ihn anredete, hob er den Kopf von den Pfoten, aber nur, um ihn sogleich wieder fallen zu lassen und trübe zur Seite zu blinzeln. Ein irdener Napf mit Wasser stand im Hintergrunde des Käfigs zu seiner Verfügung. Außen, an den Gitterstäben, war eine in einen Rahmen gespannte, teils vorgedruckte, teils handschriftliche Tabelle befestigt, die unter der Angabe von Bauschans Namen, Art, Geschlecht und Alter eine Fieberkurve zeigte. »Hühnerhund-Bastard«, stand dort, »genannt Bauschan. Männlich. Zwei Jahre alt. Eingeliefert an dem und dem Tage und Monat des Jahres –, zur Beobachtung wegen okkulter Blutungen.« Und dann folgte die mit der Feder gezogene und übrigens in geringen Schwankungen verlaufende Wärmekurve nebst ziffernmäßigen Angaben über die Häufigkeit von Bauschans Puls. Er wurde also gemessen, wie ich sah, und auch der Puls wurde ihm gefühlt von ärztlicher Seite, – in dieser Richtung fehlte es an nichts.

Aber sein Gemütszustand war es, der mir Sorge machte.

»Ist das der Ihrige?« fragte der Wärter, der sich mir unterdessen, sein Gerät in Händen, genähert hatte. Er war mit einer Art von Gärtnerschürze bekleidet, ein gedrungener, rundbärtiger und rotbäckiger Mann mit braunen, etwas blutunterlaufenen Augen, deren treuer und feuchter Blick selbst auffallend hundemäßig anmutete.

Ich bejahte seine Frage, berief mich auf die erhaltene Weisung, heute wieder vorzusprechen, auf die geführten Ferngespräche und erklärte, ich sei gekommen zu hören, wie alles stehe. Der Mann warf einen Blick auf die Tabelle. Ja, es seien okkulte Blutungen, woran der Hund leide, sagte er, und damit sei es immer eine langwierige Sache, besonders wenn man nicht recht wisse, woher sie kämen. – Ob denn das noch immer der Fall nicht sei. – Nein, man wisse es noch nicht recht. Aber der Hund sei ja zur Beobachtung da, und er werde beobachtet. – Und die Blutungen dauerten noch an? – Ja, mitunter wiederholten sie sich noch. – Und dann würden sie beobachtet? – Ja, ganz genau. – Ob denn Fieber vorhanden sei, fragte ich, indem ich aus der Kurve am Gitter klug zu werden suchte. – Nein, kein Fieber. Der Hund habe seine ordnungsmäßige Wärme und Pulszahl, ungefähr neunzig Schläge in der Minute, das sei das richtige, weniger dürften es gar nicht sein, und wenn es viel weniger wären, so müßte er noch viel schärfer beobachtet werden. Überhaupt sei ja der Hund bis auf die okkulten Blutungen recht gut beisammen. Er habe wohl anfangs geheult, rund vierundzwanzig Stunden lang, aber dann sei er eingelebt gewesen. Fressen möge er freilich nicht viel; aber er habe ja auch keine Bewegung, und dann komme es darauf an, wieviel er früher gefressen habe. – Was man ihm denn gäbe? – Suppe, sagte der Mann. Aber, wie schon gesagt, er nehme nicht viel davon. – »Er macht einen gedrückten

Eindruck«, bemerkte ich mit gespielter Sachlichkeit. – Ja, das tue er wohl, aber das habe nichts weiter zu sagen. Denn es sei ja am Ende nicht lustig für einen Hund, so dazuliegen und beobachtet zu werden. Gedrückt seien sie alle mehr oder weniger, das heiße: die Gutartigen; manch einer werde sogar tückisch und bissig dabei. Aber das könne er von dem da nicht sagen. Das sei ein Gutartiger, der würde nicht bissig werden, und wenn man ihn bis an sein Lebensende beobachte. – Darin gab ich dem Manne recht, aber ich tat es, Kummer und Empörung im Herzen. Auf wie lange denn, fragte ich, man schätzungsweise Bauschans Aufenthalt dahier noch berechne. – Wieder blickte der Mann auf die Tafel. Acht Tage noch, sagte er, seien nötig zur Beobachtung, so habe der Herr Professor gesagt. Nach weiteren acht Tagen möchte ich wiederkommen und nachfragen; dann würden es vierzehn im ganzen sein, und dann werde man mir sichern Bescheid geben können über den Hund und in betreff seiner Heilung von den okkulten Blutungen.

Ich ging, nachdem ich noch einmal versucht hatte, Bauschans Lebensgeister durch frischen Zuspruch zu wecken. Er wurde durch meinen Weggang so wenig wie durch mein Erscheinen bewegt. Verachtung und bittere Hoffnungslosigkeit schienen auf ihm zu liegen. ›Da du fähig warst‹, schien seine Haltung auszudrücken, ›mich in diesen Käfig zu liefern, erwarte ich nichts mehr von dir.‹ Und mußte er nicht irre werden und verzweifeln an Vernunft und Gerechtigkeit? Was hatte er verschuldet, daß ihm dies geschah, und daß ich es nicht nur zuließ, sondern es selbst in die Wege geleitet? Ich hatte es gut und würdig mit ihm im Sinne gehabt. Er hatte geblutet, und wenn das ihm selbst auch weiter nichts auszumachen schien, so hatte doch ich es für angemessen erachtet, daß die verordnete Wissenschaft sich seiner annähme, als eines Hundes in guten Umständen, und hatte es denn ja auch erlebt, daß sie

ihn als etwas nervös und anämisch bezeichnet hatte wie ein Grafenkind. Und nun mußte es so für ihn ausgehen! Wie ihm begreiflich machen, daß man ihm Ehre und Aufmerksamkeit erwies, indem man ihn hinter Gitterstangen sperrte wie einen Jaguar, ihm Luft, Sonne und freie Bewegung entzog, um ihm statt dessen tagein, tagaus mit dem Thermometer beschwerlich zu fallen?
So fragte ich mich, indem ich nach Hause ging, und während ich bis dahin Bauschan nur vermißt hatte, gesellten sich nun zu dieser Empfindung Sorge um ihn, um sein Seelenheil, und zweifelnde Selbstanklagen. War es nicht endlich nur Eitelkeit und selbstsüchtige Hoffart gewesen, was mich vermocht hatte, ihn auf die Hochschule zu führen? War überdies vielleicht der geheime Wunsch damit verbunden gewesen, mich seiner auf einige Zeit zu entledigen, eine gewisse Neugierde und Lüsternheit, mich von seiner inständigen Bewachung einmal frei zu machen und zu sehen, wie es sei, wenn ich in kühler Seelenruhe mich nach rechts oder links würde wenden können, ohne in der belebten Außenwelt irgendwelche Gefühle, sei es der Freude oder der bitteren Enttäuschung, dadurch zu wecken? Wirklich genoß ich einer gewissen und lange nicht mehr erprobten inneren Unabhängigkeit seit Bauschans Internierung. Niemand behelligte mich durch die Glastür mit dem Anblick seines Wartemartyriums. Niemand kam, um mit zag erhobener Pfote mir die Brust mit einem Gelächter des Erbarmens zu erschüttern und mich zu alsbaldigem Aufbruch zu bewegen. Ob ich den Park suchte oder das Zimmer hütete, focht niemanden an. Das war bequem, beruhigend und hatte den Reiz der Neuheit. Da aber der gewohnte Ansporn fehlte, so ging ich beinahe nicht mehr spazieren. Meine Gesundheit litt; und während mein Zustand demjenigen Bauschans in seinem Käfig nachgerade auffallend ähnlich wurde, stellte ich die sittliche Betrachtung an, daß die Fessel des Mitgefühls

meinem eigenen Wohlsein zuträglicher gewesen war als die egoistische Freiheit, nach der mich gelüstet hatte.

Auch die zweite Woche lief ab, und am bestimmten Tage stand ich wieder mit dem rundbärtigen Wärter vor Bauschans Gitterhaus. Der Insasse lag auf der Seite, lag irgendwie hingestreckt auf der Lohestreu seines Käfigs, die ihm das Fell befleckte, und hielt im Liegen den Kopf emporgeworfen, so daß er rückwärts gegen die kalkige Rückwand des Zwingers blickte, mit Augen glasig und stumpf. Er rührte sich nicht. Daß er atmete, war kaum zu sehen. Nur zuweilen wölbte sich sein Brustkorb, der jede Rippe erkennen ließ, in einem Seufzer, den er mit leisem und herzzerreißendem Anklange seiner Stimmbänder von sich hauchte. Seine Beine schienen zu lang geworden, seine Pfoten unförmig groß, was von seiner erschreckenden Abmagerung herrührte. Sein Fell war äußerst ruppig, verdrückt und, wie erwähnt, vom Wälzen im Rindenmehle verunreinigt. Er beachtete mich nicht, wie er überhaupt nie wieder irgend etwas beachten zu wollen schien.

Ganz und gar, sagte der Wärter, seien die Blutungen noch nicht verschwunden; sie kämen immer noch einmal wieder vor. Woher sie stammten, sei noch nicht ganz entschieden, auf jeden Fall seien sie harmloser Art. Ich könnte beliebig den Hund noch zu weiterer Beobachtung hierlassen, um ganz sicherzugehen, oder ich könnte ihn auch wieder mit nach Hause nehmen, wo sich das Übel mit der Zeit denn auch wohl verlieren würde. Da zog ich die geflochtene Schnur aus der Tasche – ich hatte sie zu mir gesteckt – und sagte, ich nähme Bauschan mit mir. Der Wärter fand es vernünftig. Er öffnete die Gittertür, und wir riefen Bauschan beide beim Namen, abwechselnd und gleichzeitig, aber er kam nicht, sondern starrte immer über sich hin gegen die Kalkwand. Indessen wehrte er sich auch nicht, als ich mit dem Arm in den

Käfig griff und ihn am Halsband herauszog. Springend fiel er zur ebenen Erde herab auf seine Füße und stand da mit eingekniffenem Schwanz, die Ohren zurückgelegt, ein Bild des Elends. Ich nahm ihn, reichte dem Wärter ein Biergeld und verließ die Abteilung, um in den vorderen Anstaltsräumen meine Schuld zu begleichen, die sich bei meiner Grundtaxe von fünfundsiebzig Pfennigen für den Tag und zuzüglich des ärztlichen Honorars für die erste Untersuchung auf zwölf Mark fünfzig bezifferte. Dann führte ich Bauschan nach Hause, eingehüllt in die süßlich-wilde Atmosphäre der Klinik, die mein Begleiter in seinem Felle trug.

Er war gebrochen an Leib und Seele. Tiere sind ungehemmter und ursprünglicher, also gewissermaßen menschlicher in dem körperlichen Ausdruck ihrer Gemütszustände als wir; Redensarten, die unter uns eigentlich nur noch in moralischer Übertragung und als Metapher fortleben, treffen bei ihnen noch – und das hat jedenfalls etwas Erheiterndes für das Auge – im frischen Wortsinne und ohne Gleichnis zu. Bauschan »ließ«, wie man sagt, »den Kopf hängen«, das heißt: er tat es wirklich und anschaulich, tat es wie ein abgetriebenes Droschkenpferd, welches, Geschwüre an den Beinen und dann und wann mit der Haut zuckend, an seinem Halteplatze steht, während eine Zentnerlast seine arme Nase, die von Fliegen wimmelt, gegen das Pflaster zu ziehen scheint. Es war, wie ich sagte: diese zwei Hochschulwochen hatten ihn auf den Zustand zurückgeführt, worin ich ihn einst auf dem Vorberge entgegengenommen; er war nur der Schatten seiner selbst, würde ich sagen, wenn das nicht den Schatten des frohen und stolzen Bauschan beleidigen hieße. Der Hospitalgeruch, den er mitgebracht hatte, wich wohl wiederholten Seifenbädern im Waschtroge, bis auf selten aufschwebende Reste; aber wenn ein Bad für uns Menschen den seelischen Einfluß einer symbolischen Handlung besitzen mag, so konnte dem armen Bauschan die körperliche Reinigung noch lange nicht die Wiederaufrichtung seines Gemütes bedeuten. Am ersten Tage schon nahm ich ihn mit ins Revier hinaus, aber mit blöde hängender Zunge schlich er an meinem Fuß, und die Fasanen erfreuten sich dauernder Schonzeit. Zu Hause lag er noch tagelang, wie er zuletzt im Zwinger gelegen, und blickte gläsern über sich hin, im Innern schlaff, ohne gesunde Ungeduld, ohne mich zum Ausgehen anzuhalten, so daß vielmehr ich ihn von seinem Lagerplatz am Eingang der Hütte abholen und auftreiben mußte. Selbst die wilde und wahllose Art, in der er das Futter in sich schlang, erinnerte an seine unwürdige Frühzeit. Dann aber war es freudig zu sehen, wie er sich wiederfand; wie nach und nach seine Begrüßungen das alte treuherzig-scherzhafte Ungestüm zurückgewannen; wie er, statt mürrisch gehinkt zu kommen, zum ersten Male auf meinen Morgenpfiff wieder heranstürmte, um mir die Vorderpfoten auf die Brust zu setzten und nach meinem Gesicht zu schnappen; wie im Freien die stolze Lust an seiner Leiblichkeit ihm wiederkehrte, jene kühnen und anmutigen Vorsteh-Posen, jene steilen Sprünge mit angezogenen Füßen auf irgendein Lebewesen im hohen Grase hinab meinen Augen sich wieder darboten... Er vergaß. Der häßliche und für Bauschans Begriffsvermögen so unsinnige Zwischenfall sank hinab in die Vergangenheit, unerlöst eigentlich, unaufgehoben durch klärende Verständigung, welche unmöglich gewesen war, aber die Zeit deckte ihn zu, wie es ja auch zwischen Menschen zuweilen geschehen muß, und über ihm lebten wir fort, während das Unausgesprochene tiefer und tiefer ins Vergessen zurücktrat... Einige Wochen lang kam es noch vor, in zunehmenden Abständen, daß Bauschan eine gerötete Nase zeigte; dann verlor die Erscheinung sich, sie war gewesen, und so galt es denn auch gleichviel, ob es sich um Epistaxis oder um Hämatemesis gehandelt hatte...

Da habe ich, gegen mein Vorhaben, nun auch von der Klinik erzählt! Der Leser verzeihe die weitläufige Abschweifung und kehre mit mir in den Park zum Jagdvergnügen zurück, worin wir uns unterbrachen. Kennt er das weinende Geheul, womit ein Hund, seine äußersten Kräfte zusammenreißend, die Verfolgung des flüchtigen Hasen aufnimmt, und in welchem Wut und Wonne, Sehnsucht und ekstatische Verzweiflung sich mischen? Wie oft habe ich Bauschan es ausstoßen hören! Es ist die Leidenschaft, die gewollte, aufgesuchte und trunken genossene Leidenschaft selbst, die da durch die Landschaft gellt, und jedesmal wieder, wenn ihr wilder Schrei von fern oder nah an mein Ohr dringt, erschrecke ich auf eine heitere Weise; er fährt mir in die Glieder; froh, daß Bauschan heute auf seine Kosten kommt, eile ich vorwärts oder zur Seite, um die Hetze womöglich in mein Gesichtsfeld zu bringen, und wenn sie an mir vorüberbraust, stehe ich gebannt und gespannt, obgleich der richtige Ausgang des Abenteuers im voraus feststeht, und schaue zu, indes ein erregtes Lächeln mir das Gesicht verzieht.

Der gemeine oder furchtsame Hase! Er zieht die Ohren durch die Luft, den Kopf im Genick rennt er um sein Leben und kratzt in langen Sprüngen vor dem innig heulenden Bauschan aus, indem er das Hintergeläuf, das weißlich-gelbe Gesäß in die Lüfte schleudert. Und doch sollte er im Grunde seiner angstvollen und fluchtgewohnten Seele wissen, daß es nicht ernste Gefahr hat, und daß er davonkommen wird, wie noch jeder seiner Brüder und Schwestern und auch er selbst wohl schon ein oder das andere Mal in demselben Falle davonkam. Nie im Leben hat Bauschan einen von ihnen erwischt und wird auch nicht, es ist so gut wie unmöglich. Viele Hunde, so heißt es, sind des Hasen Tod; ein einzelner kann es nicht schaffen, und überträfe er Bauschan auch noch an ausdauernder Schnelligkeit. Denn der Hase verfügt ja über den ›Haken‹ – über den Bauschan nun einmal nicht verfügt; und damit ist die Sache entschieden. Es ist eine unfehlbare Waffe und Fähigkeit des zur Flucht Geborenen, ein jederzeit anwendbares Auskunftsmittel, das er im Sinne trägt, um es im entscheidenden und für Bauschan hoffnungsreichsten Augenblick anzuwenden – und Bauschan ist verkauft und verraten.

Da kommen sie schräge durch das Gehölz, überqueren vor mir den Pfad und schießen gegen den Fluß hin, der Hase stumm und seinen ererbten Trick im Herzen, Bauschan in hohen, jammernden Kopftönen heulend. ›Heule nicht!‹ denke ich. ›Du verausgabst Kräfte damit, Lungenkräfte, Atemkräfte, die du sparen solltest und alle zu Rate halten, um ihn zu bekommen!‹ Und ich denke so, weil ich an der Sache innerlich beteiligt bin, weil ich auf Bauschans Seite stehe, weil seine Leidenschaft auch mich ergreift, so daß ich ihm eifrig den Sieg wünsche, auf die Gefahr, daß er den Hasen vor meinen Augen in Stücke zerrisse. Wie er rennt! Ein Wesen in der äußersten Anspannung aller seiner Kräfte zu sehen, ist schön und genußreich. Er rennt besser als der Hase, seine Muskulatur ist stärker, der Abstand zwischen ihnen hatte sich deutlich verkleinert, bevor sie mir aus den Augen kamen. Und ich eile ebenfalls, ohne Weg, links hin durch den Park und gegen das Ufer und treffe eben rechtzeitig auf der Kiesstraße ein, um die Jagd von rechts anrasen zu sehen – die hoffnungsreiche, erregende Jagd, denn Bauschan ist dem Hasen fast auf den Fersen, er ist verstummt, er rennt mit zusammengebissenen Zähnen, die unmittelbare Witterung treibt ihn zum Letzten, und – ›einen Vorstoß noch, Bauschan!‹ denke ich und möchte ich rufen; ›gut gezielt und mit Besonnenheit, gib acht auf den Haken!‹ Aber da ist der Haken auch schon, das Unglück ist da. Der entscheidende Vorstoß geschah, und in dem gleichen Augenblick geschieht auch ein Ruck, ein kurzes, leichtes und schnippchenhaftes Wegzucken des Hasen im rechten Winkel zur Richtung des Laufes, und an seinem Hinterteile schießt Bauschan vorbei, schießt heulend, hilflos und bremsend, daß Kies und Staub emporstieben, geradeaus, und bis er seiner Bewegung Einhalt getan, sich herumgeworfen und sich in neuer Richtung wieder flott gemacht hat, bis, sage ich, dies unter Seelenqual und Jammergeheul vollbracht, hat der Hase einen bedeutenden Vorsprung gegen das Gehölz hin gewonnen; denn während seines verzweifelten Bremsens konnte dieser nicht sehen, wohin der andre sich wandte.

›Es ist umsonst, ist schön, aber vergeblich‹, denke ich, während die wilde Jagd sich in entgegengesetzter Richtung durch den Park hin entfernt. ›Es müßten mehrere Hunde sein, fünf oder sechs, eine ganze Meute. Andre müßten ihm in die Flanke stoßen, ihm von vorn den Weg abschneiden, ihn stellen und ihm den Genickfang geben...‹ Und mein erregtes Auge erblickt ein Rudel von Schweißhunden, die sich mit hängenden Zungen auf den Hasen in ihrer Mitte stürzen.

Ich denke und träume so aus Jagdleidenschaft, denn was hat mir der Hase getan, daß ich ihm ein entsetzliches Ende wünsche? Zwar steht Bauschan mir näher, und es ist in der Ordnung, daß ich mit ihm fühle und ihn mit meinen Wünschen begleite; aber der Hase ist doch auch ein warmes Leben und hat meinen Jäger nicht aus Bosheit geprellt, sondern aus dem dringenden Wunsch, noch eine kleine Weile weiche Baumtriebe knabbern und seinesgleichen zeugen zu können. ›Etwas andres‹, fahre ich trotzdem fort zu denken, ›etwas andres, wenn dies hier‹ – und ich betrachte den Spazierstock in meiner Hand – ›wenn dies hier nicht so ein unnützer, gutmütiger Stock wäre, sondern ein Ding von ernsterer Konstruktion, blitzträchtig und fernwirkend, womit ich dem wackeren Bauschan zu Hilfe kommen und den Hasen *aufhalten* könnte, so daß er mit einem Salto mortale zur Stelle bliebe. Dann bedürfte es keiner weiteren Hunde, und Bauschan hätte das Seine getan, wenn er den Hasen nur aufgebracht hätte.‹ Wie aber die Dinge liegen, ist es umgekehrt Bauschan, der, wenn er den verdammten ›Haken‹ parieren will, sich zuweilen überkugelt, was übrigens in einigen Fällen auch der Hase tut; aber für ihn ist es eine Kleinigkeit, etwas Leichtes und Angemessenes, mit irgendwelchem Elendsgefühl gewiß nicht verknüpft, während es für Bauschan eine schwere Erschütterung bedeutet, bei der er sich recht wohl einmal den Hals brechen kann.

Oft nimmt eine solche Jagd schon in wenigen Minuten wieder ihr Ende, wenn es nämlich dem Hasen gelingt, sich nach kurzer Hatz im Unterholze hinzuducken und zu verbergen, oder den Jäger durch Haken und Finten von seiner Fährte zu bringen, so daß dieser, unsicher stutzend, hierhin und dorthin sprengt, während ich, in meinem Blutdurst, vergeblich hinter ihm dreinrufe und ihm mit dem Stock die Richtung zu weisen suche, in der ich den Hasen entspringen sah. Oft aber auch zieht das Gejaide sich lange und weit durch die Landschaft hin, so daß Bauschans inbrünstig jaulende Stimme wie ein Hifthorn fern in der Gegend erklingt, abwechselnd näher und wieder entrückter, während ich still, in Erwartung seiner Wiederkehr, meines Weges gehe. Und du mein Gott, in welchem Zustand kehrt er dann endlich zu mir zurück! Schaum trieft ihm vom Maule, seine Lenden sind ausgehöhlt, seine Rippen fliegen, lang hängt ihm die Zunge aus dem unmäßig klaffenden Rachen, der ihm die trunken schwimmenden Augen schief und mongolisch verzerrt, und sein Atem geht wie eine Dampfmaschine. »Lege dich, Bauschan, und ruhe aus, oder dich trifft der Lungenschlag!« spreche ich zu ihm und gehe nicht weiter, um ihm

Zeit zur Erholung zu gönnen. Im Winter zumal wird mir angst und bange um ihn, bei Frost, wenn er keuchend die eisige Luft in sein erhitztes Inneres pumpt und als weißen Dampf wieder von sich stößt, auch ganze Mäuler voll Schnee verschlingt, um seinen Durst zu löschen. Während er aber daliegt, mit wirren Augen zu mir emporblickt und dann und wann seinen Geifer einschlappt, kann ich doch nicht völlig umhin, ihn wegen der unabänderlichen Ergebnislosigkeit seiner Anstrengung etwas zu verspotten. »Wo ist der Hase, Bauschan?« kann ich wohl fragen. »Das Häschen bringst du mir also nicht?« Und er schlägt mit dem Schwanz auf den Boden, stellt, wenn ich spreche, einen Augenblick das hastige Pumpwerk seiner Flanken still und schlappt verlegen, denn er weiß nicht, daß mein Spott nur eine Regung der Scham und des schlechten Gewissens vor ihm und mir selber verschleiern muß, weil ich ihn meinerseits bei dem Handel wieder nicht unterstützen konnte und nicht der Mann war, den Hasen ›aufzuhalten‹, wie es Sache eines richtigen Herrn gewesen wäre. Er weiß es nicht, und darum kann ich wohl spotten und es so hinstellen, als ob *er* es bei alldem irgendwie hätte fehlen lassen...

Seltsame Zwischenfälle ereignen sich bei diesen Jagden. Nie vergesse ich, wie der Hase mir einmal in die Arme lief ... Es war am Fluß, auf der schmalen und lehmigen Promenade oberhalb seiner. Bauschan hetzte; und ich kam vom Gehölze her in die Uferzone, schlug mich durch die Distelstauden des Kiesdammes und sprang die grasige Böschung hinab auf den Weg in dem Augenblicke, als der Hase, Bauschan in einem Abstande von fünfzehn Schritten hinter sich, in langen und hüpfenden Sätzen aus der Richtung des Fährhauses, wohin ich mein Gesicht wandte, daherkam, mitten auf dem Wege und genau auf mich zu. Mein erster, jägerisch-feindlicher Antrieb war, die Gelegenheit wahrzunehmen und dem Hasen den Weg zu verstellen, ihn womöglich zurück in den Rachen des schmerzlich jauchzenden Verfolgers zu treiben. So stand ich, wie angewurzelt, reglos am Fleck und wog, von Leidenschaft umfangen, nur insgeheim meinen Stock in der Hand, indes der Hase näher und näher herankam. Sein Gesicht ist sehr schlecht, ich wußte es; einzig Gehör und Geruch vermitteln ihm Warnungen vor Gefahr. Er mochte mich für einen Baum halten, wie ich da stand – es war mein Plan, und ich wünschte heftig, daß er es täte und einem schrecklichen Irrtum damit unterläge, von dessen möglichen Folgen ich mir keine deutliche Rechenschaft gab, den ich aber auszunützen gedachte. Ob er diesem Irrtum zu irgendeinem Zeitpunkt wirklich verfiel, ist ungewiß. Ich glaube, er bemerkte mich überhaupt erst im alleräußersten Augenblick, und was er tat, war so unerwartet, daß es all mein Sinnen und Trachten im Nu über den Haufen warf und einen erschütternd plötzlichen Wechsel meines Gemütszustnades hervorrief. War er von Sinnen vor Todesangst? Genug, er sprang an mir hoch, genau wie ein Hündchen, lief mit den Vorderpfoten an meinem Überzieher empor und strebte aufrecht mit dem Kopfe in meinen Schoß, in des Jagdherrn schrecklichen Schoß hinein! Mit erhobenen Armen, den Oberkörper zurückgebeugt, stand ich da und sah auf den Hasen nieder, der seinerseits zu mir aufblickte. Es war nur eine Sekunde lang so, oder auch nur während des Bruchteils einer Sekunde, aber es war so. Ich sah ihn so merkwürdig genau, sah seine langen Löffel, von denen der eine aufrecht stand, der andere nach unten hing, seine großen und blanken, kurzsichtig vortretenden Augen, seine schartige Lippe und langen Schnurrbarthaare, die Weiße seiner Brust und kleinen Pfoten, ich fühlte oder glaubte zu fühlen das Zukken seines gehetzten Herzchens – und es war seltsam, ihn so deutlich zu sehen und nahe an mir zu haben, den kleinen Dämon des Ortes, das innere schlagende Herz der

Landschaft, dies ewig flüchtige Wesen, das ich immer nur auf kurze Augenblicke in ihren Gründen und Weiten komisch Reißaus nehmend gewahrt hatte, und das sich in seiner höchsten Not und Auskunftslosigkeit nun an mich drängte und gleichsam meine Knie umfaßte, die Knie des Menschen – nicht dessen, so schien mir, der Bauschans Herr war, sondern die Knie dessen, der Herr ist auch von den Hasen und sein Herr so gut wie Bauschans. Es war, sage ich, nur eine geringe Sekunde so: dann hatte schon der Hase sich von mir gelöst, sich wieder auf die ungleichen Beine gemacht und die Böschung zur Linken ersprungen, während statt seiner Bauschan an meinem Standorte anlangte, Bauschan mit Horrido und allen Kopftönen der Leidenschaft, worin er bei seiner Ankunft scharf unterbrochen wurde. Denn ein gezielter und vorbedachter Stockschlag vom Herrn des Hasen ließ ihn quiekend und mit einem vorübergehend gelähmten hinteren Oberschenkel den Abhang zur Rechten ein Stück Weges hinunterstolpern, den er dann hinkend erst wieder erklettern mußte, bevor er mit starker Verspätung die Fährte des nicht mehr sichtbaren Hasen wieder aufnehmen konnte. –
Endlich ist da noch die Jagd auf Wasservögel, der ich ebenfalls einige Zeilen widmen will. Sie kann nur im Winter und im kälteren Frühjahr stattfinden, bevor die Vögel den Aufenthalt nahe der Stadt, der ihnen nur ein Notbehelf und eine Forderung des Magens ist, mit dem an den Seen vertauschen; und sie ist weniger erregend, als die Hasenhetze es sein kann, hat aber gleichwohl ihr Anziehendes für Jäger und Hund, oder vielmehr für den Jäger und seinen Herrn: für diesen namentlich in landschaftlichem Betracht, da die vertrauliche Nähe des lebendigen Wassers damit verbunden ist; dann aber auch, weil es sehr unterhält und zerstreut, die Daseinsform dieser Schwimmer und Flieger anzuschauen und dabei gleichsam aus der

eigenen herauszutreten, um versuchsweise an der ihrigen teilzuhaben.
Die Lebensstimmung der Enten ist milder, bürgerlicher, behäbiger als die der Möwen. Sie scheinen fast immer satt und von Nahrungssorgen wenig gequält, wahrscheinlich, weil, was sie brauchen, regelmäßig vorhanden und der Tisch ihnen immer gedeckt ist. Denn, wie ich sehe, fressen sie beinahe alles: Würmer, Schnecken, Insekten oder auch einfach einigen Schlamm und haben dann reichlich Zeit, auf den Ufersteinen in der Sonne zu sitzen, den Schnabel behaglich unter einen Flügel geschoben ein Schläfchen zu machen, sich das Gefieder einzufetten, so daß es mit dem Wasser so gut wie gar nicht in Berührung kommt, welches vielmehr in geronnenen Tropfen von seiner äußersten Oberfläche abperlt – oder auch nur zum bloßen Vergnügen auf den strömenden Fluten spazierenzufahren, wobei sie, den spitzen Steiß in der Luft, sich drehen und wenden und selbstgefällig die Schultern rükken.
Aber im Wesen der Möwen liegt etwas Wildes, Heiseres, Ödes und Schwermütig-Eintöniges; eine harte Stimmung darbender Räuberei umwittert sie, wie sie beinahe den ganzen Tag in Scharen und schräg kreuzenden Fluges den Wasserfall und jene Stelle umkrächzen, wo sich bräunliche Abwässer aus dem Mündungsschlund weiter Röhren in den Fluß ergießen. Denn das Niederstoßen auf Fische, worin sich einzelne üben, ist bei weitem nicht ergiebig genug zur Stillung ihres schweifenden Massenhungers, und es mögen widrige Brocken sein, mit denen sie oft vorliebnehmen müssen, wenn sie sie im Fluge den Zuflüssen entrissen und in ihren krummen Schnäbeln beiseite entführt haben. Sie lieben das Ufer nicht. Aber bei niedrigem Wasserstande stehen und kauern sie dichtgedrängt auf den Klippen, die dann aus dem Flusse ragen, und die sie in weißer Masse bedecken, so, wie Klippen

und Inseln nordischer Meere weißlich wimmeln mögen von Heeren nistender Eidergänse; und es ist prächtig zu sehen, wie sie sich alle auf einmal krächzend aufmachen und in die Lüfte erheben, wenn Bauschan sie vom Ufer her, über die zwischenliegende Flut hinweg, mit Bellen bedroht. Sie könnten sich sicher fühlen; es hat keine ernste Gefahr. Denn von seiner eingeborenen Wasserscheu ganz zu schweigen, hütet Bauschan sich weislich und mit allem Recht vor der Strömung des Flusses, der seine Kräfte nie und nimmer gewachsen wären, und die ihn unfehlbar, Gott weiß wohin, ins Weite risse, zum Donaustrome vermutlich, doch würde er dahin in äußerst entstelltem Zustande gelangen, wofür wir schon Beispiele vor Augen hatten in Form geblähter Katzenkadaver, die wir unterwegs erblickten nach jenen Fernen. Nie geht er weiter in den Fluß hinein als bis auf die vordersten, schon überspülten Ufersteine, und wenn auch die genußreiche Jagdwut an seinen Gliedern zerrt, wenn er sich auch die Miene gibt, als sei er im genauen Begriff, sich in die Wellen zu stürzen, und nun, im allernächstfolgenden Augenblick, werde er es tun: so ist doch Verlaß auf seine Besonnenheit, die unter der Leidenschaft wachsam bleibt, und es hat bei dem mimischen Anlauf, der äußersten Vorbereitung zur Tat sein Bewenden – leeren Drohungen, die am Ende wohl überhaupt nicht von Leidenschaft diktiert, sondern auf Einschüchterung der Schwimmfüßler in höherer Kaltblütigkeit berechnet sind.
Und die Möwen erweisen sich zu arm an Kopf und Herz, um seiner Anstalten zu spotten. Bauschan kann nicht zu ihnen, aber er sendet sein Gebell, seine über das Wasser hindröhnende Stimme zu ihnen hinüber, diese erreicht sie, und auch sie ist etwas Materielles, ein Ansturm, der sie erschüttert, und dem sie nicht lange standzuhalten vermögen. Sie versuchen es wohl, sie bleiben sitzen, aber ein unruhiges Rücken geht durch ihr Gewimmel, sie drehen

die Köpfe, eine und wieder einer lüftet auf alle Fälle die Flügel, und plötzlich rauscht ihre ganze Masse, einer weißlichen Wolke gleich, aus der es bitter und fatalistisch krächzt, in die Lüfte empor, und Bauschan sprengt auf den Steinen hierhin und dorthin, um sie auseinanderzuscheuchen und in Bewegung zu halten: denn Bewegung ist es, worauf es ihm ankommt, sie sollen nicht sitzen, sie sollen fliegen, flußaufwärts und abwärts, daß er sie jagen kann.

Er fegt das Gestade entlang, von weither prescht er die ganze Länge des Ufers ab, denn überall sitzen Enten, den Schnabel in schnöder Behaglichkeit unter dem Flügel, und überall, wohin er kommt, fliegen sie auf vor ihm, so daß es in der Tat wie ein Reinfegen und lustiges Aufwirbeln des ganzen Strandstreifens ist – gleiten und plumpsen aufs Wasser, das sie in Sicherheit wiegt und dreht, oder fliegen gestreckten Kopfes über ihm hin, während Bauschan, am Ufer rennend, die Kraft seiner Füße ehrenvoll mit der ihrer Schwingen mißt.

Er ist entzückt und dankbar, wenn sie nur fliegen, wenn sie ihm zum herrlichen Wettrennen den Fluß hinauf und hinunter Gelegenheit geben, und sie kennen wohl seine Wünsche und ziehen gelegentlich Nutzen daraus. Ich sah eine Entenmutter mit ihrer Brut – es war im Frühling, der Fluß war schon leer von Vögeln, diese war mit ihren Kleinen, die noch nicht ziehen konnten, bei uns zurückgeblieben, und sie hütete sie in einem schlammigen Tümpel, der, von dem letzten Hochwasser zurückgeblieben, eine Vertiefung des trockenliegenden Flußbettes füllte. Dort traf Bauschan sie – ich beobachtete die Szene vom oberen Wege aus. Er sprang in die Pfütze, sprang mit Gebell und wilden Gebärden darin herum und jagte die Entenfamilie schrecklich durcheinander. Versteht sich, er tat keinem Mitgliede etwas Ernstliches an, aber er ängstigte sie über die Maßen, so daß die Küken, mit ihren Stummelflügeln schlagend, nach allen Seiten stoben, die Ente aber von jenem Mutterheroismus ergriffen wurde, der sich blind und tollkühn auch dem stärksten Feinde zur Deckung der Brut entgegenwirft und diesen oft durch einen rauschhaften, die natürlichen Grenzen scheinbar überschreitenden Mut zu verwirren und ins Bockshorn zu jagen weiß. Mit gesträubten Federn, den Schnabel gräßlich aufgerissen, flatterte sie in wiederholten Angriffen gegen Bauschans Gesicht, stieß heldisch aber- und abermals gegen ihn vor, wobei sie zischte, und wirklich erzielte sie durch den Anblick ihrer verzerrten Unbedingtheit ein verblüfftes Zurückweichen des Feindes, wenn auch, ohne ihn ernstlich und endgültig zum Abzug vermögen zu können, denn immer drang er Laut gebend aufs neue vor. Da wechselte die Ente ihr Verfahren und wählte die Klugheit, da der Heldenmut sich als unpraktisch erwiesen hatte. Wahrscheinlich kannte sie Bauschan, kannte von früher her seine Schwächen und kindischen Wünsche. Sie ließ ihre Kleinen im Stich – sie tat es *scheinbar*, sie nahm ihre Zuflucht zur List, flog auf, flog über den Fluß, ›verfolgt‹ von Bauschan, verfolgt, wie er meinte, den sie im Gegenteil führte, und zwar am Narrenseil seiner Passion, flog mit dem Strome, dann gegen ihn, weiter und weiter, während Bauschan im Wettrennen neben ihr hersprengte, so weit flußabwärts und vom Pfuhl mit den Küken weg, daß ich Ente und Hund im Weitergehen ganz aus den Augen verlor. Späterhin fand der Gimpel sich wieder zu mir, gänzlich verhetzt und um den Atem gebracht. Die bestürmte Pfütze aber war, wie wir wieder vorbeikamen, geräumt...

So machte es jene Mutter, und Bauschan wußte ihr noch Dank dafür. Aber er haßt die Enten, die sich in bürgerlicher Gemütsruhe weigern, ihm als Jagdwild zu dienen, die sich einfach, wenn er daherbraust, von den Ufersteinen auf das Wasser hinablassen und sich dort in schnöder

Sicherheit vor seiner Nase schaukeln, unerschüttert durch seine machtvolle Stimme, nicht beirrt, wie die nervösen Möwen, durch seine mimischen Anläufe gegen die Flut. Da stehen wir auf den Steinen nebeneinander, Bauschan und ich, und zwei Schritte vor uns schwankt in frecher Sicherheit, den Schnabel in gezierter Würde gegen die Brust gedrückt, die Ente auf den Wellen, bestürmt von Bauschans wütender Stimme, doch gänzlich unangefochten davon in ihrer Vernunft und Nüchternheit. Sie rudert gegen den Strom, so daß sie ungefähr auf der Stelle bleibt; aber ein wenig wird sie doch in seiner Richtung abwärts gezogen, und einen Meter seitlich von ihr ist eine Stromschnelle, einer der schönen, schäumenden Katarakte, dem sie den eitel emporstehenden Steiß zuwendet. Bauschan bellt, indem er die Vorderfüße gegen die Steine stemmt, und ich belle innerlich mit; denn einiger Teilnahme an seinen Haßempfindungen gegen die Ente und ihre freche Vernünftigkeit kann ich mich nicht erwehren und wünsche ihr Böses. ›Gib wenigstens acht auf unser Gebell‹, denke ich, ›und nicht auf den Katarakt, damit du unversehens in den Strudel gezogen wirst und vor unsern Augen in eine schimpfliche und gefährliche Lage gerätst.‹ Aber auch diese zornige Hoffnung erfüllt sich nicht, denn knapp und genau in dem Augenblick ihrer Ankunft am Rande des Falles flattert die Ente ein wenig auf, fliegt ein paar Mannslängen gegen den Strom und setzt sich wieder, die Unverschämte.

Ich kann nicht denken an den Ärger, mit dem wir beide in solchen Fällen die Ente betrachten, ohne daß ein Abenteuer mir ins Gedächtnis kommt, von dem ich zum Schlusse Bericht erstatten will. Es war mit einer gewissen Genugtuung für mich und meinen Begleiter verbunden, hatte aber auch sein Peinliches, Störendes und Verwirrendes, ja führte eine vorübergehende Erkältung des Verhältnisses zwischen Bauschan und mir herbei, und wenn ich es hätte voraussehen können, würde ich den Ort, wo es unser wartete, lieber gemieden haben.

Es war weit draußen, flußabwärts, jenseits des Fährhauses, dort, wo schon die Uferwildnis nahe an den oberen Strandweg herantritt, auf dem wir uns hinbewegten, ich im Schritte und Bauschan, ein wenig vor mir, in schiefem und lässigem Bummeltrabe. Er hatte einen Hasen gehetzt, oder, wenn man so will, sich von ihm hetzen lassen, hatte drei, vier Fasanen aufgebracht und hielt sich nun eben ein wenig zu mir, um auch den Herrn nicht ganz zu vernachlässigen. Eine kleine Gruppe von Enten flog, die Hälse gestreckt und in keilförmiger Anordnung, über den Fluß, ziemlich hoch und näher gegen das andere Ufer hin, so daß sie als Jagdwild für uns auf keine Weise in Betracht kamen. Sie flogen mit uns, in unserer Richtung, ohne uns zu beachten oder auch nur zu bemerken, und auch von uns warf nur dann und wann der eine und andere einen absichtlich gleichgültigen Blick zu ihnen hinüber.

Da geschah's, daß am jenseitigen, gleich dem unsrigen ziemlich steilen Ufer ein Mann sich aus dem Gebüsche hervorschlug und, sobald er den Schauplatz betreten, in eine Pose fiel, die uns beide, Bauschan ebenso unmittelbar wie mich, bewog, unsre Schritte zu hemmen und betrachtend gegen ihn Front zu machen. Es war ein hinlänglich stattlicher Mann, etwas rauh seinem Äußeren nach, mit einem hängenden Schnurrbart und bekleidet mit Wickelgamaschen, einem Lodenhut, der ihm schief in der Stirne saß, bauschigen Hosen, die aus einer Sorte harten Sammets, sogenanntem Manchester, bestehen mochten, und einem entsprechenden Wams, an dem man allerlei Gurt- und Lederwerk bemerkte, denn er trug einen Rucksack auf den Rücken geschnallt und eine Flinte am Riemen über der Schulter. Besser gesagt: er hatte sie so getragen; denn kaum war er auf dem Plan erschienen, als er die Waffe an sich zog und, die Wange schief gegen den Kolben gelehnt, ihren Lauf schräg aufwärts gegen den Himmel richtete. Ein Bein in der Wickelgamasche hatte er vorgestellt, in der Höhle seiner auswärts gedrehten Linken ruhte der Lauf, während er den Ellbogen einwärts unter denselben bog, den andern aber, den des rechten Armes, dessen Hand am Hahne lag, stark seitlich spreizte und sein visierendes Antlitz schief und kühn dem Himmelslicht darbot. Etwas entschieden Opernhaftes lag in des Mannes Erscheinung, wie sie dort über dem Ufergeröll, in dieser Freiluftszenerie von Buschwerk, Fluß und Himmel ragte. Unsre achtungsvolle und eindringliche Anschauung aber konnte nur einen Augenblick währen – da platzte drüben der flache Knall, auf den ich mit innerer Anspannung gewartet hatte, und der mich also zusammenfahren ließ; ein Lichtlein, blaß von dem hellen Tag, blitzte gleichzeitig auf, ein Wölkchen dampfte ihm nach, und während der Mann sich einen Opernschritt vorwärts fallen ließ, Brust und Angesicht gen Himmel geworfen, die Flinte am Riemen in der rechten Faust, spielte sich dort oben, wohin er blickte und wohin auch wir blickten, ein Vorgang kurzer, stiebender Verwirrung ab: die Entengruppe fuhr auseinander, ein wildes Flattern entstand, wie wenn ein Stoßwind in losen Segeln knallt, der Versuch eines Gleitflugs folgte, und plötzlich zur Sache geworden, fiel der getroffene Körper, rasch wie ein Stein, in der Nähe des jenseitigen Ufers auf die Wasserfläche hinab.

Es war nur die erste Hälfte der Handlung. Doch muß ich mich hier in ihrer Ausmalung unterbrechen, um den lebendigen Blick meiner Erinnerung auf Bauschan zu richten. Geprägte Redensarten bieten sich an, um sein Verhalten zu kennzeichnen, Kurrentmünze, gangbar in großen Fällen, ich könnte sagen, er sei wie vom Donner gerührt gewesen. Allein das mißfällt mir, und ich mag es nicht. Die großen Worte, abgenutzt wie sie sind, eignen sich gar nicht sehr, das Außerordentliche auszudrücken;

vielmehr geschieht dies am besten, indem man die kleinen in die Höhe treibt und auf den Gipfel ihrer Bedeutung bringt. Ich sage nichts weiter, als daß Bauschan beim Flintenknall, bei seinen Begleitumständen und Folgeerscheinungen *stutzte*, und es war dasselbe Stutzen, das ihm überhaupt vor auffälligen Dingen eigentümlich und mir an ihm wohlbekannt ist, nur allerdings ins Grenzenlose gesteigert. Es war ein Stutzen, das seinen Körper nach hinten, nach links und nach rechts schleuderte, ein Stutzen, das ihm beim Zurückprallen den Kopf gegen die Brust riß und ihm beim Vorstoß denselben beinahe aus den Schultern jagte, ein Stutzen, das aus ihm zu schreien schien: ›Was? Was? Was war das? Halt, in drei Teufels Namen! *Wie war das?!*‹ Er schaute und lauschte die Dinge mit einer Art von Entrüstung, wie das höchste Erstaunen sie auslöst, in sich hinein, und dort waren sie auch schon, dort waren sie, als was für ungeheuerliche Neuigkeiten sie sich auch darstellen mochten, schon immer irgendwie anwesend gewesen. Ja, wenn es ihn riß, so daß er sich satzweise nach rechts und links halb um sich selber drehte, so war es, als schaute er sich im Ruck nach sich selber um, fragend: ›Was bin ich? Wer bin ich? Bin ich's?‹ In dem Augenblick, da der Entenleib auf das Wasser fiel, tat Bauschan einen Sprung nach vorn, gegen den Rand der Böschung hin, als wollte er in das Flußbett hinab und sich ins Wasser stürzen. Doch besann er sich auf die Strömung, stoppte seinen Impuls, schämte sich und verlegte sich wieder aufs Schauen.

Ich beobachtete ihn mit Unruhe. Als die Ente gefallen war, fand ich, daß wir genug gesehen hätten, und schlug vor, wir sollten weitergehen. Er aber hatte sich hingesetzt, auf seine Hinterpfoten, das Gesicht mit den hochgespannten Ohren gegen das jenseitige Ufer gewandt, und als ich sagte: »Gehen wir, Bauschan?«, wandte er nur äußerst kurz den Kopf nach meiner Seite, wie wenn jemand nicht ohne Barschheit sagt: ›Bitte mich nicht zu stören!‹ –

und schaute wieder. So beschied ich mich denn, kreuzte die Füße, stützte mich auf meinen Stock und sah ebenfalls zu, was weiter geschah.

Die Ente flog also, eine jener Enten, die sich oft in frecher Sicherheit vor unsrer Nase geschaukelt hatten, trieb auf dem Wasser, ein Wrack, man wußte nicht mehr, wo vorn und hinten war. Der Fluß ist ruhiger hier draußen, sein Gefälle nicht mehr so reißend wie weiter aufwärts. Immerhin ward der Entenbalg sogleich von der Strömung ergriffen, um sich selbst gedreht und fortgezogen, und wenn es dem Manne nicht nur ums Treffen und Töten zu tun gewesen war, sondern wenn er mit seinem Tun einen praktischen Zweck verfolgt hatte, so mußte er sich sputen. Das tat er, ohne einen Augenblick zu verlieren, es spielte sich alles in größter Schnelle ab. Kaum war die Ente gestürzt, als er auch schon springend, stolpernd und beinahe fallend die Böschung hinunterstürmte. Er hielt die Flinte gestreckten Armes dabei von sich, und wieder mutete es höchst opernhaft und romantisch an, wie er, gleich einem Räuber und kühnen Schmuggler des Melodrams, über das dekorationsmäßig wirkende Steingerölle hinabsprang. Bezeichnenderweise hielt er sich ein wenig schräg links, da die treibende Ente vor ihm davonschwamm und es für ihn darauf ankam, sie abzufangen. Und wirklich glückte es ihm, mit dem Flintenkolben, den er nach ihr ausstreckte, weit vorgebeugt und die Füße im Wasser, ihrem Zuge Einhalt zu tun und sie zu fassen: behutsam und unter Schwierigkeiten bugsierte er sie vor dem schiebenden Kolben gegen die Steine und zog sie an Land.

So war das Werk getan, und der Mann atmete auf. Er legte die Waffe neben sich an das Ufer, zog sein Felleisen von den Schultern, stopfte die Beute hinein, schnallte den Sack wieder auf und stieg, so angenehm beladen, gestützt auf seine Flinte wie auf einen Stock, in guter Ruhe über das Geröll und gegen die Büsche empor.

›Nun, der hat seinen Braten für morgen‹, dachte ich mit Beifall und Mißgunst. »Komm, Bauschan, nun gehen wir, weiter geschieht nichts.« Aber Bauschan, nachdem er aufgestanden war und sich einmal um sich selbst gedreht hatte, setzte sich wieder und schaute dem Manne nach, auch als dieser vom Schauplatz schon abgetreten und zwischen den Sträuchern verschwunden war. Es fiel mir nicht ein, ihn zweimal zum Mitgehen aufzufordern. Er wußte, wo wir wohnten, und wenn er es vernünftig fand, mochte er noch längere Zeit hier sitzen und glotzen, nachdem die Sache sich abgespielt hatte und nichts mehr zu sehen war. Der Heimweg war lang, und ich für mein Teil machte mich daran, ihn zurückzulegen. Da folgte er denn.

Er hielt sich zu mir auf diesem ganzen peinlichen Heimwege, ohne zu jagen. Er lief nicht schräg vor mir, wie es sonst seine Gewohnheit, wenn er eben zum Stöbern und Spüren nicht aufgelegt ist, sondern ging etwas hinter mir, im Schritt, und zog eine Art von Maul, wie ich bemerken mußte, wenn ich mich zufällig einmal nach ihm umsah. Das hätte hingehen mögen, und viel fehlte, daß ich mich dadurch in Harnisch hätte jagen lassen; im Gegenteil war ich geneigt, zu lachen und die Achseln zu zucken. Aber alle dreißig bis fünfzig Schritte *gähnte* er, und das war es, was mich erbitterte. Es war das unverschämte, sperrangelweite, grob gelangweilte und von einem piepsenden Kahllaut begleitete Gähnen, das deutlich ausdrückt: ›Ein schöner Herr! Kein rechter Herr! Ein lumpiger Herr!‹, und wenn der beleidigende Laut mich niemals unempfindlich läßt, so war er diesmal vermögend, unsre Freundschaft bis in den Grund zu stören.

»Geh!« sagte ich. »Geh fort! Geh doch zu deinem Herrn mit der Donnerbüchse und schließ dich ihm an, er scheint ja nicht im Besitz eines Hundes, vielleicht kann er dich brauchen bei seinen Taten. Er ist zwar nur ein Mann in

Manchester und kein Herr, aber in deinen Augen mag er ja einer sein, ein Herr für dich, und darum empfehle ich dir aufrichtig, zu ihm überzugehen, da er dir denn nun einmal einen Floh ins Ohr gesetzt hat, zu deinen übrigen.« (So weit ging ich.) »Ob er auch nur einen Jagdschein aufzuweisen hat, wollen wir ihn nicht fragen, es könnte sein, daß ihr in Ungelegenheiten kämet, wenn man euch eines Tages bei eurem sauberen Treiben ertappt, aber das ist eure Sache, und mein Rat ist, wie gesagt, der aufrichtigste. Über dich Jäger! Hast du mir je einen Hasen gebracht für meine Küche, von all denen, die ich dich hetzen ließ? Meine Schuld ist es nicht, wenn du keinen Haken zu schlagen verstehst und mit der Nase in den Kies fährst wie ein Narr, in dem Augenblick, wo es gälte, Gewandtheit zu zeigen! Oder einen Fasan, der doch nicht minder willkommen gewesen wäre in den schmalen Zeiten? Und jetzt gähnst du! Geh, sage ich. Geh zu deinem Herrn mit den Wickelgamaschen und sieh zu, ob er der Mann ist, dich an der Kehle zu krauen und dich gar dahin zu bringen, daß du lachst – meinem Dafürhalten nach kann er selbst kaum lachen, höchstens sehr roh! Wenn du glaubst, daß *er* dich wissenschaftlicher Beobachtung übergeben wird, falls es dir einfällt, okkult zu bluten, oder daß du als *sein* Hund für nervös und anämisch erklärt werden wirst, so geh nur zu ihm, doch könnte es sein, daß du dich im Irrtum wiegtest in Hinsicht auf das Maß von Achtung, das diese Art Herr dir entgegenbringen würde! Es gibt Dinge und Unterschiede, für die solche bewaffneten Leute viel Sinn und Blick besitzen, natürliche Verdienste oder Nachteile, um meine Anspielung *schon deutlicher* zu machen, knifflige Fragen des Stammbaumes und der Ahnenprobe, daß ich mich ganz unmißverständlich ausdrücke, über die nicht jedermann mit zarter Humanität hinweggeht, und wenn er dir bei der ersten Meinungsverschiedenheit deinen Knebelbart vorhält, dein rüstiger

Herr, und dich mit mißlautenden Namen belegt, dann denke an mich und diese meine gegenwärtigen Worte...«
So beißend sprach ich während des Heimweges zu dem hinter mir schleichenden Bauschan, und wenn ich auch nur innerlich redete und meine Worte nicht laut werden ließ, um nicht exaltiert zu erscheinen, so bin ich doch überzeugt, daß er genau verstand, wie ich es meinte, und jedenfalls der Hauptlinie meines Gedankenganges sehr wohl zu folgen vermochte. Kurz, das Zerwürfnis war tiefgreifend, und zu Hause angelangt, ließ ich absichtlich die Gartenpforte knapp hinter mir ins Schloß fallen, so daß er nicht mehr mit durchschlüpfen konnte und mit Ansprung hinüberklettern mußte. Ohne mich auch nur umzusehen, ging ich ins Haus und hörte noch, daß er quiekte, da er sich beim Klettern den Bauch gestoßen, worüber ich nur höhnisch die Achseln zuckte. –
Das aber ist nun schon lange her, mehr als ein halbes Jahr, und es ist damit gegangen wie mit dem klinischen Zwischenfall: Zeit und Vergessen haben es zugedeckt, und auf ihrem Schwemmgrunde, welcher der Grund alles Lebens ist, leben wir fort. Längst, obgleich er noch einige Tage nachdenklich schien, erfreut Bauschan sich wieder in voller Unbefangenheit der Jagd auf Mäuse, Fasanen, Hasen und Wasservögel, und bei unserer Heimkehr beginnt schon sein Warten aufs nächste Mal. Oben vor der Haustür wende ich mich dann wohl noch einmal nach ihm um, und das ist das Zeichen für ihn, in zwei großen Sätzen über die Stufen zu mir heraufzuspringen und mit den Vorderpfoten an der Haustür hinaufzugehen, sich hoch daran aufzurichten, damit ich ihm zum Abschied die Schulter klopfe. »Morgen wieder, Bauschan«, sage ich, »falls ich nicht in die Welt gehen muß.« Und dann spute ich mich, hineinzukommen und meine Nagelschuhe loszuwerden, denn die Suppe steht auf dem Tisch.

# GESANG VOM KINDCHEN

## Idylle

*Hier sind wir denn vorerst ganz still zu Haus.*
*Von Tür zu Türe sieht es lieblich aus;*
*Der Künstler froh die stillen Blicke hegt,*
*Wo Leben sich zum Leben freundlich regt.*
*Und wie wir auch durch fremde Lande ziehn,*
*Da kommt es her, da kehrt es wieder hin;*
*Wir wenden uns, wie auch die Welt entzücke,*
*Der Enge zu, die uns allein beglücke.*

GOETHE, CAMPAGNE IN FRANKREICH

*Vorsatz*

Bin ich ein Dichter? War ich's zuweilen? Ich weiß nicht. In Frankreich
Hieße Poet ich nicht. Man scheidet bequem und verständig
Dort den Reimschmied vom Manne der gradausgehenden Rede.
Jener heißt Dichter, der andere Autor etwa, Stiliste
Oder Schriftsteller; und wahrlich, man schätzt sein Talent nicht geringer.
Nur eben Dichter nennt man ihn nicht: er drechselt nicht Verse.
Mein Teil nun war immer die Prosa, schon seit dem Knaben
Erste Liebesschmerzen verblüht und frühe der Jüngling

Sich zum Werke nüchtern bereitet. Ein edles
 Gewaffen
Schuf der Verletzliche sich in ihr, die Welt zu
 bestehen,
Und er trug es mit Anmut: Gesteh' ich's, manch
 schönes Gelingen
Krönte mein Mühen um deutsches Wort, und eben-
 geboren
Dünkt' ich mich manchem Sänger an Künstlerwürde und
 -wissen.
Denn *Gewissen* schien immer mir Sinn und Sache der
 Prosa:
Das Gewissen des Herzens und das des verfeinerten
 Ohres.
Ja, sie schien mir Moral und Musik, – so übt' ich sie
 immer.
Dichter? Ich war es! Denn wo sich ursprünglich die Liebe
 zur Sprache
Jeder Liebe gesellt und allem Erleben sich mischet,
Da sei von Dichtertum kühnlich die Rede, – das Wort ist
 am Platze. –
Dennoch, erinnere dich! Gedenke verjährter Beschä-
 mung,
Heimlicher Niederlage, nie eingestandnen Versa-
 gens:
Wie du in Tugend den Mangel verkehrt und Staunen
 sogar noch
Endlich dafür geerntet, – doch Bitterkeit blieb auf der
 Zunge.
Weißt du noch? Höherer Rausch, ein außerordentlich
 Fühlen
Kam auch wohl über dich einmal und warf dich dar-
 nieder,
Daß du lagst, die Stirn in den Händen. Hymnisch erhob
 sich

Da deine Seele, es drängte der ringende Geist zum Gesange
Unter Tränen sich hin. Doch leider blieb alles beim alten.
Denn ein versachlichend Mühen begann da, ein kältend Bemeistern, –
Siehe, es ward dir das trunkene Lied zur sittlichen Fabel.
War es nicht so? Und warum? Es scheint, du wagtest den Flug nicht?
Was dir ziemte, was nicht, du wußtest's im innersten Herzen
Und beschiedest dich still; doch schmerzte der tiefere Fehlschlag.
Nochmals, war es nicht so? Und sollt' es dabei sein Bewenden
Immer behalten? Schriftsteller bliebst du und Prosaerzähler?
Dürftest nie als Poet dich fühlen, wie er im Buch steht?
So wär's vom Schicksal verbrieft und besiegelt? – Laßt mich doch sehen!
Einen Silbenfall weiß ich, – es liebten ihn Griechen und Deutsche, –
Mäßigen Sinnes ist er, betrachtsam, heiter und rechtlich;
Zwischen Gesang und verständlichem Wort hält er wohlig die Mitte,
Festlich und nüchtern zugleich. Die Leidenschaft zu malen,
Innere Dinge zu scheiden, spitzfindig, taugt er nicht eben.
Aber die äußere Welt, die besonnte, in sinnlicher Anmut
Abzuspiegeln in seinem Gekräusel, ist recht er geschaffen.

Plauderhaft gibt er sich gern und schweift zur Seite. Besonders
War es ihm immer gemäß, wenn es häuslich zuging und
  herzlich.
Frühe fiel er ins Ohr mir, auf deutsch, übertragener-
  weise,
Als der Knabe den Sinn sich erhöht an den Kämpfen
  Kronions
Statt an Indianergeschichten. Die Weise blieb mir
  geläufig
Immer seitdem; sie geht mir bequem von der Lippe; und
  manchmal
– Ihr merktet's schwerlich – schlich sie sich ein in meine
  Erzählung,
Wandelnd den ungebundenen Trott zum Reigen der
  Verse. –
Gönne mir einmal, Muse, den heiter gemessenen Gang
  denn
Offenkundig! Die Stunde ist da und der trefflichste
  Anlaß!
Denn ich will sagen und singen vom Kindchen, dem
  jüngsten der meinen,
Das mir erschien in härtester Zeit, da ich nicht mehr jung
  war.
Und was kein Drang der Seele, kein höher Befahrnis
  vermochte,
Das wirke Vatergefühl: es mach' mich zum metrischen
  Dichter.

*Lebensdinge*

Letztgeborenes du und Erstgeborenes dennoch
Mit erst in Wahrheit! Denn bedeutende Lebensjahre
Waren mir hingegangen, dem reifenden Manne, seitdem
  ich

Vater geworden zuletzt; derweilen deine Geschwister
Wuchsen heran: Es sind vier kluge, gutartige Kinder,
Zwischen dreizehn und sieben, nicht weit voneinander im Alter.
Staunend sah sie der Jüngling-Vater zusammensichfinden
Binnen so kurzem, Jahr fast um Jahr, – der eben noch einzeln,
Und mit kindischem Stolz ob ihrer muntren Versammlung,
Wie ob aller Wirklichkeit, welche dem Träumer je zufiel.
(Denn den Menschen des Traums dünkt Wirklichkeit nun einmal immer
Träumerischer als jeder Traum und schmeichelt ihm tiefer.)
So denn wußt' er nicht wenig sich mit dem stattlichen Anhang.
Und der bürgerlichen Befestigung. Aber auch bänglich
Kam es nicht selten ihn an und er wandte im Inneren hinweg sich,
Sorgend bedacht, seine Freiheit und Einsamkeit vor dem Leben,
Das er doch redlich gesucht und sittlich gewollt, zu bewahren.
Wohl liebt' ich sie, meiner Sehnsucht und meines Schicksals Geschöpfe,
Die nun als Menschen wandelten, bergend ihr eigenes Schicksal;
Liebte sie um der Mutter, der Märchenbraut willen von einstmals,
Die sich der Jüngling erschaut und erworben, – sie waren ihr Glück ja.
Und als der Älteste, der schöne, besondere Knabe,

Auf den Tod lag, vielfach vom Messer des Arztes geöffnet,
Untät'gen Eingeweides, nur noch ein hölzernes Püppchen,
Der sonst Blühende, sinnlos, und im Begriffe zu scheiden,
Wollte das Herz mir brechen ob ihrer bitteren Schmerzen,
Und wir weinten innig zusammen. Aber zu plötzlich
Hatte der Baum meines Menschtums, der jüngst ein schmächtiger Jünglings-
Stamm noch, reich sich verzweigt und seine Krone gebreitet,
Daß es mich nicht verwirren und lächerlich fast mich bedünken
Hätte sollen. All die Wirklichkeit, die mich umringte,
War sie aus Traum nicht eher entsprungen denn aus dem Leben
(Wenn auch zur menschlichen Unternehmung diesmal der Traum mir
Wunderlich ausgeschlagen): nämlich aus Schönheit und Sehnsucht?
Und so erschien sie als krauses Abenteuer dem Träumer,
Das er belustigt sich gefallen ließ, aber in Abwehr
Auch, nicht willens, sich dran zu verlieren, neugierige Kühle
Wahrend und oft gereizt, wenn es störend zudrang und lärmte.
So schritt die Zeit, und in ihr schritt ich des eigenen Weges,
Um mich die kleine Gemeinschaft, die traulichste unter den Menschen,
Die mir erwachsen aus Traum und lebensgutwilliger Bravheit.

Vierzehn Jahre waren verlebt, seitdem ich die Braut mir
Heimgeführt; in sieben waren die viere gekommen;
Andere sieben vergingen, und unsere Zahl schien
   vollendet.
Ja, nur Entfaltung noch gab es, nicht Nachkunft mehr,
   und geschlossen
Beieinander wuchsen sie auf, zwei Männlein, zwei
   Fräulein.
Fortschreitend lösete sich das Leben von seinem
   Ursprung,
Und kein neu aufsprießender Anwuchs knüpfte das Band
   mehr
Zwischen Sein und Werden. – Aber mich unterdessen
Lehrten Zeit und Gewöhnung herzhaft lieben, was mein
   war.
Denn des Jünglings Sache ist Sehnsucht, aber des
   Mannes
Ist die Liebe. Sehnsucht trachtet nach dem, was nicht
   unser;
Dorthin schlägt sie immer die farbige Brücke und
   heißet
Das Uneigene schön. Aber herzlich zu hegen
Und mit Schönheit zu segnen, was unser, dieses ist
   Liebe.
So erfuhr ich's: Ehren lernt' ich das Menschlich-Meine.
Wunderlich schien es mir, das Geschlecht, und unter den
   andern
Ganz besonders; Ausdruck meines eigensten Lebens,
Werk meines Traums, wie nur irgendein andres, und
   Geist meines Geistes.
War nicht Leben und Werk mir immer eines gewesen?
Nicht Erfindung war Kunst mir: nur ein gewissenhaft'
   Leben;
Aber Leben auch Werk, – ich wußt' es niemals zu
   scheiden.

Also faßt' ich ein Herz mir zu dem, was einst mich
    verwirrte.
Heiter bejaht' ich's und beruhigt und hielt es als das
Meine wert, nicht länger davon beschwert und belästigt.

Da denn nun, da innerlich alles also bestellt war,
Keimtest du und wardst mir geboren, teuerstes Leben,
Liebes Kindchen! Und wie anders war mein Gemüt
    nun
Vorbereitet für solchen Empfang auf mancherlei Weise!
Eines Abenteuers leibliche Bilder und Zeichen
Waren mir die anderen gewesen; du erst, mein Liebling,
Warest Frucht der männlichen Liebe, treuen Gefühls,
Langer Gemeinschaft in Glück und Leid. – Orkanische
    Zeiten
Brachen herein, der Boden wankte, es stürzte ein
    Weltbau.
Groß war die Not des ernstlich lebenden Menschen, sie
    hatte
Weicher und fester zugleich mich gemacht und streng
    mich gehalten,
Mit Bewußtsein einzunehmen den Platz, der mir
    zukam,
Ehrenvoll oder nicht, doch wo ich entschieden nun
    fußte.
Wird doch die Kraft zur Liebe erst wahrhaft frei und
    vertrauend,
Wenn wir das eigene Schicksal erkennen gelernt und,
    erkennend
Seiner mächtig geworden, klar als ein Mann es
    beherrschen.
Dankbarkeit lernen wir dann auch für Liebe, die wir
    erfahren,
Während das Trachten des Jünglings undankbar darüber
    hinschweift,

Sie gereizt verschmäht und verwirft. Es stellt sich der Stolz ein
Auf den verdienten Freund und seine Leistung, die unsre
Erst ergänzt und verstärkt. Wie waren wir ehemals doch so
Unbedingt! Am eigenen Wert verzagten wir lieber,
Eh' wir den sicheren Wert des Freundes, welcher uns anhing,
Freudig nahmen zur Bürgschaft. – Das alles ändert sich nunmehr.
Aufsprang das Tor des fünften Jahrzehnts, wir schritten hindurch schon,
Von den Horen geführt, – was hülfe es, wollten wir zaudern!
(Aber es schreitet willig der Mensch und seltsam gelassen
Vorwärts ja in der Zeit: er weiß, es birgt ihn das Leben.)
Silbricht glänzt uns die Schläfe: Da stellt sich anders die Welt denn
Nun dem Wandernden dar, und anders lebt sich's als vordem.
Nur des Geistigen achtet der spröde Jüngling, sein Blick ist
Ins Gewirr der inneren Dinge grübelnd verloren,
Und den Sinnen mißtraut er. Aber kommt nur die Zeit erst,
Freundlicher redet Natur dann zu einem schlichteren Herzen.
Ehemals rührte uns nicht der wieder keimende Frühling
So und sein lieblicher Anhauch; wir kannten die dankbare Inbrunst
Jugendlich nicht, mit der wir heute dem zauberischen

Duft der Sommerrose uns neigen, noch grüßte das
  Auge
Zärtlich schon, wie heut', das Bild der weißstämmigen
  Birke,
Welche so zierlich jungfräulich das Gelock ihres
  Laubes
Hangen läßt am goldenen Nachmittag. – Seltsame
  Rührung,
Was bedeutest du doch und was dies liebende
  Anschaun?
Will Natur mit sanfter Verlockung das Herz uns
  gemahnen,
Daß wir ihr gehören und in sie kehren in Bälde?
Zieht sie schon leise uns hin, zur Süße die Sinne uns
  reifend? –
Töchterchen, sieh, so war ich im Herzen gestimmt und
  bereitet,
Dich zu empfangen aus dem Schoß des organischen
  Dunkels,
Das dich treulich gehegt und genauestens fertig
  gebildet
Nach den Gesetzen der Art. Nicht wußt' ich schon, daß
  ich dich liebte.
Doch als das schwere, heitere, heilige Wunder
  geschehen;
Als du erschienen warst und dem Lichte gehörtest,
  wonach du
Lange schon, lebhaft, in Stößen, die ich belauschte,
  gedränget;
Als ich zuerst die nichtige Last auf ängstlichen
  Armen
Mir gespürt und mit stillem Entzücken gesehn, wie dein
  Auge
Widerstrahlte das Himmelslicht; dann dich – oh, wie
  behutsam,

Niedergelassen an deiner Mutter Brust: da füllte
Ganz mit Gefühl sich auf einmal mein Herz, mit segnender Liebe.

### *In der Frühe*

Wann ich mit erdkaltem Wasser die Augen geklärt mir am Morgen,
Froh der erneuerten Frühe und ihrer Reinheit und Tugend,
Kindchen, so ist mein erster Gang zu dir, in dein kleines
Reich, wo eben das Bad dir die zarten Glieder umspület
In der Zwergenwanne auf dem Gestelle, worin es
Dir die Pflegerin mischte. Du aber lachst mir entgegen,
Schon von weitem, wendest nach mir die lustigen Augen
Mit dem Lächeln der Freude und des vertrauten Erkennens,
Das mich so glücklich machte, als ich es erstmals sich regen
Sah und erwachen in deinen Zügen bei meinem Anblick, –
Glücklich fast, ich gesteh's, wie den Liebenden das der Geliebten.
Naß bespritzt ist des Zimmers Bodenbelag in der Runde,
Denn du regst dich lustig im Bade, ziehest und streckest
Keck die Beinchen, stoßweis', und schlägst mit den kleinen Armen
In die behagliche Flut mit unternehmender Miene,
Dich zu zeigen stolz, in der nassen Wange ein Grübchen, –
Über den Wannenrand springen die Tropfen und nässen den Rock mir.
Nicht bedeckt das Wasser dich ganz, da die Wärterin sorglich

Dir mit der Linken das Köpfchen unterstützt; denn das
    Wasser,
Das deinem kleinen Leibe dient und schmeichelt, und
    dem du
Sorglos vertraust, es ist dein Element doch nicht länger,
Seit du im Dunklen die Stufe der Kiemen hinter dich
    legtest,
Und das Falsche erstickte dich, wenn man dich ihm über-
    ließe.
Unbespült ist dein Brüstchen, und so nehm' ich den
    kleinen
Goldgelben Schwamm, der im Wasser schwimmt, und
    drücke ihn langsam
Über dir aus und abermals, wieder und wieder, so daß
    der
Laue, kristallene Strahl sanft niedergeht auf deine
    Glieder
Und sich abfließend darüber verteilt. Es freut dich das
    Treiben,
Und du achtest lächelnd der angenehmen Empfindung.
Dann so hebt die Pflegerin dich mit sorglichen Händen
Aus dem Bad, von dem dein Körperchen trieft, und sie
    legt dich
Auf den gepolsterten Tisch, in das flockige Tuch, das
    bereit liegt,
Am elektrischen Ofen gewärmt, und worein sie dich
    hüllet
Über und über, um dich zu trocknen. Ich aber verweile
Gern noch etwas und habe acht der weiteren Pflege,
Deines kleinen Putzes und Anzugs; wie man dreieckig
Dir das Höschen faltet und die wärmenden Stücke
Eins nach dem andern dir anlegt; denn Wärme ist dir
    vonnöten
Vor allen Dingen: Du bist sie gewöhnt vom gefriedeten,
    dunklen

Aufenthalt her, den du erst kürzlich verließest, und noch bist
Du ein Neuling auf dieser kühlen Welt und ein Fremdling.
Wohlgewickelt denn nun und walzenförmig zu schauen
Unterwärts bis an die Brust, so stellst du dich vor; doch darüber
Stehen die Ärmchen in weißem Pikee dir, gleichwie zwei Flügel,
Beiderseits waagerecht ab, und oben auf deinem Haupte,
Gerade über der Stirn, ragt spitz ein wunderlich Schöpfchen
Deines lichtblonden Haars, das die Muhme mit samtenem Bürstchen
Dir geglättet: Ganz dünn ist's am hinteren Kopfe vom Liegen,
Aber oben legt sich's und steht in launischen Wirbeln
Dir um das kleine Haupt; und vorne bäumt sich das Schöpfchen.
So begrüße ich dich, ganz fertig, in meinen Armen,
Rückwärts geneigt, dein Augenpaar dicht vor dem meinen; und kühnlich
Greifst du mit deinen warmen Händchen in das Gesicht mir,
Packest Lippen und Nase und lachst, wenn mit Brummen und Schnappen
Ich gefährlich mich stelle. – Sodann erhältst du dein Frühstück,
Ziehest, im Arm der Wärterin liegend, mit Ernst aus der Flasche
Warme Milch, versetzt mit Haferschleim und Zucker.
Gerne schluckst du den Trank; doch wie sich der Magen dir füllet,

Nach der Bewegung, den Reizen des Bades, schläfert's
  dich wieder.
Viel schon hast du gelebt; man legt dich zurück in dein
  Bettchen,
Und da kaum getan, womit wir anderen Großen
Uns nur erst rüstig machen zum Tage – entschlummerst
  du wieder.

### *Das Mal*

Mich aber nimmt der Tag der Erwachsenen hin, es wech-
  seln
Die geordneten Stunden, und jede bringt das Ihre.
Ernst des Alleinseins, leichterer Austausch und einige
  Ruhe,
Diese wechseln. Und nur von weitem noch blicke ich
  meistens
Auf dein gesondertes Dasein, dies vorläufige Leben, –
Dämmernd streicht es dahin dir hinter dem Gitter-
  geländer
Deines tiefen Bettchens, darin du beinahe verschwin-
  dest,
Da es doch selbst nur so klein: rings um dich her ist die
  Leere,
Oben und unten und beiderseits, – winzig liegst du in der
  Mitte.
Oder es bietet der sommerlich blühende Garten den
  Raum dir,
Zu verträumen die flüchtige Frühzeit in deinem Wa-
  gen
(Hochrädrig ist er, gut federnd, mit Gummireifen ver-
  sehen
Und mit grünen Gardinen aus Seide, zum Schutz vor der
  Sonne):
Darin liegst du inmitten des Rasenplatzes gen Süden,

Schlafend zumeist. Denn wie im Mutterleibe, wo mählich
Während des Werdens Schlaf und Wachen sich schieden, so ist noch
Tag dir wie Nacht, und reichlicher Schlummer verteilt sich auf beide.
Doch wenn du wachst, mit offenen Augensternen, so spielen
Deine Händchen wohl mit dem Zipfel der grünen Gardine,
Oder du handhabst leichthin das anmutige Spielzeug,
Das ein Freund des Hauses verstohlen dir in den Wagen
Legte: einen beinernen Ring, worin ein Glöckchen
Hängt, in Form eines Apfels, fein getrieben, aus Silber
Und von dem reinsten Klang, so daß dein Aufenthalt lieblich
Sich von weitem verkündet. Dieses betrachtest und hörst du
Gerne, deinem zarten Sinne einprägend die feine
Unschuldig heitre Gestalt, den reinen Laut dieses Dinges,
Das dein eigen als erstes. Oder du weinst auch, verdrießlich,
Da du Reiz und Schmerz verspürst des drängenden Zahnbeins,
Das im Begriffe, das zarte Kieferfleisch zu durchbrechen.
Hör' ich dich so, so lasse ich wohl mein Geschäft und trete
Zu dir hinaus durch die Glastür, hinab die steinernen Stufen
Und auf den Rasen: Es setzt mein Knie dein federndes Lager
Leise in seitliches Schwingen, und leise sprech' ich dir zu dann,

Mit Vertrauen zu füllen und stille zu machen dein Seelchen
Durch den gleichmäßigen Tonfall ruhiger Liebe. Doch weiß ich:
Vorsichtig muß man zu dir treten und schonend; denn ob du
Weinst oder heiter ruhst, dein zarter Aufbau erträgt nicht
Die unverhoffte Erscheinung, die jäh antönende Stimme.
Sie entsetzen dich, du zuckst zusammen, die Ärmchen
Fahren dir über den Kopf, die Augen erweitern sich schreckhaft,
Und ein verwirrtes Leuchten bricht aus ihren Sternen. Gelinde
Also muß man dir nahen und so anheben den Zuspruch.
Denn noch ist schwach und schwankend im Gleichgewichte dein Wesen,
Und du wurdest empfangen, wurdest ausgebildet
In ungeheuren Zeiten. Qualvoll wälzte die Welt sich
Um, es strömte Blut, jede Brust war bedrängt, den Gedanken
Hetzte die Not. Du freilich warst noch vorm Tage geborgen,
Kindchen, tiefere Stufen durchlaufend in stiller Entfaltung.
Aber es brandete schütternd die Zeit an deine Gefriedung;
In dein Werden pulste der Krampf hinein eines Erdteils;
Mütterlich hegte ratloser Gram dich, was aus der Welt denn
Und aus dem Vaterland möchte, dem schuldlos-schuldigen, werden.

Dürftig nährte der Deutsche sich, da feindliche Kriegsmacht
Ihm die Zufuhr sperrte; es fehlte an Fett und an Eiweiß.
Rüstiges Alter verfiel, das lang noch sonst sich des Lebens
Mochte erfreuen, und sank ins Grab vorzeitig. Dem Manne
Höhlte die Wange und spitzte das Kinn sich. Keimhafte Krankheit
Fand nur zu günstigen Boden im Lande, den Mangel bereitet,
Und im Mutterschoß darbte das stoffbegierige Leben.
Siehe, so kamst du zur Welt: nicht kränklich, aber doch reizbar, –
Blüte unserer Sorgen! Ja, es hat die Natur dich
Ausgemerkt vor deinen Geschwistern als Kind dieser Zeiten
Durch ein feurig Mal: links zwischen Schläfe und Stirne
Steht es dir, erbsengroß, zum Zeichen deiner Entstehung.
Jedenfalls deuten wir's so: es scheint uns ein Stigma des Krieges.

*Schwesterchen*

Und sie ehrt und schont dich denn auch, die muntre Gemeine:
Streit und Tumult verstummen, bist du im Kreise zugegen,
Heilig und neu auf Erden, stumm in der geschwätzigen Mitte,
Unkundig noch der Muttersprache, nur schauend und lauschend,

Tief unter uns, die lang schon eingebürgert, am Tische,
Über dem Boden gleich, auf deinem winzigen Armstuhl,
Dessen Rückenlehne uns Großen nur bis zum Knie reicht:
Darin sitzest du, schräg in den Winkel gelehnt; und es dämpfen
Ihre Stimmen zärtlich die Großen und Wachsenden, wenn sie
Zu dir sich neigen und zu dir sprechen, so daß du aufblickst,
Herzlich lächelnd, ohne Verständnis, aber der Liebe
Zutraulich lauschend und in der Miene, von Anfang bekannt dir,
Klug zu lesen bemüht. Es scheint dein gebrechliches Wesen
Ganz das des hohen Alters: Der zahnlose Mund und der mühsam
Suchende Blick, das wackelnde Häuptchen, nicht fest im Genick noch,
Und die Schwäche des Rückgrats, – alles gemahnt an sein menschlich
Widerspiel am Ende des Lebens; doch ist es lieblich
Anfangs und weckt, nebst Rührung, Entzücken; während das späte
Unvermögen, welches wir gleichfalls ehren und schonen,
Hauch der Krypte umweht, so daß es kühl uns durchschauert. –
Heiliges Kindchen! So nenn' ich dich oftmals nicht ohne Andacht,
Deine süße Würde menschlich im Herzen empfindend.
Rein und unschuldsvoll ist deine Nahrung; den lieblich geschürzten,
Bogenförmigen Mund, wie Maler ihn Engeln verliehen,

Niemals entweihte ihn noch das Wort, das da füget zum
  Wort sich,
Und worin Lüge schläft und schlimme Vernunft und
  der Zweifel.
Und ich denke der Stunde, letzthin, an meinem Geburts-
  tag,
Als ich stand und sie dich mir brachten, im Scherze, da-
  mit du
Auch gratuliertest. Sie hatten dich festlich geputzt aus
  dem Anlaß,
Und da ich sonst dich nur in Windeln gekannt und im
  Kissen,
Trugest du erstmals ein Kleid, aus weißer Seide, das lang
  dir
Über die Füße hing, ein Ornat, und der kürzlich
  gestärkte
Hals- und Brustlatz umgab dir das Kinn mit spanischer
  Strenge:
Überaus würdig erschienst du mir da und beinahe geist-
  lich. –
›Schwesterchen‹ heißt du im Hause, und wunderlich lau-
  tet der Name.
›Schwestern‹ hießen dereinst in der giebligen Heimat die
  grauen
Bräute des Heilands mit Haube und Rosenkranz, die bei-
  einander
Irgendwo wohnten im Winkligen, einer Ob'rin gehor-
  sam,
Wo sie der Knabe besuchte, zu sehen die goldne
  Kapelle,
Und von denen die Sanfteste pflegte den Vater zu
  Tode,
Auch uns Kinder oftmals versah, wenn wir fiebrig
  erkrankten:
Stille kam sie, die Angenehme, stellte die kleine

Reisetasche beiseite, tat dann von sich das graue
Umschlagtuch und die graue Haube, die sie im Freien
Über der weißen, gefältelten trug, und so ging sie auf weichen
Schuhen umher, Kompressen bereitend und die Verordnung
Reichend, indes der hölzerne Rosenkranz an ihrem Gürtel
Leise klapperte. An dem Bette des Fiebernden saß sie
Stundenlang und las ihm Geschichten, las uns die Sagen
Vor, die wir liebten, die schauerlichen; doch tat sie's nicht gerne.
Denn der Böse kam öfters drin vor, und sie scheut', ihn zu nennen.
Darum sagt sie »Teubel«, »Toixel« oder auch »Deuker«,
Wenn es denn sein mußt', den Namen umschreibend. Wir liebten sie alle.
Sie war nicht Magd und nicht Dame, nicht Volk und nicht obere Klasse,
War keine Ehefrau, doch schämig spähendes Mädchen
Auch wieder nicht. Sie stand ganz außer aller Gesellschaft
Und bewegte sich still doch in ihr, half leiden und sterben.
Unbeteiligt am Menschlichen, übte sie gleichwohl in linder
Menschlichkeit sich beständig. Ihr Lächeln zeigte die schönsten
Zähne, von reinem Schmelz, und freundlich angestrengt schien es,
Da eine Ader, oder war es ein länglicher Muskel,
Auf ihrer Stirn, wenn sie lächelte, unter der Haubenrüsche

Mit unbeschreiblich gütevollem Ausdruck hervor-
trat.
Niemals sah ich ihr Haar. Sie war nicht weiblichen
Wesens,
Und doch von männlichem ganz und gar nicht: Alles in
allem
Schien sie ein Engel. »Schwester«, riefen wir sie, wenn
uns dürstet', –
Mit diesem Namen, der spröde lautet und zärtlich auf ein-
mal,
Kühl und fromm zugleich, vertraulich und heilig gefrie-
det.
›Schwesterchen‹, so heißest du denn, oder so hießest du
doch, eh'
Du auf einen Christennamen ehrsam getauft warst,
Und noch anders als ›Schwester‹ mutet der Laut an, er
klingt mir
Heiter versteckt und weither, vorchristlich beinahe und
mythisch.
Wunderlich herzliche Kraft besitzt die verkleinernde
Form doch
In unsrer Sprache, das ungeschlechtliche Diminuti-
vum, –
Wie in dem Worte ›Märchen‹ selbst, so durchaus; und
besonders
In den heimlichen Namen, womit man ehmals das kleine
Volk benannte der Querge und sein koboldisches Mit-
glied,
Das im Hause trieb sein neckend-dienendes Wesen;
Hausschrättlein, Heinzlein, Wichtlein, Hütchen hießen
die Vordern
Zag-vertraulich das fremde, schwer begreifbare Freund-
chen...
»Schwesterchen!« Will doch der Laut mir heiter- und
zärtlich-dämonisch

In das Ohr gehn, mit dem wir dich nennen, wenn du vom Stühlchen,
Unter dem Tische mehr als an ihm, wackelnd heraufblickst,
Freundlichstumm, noch unzugehörig und eines von uns doch,
In den Kreis der oberen redekundigen Menschen.

*Die Unterhaltung*

Aber bist du ein Kindchen, ein Märchen, ein Heinzlein, so tut doch
Schon dein Geschlecht sich hervor: Man kennt es an deiner Gewecktheit.
Weibchen bist du und neubegierig, inständig beflissen,
Das Anschauliche aufzunehmen und dankbar dem Führer,
Der es dir weiset: Da zeigst du dich frühauf, vordrängenden Geistes,
Ungleich dem Knaben, der alles verschiebt in schläfriger Saumsal.
Kleines Mädchen! Ich unterhalte dich gern, denn es lohnt sich.
Wie du lachst, wenn ich, neben dir kauernd am fahrbaren Tischchen,
Beuge den dicken Mann, der nur ein Kopf und ein Bauch ist,
Und dem das Bleigewicht unten liegt, dem Stehauf, so daß er
Taumelnd emporschnellt und schwankt und sich vor Lachen den Bauch hält.
Oder wenn ich am Kopf ihn nehme und kreiseln lasse,
Daß er im Torkeltanze sich schwingt wie ein flämischer Bauer!

Das ergötzt dich; doch ist's nur tägliche Kost, und du weißt dir
Ungleich Besseres: Wenn ich aus Tisch und Stühlchen dich ziehe
Und dich trage, zu eröffnen die weitere Welt dir:
Aber den Vorplatz, die Treppe hinab mit den spanischen Bildern,
Über die Diele sodann, wo Kamin und Lüster zu sehn sind,
In mein Bücherzimmer. Du schaust, das Köpfchen im Nacken,
Offenen Mundes staunend der fremderen Wände und Räume.
Nun bist bei mir du, in meinem Eigen, wo du mein Gast bist.
Aufrecht halte ich dich auf meinem Arme, doch lehnst du
Meistens das Häuptchen dabei, das schwanke, an meine Schläfe,
Warm und lieblich; es lacht mir in Rührung das Herz. Und ich weise
Dir die Dinge der Welt und nenne dir schon ihre Namen, –
Schauend und lauschend nimmst du sie auf, die Sinne erprobend,
Und es verschmilzt dir das Bild mit dem Laute, den schon du zuweilen
Lallend nachzubilden versuchst mit der tastenden Zunge:
Ein rotes Buch ist's, die blendende Schale, worinnen das Licht sich
Spiegelt, das eiserne Menschenhaupt auf dem Gestell und der Erdball,
Aber das Liebste und Wunderbarste, wonach du zurückstrebst
Immer mit Kopf und Hand, indes um den Raum ich dich führe,

Ist die lebendige Uhr in der Ecke: Dort auf dem Schränkchen
Aus Palisander, eingebaut zwischen Bücherregalen,
Ragt sie hundertjährig und von Gestalt fast ein Tempel.
Ebenholz und leicht geschwellt sind die tragenden Säulen,
Vier an der Zahl, mit bronzenen Kapitälen und Basen;
Ebenholz Sockel und Gesims, mit heitren Beschlägen.
Aber hinter dem bronzenen Zifferblatte hervor und
Zwischen den Säulen hangt und schwingt der wuchtende Pendel,
Leierartig zuoberst, doch endend in schwerer Rosette, –
Geht und tickt. Wir sehen uns an und wieder auf ihn dann,
Lachend. Aber dann greife ich nach dem farbigen Schnürchen,
Das am Zifferblatt seitlich herabhängt, und ziehe behutsam
Dran: Da regt es sich geheimnisvoll im Gehäuse,
Und es berichtet gehorsam das Werk uns, wie weit die Stunde
Eben vorgeschritten, – halbweges oder zum Viertel
Oder ganz, in schönen, metallischen Schlägen. Aufschreckst du
Freudig, du hebst die Händchen, ihre Flächen nach außen,
Wie zur Verehrung; kleine Rufe, begeistert und wild fast,
»Ah!« und »Da!« so lauten sie, stößest du aus, und mit Blicken
Dringlichster Art befragst du das Wunderding und den Führer,
Ungern nur und rückwärts gewandt von der Stelle dich trennend.

## Die Krankheit

Ja, es freut mich wohl, dir Sinn und Seelchen zu wecken.
Mit der bunten Welt der Dinge sie zu verbinden
Und sie zu reizen mit anschaulichen Bildern. Doch ist mir's
Lieber fast noch und beglückender, Frieden zu bringen der Seele,
Unrast zu stillen, Mittler und Werber zu sein um den süßen
Segen des Schlummers für dich, wenn du unbewußt danach trachtest,
Ihn zuinnerst begehrst und doch mit Wehren und Weinen,
Hin und her dich werfend, ihn von dir weisest. Gelingt mir's,
Dich zu befrieden alsdann, wenn sonst alle Mittel vergebens,
Weiß ich mit solcher Kunst mir nicht wenig. So warest du neulich
Krank; es hatte die Seuche des Kriegs, die peinliche Grippe,
Dich erfaßt, die neuestens gern die Kleinsten und Schwächsten
Auch befällt, damit kein menschliches Wesen, und sei es
Das unschuldigste auch, mit dem heilig gerechtesten Anspruch
Auf unbetroffene Freiheit, entgehe dem Leiden der Zeit ganz.
Hitzig erglühte dein kleiner Körper, es lief dir der Schnupfen,
Und schon erfuhrst du die schnöde Marter des Schmerzes: Wir merkten's

An deinem Wehegeschrei mit Zorn und Erbarmen und
  kannten
Doch ihren Ort nicht. Aber das Ohr war es: Vorsichtig
  tastend
Machte der kundige Arzt es gewiß, – wie solltest du's
  sagen.
Fluß des Mittelohrs, also lautet' betrüblich sein Wahr-
  spruch.
Da galt es pfleglich vorzugehen und nach der Ver-
  ordnung:
Wasserstoffsuperoxyd, das dumpf und brodelnd im Ohr
  braust,
Einzulassen, so daß du betäubt die Augen verdrehtest,
Linderndes Öl, nicht zu kühl, doch um Gott auch wieder
  zu heiß nicht,
In den winzigen Hörgang zu träufeln, wo reißend die
  Qual dir
Nistete, und mit wärmender Watte den Eingang zu
  schließen.
Und es schlang noch ein wollenes Tuch um Wänglein und
  Kinn dir
Sorgend die Pflegerin und knotet' es über dem
  Kopfe,
Daß mit dem leidensalten, erschöpften Gesichtchen du
  allen
Als ein kümmerlich Spittelweiblein erschienest. Es
  mischte
Lachen kläglich in unsrer Brust sich mit dem Erbar-
  men.
Wie du schriest! Sichtlich kränkte dich jede Berührung,
Noch so behutsam; aber daß den Schlaf du erlangtest
Aus dir selber, in deinem Bette, war nicht zu denken.
Siehe, da trug ich dich durch das Zimmer bei Nacht, auf
  und nieder,
Immer dieselbe kurze Strecke, wohl eine Stunde

Oder länger, einlullend die bohrende Pein durch das
  Gleichmaß
Meines Schrittes, das Hin und Her, den stillenden
  Zuspruch.
Peinlich schmerzte der Arm mir, worin du lagst, und von
  unten
Stützt' ich ihn mit dem andern. Aber welch Glück dann,
  zu sehen,
Wie die streckende Folter sich löste, den Gliedern Ent-
  spannung
Endlich zuteil ward, und schwerer in den Arm mir ein-
  sinkend
Du dich dem Schlaf begütigt vertrautest! Doch nicht vor-
  zeitig
Durft' ich dich von mir tun, damit nicht der plötzliche
  Wechsel
Von Bewegung und Ruhe, die Störung des Taktes noch
  einmal
Dir den gütigen Nebel verscheuche. Es mußte die
  Ruhe
Hinlänglich erst sich vertiefen und festigen, eh' ich es
  wagen
Konnte, in dein Bette, gebeugt, dich niederzulassen,
Unter dir fortzuziehen behutsam endlich die Hände
Und mit den Lippen leise, wie leise die noch zu gewölbte
Stirn dir im Kuß zu berühren zum Abschied. Süßer dem
  eignen
Haupte und Herzen erschien nun der Schlummer, da ich
  die Unschuld
Wußte gefriedet, für die ich beharrlich um ihn gewor-
  ben.

## Vom Morgenlande

Praktisch lassen Vaterschwäche sich fruchten die
 Frauen:
Sind sie beschäftigt sonst im Hausstand oder beim
 Einkauf,
Geben sie gern dich in meine Hut. Sie wissen, ich schlag'
 es
Ihnen nicht ab. Denn wahrlich, Lieberes weiß ich mir gar
 nicht
(Dies ihre Rechnung), als so ein Stündchen dich bei mir zu
 haben
Ungestört, in der Sphäre meines stillsten Betreibens,
Zwischen der Arbeit den Sinn zu teilen und zärtlicher
 Aufsicht.
An meinem Tische sitze ich dann wohl, aber aufs Ruh-
 bett
Mit dem Teppich zu meiner Rechten hat man das heitre
Moses-Körbchen gestellt, worin du liegst. Ein Verdeck
 hat's,
Welches, aufgerichtet, mit seidenem Bande am Fußend'
Zu befestigen ist, und feine, leichte Gardinen.
Diese schlag' ich zurück, damit ich, wenn ich von
 Büchern
Und Papieren aufblicke, dein Antlitz sehe, das schlum-
 mert
Oder wachend mich anlacht. Und tiefer forsche ich dann
 wohl
In deinen Zügen, zurückgelehnt, und ihre besondre
Bildung prüf' ich und menschliche Mischung; du wan-
 delst noch einmal
Ganz einmalig das Grundbild ab, das zusammen ihr
 darstellt.
Heimat und phantastische Ferne treffen sich in dir,
Kindchen; Nord im West und östlich tieferer Süden,

Nieder- und Morgenland. Von gelber Wüste erzählet
Mir das zierlich vorgebaute Untergesichtchen
Und das arabische Näschen. Lächelt mir freundlich dein Auge?
Blau zwar strahlt es wie nordisch Eis, doch zuweilen, kaum faßbar
Meinem prüfenden Sinn, aus seiner Tiefe erdunkelt's
Irgendwie süß und exotisch, in fremder Schwermut, – indes doch
Blond die Braue dir steht, ganz wie den hansischen Vätern
(Lächeln muß ich fürwahr, so wohl erkenn' ich das Merkmal),
Welche mit nüchternem Sinn und würdig schritten zum Rathaus
Und im Sitzungssaale die Dose boten dem Nachbarn, –
Kaufherrn zumal, rundbärtig, und Reeder fernreisender Schiffe...
Wisse, du bist im Osten gezeugt. Es zeugte im Märchen
Nordisches Seefahrerblut dich, nach Abenteuern begierig.
Doppelt ist deine Heimat, niederdeutsch und exotisch,
Wie meinem Sinn die Vaterstadt zwiefach stehet: am Hafen
Einmal der Ostsee, gotisch und grau, doch als Wunder des Aufgangs
Noch einmal, entrückt, die Spitzbögen maurisch verzaubert,
In der Lagune, – vertrautestes Kindheitserbe und dennoch
Fabelfremd, ein ausschweifender Traum. – O Erschrecken des Jünglings,
Als ihn die ernste Gondel zuerst, der ruhend hinschwebte,
Trug den großen Kanal entlang, vorbei der Paläste

Unvergleichlicher Flucht, als zum ersten Male sein scheuer
Fuß betrat jenes Prachthofs Fliesen, welchen der Traumbau
Abschließt, golden-bunt, der byzantinische Tempel,
Reich an sich spitzenden Bögen und Pfeilern und Türmchen und Kuppeln,
Unter dem seidenen Gezelt von meerwinddurchatmeter Bläue!
Fand er nicht, heimischen Wasserruch witternd, die Rathaus-Arkaden,
Wo sie Börse hielten, die wichtigen Bürger der Freistadt,
Wieder am Dogenpalast, mit seiner gedrungenen Bogen-
Halle, vorüber die leichtere schwebet in zierlichen Lauben?
Nein, nicht leugne man mir geheimnisvolle Beziehung
Zwischen den Handelshäfen, den adligen Stadtrepubliken,
Zwischen der Heimat nicht und dem Märchen, dem östlichen Traume!
Naschte nicht weihnachtlich der Knabe die wonnige Speise,
Weit berühmt durch das Land, die die heimischen Zuckerbäcker
Formten in Tortengestalt, aufprägend des türmigen Stadttors
Bild der Masse, indes sie gewiß doch, die klebrige Manna,
Aus dem Orient stammt, ein Haremsnaschwerk aus Mandeln,
Rosenwasser und Zucker, und, getauft auf Sankt Markus,

Über Venedig kam in die Heimat? Mazapan heißt sie
Spanisch, massepain französisch, – wär' es hebräisch das mazzoth
Gar, der Osterfladen des wüstendurchwandernden Volkes,
Des zerstreuten, des Mittlervolks zwischen Abend und Morgen? –
Wie in Venedig zuerst, im Traumgenügen und Wonne,
So noch einmal wallte das Herz mir, zehn Jahre später:
Als ich im goldnen Saal des Mädchenbildes gewahr ward,
Ihrer, die nun dein Mütterchen, schlicht vertraut durch die Zeit mir
Längst, doch damals Prinzessin des Ostens. Es fiel ihr das schwarze
Golden gekränzte Haar auf die elfenbeinernen Schultern,
Welche kindlich gebildet und anders als die unserer Frauen,
Schultern von Flötenspielerinnen, Schultern des Niltals,
Und auf das rote Gewand. Das fremde, ernste Gesichtchen
Zeigt die Blässe der Perlen, und dunkle, fließende Sprache
Führte darin ein Augenpaar, vorherrschend an Größe...
Märchenosten! Traum vom Morgenland! Damals, mein Schützling,
Als ich, jugendlich willig zum Rausch, auf der süßen Gestalt ließ
Ruhen mein Auge, da fiel dir das Los, es rief dich die Stimme
In die Zeit; denn wie ein Mann um die festlich Erschaute

Warb ich, um die Geliebte, fußend auf tüchtiger Leistung,
Und im Wirklichen führte ich heim sie, wie ich es wünschte. –
Also sinn' ich von Heimat zu Heimat in deiner Betrachtung,
Liebling mit der Väterbraue, dem maurischen Näschen.
Tiefste Heimat ist ja der Osten, Heimat der Seele,
Heimat des Menschen, Heimat ältester, mildester Weisheit.
Zeugte denn nicht auch ein Geist, ein hansischer, einstmals im Osten
Jenes gewaltige Buch, das, welterklärend, vom Willen
Und von der Vorstellung handelt, einend germanische Denkkraft
Mit dem Geheimnis der Upanishaden? Und so umschließt denn
Auf einmal mein träumend Gefühl das Liebste auf Erden
Menschlich mir: mein Kindchen, dich, und das geistigste Gut noch,
Das ich erwarb und bewahre, im Leben Trost und im Tode,
Sitz' ich beim Korbe des Nils, wachthabend, und halte dein Händchen,
Dein Gesichtchen betrachend und seine besondere Bildung.

## *Die Taufe*

Nun will ich dir von deiner Taufe erzählen für künftig,
Und wie schön sie sich zutrug, damit du es liest, wenn du groß bist.

Sorgfältig war bedacht und bereitet das Fest schon von langer
Hand; es hatte der Vater die Sache ans Herz sich genommen
Ganz persönlich und alles geordnet vordenkenden Geistes,
Auch den Pastor erwählt und die zween beistehenden Paten
In bedeutendem Sinn: Um jeden stand es besonders.
Da galt es Schritte zu tun und Briefe zu schreiben
Dahin und dorthin und Interessenkonflikte zu schlichten
In betreff des Termins; nicht leichtlich wollte sich's fügen.
Denn einen Paten lud ich von auswärts, sowie den Pastor,
Welcher im Sächsischen wirkt, ein gar junges Blut und Vikar erst,
Aber der Weltweisheit Doktor obendrein und der Dichtkunst
Innig dankbar verbunden. Wir hatten Briefe gewechselt
Vielfach schon, und der gediegenen Schrift, die den Hut ihm
Rühmlich erwirkt, hatte meinen Namen zu freundlicher Ehrung
Er vorangesetzt. – Den hatt' ich erwählt dir zum Täufer.
Denn wer weiß, was einem die Lutherkirche ins Haus schickt,
Wenn man es ihr überläßt, wohl gar einen öligen Tölpel,
Welcher mir alles ins Komische zöge. Das wollt' ich vermeiden.
Soviel für jetzt nur von jenem: Der Paten gedenk' ich sogleich dann. –

Als nun der Tag gekommen, der Herbsttag, welcher bestimmt war,
Regten die Eltern sich froh, die Zimmer zu schmücken mit Blumen,
Wie sie die Jahreszeit bot: Chrysanthemen in reichlicher Anzahl
Brachte der Vater heran; er hatte sie selber erstanden
Käuflich im städt'schen Basar, so weiße wie prunkend gefärbte
(Denn das Gärtchen gewährte uns nichts mehr als einiges Beiwerk,
Efeu und anderes Grün). Wir füllten Gläser und Schalen,
Auf drei Zimmer verteilend den Flor; besonders der Tauftisch
In deiner Mutter Gemach erhielt ein reiches Gebinde:
Vor das Fenster rückten wir ihn, den heiteren Altar,
Schön gedeckt mit dem feinsten Linnen-Damast, der zur Hand nur,
Schimmernd von Silbergerät, Kruzifix und Kanne und Leuchtern,
Welche die Kirche gestellt. Das Becken aber gehöret
Zu meinem Hause seit alters. Schon vier Geschlechter zur Taufe
Hielt man darüber; und du bist vom vierten. Schön ist die Schale,
Einfach, von edler Gestalt, aus glattem, gediegenem Silber,
Ruhend auf rundlichem Fuß und innen vergoldet; doch blich schon
Hin das Gold von der Zeit bis zum gelblichen Schimmer. Ein Fries läuft
Um den oberen Rand aus Rosen und zackigen Blättern.
Von dem strengen Geschmack der Frühzeit des letzten Jahrhunderts

Ist sie geformt; doch der silberne Teller, worauf wir sie stellen,
Ist bedeutend älter: Sechszehnhundertundfünfzig
Kündet die Jahresziffer, umrahmt von krauser Gravierung
In der ›modernen Manier‹ von damals, Wappen und Zierat,
Schwülstig-willkürlich, und Arabesken, die Stern halb, halb Blume.
Doch auf der Rückseite sind im Kreis, in verschiedener Schriftart
Einpunktiert die Namen der Häupter, welche des Stückes
Inhaber waren im Gange der Zeit: Es sind deine Ahnen,
Kindchen, von meiner Seite; die Braue hast du von ihnen. –
Dieses Becken denn stellten wir in die Mitte des Tisches,
Blank geputzt vom Anlauf; das Kruzifix ragte dahinter.
Aber davor das Gewicht der altertümlichen Bibel
Legten wir nieder: Auch ein Erbstück, so alt wie der Teller,
Durch die Geschlechterkette gereicht von einem zum andern
Und gedruckt zu Wittenberg mit sächsisch-churfürstlich
Gnädigster Befreyung. Spannbreit ist wohl ihr Rücken.
Und es gleißt des Buchwerks unverwüstlicher Goldschnitt.

Schicklich war der Tisch denn bestellt, und es hatte der Vater
Vorderhand das Seine schon alles getan. Doch der Hausfrau

Lag noch vieles ob, zu bereiten der Gäste Bewirtung:
Nachmittags um fünf, es dunkelte schon der verkürzte
Herbsttag, trafen sie ein in gemessen festlicher
   Kleidung
Nach und nach und fanden zusammen sich hände-
   reichend,
Uns und untereinander, in gemäßigtem Plaudern
Stehend in Diele und Zimmer, untermischt mit den
   Kindern,
Deinen Geschwistern, sie trugen die besten Wämser und
   Kleider,
Lebhaft erhöhet die Wangen; denn nach dem Außer-
   gewohnten
Steht den Geweckten der Sinn, sie durchleben's erpicht
   bis ins kleinste. –
Auch der geistliche Jüngling war da, ein Gast unter
   Gästen
Vorderhand noch. Schon gestern hatte er förmlich
   Visite
Abgelegt in gar knappem Leibrock; aber zur Stunde
Trug er den Gehrock, den später verhüllen sollte die
   Amtstracht,
Welche der Küster oben bereithielt. Es glänzt' vor den
   braunen,
Sanften Augen des Jünglings, den buchgelehrten, der
   Zwicker. –
Hin und her ging damals der Vater und sah nach dem
   Rechten,
Still in der Seele erregt: Denn sein Tag war heute und
   deiner,
Und er kam auf für das Ganze, verantwortlich fiebernd.
   So eilt' er
Von den Gästen über die Treppe zu dir, in dein Zimmer,
Wo man dir eben mit nestelnden Händen anlegte das
   Taufkleid;

Dann zu dem Pastor, der, vor dem Spiegelschrank stehend,
Sich die Beffchen befestigte, – etwas gerötet die Wangen,
Zitterten leicht seine Finger, des herzensruhigen Küsters
Beistand ließ er sich gern gefallen. Dann mit dem Küster,
Dem halbgeistlichen Mann im schwarzen Rocke und Vollbart,
Ging's in die Küche hinab, die Kirchenkanne zu füllen
Mit warmem Wasser, zur Handlung – denn kaltes hätte erschreckt dich –,
Aber hinan dann wieder, ins Gästezimmer, damit ich
Nicht deinen Eintritt versäumte: es hätte mich ewig gedauert.
Und er vollzog sich nunmehr. Auf ging die mittlere Türe,
Und aller Blicke wandten sich dorthin, wo auf dem Arme
Deiner Wärterin du erschienest, ergreifende Unschuld.
Nicht ließ das Taufkleid dir, das unvermeidliche Erbstück,
Eben zum besten: kurzärmelig ist es und recht aus der Mode,
Ganz aus gestärktem Spitzenwerk, und unnachgiebig
Stand es um deine kleine Person. Doch das Köpfchen darüber,
Überaus lieblich erschien es, das lichte, ein weniges wackelnd,
Mit der strahlenden Bläue der schreckhaft sich weitenden Augen,
Dem geschürzten, bogenförmigen Mund und dem kleinen
Flammenden Zeichen zur Seite der Schläfe sowie dem Blondhaar,

Wunderlich stehend und liegend um allerlei Wirbel. Die Ärmchen
Hieltst du gebreitet, wie es von Anbeginn deine Gewohnheit,
Aus dem Gelenke erhoben die rosigen Händchen, die Flächen
Auswärts gewandt, wie auf frommen Gemälden das allen geborne
Höchste Kindchen man abgebildet sieht, da es segnet
Völker und Erdkreis. Also brachte man dich in die Runde
Der erwachsenen, sorgenden, sündigen Menschen: Es klangen
Leise Rufe entgegen dir freudiger Rührung und Andacht.
Ähnliches wohl empfand mit der tausendköpfigen Menge
Selbst der Ketzer, wenn auf schwankender Höhe des Tragstuhls
Weiß, in heiliger Schwäche, der Greis, der Vater und König,
Schwebt in den ungeheueren Saal, das sühnende Zeichen
Unermüdlich beschreibend und mit wächserner Hand in den Lüften,
Während die Häupter sich, bis zum Erdenstaube die Knie
Beugten und manchem Aug' unaufhaltsame Tränen entstürzten. –
Da man mit kosendem Wort nun dich zur Begrüßung umdrängte,
Schriest du nicht, obgleich dich ängstet' der Schwall, wie man wohl sah.
Denn die Zartheit ist tapfer, und wo vierschrötige Derbheit
Simpel sich ausläßt, schließt jene die Lippen und nimmt sich zusammen.

Aber indes sie dir huldigten, enteilte der Vater,
Abzuholen den Diener am Wort, der droben noch zögert':
An dem Fenster des Schlafzimmers stand er, seit langem wohl fertig,
Blickt' in das Gärtchen still, das Abenteuer bedenkend.
Diesen nun bat ich hinab, da alles bereit, und den Vortritt
Gab ich ihm, wie es sich ziemt, in die wohlgesinnte Versammlung;
Unter sie trat er würdig befangen; lang bis zu den Stiefeln
Floß der Talar ihm hinab, und unter dem jugendlich magern
Kinn, das von jedem Härchen gereinigt, saßen die frischen
Beffchen ihm nun vortrefflich. Er hielt die schwarze Agende
Mit dem Goldkreuz darauf an die Schulter gelehnt mit der Linken,
Ganz nach der Übung. Es folgt' uns der ministrierende Kirchner. –
Niemand fehlte und nichts. So zogen wir denn miteinander
In das anstoßende Zimmer. Es waren die Fenster verhängt dort,
Und schon künstliches Licht enzündet. Zum Altartische
Trat der Prediger seitlich hin; es stellt' sich der Küster
Hinter ihn; auf der andern Seite hielt dich die Muhme
Auf dem Arm; die Mutter saß nahe; im tieferen Zimmer
Faßten wir anderen Platz auf herangezogenen Sesseln,
Oder auch stehend, wie es sich traf. Und in freundlicher Stille
Hub denn zu reden an mit spröder Bewegung der Jüngling.

Siehe, da waren deine beiden Gevattern, mein Liebling,
Sorglich gewählt von mir zu ihrer Freude und meiner:
Männer beide, doch jung noch, wie auch der Pastor, – der ältere
Erst Anfang Dreißig; doch hat bedeutenden Klang schon sein Name
In der gebildeten Welt; es steigen respektvoll die Brauen,
Wird er genannt. Denn verdient schon im Geiste weiß man den Träger
Durch ein vortreffliches Werk. Dort lehnt er lauschend am Flügel,
Der anhängliche Freund, im wohlgeschnittenen Gehrock,
Bürgerlich vornehm, ein wenig altfränkisch, der deutsche Gelehrte
Und Poet, voll kindlich artigen Frohmuts, jedoch dem
Leiden vertraut, dem Geiste enger verbunden durch Krankheit,
Die ihm fürs Leben vermählt und periodisch ihn martert.
Liebend erkühnt' seine Ehrfurcht sich, Legende und Mythos
Aufzuzeichnen des letzten Ikariden und seines
Tödlichen Loses, welcher, ein Sohn des Faust und Helenens
Wahrhaft auch er, von Wittenberg geprägt und Eleusis,
Stürmte hinan die Schwindelstufen in edelstem Frevel,
Hegend des Todes Gebot in gefährlich doppelter Seele,
Die in furchtbarem Gleichgewicht schwebt zwischen allem, was ungleich,
Zwischen Gestern und Morgen, Musik und zielweisendem Willen,
Zwischen Geheimnis und Wort, Deutschtum und französischer Logik, –

Stürzte (Jammer genug!) in äußerste Nacht: Doch zum Himmel
Aufschwebt' die Aureole, den Menschen ein heiligstes Schaubild.
Jener schrieb's. Er handelt' es ab in zwanzig Kapiteln, –
Wandelt' es ab, so sage ich besser, denn Variationen
Sind es über das Thema der tödlich gleichstehenden Waage, –
Adelnd mit tiefem Gefühl das philologische Handwerk
Und in jeden der Teile pressend des Gegenstands ganzen
Unaussprechlichen Reiz. Wir kein neueres liebe das Buch ich.
Von jung auf vertraut ist mir seine vielfache Landschaft,
Teil hat's an mir, wie ich an ihm, und ich lächele heimlich,
Hör' ich von Teilnehmenden verständig es loben. –
Soviel von diesem denn. Nicht stand der andere aufrecht
Während der Handlung; er saß im Sessel, die blutleeren Hände
Über der Krücke gekreuzt des Stabs, dessen Gummizwinge
Stand auf dem Teppich, – das fünfundzwanzigjährige Antlitz
Bleich und schon allzu ernst, so saß er und steifte den Rücken
Gleich einem Greis, der sich hält, um männliche Ehre zu wahren.
Er trug das grüngraue Kleid; vier Jahre lang lag er zu Felde,
Der ein Student vormals und Poet, und kämpfte für Deutschland,
Bis das glühende, zackichte Eisen das Bein ihm zerschmettert'

Gräßlich, in die unförmliche Wunde reißend der Tasche
Sämtlichen Inhalt: Münzen, Schlüssel, Papier und was
sonst noch.
Im Lazarett lag er lange; mit Mühe erhielt man das Bein
ihm.
Fremd war der Jüngling mir, doch ein Briefwechsel,
welcher sich anspann,
Schon bevor das schmetternde Unglück ihn traf, lehrte
schätzen
Mich von Herzen das reine, tapfere Wesen des jungen
Feldoffiziers; und nun, da es galt, dir die Bürgen zu
stellen,
Dachte ich seiner mit Sinn: Es schien mir von schöner
Bedeutung,
Dir, dem Kinde dieser zerrütteten Zeit, ihren Kämpfer
An die Seite zu geben, den jungen; ich wußte, es freut'
ihn.
Unvollständig genesen, nahm er sich auf (man be-
dachte
Sich, ihn zu entlassen) und reiste herzu, noch von
Kräften,
Wie er war, um mit Freude und Andacht das Jawort
zu sprechen,
Das gelobende, wie so gern die Jugend es ausspricht
Und der gute, gläubige Mensch, und wie selbst er vor
Jahren
Es in seiner Seele gesprochen, als er, ein Knabe
Fast noch, dem Vaterlande sich angelobt, Blutsbürg-
schaft
Ihm zu leisten und seinem Recht, das ihn heilig
bedünkte.
Trog ihn der Glaube? Da ja das dunkel waltende Schick-
sal
Gegen Liebe und Glauben entschied und zerbrochenen
Rechtes

Deutschland liegt, wehrlos, und die Brust sich schlägt in
  zerknirschter
Selbstanklage, – während die Übermacht schelmischer
  Tugend
Sich berät, wie weit die Strafe wohl klüglich zu treiben,
Ohne daß sie gegen den Nutzen der Sieger sich kehre.
Armer Jüngling! Du bürgtest also für das Verworfne,
Das gezeichnet war mit dem Male der Schande schon
  damals,
Als es sich um dich erhob, in unsäglicher Wallung, und in
  dir,
Grenzenloser Tapferkeit voll, die Wut zu bestehen
Einer umringenden Welt, im Herzen heilig versichert,
Daß sein Mut nicht Übermut sei vor dem Auge des
  Richters?
Scheinbar ehrwürdiger Mut, als unseliger Übermut
  dennoch
Kläglich nun erwiesen! Denn den Feinden zugunsten
Lautete ehern der Richterspruch, der ohne Berufung
Ist und über Recht und Unrecht gültig entscheidet.
Waren sie besser, da seine Hand das geschichtliche
  Schicksal
Über sie hielt und dein Volk in Nacht stieß? – Fragen wir
  also
Nicht! Sie seien dieses Siegs nun wert oder unwert.
Denn es hilft der Weltgeist auch Gleisnern wohl einmal
  zum Siege,
Gilt es, durch weckenden Fall die wichtigste Seele zu
  retten.
Waren sie besser nicht, so war Deutschland doch schlecht,
  das ist sicher;
Denn die Zeit war gemein, und zu treu nur diente dein
  Volk ihr.
Armer Jüngling, jasagender Bürge, du meintest es
  anders!

Dir stand im gläubigen Herzen ein anderes Deutschland:
Das wahre.
Für das tiefsinnige Vaterland zeugtest du, welches den
Fremden
Zwar ein Fremdes war und ein hohes Ärgernis immer,
Aber auch Ziel ihrer Ehrfurcht und ihrer heimlichsten
Hoffnung; –
Nicht für das selbstvergess'ne, das, strotzenden Leibes,
sich aufhob,
Sich zum Meister zu machen des gegenwärtigen Welt-
stands,
Und nun so bitter büßt den unzukömmlichen Vorsatz.
Aber der Ausgang, und scheine er noch so klar und ent-
scheidend,
Täuschen mag er. Denn Sieg und Niederlage, wo sind
sie?
Sind auch die Namen am Platz? Und ist dieser Ausgang
der letzte?
Obzusiegen im Streit um die Herrschaft über das Alte,
Welches dahinsinkt und stirbt, verurteilt, ist das ein Sieg
auch?
Denn ein Zeitalter endigt; es will sich das menschliche
Neue
Nicht dem fragwürdigen Sieg; dem ehrlos äußersten
Elend
Will sich's entbinden. Schauen wir still denn, anständiger
Hoffnung,
Ohne Spott, noch voreiligen Jubel, wie sich's erfülle.
Weiß denn ein Volk auch wohl, zu welchem Ende es
aufsteht,
Wie dein Deutschland tat, und wozu es also ergriffen?
Nur daß Gott es ergriff, das fühlt es mit Recht in der
Seele.
Denn wir alle sind Werkzeug. Sei'n wir's in Demut und
Treue

Und besorgen wir still das Unsere, welches uns obliegt:
Daß es zum Bessern den Menschen gedeihe, mögen wir glauben.
Denn gesellig ist die Kunst und menschenverbindend
Unbedingt, sie gebe sich auch noch so gesondert.
Sittigend ist ihr Wesen, befreiend und reinigend.
  Niemals
Kann sie entgegen sein dem Streben des Menschen zum Bessern;
Und wer um das Vollkommene wirbt, der fördert das Gute.

Fließend redete der verordnete Jüngling, es ging ihm
Eben vom kindlichen Mund der evangelische Wortstrom;
Wußt' er nicht weiter, so sagte er gar nichts und redete dennoch,
Wort erzeugend aus Wort, wie es Predigerübung und -kunst ist.
Aber zu sagen hatte er manches und Bestes, sein Thema
Lag ihm am Herzen. Denn *Liebe* hieß es: er hätte die Wahl nicht
Können glücklicher treffen; wir lauschten ihm alle mit Beifall,
Wie er beweglichen Mundes, der geistlich empfindende Jüngling,
Pries jene zweite der Gaben, die größte. Er wußte die Worte
Gar nicht übel zu setzen und seinen Vorteil zu wahren:
Hold anschauliche Gegenwart hilfloser Menschenkindschaft
Nutzte er klug, der platonische Schwarzrock, die Herzen der Hörer
Seinem Gegenstand zu gewinnen und sanfte Gefühle
Sich entzünden zu lassen an dem ergreifenden Bilde.

Aber empfänglich ohnedies waren die Hörer; es machte
Wund und weich sie die Härte der Zeit. Und so wurdest du, Kindchen,
Damals zum Sinnbild, dargestellt dem Gefühle der Menschen,
Das sich dran klammerte, dankbar, aus Angst und wüster Verwirrung,
Froh, das Rührendst-Bleibende anzuschaun und zu finden
Sich aus bösem Tumult auf eine wohltätige Weile.

Und es erhob seine Stimme der Täufling in die Versammlung
Und in die Rede hinein. Der dauernde Gleichlaut mochte
Ihn beängsten und reizen. Weinend warf sich das Kleine
Und mit Protest; man trug es beschwichtigend etwas beiseite.
Aber unbeirrt durch den unverständigen Einspruch
Sagte der Geistliche aus, was zu sagen ihm anlag, die Stimme
Gleichmütig hebend gegen das Greinen, soweit es ihm gut schien.
Und so kam er zu fragen kraft seines Amtes die Paten
Feierlich und auf ihr Wort, ob sie beide gelobten, dem neuen
Christenmenschlein treulich zur Seite zu stehn und in Liebe
Seine Seele vor Schaden zu schützen, wie sie's vermöchten.
Und wie aus einem Munde sprachen sie »Ja«, die Erwählten,
Ernst und schicklich gedämpft, die geistliche Würde des jungen

Fragers ehrend sowie die förmliche Stunde, mit Stimmen,
Etwas belegt vom langen Schweigen und Lauschen, der eine
Stehend, der andre im Stuhl, gebückt auf die Krücke des Stockes.
Und im Besitz ihres Worts schritt der geistliche Jüngling zur Handlung,
Taufte mit Wasser das wieder herbeigetragene Kindchen:
Still war es nun, und willig ließ es vollziehen den uralt
Heiligen Brauch. Die Mutter hatte zuletzt dich getragen,
Aber nun gab sie dich ab an den älteren Paten, den Meister
Jenes Buchs, – er nahm dich verkehrt, der Dichter und Denker,
Links in den Arm nahm er dich, kaum weniger hilflos er selber
Als seine Bürde; doch hielt er dich wacker und ließ dich nicht fallen,
Bot dich der Taufe dar, die der Jüngling mit Sprüchen und Formeln
Spendete aus der hohlen Hand, worein ihm der Küster
Warmes Wasser goß aus dem stattlichen Kirchengefäße:
Über dein Schöpfchen rann es in die vergoldete Schale,
Wie es über mein Haupt und meiner und deiner Geschwister
Dort hinein geflossen. Und feierlich zur Begrüßung
Wardst du bei Namen gerufen erstmals, wie es zum letzten
Male einst geschieht zur Entlassung über der Grube.
Aber *Elisabeth* nannten wir dich: Ich hatt' es beschlossen
Nach genauem Bedacht; denn häufig war immer der reine

Name in meinem Geschlecht; es hießen Mütter und
Muhmen
So. Und so war mir's ums Herz, dich einzureihen aus-
drücklich
In den wallenden Zug; denn tief gemahnte die Zeit
mich
An meiner Menschlichkeit Wurzeln und Herkunft: ich
fühlte mich Enkel. –
Nicht gemein, nicht bösen Willens nenn' ich den Mann
mir,
Der, wenn vieles versinkt und grell die Fanfare der
Zukunft
Schmettert, auf sie nicht nur lauscht, nicht ganz aus-
schließlich auf sie nur;
Der auch dem Abgelebten, dem Tode und der
Geschichte
Einige Treue immer bewahrt und still auf der Dinge
Steten Zusammenhang fortpflegenden Sinnes bedacht
bleibt. –
Und so war es getan, das Schlußgebet dankend gespro-
chen.
In des Mütterchens Arme legte der Pate das neue
Christenmenschlein zurück, so stolz wie erleichtert; es
drängten
Sich um das ewige Sinnbild die Gäste und wünschten der
Mutter,
Wünschten dem Kinde Glück, und Wünsche empfing
auch der Vater.
Froh des vollbrachten Werkes entzog sich der Priester
dem Schwarme,
Abzulegen das Amtsgewand und wieder im Gehrock
Sich gesellig zu zeigen. Es hub die ganze Versamm-
lung,
Kinder und Große, sich auf, ins Speisezimmer hin-
über,

Wo auf festlichen Tischen die Vespermahlzeit bereit-
stand,
Klug bestellt von der sorgenden Wirtin zur Ehre des
Hauses,
Wie die Blockade es zuließ der kalt gebietenden
Angeln.

# TRISTAN UND ISOLDE

Herr *Tristan* am Hofe *Markes* von Kornwall, Neffe des Königs, Sohn seiner verstorbenen Schwester Blancheflur, und *Isolde*, Prinzessin von Irland, Tochter des Königs *Gurmun* und der Königin *Isot*, sind Berühmtheiten ihrer Zeit und Welt, haben längst gerüchtweise viel voneinander vernommen.
Tristan ist für Isolde, ohne daß sie ihn je gesehen, das Ideal des Mannes, sie für ihn die Verkörperung seiner Träume von weiblicher Holdheit und Hoheit, Tristans Ruhm gründet sich auf seine Tapferkeit, Klugheit und hohe Gesittung, die ein Erbe seines bretonischen Blutes ist (– sein Vater Rimalin von Parmenien kam von dort an den Hof Markes in Tintajol; die Geschichte seiner Liebe zu Blancheflur nahm tragischen Verlauf). Er ist nicht nur der schönste und anmutigste Jüngling weit und breit, ein verschlagener Heerführer, der seinem Oheim zahlreiche und große kriegerische Dienste geleistet, ein glänzender Ritter, dessen Heldenschaft sich in vielen Waffengängen und Abenteuern bewährt hat, sondern auch der kultivierteste Mann seiner Zeit, bewandert in Sprachen und Gesängen und allen Künsten des Friedens, und ein politischer Kopf, kein bloßer Haudegen. Von dem Liebreiz der blonden Isolde, der ebenfalls mit außerordentlichen geistigen Vorzügen verbunden ist (sie hat von ihrer Mutter Geheimnisse der Heilkunde übernommen), wissen die Reisenden, die Irland und seine Hauptstadt Dewelin gesehen, ebenfalls nicht genug Rühmens zu machen. – So trägt also einer des anderen Bild im Herzen, und über die Weite begegnen sich die Gedanken. (Anfangsbilder!)
Daß sie aber je zueinander finden könnten, ist höchst unwahrscheinlich, denn zwischen Irland und Kornwall

herrscht alter Zwist. Wiederholte Kriege haben mit wechselndem Ausgang zwischen ihnen gespielt, Ströme Bluts sind geflossen, und der Haß, gegenseitig, besonders aber irischerseits, ist so groß, daß nach irischem Gesetz jeder Mann aus Kornwall, der aber versuchen sollte, dort zu landen, getötet wird.

Auf *Tintajol*, Markes Burg, ist die Situation die, daß Marke seinen Neffen innig liebt und ihn zu seinem Erben bestimmt hat, sich daher nicht vermählen will. Tristan aber hat am Hofe unter den Großen des Landes, den Baronen, viele Neider, die gegen ihn konspirieren und beständig in Marke dringen, dem Lande eine Königin zu geben und einen unmittelbaren Erben der Krone. Tristan seinerseits, durchaus unegoistisch, ist Marke in unbedingter Mannentreue ergeben, einem Gefühl, das mit seiner Teilnahme für die hochberühmte Prinzessin Isolde zu dem Gedanken verschmilzt, diese seinem Herrn als Gattin zu gewinnen. Der Plan gewinnt Größe durch seine politische Bedeutung: Tristan will Frieden stiften zwischen den beiden Ländern, die einander durch Haß und Krieg so viel geschadet haben. Der Gedanke ist kühn und scheint unausführbar, auch dem König, als Tristan ihn im Rate vorträgt. Schließlich aber greift Marke die Idee gerade deswegen auf, um dem Zudringen der Barone ein Ende zu machen. Er erklärt, sich mit Isolde vermählen zu wollen und mit keiner andern. Wenn sie nicht zu gewinnen sei, so werde er sich nicht vermählen, und Tristan sei Kronerbe.

Die Barone wollen nun Tristan das gefährliche Abenteuer aufbürden und den König bestimmen, ihn allein nach Irland zu schicken (in der Hoffnung, daß er dabei umkomme). Der König lehnt das zornig ab und will, daß sie ohne seinen Neffen fahren. Aber Tristan nimmt die Fahrt als höchste Ehre für sich in Anspruch und verlangt nur, daß eine Anzahl Barone ihn begleitet. Ungern und sorgenvoll verstehen sie sich dazu.

Sie fahren. In die Nähe der irischen Küste gelangt, begibt Tristan sich in dem ärmlichsten Gewand, das aufzutreiben ist, aus der Barke in ein Boot, mit seiner Harfe. Er befiehlt den anderen, nach Hause zurückzukehren und läßt sagen, er kehre mit Isolde oder überhaupt nicht zurück. Dann läßt er sich in seinem Kahn auf den Wellen schweben, gegen das Ufer.

Von Dewelin aus erblickt man den führerlosen Kahn und sendet nach ihm aus. Dem sich nähernden Landgesinde tönt Gesang und Harfenspiel entgegen, so bezaubernd süß, daß sie regungslos lauschen und Ruder und Steuer vergessen. Dann greifen sie das fremde Fahrzeug und finden Tristan darin, der ihnen eine Lügengeschichte erzählt. Ein höfischer Spielmann aus Spanien, habe er sich auf Handelsgeschäfte geworfen und sei mit einem reichen Genossen und wertvoller Fracht gen Britannien ausgefahren, auf offenem Meer aber von Seeräubern überfallen worden; und während sein Kaufgenosse und die ganze Mannschaft erschlagen worden seien, hätten die Räuber ihn allein, seines schönen Gesanges wegen, aus Gnade in diesem Kahn mit etwas Speisen auf dem Meer ausgesetzt. –

Die irischen Leute bringen ihn an Land, wo eben Isolde mit Brangäne und ihren anderen Frauen vom Bade kommend vorübergeht. Viel Volk läuft herzu, man macht der Prinzessin Meldung, diese läßt Tristan, der sich Tantris nennt und sich todesmatt stellt, vor sich tragen und befiehlt ihm, zu singen und zu spielen. Er tut es und macht größten Eindruck, auch durch Worte und Wesen. Sie befiehlt, den Schiffbrüchigen auf die Königsburg zu schaffen und ihn dort in einem Kämmerlein unterzubringen, damit er sich erhole.

So kommt Tristan an den Hof und weiß dort durch seine Talente und seine Persönlichkeit alles für sich einzunehmen. Er ist durch Geist, Gesittung, Wissenschaft allen

überlegen. Mit Isolde treibt er Musik und Sprachen, gibt ihr auch Unterricht in der »Moralität«, der Kunst der schönen Sitten, und sie verlieben sich ineinander. Aber für Tristan tritt dies Gefühl durchaus hinter das Bewußtsein seiner Idee und Sendung, seiner Pflicht gegen Marke zurück, und wenn er bemerkt, daß Isolde ihn liebt, so freut ihn das unter dem Gesichtspunkt, daß sie ihm desto lieber nach Kornwall folgen wird, obgleich es ihn persönlich nur zu sehr beglückt. Sie ihrerseits lebt in der Vorstellung, daß ihre Gefühle niemals irgendwelche Folgen haben können, da sie dem armen, namenlosen, wenn auch erstaunlich herrenmäßigen Spiel- und Handelsmann gelten. –
Endlich erklärt Tristan sich ihr. Es ist ein Auftritt voll der verworrensten Gefühle. Sie erfährt, daß er, den sie liebt, Tristan ist, der Traum ihrer Mädchenschaft, und daß er listigerweise gekommen ist, um sie zu erwerben, nicht für sich, sondern für Marke. Sie soll ihm folgen, aber in die Arme seines Oheims. Er wirbt mit der Leidenschaft eigenen Gefühls im Namen Markes und im Namen seiner politischen Idee und erhält schließlich ihr Ja. Vor den königlichen Eltern wird alles bekanntgemacht, es gibt Überraschung, Zorn, Heiterkeit, Überlegung, Einverständnis, und Tristan führt Isolde nach Kornwall.
Unterwegs auf dem Schiff spinnt ihr seltsames Verhältnis sich fort. Isolde schwankt zwischen ihrer Liebe und ihrem Haß wegen des Betruges, Tristan zwischen seiner Leidenschaft und Mannentreue. Den Ausschlag gibt folgendes: Die Königin Isot, heil- und zauberkundig, hat einen Liebestrank gebraut, den sie, in einem gläsernen Gefäß, der Brangäne in Verwahrung gegeben hat. Isolde soll ihn in der Brautnacht Marken zu trinken geben, damit dieser für immer in Liebe zu ihr entbrennt. Da nun die Frauen seekrank sind, läuft man unterwegs in einen Hafen ein, und die Mehrzahl der Reisenden geht an Land, auch Bran-

gäne. Das Liebespaar bleibt mit einiger untergeordneter Bedienung zurück, wird durstig, verlangt nach Wein, und eine kleine Magd, die nichts anderes findet als den Liebestrank, der wie Wein aussieht, bringt diesen, sie trinken. Brangäne kommt hinzu, ist entsetzt, erklärt ihnen das Unglück – und ist nun ihre Mitschuldige, die kein Recht mehr hat und es auch für nutzlos hält, die Reinheit Isoldens zu bewachen. Sie ist fortan Dienerin ihrer Liebe, die durch den Trank frei wird (denn gegen sie vermag die Ehre nichts) und sich hemmungslos gehen läßt. Die beiden vereinigen sich und leben als Liebespaar während des Restes der Meerfahrt, deren Ende ihnen undenkbar und furchtbar ist.

Marke holt sie in Kornwall mit großem Gepränge ein, die Hochzeit wird gefeiert, und zur Nacht läßt sich die schuldige Brangäne von den beiden bestimmen, dem König an Stelle Isoldens ihre Magdschaft zu opfern. Danach, als Tristan den üblichen Wein bringt, wird Isolde wieder untergeschoben, und Marke verbringt die weitere Nacht mit ihr.

Marke wird von den beiden, da Tristan freien Zutritt zu Isolde hat, nun dauernd betrogen und würde von selbst nie Verdacht schöpfen. Dagegen wird ihr unseliges Glück von einem Mann erspäht, der Isolde ebenfalls leidenschaftlich verehrt, dem Truchseß des Königs, Marjodo. Er schläft mit Tristan, der aus ihrer gemeinsamen Kammer nachts zur Kemenate schleicht. Unterdessen hat Marjodo den Traum vom Eber, geht Tristan nach, folgt seiner Spur im Schnee und belauscht, obgleich Brangäne das Licht mit einem Schachbrett verstellt hat, Tristan und die Königin im Bette. Schmerz und Wut! Er sagt dem König jedoch nicht, daß er sie belauscht hat, sondern warnt ihn nur vor Gerüchten, macht ihn unruhig und hält selbst scharfe Wacht.

Marke fällt in Zweifel und Qual, da es sich um seine

scheinbar so reine »Frau« und um den nächsten Freund seines Herzens handelt. Von ihm und Marjodo, den sein Argwohn nie zur Ruhe kommen läßt, wird der aquitanische Zwerg Melot unter Versprechungen als Späher angestellt. Herrn Tristan wird die Kemenate verboten.
Die Liebenden sind getrennt und härmen sich, was Marken nicht entgeht. Er sagt ein großes Jagen auf zwanzig Tage an. Tristan schließt sich krankheitshalber davon aus. Brangäne gibt dem Liebespaar nun den Rat mit den Spänen vom Ölbaum. Sie befolgen ihn und treffen sich im Garten unter dem Baum, wo der Zwerg sie belauscht, ohne aber die Königin mit Sicherheit zu erkennen. Er stellt Tristan durch falsche Botschaft von Isolde auf die Probe und läuft übel an.
Darauf reitet Melot zum König und führt ihn zum Ölbaum am Brunnen. Szene, wo sie auf dem Baum sitzen, Tristan und Isolde ihre Schatten bemerken und Unschuld spielen, so daß Marke an sie glaubt und Melot in den Bach wirft. Das Paar hat nun wieder freien Verkehr miteinander.
Aber Marjodo und Melot bleiben auf der Hut, beleben Markes Mißtrauen aufs neue, und Gerüchte wollen nicht verstummen. Marke quält sich fort und verfällt endlich auf das Mittel des Gottesgerichtes (das von Isolde auf einem einberufenen Concilium selbst vorgeschlagen wird im Vertrauen auf Gottes Courtoisie). Sie bestellt Tristan als Pilger nach Karlium, die Stätte des Gottesgerichtes, arrangiert mit ihm die Szene (Sturz mit ihr im Arm), auf die sich ihr doppelzüngiger Eid bezieht. Sie trägt unverletzt das glühende Eisen.
Triumph! Das Paar ist wieder ungestört. Aber Marke liest in ihren Mienen, die sich oft nicht verstellen können. Trotz Gottes Spruch, an dem er irre wird, windet er sich bald wieder in Zweifels- und Eifersuchtsqualen, hält es nicht mehr aus und verstößt die beiden, deren Glück

er nicht länger ehrlos teilen will, miteinander vom Hofe.
Sie ziehen in die Wildnis und leben in der von Riesen vor Zeiten erbauten Felsengrotte, während Marke in Sehnsucht nach Isolde vergeht und seine Ehrenstrenge verflucht, die ihn hinderte, nicht lieber doch mit Tristan zu teilen. Gewarnt, werden sie entdeckt; Marke erblickt sie durchs Kuppelfenster mit dem Schwert zwischen sich und belügt sich selbst aufs neue. Nach Ratschlag mit seinen Großen wird das Paar zurückgerufen, Marke bittet sie selbst kniefällig, bösen Schein zu vermeiden, und darf Isolde wieder genießen. Er weiß und will doch nicht wissen, lebt ehrlos mit Isolde, der man Betrug gar nicht mehr vorwerfen kann. Es folgt nun die sommerliche Lager-Szene im Garten, wo Tristan und Isolde nach genossener Lust einschlafen und Marke sie belauscht. Flucht Tristans, nachdem er von Isolde den Ring erhalten. Als Marke mit seinen Räten zurückkehrt, findet er nur noch die Königin, und die Barone machen ihm Vorwürfe wegen seiner Selbstquälerei und Gespensterseherei. Er unternimmt nichts gegen Isolde.
Tristan irrt abenteuernd in der Welt umher und kommt endlich in das Herzogtum Arundel zwischen Bretonen- und England. Dort regiert Herzog Jowelin mit seiner Herzogin Karsie und seinen Kindern Kaëdin und Isot as blanche mans (Isolde Weißhand). Die Burg, in der sie wohnen, heißt Karke, und Tristan wird dort ehrenvoll aufgenommen. Man freut sich des berühmten Gastes, schließt Freundschaft mit ihm. Kaëdin verehrt ihn knabenhaft, zu Isolde Weißhand, deren Namen von vornherein Eindruck auf ihn macht und deren sanfter Liebreiz ihn einnimmt, hat er bald zarte Beziehungen, die von Kaëdin begünstigt werden. Innere Kämpfe Tristans wegen seiner Treue zur irischen Isolde. Gefühlsblendwerk durch den Namen. Treulosigkeit in der Treue. Entschuldigung sei-

ner Gefühle durch die Vorstellung, daß Isolde in Markes Armen liegt (Phantasiebild). Isolde Weißhand liebt ihn; schon aus Höflichkeit kommt er ihr entgegen. Erzählt ihr Mären, singt, schreibt und liest mit ihr. Dichtet Canzonen, in denen immer der Name Isolde vorkommt, so daß alle glauben, er meint Weißhand. Endlich umfängt er sie küssend und geht bei den Eltern werben, die sie ihm freudig zusagen.

Die Hochzeit findet statt unter Gelagen und Turnieren. Man bringt Isolde Weißhand im Brautgemach zu Bette. Auch Tristan wird entkleidet, und als man ihm das Seidenkleid abstreift, fällt der irischen Isolde Ring von seiner Hand. Er betrachtet ihn lange, kämpft mit sich selbst. Er darf die blonde Isolde nicht hintergehen, aber auch seine Gattenpflicht nicht verletzen. Nur Herzensverwirrung hat ihn in diese Lage gebracht, und sich selbst belügt er mehr als die Frauen, die er eine mit der anderen betrügt. Er begibt sich endlich zu Isolde, bittet die Zärtliche aber um Geduld, da ein Zauber ihm das Herz bedrücke, von dem er später zu genesen hoffe. Sie ergibt sich liebend darein. Sie leben also nicht anders als Bruder und Schwester.

Nach Jahr und Tag wird Herzog Jowelin von starken Nachbarn mit Krieg überzogen, und seine Truppen geraten in große Bedrängnis. Tristan, der tief unglücklich ist, ergreift froh die Gelegenheit, sich im Kampf und womöglich in den Tod zu stürzen. Zusammen mit Kaëdin zieht er aus, und seine Klugheit und Tapferkeit tragen den Sieg davon: die Feinde werden zerstreut, aber Tristan bringt man von einem giftigen Pfeil verwundet nach Karke zurück, wo er unheilbar darniederliegt. Kein Mittel verfängt. Da vertraut er seinem ergebenen jungen Freund Kaëdin den Ring Isoldens an und bittet ihn, damit nach Kornwall zu reisen und Isolde zur Fahrt nach Arundel zu bestimmen. Nur sie könne ihm helfen, und sie

werde sicher kommen, denn sie liebe Tristan. Als Kaufmann in Seidenwaren solle Kaëdin reisen und der Königin heimlich den Ring weisen, ihr auch schwören, daß Tristan nie eine andere geliebt und berührt, und sie erinnern an Lust und Leid, die sie in alter Zeit zusammen getragen. Kaëdins Schwester sei Magd verblieben, um dieser Liebe willen. Er bittet ihn, gegen sie Stillschweigen zu halten und ihr zu sagen, es handle sich um eine fremde Ärztin. Er solle Tristans Schiff nehmen, darin liegen ein weißes und ein schwarzes Segel. Bringe er Isolde, so solle er das weiße Segel aufziehen; komme er ohne sie, das schwarze. Kaëdin verspricht liebe- und verständnisvoll alles.
Isolde Weißhand aber hat das Gespräch belauscht, an der Wand horchend, an der Tristans Bett steht, während dieser sie und alle hinausgeschickt. Sie weiß nun, warum ihr Leben ohne alle Freude war, und die sanfte Kleine wird zur fauchenden Katze und schwört Rache, heuchelt aber vor Tristan weiter Liebe und Ergebenheit.
Kaëdin steuert nach Kornwall, landet beim Königshaus und hält seine Waren, Tuche, Habichte, Goldgerät, feil. Geht mit schönen Dingen auf die Burg, verkauft etwas dem König und zeigt dann der Königin unter anderem ihren Ring. Isolde wird bleich, nimmt ihn beiseite, und er eröffnet ihr alles. Sie ist tief bewegt, bespricht sich mit Brangäne, die dafür sorgt, daß nachts eine Pforte unbewacht bleibt, und Isolde geht mit Kaëdin zum Schiff. Guter Wind fördert sie, und er zieht das weiße Segel auf.
Unterdessen vergeht Tristan vor Sehnsucht und schickt stündlich Boten, nach dem Schiff zu spähen, läßt sich auch selbst zum Meere hinuntertragen, aber aus Furcht, das schwarze Segel zu erblicken, kehrt er in seine Kammer zurück, um die Kunde lieber aus fremdem Munde zu erfahren. Da tritt Isolde Weißhand zu ihm und meldet ihm tückisch, ein schwarzes Segel nahe. Verzweifelt stirbt er.

Die allgemeine Klage ist groß. Von Herren und Dienern wird die Leiche prächtig aufgebahrt. Unterdessen landet Isolde und hört in allen Gassen Wehruf und Weinen und Totenglocken von Münstern und Kapellen. Sie fragt –, und ein alter Mann sagt ihr, Tristan ist tot. Erstarrt, tränenlos, allen ihren Begleitern voran, schreitet sie zum Palast, in ihrem Schmerz und ihrer Schönheit von allen bestaunt. Tristan liegt im Kerzenschein. Sie umfängt und küßt ihn und sinkt an der Bahre gebrochenen Herzens tot nieder.

# UNORDNUNG UND FRÜHES LEID

Als Hauptgericht hat es nur Gemüse gegeben, Wirsing-Koteletts; darum folgt noch ein Flammeri, hergestellt aus einem der nach Mandeln und Seife schmeckenden Puddingpulver, die man jetzt kauft, und während Xaver, der jugendliche Hausdiener, in einer gestreiften Jacke, welcher er entwachsen ist, weißwollenen Handschuhen und gelben Sandalen, ihn auftischt, erinnern die Großen ihren Vater auf schonende Art daran, daß sie heute Gesellschaft haben.
Die Großen, das sind die achtzehnjährige und braunäugige Ingrid, ein sehr reizvolles Mädchen, das zwar vor dem Abiturium steht und es wahrscheinlich auch ablegen wird, wenn auch nur, weil sie den Lehrern und namentlich dem Direktor die Köpfe bis zu absoluter Nachsicht zu verdrehen gewußt hat, von ihrem Berechtigungsschein aber keinen Gebrauch zu machen gedenkt, sondern auf Grund ihres angenehmen Lächelns, ihrer ebenfalls wohltuenden Stimme und eines ausgesprochenen und sehr amüsanten parodistischen Talentes zum Theater drängt – und Bert, blond und siebzehnjährig, der die Schule um keinen Preis zu beenden, sondern sich so bald wie möglich ins Leben zu werfen wünscht und entweder Tänzer oder Kabarett-Rezitator oder aber Kellner werden will: dies letztere unbedingt »in Kairo« – zu welchem Ziel er schon einmal, morgens um fünf, einen knapp vereitelten Fluchtversuch unternommen hat. Er zeigt entschiedene Ähnlichkeit mit Xaver Kleinsgütl, dem gleichaltrigen Hausdiener: nicht weil er gewöhnlich aussähe – er gleicht in den Zügen sogar auffallend seinem Vater, Professor Cornelius –, sondern eher kraft einer Annäherung von der anderen Seite her, oder allenfalls vermöge einer wechsel-

seitigen Anpassung der Typen, bei der ein weitgehender Ausgleich der Kleidung und allgemeinen Haltung die Hauptrolle spielt. Beide tragen ihr dichtes Haar auf dem Kopfe sehr lang, flüchtig in der Mitte gescheitelt, und haben folglich die gleiche Kopfbewegung, um es aus der Stirn zurückzuwerfen. Wenn einer von ihnen durch die Gartenpforte das Haus verläßt, barhaupt bei jedem Wetter, in einer Windjacke, die aus bloßer Koketterie mit einem Lederriemen gegürtet ist, und mit etwas vorgeneigtem Oberkörper, dazu noch den Kopf auf der Schulter, davonschiebt oder sich aufs Rad setzt – Xaver benutzt willkürlich die Räder seiner Herrschaft, auch die weiblichen und in besonders sorgloser Laune sogar das des Professors –, so kann Doktor Cornelius von seinem Schlafzimmerfenster aus beim besten Willen nicht unterscheiden, wen er vor sich hat, den Burschen oder seinen Sohn. Wie junge Mushiks, findet er, sehen sie aus, einer wie der andere, und beide sind sie leidenschaftliche Zigarettenraucher, wenn auch Bert nicht über die Mittel verfügt, so viele zu rauchen wie Xaver, der es auf dreißig Stück pro Tag gebracht hat, und zwar von einer Marke, die den Namen einer in Flor stehenden Kino-Diva trägt.

Die Großen nennen ihre Eltern »die Greise« – nicht hinter ihrem Rücken, sondern anredeweise und in aller Anhänglichkeit, obgleich Cornelius erst siebenundvierzig und seine Frau noch acht Jahre jünger ist. »Geschätzter Greis!« sagen sie, »treuherzige Greisin!«, und die Eltern des Professors, die in seiner Heimat das bestürzte und verschüchterte Leben alter Leute führen, heißen in ihrem Munde »die Urgreise«. Was die »Kleinen« betrifft, Lorchen und Beißer, die mit der »blauen Anna«, so genannt nach der Bläue ihrer Backen, auf der oberen Diele essen, so reden sie nach dem Beispiel der Mutter den Vater mit Vornamen an, sagen also Abel. Es klingt unbeschreiblich drollig in seiner extravaganten Zutraulichkeit, wenn sie ihn so rufen und nennen, besonders in dem süßen Stimmklang der fünfjährigen Eleonore, die genau aussieht wie Frau Cornelius auf ihren Kinderbildern, und die der Professor über alles liebt.

»Greislein«, sagt Ingrid angenehm, indem sie ihre große, aber schöne Hand auf die des Vaters legt, der nach bürgerlichem und nicht unnatürlichem Herkommen dem Familientisch vorsitzt, und zu dessen Linken sie, der Mutter gegenüber, ihren Platz hat – »guter Vorfahr, laß dich nun sanft gemahnen, denn sicher hast du's verdrängt. Es war also heute nachmittag, daß wir unsere kleine Lustbarkeit haben sollten, unser Gänsehüpfen mit Heringssalat – da heißt es für deine Person denn Fassung bewahren und nicht verzagen, um neun Uhr ist alles vorüber.«

»Ach?« sagt Cornelius mit verlängerter Miene – »Gut, gut«, sagt er und schüttelt den Kopf, um sich in Harmonie mit dem Notwendigen zu zeigen. »Ich dachte nur – ist das schon fällig? Donnerstag, ja. Wie die Zeit verfliegt. Wann kommen sie denn?«

Um halb fünf, antwortet Ingrid, der ihr Bruder im Verkehr mit dem Vater den Vortritt läßt, würden die Gäste wohl einlaufen. Im Oberstock, solange er ruhe, höre er fast nichts, und von sieben bis acht halte er seinen Spaziergang. Wenn er wolle, könne er sogar über die Terrasse entweichen.

»Oh –«, macht Cornelius im Sinne von ›Du übertreibst‹.

Aber Bert sagt nun doch:

»Es ist der einzige Abend der Woche, an dem Wanja nicht spielen muß. Um halb sieben müßte er gehen an jedem andern. Das wäre doch schmerzlich für alle Beteiligten.«

»Wanja«, das ist Iwan Herzl, der gefeierte jugendliche Liebhaber des Staatstheaters, sehr befreundet mit Bert und Ingrid, die häufig bei ihm Tee trinken und ihn in seiner Garderobe besuchen. Er ist ein Künstler der neueren Schule, der in sonderbaren und, wie es dem Professor scheint, äußerst gezierten und unnatürlichen Tänzerposen auf der Bühne steht und leidvoll schreit. Einen Professor der Geschichte kann das unmöglich ansprechen, aber Bert hat sich stark unter Herzls Einfluß begeben, schwärzt sich den Rand der unteren Augenlider, worüber es zu einigen schweren, aber fruchtlosen Szenen mit dem Vater gekommen ist, und erklärt mit jugendlicher Gefühllosigkeit für die Herzenspein der Altvorderen, daß er sich Herzl nicht nur zum Vorbild nehmen wolle, falls er sich für den Tänzerberuf entscheide, sondern sich auch als Kellner in Kairo genauso zu bewegen gedenke wie er.

Cornelius verbeugt sich leicht gegen seinen Sohn, die Augenbrauen etwas hochgezogen, jene loyale Bescheidung und Selbstbeherrschung andeutend, die seiner Generation gebührt. Die Pantomime ist frei von nachweisbarer Ironie und allgemeingültig. Bert mag sie sowohl auf sich wie auf das Ausdruckstalent seines Freundes beziehen.

Wer sonst noch komme, erkundigt sich der Hausherr. Man nennt ihm einige Namen, ihm mehr oder weniger bekannt, Namen aus der Villenkolonie, aus der Stadt, Namen von Kolleginnen Ingrids aus der Oberklasse des Mädchengymnasiums... Man müsse noch telephonieren, heißt es. Man müsse zum Beispiel mit Max telephonieren. Max Hergesell, stud. ing., dessen Namen Ingrid sofort in der gedehnten und näselnden Weise vorbringt, die nach ihrer Angabe die Privat-Sprechmanier aller Hergesells sein soll, und die sie auf äußerst drollige und lebenswahrscheinliche Weise zu parodieren fortfährt, so daß die Eltern vor Lachen in Gefahr kommen, sich mit dem schlechten Flammeri zu verschlucken. Denn auch in diesen Zeiten muß man lachen, wenn etwas komisch ist.

Zwischendurch ruft das Telephon im Arbeitszimmer des

Professors, und die Großen laufen hinüber, denn sie wissen, daß es sie angeht. Viele Leute haben das Telephon bei der letzten Verteuerung aufgeben müssen, aber die Cornelius' haben es gerade noch halten können, kraft des leidlich den Umständen angepaßten Millionengehalts, das der Professor als Ordinarius für Geschichte bezieht. Das Vorstadthaus ist elegant und bequem, wenn auch etwas verwahrlost, weil Reparaturen aus Materialmangel unmöglich sind, und entstellt von eisernen Öfen mit langen Rohren. Aber es ist der Lebensrahmen des höheren Mittelstandes von ehemals, worin man nun lebt, wie es nicht mehr dazu paßt, das heißt ärmlich und schwierig, in abgetragenen und gewendeten Kleidern. Die Kinder wissen nichts anderes, für sie ist es Norm und Ordnung, es sind geborene Villenproletarier. Die Kleiderfrage kümmert sie wenig. Dies Geschlecht hat sich ein zeitgemäßes Kostüm erfunden, ein Produkt aus Armut und Pfadfindergeschmack, das im Sommer beinahe nur aus einem gegürteten Leinenkittel und Sandalen besteht. Die bürgerlich Alten haben es schwerer.

Die Großen reden nebenan mit den Freunden, während ihre Servietten über den Stuhllehnen hängen. Es sind Eingeladene, die anrufen. Sie wollen zusagen oder absagen oder über irgend etwas verhandeln, und die Großen verhandeln mit ihnen im Jargon des Kreises, einem Rotwelsch voller Redensartlichkeit und Übermut, von dem die »Greise« selten ein Wort verstehen. Auch diese beraten unterdessen: über die Verpflegung, die man den Gästen bieten wird. Der Professor zeigt bürgerlichen Ehrgeiz. Er möchte, daß es zum Abendessen, nach dem italienischen Salat und dem belegten Schwarzbrot, eine Torte gebe, etwas Tortenähnliches; aber Frau Cornelius erklärt, daß das zu weit führen würde – die jungen Leute erwarten es gar nicht, meint sie, und die Kinder stimmen ihr zu, als sie sich noch einmal zum Flammeri setzen.

Die Hausfrau, von der die höher gewachsene Ingrid den Typus hat, ist mürbe und matt von den verrückten Schwierigkeiten der Wirtschaft. Sie müßte ein Bad aufsuchen, aber das Schwanken des Bodens unter den Füßen, das Drüber und Drunter aller Dinge machen das vorläufig untunlich. Sie denkt an die Eier, die heute unbedingt eingekauft werden müssen, und spricht davon: von den Sechstausend-Mark-Eiern, die nur an diesem Wochentage von einem bestimmten Geschäft, eine Viertelstunde von hier, in bestimmter Anzahl abgegeben werden, und zu deren Entgegennahme sich die Kinder unmittelbar nach Tische vor allem anderen aufmachen müssen. Danny, der Nachbarssohn, wird kommen, sie abzuholen, und Xaver wird sich in Zivilkleidung den jungen Herrschaften ebenfalls anschließen. Denn das Geschäft gibt nur fünf Eier pro Woche an einen und denselben Hausstand ab, und darum werden die jungen Leute einzeln, nacheinander und unter verschiedenen angenommenen Namen den Laden betreten, um zwanzig Eier im ganzen für die Villa Cornelius zu erringen: ein wöchentlicher Hauptspaß für alle Beteiligten, den Mushik Kleingütl nicht ausgenommen, namentlich aber für Ingrid und Bert, die außerordentlich zur Mystifikation und Irreführung ihrer Mitmenschen neigen und dergleichen auf Schritt und Tritt um seiner selbst willen betreiben, auch wenn durchaus keine Eier dabei herauskommen. Sie lieben es, sich im Trambahnwagen indirekt und auf dem Wege der Darstellung für ganz andere junge Personen auszugeben, als sie in Wirklichkeit sind, indem sie miteinander im Landesdialekt, den sie sonst gar nicht sprechen, öffentlich lange, gefälschte Gespräche führen, so recht ordinäre Gespräche, wie die Leute sie führen: das allergewöhnlichste Zeug über Politik und Lebensmittelpreise und Menschen, die es nicht gibt, so daß der ganze Wagen mit Sympathie und doch mit dem dunklen Argwohn, daß

hier irgend etwas nicht stimmt, ihrer grenzenlos gewöhnlichen Zungenfertigkeit lauscht. Dann werden sie immer frecher und fangen an, sich von den Menschen, die es nicht gibt, die abscheulichsten Geschichten zu erzählen. Ingrid ist imstande, mit hoher, schwankender, ordinär zwitschernder Stimme vorzugeben, daß sie ein Ladenfräulein ist, welches ein uneheliches Kind besitzt, einen Sohn, der sadistisch veranlagt ist und neulich auf dem Lande eine Kuh so unbeschreiblich gemartert hat, daß es für einen Christenmenschen kaum anzusehen gewesen ist. Über die Art, wie sie das Wort »gemartert« zwitschert, ist Bert dicht daran herauszuplatzen, legt aber eine schaurige Teilnahme an den Tag und tritt mit dem unglücklichen Ladenfräulein in ein langes und schauriges, zugleich verderbtes und dummes Gespräch über die Natur der krankhaften Grausamkeiten ein, bis ein alter Herr, schräg gegenüber, der sein Billett zusammengefaltet zwischen Zeigefinger und Siegelring trägt, das Maß voll findet und sich öffentlich dagegen verwahrt, daß so junge Leute solche Themata (er gebraucht den griechischen Plural »Themata«) in dieser Ausführlichkeit erörtern. Worauf Ingrid so tut, als ob sie in Tränen schwömme, und Bert sich den Anschein gibt, als ob er eine tödliche Wut auf den alten Herrn mit äußerster Anstrengung, aber kaum noch auf lange Zeit, unterdrücke und bändige: die Fäuste geballt, zähneknirschend und am ganzen Leibe zitternd, so daß der alte Herr, der es nur gut gemeint hat, an der nächsten Station schleunig den Wagen verläßt.
Solcherart sind die Unterhaltungen der »Großen«. Das Telephon spielt eine hervorragende Rolle dabei: sie klingeln an bei aller Welt, bei Opernsängern, Staatspersonen und Kirchenfürsten, melden sich als Ladenfräulein oder als Graf und Gräfin Mannsteufel und bequemen sich nur schwer zu der Einsicht, daß sie falsch verbunden sind. Einmal haben sie die Besuchskartenschale der Eltern aus-

geleert und die Karten kreuz und quer, aber nicht ohne Sinn für das Verwirrend-Halbwahrscheinliche, in die Briefkästen des Viertels verteilt, woraus viel Unruhe erwuchs, da plötzlich Gott weiß wer bei der Himmel weiß wem Besuch abgelegt zu haben schien.

Xaver, jetzt ohne Servierhandschuhe, so daß man den gelben Kettenring sieht, den er an der Linken trägt, kommt haarwerfend herein, um abzudecken, und während der Professor sein Achttausend-Mark-Dünnbier austrinkt und sich eine Zigarette anzündet, hört man die »Kleinen« sich auf Treppe und Diele tummeln. Sie kommen, wie üblich, die Eltern nach Tisch zu begrüßen, stürmen das Eßzimmer, im Kampf mit der Tür, an deren Klinke sie sich gemeinsam mit den Händchen hängen, und stapfen und stolpern mit ihren eiligen, ungeschickten Beinchen, in roten Filzhausschuhen, über denen die Söckchen faltig heruntergerutscht sind, rufend, berichtend und schwatzend über den Teppich, indem ein jedes nach seinem gewohnten Ziele steuert: Beißer zur Mutter, auf deren Schoß er mit den Knien klettert, um ihr zu sagen, wieviel er gegessen hat, und ihr zum Beweise seinen geschwollenen Bauch zu zeigen, und Lorchen zu ihrem »Abel«, – so sehr der Ihre, weil sie so sehr die Seine ist, weil sie die innige und wie alles tiefe Gefühl etwas melancholische Zärtlichkeit spürt und lächelnd genießt, mit der er ihre Klein-Mädchen-Person umfängt, die Liebe, mit der er sie anblickt und ihr fein gestaltetes Händchen oder ihre Schläfe küßt, auf der sich bläuliche Äderchen so zart und rührend abzeichnen.

Die Kinder zeigen die zugleich starke und unbestimmte, durch gleichmäßige Kleidung und Haartracht unterstützte Ähnlichkeit des Geschwisterpärchens, unterscheiden sich aber auch wieder auffallend voneinander, und zwar im Sinne des Männlichen und Weiblichen. Das ist ein kleiner Adam und eine kleine Eva, deutlich betont, –

auf seiten Beißers, wie es scheint, sogar bewußt und vom Selbstgefühl her betont: von Figur schon ist er gedrungener, stämmiger, stärker, unterstreicht aber seine vierjährige Manneswürde noch in Haltung, Miene und Redeweise, indem er die Ärmchen athletisch, wie ein junger Amerikaner, von den etwas gehobenen Schultern hängen läßt, beim Sprechen den Mund hinunterzieht und seiner Stimme einen tiefen, biederen Klang zu geben sucht. Übrigens ist all diese Würde und Männlichkeit mehr angestrebt als wahrhaft in seiner Natur gesichert; denn, gehegt und geboren in wüsten, verstörten Zeiten, hat er ein recht labiles und reizbares Nervensystem mitbekommen, leidet schwer unter den Mißhelligkeiten des Lebens, neigt zu Jähzorn und Wutgetrampel, zu verzweifelten und erbitterten Tränenergüssen über jede Kleinigkeit und ist schon darum der besondere Pflegling der Mutter. Er hat kastanienbraune Kugelaugen, die leicht etwas schielen, weshalb er wohl bald eine korrigierende Brille wird tragen müssen, ein langes Näschen und einen kleinen Mund. Es sind die Nase und der Mund des Vaters, wie recht deutlich geworden, seitdem der Professor sich den Spitzbart hat abnehmen lassen und glatt rasiert geht. (Der Spitzbart war wirklich nicht länger zu halten; auch der historische Mensch bequemt sich schließlich zu solchen Zugeständnissen an die Sitten der Gegenwart.) Aber Cornelius hält sein Töchterchen auf den Knien, sein Eleonorchen, die kleine Eva – so viel graziler, im Ausdruck süßer als der Junge –, und läßt sie, indem er die Zigarette weit von ihr weghält, mit ihren feinen Händchen an seiner Brille fingern, deren zum Lesen und Fernsehen abgeteilte Gläser täglich wieder ihre Neugier beschäftigen.

Im Grunde hat er ein Gefühl dafür, daß die Vorliebe seiner Frau wohl hochherziger gewählt hat als die seine und daß die schwierige Männlichkeit Beißers vielleicht mehr wiegt als der ausgeglichenere Liebreiz seines Kindchens.

Aber dem Herzen, meint er, läßt sich nicht gebieten, und sein Herz gehört nun einmal der Kleinen, seitdem sie da ist, seitdem er sie zum erstenmal gesehen. Auch erinnert er sich fast immer, wenn er sie in den Armen hält, an dieses erste Mal: es war in einem hellen Zimmer der Frauenklinik, wo Lorchen zur Welt gekommen, in zwölfjährigem Abstand von ihren großen Geschwistern. Er trat herzu, und in dem Augenblick fast, wo er unter dem Lächeln der Mutter behutsam die Gardine von dem Puppenhimmelbettchen zog, das neben dem großen stand, und das kleine Wunder gewahrte, das da so wohlausgebildet und wie von der Klarheit süßen Ebenmaßes umflossen in den Kissen lag, mit Händchen, die schon damals, in noch viel winzigeren Maßen, so schön waren wie jetzt, mit offenen Augen, die damals himmelblau waren und den hellen Tag widerstrahlten – fast in derselben Sekunde fühlte er sich ergriffen und gebunden; es war Liebe auf den ersten Blick und für immer, ein Gefühl, das ungekannt, unerwartet und unerhofft – soweit das Bewußtsein in Frage kam – von ihm Besitz ergriff, und das er sofort mit Erstaunen und Freude als lebensendgültig verstand.
Übrigens weiß Doktor Cornelius, daß es mit der Unverhofftheit, der gänzlichen Ungeahntheit dieses Gefühls und selbst seiner völligen Unwillkürlichkeit, genau erforscht, nicht ganz richtig ist. Er versteht im Grunde, daß es ihn nicht von so ungefähr überkommen und sich mit seinem Leben verbunden hat, sondern daß er unbewußt dennoch darauf vorbereitet oder richtiger: dafür bereitet gewesen ist; daß etwas in ihm bereit war, es im gegebenen Augenblick aus sich zu erzeugen, und daß dies Etwas seine Eigenschaft als Professor der Geschichte gewesen ist – höchst sonderbar zu sagen. Aber Doktor Cornelius sagt es auch nicht, sondern weiß es eben nur manchmal, mit geheimem Lächeln. Er weiß, daß Professoren der Geschichte die Geschichte nicht lieben, sofern sie geschieht,

sondern sofern sie geschehen ist; daß sie die gegenwärtige Umwälzung hassen, weil sie sie als gesetzlos, unzusammenhängend und frech, mit einem Worte, als ›unhistorisch‹ empfinden, und daß ihr Herz der zusammenhängenden, frommen und historischen Vergangenheit angehört. Denn über dem Vergangenen, so gesteht sich der Universitätsgelehrte, wenn er vor dem Abendessen am Flusse spazierengeht, liegt die Stimmung des Zeitlosen und Ewigen, und das ist eine Stimmung, die den Nerven eines Geschichtsprofessors weit mehr zusagt als die Frechheiten der Gegenwart. Das Vergangene ist verewigt, das heißt: es ist tot, und der Tod ist die Quelle aller Frömmigkeit und alles erhaltenden Sinnes. Der Doktor sieht das heimlich ein, wenn er allein im Dunkeln geht. Es ist sein erhaltender Instinkt, sein Sinn für das ›Ewige‹ gewesen, der sich vor den Frechheiten der Zeit in die Liebe zu diesem Töchterchen gerettet hat. Denn Vaterliebe und ein Kindchen an der Mutterbrust, das ist zeitlos und ewig und darum sehr heilig und schön. Und doch versteht Cornelius im Dunkeln, daß etwas nicht ganz recht und gut ist in dieser seiner Liebe, – er gesteht es sich theoretisch um der Wissenschaft willen ein. Sie hat ihrem Ursprunge nach etwas Tendenziöses, diese Liebe; es ist Feindseligkeit darin, Opposition gegen die geschehende Geschichte zugunsten der geschehenen, das heißt des Todes. Ja, sonderbar genug, aber wahr, gewissermaßen wahr. Seine Inbrunst für dies süße Stückchen Leben und Nachwuchs hat etwas mit dem Tode zu tun, sie hält zu ihm, gegen das Leben, und das ist in gewissem Sinne nicht ganz schön und gut – obgleich es natürlich die wahnsinnigste Askese wäre, sich wegen solcher gelegentlichen wissenschaftlichen Einsicht das liebste und reinste Gefühl aus dem Herzen zu reißen.
Er hält das Töchterchen auf dem Schoß, das seine dünnen, rosigen Beinchen von seinen Knien hängen läßt, spricht

zu ihr, die Augenbrauen hochgezogen, im Ton einer zarten, spaßhaften Ehrerbietung und lauscht entzückt auf das süße, hohe Stimmchen, mit dem sie ihm antwortet und ihn »Abel« nennt. Er tauscht sprechende Blicke dabei mit der Mutter, die ihren Beißer betreut und ihn mit sanftem Vorwurf zu Vernunft und Fassung ermahnt, da er heute, gereizt durch das Leben, wieder einem Wutanfall unterlegen ist und sich wie ein heulender Derwisch benommen hat. Auch zu den »Großen« wirft Cornelius manchmal einen etwas argwöhnischen Blick hinüber, denn er hält es nicht für unmöglich, daß ihnen gewisse wissenschaftliche Einsichten seiner Abendspaziergänge auch nicht ganz fremd sind. Aber wenn dem so ist, so lassen sie es nicht merken. Hinter ihren Stühlen stehend, die Arme auf die Lehnen gestützt, sehen sie wohlwollend, wenn auch mit einiger Ironie, dem elterlichen Glücke zu.

Die Kinder tragen dicke, ziegelrote, modern bestickte Künstlerkleidchen, die seinerzeit schon Bert und Ingrid gehört haben, und die ganz gleich sind, mit dem einzigen Unterschied, daß bei Beißer kleine, kurze Hosen unter dem Kittel hervorkommen. Auch den gleichen Haarschnitt tragen sie, die Pagenfrisur. Beißers Haar ist unregelmäßig blond, noch in langsamem Nachdunkeln begriffen, ungeschickt angewachsen überall, struppig, und sieht aus wie eine kleine, komische, schlechtsitzende Perücke. Lorchens dagegen ist kastanienbraun, seidenfein, spiegelnd und so angenehm wie das ganze Persönchen. Es verdeckt ihre Ohren, die, wie man weiß, verschieden groß sind: das eine hat richtiges Verhältnis, das andere aber ist etwas ausgeartet, entschieden zu groß. Der Vater holt die Ohren zuweilen hervor, um sich in starken Akzenten darüber zu verwundern, als hätte er den kleinen Schaden noch nie bemerkt, was Lorchen zugleich beschämt und amüsiert. Ihre weit auseinanderliegenden Augen sind goldig braun und haben einen süßen Schimmer, den klarsten und lieblichsten Blick. Die Brauen darüber sind blond. Ihre Nase ist noch ganz formlos, mit ziemlich dicken Nüstern, so daß die Löcher fast kreisrund sind, ihr Mündchen groß und ausdrucksvoll, mit schön geschwungener, beweglicher Oberlippe. Wenn sie lacht und ihre getrennt stehenden Perlzähne zeigt (erst einen hat sie verloren; sie hat sich das nach allen Seiten wakkelnde Ding von ihrem Vater mit dem Taschentuch herausbiegen lassen, wobei sie sehr blaß geworden ist und gezittert hat), so bekommt sie Grübchen in die Wangen, die ihre charakteristische, bei aller kindlichen Weichheit etwas gehöhlte Form daher haben, daß ihr Untergesichtchen leicht vorgebaut ist. Auf der einen Wange, nahe gegen den schlichten Fall des Haares hin, hat sie einen Leberflecken mit Flaum darauf.

Im ganzen ist sie selbst von ihrem Äußeren wenig befriedigt – ein Zeichen, daß sie sich darum kümmert. Ihr Gesichtchen, urteilt sie traurig, sei leider nun einmal häßlich, dagegen »das Figürle« recht nett. Sie liebt kleine gewählte, gebildete Ausdrücke und reiht sie aneinander, wie »vielleicht, freilich, am End'«. Beißers selbstkritische Sorgen betreffen mehr das Moralische. Er neigt zur Zerknirschung, hält sich auf Grund seiner Wutanfälle für einen großen Sünder und ist überzeugt, daß er nicht in den Himmel kommen wird, sondern in die »Höhle«. Da hilft kein Zureden, daß Gott viel Einsicht besitze und fünf gern einmal gerade sein lasse: er schüttelt in verstockter Schwermut den Kopf mit der schlechtsitzenden Perücke und erklärt sein Eingehen in die Seligkeit für völlig unmöglich. Ist er erkältet, so scheint er ganz voll von Schleim; er rasselt und knarrt von oben bis unten, wenn man ihn nur anrührt, und hat sofort das höchste Fieber, so daß er nur so pustet. Kinds-Anna neigt denn auch zur Schwarzseherei, was seine Konstitution betrifft, und ist der Meinung, daß einen Knaben mit so »ungemein fettem Blut« jeden Augenblick der Schlag treffen könne. Einmal hat sie diesen furchtbaren Augenblick schon gekommen gewähnt: als man nämlich Beißer, zur Buße für einen berserkerhaften Wutanfall, das Gesicht zur Wand gekehrt, in die Ecke gestellt hatte – und dieses Gesicht bei zufälliger Prüfung sich als über und über blau angelaufen erwies, viel blauer als Kinds-Anna's eigenes. Sie brachte das Haus auf die Beine, verkündend, daß des Jungen allzu fettes Blut sein letztes Stündlein nun herbeigeführt habe, und der böse Beißer fand sich zu seiner gerechten Verwunderung plötzlich in angstvolle Zärtlichkeit eingehüllt, bis sich herausstellte, daß die Bläue seiner Züge nicht vom Schlagfluß, sondern von der gestrichenen Wand des Kinderzimmers herrührte, die ihr Indigo an sein tränenüberschwemmtes Gesicht abgegeben hatte.

Kinds-Anna ist ebenfalls mit eingetreten und mit zusammengelegten Händen an der Tür stehen geblieben: in weißer Schürze, mit öliger Frisur, Gänseaugen und einer Miene, in der sich die strenge Würde der Beschränktheit malt. »Die Kinder«, erklärt sie, stolz auf ihre Pflege und Unterweisung, »entziffern sich wunderbar.« Siebzehn vereiterte Zahnstümpfe hat sie sich kürzlich entfernen und sich ein ebenmäßiges Kunstgebiß gelber Zähne mit dunkelrotem Kautschukgaumen dafür anmessen lassen, das nun ihr Bäuerinnengesicht verschönt. Ihr Geist ist von der eigentümlichen Vorstellung umfangen, daß ihr Gebiß den Gesprächsstoff weiter Kreise bildet, daß gleichsam die Spatzen diese Angelegenheit von den Dächern pfeifen. »Es hat viel unnützes Gerede gegeben«, sagt sie streng und mystisch, »weil ich mir bekanntlich Zähne habe setzen lassen.« Überhaupt neigt sie zu dunklen und undeutlichen, dem Verständnis anderer nicht angepaßten Reden, wie zum Beispiel von einem Doktor Bleifuß, den jedes Kind kenne, und »da wohnen mehr im Haus«, sagt sie, »die sich für ihn ausgeben«. Man kann nur nachgiebig darüber hinweggehen. Sie lehrt die Kinder schöne Gedichte, wie zum Beispiel:

> Eisenbahn, Eisenbahn,
> Lokomotiv'.
> Fahrt sie fort, bleibt sie da,
> Tut sie einen Pfief.

Oder jenen zeitgemäß entbehrungsreichen, dabei aber vergnügten Wochenküchenzettel, der lautet:

> Montag fängt die Woche an.
> Dienstag sind wir übel dran.
> Mittwoch sind wir mitten drin.
> Donnerstag gibt's Kümmerling.
> Freitag gibt's gebratnen Fisch.
> Samstag tanzen wir um den Tisch.
> Sonntag gibt es Schweinebrätle
> Und dazu ein gut's Salätle.

Oder auch einen gewissen Vierzeiler von unbegreiflicher und ungelöster Romantik:

> Macht auf das Tor, macht auf das Tor,
> Es kommt ein großer Wagen.
> Wer sitzt in diesem Wagen?
> Ein Herr mit goldenen Haaren!

Oder endlich die schrecklich aufgeräumte Ballade von Mariechen, die auf einem Stein, einem Stein, einem Stein saß und sich ihr gleichfalls goldnes Haar, goldnes Haar, goldnes Haar kämmte. Und von Rudolf, der ein Messer raus, Messer raus, Messer rauszog, und mit dem es denn auch ein fürchterliches Ende nahm.

Lorchen sagt und singt das alles ganz reizend mit ihrem

beweglichen Mäulchen und ihrer süßen Stimme – viel besser als Beißer. Sie macht alles besser als er, und er bewundert sie denn auch ehrlich und ordnet sich ihr, von Anfällen der Auflehnung und des raufsüchtigen Kollers abgesehen, in allen Stücken unter. Oft unterrichtet sie ihn wissenschaftlich, erklärt ihm die Vögel im Bilderbuch, macht sie ihm namhaft: den Wolkenfresser, den Hagelfresser, den Rabenfresser. Das muß er nachsprechen. Auch medizinisch unterweist sie ihn, lehrt ihn Krankheiten, wie Brustentzündung, Blutentzündung und Luftentzündung. Wenn er nicht achtgibt und es nicht nachsprechen kann, stellt sie ihn in die Ecke. Einmal hat sie ihm noch dazu eine Ohrfeige gegeben, aber darüber hat sie sich so geschämt, daß sie sich selber auf längere Zeit in die Ecke gestellt hat.
Ja, sie kommen gut miteinander aus, sind ein Herz und eine Seele. Alles erleben sie gemeinsam, alle Abenteuer. Sie kommen nach Hause und erzählen noch ganz erregt und wie aus einem Munde, daß sie auf der Landstraße »zwei Kuhli-Muhli und ein Kalbfleisch« gesehen haben. Mit den Dienstboten unten, mit Xaver und den Damen Hinterhöfer, zwei ehemals bürgerlichen Schwestern, die »au pair«, wie man sagt, das ist gegen Kost und Logis, die Ämter der Köchin und des Zimmermädchens versehen, leben sie auf vertrautem Fuß, empfinden wenigstens zeitweise eine gewisse Verwandtschaft des Verhältnisses dieser Unteren zu den Eltern mit dem ihren. Sind sie gescholten worden, so gehen sie in die Küche und sagen: »Unsere Herrschaften sind bös!« Dennoch aber ist es ein schöneres Spielen mit den Oberen und namentlich mit »Abel«, wenn er nicht lesen und schreiben muß. Ihm fallen wundervollere Dinge ein als Xaver und den Damen. Die beiden spielen, daß sie »vier Herren« sind und spazierengehen. Dann macht »Abel« ganz krumme Knie, so daß er ebenso klein ist wie sie, und geht so mit spazieren,

Hand in Hand mit ihnen, wovon sie nicht genug haben können. Den ganzen Tag könnten sie, alles in allem fünf Herren, mit dem klein gewordenen »Abel« rund um das Eßzimmer spazierengehn.

Ferner ist da das äußerst spannende Kissenspiel, darin bestehend, daß eines der Kinder, aber meistens Lorchen, sich, scheinbar unbemerkt von Abel, auf seinen Stuhl am Eßtisch setzt und mäuschenstill sein Kommen erwartet. In der Luft herumblickend und unter Reden, die laut und stark dem Vertrauen auf die Bequemlichkeit seines Stuhles Ausdruck geben, nähert er sich und nimmt auf Lorchen Platz. »Wie?« sagt er. »Was?« Und rückt hin und her, ohne das versteckte Kichern zu hören, das hinter ihm laut wird. »Man hat mir ein Kissen auf meinen Stuhl gelegt? Was für ein hartes, unregelmäßiges, vertracktes Kissen ist das, auf dem ich so auffallend unbequem sitze?« Und immer stärker rutscht er auf dem befremdenden Kissen hin und her und greift hinter sich in das entzückte Kichern und Quieken hinein, bis er sich endlich umwendet und eine große Entdeckungs- und Erkennungsszene das Drama beschließt. Auch dieses Spiel büßt durch hundertfache Wiederholung nichts von seinen Spannungsreizen ein.

Heut kommt es nicht zu solchen Vergnügungen. Die Unruhe des bevorstehenden Festes der »Großen« liegt in der Luft, dem noch der Einkauf mit verteilten Rollen vorangehen muß: Lorchen hat nur eben »Eisenbahn, Eisenbahn« rezitiert und Doktor Cornelius gerade zu ihrer Beschämung entdeckt, daß ja ihre Ohren ganz verschieden groß sind, als Danny, der Nachbarssohn, eintrifft, um Bert und Ingrid abzuholen; und auch Xaver hat schon seine gestreifte Livree mit der Ziviljacke vertauscht, die ihm sofort ein etwas strizzihaftes, wenn auch immer noch flottes und sympathisches Aussehen verleiht. So suchen denn die Kleinen mit Kinds-Anna ihr Reich im Obergeschoß wieder auf, während der Professor sich in sein Arbeitszimmer zurückzieht, um zu lesen, wie es nach Tische seine Gewohnheit ist, und seine Frau Gedanken und Tätigkeit auf die Anchovis-Brötchen und den italienischen Salat richtet, die für die Tanzgesellschaft vorzubereiten sind. Sie muß, bevor die Jugend eintrifft, auch noch zu Rade mit ihrer Einkaufstasche zur Stadt fahren, um eine Summe Geldes, die sie in Händen hat, und die sie nicht der Entwertung aussetzen darf, in Lebensmittel umzusetzen.

Cornelius liest, in seinen Stuhl zurückgelehnt. Die Zigarre zwischen Zeige- und Mittelfinger, liest er im Macaulay etwas nach über die Entstehung der englischen Staatsschuld zu Ende des siebzehnten Jahrhunderts und danach bei einem französischen Autor etwas über die wachsende Verschuldung Spaniens gegen Ende des sechzehnten – beides für sein Kolleg von morgen vormittag. Denn er will Englands überraschende wirtschaftliche Prosperität von damals vergleichen mit den verhängnisvollen Wirkungen, die die Staatsverschuldung hundert Jahre früher in Spanien zeigte, und die ethischen und psychologischen Ursachen dieses Unterschiedes analysieren. Das gibt ihm nämlich Gelegenheit, von dem England Wilhelms III., um das es sich eigentlich gerade handelt, auf das Zeitalter Philipps II. und der Gegenreformation zu kommen, das sein Steckenpferd ist und über das er selbst ein verdienstvolles Buch geschrieben hat – ein vielzitiertes Werk, dem er sein Ordinariat verdankt. Während seine Zigarre zu Ende geht und dabei etwas zu schwer wird, bewegt er bei sich ein paar leise melancholisch gefärbte Sätze, die er morgen vor seinen Studenten sprechen will, über den sachlich aussichtslosen Kampf des langsamen Philipp gegen das Neue, den Gang der Geschichte, die reichzersetzenden Kräfte des Individuums und der germanischen Freiheit, über diesen vom Leben verurteilten

und also auch von Gott verworfenen Kampf beharrender Vornehmheit gegen die Mächte des Fortschritts und der Umgestaltung. Er findet die Sätze und und feilt noch daran, während er die benutzten Bücher wieder einräumt und hinauf in sein Schlafzimmer geht, um seinem Tag die gewohnte Zäsur zu geben, diese Stunde bei geschlossenen Läden und mit geschlossenen Augen, die er braucht, und die heute, wie ihm nach der wissenschaftlichen Ablenkung wieder einfällt, im Zeichen häuslich-festlicher Unruhe stehen wird. Er lächelt über das schwache Herzklopfen, das diese Erinnerung ihm verursacht; in seinem Kopfe vermischen sich die Satzentwürfe über den in schwarzes Seidentuch gekleideten Philipp mit dem Gedanken an den Hausball der Kinder, und so schläft er auf fünf Minuten ein.
Wiederholt, während er liegt und ruht, hört er die Hausglocke gehen, die Gartenpforte zufallen, und jedesmal empfindet er einen kleinen Stich der Erregung, Erwartung und Beklemmung bei dem Gedanken, daß es die jungen Leute sind, die eintreffen und schon die Diele zu füllen beginnen. Jedesmal wieder lächelt er bei sich selbst über den Stich, aber auch dieses Lächeln noch ist ein Ausdruck einer Nervosität, die natürlich übrigens auch etwas Freude enthält; denn wer freute sich nicht auf ein Fest. Um halb fünf (es ist schon Abend) steht er auf und erfrischt sich am Waschtisch. Die Waschschüssel ist seit einem Jahre entzwei. Es ist eine Kippschüssel, die an einer Seite aus dem Gelenke gebrochen ist und nicht repariert werden kann, weil keine Handwerker kommen, und nicht erneuert, weil kein Geschäft in der Lage ist, eine zu liefern. So ist sie notdürftig über ihrem Ablauf an den Rändern der Marmorplatte aufgehängt und kann nur entleert werden, indem man sie mit beiden Händen hochhebt und ausgießt. Cornelius schüttelt, wie täglich mehrmals, den Kopf über die Schüssel, macht sich dann fertig – mit

Sorgfalt übrigens; er putzt unter dem Deckenlicht seine Brille vollkommen blank und durchsichtig – und tritt den Gang hinunter ins Eßzimmer an.

Als er unterwegs die Stimmen hört, die drunten ineinandergehen, und das Grammophon, das schon in Bewegung gesetzt ist, nimmt seine Miene einen gesellschaftlich verbindlichen Ausdruck an. ›Bitte, sich nicht stören zu lassen!‹ beschließt er zu sagen und geradewegs ins Eßzimmer zum Tee zu gehen. Der Satz erscheint ihm als das gegebene Wort der Stunde: heiter-rücksichtsvoll nach außen, wie es ist, und eine gute Brustwehr für ihn selber.

Die Diele ist hell erleuchtet; alle elektrischen Kerzen des Kronleuchters brennen, bis auf eine ganz ausgebrannte. Auf einer unteren Stufe der Treppe bleibt Cornelius stehen und überblickt die Diele. Sie nimmt sich hübsch aus im Licht, mit der Marées-Kopie über dem Backsteinkamin, der Täfelung, die übrigens weiches Holz ist, und dem roten Teppich, darauf die Gäste umherstehen, plaudernd, in den Händen Teetassen und halbe Brotscheiben, die mit Anchovispaste bestrichen sind. Festatmosphäre, ein leichter Dunst von Kleidern, Haar und Atem webt über der Diele, charakteristisch und erinnerungsvoll. Die Tür zur Garderobe ist offen, denn noch kommen neue Geladene.

Gesellschaft blendet im ersten Augenblick; der Professor sieht nur das allgemeine Bild. Er hat nicht bemerkt, daß Ingrid, in dunklem Seidenkleid mit weißem plissierten Schulterüberfall und bloßen Armen, dicht vor ihm mit Freunden am Fuße der Stufen steht. Sie nickt und lächelt mit ihren schönen Zähnen zu ihm herauf.

»Ausgeruht?« fragt sie leise, unter vier Augen. Und als er sie mit ungerechtfertigter Überraschung erkennt, macht sie ihn mit den Freunden bekannt.

»Darf ich dir Herrn Zuber vorstellen?« sagt sie. »Das ist Fräulein Plaichinger.«

Herr Zuber ist dürftigen Ansehens, die Plaichinger dagegen eine Germania, blond, üppig und locker gekleidet, mit Stumpfnase und der hohen Stimme beleibter Frauen, wie sich herausstellt, als sie dem Professor auf seine artige Begrüßung antwortet.
»Oh, herzlich willkommen«, sagt er. »Das ist ja schön, daß Sie uns die Ehre schenken. Coabiturientin wahrscheinlich?«
Herr Zuber ist Golfklub-Genosse Ingrids. Er steht im Wirtschaftsleben, ist in der Brauerei seines Onkels tätig, und der Professor scherzt einen Augenblick mit ihm über das dünne Bier, indem er tut, als ob er den Einfluß des jungen Zuber auf die Qualität des Bieres grenzenlos überschätze. »Aber wollen Sie sich doch ja nicht stören lassen!« sagt er dann und will ins Eßzimmer hinübergehen.
»Da kommt ja auch Max«, sagt Ingrid. »Nun, Max, du Schlot, was bummelst du so spät heran zu Spiel und Tanz!«
Das duzt sich allgemein und geht miteinander um, wie es den Alten ganz fremd ist: von Züchtigkeit, Galanterie und Salon ist wenig zu spüren.
Ein junger Mensch mit weißer Hemdbrust und schmaler Smokingschleife kommt von der Garderobe her zur Treppe und grüßt, – brünett, aber rosig, rasiert natürlich, aber mit einem kleinen Ansatz von Backenbart neben den Ohren, ein bildhübscher Junge, – nicht lächerlich und lodernd schön wie ein Violin-Zigeuner, sondern hübsch auf eine sehr angenehme, gesittete und gewinnende Art, mit freundlichen, schwarzen Augen, und der Smoking sitzt ihm sogar noch etwas ungeschickt.
»Na, na, nicht schimpfen, Cornelia. Das blöde Kolleg«, sagt er; und Ingrid stellt ihn dem Vater vor als Herrn Hergesell.
So, das ist also Herr Hergesell. Wohlerzogen bedankt er

sich beim Hausherrn, der ihm die Hand schüttelt, für die freundliche Einladung. »Ich zügele etwas nach«, sagt er und macht einen kleinen sprachlichen Scherz. »Ausgerechnet Bananen muß ich heute bis vier Uhr Kolleg haben; und dann sollte ich doch noch nach Hause, mich umziehen.« Hierauf spricht er von seinen Pumps, mit denen er eben in der Garderobe große Plage gehabt haben will.

»Ich habe sie im Beutel mitgebracht«, erzählt er. »Es geht doch nicht, daß wir Ihnen hier mit den Straßenschuhen den Teppich zertrampeln. Nun hatte ich aber verblendeterweise keinen Schuhlöffel eingesteckt und konnte bei Gott nicht hineinkommen, haha, stellen Sie sich vor, eine unglaubliche Kiste! Mein Lebtag habe ich nicht so enge Pumps gehabt. Die Nummern fallen verschieden aus, es ist kein Verlaß darauf, und dann ist das Zeug auch hart heutzutage – schauen Sie, das ist kein Leder, das ist Gußeisen! Den ganzen Zeigefinger habe ich mir zerquetscht...« Und er weist zutraulich seinen geröteten Zeigefinger vor, indem er das Ganze noch einmal als eine »Kiste« bezeichnet, und zwar als eine ekelhafte. Er spricht wirklich ganz so, wie Ingrid es nachgemacht hat: nasal und auf besondere Weise gedehnt, aber offenbar ohne jede Affektation, sondern eben nur, weil es so in der Art aller Hergesells liegt.

Doktor Cornelius rügt es, daß kein Schuhlöffel in der Garderobe ist, und erweist dem Zeigefinger alle Teilnahme. »Nun dürfen Sie sich aber absolut nicht stören lassen«, sagt er. »Auf Wiedersehen!« Und er geht über die Diele ins Eßzimmer.

Auch dort sind Gäste; der Familientisch ist lang ausgezogen, und es wird Tee daran getrunken. Aber der Professor geht geradewegs in den mit Stickerei ausgeschlagenen und von einem eigenen kleinen Deckenkörper besonders beleuchteten Winkel, an dessen Rundtischchen er Tee zu

trinken pflegt. Er findet dort seine Frau im Gespräch mit Bert und zwei anderen jungen Herren. Der eine ist Herzl; Cornelius kennt und begrüßt ihn. Der andere heißt Möller, – ein Wandervogel-Typ, der bürgerliche Festkleider offenbar weder besitzt noch besitzen will (im Grunde gibt es das gar nicht mehr), ein junger Mensch, der fern davon ist, den ›Herrn‹ zu spielen (das gibt es im Grunde auch nicht mehr), – in gegürteter Bluse und kurzer Hose, mit einer dicken Haartolle, langem Hals und einer Hornbrille. Er ist im Bankfach tätig, wie der Professor erfährt, ist aber außerdem etwas wie ein künstlerischer Folklorist, ein Sammler und Sänger von Volksliedern aus allen Zonen und Zungen. Auch heute hat er auf Wunsch seine Gitarre mitgebracht. Sie hängt noch im Wachstuchsack in der Garderobe.
Schauspieler Herzl ist schmal und klein, hat aber einen mächtigen schwarzen Bartwuchs, wie man an der überpuderten Rasur erkennt. Seine Augen sind übergroß, glutvoll und tief schwermütig; dabei hat er jedoch außer dem vielen Rasierpuder offenbar auch etwas Rot aufgelegt – das matte Karmesin auf der Höhe seiner Wangen ist sichtlich kosmetischer Herkunft. Sonderbar, denkt der Professor. Man sollte meinen, entweder Schwermut oder Schminke. Zusammen bildet es doch einen seelischen Widerspruch. Wie mag ein Schwermütiger sich schminken? Aber da haben wir wohl eben die besondere, fremdartige seelische Form des Künstlers, die diesen Widerspruch möglich macht, vielleicht geradezu daraus besteht. Interessant und kein Grund, es an Zuvorkommenheit fehlen zu lassen. Es ist eine legitime Form, eine Urform... »Nehmen Sie etwas Zitrone, Herr Hofschauspieler!«
Hofschauspieler gibt es gar nicht mehr, aber Herzl hört den Titel gern, obgleich er ein revolutionärer Künstler ist. Das ist auch so ein Widerspruch, der zu seiner seelischen Form gehört. Mit Recht setzt der Professor sein Vorhan-

densein voraus und schmeichelt ihm, gewissermaßen zur Sühne für den geheimen Anstoß, den er an dem leichten Auftrag von Rouge auf Herzls Wangen genommen.

»Allerverbindlichsten Dank, verehrter Herr Professor!« sagt Herzl so überstürzt, daß nur seine hervorragende Sprechtechnik eine Entgleisung seiner Zunge verhütet. Überhaupt ist sein Verhalten gegen die Wirte und gegen den Hausherrn im besonderen von dem größten Respekt, ja von fast übertriebener und unterwürfiger Höflichkeit getragen. Es ist, als habe er ein schlechtes Gewissen wegen des Rouge, das aufzulegen er zwar innerlich gezwungen war, das er aber selbst aus der Seele des Professors heraus mißbilligt, und mit dem er durch größte Bescheidenheit gegen die nicht geschminkte Welt zu versöhnen sucht.

Man unterhält sich, während man Tee trinkt, von Möllers Volksliedern, von spanischen, baskischen Volksliedern, und von da kommt man auf die Neu-Einstudierung von Schillers ›Don Carlos‹ im Staatstheater, eine Aufführung, in der Herzl die Titelrolle spielt. Er spricht von seinem Carlos. »Ich hoffe«, sagt er, »mein Carlos ist aus einem Guß.« Auch von der übrigen Besetzung ist kritisch die Rede, von den Werten der Inszenierung, dem Milieu, und schon sieht sich der Professor wieder in sein Fahrwasser bugsiert, auf das Spanien der Gegenreformation gebracht, was ihn fast peinlich dünkt. Er ist ganz unschuldig daran, hat gar nichts getan, dem Gespräch diese Wendung zu geben. Er fürchtet, daß es aussehen könnte, als habe er die Gelegenheit gesucht, zu dozieren, wundert sich und wird darüber schweigsam. Es ist ihm lieb, daß die Kleinen an den Tisch kommen, Lorchen und Beißer. Sie haben blaue Sammetkleidchen an, ihr Sonntagshabit, und wollen ebenfalls bis zur Schlafensstunde auf ihre Art an dem Fest der Großen teilnehmen. Schüchtern und mit großen Augen sagen sie den Fremden guten Tag, müssen ihre Namen und ihr Alter sagen. Herr Möller sieht sie nur ernsthaft an, aber Schauspieler Herzl zeigt sich völlig berückt, beglückt und entzückt von ihnen. Er segnet sie geradezu, hebt die Augen zum Himmel und faltet die Hände vor seinem Mund. Es kommt ihm gewiß von Herzen, aber die Gewöhnung an die Wirkungsbedingungen des Theaters macht seine Worte und Taten fürchterlich falsch, und außerdem scheint es, als solle auch seine Devotion vor den Kindern mit dem Rouge auf der Höhe seiner Wangen versöhnen.

Der Teetisch der Gäste hat sich schon geleert, auf der Diele wird nun getanzt, die Kleinen laufen dorthin, und der Professor zieht sich zurück. »Recht viel Vergnügen!« sagt er, indem er den Herren Möller und Herzl, die aufgesprungen sind, die Hand schüttelt. Und er geht in sein Arbeitszimmer hinüber, sein gefriedetes Reich, wo er die Rolläden herunterläßt, die Schreibtischlampe andreht und sich zu seiner Arbeit setzt.

Es ist Arbeit, die sich bei unruhiger Umgebung zur Not erledigen läßt: ein paar Briefe, ein paar Exzerpte. Natürlich ist Cornelius zerstreut. Er hängt kleinen Eindrücken nach, den ungeschmeidigen Pumps des Herrn Hergesell, der hohen Stimme und dem dicken Körper der Plaichinger. Auch auf Möllers baskische Liedersammlung gehen seine Gedanken zurück, während er schreibt oder zurückgelehnt ins Leere blickt, auf Herzls Demut und Übertriebenheit, »seinen« Carlos und Philipps Hof. Mit Gesprächen, findet er, ist es geheimnisvoll. Sie sind gefügig, gehen ganz ungelenkt einem insgeheim dominierenden Interesse nach. Er meint das öfters beobachtet zu haben. Zwischendurch lauscht er auf die übrigens keineswegs lärmenden Geräusche des Hausballes draußen. Nur einiges Reden, nicht einmal Tanzgeschlürf ist zu hören. Sie schlürfen und kreisen ja nicht, sie gehen sonderbar auf dem Teppich herum, der sie nicht stört, ganz anders ange-

faßt, als es zu seiner Zeit geschah, zu den Klängen des Grammophons, denen er hauptsächlich nachhängt, diesen sonderbaren Weisen der neuen Welt, jazzartig instrumentiert, mit allerlei Schlagzeug, das der Apparat vorzüglich wiedergibt, und dem schnalzenden Geknack der Kastagnetten, die aber eben nur als Jazz-Instrument und durchaus nicht spanisch wirken. Nein, spanisch nicht. Und er ist wieder bei seinen Berufsgedanken.
Nach einer halben Stunde fällt ihm ein, daß es nicht mehr als freundlich von ihm wäre, mit einer Schachtel Zigaretten zu der Lustbarkeit beizutragen. Es geht nicht an, findet er, daß die jungen Leute ihre eigenen Zigaretten rauchen, – obgleich sie selbst sich wohl nicht viel dabei denken würden. Und er geht ins leere Eßzimmer und nimmt aus dem Wandschränkchen eine Schachtel von seinem Vorrat, nicht gerade die besten, oder noch nicht gerade die, die er selber am liebsten raucht, ein etwas zu langes und dünnes Format, das er nicht ungern los wird bei dieser Gelegenheit, denn schließlich sind es ja junge Leute. Er geht damit auf die Diele, hebt lächelnd die Schachtel hoch und stellt sie offen auf die Kaminplatte, um sich sogleich und nur unter leichter Umschau wieder gegen sein Zimmer zu wenden.
Eben ist Tanzpause, der Musikapparat schweigt. Man steht und sitzt an den Rändern der Diele plaudernd umher, an dem Mappentisch vor den Fenstern, auf den Stühlen vor dem Kamin. Auch auf den Stufen der eingebauten Treppe, ihrem reichlich schadhaften Plüschläufer, sitzt jene Welt amphitheatralisch: Max Hergesell zum Beispiel sitzt dort mit der üppig-hochstimmigen Plaichinger, die ihm ins Gesicht blickt, während er halb liegend zu ihr spricht, den einen Ellbogen hinter sich auf die nächsthöhere Stufe gestützt und mit der anderen Hand zu seinen Reden gestikulierend. Die Hauptfläche des Raumes ist leer; nur in der Mitte, gerade unter dem Kronleuchter,

sieht man die beiden Kleinen in ihren blauen Kleidchen, ungeschickt umschlungen, sich still, benommen und langsam um sich selber drehen. Cornelius beugt sich im Vorbeigehen zu ihnen nieder und streicht ihnen mit einem guten Wort über das Haar, ohne daß sie sich dadurch stören ließen in ihrem kleinen, ernsthaften Tun. Aber an seiner Türe sieht er noch, wie stud. ing. Hergesell, wahrscheinlich weil er den Professor bemerkt hat, sich mit dem Ellbogen von der Stufe abstößt, herunterkommt und Lorchen aus den Ärmchen ihres Bruders nimmt, um selber drollig und ohne Musik mit ihr zu tanzen. Beinahe wie Cornelius selbst macht er es, wenn dieser mit den »vier Herren« spazierengeht, beugt tief die Knie, indem er sie anzufassen sucht wie eine Große, und macht einige Shimmy-Schritte mit dem verschämten Lorchen. Wer es bemerkt, amüsiert sich sehr. Es ist das Zeichen, das Grammophon wieder laufen zu lassen, den Tanz allgemein wieder aufzunehmen. Der Professor, den Türgriff in der Hand, sieht einen Augenblick nickend und mit den Schultern lachend zu und tritt in sein Zimmer. Noch einige Minuten lang halten seine Züge das Lächeln von draußen mechanisch fest.
Er blättert wieder bei seiner Schirmlampe und schreibt, erledigt ein paar anspruchslose Sachlichkeiten. Nach einer Weile beobachtet er, daß die Gesellschaft sich von der Diele in den Salon seiner Frau hinüberzieht, welcher sowohl mit der Diele wie mit seinem Zimmer Verbindung hat. Dort wird nun gesprochen, und Gitarrenklänge mischen sich versuchend darein. Herr Möller will also singen, und er singt auch schon. Zu tönenden Gitarrengriffen singt der junge Beamte mit kräftiger Baßstimme ein Lied in fremder Sprache – kann sein, daß es Schwedisch ist; mit voller Bestimmtheit vermag der Professor es bis zum Schluß, dem mit großem Beifall aufgenommenen Schluß, nicht zu erkennen. Eine Portière ist hinter der Tür

zum Salon, sie dämpft den Schall. Als ein neues Lied beginnt, geht Cornelius vorsichtig hinüber.
Es ist halb dunkel im Salon. Nur die verhüllte Stehlampe brennt, und in ihrer Nähe sitzt Möller mit übergeschlagenem Bein auf dem Truhenpolster und greift mit dem Daumen in die Saiten. Die Anordnung des Publikums ist zwanglos, trägt das Gepräge lässigen Notbehelfs, da für so viele Zuhörer nicht Sitzplätze vorhanden sind. Einige stehen, aber viele, auch junge Damen, sitzen einfach am Boden, auf dem Teppich, die Knie mit den Armen umschlungen oder auch die Beine vor sich gestreckt. Hergesell zum Beispiel, wiewohl im Smoking, sitzt so an der Erde, zu Füßen des Flügels, und neben ihm die Plaichinger. Auch die »Kleinen« sind da: Frau Cornelius, in ihrem Lehnstuhl dem Sänger gegenüber, hält sie beide auf dem Schoß, und Beißer, der Barbar, fängt in den Gesang hinein laut zu reden an, so daß er durch Zischen und Fingerdrohen eingeschüchtert werden muß. Nie würde Lorchen sich so etwas zuschulden kommen lassen: sie hält sich zart und still auf dem Knie der Mutter. Der Professor sucht ihren Blick, um seinem Kindchen heimlich zuzuwinken; aber sie sieht ihn nicht, obgleich sie auch den Künstler nicht zu beachten scheint. Ihre Augen gehen tiefer.
Möller singt den ›Joli tambour‹:

   Sire, mon roi, donnez-moi votre fille –

Alle sind entzückt. »Wie gut!« hört man Hergesell in der nasalen und besonderen, gleichsam verwöhnten Art aller Hergesells sagen. Es folgt dann etwas Deutsches, wozu Herr Möller selbst die Melodie komponiert hat, und was stürmischen Beifall bei der Jugend findet, ein Bettlerlied:

Bettelweibel will kirfarten gehn,
Jejucheh!
Bettelmandl will a mitgehn,
Tideldumteideh.

Geradezu Jubel herrscht nach dem fröhlichen Bettlerlied. »Wie ausnehmend gut!« sagt Hergesell wieder auf seine Art. Noch etwas Ungarisches kommt, auch ein Schlager, in der wildfremden Originalsprache vorgetragen, und Möller hat starken Erfolg. Auch der Professor beteiligt sich ostentativ an dem Applaus. Dieser Einschlag von Bildung und historisierend-rückblickender Kunstübung in die Shimmy-Geselligkeit erwärmt ihn. Er tritt an Möller heran, gratuliert ihm und unterhält sich mit ihm über das Vorgetragene, über seine Quellen, ein Liederbuch mit Noten, das Möller ihm zur Einsichtnahme zu leihen verspricht. Cornelius ist um so liebenswürdiger gegen ihn, als er, nach Art aller Väter, die Gaben und Werte des fremden jungen Menschen sofort mit denen seines eigenen Sohnes vergleicht und Unruhe, Neid und Beschämung dabei empfindet. Da ist nun dieser Möller, denkt er, ein tüchtiger Bankbeamter. (Er weiß gar nicht, ob Möller in der Bank so sehr tüchtig ist.) Und dabei hat er noch dies spezielle Talent aufzuweisen, zu dessen Ausbildung natürlich Energie und Studium gehört haben. Dagegen mein armer Bert, der nichts weiß und nichts kann und nur daran denkt, den Hanswursten zu spielen, obgleich er gewiß nicht einmal dazu Talent hat! – Er möchte gerecht sein, sagt sich versuchsweise, daß Bert bei alledem ein feiner Junge ist, mit mehr Fonds vielleicht als der erfolgreiche Möller; daß möglicherweise ein Dichter in ihm steckt oder so etwas, und daß seine tänzerischen Kellnerpläne bloß knabenhaftes und zeitverstörtes Irrlichtelieren sind. Aber sein neidvoller Vaterpessimismus ist stärker. – Als Möller noch einmal zu singen beginnt, geht Doktor Cornelius wieder zu sich hinüber. Es wird sieben, während er es bei geteilter Aufmerksamkeit treibt wie bisher, und da ihm noch ein kurzer, sachlicher Brief einfällt, den er ganz gut jetzt schreiben kann, wird es – denn Schreiben ist ein sehr starker Zeitvertreib – beinahe halb acht. Halb neun Uhr soll der italienische Salat eingenommen werden, und so heißt es denn nun ausgehen für den Professor, seine Post einwerfen und sich im Winterdunkel sein Quantum Luft und Bewegung verschaffen. Längst ist der Ball auf der Diele wieder eröffnet; er muß hindurch, um zu seinem Mantel und seinen Überschuhen zu gelangen, aber das hat weiter nichts Spannendes mehr: er ist ja ein wiederholt gesehener Hospitant bei der Jugendgeselligkeit und braucht nicht zu fürchten, daß er stört. Er tritt hinaus, nachdem er seine Papiere verwahrt und seine Briefe an sich genommen, und verweilt sich sogar etwas auf der Diele, da er seine Frau in einem Lehnstuhl neben der Tür seines Zimmers sitzend findet.

Sie sitzt dort und sieht zu, zuweilen besucht von den »Großen« und anderen jungen Leuten, und Cornelius stellt sich neben sie und blickt ebenfalls lächelnd in das Treiben, das nun offenbar auf den Höhepunkt seiner Lebhaftigkeit gekommen ist. Es sind noch mehr Zuschauer da: die blaue Anna, in strenger Beschränktheit, steht an der Treppe, weil die »Kleinen« der Festivität nicht satt werden, und weil sie achtgeben muß, daß Beißer sich nicht zu heftig dreht und so sein allzu fettes Blut in gefährliche Wallung bringt. Aber auch die untere Welt will etwas vom Tanzvergnügen der Großen haben: sowohl die Damen Hinterhöfer wie auch Xaver stehen an der Tür zur Anrichte und unterhalten sich mit Zusehen. Fräulein Walburga, die ältere der deklassierten Schwestern und der kochende Teil (um sie nicht geradezu als Köchin zu bezeich-

nen, da sie es nicht gerne hört), schaut mit braunen Augen durch ihre dick geschliffene Rundbrille, deren Nasenbügel, damit er nicht drücke, mit einem Leinenläppchen umwunden ist – ein gutmütig-humoristischer Typ, während Fräulein Cäcilia, die jüngere, wenn auch nicht eben junge, wie stets eine äußerst süffisante Miene zur Schau trägt – in Wahrung ihrer Würde als ehemalige Angehörige des dritten Standes. Sehr bitter leidet Fräulein Cäcilia unter ihrem Sturz aus der kleinbürgerlichen Sphäre in die Dienstbotenregion. Sie lehnt es strikte ab, ein Mützchen oder sonst irgendein Abzeichen des Zimmermädchenberufs zu tragen, und ihre schwerste Stunde kommt regelmäßig am Mittwochabend, wenn Xaver Ausgang hat und sie servieren muß. Sie serviert mit abgewandtem Gesicht und gerümpfter Nase, eine gefallene Königin; es ist eine Qual und tiefe Bedrückung, ihre Erniedrigung mit anzusehen, und die »Kleinen«, als sie einmal zufällig am Abendessen teilnahmen, haben bei ihrem Anblick alle beide und genau gleichzeitig laut zu weinen begonnen.
Solche Leiden kennt Jung-Xaver nicht. Er serviert sogar recht gern, tut es mit einem gewissen sowohl natürlichen wie geübten Geschick, denn er war einmal Pikkolo. Sonst aber ist er wirklich ein ausgemachter Taugenichts und Windbeutel – mit positiven Eigenschaften, wie seine bescheidene Herrschaft jederzeit zuzugeben bereit ist, aber ein unmöglicher Windbeutel eben doch. Man muß ihn nehmen, wie er ist, und von dem Dornbusch nicht Feigen verlangen. Er ist ein Kind und Früchtchen der gelösten Zeit, ein rechtes Beispiel seiner Generation, ein Revolutionsdiener, ein sympathischer Bolschewist. Der Professor pflegt ihn als »Festordner« zu kennzeichnen, da er bei außerordentlichen, bei amüsanten Gelegenheiten durchaus seinen Mann steht, sich anstellig und gefällig erweist. Aber, völlig unbekannt mit der Vorstellung der Pflicht, ist er für die Erfüllung langweilig laufender, alltäglicher Ob-

liegenheiten sowenig zu gewinnen, wie man gewisse Hunde dazu bringt, über den Stock zu springen. Offensichtlich wäre es gegen seine Natur, und das entwaffnet und stimmt zum Verzicht. Aus einem bestimmten, ungewöhnlichen und amüsanten Anlaß wäre er bereit, zu jeder beliebigen Nachtstunde das Bett zu verlassen. Alltäglich aber steht er nicht vor acht Uhr auf – er tut es nicht, er springt nicht über den Stock; aber den ganzen Tag schallen die Äußerungen seiner gelösten Existenz, sein Mundharmonikaspiel, sein rauher, aber gefühlvoller Gesang, sein fröhliches Pfeifen aus dem Küchen-Souterrain ins obere Haus empor, während der Rauch seiner Zigaretten die Anrichte füllt. Er steht und sieht den gefallenen Damen zu, die arbeiten. Des Morgens, wenn der Professor frühstückt, reißt er auf dessen Schreibtisch das Kalenderblatt ab – sonst legt er keine Hand an das Zimmer. Er soll das Kalenderblatt in Ruhe lassen, Doktor Cornelius hat es ihm oftmals anbefohlen, da dieser dazu neigt, auch das nächste noch abzureißen, und so Gefahr läuft, aus aller Ordnung zu geraten. Aber diese Arbeit des Blattabreißens gefällt dem jungen Xaver, und darum läßt er sie sich nicht nehmen.
Übrigens ist er ein Kinderfreund, das gehört zu seinen gewinnenden Seiten. Er spielt aufs treuherzigste mit den Kleinen im Garten, schnitzt und bastelt ihnen talentvoll dieses und jenes, ja liest ihnen sogar mit seinen dicken Lippen aus ihren Büchern vor, was wunderlich genug zu hören ist. Das Kino liebt er von ganzer Seele und neigt zu Schwermut, Sehnsucht und Selbstgesprächen, wenn er es besucht hat. Unbestimmte Hoffnungen, dieser Welt eines Tages persönlich anzugehören und darin sein Glück zu machen, bewegen ihn. Er begründet sie auf sein Schüttelhaar und seine körperliche Gewandtheit und Waghalsigkeit. Öfters besteigt er die Esche im Vorgarten, einen hohen, aber schwanken Baum, klettert von Zweig zu Zweig

bis in den obersten Wipfel, so daß jedem angst und bange wird, der ihm zusieht. Oben zündet er sich eine Zigarette an, schwingt sich hin und her, daß der hohe Mast bis in seine Wurzeln schwankt, und hält Ausschau nach einem Kino-Direktor, der des Weges kommen und ihn engagieren könnte.

Zöge er seine gestreifte Jacke aus und legte Zivil an, so könnte er einfach mittanzen; er würde nicht sonderlich aus dem Rahmen fallen. Die Freundschaft der »Großen« ist von gemischtem Äußeren: der bürgerliche Gesellschaftsanzug kommt wohl mehrmals vor unter den jungen Leuten, ist aber nicht herrschend: Typen von der Art des Lieder-Möller sind vielfach eingesprengt, und zwar sowohl weiblicherseits wie unter den jungen Herren. Dem Professor, der neben dem Sessel seiner Frau stehend ins Bild blickt, sind die sozialen Umstände dieses Nachwuchses beiläufig und vom Hörensagen bekannt. Es sind Gymnasiastinnen, Studentinnen und Kunstgewerblerinnen; es sind im männlichen Teil manchmal rein abenteuerliche und von der Zeit ganz eigens erfundene Existenzen. Ein bleicher, lang aufgeschossener Jüngling mit Perlen im Hemd, Sohn eines Zahnarztes, ist nichts als Börsenspekulant und lebt nach allem, was der Professor hört, in dieser Eigenschaft wie Aladin mit der Wunderlampe. Er hält sich ein Auto, gibt seinen Freunden Champagner-Soupers und liebt es, bei jeder Gelegenheit Geschenke unter sie zu verteilen, kostbare kleine Andenken aus Gold und Perlmutter. Auch heute hat er den jungen Gastgebern Geschenke mitgebracht: einen goldenen Bleistift für Bert und für Ingrid ein Paar riesiger Ohrringe, wirklicher Ringe und von barbarischer Größe, die aber gottlob nicht im Ernst durchs Läppchen zu ziehen, sondern nur mit einer Zwicke darüber zu befestigen sind. Die »Großen« kommen und zeigen ihre Geschenke lachend den Eltern, und diese schütteln die Köpfe, indem sie sie bewundern,

während Aladin sich wiederholt aus der Ferne verbeugt.
Die Jugend tanzt eifrig, soweit man es tanzen nennen kann, was sie da mit ruhiger Hingebung vollzieht. Das schiebt sich eigentümlich umfaßt und in neuartiger Haltung, den Unterleib vorgedrückt, die Schultern hochgezogen und mit einigem Wiegen der Hüften, nach undurchsichtiger Vorschrift schreitend, langsam auf dem Teppich umher, ohne zu ermüden, da man auf diese Weise gar nicht ermüden kann. Wogende Busen, erhöhte Wangen auch nur, sind nicht zu bemerken. Hie und da tanzen zwei junge Mädchen zusammen, zuweilen sogar zwei junge Männer; es ist ihnen alles einerlei. Sie gehen so zu den exotischen Klängen des Grammophons, das mit robusten Nadeln bedient wird, damit es laut klingt, und seine Shimmys, Foxtrotts und Onesteps erschallen läßt, diese Double Fox, Afrikanischen Shimmys, Java dances und Polka Creolas – wildes, parfümiertes Zeug, teils schmachtend, teils exerzierend, von fremdem Rhythmus, ein monotones, mit orchestralem Zierat, Schlagzeug, Geklimper und Schnalzen aufgeputztes Neger-Amüsement.
»Wie heißt die Platte?« erkundigt sich Cornelius bei der mit dem bleichen Spekulanten vorüberschiebenden Ingrid nach einem Stück, das nicht übel schmachtet und exerziert und ihn durch gewisse Einzelheiten der Erfindung vergleichsweise anmutet.
»Fürst von Pappenheim, Tröste dich, mein schönes Kind«, sagt sie und lächelt angenehm mit ihren weißen Zähnen.
Zigarettenrauch schwebt unter dem Kronleuchter. Der Geselligkeitsdunst hat sich verstärkt, – dieser trockensüßliche, verdickte, erregende, an Ingredienzien reiche Festbrodem, der für jeden Menschen, besonders aber für den, der eine allzu empfindliche Jugend überstand, so voll

ist von Erinnerungen unreifer Herzenspein... Die »Kleinen« sind immer noch auf der Diele; bis acht Uhr dürfen sie mittun, da ihnen das Fest so große Freude macht. Die jungen Leute haben sich an ihre Teilnahme gewöhnt; sie gehören dazu auf ihre Art und gewissermaßen. Übrigens haben sie sich getrennt: Beißer dreht sich allein in seinem blausamtenen Kittelchen in der Mitte des Teppichs, während Lorchen drolligerweise hinter einem schiebenden Paar herläuft und den Tänzer an seinem Smoking festzuhalten sucht. Es ist Max Hergesell mit seiner Dame, der Plaichinger. Sie schieben gut, es ist ein Vergnügen, ihnen zuzusehen. Man muß einräumen, daß aus diesen Tänzen der wilden Neuzeit sehr wohl etwas Erfreuliches gemacht werden kann, wenn die rechten Leute sich ihrer annehmen. Der junge Hergesell führt vorzüglich, frei innerhalb der Regel, wie es scheint. Wie elegant er rückwärts auszuschreiten weiß, wenn Raum vorhanden ist! Aber auch auf dem Platz, im Gedränge versteht er sich mit Geschmack zu halten, unterstützt von der Schmiegsamkeit einer Partnerin, die die überraschende Grazie entwickelt, über welche volleibige Frauen manchmal verfügen. Sie plaudern Gesicht an Gesicht und scheinen das sie verfolgende Lorchen nicht zu beachten. Andere lachen über die Hartnäckigkeit der Kleinen, und Doktor Cornelius sucht, als die Gruppe an ihm vorüberkommt, sein Kindchen abzufangen und an sich zu ziehen. Aber Lorchen entwindet sich ihm fast gequält und will von Abel zur Zeit nichts wissen. Sie kennt ihn nicht, stemmt das Ärmchen gegen seine Brust und strebt, das liebe Gesichtchen abgewandt, nervös und belästigt von ihm fort, ihrer Caprice nach.
Der Professor kann nicht umhin, sich schmerzlich berührt zu fühlen. In diesem Augenblick haßt er das Fest, das mit seinen Ingredienzien das Herz seines Lieblings verwirrt und es ihm entfremdet. Seine Liebe, diese nicht ganz tendenzlose, an ihrer Wurzel nicht ganz einwandfreie

Liebe ist empfindlich. Er lächelt mechanisch, aber seine Augen haben sich getrübt und sich irgendwo vor ihm auf dem Teppichmuster, zwischen den Füßen der Tanzenden ›festgesehen‹.
»Die Kleinen sollten zu Bette gehen«, sagt er zu seiner Frau. Aber sie bittet um noch eine Viertelstunde für die Kinder. Man habe sie ihnen zugesagt, da sie den Trubel so sehr genössen. Er lächelt wieder und schüttelt den Kopf, bleibt noch einen Augenblick an seinem Platz und geht dann in die Garderobe, die überfüllt ist von Mänteln, Tüchern, Hüten und Überschuhen.
Er hat Mühe, seine eigenen Sachen aus dem Wust hervorzukramen, und darüber kommt Max Hergesell in die Garderobe, indem er sich mit dem Taschentuch die Stirn wischt.
»Herr Professor«, sagt er im Tone aller Hergesells und dienert jugendlich, »... wollen Sie ausgehen? Das ist eine ganz blöde Kiste mit meinen Pumps, sie drücken wie Karl der Große. Das Zeug ist mir einfach zu klein, wie sich herausstellt, von der Härte ganz abgesehen. Es drückt mich hier auf den Nagel vom großen Zeh«, sagt er und steht auf einem Bein, während er den andern Fuß in beiden Händen hält, »daß es knapp in Worte zu fassen ist. Ich habe mich entschließen müssen, zu wechseln, die Straßenschuhe müssen nun doch dran glauben... Oh, darf ich Ihnen behilflich sein?«
»Aber danke!« sagt Cornelius. »Lassen Sie doch. Befreien Sie sich lieber von Ihrer Plage! Sehr liebenswürdig von Ihnen.« Denn Hergesell hat sich auf ein Knie niedergelassen und hakt ihm die Schließen seiner Überschuhe zu.
Der Professor bedankt sich, angenehm berührt von soviel respektvoll treuherziger Dienstfertigkeit. »Noch recht viel Vergnügen«, wünscht er, »wenn Sie gewechselt haben! Das geht natürlich nicht an, daß Sie in drük-

kenden Schuhen tanzen. Unbedingt müssen Sie wechseln. Auf Wiedersehn, ich muß etwas Luft schöpfen.«
»Gleich tanze ich wieder mit Lorchen«, ruft Hergesell ihm noch nach. »Das wird mal eine prima Tänzerin, wenn sie in die Jahre kommt. Garantie!«
»Meinen Sie?« antwortet Cornelius vom Hausflur her. »Ja, Sie sind Fachmann und Champion. Daß Sie sich nur keine Rückgratverkrümmung zuziehen beim Bücken!«
Er winkt und geht. Netter Junge, denkt er, während er das Anwesen verläßt. Stud. ing., klare Direktion, alles in Ordnung. Dabei so gut aussehend und freundlich. – Und schon wieder faßt ihn der Vaterneid seines »armen Bert« wegen, diese Unruhe, die ihm die Existenz des fremden jungen Mannes im rosigsten Licht, die seines Sohnes aber im allertrübsten erscheinen läßt. So tritt er seinen Abendspaziergang an.
Der geht die Allee hinauf, über die Brücke und jenseits ein Stück flußaufwärts, die Uferpromenade entlang bis zur übernächsten Brücke. Es ist naßkalt und schneit zuweilen etwas. Er hat den Mantelkragen aufgestellt, hält den Stock im Rücken, die Krücke an den einen Oberarm gehakt und ventiliert dann und wann seine Lunge tief mit der winterlichen Abendluft. Wie gewöhnlich bei dieser Bewegung denkt er an seine wissenschaftlichen Angelegenheiten, sein Kolleg, die Sätze, die er morgen über Philipps Kampf gegen den garmanischen Umsturz sprechen will, und die getränkt sein sollen mit Gerechtigkeit und Melancholie. Namentlich mit Gerechtigkeit! denkt er. Sie ist der Geist der Wissenschaft, das Prinzip der Erkenntnis und das Licht, in dem man den jungen Leuten die Dinge zeigen muß, sowohl um der geistigen Zucht willen wie auch aus menschlich-persönlichen Gründen: um nicht bei ihnen anzustoßen und sie nicht mittelbar in ihren politischen Gesinnungen zu verletzen, die heutzutage natürlich schrecklich zerklüftet und gegensätzlich sind, so daß viel

Zündstoff vorhanden ist und man sich leicht das Gescharr der einen Seite zuziehen, womöglich Skandal erregen kann, wenn man historisch Partei nimmt. Aber Parteinahme, denkt er, ist eben auch unhistorisch; historisch allein ist die Gerechtigkeit. Nur allerdings, eben darum und wohlüberlegt... Gerechtigkeit ist nicht Jugendhitze und frisch-fromm-fröhliche Entschlossenheit, sie ist Melancholie. Da sie jedoch von Natur Melancholie ist, so sympathisiert sie auch von Natur und insgeheim mit der melancholischen, der aussichtslosen Partei und Geschichtsmacht mehr als mit der frisch-fromm-fröhlichen. Am Ende besteht sie aus solcher Sympathie und wäre ohne sie gar nicht vorhanden? Am Ende gibt es also gar keine Gerechtigkeit? fragt sich der Professor und ist in diesen Gedanken so vertieft, daß er seine Briefe ganz unbewußt in den Kasten bei der übernächsten Brücke wirft und anfängt zurückzugehen. Es ist ein die Wissenschaft störender Gedanke, dem er da nachhängt, aber er ist selber Wissenschaft, Gewissensangelegenheit, Psychologie und muß pflichtgemäß vorurteilslos aufgenommen werden, ob er nun stört oder nicht... Unter solchen Träumereien kehrt Doktor Cornelius nach Hause zurück.

Im Torbogen der Haustür steht Xaver und scheint nach ihm auszuschauen.

»Herr Professor«, sagt Xaver mit seinen dicken Lippen und wirft das Haar zurück, »gehen S' nur glei nauf zum Lorchen. Die hat's.«

»Was gibt es?« fragt Cornelius erschrocken. »Ist sie krank?«

»Ne, krank grad net«, antwortet Xaver. »Bloß erwischt hat sie's und recht weinen tut s' alleweil recht heftig. Es ist zwegn den Herrn, der wo mit ihr tanzt hat, den Frackjakketen, Herrn Hergesell. Net weg hat s' mögn von der Diele um kein Preis net und weint ganze Bäch. Recht erwischt hat sie's halt bereits recht heftik.«

»Unsinn«, sagt der Professor, der eingetreten ist und seine Sachen in die Garderobe wirft. Er sagt nichts weiter, öffnet die verkleidete Glastür zur Diele und gönnt der Tanzgesellschaft keinen Blick, während er rechtshin zur Treppe geht. Er nimmt die Treppe, indem er jede zweite Stufe überschlägt, und begibt sich über die obere Diele und noch einen kleinen Flur direkt ins Kinderzimmer, gefolgt von Xaver, der an der Tür stehen bleibt.

Im Kinderzimmer ist noch helles Licht. Ein bunter Bilderfries aus Papier läuft rings um die Wände, ein großes Regal ist da, das wirr mit Spielzeug gefüllt ist, ein Schaukelpferd mit rotlackierten Nüstern stemmt die Hufe auf seine geschwungenen Wiegebalken, und weiteres Spielzeug – eine kleine Trompete, Bauklötze, Eisenbahnwaggons – liegt noch auf dem Linoleum des Fußbodens umher. Die weißen Geländerbettchen stehen nicht weit voneinander: das Lorchen ganz in der Ecke am Fenster und Beißers einen Schritt davon, frei ins Zimmer hinein.

Beißer schläft. Er hat wie gewöhnlich, unter Blau-Anna's Assistenz, mit schallender Stimme gebetet und ist dann sofort in Schlaf gefallen, in seinen stürmischen, rot glühenden, ungeheuer festen Schlaf, in dem auch ein neben seinem Lager abgefeuerter Kanonenschuß ihn nicht stören würde: seine geballten Fäuste, aufs Kissen zurückgeworfen, liegen zu beiden Seiten des Kopfes, neben der von vehementem Schlaf zerzausten, verklebten, schlechtsitzenden kleinen Perücke.

Lorchens Bett ist von Frauen umgeben: außer der blauen Anna stehen auch die Damen Hinterhöfer an seinem Geländer und besprechen sich mit jener sowohl wie untereinander. Sie treten zur Seite, als der Professor sich nähert, und da sieht man denn Lorchen in ihren kleinen Kissen sitzen, bleich und so bitterlich weinend und schluchzend, wie Doktor Cornelius sich nicht erinnert, sie je gesehen zu haben. Ihre schönen, kleinen Hände liegen vor ihr auf der

Decke, das mit einer schmalen Spitzenkante versehene Nachthemdchen ist ihr von einer ihrer spatzenhaft mageren Schultern geglitten, und den Kopf, dies süße Köpfchen, das Cornelius so liebt, weil es mit seinem vorgebauten Untergesichtchen so ungewöhnlich blütenhaft auf dem dünnen Stengel des Hälschens sitzt, hat sie schräg in den Nacken gelegt, so daß ihre weinenden Augen hinauf in den Winkel von Decke und Wand gerichtet sind, und dorthin scheint sie ihrem eigenen großen Herzeleid beständig zuzunicken; denn, sei es willkürlich und ausdrucksweise, sei es durch die Erschütterung des Schluchzens – ihr Köpfchen nickt und wackelt immerfort, ihr beweglicher Mund aber, mit der bogenförmig geschnittenen Oberlippe, ist halb geöffnet, wie bei einer kleinen mater dolorosa, und während die Tränen ihren Augen entstürzen, stößt sie monotone Klagelaute aus, die nichts mit dem ärgerlichen und überflüssigen Geschrei unartiger Kinder zu tun haben, sondern aus wirklicher Herzensnot kommen und dem Professor, der Lorchen überhaupt nicht weinen sehen kann, sie aber so noch nie gesehen hat, ein unerträgliches Mitleid zufügen.

Dies Mitleid äußert sich vor allem in schärfster Nervosität gegen die beistehenden Damen Hinterhöfer.

»Mit dem Abendessen«, sagt er bewegt, »gibt es sicher eine Menge zu tun. Wie es scheint, überläßt man es der gnädigen Frau allein, sich darum zu kümmern?«

Das genügt für die Feinhörigkeit ehemaliger Mittelstandspersonen. In echter Gekränktheit entfernen sie sich, an der Tür noch mimisch verhöhnt von Xaver Kleinsgütl, der frischweg und von vornherein gleich niedrig geboren ist und dem die Gesunkenheit der Damen allezeit den größten Spaß macht.

»Kindchen, Kindchen«, sagt Cornelius gepreßt und schließt das leidende Lorchen in seine Arme, indem er

sich auf den Stuhl am Gitterbettchen niederläßt. »Was ist denn mit meinem Kindchen?!«
Sie benäßt sein Gesicht mit ihren Tränen.
»Abel... Abel...«, stammelt sie schluchzend, »warum... ist... Max... nicht mein Bruder? Max... soll... mein Bruder sein...«
Was für ein Unglück, was für ein peinliches Unglück! Was hat die Tanzgeselligkeit da angerichtet mit ihren Ingredienzien! denkt Cornelius und blickt in voller Ratlosigkeit zur blauen Kinds-Anna auf, welche, die Hände auf der Schürze zusammengelegt, in würdiger Beschränktheit am Fußende des Bettchens steht.
»Es verhält sich an dem«, sagt sie streng und weise, mit angezogener Unterlippe, »daß bei dem Kind die weiblichen Triebe ganz uhngemein lepphaft in Vorschein treten.«
»Halten Sie doch den Mund«, antwortet Cornelius gequält. Er muß noch froh sein, daß Lorchen sich ihm wenigstens nicht entzieht, ihn nicht von sich weist, wie vorhin auf der Diele, sondern sich hilfesuchend an ihn schmiegt, während sie ihren törichten, verworrenen Wunsch wiederholt, daß Max doch ihr Bruder sein möchte, und aufjammernd verlangt, zu ihm, auf die Diele, zurückzukehren, damit er wieder mit ihr tanze. Aber Max tanzt ja auf der Diele mit Fräulein Plaichinger, die ein ausgewachsener Koloß ist und alle Rechte auf ihn hat – während Lorchen dem von Mitleid zerrissenen Professor noch nie so winzig und spatzenhaft vorgekommen ist wie jetzt, da sie sich hilflos, von Schluchzen gestoßen, an ihn schmiegt und nicht weiß, wie ihrem armen Seelchen geschieht. Sie weiß es nicht. Es ist ihr nicht deutlich, daß sie um der dicken, ausgewachsenen, vollberechtigten Plaichinger willen leidet, die auf der Diele mit Max Hergesell tanzen darf, während Lorchen es nur spaßeshalber einmal durfte, nur im Scherz, obgleich sie die unver-

gleichlich Lieblichere ist. Daraus aber dem jungen Hergesell einen Vorwurf zu machen, ist durchaus unmöglich, da es eine wahnsinnige Zumutung an ihn enthalten würde. Lorchens Kummer ist recht- und heillos und müßte sich also verbergen. Da er aber ohne Verstand ist, ist er auch ohne Hemmung, und das erzeugt große Peinlichkeit. Blau-Anna und Xaver machen sich gar nichts aus dieser Peinlichkeit, zeigen sich unempfindlich für sie, sei es aus Dummheit, sei es aus trockenem Natursinn. Aber des Professors Vaterherz ist ganz zerrissen von ihr und von den beschämenden Schrecken der recht- und heillosen Leidenschaft.
Es hilft nichts, daß er dem armen Lorchen vorhält, wie sie ja doch einen ausgezeichneten kleinen Bruder habe, in der Person des heftig schlafenden Beißer nebenan. Sie wirft nur durch ihre Tränen einen verächtlichen Schmerzensblick hinüber zum andern Bettchen und verlangt nach Max. Es hilft auch nichts, daß er ihr für morgen einen ausgedehnten Fünf-Herren-Spaziergang ums Eßzimmer verspricht und ihr zu schildern versucht, in welcher glänzenden Ausführlichkeit sie das Kissenspiel vor Tische vollziehen wollen. Sie will von alldem nichts wissen, auch nicht davon, sich niederzulegen und einzuschlafen. Sie will nicht schlafen, sie will aufrecht sitzen und leiden...
Aber da horchen beide, Abel und Lorchen, auf etwas Wunderbares, was nun geschieht, was sich schrittweise, in zwei Paar Schritten, dem Kinderzimmer nähert und überwältigend in Erscheinung tritt...
Es ist Xavers Werk – sofort wird das klar. Xaver Kleinsgütl ist nicht die ganze Zeit an der Tür gestanden, wo er die ausgewiesenen Damen verhöhnte. Er hat sich geregt, etwas unternommen und seine Anstalten getroffen. Er ist auf die Diele hinuntergestiegen, hat Herrn Hergesell am Ärmel gezogen, ihm mit seinen dicken Lippen etwas gesagt und eine Bitte an ihn gerichtet. Da sind sie nun beide.

Xaver bleibt wiederum an der Tür zurück, nachdem er das Seine getan; aber Max Hergesell kommt durch das Zimmer auf Lorchens Gitterbett zu, in seinem Smoking, mit seinem kleinen dunklen Backenbart-Anflug neben den Ohren und seinen hübschen schwarzen Augen – kommt daher im sichtlichen Vollgefühl seiner Rolle als Glücksbringer, Märchenprinz und Schwanenritter, wie einer, der sagt: Nun denn, da bin ich, alle Not hat nun restlos ein Ende!

Cornelius ist fast ebenso überwältigt wie Lorchen.

»Sieh einmal«, sagt er schwach, »wer da kommt. Das ist aber außerordentlich freundlich von Herrn Hergesell.«

»Das ist gar nicht besonders freundlich von ihm!« sagt Hergesell. »Das ist ganz selbstverständlich, daß er noch mal nach seiner Tänzerin sieht und ihr gute Nacht sagt.«

Und er tritt an das Gitter, hinter dem das verstummte Lorchen sitzt. Sie lächelt selig durch ihre Tränen. Ein kleiner, hoher Laut, ein halbes Seufzen des Glücks kommt noch aus ihrem Mund, und dann blickt sie schweigend zum Schwanenritter auf, mit ihren goldnen Augen, die, obgleich nun verquollen und rot, so unvergleichlich viel lieblicher sind als die der vollbeleibten Plaichinger. Sie hebt nicht die Ärmchen, ihn zu umhalsen. Ihr Glück, wie ihr Schmerz, ist ohne Verstand, aber sie tut das nicht. Ihre schönen, kleinen Hände bleiben still auf der Decke, während Max Hergesell sich mit den Armen auf das Gitter stützt wie auf eine Balkonbrüstung.

»Damit sie nicht«, sagt er, »auf ihrem Bette weinend sitzt die kummervollen Nächte!« Und er äugelt nach dem Professor, um Beifall einzuheimsen für seine Bildung. »Ha, ha, ha, in den Jahren! ›Tröste dich, mein schönes Kind!‹ Du bist gut. Aus dir kann was werden. Du brauchst bloß so zu bleiben. Ha, ha, ha, in den Jahren!

Wirst du nun schlafen und nicht mehr weinen, Loreleyerl, wo ich gekommen bin?«

Verklärt blickt Lorchen ihn an. Ihr Spatzenschulterchen ist bloß; der Professor zieht ihr die schmale Klöppelborte darüber. Er muß an eine sentimentale Geschichte denken von dem sterbenden Kind, dem man einen Clown bestellt, den es im Zirkus mit unauslöschlichem Entzücken gesehen. Er kam im Kostüm zu dem Kind in dessen letzter Stunde, vorn und hinten mit silbernen Schmetterlingen bestickt, und es starb in Seligkeit. Max Hergesell ist nicht bestickt, und Lorchen soll gottlob nicht sterben, sondern es hat sie nur »recht heftik erwischt«; aber sonst ist es wirklich eine verwandte Geschichte, und die Empfindungen, die den Professor gegen den jungen Hergesell beseelen, der da lehnt und gar dämlich schwatzt – mehr für den Vater als für das Kind, was Lorchen aber nicht merkt –, sind ganz eigentümlich aus Dankbarkeit, Verlegenheit, Haß und Bewunderung zusammengequirlt.

»Gute Nacht, Loreleyerl!« sagt Hergesell und gibt ihr über das Gitter die Hand. Ihr kleines, schönes, weißes Händchen verschwindet in seiner großen, kräftigen, rötlichen. »Schlafe gut«, sagt er. »Träume süß! Aber nicht von mir! Um Gottes willen! In den Jahren! Ha, ha, ha, ha!« Und er beendet seinen märchenhaften Clownsbesuch, von Cornelius zur Tür geleitet.

»Aber nichts zu danken! Aber absolut kein Wort zu verlieren!« wehrt er höflich-hochherzig ab, während sie zusammen dorthin gehen; und Xaver schließt sich ihm an, um drunten den italienischen Salat zu servieren.

Aber Doktor Cornelius kehrt zu Lorchen zurück, die sich nun niedergelassen, die Wange auf ihr flaches kleines Kopfkissen gelegt hat.

»Das war aber schön«, sagt er, während er zart die Decke über ihr ordnet, und sie nickt mit einem nachschluchzenden Atemzug. Wohl noch eine Viertelstunde sitzt er am

Gitter und sieht sie entschlummern, dem Brüderchen nach, das den guten Weg schon soviel früher gefunden. Ihr seidiges braunes Haar gewinnt den schönen, geringelten Fall, den es im Schlafe zu zeigen pflegt; tief liegen die langen Wimpern über den Augen, aus denen sich soviel Leid ergossen; der engelhafte Mund mit der gewölbten, geschwungenen Oberlippe steht in süßer Befriedigung offen, und nur noch manchmal zittert in ihrem langsamen Atem ein verspätetes Schluchzen nach.
Und ihre Händchen, die weiß-rosig blütenhaften Händchen, wie sie da ruhen, das eine auf dem Blau der Steppdecke, das andere vor ihrem Gesicht auf dem Kissen! Doktor Cornelius' Herz füllt sich mit Zärtlichkeit wie mit Wein.
Welch ein Glück, denkt er, daß Lethe mit jedem Atemzug dieses Schlummers in ihre kleine Seele strömt; daß so eine Kindernacht zwischen Tag und Tag einen tiefen und breiten Abgrund bildet! Morgen, das ist gewiß, wird der junge Hergesell nur noch ein blasser Schatten sein, unkräftig, ihrem Herzen irgendwelche Verstörung zuzufügen, und in gedächtnisloser Lust wird sie mit Abel und Beißer dem Fünf-Herren-Spaziergang, dem spannenden Kissenspiel obliegen.
Dem Himmel sei Dank dafür!

# MARIO UND DER ZAUBERER

Ein tragisches Reiseerlebnis

Die Erinnerung an Torre di Venere ist atmosphärisch unangenehm. Ärger, Gereiztheit, Überspannung lagen von Anfang an in der Luft, und zum Schluß kam dann der Choc mit diesem schrecklichen Cipolla, in dessen Person sich das eigentümlich Bösartige der Stimmung auf verhängnishafte und übrigens menschlich sehr eindrucksvolle Weise zu verkörpern und bedrohlich zusammenzudrängen schien. Daß bei dem Ende mit Schrecken (einem, wie uns nachträglich schien, vorgezeichneten und im Wesen der Dinge liegenden Ende) auch noch die Kinder anwesend sein mußten, war eine traurige und auf Mißverständnis beruhende Ungehörigkeit für sich, verschuldet durch die falschen Vorspiegelungen des merkwürdigen Mannes. Gottlob haben sie nicht verstanden, wo das Spektakel aufhörte und die Katastrophe begann, und man hat sie in dem glücklichen Wahn gelassen, daß alles Theater gewesen sei.
Torre liegt etwa fünfzehn Kilometer von Portoclemente, einer der beliebtesten Sommerfrischen am Tyrrhenischen Meer, städtisch-elegant und monatelang überfüllt, mit bunter Hotel- und Basarstraße am Meere hin, breitem, von Capannen, bewimpelten Burgen und brauner Menschheit bedecktem Strande und einem geräuschvollen Unterhaltungsbetrieb. Da der Strand, begleitet von Piniengehölz, auf das aus geringer Entfernung die Berge herniederblicken, diese ganze Küste entlang seine wohnlich-feinsandige Geräumigkeit behält, ist es kein Wunder, daß etwas weiterhin stillere Konkurrenz sich schon zeitig aufgetan hat: Torre di Venere, wo man sich übrigens nach

dem Turm, dem es seinen Namen verdankt, längst vergebens umsieht, ist als Fremdenort ein Ableger des benachbarten Großbades und war während einiger Jahre ein Idyll für wenige, Zuflucht für Freunde des unverweltlichten Elementes. Wie es aber mit solchen Plätzen zu gehen pflegt, so hat sich der Friede längst eine Strecke weiter begeben müssen, der Küste entlang, nach Marina Petriera und Gott weiß wohin; die Welt, man kennt das, sucht ihn und vertreibt ihn, indem sie sich in lächerlicher Sehnsucht auf ihn stürzt, wähnend, sie könne sich mit ihm vermählen, und wo sie ist, da könne er sein; ja, wenn sie an seiner Stelle schon ihren Jahrmarkt aufgeschlagen hat, ist sie imstande zu glauben, es sei noch da. So ist Torre, wenn auch immer noch beschaulicher und bescheidener als Portoclemente, bei Italienern und Fremden stark in Aufnahme gekommen. Man geht nicht mehr in das Weltbad, wenn auch nur in dem Maße nicht mehr, daß dieses trotzdem ein lärmend ausverkauftes Weltbad bleibt; man geht nebenan, nach Torre, es ist sogar feiner, es ist außerdem billiger, und die Anziehungskraft dieser Eigenschaften fährt fort, sich zu bewähren, während die Eigenschaften selbst schon nicht mehr bestehen. Torre hat ein Grand Hôtel bekommen; zahlreiche Pensionen, anspruchsvolle und schlichtere, sind erstanden, die Besitzer und Mieter der Sommerhäuser und Pineta-Gärten oberhalb des Meeres sind am Strande keineswegs mehr ungestört; im Juli, August unterscheidet das Bild sich dort in nichts mehr von dem in Portoclemente: es wimmelt von zeterndem, zankendem, jauchzendem Badevolk, dem eine wie toll herabbrennende Sonne die Haut von den Nacken schält; flachbodige, grell bemalte Boote, von Kinder bemannt, deren tönende Vornamen, ausgestoßen von Ausschau haltenden Müttern, in heiserer Besorgnis die Lüfte erfüllen, schaukeln auf der blitzenden Bläue, und über die Gliedmaßen der Lagernden tretend bieten die Verkäufer von Austern, Getränken, Blumen, Korallenschmuck und Cornetti al burro, auch sie mit der belegten offenen Stimme des Südens, ihre Ware an.

So sah es am Strande von Torre aus, als wir kamen – hübsch genug, aber wir fanden dennoch, wir seien zu früh gekommen. Es war Mitte August, die italienische Saison stand noch in vollem Flor; das ist für Fremde der rechte Augenblick nicht, die Reize des Ortes schätzen zu lernen. Welch ein Gedränge nachmittags in den Garten-Cafés der Strandpromenade, zum Beispiel im ›Esquisito‹, wo wir zuweilen saßen, und wo Mario uns bediente, derselbe Mario, von dem ich dann gleich erzählen werde! Man findet kaum einen Tisch, und die Musikkapellen, ohne daß eine von der anderen wissen wollte, fallen einander wirr ins Wort. Gerade nachmittags gibt es übrigens täglich Zuzug aus Portoclemente; denn natürlich ist Torre ein beliebtes Ausflugsziel für die unruhige Gästeschaft jenes Lustplatzes, und dank den hin und her sausenden Fiat-Wagen ist das Lorbeer- und Oleandergebüsch am Saum der verbindenden Landstraße von weißem Staube zolldick verschneit – ein merkwürdiger, aber abstoßender Anblick.

Ernstlich, man soll im September nach Torre di Venere gehen, wenn das Bad sich vom großen Publikum entleert hat, oder im Mai, bevor die Wärme des Meeres den Grad erreicht hat, der den Südländer dafür gewinnt, hineinzutauchen. Auch in der Vor- und Nachsaison ist es nicht leer dort, aber gedämpfter geht es dann zu und weniger national. Das Englische, Deutsche, Französische herrscht vor unter den Schattentüchern der Capannen und in den Speisesälen der Pensionen, während der Fremde noch im August wenigstens das Grand Hôtel, wo wir mangels persönlicherer Adressen Zimmer belegt hatten, so sehr in den Händen der florentinischen und römischen Gesellschaft findet, daß er sich isoliert und au-

genblicksweise wie ein Gast zweiten Ranges vorkommen mag.
Diese Erfahrung machten wir mit etwas Verdruß am Abend unserer Ankunft, als wir uns zum Diner im Speisesaal einfanden und uns von dem zuständigen Kellner einen Tisch anweisen ließen. Es war gegen diesen Tisch nichts einzuwenden, aber uns fesselte das Bild der anstoßenden, auf das Meer gehenden Glasveranda, die so stark wie der Saal, aber nicht restlos besetzt war, und auf deren Tischchen rotbeschirmte Lampen glühten. Die Kleinen zeigten sich entzückt von dieser Festlichkeit, und wir bekundeten einfach den Entschluß, unsere Mahlzeiten lieber in der Veranda einzunehmen – eine Äußerung der Unwissenheit, wie sich zeigte, denn wir wurden mit etwas verlegener Höflichkeit bedeutet, daß jener anheimelnde Aufenthalt »unserer Kundschaft«, »ai nostri clienti«, vorbehalten sei. Unseren Klienten? Aber das waren wir. Wir waren keine Passanten und Eintagsfliegen, sondern für drei oder vier Wochen Hauszugehörige, Pensionäre. Wir unterließen es übrigens, auf der Klarstellung des Unterschiedes zwischen unsersgleichen und jener Klientele, die bei rot glühenden Lämpchen speisen durfte, zu bestehen und nahmen das Pranzo an unserm allgemein und sachlich beleuchteten Saaltische – eine recht mittelmäßige Mahlzeit, charakterloses und wenig schmackhaftes Hotelschema; wir haben die Küche dann in der Pensione Eleonora, zehn Schritte landeinwärts, viel besser gefunden.
Dorthin nämlich siedelten wir schon über, bevor wir im Grand Hôtel nur erst warm geworden, nach drei oder vier Tagen – nicht der Veranda und ihrer Lämpchen wegen; die Kinder, sofort befreundet mit Kellnern und Pagen, von Meereslust ergriffen, hatten sich jene farbige Lockung sehr bald aus dem Sinn geschlagen. Aber mit gewissen Verandaklienten, oder richtiger wohl nur mit der Ho-

telleitung, die vor ihnen liebedienerte, ergab sich sogleich einer dieser Konflikte, die einem Aufenthalt von Anfang an den Stempel des Unbehaglichen aufdrücken können. Römischer Hochadel befand sich darunter, ein Principe X. mit Familie, und da die Zimmer dieser Herrschaften in Nachbarschaft der unsrigen lagen, war die Fürstin, große Dame und leidenschaftliche Mutter zugleich, in Schrekken versetzt worden durch die Restspuren eines Keuchhustens, den unsere Kleinen kurz zuvor gemeinsam überstanden hatten, und von dem schwache Nachklänge zuweilen noch nachts den sonst unerschütterlichen Schlaf des Jüngsten unterbrachen. Das Wesen dieser Krankheit ist wenig geklärt, dem Aberglauben hier mancher Spielraum gelassen, und so haben wir es unserer eleganten Nachbarin nie verargt, daß sie der weitverbreiteten Meinung anhing, der Keuchhusten sei akustisch ansteckend, und einfach für ihre Kleinen das schlechte Beispiel fürchtete. Im weiblichen Vollgefühl ihres Ansehens wurde sie vorstellig bei der Direktion, und diese, in der Person des bekannten Gehrockmanagers, beeilte sich, uns mit vielem Bedauern zu bedeuten, unter diesen Verhältnissen sei unsere Umquartierung in den Nebenbau des Hotels eine unumgängliche Notwendigkeit. Wir hatten gut beteuern, die Kinderkrankheit befinde sich im Stadium letzten Abklingens, sie habe als überwunden zu gelten und stelle keinerlei Gefahr für die Umgebung mehr dar. Alles, was uns zugestanden wurde, war, daß der Fall vor das medizinische Forum gebracht und der Arzt des Hauses – nur dieser, nicht etwa ein von uns bestellter – zur Entscheidung berufen werden möge. Wir willigten in dieses Abkommen, überzeugt, so sei zugleich die Fürstin zu beruhigen und für uns die Unbequemlichkeit eines Umzuges zu vermeiden. Der Doktor kommt und erweist sich als ein loyaler und aufrechter Diener der Wissenschaft. Er untersucht den Kleinen, erklärt das Übel für abgelaufen und verneint jede Bedenklichkeit. Schon glauben wir uns berechtigt, den Zwischenfall für beigelegt zu halten: da erklärt der Manager, daß wir die Zimmer räumten und in der Dependance Wohnung nähmen, bleibe auch nach den Feststellungen des Arztes geboten.

Dieser Byzantinismus empörte uns. Es ist unwahrscheinlich, daß die wortbrüchige Hartnäckigkeit, auf die wir stießen, diejenige der Fürstin war. Der servile Gastwirt hatte wohl nicht einmal gewagt, ihr von dem Votum des Doktors Mitteilung zu machen. Jedenfalls verständigten wir ihn dahin, wir zögen es vor, das Hotel überhaupt und sofort zu verlassen, – und packten. Wir konnten es leichten Herzens tun, denn schon mittlerweile hatten wir zur Pensione Eleonora, deren freundlich privates Äußere uns gleich in die Augen gestochen hatte, im Vorübergehen Beziehungen angeknüpft und in der Person ihrer Besitzerin, Signora Angiolieri, eine sehr sympathische Bekanntschaft gemacht. Frau Angiolieri, eine zierliche, schwarzäugige Dame, toskanischen Typs, wohl anfangs der Dreißiger, mit dem matten Elfenbeinteint der Südländerinnen, und ihr Gatte, ein sorgfältig gekleideter, stiller und kahler Mann, besaßen in Florenz ein größeres Fremdenheim und standen nur im Sommer und frühen Herbst der Filiale in Torre di Venere vor. Früher aber, vor ihrer Verheiratung, war unsere neue Wirtin Gesellschafterin, Reisebegleiterin, Garderobiere, ja Freundin der Duse gewesen, eine Epoche, die sie offenbar als die große, die glückliche ihres Lebens betrachtete, und von der sie bei unserem ersten Besuch sogleich mit Lebhaftigkeit zu erzählen begann. Zahlreiche Photographien der großen Schauspielerin, mit herzlichen Widmungen versehen, auch weitere Andenken an das Zusammenleben von einst schmückten die Tischchen und Etageren von Frau Angiolieri's Salon, und obgleich auf der Hand lag, daß der Kult ihrer interessanten Vergangenheit ein wenig auch die An-

ziehungskraft ihres gegenwärtigen Unternehmens erhöhen wollte, hörten wir doch, während wir durchs Haus geführt wurden, mit Vergnügen und Anteil ihren in stakkiertem und klingendem Toskanisch vorgetragenen Erzählungen von der leidenden Güte, dem Herzensgenie und dem tiefen Zartsinn ihrer verewigten Herrin zu.
Dorthin also ließen wir unsere Sachen bringen, zum Leidwesen des nach gut italienischer Art sehr kinderlieben Personals vom Grand Hôtel; die uns eingeräumte Wohnung war geschlossen und angenehm, der Kontakt mit dem Meere bequem, vermittelt durch eine Allee junger Platanen, die auf die Strandpromenade stieß, der Speisesaal, wo Mme. Angiolieri jeden Mittag eigenhändig die Suppe auffüllte, kühl und reinlich, die Bedienung aufmerksam und gefällig, die Beköstigung vortrefflich, sogar Wiener Bekannte fanden sich vor, mit denen man nach dem Diner vorm Hause plauderte, und die weitere Bekanntschaften vermittelten, und so hätte alles gut sein können – wir waren unseres Tausches vollkommen froh, und nichts fehlte eigentlich zu einem zufriedenstellenden Aufenthalt.
Dennoch wollte kein rechtes Behagen aufkommen. Vielleicht ging der törichte Anlaß unseres Quartierwechsels uns gleichwohl nach, – ich persönlich gestehe, daß ich schwer über solche Zusammenstöße mit dem landläufig Menschlichen, dem naiven Mißbrauch der Macht, der Ungerechtigkeit, der kriecherischen Korruption hinwegkomme. Sie beschäftigten mich zu lange, stürzten mich in ein irritiertes Nachdenken, das seine Fruchtlosigkeit der übergroßen Selbstverständlichkeit und Natürlichkeit dieser Erscheinungen verdankt. Dabei fühlten wir uns mit dem Grand Hôtel nicht einmal überworfen. Die Kinder unterhielten ihre Freundschaften dort nach wie vor, der Hausdiener besserte ihnen ihr Spielzeug aus, und dann und wann tranken wir unseren Tee in dem Garten des

Etablissements, nicht ohne der Fürstin ansichtig zu werden, welche, die Lippen korallenrot aufgehöht, mit zierlich festen Tritten erschien, um sich nach ihren von einer Engländerin betreuten Lieblingen umzusehen, und sich dabei unserer bedenklichen Nähe nicht vermutend war, denn streng wurde unserem Kleinen, sobald sie sich zeigte, untersagt, sich auch nur zu räuspern.

Die Hitze war unmäßig, soll ich das anführen? Sie war afrikanisch; die Schreckensherrschaft der Sonne, sobald man sich vom Saum der indigoblauen Frische löste, von einer Unerbittlichkeit, die die wenigen Schritte vom Strande zum Mittagstisch, selbst im bloßen Pyjama, zu einem im voraus beseufzten Unternehmen machte. Mögen Sie das? Mögen Sie es wochenlang? Gewiß, es ist der Süden, es ist klassisches Wetter, das Klima erblühender Menschheitskultur, die Sonne Homers und so weiter. Aber nach einer Weile, ich kann mir nicht helfen, werde ich leicht dahin gebracht, es stumpfsinnig zu finden. Die glühende Leere des Himmels Tag für Tag fällt mir bald zur Last, die Grellheit der Farben, die ungeheure Naivität und Ungebrochenheit des Lichts erregt wohl festliche Gefühle, sie gewährt Sorglosigkeit und sichere Unabhängigkeit von Wetterlaunen und -rückschlägen; aber ohne daß man sich anfangs Rechenschaft davon gäbe, läßt sie tiefere, uneinfachere Bedürfnisse der nordischen Seele auf verödende Weise unbefriedigt und flößt auf die Dauer etwas wie Verachtung ein. Sie haben recht, ohne das dumme Geschichtchen mit dem Keuchhusten hätte ich es wohl nicht so empfunden; ich war gereizt, ich wollte es vielleicht empfinden und griff halb unbewußt ein bereitliegendes geistiges Motiv auf, um die Empfindung damit wenn nicht zu erzeugen, so doch zu legitimieren und zu verstärken. Aber rechnen Sie hier mit unserem bösen Willen, – was das Meer betrifft, den Vormittag im feinen Sande, verbracht vor seiner ewigen Herrlichkeit, so kann

unmöglich dergleichen in Frage kommen, und doch war es so, daß wir uns, gegen alle Erfahrung, auch am Strande nicht wohl, nicht glücklich fühlten.
Zu früh, zu früh, er war, wie gesagt, noch in den Händen der inländischen Mittelklasse, – eines augenfällig erfreulichen Menschenschlages, auch da haben Sie recht, man sah unter der Jugend viel Wohlschaffenheit und gesunde Anmut, war aber unvermeidlich doch auch umringt von menschlicher Mediokrität und bürgerlichem Kroppzeug, das, geben Sie es zu, von dieser Zone geprägt nicht reizender ist als unter unserem Himmel. *Stimmen* haben diese Frauen –! Es wird zuweilen recht unwahrscheinlich, daß man sich in der Heimat der abendländischen Gesangskunst befindet. »Fuggièro!« Ich habe den Ruf noch heute im Ohr, da ich ihn zwanzig Vormittage lang hundertmal dicht neben mir erschallen hörte, in heiserer Ungedecktheit, gräßlich akzentuiert, mit grell offenem è, hervorgestoßen von einer Art mechanisch gewordener Verzweiflung. »Fuggièro! Rispondi al mèno!« Wobei das sp populärerweise nach deutscher Art wie schp gesprochen wurde – ein Ärgernis für sich, wenn sowieso üble Laune herrscht. Der Schrei galt einem abscheulichen Jungen mit ekelerregender Sonnenbrandwunde zwischen den Schultern, der an Widerspenstigkeit, Unart und Bosheit das Äußerste zum besten gab, was mir vorgekommen, und außerdem ein großer Feigling war, imstande, durch seine empörende Wehleidigkeit den ganzen Strand in Aufruhr zu bringen. Eines Tages nämlich hatte ihn im Wasser ein Taschenkrebs in die Zehe gezwickt, und das antikische Heldenjammergeschrei, das er ob dieser winzigen Unannehmlichkeit erhob, war markerschütternd und rief den Eindruck eines schrecklichen Unglücksfalls hervor. Offenbar glaubte er sich aufs giftigste verletzt. Ans Land gekrochen, wälzte er sich in scheinbar unerträglichen Qualen umher, brüllte Ohi! und Oimè! und wehrte, mit Ar-

men und Beinen um sich stoßend, die tragischen Beschwörungen seiner Mutter, den Zuspruch Fernerstehender ab. Die Szene hatte Zulauf von allen Seiten. Ein Arzt wurde herbeigeholt, es war derselbe, der unseren Keuchhusten so nüchtern beurteilt hatte, und wieder bewährte sich sein wissenschaftlicher Geradsinn. Gutmütig tröstend erklärte er den Fall für null und nichtig und empfahl einfach des Patienten Rückkehr ins Bad, zur Kühlung der kleinen Kniffwunde. Statt dessen aber wurde Fuggièro, wie ein Abgestürzter oder Ertrunkener, auf einer improvisierten Bahre mit großem Gefolge vom Strande getragen, – um schon am nächsten Morgen wieder, unter dem Scheine der Unabsichtlichkeit, anderen Kindern die Sandbauten zu zerstören. Mit einem Worte, ein Greuel.
Dabei gehörte dieser Zwölfjährige zu den Hauptträgern einer öffentlichen Stimmung, die, schwer greifbar in der Luft liegend, uns einen so lieben Aufenthalt als nicht geheuer verleiden wollte. Auf irgendeine Weise fehlte es der Atmosphäre an Unschuld, an Zwanglosigkeit; dies Publikum ›hielt auf sich‹ – man wußte zunächst nicht recht, in welchem Sinn und Geist, es prästierte Würde, stellte voreinander und vor dem Fremden Ernst und Haltung, wach aufgerichtete Ehrliebe zur Schau –, wieso? Man verstand bald, daß Politisches umging, die Idee der Nation im Spiele war. Tatsächlich wimmelte es am Strande von patriotischen Kindern, – eine unnatürliche und niederschlagende Erscheinung. Kinder bilden ja eine Menschenspezies und Gesellschaft für sich, sozusagen eine eigene Nation; leicht und notwendig finden sie sich, auch wenn ihr kleiner Wortschatz verschiedenen Sprachen angehört, auf Grund gemeinsamer Lebensform in der Welt zusammen. Auch die unsrigen spielten bald mit einheimischen sowohl mit solchen wieder anderer Herkunft. Offenbar aber erlitten sie rätselhafte Enttäuschungen. Es gab Empfindlichkeiten, Äußerungen eines Selbstgefühls, das zu

heikel und lehrhaft schien, um seinen Namen ganz zu verdienen, einen Flaggenzwist, Streitfragen des Ansehens und Vorranges; Erwachsene mischten sich weniger schlichtend als entscheidend und Grundsätze wahrend ein, Redensarten von der Größe und Würde Italiens fielen, unheiter-spielverderberische Redensarten; wir sahen unsere beiden betroffen und ratlos sich zurückziehen und hatten Mühe, ihnen die Sachlage einigermaßen verständlich zu machen: Diese Leute, erklärten wir ihnen, machten soeben etwas durch, so einen Zustand, etwas wie eine Krankheit, wenn sie wollten, nicht sehr angenehm, aber wohl notwendig.

Es war unsere Schuld, wir hatten es unserer Lässigkeit zuzuschreiben, daß es zu einem Konflikt mit diesem von uns doch erkannten und gewürdigten Zustande kam, – noch einem Konflikt; es schien, daß die vorausgegangenen nicht ganz ungemischte Zufallserzeugnisse gewesen waren. Mit einem Worte, wir verletzten die öffentliche Moral. Unser Töchterchen, achtjährig, aber nach ihrer körperlichen Entwicklung ein gutes Jahr jünger zu schätzen und mager wie ein Spatz, die nach längerem Bad, wie es die Wärme erlaubte, ihr Spiel an Land im nassen Kostüm wieder aufgenommen hatte, erhielt Erlaubnis, den von anklebendem Sande starrenden Anzug noch einmal im Meere zu spülen, um ihn dann wieder anzulegen und vor neuer Verunreinigung zu schützen. Nackt läuft sie zum wenige Meter entfernten Wasser, schwenkt ihr Trikot und kehrt zurück. Hätten wir die Welle von Hohn, Anstoß, Widerspruch voraussehen müssen, die ihr Benehmen, unser Benehmen also, erregte? Ich halte Ihnen keinen Vortrag, aber in der ganzen Welt hat das Verhalten zum Körper und seiner Nacktheit sich während der letzten Jahrzehnte grundsätzlich und das Gefühl bestimmend gewandelt. Es gibt Dinge, bei denen man sich ›nichts mehr denkt‹, und zu ihnen gehörte die Freiheit, die wir

diesem so gar nicht herausfordernden Kinderleibe gewährt hatten. Sie wurde jedoch hierorts als Herausforderung empfunden. Die patriotischen Kinder johlten. Fuggièro pfiff auf den Fingern. Erregtes Gespräch unter Erwachsenen in unserer Nähe wurde laut und verhieß nichts Gutes. Ein Herr in städtischem Schniepel, den wenig strandgerechten Melonenhut im Nacken, versichert seinen entrüsteten Damen, er sei zu korrigierenden Schritten entschlossen; er tritt vor uns hin, und eine Philippika geht auf uns nieder, in der alles Pathos des sinnenfreudigen Südens sich in den Dienst spröder Zucht und Sitte gestellt findet. Die Schamwidrigkeit, die wir uns hätten zuschulden kommen lassen, hieß es, sei um so verurteilenswerter, als sie einem dankvergessenen und beleidigenden Mißbrauch der Gastfreundschaft Italiens gleichkomme. Nicht allein Buchstabe und Geist der öffentlichen Badevorschriften, sondern zugleich auch die Ehre seines Landes seien freventlich verletzt, und in Wahrung dieser Ehre werde er, der Herr im Schniepel, Sorge tragen, daß unser Verstoß gegen die nationale Würde nicht ungeahndet bleibe.
Wir taten unser Bestes, diese Suade mit nachdenklichem Kopfnicken anzuhören. Dem erhitzten Menschen widersprechen hätte zweifellos geheißen, von einem Fehler in den anderen fallen. Wir hatten dies und das auf der Zunge, zum Beispiel, daß nicht alle Umstände zusammenträfen, um das Wort Gastfreundschaft nach seiner reinsten Bedeutung ganz am Platze erscheinen zu lassen, und daß wir, ohne Euphemismus gesprochen, nicht sowohl die Gäste Italiens, sondern der Signora Angiolieri seien, welche eben seit einigen Jahren den Beruf einer Vertrauten der Duse gegen den der Gastlichkeit eingetauscht habe. Auch hatten wir Lust, zu antworten, wie wir nicht wüßten, daß die moralische Verwahrlosung in diesem schönen Lande je einen solchen Grad erreicht gehabt habe, daß ein solcher

Rückschlag von Prüderie und Überempfindlichkeit begreiflich und notwendig erscheinen könne. Aber wir beschränkten uns darauf, zu versichern, daß jede Provokation und Respektlosigkeit uns ferngelegen habe, und entschuldigend auf das zarte Alter, die leibliche Unbeträchtlichkeit der kleinen Delinquentin hinzuweisen. Umsonst. Unsere Beteuerungen wurden als unglaubhaft, unsere Verteidigung als hinfällig zurückgewiesen und die Errichtung eines Exempels als notwendig behauptet. Telephonisch, wie ich glaube, wurde die Behörde benachrichtigt, ihr Vertreter erschien am Strande, er nannte den Fall sehr ernst, molto grave, und wir hatten ihm hinauf zum ›Platze‹, ins Municipio zu folgen, wo ein höherer Beamter das vorläufige Urteil »molto grave« bestätigte, sich in genau denselben, offenbar landläufigen didaktischen Redewendungen über unsere Tat erging wie der Herr im steifen Hut und uns ein Sühne- und Lösegeld von fünfzig Lire auferlegte. Wir fanden, diesen Beitrag zum italienischen Staatshaushalt müsse das Abenteuer uns wert sein, zahlten und gingen. Hätten wir nicht abreisen sollen?
Hätten wir es nur getan! Wir hätten dann diesen fatalen Cipolla vermieden; allein mehreres kam zusammen, den Entschluß zu einem Ortswechsel hintanzuhalten. Ein Dichter hat gesagt, es sei Trägheit, was uns in peinlichen Zuständen festhalte – man könnte das Aperçu zur Erklärung unserer Beharrlichkeit heranziehen. Auch räumt man nach solchem Vorkommnis nicht gern unmittelbar das Feld; man zögert, zuzugeben, daß man sich unmöglich gemacht habe, besonders wenn Sympathiekundgebungen von außen den Trotz ermutigen. In der Villa Eleonora gab es nur eine Stimme über die Ungerechtigkeit unseres Schicksals. Italienische Nach-Tisch-Bekannte wollten finden, es sei dem Rufe des Landes keineswegs zuträglich, und äußerten den Vorsatz, den Herrn im Schniepel landsmannschaftlich zur Rede zu stellen. Aber

dieser selbst war vom Strande verschwunden, nebst seiner Gruppe, schon am nächsten Tag – nicht unseretwegen natürlich, aber es mag sein, daß das Bewußtsein seiner dicht bevorstehenden Abreise seiner Tatkraft zuträglich gewesen war, und jedenfalls erleichterte uns seine Entfernung. Um alles zu sagen: Wir blieben auch deshalb, weil der Aufenthalt uns merkwürdig geworden war, und weil Merkwürdigkeit ja in sich selbst einen Wert bedeutet, unabhängig von Behagen und Unbehagen. Soll man die Segel streichen und dem Erlebnis ausweichen, sobald es nicht vollkommen danach angetan ist, Heiterkeit und Vertrauen zu erzeugen? Soll man ›abreisen‹, wenn das Leben sich ein bißchen unheimlich, nicht ganz geheuer oder etwas peinlich und kränkend anläßt? Nein doch, man soll bleiben, soll sich das ansehen und sich dem aussetzen, gerade dabei gibt es vielleicht etwas zu lernen. Wir blieben also und erlebten als schrecklichen Lohn unserer Standhaftigkeit die eindrucksvoll-unselige Erscheinung Cipolla's.

Daß fast in dem Augenblick unserer staatlichen Maßregelung die Nachsaison einsetzte, habe ich nicht erwähnt. Jener Gestrenge im steifen Hut, unser Angeber, war nicht der einzige Gast, der das Bad jetzt verließ; es gab große Abreise, man sah viele Handkarren mit Gepäck sich zur Station bewegen. Der Strand entnationalisierte sich, das Leben in Torre, in den Cafés, auf den Wegen der Pineta wurde sowohl intimer wie europäischer; wahrscheinlich hätten wir jetzt sogar in der Glasveranda des Grand Hôtel speisen können, aber wir nahmen Abstand davon, wir befanden uns am Tische der Signora Angiolieri vollkommen wohl, – das Wort Wohlbefinden in der Abschattung zu verstehen, die der Ortsdämon ihm zuteil werden ließ. Gleichzeitig aber mit dieser als wohltätig empfundenen Veränderung schlug auch das Wetter um, es zeigte sich fast auf die Stunde im Einvernehmen mit dem Ferien-

kalender des großen Publikums. Der Himmel bedeckte sich, nicht daß es frischer geworden wäre, aber die offene Glut, die achtzehn Tage seit unserer Ankunft (und vorher wohl lange schon) geherrscht hatte, wich einer stickigen Sciroccoschwüle, und ein schwächlicher Regen netzte von Zeit zu Zeit den samtenen Schauplatz unserer Vormittage. Auch das: zwei Drittel unserer für Torre vorgesehenen Zeit waren ohnehin abgelebt; das schlaffe, entfärbte Meer, in dessen Flachheit träge Quallen trieben, war immerhin eine Neuigkeit; es wäre albern gewesen, nach einer Sonne zurückzuverlangen, der, als sie übermütig waltete, so mancher Seufzer gegolten hatte.
Zu diesem Zeitpunkt also zeigte Cipolla sich an. Cavaliere Cipolla, wie er auf den Plakaten genannt war, die eines Tages überall, auch im Speisesaal der Pensione Eleonora, sich angeschlagen fanden, – ein fahrender Virtuose, ein Unterhaltungskünstler, Forzatore, Illusionista und Prestidigitatore (so bezeichnete er sich), welcher dem hochansehnlichen Publikum von Torre di Venere mit einigen außerordentlichen Phänomenen geheimnisvoller und verblüffender Art aufzuwarten beabsichtigte. Ein Zauberkünstler! Die Ankündigung genügte, unseren Kleinen den Kopf zu verdrehen. Sie hatten noch nie einer solchen Darbietung beigewohnt, diese Ferienreise sollte ihnen die unbekannte Aufregung bescheren. Von Stund an lagen sie uns in den Ohren, für den Abend des Taschenspielers Eintrittskarten zu nehmen, und obgleich uns die späte Anfangsstunde der Veranstaltung, neun Uhr, von vornherein Bedenken machte, gaben wir in der Erwägung nach, daß wir ja nach einiger Kenntnisnahme von Cipolla's wahrscheinlich bescheidenen Künsten nach Hause gehen, daß auch die Kinder am folgenden Morgen ausschlafen könnten, und erstanden von Signora Angiolieri selbst, die eine Anzahl von Vorzugsplätzen für ihre Gäste in Kommission hatte, unsere vier Karten. Sie

konnte für solide Leistungen des Mannes nicht gutsagen, und wir versahen uns solcher kaum; aber ein gewisses Zerstreuungsbedürfnis empfanden wir selbst, und die dringende Neugier der Kinder bewährte eine Art von Ansteckungskraft.

Das Lokal, in dem der Cavaliere sich vorstellen sollte, war ein Saalbau, der während der Hochsaison zu wöchentlich wechselnden Cinema-Vorführungen gedient hatte. Wir waren nie dort gewesen. Man gelangte dahin, indem man, vorbei am ›Palazzo‹, einem übrigens verkäuflichen, kastellartigen Gemäuer aus herrschaftlichen Zeiten, die Hauptstraße des Ortes verfolgte, an der auch die Apotheke, der Coiffeur, die gebräuchlichsten Einkaufsläden zu finden waren, und die gleichsam vom Feudalen über das Bürgerliche ins Volkstümliche führte; denn sie lief zwischen ärmlichen Fischerwohnungen aus, vor deren Türen alte Weiber Netze flickten, und hier, schon im Populären, lag die ›Sala‹, nichts Besseres eigentlich als eine allerdings geräumige Bretterbude, deren torähnlicher Eingang zu beiden Seiten mit buntfarbigen und übereinandergeklebten Plakaten geschmückt war. Einige Zeit nach dem Diner also, am angesetzten Tage, pilgerten wir im Dunklen dorthin, die Kinder in festlichem Kleidchen und Anzug, beglückt von so viel Ausnahme. Es war schwül wie seit Tagen, es wetterleuchtete manchmal und regnete etwas. Wir gingen unter Schirmen. Es war eine Viertelstunde Weges.

Im Durchgange kontrolliert, hatten wir unsere Plätze selbst aufzusuchen. Sie fanden sich in der dritten Bank links, und indem wir uns niederließen, mußten wir bemerken, daß man die ohnedies bedenkliche Anfangsstunde auch noch lax behandelte: nur sehr allmählich begann ein Publikum, das es darauf ankommen zu lassen schien, zu spät zu kommen, das Parterre zu besetzen, auf welches, da keine Logen vorhanden waren, der Zuschauerraum sich beschränkte. Diese Säumigkeit machte uns etwas besorgt. Den Kindern färbte schon jetzt eine mit Erwartung hektisch gemischte Müdigkeit die Wangen. Einzig die Stehplätze in den Seitengängen und im Hintergrunde waren bei unserer Ankunft schon komplett. Es stand da, halbnackte Arme auf gestreifter Trikotbrust verschränkt, allerlei autochthone Männlichkeit von Torre di Venere, Fischervolk, unternehmend blickende junge Burschen; und wenn wir mit der Anwesenheit dieser eingesessenen Volkstümlichkeit, die solchen Veranstaltungen erst Farbe und Humor verleiht, sehr einverstanden waren, so zeigten die Kinder sich entzückt davon. Denn sie hatten Freunde unter diesen Leuten, Bekanntschaften, die sie auf nachmittäglichen Spaziergängen am entfernteren Strande gemacht. Oft, um die Stunde, wenn die Sonne, müde ihrer gewaltigen Arbeit, ins Meer sank und den vordringenden Schaum der Brandung rötlich vergoldete, waren wir heimkehrend auf bloßbeinige Fischergruppen gestoßen, die in Reihen stemmend und ziehend, unter gedehnten Rufen ihre Netze eingeholt, ihren meist dürftigen Fang an Frutti di mare in triefende Körbe geklaubt hatten; und die Kleinen hatten ihnen zugesehen, ihre italienischen Brocken an den Mann gebracht, beim Strickziehen geholfen, Kameradschaft geschlossen. Jetzt tauschten sie Grüße mit der Sphäre der Stehplätze, da war Guiscardo, da war Antonio, sie kannten die Namen, riefen sie winkend mit halber Stimme hinüber und bekamen ein Kopfnicken, ein Lachen sehr gesunder Zähne zur Antwort. Sieh doch, da ist sogar Mario vom ›Esquisito‹, Mario, der uns die Schokolade bringt! Auch er will den Zauberer sehen, und er muß früh gekommen sein, er steht fast vorn, aber er bemerkt uns nicht, er gibt nicht acht, das ist so seine Art, obgleich er ein Kellnerbursche ist. Dafür winken wir dem Manne zu, der am Strande die Paddelboote vermietet, und der auch da steht, ganz hinten.

Es wurde neun ein Viertel, es wurde beinahe halb zehn Uhr. Sie begreifen unsere Nervosität. Wann würden die Kinder ins Bett kommen? Es war ein Fehler gewesen, sie herzuführen, denn ihnen zuzumuten, den Genuß abzubrechen, kaum daß er recht begonnen, würde sehr hart sein. Mit der Zeit hatte das Parkett sich gut gefüllt; ganz Torre war da, so konnte man sagen, die Gäste des Grand Hôtel, die Gäste der Villa Eleonora und anderer Pensionen, bekannte Gesichter vom Strande. Man hörte Englisch und Deutsch. Man hörte das Französisch, das etwa Rumänen mit Italienern sprechen. Mme. Angiolieri selbst saß zwei Reihen hinter uns an der Seite ihres stillen und glatzköpfigen Gatten, der mit zwei mittleren Fingern seiner Rechten seinen Schnurrbart strich. Alle waren spät gekommen, aber niemand zu spät; Cipolla ließ auf sich warten.

Er ließ auf sich warten, das ist wohl der richtige Ausdruck. Er erhöhte die Spannung durch die Verzögerung seines Auftretens. Auch hatte man Sinn für diese Manier, aber nicht ohne Grenzen. Gegen halb zehn Uhr begann das Publikum zu applaudieren, – eine liebenswürdige Form, rechtmäßige Ungeduld zu äußern, da sie zugleich Beifallslust zum Ausdruck bringt. Für die Kleinen gehörte es schon zum Vergnügen, sich daran zu beteiligen. Alle Kinder lieben es, Beifall zu klatschen. Aus der populären Sphäre rief es energisch: »Pronti!« und »Cominciamo!« Und siehe, wie es zu gehen pflegt: Auf einmal war der Beginn, welche Hindernisse ihm nun solange entgegengestanden haben mochten, leicht zu ermöglichen. Ein Gongschlag ertönte, der von den Stehplätzen mit mehrstimmigem Ah! beantwortet wurde, und die Gardine ging auseinander. Sie enthüllte ein Podium, das nach seiner Ausstattung eher einer Schulstube als dem Wirkungsfeld eines Taschenspielers glich, und zwar namentlich dank der schwarzen Wandtafel, die auf einer Staffelei links im Vordergrunde stand. Sonst waren noch ein gewöhnlicher gelber Kleiderständer, ein paar landesübliche Strohstühle und, weiter im Hintergrunde, ein Rundtischchen zu sehen, auf dem eine Wasserflasche mit Glas und, auf besonderem Tablett, ein Flakon voll hellgelber Flüssigkeit nebst Likörgläschen standen. Man hatte noch zwei Sekunden Zeit, diese Utensilien ins Auge zu fassen. Dann, ohne daß das Haus sich verdunkelt hätte, hielt Cavaliere Cipolla seinen Auftritt.

Er kam in jenem Geschwindschritt herein, in dem Erbötigkeit gegen das Publikum sich ausdrückt und der die Täuschung erweckt, als habe der Ankommende in diesem Tempo schon eine weite Strecke zurückgelegt, um vor das Angesicht der Menge zu gelangen, während er doch eben noch in der Kulisse stand. Der Anzug Cipolla's unterstützte die Fiktion des Von-außen-her-Eintreffens. Ein Mann schwer bestimmbaren Alters, aber keineswegs mehr jung, mit scharfem, zerrüttetem Gesicht, stechenden Augen, faltig verschlossenem Munde, kleinem, schwarz gewichstem Schnurrbärtchen und einer sogenannten Fliege in der Vertiefung zwischen Unterlippe und Kinn, war er in eine Art von komplizierter Abendstraßeneleganz gekleidet. Er trug einen weiten schwarzen und ärmellosen Radmantel mit Samtkragen und atlasgefütterter Pelerine, den er mit den weiß behandschuhten Händen bei behinderter Lage der Arme vorn zusammenhielt, einen weißen Schal um den Hals und einen geschweiften, schief in die Stirne gerückten Zylinderhut. Vielleicht mehr als irgendwo ist in Italien das achtzehnte Jahrhundert noch lebendig und mit ihm der Typus des Scharlatans, des marktschreierischen Possenreißers, der für diese Epoche so charakteristisch war, und dem man nur in Italien noch in ziemlich wohl erhaltenen Beispielen begegnen kann. Cipolla hatte in seinem Gesamthabitus viel von diesem historischen Schlage, und der Eindruck reklamehafter und phantastischer Narretei, die zum Bilde gehört, wurde schon dadurch erweckt, daß die anspruchsvolle Kleidung ihm sonderbar, hier falsch gestrafft und dort in falschen Falten, am Leibe saß oder gleichsam daran aufgehängt war: Irgend etwas war mit seiner Figur nicht in Ordnung, vorn nicht und hinten nicht, – später wurde das deutlicher. Aber ich muß betonen, daß von persönlicher Scherzhaftigkeit oder gar Clownerie in seiner Haltung, seinen Mienen, seinem Benehmen nicht im geringsten die Rede sein konnte; vielmehr sprachen strenge Ernsthaftigkeit, Ablehnung alles Humoristischen, ein gelegentlich übellauniger Stolz, auch jene gewisse Würde und Selbstgefälligkeit des Krüppels daraus, – was freilich nicht hinderte, daß sein Verhalten anfangs an mehreren Stellen des Saales Lachen hervorrief.

Dies Verhalten hatte nichts Dienstfertiges mehr; die Raschheit seiner Auftrittsschritte stellte sich als reine Energieäußerung heraus, an der Unterwürfigkeit keinen Teil gehabt hatte. An der Rampe stehend und sich mit lässigem Zupfen seiner Handschuhe entledigend, wobei er lange und gelbliche Hände entblößte, deren eine ein Siegelring mit hochragendem Lasurstein schmückte, ließ er seine kleinen strengen Augen, mit schlaffen Säcken darunter, musternd durch den Saal schweifen, nicht rasch, sondern indem er hie und da auf einem Gesicht in überlegener Prüfung verweilte – verkniffenen Mundes, ohne ein Wort zu sprechen. Die zusammengerollten Handschuhe warf er mit ebenso erstaunlicher wie beiläufiger Geschicklichkeit über eine bedeutende Entfernung hin genau in das Wasserglas auf dem Rundtischchen und holte dann, immer stumm umherblickend, aus irgendwelcher inneren Tasche ein Päckchen Zigaretten hervor, die billigste Sorte der Regie, wie man am Karton erkannte, zog mit spitzen Fingern eine aus dem Bündel und entzündete sie, ohne hinzusehen, mit einem prompt funktionierenden

Benzinfeuerzeug. Den tief eingeatmeten Rauch stieß er, arrogant grimassierend, beide Lippen zurückgezogen, dabei mit einem Fuße leise aufklopfend, als grauen Sprudel zwischen seinen schadhaft abgenutzten, spitzigen Zähnen hervor.

Das Publikum beobachtete ihn so scharf, wie es sich von ihm durchmustert sah. Bei den jungen Leuten auf den Stehplätzen sah man zusammengezogene Brauen und bohrende, nach einer Blöße spähende Blicke, die dieser allzu Sichere sich geben würde. Er gab sich keine. Das Hervorholen und Wiederverwahren des Zigarettenpäckchens und des Feuerzeuges war umständlich dank seiner Kleidung; er raffte dabei den Abendmantel zurück, und man sah, daß ihm über dem linken Unterarm an einer Lederschlinge unpassenderweise eine Reitpeitsche mit klauenartiger silberner Krücke hing. Man bemerkte ferner, daß er keinen Frack, sondern einen Gehrock trug, und da er auch diesen aufhob, erblickte man eine mehrfarbige, halb von der Weste verdeckte Schärpe, die Cipolla um den Leib trug, und die hinter uns sitzende Zuschauer in halblautem Austausch für das Abzeichen des Cavaliere hielten. Ich lasse das dahingestellt, denn ich habe nie gehört, daß mit dem Cavalieretitel ein derartiges Abzeichen verbunden ist. Vielleicht war die Schärpe reiner Humbug, so gut wie das wortlose Dastehen des Gauklers, der immer noch nichts tat, als dem Publikum lässig und wichtig seine Zigarette vorzurauchen.

Man lachte, wie gesagt, und die Heiterkeit wurde fast allgemein, als eine Stimme im Stehparterre laut und trocken »Buona sera!« sagte.

Cipolla horchte hoch auf. »Wer war das?« fragte er gleichsam zugreifen. »Wer hat soeben gesprochen? Nun? Zuerst so keck und nun bange? Paura, eh?« Er sprach mit ziemlich hoher, etwas asthmatischer, aber metallischer Stimme. Er wartete.

»Ich war's«, sagte in die Stille hinein der junge Mann, der sich so herausgefordert und bei der Ehre genommen sah, – ein schöner Bursche gleich neben uns, im Baumwollhemd, die Jacke über eine Schulter gehängt. Er trug sein schwarzes, starres Kraushaar hoch und wild, die Modefrisur des erweckten Vaterlandes, die ihn etwas entstellte und afrikanisch anmutete. »Bé... Das war ich. Es wäre Ihre Sache gewesen, aber ich zeigte Entgegenkommen.«

Die Heiterkeit erneuerte sich. Der Junge war nicht auf den Mund gefallen. »Ha sciolto lo scilinguagnolo«, äußerte man neben uns. Die populäre Lektion war schließlich am Platze gewesen.

»Ah bravo!« antwortete Cipolla. »Du gefällst mir, Giovanotto. Willst du glauben, daß ich dich längst gesehen habe? Solche Leute, wie du, haben meine besondere Sympathie, ich kann sie brauchen. Offenbar bist du ein ganzer Kerl. Du tust, was du willst. Oder hast du schon einmal nicht getan, was du wolltest? Oder gar getan, was du nicht wolltest? Was nicht du wolltest? Höre, mein Freund, es müßte bequem und lustig sein, nicht immer so den ganzen Kerl spielen und für beides aufkommen zu müssen, das Wollen und das Tun. Arbeitsteilung müßte da einmal eintreten – sistema americano, sa'. Willst du zum Beispiel jetzt dieser gewählten und verehrungswürdigen Gesellschaft hier die Zunge zeigen, und zwar die ganze Zunge bis zur Wurzel?«

»Nein«, sagte der Bursche feindselig. »Das will ich nicht. Es würde von wenig Erziehung zeugen.«

»Es würde von gar nichts zeugen«, erwiderte Cipolla, »denn du *tätest* es ja nur. Deine Erziehung in Ehren, aber meiner Meinung nach wirst du jetzt, ehe ich bis drei zähle, eine Rechtswendung ausführen und der Gesellschaft die Zunge herausstrecken, länger, als du gewußt hattest, daß du sie herausstrecken könntest.«

Er sah ihn an, wobei seine stechenden Augen tiefer in die

Höhlen zu sinken schienen. »Uno«, sagte er und ließ seine Reitpeitsche, deren Schlinge er vom Arme hatte gleiten lassen, einmal kurz durch die Luft pfeifen. Der Bursche machte Front gegen das Publikum und streckte die Zunge so angestrengt-überlang heraus, daß man sah, es war das Äußerste, was er an Zungenlänge nur irgend zu bieten hatte. Dann nahm er mit nichtssagendem Gesicht wieder seine frühere Stellung ein.
»Ich war's«, parodierte Cipolla, indem er zwinkernd mit dem Kopf auf den Jungen deutete. »Be'... das war ich.« Damit wandte er sich, das Publikum seinen Eindrücken überlassend, zum Rundtischchen, goß sich aus dem Flakon, das offenbar Kognak enthielt, ein Gläschen ein und kippte es geübt.
Die Kinder lachten von Herzen. Von den gewechselten Worten hatten sie fast nichts verstanden; daß aber zwischen dem kuriosen Mann dort oben und jemandem aus dem Publikum gleich etwas so Drolliges vor sich gegangen war, amüsierte sie höchlichst, und da sie von den Darbietungen eines Abends, wie er verheißen war, keine bestimmte Vorstellung hatten, waren sie bereit, diesen Anfang köstlich zu finden. Was uns betraf, so tauschten wir einen Blick, und ich erinnere mich, daß ich unwillkürlich mit den Lippen leise das Geräusch nachahmte, mit dem Cipolla seine Reitpeitsche hatte durch die Luft fahren lassen. Übrigens war klar, daß die Leute nicht wußten, was sie aus einer so ungereimten Eröffnung einer Taschenspielersoiree machen sollten, und nicht recht begriffen, was den Giovanotto, der doch sozusagen ihre Sache geführt hatte, plötzlich hatte bestimmen können, seine Keckheit gegen sie, das Publikum, zu wenden. Man fand sein Benehmen läppisch, kümmerte sich nicht weiter um ihn und wandte seine Aufmerksamkeit dem Künstler zu, der, vom Stärkungstischchen zurückkehrend, folgendermaßen zu sprechen fortfuhr: »Meine Damen und Herren«, sagte er

mit seiner asthmatisch-metallischen Stimme, »Sie sahen mich soeben etwas empfindlich gegen die Belehrung, die dieser hoffnungsvolle junge Linguist« (»questo linguista di belle speranze«, – man lachte über das Wortspiel) »mir erteilen zu sollen glaubte. Ich bin ein Mann von einiger Eigenliebe, nehmen Sie das in Kauf! Ich finde keinen Geschmack daran, mir anders als ernsthaften und höflichen Sinnes guten Abend wünschen zu lassen, – es in entgegengesetztem Sinne zu tun, besteht wenig Anlaß. Indem man mir einen guten Abend wünscht, wünscht man sich selber einen, denn das Publikum wird nur in dem Falle einen guten Abend haben, daß ich einen habe, und darum tat dieser Liebling der Mädchen von Torre di Venere« (er hörte nicht auf, gegen den Burschen zu sticheln) »sehr wohl daran, sogleich einen Beweis dafür zu geben, daß ich heute einen habe und also auf seine Wünsche verzichten kann. Ich darf mich rühmen, fast lauter gute Abende zu haben. Ein schlechterer läuft wohl einmal mit unter, doch ist das selten. Mein Beruf ist schwer und meine Gesundheit nicht die robusteste; ich habe einen kleinen Leibesschaden zu beklagen, der mich außerstand gesetzt hat, am Kriege für die Größe des Vaterlandes teilzunehmen. Allein mit den Kräften meiner Seele und meines Geistes meistere ich das Leben, was ja immer nur heißt: sich selbst bemeistern, und schmeichle mir, mit meiner Arbeit die achtungsvolle Anteilnahme der gebildeten Öffentlichkeit erregt zu haben. Die führende Presse hat diese Arbeit zu schätzen gewußt, der Corriere della Sera erwies mir soviel Gerechtigkeit, mich ein Phänomen zu nennen, und in Rom hatte ich die Ehre, den Bruder des Duce unter den Besuchern eines der Abende zu sehen, die ich dort veranstaltete. Kleiner Gewohnheiten, die man mir an so glänzender und erhabener Stelle nachzusehen die Gewogenheit hatte, glaubte ich mich an einem vergleichsweise immerhin weniger bedeutenden Platz wie Torre di Venere«

(man lachte auf Kosten des armen kleinen Torre) »nicht eigens entschlagen und nicht dulden zu sollen, daß Personen, die durch die Gunst des weiblichen Geschlechtes etwas verwöhnt scheinen, sie mir verweisen.« Jetzt hatte wieder der Bursche die Zeche zu zahlen, den Cipolla nicht müde wurde in der Rolle des donnaiuolo und ländlichen Hahnes im Korbe vorzuführen, – wobei die zähe Empfindlichkeit und Animosität, mit der er auf ihn zurückkam, in auffälligem Mißverhältnis zu den Äußerungen seines Selbstgefühles und zu den mondänen Erfolgen stand, deren er sich rühmte. Gewiß mußte der Jüngling einfach als Belustigungsthema herhalten, wie Cipolla sich jeden Abend eines herauszugreifen und aufs Korn zu nehmen gewohnt sein mochte.
Aber es sprach aus seinen Spitzen doch auch echte Gehässigkeit, über deren menschlichen Sinn ein Blick auf die Körperlichkeit beider belehrt haben würde, auch wenn der Verwachsene nicht beständig auf das ohne weiteres vorausgesetzte Glück des hübschen Jungen bei den Frauen angespielt hätte.
»Damit wir also unsere Unterhaltung beginnen«, setzte er hinzu, »erlauben Sie, daß ich es mir bequemer mache!«
Und er ging zum Kleiderständer, um abzulegen.
»Parla benissimo«, stellte man in unserer Nähe fest. Der Mann hatte noch nichts geleistet, aber sein Sprechen allein ward als Leistung gewürdigt, er hatte damit zu imponieren gewußt. Unter Südländern ist die Sprache ein Ingredienz der Lebensfreude, dem man weit lebhaftere gesellschaftliche Schätzung entgegenbringt, als der Norden sie kennt. Es sind vorbildliche Ehren, in denen das nationale Bindemittel der Muttersprache bei diesen Völkern steht, und etwas heiter Vorbildliches hat die genußreiche Ehrfurcht, mit der man ihre Formen und Lautgesetze betreut. Man spricht mit Vergnügen, man hört mit Vergnügen – und man hört mit Urteil. Denn es gilt als Maßstab für den

persönlichen Rang, wie einer spricht; Nachlässigkeit, Stümperei erregen Verachtung, Eleganz und Meisterschaft verschaffen menschliches Ansehen, weshalb auch der kleine Mann, sobald es ihm um seine Wirkung zu tun ist, sich in gewählten Wendungen versucht und sie mit Sorgfalt gestaltet. In dieser Hinsicht also wenigstens hatte Cipolla sichtlich für sich eingenommen, obgleich er keineswegs dem Menschenschlag angehörte, den der Italiener, in eigentümlicher Mischung moralischen und ästhetischen Urteils, als »Simpatico« anspricht.

Nachdem er seinen Seidenhut, seinen Schal und Mantel abgetan, kam er, im Rock sich zurechtrückend, die mit großen Knöpfen verschlossenen Manschetten hervorziehend und an seiner Humbugschärpe ordnend, wieder nach vorn. Er hatte sehr häßliches Haar, das heißt: sein oberer Schädel war fast kahl, und nur eine schmale, schwarz gewichste Scheitelfrisur lief, wie angeklebt, vom Wirbel nach vorn, während das Schläfenhaar, ebenfalls geschwärzt, seitlich zu den Augenwinkeln hingestrichen war, – die Haartracht etwa eines altmodischen Zirkusdirektors, lächerlich, aber durchaus zum ausgefallenen Persönlichkeitsstil passend und mit so viel Selbstsicherheit getragen, daß die öffentliche Empfindlichkeit gegen ihre Komik verhalten und stumm blieb. Der »kleine Leibesschaden«, von dem er vorbeugend gesprochen hatte, war jetzt nur allzu deutlich sichtbar, wenn auch immer noch nicht ganz klar nach seiner Beschaffenheit: die Brust war zu hoch, wie gewohnt in solchen Fällen, aber der Verdruß im Rücken schien nicht an der gewohnten Stelle, zwischen den Schultern, zu sitzen, sondern tiefer, als eine Art Hüft- und Gesäßbuckel, der den Gang zwar nicht behinderte, aber ihn grotesk und bei jedem Schritt sonderbar ausladend gestaltete. Übrigens war der Unzuträglichkeit durch ihre Erwähnung gleichsam die Spitze abgebrochen worden, und zivilisiertes

Feingefühl beherrschte angesichts ihrer spürbar den Saal.

»Zu Ihren Diensten!« sagte Cipolla. »Ihr Einverständnis vorausgesetzt, werden wir unser Programm mit einigen arithmetischen Übungen beginnen.«

Arithmetik? Das sah nicht nach Zauberkunststücken aus. Die Vermutung regte sich schon, daß der Mann unter falscher Flagge segelte; nur welches seine richtige war, blieb undeutlich. Die Kinder begannen mir leid zu tun; aber für den Augenblick waren sie einfach glücklich, dabei zu sein.

Das Zahlenspiel, das Cipolla nun anstellte, war ebenso einfach wie durch seine Pointe verblüffend. Er fing damit an, ein Blatt Papier mit einem Reißstift an der oberen rechten Ecke der Tafel zu befestigen und, indem er es hochhob, mit Kreide etwas aufs Holz zu schreiben. Er redete unausgesetzt dabei, besorgt, seine Darbietungen durch immerwährende sprachliche Begleitung und Unterstützung vor Trockenheit zu bewahren, wobei er sich selbst ein zungengewandter und keinen Augenblick um einen plauderhaften Einfall verlegener Conférencier war. Daß er sogleich damit fortfuhr, die Kluft zwischen Podium und Zuschauerraum aufzuheben, die schon durch das sonderbare Geplänkel mit dem Fischerburschen überbrückt worden war; daß er also Vertreter des Publikums auf die Bühne nötigte und seinerseits über die hölzernen Stufen, die dort hinaufführten, herunterkam, um persönliche Berührung mit seinen Gästen zu suchen, gehörte zu seinem Arbeitsstil und gefiel den Kindern sehr. Ich weiß nicht, wieweit die Tatsache, daß er dabei sofort wieder in Häkeleien mit Einzelpersonen geriet, in seinen Absichten und seinem System lag, obgleich er sehr ernst und verdrießlich dabei blieb, – das Publikum, wenigstens in seinen volkstümlichen Elementen, schien jedenfalls der Meinung zu sein, daß dergleichen zur Sache gehöre.

Nachdem er nämlich ausgeschrieben und das Geschriebene unter dem Blatt Papier verheimlicht hatte, drückte er den Wunsch aus, zwei Personen möchten aufs Podium kommen, um beim Ausführen der bevorstehenden Rechnung behilflich zu sein. Das biete keine Schwierigkeiten, auch rechnerisch weniger Begabte seien ohne weiteres geeignet dazu. Wie gewöhnlich meldete sich niemand, und Cipolla hütete sich, den vornehmen Teil seines Publikums zu belästigen. Er hielt sich ans Volk und wandte sich an zwei lümmelstarke Burschen auf Stehplätzen im Hintergrunde des Saales, forderte sie heraus, sprach ihnen Mut zu, fand es tadelnswert, daß sie nur müßig gaffen und der Gesellschaft sich nicht gefällig erweisen wollten, und setzte sie wirklich in Bewegung. Mit plumpen Tritten kamen sie durch den Mittelgang nach vorn, erstiegen die Stufen und stellten sich, linkisch grinsend, unter den Bravi-Rufen ihrer Kameradschaft vor der Tafel auf. Cipolla scherzte noch ein paar Augenblicke mit ihnen, lobte die heroische Festigkeit ihrer Gliedmaßen, die Größe ihrer Hände, die ganz geschaffen seien, der Versammlung den erbetenen Dienst zu leisten, und gab dann dem einen den Kreidegriffel in die Hand mit der Weisung, einfach die Zahlen nachzuschreiben, die ihm würden zugerufen werden. Aber der Mensch erklärte, nicht schreiben zu können. »Non so scrivere«, sagte er mit grober Stimme, und sein Genosse fügte hinzu: »Ich auch nicht.«

Gott weiß, ob sie die Wahrheit sprachen oder sich nur über Cipolla lustig machen wollten. Jedenfalls war dieser weit entfernt, die Heiterkeit zu teilen, die ihr Geständnis erregte.

Er war beleidigt und angewidert. Er saß in diesem Augenblick mit übergeschlagenem Bein auf einem Strohstuhl in der Mitte der Bühne und rauchte wieder eine Zigarette aus dem billigen Bündel, die ihm sichtlich desto besser mundete, als er, während die Trottel zum Podium stapften, einen zweiten Kognak zu sich genommen hatte. Wieder ließ er den tief eingezogenen Rauch zwischen den entblößten Zähnen ausströmen und blickte dabei, mit dem Fuße wippend, in strenger Ablehnung, wie ein Mann, der sich vor einer durchaus verächtlichen Erscheinung auf sich selbst und seine Würde zurückzieht, an den beiden fröhlichen Ehrlosen vorbei und auch über das Publikum hinweg ins Leere.

»Skandalös«, sagte er kalt und verbissen. »Geht an eure Plätze! Jedermann kann schreiben in Italien, dessen Größe der Unwissenheit und Finsternis keinen Raum bietet. Es ist ein schlechter Scherz, vor den Ohren dieser internationalen Gesellschaft eine Beziehung laut werden zu lassen, mit der ihr nicht nur euch selbst erniedrigt, sondern auch die Regierung und das Land dem Gerede aussetzt. Wenn wirklich Torre di Venere der letzte Winkel des Vaterlandes sein sollte, in den die Unkenntnis der Elementarwissenschaften sich geflüchtet hat, so müßte ich bedauern, einen Ort aufgesucht zu haben, von dem mir allerdings bekannt sein mußte, daß er an Bedeutung hinter Rom in dieser und jener Beziehung zurücksteht...«

Hier wurde er von dem Burschen mit der nubischen Haartracht und der Jacke über der Schulter unterbrochen, dessen Angriffslust, wie man nun sah, nur vorübergehend abgedankt hatte, und der sich erhobenen Hauptes zum Ritter seines Heimatstädtchens aufwarf.

»Genug!« sagte er laut. »Genug der Witze über Torre. Wir alle sind von hier und werden nicht dulden, daß man die Stadt vor den Fremden verhöhnt. Auch diese beiden Leute sind unsere Freunde. Wenn sie keine Gelehrten sind, so sind sie dafür rechtschaffenere Jungen als vielleicht mancher andere im Saal, der mit Rom prahlt, obgleich er es auch nicht gegründet hat.«

Das war ja ausgezeichnet. Der junge Mensch hatte wahrhaftig Haare auf den Zähnen. Man unterhielt sich bei dieser Art von Dramatik, obgleich sie den Eintritt ins eigentliche Programm mehr und mehr verzögerte. Einem Wortwechsel zuzuhören, ist immer fesselnd. Gewisse Menschen belustigt das einfach, und sie genießen aus einer Art von Schadenfreude ihr Nichtbeteiligtsein; andere empfinden Beklommenheit und Erregung, und ich verstehe sie sehr gut, wenn ich auch damals den Eindruck hatte, daß alles gewissermaßen auf Übereinkunft beruhte, und daß sowohl die beiden analphabetischen Dickhäuter wie auch der Giovanotto in der Jacke dem Künstler halb und halb zur Hand gingen, um Theater zu produzieren. Die Kinder lauschten mit vollem Genuß. Sie verstanden nichts, aber die Akzente hielten sie in Atem. Das war also ein Zauberabend, zum mindesten ein italienischer. Sie fanden es ausdrücklich sehr schön.

Cipolla war aufgestanden und mit zwei aus der Hüfte ladenden Schritten an die Rampe gekommen.

»Aber sieh ein bißchen!« sagte er mit grimmiger Herzlichkeit. »Ein alter Bekannter! Ein Jüngling, der das Herz auf der Zunge hat!« (Er sagte »sulla linguaccia«, was belegte Zunge heißt und große Heiterkeit hervorrief.) »Geht, meine Freunde!« wandte er sich an die beiden Tölpel. »Genug von euch, ich habe es jetzt mit diesem Ehrenmann zu tun, con questo torregiano di Venere, diesem Türmer der Venus, der sich zweifellos süßer Danksagungen versieht für seine Wachsamkeit...«

»Ah, non scherzamo! Reden wir ernst!« rief der Bursche. Seine Augen blitzten, und er machte wahrhaftig eine Bewegung, als wollte er die Jacke abwerfen und zur direktesten Auseinandersetzung übergehen.

Cipolla nahm das nicht tragisch. Anders als wir, die einander bedenklich ansahen, hatte der Cavaliere es mit einem Landsmann zu tun, hatte den Boden der Heimat unter den Füßen. Er blieb kalt, zeigte vollkommene Überlegenheit. Eine lächelnde Kopfbewegung seitlich gegen den Kampf-

hahn, den Blick ins Publikum gerichtet, rief dieses zum mitlächelnden Zeugen seiner Rauflust auf, durch die der Gegner nur die Schlichtheit seiner Lebensform enthüllte. Und dann geschah abermals etwas Merkwürdiges, was jene Überlegenheit in ein unheimliches Licht setzte und die kriegerische Reizung, die von der Szene ausging, auf beschämende und unerklärliche Art ins Lächerliche zog.
Cipolla näherte sich dem Burschen noch mehr, wobei er ihm eigentümlich in die Augen sah. Er kam sogar die Stufen, die dort, links von uns, ins Auditorium führten, halbwegs herab, so daß er, etwas erhöht, dicht vor dem Streitbaren stand. Die Reitpeitsche hing an seinem Arm.
»Du bist nicht zu Scherzen aufgelegt, mein Sohn«, sagte er. »Das ist nur zu begreiflich, denn jedermann sieht, daß du nicht wohl bist. Schon deine Zunge, deren Reinheit zu wünschen übrigließ, deutete auf akute Unordnung des gastrischen Systems. Man sollte keine Abendunterhaltung besuchen, wenn man sich fühlt wie du, und du selbst, ich weiß es, hast geschwankt, ob du nicht besser tätest, ins Bett zu gehen und dir einen Leibwickel zu machen. Es war leichtsinnig, heute nachmittag so viel von diesem weißen Wein zu trinken, der schrecklich sauer war. Jetzt hast du die Kolik, daß du dich krümmen möchtest vor Schmerzen. Tu's nur ungescheut! Es ist eine gewisse Linderung verbunden mit dieser Nachgiebigkeit des Körpers gegen den Krampf der Eingeweide.«
Indem er dies Wort für Wort mit ruhiger Eindringlichkeit und einer Art strenger Teilnahme sprach, schienen seine Augen, in die des jungen Menschen getaucht, über ihren Tränensäcken zugleich welk und brennend zu werden, – es waren sehr sonderbare Augen, und man verstand, daß sein Partner nicht nur aus Mannesstolz die seinen nicht von ihnen lösen mochte. Auch war von solchem Hochmut alsbald in seinem bronzierten Gesicht nichts mehr zu

bemerken. Er sah den Cavaliere mit offenem Munde an, und dieser Mund lächelte in seiner Offenheit verstört und kläglich.

»Krümme dich!« wiederholte Cipolla. »Was bleibt dir anderes übrig? Bei solcher Kolik muß man sich krümmen. Du wirst dich doch gegen die natürliche Reflexbewegung nicht sträuben, nur, weil man sie dir empfiehlt.«

Der junge Mann hob langsam die Unterarme, und während er sie anpressend über dem Leibe kreuzte, verbog sich sein Körper, wandte sich seitlich vornüber, tiefer und tiefer, ging bei verstellten Füßen und gegeneinandergekehrten Knien in die Beuge, so daß er endlich, ein Bild verrenkter Pein, beinahe am Boden hockte. So ließ Cipolla ihn einige Sekunden stehen, tat dann mit der Reitpeitsche einen kurzen Hieb durch die Luft und kehrte ausladend zum Rundtischchen zurück, wo er einen Kognak kippte.

»Il boit beaucoup«, stellte hinter uns eine Dame fest. War das alles, was ihr auffiel? Es wollte uns nicht deutlich werden, wie weit das Publikum schon im Bilde war. Der Bursche stand wieder aufrecht, etwas verlegen lächelnd, als wüßte er nicht so recht, wie ihm geschehen. Man hatte die Szene mit Spannung verfolgt und applaudierte ihr, als sie beendet war, indem man sowohl »Bravo, Cipolla!« wie »Bravo, Giovanotto!« rief. Offenbar faßte man den Ausgang des Streites nicht als persönliche Niederlage des jungen Menschen auf, sondern ermunterte ihn wie einen Schauspieler, der eine klägliche Rolle lobenswert durchgeführt hat. Wirklich war seine Art, sich vor Leibschmerzen zu krümmen, höchst ausdrucksvoll, in ihrer Anschaulichkeit gleichsam für die Galerie berechnet und sozusagen eine schauspielerische Leistung gewesen. Aber ich bin nicht sicher, wieweit das Verhalten des Saales nur dem menschlichen Taktgefühl zuzuschreiben war, in dem der Süden uns überlegen ist, und wieweit es auf eigentlicher Einsicht in das Wesen der Dinge beruhte.

Der Cavaliere, gestärkt, hatte sich eine frische Zigarette angezündet. Der arithmetische Versuch konnte wieder in Angriff genommen werden. Ohne Schwierigkeiten fand sich ein junger Mann aus den hinteren Sitzreihen, der bereit war, diktierte Ziffern auf die Tafel zu schreiben. Wir kannten ihn auch; die ganze Unterhaltung gewann etwas Familiäres dadurch, daß man so viele Gesichter kannte. Er war der Angestellte des Kolonialwaren- und Obstladens in der Hauptstraße und hatte uns mehrmals in guter Form bedient. Er handhabte die Kreide mit kaufmännischer Gewandtheit, während Cipolla, zu unserer Ebene herabgestiegen, sich in seiner verwachsenen Gangart durch das Publikum bewegte und Zahlen einsammelte, zwei-, drei- und vierstellige nach freier Wahl, die er den Befragten von den Lippen nahm, um sie seinerseits dem jungen Krämer zuzurufen, der sie untereinander reihte. Dabei war alles, im wechselseitigen Einverständnis, auf Unterhaltung, Jux, rednerische Abschweifung berechnet. Es konnte nicht fehlen, daß der Künstler auf Fremde stieß, die mit der inländischen Zahlensprache nicht fertig wurden, und mit denen er sich lange auf hervorgekehrt ritterliche Art bemühte, unter der höflichen Heiterkeit der Landeskinder, die er dann wohl in Verlegenheit brachte, indem er sie nötigte, englisch und französisch vorgebrachte Ziffern zu verdolmetschen. Einige nannten Zahlen, die große Jahre aus der italienischen Geschichte bezeichneten. Cipolla erfaßte sie sofort und knüpfte im Weitergehen patriotische Betrachtungen daran. Jemand sagte »Zero!«, und der Cavaliere, streng beleidigt wie bei jedem Versuch, ihn zum Narren zu halten, erwiderte über die Schulter, das sei eine weniger als zweistellige Zahl, worauf ein anderer Spaßvogel »Null, null« rief und den Heiterkeitserfolg damit hatte, dessen die Anspielung auf natürliche Dinge unter Südländern gewiß sein kann. Der Cavaliere allein hielt sich würdig ablehnend, obgleich er die Anzüglichkeit geradezu herausgefordert hatte; doch gab er achselzuckend auch diesen Rechnungsposten dem Schreiber zu Protokoll.

Als etwa fünfzehn Zahlen in verschieden langen Gliedern auf der Tafel standen, verlangte Cipolla die gemeinsame Addition. Geübte Redner möchten sie vor der Schrift im Kopfe vornehmen, aber es stand frei, Crayon und Taschenbuch zu Rate zu ziehen. Cipolla saß, während man arbeitete, auf seinem Stuhl neben der Tafel und rauchte grimassierend, mit dem selbstgefällig anspruchsvollen Gehaben des Krüppels. Die fünfstellige Summe war rasch bereit. Jemand teilte sie mit, ein anderer bestätigte sie, das Ergebnis eines dritten wich etwas ab, das des vierten stimmte wieder überein. Cipolla stand auf, klopfte sich etwas Asche vom Rock, lüftete das Blatt Papier an der oberen rechten Ecke der Tafel und ließ das dort von ihm Geschriebene sehen. Die richtige Summe, einer Million sich nähernd, stand schon da. Er hatte sie im voraus aufgezeichnet.

Staunen und großer Beifall. Die Kinder waren überwältigt. Wie er das gemacht habe, wollten sie wissen. Wir bedeuteten sie, das sei ein Trick, nicht ohne weiteres zu verstehen, der Mann sei eben ein Zauberkünstler. Nun wußten sie, was das war, die Soiree eines Taschenspielers. Wie erst der Fischer Leibschmerzen bekam und nun das fertige Resultat auf der Tafel stand, – es war herrlich, und wir sahen mit Besorgnis, daß es trotz ihrer heißen Augen und trotzdem die Uhr schon jetzt fast halb elf war, sehr schwer sein würde, sie wegzubringen. Es würde Tränen geben. Und doch war klar, daß dieser Bucklige nicht zauberte, wenigstens nicht im Sinne der Geschicklichkeit, und daß dies gar nichts für Kinder war. Wiederum weiß ich nicht, was eigentlich das Publikum sich dachte; aber um die ›freie Wahl‹ bei Bestimmung der Summanden war es offenbar recht zweifelhaft bestellt gewesen; dieser und jener der Befragten mochte wohl aus sich selbst geantwortet haben, im ganzen aber war deutlich, daß Cipolla sich seine Leute ausgesucht, und daß der Prozeß, abzielend auf das vorgezeichnete Ergebnis, unter seinem Willen gestanden hatte, – wobei immer noch sein rechnerischer Scharfsinn zu bewundern blieb, wenn das andere sich der Bewunderung seltsam entzog. Dazu der Patriotismus und die reizbare Würde: – die Landsleute des Cavaliere mochten sich bei alldem harmlos in ihrem Element fühlen und zu Späßen aufgelegt bleiben; den von außen Kommenden mutete die Mischung beklemmend an.

Übrigens sorgte Cipolla selbst dafür, daß der Charakter seiner Künste jedem irgendwie Wissenden unzweifelhaft wurde, freilich ohne daß ein Name, ein Terminus fiel. Er sprach wohl davon, denn er sprach immerwährend, aber nur in unbestimmten, anmaßenden und reklamehaften Ausdrücken. Er ging noch eine Weile auf dem eingeschlagenen experimentellen Wege fort, machte die Rechnungen erst verwickelter, indem er zur Zusammenzählung Übungen aus den anderen Spezies fügte, und vereinfachte sie dann aufs äußerste, um zu zeigen, wie es zuging. Er ließ einfach Zahlen ›raten‹, die er vorher unter das Blatt Papier geschrieben hatte. Es gelang fast immer. Jemand gestand, daß er eigentlich einen anderen Betrag habe nennen wollen; da aber im selben Augenblick die Reitpeitsche des Cavaliere vor ihm durch die Luft gepfiffen sei, habe er sich die Zahl entschlüpfen lassen, die sich dann auf der Tafel vorgefunden. Cipolla lachte mit den Schultern. Er heuchelte Bewunderung für das Ingenium der Befragten; aber diese Komplimente hatten etwas Höhnisches und Entwürdigendes, ich glaube nicht, daß sie von den Versuchspersonen angenehm empfunden wurden, obgleich

sie dazu lächelten und den Beifall teilweise zu ihren Gunsten buchen mochten. Auch hatte ich nicht den Eindruck, daß der Künstler bei seinem Publikum beliebt war. Eine gewisse Abneigung und Aufsässigkeit war durchzufühlen; aber von der Höflichkeit zu schweigen, die solche Regungen im Zaum hielt, verfehlten Cipolla's Können, seine strenge Sicherheit nicht, Eindruck zu machen, und selbst die Reitpeitsche trug, meine ich, etwas dazu bei, daß die Revolte im Unterirdischen blieb.
Vom bloßen Zahlenversuch kam er zu dem mit Karten. Es waren zwei Spiele, die er aus der Tasche zog, und soviel weiß ich noch, daß das Grund- und Musterbeispiel der Experimente, die er damit anstellte, dies war, daß er aus dem einen, ungesehen, drei Karten wählte, die er in der Innentasche seines Gehrocks verbarg, und daß dann die Versuchsperson aus dem vorgehaltenen zweiten Spiel eben diese drei Karten zog, – nicht immer vollkommen die richtigen; es kam vor, daß nur zweie stimmten, aber in der Mehrzahl der Fälle triumphierte Cipolla, wenn er seine drei Blätter veröffentlichte, und dankte leicht für den Beifall, mit dem man wohl oder übel die Kräfte anerkannte, die er bewährte. Ein junger Herr in vorderster Reihe, rechts von uns, mit stolz geschnittenem Gesicht, Italiener, meldete sich und erklärte, er sei entschlossen, nach klarem Eigenwillen zu wählen und sich jeder wie immer gearteten Beeinflussung bewußt entgegenzustemmen. Wie Cipolla sich unter diesen Umständen den Ausgang denke. – »Sie werden mir«, antwortete der Cavaliere, »damit meine Aufgabe etwas erschweren. An dem Ergebnis wird Ihr Widerstand nichts ändern. Die Freiheit existiert, und auch der Wille existiert; aber die Willensfreiheit existiert nicht, denn ein Wille, der sich auf seine Freiheit richtet, stößt ins Leere. Sie sind frei, zu ziehen oder nicht zu ziehen. Ziehen Sie aber, so werden Sie richtig ziehen, – desto sicherer, je eigensinniger Sie zu handeln versuchen.«

Man mußte zugeben, daß er seine Worte nicht besser hätte
wählen können, um die Wasser zu trüben und seelische
Verwirrung anzurichten. Der Widerspenstige zögerte
nervös, bevor er zugriff. Er zog eine Karte und verlangte
sofort zu sehen, ob sie unter den verborgenen sei. »Aber
wie?« verwunderte sich Cipolla. »Warum halbe Arbeit
tun?« Da jedoch der Trotzige auf dieser Vorprobe bestand: – »E servito«, sagte der Gaukler mit ungewohnter
lakaienhafter Gebärde und zeigte, ohne selbst hinzusehen,
sein Dreiblatt fächerförmig vor. Die links steckende Karte
war die gezogene.

Der Freiheitskämpfer setzte sich zornig, unter dem Beifall
des Saales. Wieweit Cipolla die mit ihm geborenen Gaben
auch noch durch mechanische Tricks und Behendigkeits-
mittelchen unterstützte, mochte der Teufel wissen. Eine
solche Verquickung angenommen, vereinigte die unge-
bundene Neugier aller sich jedenfalls im Genuß einer phä-
nomenalen Unterhaltung und in der Anerkennung einer
Berufstüchtigkeit, die niemand leugnete. »Lavora bene!«
Wir hörten die Feststellung da und dort in unserer Nähe,
und sie bedeutete den Sieg sachlicher Gerechtigkeit über
Antipathie und stille Empörung.

Vor allem, nach seinem letzten, fragmentarischen, doch
eben dadurch nur desto eindrucksvolleren Erfolge, hatte
Cipolla sich wieder mit einem Kognak gestärkt. In der
Tat, er ›trank viel‹, und das war etwas schlimm zu sehen.
Aber er brauchte Likör und Zigarette offenbar zur Erhal-
tung und Erneuerung seiner Spannkraft, an die, er hatte es
selbst angedeutet, in mehrfacher Beziehung starke Ansprüche gestellt wurden. Wirklich sah er schlecht aus zwischenein, hohläugig und verfallen. Das Gläschen brachte
das jeweils ins gleiche, und seine Rede lief danach, während der eingeatmete Rauch ihm grau aus der Lunge sprudelte, belebt und anmaßend. Ich weiß bestimmt, daß er
von den Kartenkunststückchen zu jener Art von Gesell-

schaftsspielen überging, die auf über- oder untervernünftigen Fähigkeiten der menschlichen Natur, auf Intuition und ›magnetischer‹ Übertragung, kurzum auf einer niedrigen Form der Offenbarung beruhen. Nur die intimere Reihenfolge seiner Leistungen weiß ich nicht mehr. Auch langweile ich Sie nicht mit der Schilderung dieser Versuche; jeder kennt sie, jeder hat einmal daran teilgenommen, an diesem Auffinden versteckter Gegenstände, diesem blinden Ausführen zusammengesetzter Handlungen, zu dem die Anweisung auf unerforschtem Wege, von Organismus zu Organismus ergeht. Jeder hat auch dabei seine kleinen, neugierig-verächtlichen und kopfschüttelnden Einblicke in den zweideutig-unsauberen und unentwirrbaren Charakter des Okkulten getan, das in der Menschlichkeit seiner Träger immer dazu neigt, sich mit Humbug und nachhelfender Mogelei vexatorisch zu vermischen, ohne daß dieser Einschlag etwas gegen die Echtheit anderer Bestandteile des bedenklichen Amalgams bewiese. Ich sage nur, daß alle Verhältnisse natürlich sich verstärken, der Eindruck nach jeder Seite an Tiefe gewinnt, wenn ein Cipolla Leiter und Hauptakteur des dunklen Spieles ist. Er saß, den Rücken gegen das Publikum gekehrt, im Hintergrunde des Podiums und rauchte, während irgendwo im Saale unterderhand die Vereinbarungen getroffen wurden, denen er gehorchen, der Gegenstand von Hand zu Hand ging, den er aus seinem Versteck ziehen und mit dem er Vorbestimmtes ausführen sollte. Es war das typische bald getrieben zustoßende, bald lauschend stockende Vorwärtstasten, Fehltappen und sich mit jäh eingegebener Wendung Verbessern, das er zu beobachten gab, wenn er an der Hand eines wissenden Führers, der angewiesen war, sich körperlich rein folgsam zu verhalten, aber seine Gedanken auf das Verabredete zu richten, sich zurückgelegten Hauptes und mit vorgestreckter Hand im Zickzack durch den Saal bewegte. Die Rollen schienen vertauscht, der Strom ging in umgekehrter Richtung, und der Künstler wies in immer fließender Rede ausdrücklich darauf hin. Der leidende, empfangende, der ausführende Teil, dessen Wille ausgeschaltet war, und der einen stummen in der Luft liegenden Gemeinschaftswillen vollführte, war nun er, der solange gewollt und befohlen hatte; aber er betonte, daß es auf eins hinauslaufe. Die Fähigkeit, sagte er, sich seiner selbst zu entäußern, zum Werkzeug zu werden, im unbedingtesten und vollkommensten Sinne zu gehorchen, sei nur die Kehrseite jener anderen, zu wollen und zu befehlen; es sei ein und dieselbe Fähigkeit; Befehlen und Gehorchen, sie bildeten zusammen nur ein Prinzip, eine unauflösliche Einheit; wer zu gehorchen wisse, der wisse auch zu befehlen, und ebenso umgekehrt; der eine Gedanke sei in dem anderen einbegriffen, wie Volk und Führer ineinander einbegriffen seien, aber die Leistung, die äußerst strenge und aufreibende Leistung, sei jedenfalls seine, des Führers und Veranstalters, in welchem Wille Gehorsam, der Gehorsam Wille werde, dessen Person die Geburtsstätte beider sei, und der es also sehr schwer habe. Er betonte dies stark und oft, daß er es außerordentlich schwer habe, wahrscheinlich um seine Stärkungsbedürftigkeit und das häufige Greifen zum Gläschen zu erklären.

Er tappte seherisch umher, geleitet und getragen vom öffentlichen, geheimen Willen. Er zog eine steinbesetzte Nadel aus dem Schuh einer Engländerin, wo man sie verborgen hatte, trug sie stockend und getrieben zu einer anderen Dame – es war Signora Angiolieri – und überreichte sie ihr kniefällig mit vorbestimmten und, wenn auch naheliegenden, so doch nicht leicht zu treffenden Worten; denn sie waren auf Französich verabredet worden. »Ich mache Ihnen ein Geschenk zum Zeichen meiner Verehrung!« hatte er zu sagen, und uns schien, als läge Bosheit in der Härte dieser Bedingung; ein Zwiespalt drückte sich

darin aus zwischen dem Interesse am Gelingen des Wunderbaren und dem Wunsch, der anspruchsvolle Mann möchte eine Niederlage erleiden. Aber sehr merkwürdig war es, wie Cipolla, auf den Knien vor Mme. Angiolieri, unter versuchenden Reden um die Erkenntnis des ihm Aufgegebenen rang. »Ich muß etwas sagen«, äußerte er, »und ich fühle deutlich, was es zu sagen gilt. Dennoch fühle ich zugleich, daß es falsch würde, wenn ich es über die Lippen ließe. Hüten Sie sich, mir mit irgendeinem unwillkürlichen Zeichen zu Hilfe zu kommen!« rief er aus, obgleich oder weil zweifellos gerade dies es war, worauf er hoffte... »Pensez très fort!« rief er auf einmal in schlechtem Französisch und sprudelte dann den befohlenen Satz zwar auf Italienisch hervor, aber so, daß er das Schluß- und Hauptwort plötzlich in die ihm wahrscheinlich ganz ungeläufige Schwestersprache fallen ließ und statt »venerazione« »vénération« mit einem unmöglichen Nasal am Ende sagte, – ein Teilerfolg, der nach den schon vollendeten Leistungen, dem Auffinden der Nadel, dem Gang zur Empfängerin und dem Kniefall, fast eindrucksvoller wirkte, als der restlose Sieg es getan hätte, und bewunderungsvollen Beifall hervorrief.
Cipolla trocknete sich aufstehend den Schweiß von der Stirn. Sie verstehen, daß ich nur ein Beispiel seiner Arbeit gab, indem ich von der Nadel erzählte, – es ist mir besonders im Gedächtnis geblieben. Aber er wandelte die Grundform mehrfach ab und durchflocht diese Versuche, so daß viel Zeit darüber verging, mit Improvisationen verwandter Art, zu denen die Berührung mit dem Publikum ihm auf Schritt und Tritt verhalf. Namentlich von der Person unserer Wirtin schien Eingebung auf ihn auszugehen; sie entlockte ihm verblüffende Wahrsagungen. »Es entgeht mir nicht, Signora«, sagte er zu ihr, »daß es mit Ihnen eine besondere und ehrenvolle Bewandtnis hat. Wer zu sehen weiß, der erblickt um Ihre reizende Stirn

einen Schein, der, wenn mich nicht alles täuscht, einst stärker war als heute, einen langsam verbleichenden Schein... Kein Wort! Helfen Sie mir nicht! An Ihrer Seite sitzt Ihr Gatte – nicht wahr«, wandte er sich an den stillen Herrn Angiolieri, »Sie sind der Gatte dieser Dame, und Ihr Glück ist vollkommen. Aber in dieses Glück hinein ragen Erinnerungen... Das Vergangene, Signora, spielt in Ihrem gegenwärtigen Leben, wie mir scheint, eine bedeutende Rolle. Sie kannten einen König... hat nicht ein König in vergangenen Tagen Ihren Lebensweg gekreuzt?«
»Doch nicht«, hauchte die Spenderin unserer Mittagssuppe, und ihre braungoldenen Augen schimmerten in der Edelblässe ihres Gesichtes.
»Doch nicht? Nein, kein König, ich sprach gleichsam nur im rohen und unreinen. Kein König, kein Fürst, – aber dennoch ein Fürst, ein König höherer Reiche. Ein großer Künstler war es, an dessen Seite Sie einst... Sie wollen mir widersprechen, und doch können Sie es nicht mit voller Entschiedenheit, können es nur zur Hälfte tun. Nun denn! es war eine große, eine weltberühmte *Künstlerin*, deren Freundschaft Sie in zarter Jugend genossen, und deren heiliges Gedächtnis Ihr ganzes Leben überschattet und verklärt... Den Namen? Ist es nötig, Ihnen den Namen zu nennen, dessen Ruhm sich längst mit dem des Vaterlandes verbunden hat und mit ihm unsterblich ist? Eleonora Duse«, schloß er leise und feierlich.
Die kleine Frau nickte überwältigt in sich hinein. Der Applaus glich einer nationalen Kundgebung. Fast jedermann im Saale wußte von Frau Angiolieri's bedeutender Vergangenheit und vermochte also die Intuition des Cavaliere zu würdigen, voran die anwesenden Gäste der Casa Eleonora. Es fragte sich nur, wieviel er selbst davon gewußt, beim ersten berufsmäßigen Umhorchen nach seiner Ankunft in Torre davon in Erfahrung gebracht ha-

ben mochte... Aber ich habe gar keinen Grund, Fähigkeiten, die ihm vor unseren Augen zum Verhängnis wurden, rationalistisch zu verdächtigen...

Vor allem gab es nun eine Pause, und unser Gebieter zog sich zurück. Ich gestehe, daß ich mich vor diesem Punkte meines Berichtes gefürchtet habe, fast seit ich zu erzählen begann. Die Gedanken der Menschen zu lesen, ist meistens nicht schwer, und hier ist es sehr leicht. Unfehlbar werden Sie mich fragen, warum wir nicht endlich weggegangen seien, – und ich muß Ihnen die Antwort schuldig bleiben. Ich verstehe es nicht und weiß mich tatsächlich nicht zu verantworten. Es muß damals bestimmt schon mehr als elf Uhr gewesen sein, wahrscheinlich noch später. Die Kinder schliefen. Die letzte Versuchsserie war für sie recht langweilig gewesen, und so hatte die Natur es leicht, ihr Recht zu erkämpfen. Sie schliefen auf unseren Knien, die Kleine auf den meinen, der Junge auf denen der Mutter. Das war einerseits tröstlich, dann aber doch auch wieder ein Grund zum Erbarmen und eine Mahnung, sie in ihre Betten zu bringen. Ich versichere, daß wir ihr gehorchen wollten, dieser rührenden Mahnung, es ernstlich wollten. Wir weckten die armen Dinger mit der Versicherung, nun sei es entschieden die höchste Zeit zur Heimkehr. Aber ihr flehentlicher Widerstand begann mit dem Augenblick ihrer Selbstbesinnung, und Sie wissen, daß der Abscheu von Kindern gegen das vorzeitige Verlassen einer Unterhaltung nur zu brechen, nicht zu überwinden ist. Es sei herrlich beim Zauberer, klagten sie, wir wüßten nicht, was noch kommen solle, man müsse wenigstens abwarten, womit er nach der Pause beginnen werde, sie schliefen gern zwischendurch ein bißchen, aber nur nicht nach Hause, nur nicht ins Bett, während der schöne Abend hier weitergehe!

Wir gaben nach, wenn auch, soviel wir wußten, nur für den Augenblick, für eine Weile noch, vorläufig. Zu entschuldigen ist es nicht, daß wir blieben, und es zu erklären fast ebenso schwer. Glaubten wir B sagen zu müssen, nachdem wir A gesagt und irrtümlicherweise die Kinder überhaupt hierher gebracht hatten? Ich finde das ungenügend. Unterhielten wir selbst uns denn? Ja und nein, unsere Gefühle für Cavaliere Cipolla waren höchst gemischter Natur, aber das waren, wenn ich nicht irre, die Gefühle des ganzen Saales, und dennoch ging niemand weg. Unterlagen wir einer Faszination, die von diesem auf so sonderbare Weise sein Brot verdienenden Manne auch neben dem Programm, auch zwischen den Kunststücken ausging und unsere Entschlüsse lähmte? Ebensogut mag die bloße Neugier in Rechnung zu stellen sein. Man möchte wissen, wie ein Abend sich fortsetzen wird, der so begonnen hat, und übrigens hatte Cipolla seinen Abgang mit Ankündigungen begleitet, die darauf schließen ließen, daß er seinen Sack keineswegs geleert habe und eine Steigerung der Effekte zu erwarten sei.

Aber das alles ist es nicht, oder es ist nicht alles. Das richtigste wäre, die Frage, warum wir jetzt nicht gingen, mit der anderen zu beantworten, warum wir vorher Torre nicht verlassen hatten. Das ist meiner Meinung nach ein und dieselbe Frage, und um mich herauszuwinden, könnte ich einfach sagen, ich hätte sie schon beantwortet. Es ging hier geradeso merkwürdig und spannend, geradeso unbehaglich, kränkend und bedrückend zu wie in Torre überhaupt, ja, mehr als geradeso: dieser Saal bildete den Sammelpunkt aller Merkwürdigkeit, Nichtgeheuerlichkeit und Gespanntheit, womit uns die Atmosphäre des Aufenthaltes geladen schien; dieser Mann, dessen Rückkehr wir erwarteten, dünkte uns die Personifikation von alldem; und da wir im großen nicht ›abgereist‹ waren, wäre es unlogisch gewesen, es sozusagen im kleinen zu tun. Nehmen Sie das als Erklärung unserer Seßhaftigkeit an oder nicht! Etwas Besseres weiß ich einfach nicht vorzubringen. –

Es gab also eine Pause von zehn Minuten, aus denen annähernd zwanzig wurden. Die Kinder, wach geblieben und entzückt von unserer Nachgiebigkeit, wußten sie vergnüglich auszufüllen. Sie nahmen ihre Beziehungen zur volkstümlichen Sphäre wieder auf, zu Antonio, zu Guiscardo, zu dem Manne der Paddelboote. Sie riefen den Fischern durch die hohlen Hände Wünsche zu, deren Wortlaut sie von uns eingeholt hatten: »Morgen viele Fischchen!« »Ganz voll die Netze!« Sie riefen zu Mario, dem Kellnerburschen vom ›Esquisito‹, hinüber: »Mario, una cioccolata e biscotti!« Und er gab acht diesmal und antwortete lächelnd: »Subito!« Wir bekamen Gründe, dies freundliche und etwas zerstreut melancholische Lächeln im Gedächtnis zu bewahren.
So ging die Pause herum, der Gongschlag ertönte, das in Plauderei gelöste Publikum sammelte sich, die Kinder rückten sich begierig auf ihren Stühlen zurecht, die Hände im Schoß. Die Bühne war offengeblieben. Cipolla betrat sie ausladenden Schrittes und begann sofort, die zweite Folge seiner Darbietungen conférencemäßig einzuleiten.
Lassen Sie mich zusammenfassen: Dieser selbstbewußte Verwachsene war der stärkste Hypnotiseur, der mir in meinem Leben vorgekommen. Wenn er der Öffentlichkeit über die Natur seiner Vorführungen Sand in die Augen gestreut und sich als Geschicklichkeitskünstler angekündigt hatte, so hatten damit offenbar nur polizeiliche Bestimmungen umgangen werden sollen, die eine gewerbsmäßige Ausübung dieser Kräfte grundsätzlich verpönten. Vielleicht ist die formale Verschleierung in solchen Fällen landesüblich und amtlich geduldet oder halb geduldet. Jedenfalls hatte der Gaukler praktisch aus dem wahren Charakter seiner Wirkungen von Anfang an wenig Hehl gemacht, und die zweite Hälfte seines Programms nun war ganz offen und ausschließlich auf den

Spezialversuch, die Demonstration der Willensentziehung und -aufnötigung, gestellt, wenn auch rein rednerisch immer noch die Umschreibung herrschte. In einer langwierigen Serie komischer, aufregender, erstaunlicher Versuche, die um Mitternacht noch in vollem Gange waren, bekam man vom Unscheinbaren bis zum Ungeheuerlichen alles zu sehen, was dies natürlich-unheimliche Feld an Phänomenen zu bieten hat, und den grotesken Einzelheiten folgte ein lachendes, kopfschüttelndes, sich aufs Knie schlagendes, applaudierendes Publikum, das deutlich im Bann einer Persönlichkeit von strenger Selbstsicherheit stand, obgleich es, wie mir wenigstens schien, nicht ohne widerspenstiges Gefühl für das eigentümlich Entehrende war, das für den einzelnen und für alle in Cipolla's Triumphen lag.

Zwei Dinge spielten die Hauptrolle bei diesen Triumphen: das Stärkungsgläschen und die Reitpeitsche mit dem Klauengriff. Das eine mußte immer wieder dazu dienen, seiner Dämonie einzuheizen, da sonst, wie es schien, Erschöpfung gedroht hätte; und das hätte menschlich besorgt stimmen können um den Mann, wenn nicht das andere, dies beleidigende Symbol seiner Herrschaft, gewesen wäre, diese pfeifende Fuchtel, unter die seine Anmaßung uns alle stellte, und deren Mitwirkung weichere Empfindungen als die einer verwunderten und vertrotzten Unterwerfung nicht aufkommen ließ. Vermißte er sie? Beanspruchte er auch noch unser Mitgefühl? Wollte er alles haben? Eine Äußerung von ihm prägte sich mir ein, die auf solche Eifersucht schließen ließ. Er tat sie, als er, auf dem Höhepunkt seiner Experimente, einen jungen Menschen, der sich ihm zur Verfügung gestellt und sich längst als besonders empfängliches Objekt dieser Einflüsse erwiesen, durch Striche und Anhauch vollkommen kataleptisch gemacht hatte, dergestalt, daß er den in Tiefschlaf Gebannten nicht nur mit Nacken und Füßen auf die

Lehnen zweier Stühle legen, sondern sich ihm auch auf den Leib setzen konnte, ohne daß der brettstarre Körper nachgab. Der Anblick des Unholds im Salonrock, hockend auf der verholzten Gestalt, war unglaubwürdig und scheußlich, und das Publikum, in der Vorstellung, daß das Opfer dieser wissenschaftlichen Kurzweil leiden müsse, äußerte Erbarmen. »Poveretto!« »Armer Kerl!« riefen gutmütige Stimmen. »Poveretto!« höhnte Cipolla erbittert. »Das ist falsch adressiert, meine Herrschaften! Sono io, il poveretto! Ich bin es, der das alles duldet.« Man steckte die Lehre ein. Gut, er selbst mochte es sein, der die Kosten der Unterhaltung trug und der vorstellungsweise auch die Leibschmerzen auf sich genommen haben mochte, von denen der Giovanotto die erbärmliche Grimasse lieferte. Aber der Augenschein sprach dagegen, und man ist nicht aufgelegt, Poveretto zu jemandem zu sagen, der für die Entwürdigung der anderen leidet.

Ich habe vorgegriffen und die Reihenfolge ganz beiseite geworfen. Mein Kopf ist noch heute voll von Erinnerungen an des Cavaliere Duldertaten, nur weiß ich nicht mehr Ordnung darin zu halten, und es kommt auf sie auch nicht an. Soviel aber weiß ich, daß die großen und umständlichen, die am meisten Beifall fanden, mir weniger Eindruck machten als gewisse kleine und rasch vorübergehende. Das Phänomen des Jungen als Sitzbank kam mir soeben nur der daran geknüpften Zurechtweisung wegen gleich in den Sinn... Daß aber eine ältere Dame, auf einem Strohstuhl schlafend, von Cipolla in die Illusion gewiegt wurde, sie mache eine Reise nach Indien, und aus der Trance sehr beweglich von ihren Abenteuern zu Wasser und zu Lande kündete, beschäftigte mich viel weniger, und ich fand es weniger toll, als daß, gleich nach der Pause, ein hoch und breit gebauter Herr militärischen Ansehens den Arm nicht mehr heben konnte, nur weil der Bucklige ihm ankündigte, er werde es nicht mehr tun

können, und einmal seine Reitpeitsche dazu durch die Luft pfeifen ließ. Ich sehe noch immer das Gesicht dieses schnurrbärtig stattlichen Colonnello vor mir, dies lächelnde Zähnezusammenbeißen im Ringen nach einer eingebüßten Verfügungsfreiheit. Was für ein konfuser Vorgang! Er schien zu wollen und nicht zu können; aber er konnte wohl nur nicht wollen, und es waltete da jene die Freiheit lähmende Verstrickung des Willens in sich selbst, die unser Bändiger vorhin schon dem römischen Herrn höhnisch vorausgesagt hatte.
Noch weniger vergesse ich in ihrer rührenden und geisterhaften Komik die Szene mit Frau Angiolieri, deren ätherische Widerstandslosigkeit gegen seine Macht der Cavaliere gewiß schon bei seiner ersten dreisten Umschau im Saale erspäht hatte. Er zog sie durch pure Behexung buchstäblich von ihrem Stuhl empor, aus ihrer Reihe heraus mit sich fort, und dabei hatte er, um sein Licht besser leuchten zu lassen, Herrn Angiolieri aufgegeben, seine Frau mit Vornamen zu rufen, gleichsam um das Gewicht seines Daseins und seiner Rechte in die Waagschale zu werfen und mit der Stimme des Gatten alles in der Seele der Gefährtin wachzurufen, was ihre Tugend gegen bösen Zauber zu schützen vermochte. Doch wie vergeblich geschah es! Cipolla, in einiger Entfernung von dem Ehepaar, ließ einmal seine Peitsche pfeifen, mit der Wirkung, daß unsere Wirtin heftig zusammenzuckte und ihm ihr Gesicht zuwandte. »Sofronia!« rief Herr Angiolieri schon hier (wir hatten gar nicht gewußt, daß Frau Angiolieri Sofronia mit Vornamen hieß), und mit Recht begann er zu rufen, denn jedermann sah, daß Gefahr im Verzuge war: seiner Gattin Antlitz blieb unverwandt gegen den verfluchten Cavaliere gerichtet. Dieser nun, die Peitsche ans Handgelenk gehängt, begann mit allen seinen zehn langen und gelben Fingern winkende und ziehende Bewegungen gegen sein Opfer zu vollführen und schrittweise rück-

wärts zu gehen. Da stieg Frau Angiolieri in schimmernder Blässe von ihrem Sitze auf, wandte sich ganz nach der Seite des Beschwörers und fing an, ihm nachzuschweben. Geisterhafter und fataler Anblick! Mondsüchtigen Ausdrucks, die Arme steif, die schönen Hände etwas aus dem Gelenk erhoben und wie mit geschlossenen Füßen schien sie langsam aus ihrer Bank herauszugleiten, dem ziehenden Verführer nach... »Rufen Sie, mein Herr, rufen Sie doch!« mahnte der Schreckliche. Und Herr Angiolieri rief mit schwacher Stimme: »Sofronia!« Ach, mehrmals rief er es noch, hob sogar, da sein Weib sich mehr und mehr von ihm entfernte, eine hohle Hand zum Munde und winkte mit der andern beim Rufen. Aber ohnmächtig verhallte die arme Stimme der Liebe und Pflicht im Rücken einer Verlorenen, und in mondsüchtigem Gleiten, berückt und taub, schwebte Frau Angiolieri dahin, in den Mittelgang, ihn entlang, gegen den fingernden Buckligen, auf die Ausgangstür zu. Der Eindruck war zwingend und vollkommen, daß sie ihrem Meister, wenn dieser gewollt hätte, so bis ans Ende der Welt gefolgt wäre.

»Accidente!« rief Herr Angiolieri in wirklichem Schrekken und sprang auf, als die Saaltür erreicht war. Aber im selben Augenblick ließ der Cavaliere den Siegeskranz gleichsam fallen und brach ab. »Genug, Signora, ich danke Ihnen«, sagte er und bot der aus Wolken zu sich Kommenden mit komödiantischer Ritterlichkeit den Arm, um sie Herrn Angiolieri wieder zuzuführen. »Mein Herr«, begrüßte er diesen, »hier ist Ihre Gemahlin! Unversehrt, nebst meinen Komplimenten, liefere ich sie in Ihre Hände zurück. Hüten Sie mit allen Kräften Ihrer Männlichkeit einen Schatz, der so ganz der Ihre ist, und befeuern Sie Ihre Wachsamkeit durch die Einsicht, daß es Mächte gibt, die stärker als Vernunft und Tugend und nur ausnahmsweise mit der Hochherzigkeit der Entsagung gepaart sind!«

Der arme Herr Angiolieri, still und kahl! Er sah nicht aus, als ob er sein Glück auch nur gegen minder dämonische Mächte zu schützen gewußt hätte, als diejenigen waren, die hier zum Schrecken auch noch den Hohn fügten. Gravitätisch und gebläht kehrte der Cavaliere aufs Podium zurück unter einem Beifall, dem seine Beredsamkeit doppelte Fülle verliehen hatte. Namentlich durch diesen Sieg, wenn ich mich nicht irre, war seine Autorität auf einen Grad gestiegen, daß er sein Publikum tanzen lassen konnte, – ja, tanzen. Das ist ganz wörtlich zu verstehen, und es brachte eine gewisse Ausartung, ein gewisses spätnächtliches Drunter und Drüber der Gemüter, eine trunkene Auflösung der kritischen Widerstände mit sich, die so lange dem Wirken des unangenehmen Mannes entgegengestanden waren. Freilich hatte er um die Vollendung seiner Herrschaft hart zu kämpfen, und zwar gegen die Aufsässigkeit des jungen römischen Herrn, dessen moralische Versteifung ein dieser Herrschaft gefährliches öffentliches Beispiel abzugeben drohte. Gerade auf die Wichtigkeit des Beispiels aber verstand sich der Cavaliere, und klug genug, den Ort des geringsten Widerstandes zum Angriffspunkt zu wählen, ließ er die Tanzorgie durch jenen schwächlichen und zur Entgeisterung geneigten Jüngling einleiten, den er vorhin schon stocksteif gemacht hatte. Dieser hatte eine Art, sobald ihn der Meister nur mit dem Blicke anfuhr, wie vom Blitz getroffen den Oberkörper zurückzuwerfen und, Hände an der Hosennaht, in einen Zustand von militärischem Somnambulismus zu verfallen, daß seine Erbötigkeit zu jedem Unsinn, den man ihm auferlegen würde, von vornherein in die Augen sprang. Auch schien er in der Hörigkeit sich ganz zu behagen und seine armselige Selbstbestimmung gern los zu sein; denn immer wieder bot er sich als Versuchsobjekt an und setzte sichtlich seine Ehre darein, ein Musterbeispiel prompter Entseelung und Willenlosigkeit zu bieten. Auch jetzt stieg er aufs Podium, und nur eines Luftstreiches der Peitsche bedurfte es, um ihn nach der Weisung des Cavaliere dort oben Step tanzen zu lassen, das heißt in einer Art von wohlgefälliger Ekstase mit geschlossenen Augen und wiegendem Kopf seine dürftigen Glieder nach allen Seiten zu schleudern.

Offenbar war das vergnüglich, und es dauerte nicht lange, bis er Zuzug fand und zwei weitere Personen, ein schlicht und ein gut gekleideter Jüngling, zu seinen beiden Seiten den Step vollführten. Hier nun war es, daß der Herr aus Rom sich meldete und trotzig anfragte, ob der Cavaliere sich anheischig mache, ihn tanzen zu lehren, auch wenn er nicht wollte.

»Auch wenn Sie nicht wollen!« antwortete Cipolla in einem Ton, der mir unvergeßlich ist. Ich habe dies fürchterliche »Anche se non vuole!« noch immer im Ohr. Und dann also begann der Kampf. Cipolla, nachdem er ein Gläschen genommen und sich eine frische Zigarette angezündet, stellte den Römer irgendwo im Mittelgang auf, das Gesicht der Ausgangstür zugewandt, nahm selbst in einiger Entfernung hinter ihm Aufstellung und ließ seine Peitsche pfeifen, indem er befahl: »Balla!« Sein Gegner rührte sich nicht. »Balla!« wiederholte der Cavaliere mit Bestimmtheit und schnippte. Man sah, wie der junge Mann den Hals im Kragen rückte und wie gleichzeitig eine seiner Hände sich aus dem Gelenke hob, eine seiner Fersen sich auswärts kehrte. Bei solchen Anzeichen einer zuckenden Versuchung aber, Anzeichen, die jetzt sich verstärkten, jetzt wieder zur Ruhe gebracht wurden, blieb es lange Zeit. Niemand verkannte, daß hier ein vorgefaßter Entschluß zum entschiedenen Widerstande, eine heroische Hartnäckigkeit zu besiegen waren; dieser Brave wollte die Ehre des Menschengeschlechts heraushauen, er zuckte, aber er tanzte nicht, und der Versuch zog sich so sehr in die Länge, daß der Cavaliere genötigt war, seine

Aufmerksamkeit zu teilen; hier und da wandte er sich nach der Bühne und den dort Zappelnden um und ließ seine Peitsche gegen sie pfeifen, um sie in Zucht zu halten, nicht ohne, seitwärts sprechend, das Publikum darüber zu belehren, daß jene Ausgelassenen nachher keinerlei Ermüdung empfinden würden, so lange sie auch tanzten, denn nicht sie seien es eigentlich, die es täten, sondern er. Dann bohrte er wieder den Blick in den Nacken des Römers, die Willensfeste zu berennen, die sich seiner Herrschaft entgegenstellte.

Man sah sie unter seinen immer wiederholten Hieben und unentwegten Anrufen wanken, diese Feste, – sah es mit einer sachlichen Anteilnahme, die von affekthaften Einschlägen, von Bedauern und grausamer Genugtuung nicht frei war. Verstand ich den Vorgang recht, so unterlag dieser Herr der Negativität seiner Kampfposition. Wahrscheinlich kann man vom Nichtwollen seelisch nicht leben; eine Sache nicht tun wollen, das ist auf die Dauer kein Lebensinhalt; etwas nicht wollen und überhaupt nicht mehr wollen, also das Geforderte dennoch tun, das liegt vielleicht zu benachbart, als daß nicht die Freiheitsidee dazwischen ins Gedränge geraten müßte, und in dieser Richtung bewegten sich denn auch die Zureden, die der Cavaliere zwischen Peitschenhiebe und Befehle einflocht, indem er Einwirkungen, die sein Geheimnis waren, mit verwirrend psychologischen mischte. »Balla!« sagte er. »Wer wird sich so quälen? Nennst du es Freiheit – diese Vergewaltigung deiner selbst? Una ballatina! Es reißt dir an allen Gliedern. Wie gut wird es sein, ihnen endlich den Willen zu lassen! Da, du tanzest ja schon! Das ist kein Kampf mehr, das ist bereits das Vergnügen!« – So war es, das Zucken und Zerren im Körper des Widerspenstigen nahm überhand, er hob die Arme, die Knie, auf einmal lösten sich alle seine Gelenke, er warf die Glieder, er tanzte, und so führte der Cavaliere ihn, während die Leute klatschten, aufs Podium, um ihn den anderen Hampelmännern anzureihen. Man sah nun das Gesicht des Unterworfenen, es war dort oben veröffentlicht. Er lächelte breit, mit halb geschlossenen Augen, während er sich ›vergnügte‹. Es war eine Art von Trost, zu sehen, daß ihm offenbar wohler war jetzt als zur Zeit seines Stolzes...

Man kann sagen, daß sein ›Fall‹ Epoche machte. Mit ihm war das Eis gebrochen, Cipolla's Triumph auf seiner Höhe; der Stab der Kirke, diese pfeifende Ledergerte mit Klauengriff, herrschte unumschränkt. Zu dem Zeitpunkt, den ich im Sinne habe, und der ziemlich weit nach Mitternacht gelegen gewesen sein muß, tanzten auf der kleinen Bühne acht oder zehn Personen, aber auch im Saale selbst gab es allerlei Beweglichkeit, und eine Angelsächsin mit Zwicker und langen Zähnen war, ohne daß der Meister sich auch nur um sie gekümmert hätte, aus ihrer Reihe hervorgekommen, um im Mittelgang eine Tarantella aufzuführen. Cipolla unterdessen saß in lässiger Haltung auf einem Strohstuhl links auf dem Podium, verschlang den Rauch einer Zigarette und ließ ihn durch seine häßlichen Zähne arrogant wieder ausströmen. Fußwippend und zuweilen mit den Schultern lachend blickte er in die Gelöstheit des Saales und ließ von Zeit zu Zeit, halb rückwärts, die Peitsche gegen einen Zappler pfeifen, der im Vergnügen nachlassen wollte. Die Kinder waren wach um diese Zeit. Ich erwähne sie mit Beschämung. Hier war nicht gut sein, für sie am wenigsten, und daß wir sie immer noch nicht fortgeschafft hatten, kann ich mir nur mit einer gewissen Ansteckung durch die allgemeine Fahrlässigkeit erklären, von der zu dieser Nachtstunde auch wir ergriffen waren. Es war nun schon alles einerlei. Übrigens und gottlob fehlte ihnen der Sinn für das Anrüchige dieser Abendunterhaltung. Ihre Unschuld entzückte sich immer aufs neue an der außerordentlichen Erlaubnis, einem solchen Spektakel, der Soiree des Zauberkünstlers, beizuwohnen. Immer wieder hatten sie viertelstundenweise auf unseren Knien geschlafen und lachten nun mit roten Backen und trunkenen Augen von Herzen über die Sprünge, die der Herr des Abends die Leute machen ließ. Sie hatten es sich so lustig nicht gedacht, sie beteiligten sich mit ungeschickten Händen freudig an jedem Applaus. Aber vor Lust hüpften sie nach ihrer Art von den Stühlen empor, als Cipolla ihrem Freunde Mario, Mario vom ›Esquisito‹, winkte, – ihm winkte, recht wie es im Buche steht, indem er die Hand vor die Nase hielt und abwechselnd den Zeigefinger lang aufrichtete und zum Haken krümmte.

Mario gehorchte. Ich sehe ihn noch die Stufen hinauf zum Cavaliere steigen, der dabei immer fortfuhr, in jener grotesk-musterhaften Art mit dem Zeigefinger zu winken. Einen Augenblick hatte der junge Mensch gezögert, auch daran erinnere ich mich genau. Er hatte während des Abends mit verschränkten Armen oder die Hände in den Taschen seiner Jacke im Seitengange an einem Holzpfeiler gelehnt, links von uns, dort, wo auch der Giovanotto mit der kriegerischen Haartracht stand, und war den Darbietungen, soviel wir gesehen hatten, aufmerksam, aber ohne viel Heiterkeit und Gott weiß mit wieviel Verständnis gefolgt. Zu guter Letzt noch zur Mittätigkeit angehalten zu werden, war ihm sichtlich nicht angenehm. Dennoch war es nur zu begreiflich, daß er dem Winken folgte. Das lag schon in seinem Beruf; und außerdem war es wohl eine seelische Unmöglichkeit, daß ein schlichter Bursche wie er dem Zeichen eines so im Erfolg thronenden Mannes, wie Cipolla es zu dieser Stunde war, hätte den Gehorsam verweigern sollen. Gern oder ungern, er löste sich also von seinem Pfeiler, dankte denen, die vor ihm stehend und sich umschauend, ihm den Weg zum Podium freigaben, und stieg hinauf, ein zweifelndes Lächeln um seine aufgeworfenen Lippen.

Stellen Sie ihn sich vor als einen untersetzt gebauten Jungen von zwanzig Jahren mit kurzgeschorenem Haar, niedriger Stirn und zu schweren Lidern über Augen, deren Farbe ein unbestimmtes Grau mit grünen und gelben Einschlägen war. Das weiß ich genau, denn wir hatten oft mit ihm gesprochen. Das Obergesicht mit der eingedrückten Nase, die einen Sattel von Sommersprossen trug, trat zurück gegen das untere, von den dicken Lippen beherrschte, zwischen denen beim Sprechen die feuchten Zähne sichtbar wurden, und diese Wulstlippen verliehen zusammen mit der Verhülltheit der Augen seiner Physiognomie eine primitive Schwermut, die gerade der Grund gewesen war, weshalb wir von jeher etwas übriggehabt hatten für Mario. Von Brutalität des Ausdrucks konnte keine Rede sein; dem hätte schon die ungewöhnliche Schmalheit und Feinheit seiner Hände widersprochen, die selbst unter Südländern als nobel auffielen, und von denen man sich gern bedienen ließ.
Wir kannten ihn menschlich, ohne ihn persönlich zu kennen, wenn Sie mir die Unterscheidung erlauben wollen. Wir sahen ihn fast täglich und hatten eine gewisse Teilnahme gefaßt für seine träumerische, leicht in Geistesabwesenheit sich verlierende Art, die er in hastigem Übergang durch eine besondere Dienstfertigkeit korrigierte; sie war ernst, höchstens durch die Kinder zum Lächeln zu bringen, nicht mürrisch, aber unschmeichlerisch, ohne gewollte Liebenswürdigkeit, oder vielmehr: sie verzichtete auf Liebenswürdigkeit, sie machte sich offenbar keine Hoffnung, zu gefallen. Seine Figur wäre uns auf jeden Fall im Gedächtnis geblieben, eine der unscheinbaren Reiseerinnerungen, die man besser behält als manche erheblichere. Von seinen Umständen aber wußten wir nichts weiter, als daß sein Vater ein kleiner Schreiber im Municipio und seine Mutter Wäscherin war.
Die weiße Jacke, in der er servierte, kleidete ihn besser als

der verschossene Complet aus dünnem, gestreiftem Stoff, in dem er jetzt da hinaufstieg, keinen Kragen um den Hals, sondern ein geflammtes Seidentuch, über dessen Enden die Jacke geschlossen war. Er trat an den Cavaliere heran, aber dieser hörte nicht auf, seinen Fingerhaken vor der Nase zu bewegen, so daß Mario noch näher treten mußte, neben die Beine des Gewaltigen, unmittelbar an den Stuhlsitz heran, worauf Cipolla ihn mit gespreizten Ellbogen anfaßte und ihm eine Stellung gab, daß wir sein Gesicht sehen konnten. Er musterte ihn lässig, herrscherlich und heiter von oben bis unten.

»Was ist das, ragazzo mio?« sagte er. »So spät machen wir Bekanntschaft? Dennoch kannst du mir glauben, daß ich die deine längst gemacht habe... Aber ja, ich habe dich längst ins Auge gefaßt und mich deiner vortrefflichen Eigenschaften versichert. Wie konnte ich dich wieder vergessen? So viele Geschäfte, weißt du... Sag mir doch, wie nennst du dich? Nur den Vornamen will ich wissen.«

»Mario heiße ich«, antwortete der junge Mensch leise.

»Ah, Mario, sehr gut. Doch, der Name kommt vor. Ein verbreiteter Name. Ein antiker Name, einer von denen, die die heroischen Überlieferungen des Vaterlandes wach erhalten. Bravo. Salve!« Und er streckte Arm und flache Hand aus seiner schiefen Schulter zum römischen Gruß schräg aufwärts. Wenn er etwas betrunken war, so konnte das nicht wundernehmen, aber er sprach nach wie vor sehr klar akzentuiert und geläufig, wenn auch um diese Zeit in sein ganzes Gehaben und auch in den Tonfall seiner Worte etwas Sattes und Paschahaftes, etwas von Räkelei und Übermut eingetreten war.

»Also denn, mein Mario«, fuhr er fort, »es ist schön, daß du heute abend gekommen bist und noch dazu ein so schmuckes Halstuch angelegt hast, das dir exzellent zu Gesichte steht und dir bei den Mädchen nicht wenig zustatten kommen wird, den reizenden Mädchen von Torre di Venere...«

Von den Stehplätzen her, ungefähr von dort, wo auch Mario gestanden hatte, ertönte ein Lachen, – es war der Giovanotto mit der Kriegsfrisur, der es ausstieß, er stand dort mit seiner geschulterten Jacke und lachte »Haha!« recht roh und höhnisch.

Mario zuckte, glaube ich, die Achseln. Jedenfalls zuckte er. Vielleicht war es eigentlich ein Zusammenzucken und die Bewegung der Achseln nur eine halb nachträgliche Verkleidung dafür, mit der er bekunden wollte, daß das Halstuch sowohl wie das schöne Geschlecht ihm gleichgültig seien.

Der Cavaliere blickte flüchtig hinunter.

»Um den da kümmern wir uns nicht«, sagte er, »er ist eifersüchtig, wahrscheinlich auf die Erfolge deines Tuches bei den Mädchen, vielleicht auch, weil wir uns hier oben so freundschaftlich unterhalten, du und ich... Wenn er will, erinnere ich ihn an seine Kolik. Das kostet mich gar nichts. Sage ein bißchen, Mario: Du zerstreust dich heute abend... Und am Tage bedienst du also in einem Kurzwarengeschäft?«

»In einem Café«, verbesserte der Junge.

»Vielmehr in einem Café! Da hat der Cipolla einmal danebengehauen. Ein Cameriere bist du, ein Schenke, ein Ganymed, – das lasse ich mir gefallen, noch eine antike Erinnerung, – salvietta!« Und dazu streckte der Cavaliere zum Gaudium des Publikums aufs neue grüßend den Arm aus.

Auch Mario lächelte. »Früher aber«, flocht er dann rechtlicherweise ein, »habe ich einige Zeit in Portoclemente in einem Laden bedient!« Es war in seiner Bemerkung etwas von dem menschlichen Wunsch, einer Wahrsagung nachzuhelfen, ihr Zutreffendes abzugewinnen.

»Also, also! In einem Laden für Kurzwaren!«

»Es gab dort Kämme und Bürsten«, erwiderte Mario ausweichend.

»Sagte ich's nicht, daß du nicht immer ein Ganymed warst, nicht immer mit der Serviette bedient hast? Noch wenn der Cipolla danebenhaut, tut er's auf vertrauenerweckende Weise. Sage, hast du Vertrauen zu mir?«

Unbestimmte Bewegung.

»Eine halbe Antwort«, stellte der Cavaliere fest. »Man gewinnt zweifellos schwer dein Vertrauen. Selbst mir, ich sehe es wohl, gelingt das nicht leicht. Ich bemerke in deinem Gesicht einen Zug von Verschlossenheit, von Traurigkeit, un tratto di malinconia... Sage mir doch«, und er ergriff zuredend Mario's Hand, »hast du Kummer?«

»Nossignore!« antwortete dieser rasch und bestimmt.

»Du hast Kummer«, beharrte der Gaukler, dieser Bestimmtheit autoritär überbietend. »Das sollte ich nicht sehen? Mach du dem Cipolla etwas weis! Selbstverständlich sind es die Mädchen, ein Mädchen ist es. Du hast Liebeskummer.«

Mario schüttelte lebhaft den Kopf. Gleichzeitig erklang neben uns wieder das brutale Lachen des Giovanotto. Der Cavaliere horchte hin. Seine Augen gingen irgendwo in der Luft umher, aber er hielt dem Lachen das Ohr hin und ließ dann, wie schon ein- oder zweimal während seiner Unterhaltung mit Mario, die Reitpeitsche halb rückwärts gegen sein Zappelkorps pfeifen, damit keiner im Eifer erlahme. Dabei aber wäre sein Partner ihm fast entschlüpft, denn in plötzlichem Aufzucken wandte dieser sich von ihm ab und den Stufen zu. Er war rot um die Augen. Cipolla hielt ihn gerade noch fest.

»Halt da!« sagte er. »Das wäre. Du willst ausreißen, Ganymed, im besten Augenblick oder dicht vor dem besten? Hier geblieben, ich verspreche dir schöne Dinge. Ich verspreche dir, dich von der Grundlosigkeit deines Kummers zu überzeugen. Dieses Mädchen, das du kennst und das auch andere kennen, diese – wie heißt sie gleich? Warte! Ich lese den Namen in deinen Augen, er schwebt mir auf der Zunge, und auch du bist, sehe ich, im Begriffe, ihn auszusprechen...«

»Silvestra!« rief der Giovanotto von unten.

Der Cavaliere verzog keine Miene.

»Gibt es nicht vorlaute Leute?« fragte er, ohne hinunterzublicken, vielmehr wie in ungestörter Zwiesprache mit Mario. »Gibt es nicht überaus vorlaute Hähne, die zur Zeit und Unzeit krähen? Da nimmt er uns den Namen von den Lippen, dir und mir, und glaubt wohl noch, der Eitle, ein besonderes Anrecht auf ihn zu besitzen! Lassen wir ihn! Die Silvestra aber, deine Silvestra, ja, sage einmal, das ist ein Mädchen, was?! Ein wahrer Schatz! Das Herz steht einem still, wenn man sie gehen, atmen, lachen sieht, so reizend ist sie. Und ihre runden Arme, wenn sie wäscht und dabei den Kopf in den Nacken wirft und das Haar aus der Stirn schüttelt! Ein Engel des Paradieses!«

Mario starrte ihn mit vorgeschobenem Kopfe an. Er schien seine Lage und das Publikum vergessen zu haben. Die roten Flecken um seine Augen hatten sich vergrößert und wirkten wie aufgemalt. Ich habe das selten gesehen. Seine dicken Lippen standen getrennt.

»Und er macht dir Kummer, dieser Engel«, fuhr Cipolla fort, »oder vielmehr, du machst dir Kummer um ihn... Das ist ein Unterschied, mein Lieber, ein schwerwiegender Unterschied, glaube mir! In der Liebe gibt es Mißverständnisse, – man kann sagen, daß das Mißverständnis nirgends so sehr zu Hause ist wie hier. Du wirst meinen, was versteht der Cipolla von der Liebe, er mit seinem kleinen Leibesschaden? Irrtum, er versteht gar viel davon, er versteht sich auf eine umfassende und eindringliche Weise auf sie, es empfiehlt sich, ihm in ihren Angelegenheiten Gehör zu schenken! Aber lassen wir den Cipolla, lassen wir ihn ganz aus dem Spiel, und denken wir nur an

Silvestra, deine reizende Silvestra! Wie? Sie sollte irgendeinem krähenden Hahn vor dir den Vorzug geben, so daß er lachen kann und du weinen mußt? Den Vorzug vor dir, einem so gefühlvollen und sympathischen Burschen? Das ist wenig wahrscheinlich, das ist unmöglich, wir wissen es besser, der Cipolla und sie. Wenn ich mich an ihre Stelle versetze, siehst du, und die Wahl habe zwischen so einem geteerten Lümmel, so einem Salzfisch und Meeresobst – und einem Mario, einem Ritter der Serviette, der sich unter den Herrschaften bewegt, der den Fremden gewandt Erfrischungen reicht und mich liebt mit wahrem, heißem Gefühl, – meiner Treu, so ist die Entscheidung meinem Herzen nicht schwer gemacht, so weiß ich wohl, wem ich es schenken soll, wem ganz allein ich es längst schon errötend geschenkt habe. Es ist Zeit, daß er's sieht und begreift, mein Erwählter! Es ist Zeit, daß du mich siehst und erkennst, Mario, mein Liebster... Sage, wer bin ich?«

Es war greulich, wie der Betrüger sich lieblich machte, die schiefen Schultern kokett verdrehte, die Beutelaugen schmachten ließ und in süßlichem Lächeln seine splittrigen Zähne zeigte. Ach, aber was war während seiner verblendenden Worte aus unserem Mario geworden? Es wird mir schwer, es zu sagen, wie es mir schwer wurde, es zu sehen, denn das war eine Preisgabe des Innigsten, die öffentliche Ausstellung verzagter und wahnhaft beseligter Leidenschaft. Er hielt die Hände vorm Munde gefaltet, seine Schultern hoben und senkten sich in gewaltsamen Atemzügen. Gewiß traute er vor Glück seinen Augen und Ohren nicht und vergaß eben nur das eine dabei, daß er ihnen wirklich nicht trauen durfte. »Silvestra!« hauchte er überwältigt, aus tiefster Brust.

»Küsse mich!« sagte der Bucklige. »Glaube, daß du es darfst! Ich liebe dich. Küsse mich hierher«, und er wies mit der Spitze des Zeigefingers, Hand, Arm und kleinen

Finger wegspreizend, an seine Wange, nahe dem Mund. Und Mario neigte sich und küßte ihn.

Es war recht still im Saale geworden. Der Augenblick war grotesk, ungeheuerlich und spannend, – der Augenblick von Mario's Seligkeit. Was hörbar wurde in dieser argen Zeitspanne, in der alle Beziehungen von Glück und Illusion sich dem Gefühle aufdrängten, war, nicht gleich am Anfang, aber sogleich nach der traurigen und skurrilen Vereinigung von Mario's Lippen mit dem abscheulichen Fleisch, das sich seiner Zärtlichkeit unterschob, das Lachen des Giovanotto zu unserer Linken, das sich einzeln aus der Erwartung löste, brutal, schadenfroh und dennoch, ich hätte mich sehr täuschen müssen, nicht ohne einen Unterton und Einschlag von Erbarmen mit so viel verträumtem Nachteil, nicht ganz ohne das Mitklingen jenes Rufes »Poveretto!«, den der Zauberer vorhin für falsch gerichtet erklärt und für sich selbst in Anspruch genommen hatte.

Zugleich aber auch schon, während noch dies Lachen erklang, ließ der oben Geliebkoste unten, neben dem Stuhlbein, die Reitpeitsche pfeifen, und Mario, geweckt, fuhr auf und zurück. Er stand und starrte, hintübergebogenen Leibes, drückte die Hände an seine mißbrauchten Lippen, eine über der anderen, schlug sich dann mit den Knöcheln beider mehrmals gegen die Schläfen, machte kehrt und stürzte, während der Saal applaudierte und Cipolla, die Hände im Schoß gefaltet, mit den Schultern lachte, die Stufen hinunter. Unten, in voller Fahrt, warf er sich mit auseinandergerissenen Beinen herum, schleuderte den Arm empor, und zwei flach schmetternde Detonationen durchschlugen Beifall und Gelächter.

Alsbald trat Lautlosigkeit ein. Selbst die Zappler kamen zur Ruhe und glotzten verblüfft. Cipolla war mit einem Satz vom Stuhle aufgesprungen. Er stand da mit abwehrend seitwärtsgestreckten Armen, als wollte er rufen:

›Halt! Still! Alles weg von mir! Was ist das?!‹, sackte im nächsten Augenblick mit auf die Brust kugelndem Kopf auf den Sitz zurück und fiel im übernächsten seitlich davon herunter, zu Boden, wo er liegen blieb, reglos, ein durcheinandergeworfenes Bündel Kleider und schiefer Knochen.
Der Tumult war grenzenlos. Damen verbargen in Zuckungen das Gesicht an der Brust ihrer Begleiter. Man rief nach einem Arzt, nach der Polizei. Man stürmte das Podium. Man warf sich im Gedränge auf Mario, um ihn zu entwaffnen, ihm die kleine, stumpfmetallne, kaum pistolenförmige Maschinerie zu entwinden, die ihm in der Hand hing, und deren fast nicht vorhandenen Lauf das Schicksal in so unvorhergesehene und fremde Richtung gelenkt hatte.
Wir nahmen – nun also doch – die Kinder und zogen sie an dem einschreitenden Karabiniere-Paar vorüber gegen den Ausgang. »War das auch das Ende?« wollten sie wissen, um sicherzugehen... »Ja, das war das Ende«, bestätigten wir ihnen. Ein Ende mit Schrecken, ein höchst fatales Ende. Und ein befreiendes Ende dennoch, – ich konnte und kann nicht umhin, es so zu empfinden!

# DIE VERTAUSCHTEN KÖPFE

Eine indische Legende

I

Die Geschichte der schönhüftigen Sita, Tochter des aus Kriegerblut stammenden Kuhzüchters Sumantra, und ihrer beiden Gatten (wenn man so sagen darf) stellt, blutig und sinnverwirrend wie sie ist, die höchsten Anforderungen an die Seelenkräfte des Lauschenden und an sein Vermögen, den grausamen Gaukeleien der Maya des Geistes Spitze zu bieten. Es wäre zu wünschen, daß die Zuhörer sich an der Festigkeit des Überliefernden ein Beispiel nähmen, denn fast mehr Mut noch gehört dazu, eine solche Geschichte zu erzählen, als sie zu vernehmen. Von Anfang bis zu Ende trug sie sich aber zu, wie folgt.

Zu der Zeit, als Erinnerung in den Seelen der Menschen emporstieg, wie wenn ein Opfergefäß sich vom Fuße her langsam mit Rauschtrank füllte oder mit Blut; als der Schoß strenger Herrenfrömmigkeit sich dem Samen des Ur-Vorherigen öffnete, Heimweh nach der Mutter alte Sinnbilder mit verjüngten Schauern umgab und die Pilgerzüge anschwellen ließ, die im Frühjahr zu den Wohnhäusern der großen Weltamme drängten: zu dieser Zeit hielten zwei Jünglinge, wenig verschieden an Jahren und Kastenzugehörigkeit, aber sehr ungleich nach ihrer Verkörperung, enge Freundschaft. Der jüngere von ihnen hieß Nanda, der etwas ältere Schridaman. Jener war achtzehn Jahre alt, dieser schon einundzwanzig, und beide waren, je an ihrem Tage, mit der heiligen Schnur umgürtet und in die Gemeinschaft der Zweimalgeborenen aufgenommen worden. Beheimatet waren sie in demselben

Tempeldorfe, mit Namen ›Wohlfahrt der Kühe‹, und hingesiedelt vorzeiten auf Fingerzeig der Götter an seiner Stätte im Lande Kosala. Es war mit einer Kaktushecke und einer Holzmauer umhegt, von deren nach den vier Himmelsgegenden gerichteten Toren ein wandernder Wesenserkenner und Eingeweihter der Göttin Rede, der kein unrichtiges Wort sprach und im Dorf gespeist worden war, den Segens-Ausspruch getan hatte, daß ihre Pfosten und Querbalken von Honig und Butter tröffen.
Die Freundschaft der beiden Jünglinge beruhte auf der Unterschiedlichkeit ihrer Ich- und Mein-Gefühle, von denen die des einen nach denen des anderen trachteten. Einkörperung nämlich schafft Vereinzelung, Vereinzelung schafft Verschiedenheit, Verschiedenheit schafft Vergleichung, Vergleichung schafft Unruhe, Unruhe schafft Verwunderung, Verwunderung schafft Bewunderung, Bewunderung aber Verlangen nach Austausch und Vereinigung. Etad vai tad. Dieses ist das. Und auf die Jugend zumal trifft die Lehre zu, wenn der Ton des Lebens noch weich ist und die Ich- und Mein-Gefühle noch nicht erstarrt sind in der Zersplitterung des Einen.
Der Jüngling Schridaman war ein Kaufmann und eines Kaufmanns Sohn, Nanda dagegen zugleich ein Schmied und ein Kuhhirt, da sein Vater Garga sowohl den Hammer führte und den Vogelfittich zur Auffachung des Feuers wie auch Hornvieh unterhielt im Pferch und auf der Weide. Schridamans Erzeuger betreffend, Bhavabhûti mit Namen, so leitete er seine Geburt in der männlichen Linie aus einem vedakundigen Brahmanengeschlechte her, was Garga und sein Sohn Nanda weit entfernt waren zu tun. Dennoch waren auch sie keine Shûdra, sondern gehörten, obgleich etwas ziegennasig, durchaus der menschlichen Gesellschaft an. Auch war für Schridaman und schon für Bhavabhûti das Brahmanentum nur noch eine Erinnerung, denn der Vater dieses bereits war auf der

Lebensstufe des Hausvaters, welche auf die des Lernenden folgt, mit Bewußtsein stehengeblieben und hatte sein Leben lang die des Einsiedlers und des Asketen nicht beschritten. Er hatte es verschmäht, nur von frommen Gaben zu leben, die seiner Vedakundigkeit gezollt wurden, oder war nicht satt davon worden, und hatte einen würdigen Handel aufgetan mit Mull, Kampfer, Sandel, Seide und Zitz. So war auch der Sohn, den er sich zum Opferdienste erzeugt, ein Wânidja oder Kaufmann geworden an der Dorfstätte ›Wohlfahrt der Kühe‹, und dessen Sohn wieder, Schridaman eben, war in dieselben Fußstapfen getreten, nicht ohne einige Knabenjahre hindurch unter der Obhut eines Guru und geistlichen Meisters der Grammatik, der Sternenkunde und den Grundelementen der Wesensbetrachtung gewidmet zu haben.

Nicht also Nanda, des Garga Sohn. Sein Karman war anders, und nie hatte er, durch Überlieferung und Blutsmischung dazu angehalten, sich mit Geistigem abgegeben, sondern war wie er war, ein Sohn des Volks und von lustiger Einfalt, eine Krischna-Erscheinung, denn er war dunkel nach Haut und Haaren, und sogar die Locke ›Glückskalb‹ hatte er auf der Brust. Vom Schmiedehandwerk hatte er die wackeren Arme und vom Hirtentum noch weiterhin ein gutes Gepräge; denn sein Körper, den er mit Senföl zu salben und mit Ketten wilder Blumen, auch mit Goldschmuck zu behängen liebte, war wohlgestalt, entsprechend seinem netten bartlosen Gesicht, das allenfalls, wie erwähnt, etwas ziegennasig war und gewissermaßen auch wulstlippig, aber beides auf einnehmende Art, und seine schwarzen Augen pflegten zu lachen.

Dies alles gefiel Schridaman bei der Vergleichung mit sich selbst, der um mehrere Schattierungen heller war als Nanda an Haupt und Gliedern und auch eine abweichende Gesichtsbildung aufwies. Der Rücken seiner Nase war dünn wie Messersschneide, und Augen hatte er, saft von

Stern und Lid, dazu einen weichen fächerförmigen Bart um die Wangen. Weich waren auch seine Glieder und nicht geprägt von Schmiede- und Hirtenwerk, vielmehr teils brahmanenmäßig, teils kaufmannshaft: mit schmaler, etwas schwammiger Brust und einigem Schmer um das Bäuchlein, – übrigens untadelig, mit feinen Knien und Füßen. Es war ein Körper, wie er wohl einem edlen und wissenden Haupt, welches bei dem Ganzen eben die Hauptsache, als Zubehör und Anhängsel dient, wohingegen bei dem ganzen Nanda sozusagen der Körper die Hauptsache war und der Kopf bloß ein nettes Zubehör. Alles in allem waren die beiden wie Schiwa, wenn er sich verdoppelt und einmal als bärtiger Asket der Göttin wie tot zu Füßen liegt, einmal aber, ihr aufrecht zugewandt, als blühende Jünglingsgestalt die Glieder dehnt.
Da sie jedoch nicht eins waren wie Schiwa, der Leben und Tod, Welt und Ewigkeit ist in der Mutter, sondern zweierlei darstellten hienieden, so waren sie einander wie Schaubilder. Eines jeden Mein-Gefühl langweilte sich an sich selbst, und ob auch wissend, daß alles ja doch nur aus Mängeln besteht, lugten sie nach einander um ihrer Verschiedenheit willen. Schridaman, mit seinem feinen Mund im Barte, fand Gefallen an der urwüchsigen Krischna-Natur des wulstlippigen Nanda; und dieser, teils geschmeichelt hiervon, teils auch, und noch mehr, weil Schridamans hellere Farbe, sein edles Haupt und seine richtige Rede, welche bekanntlich mit Weisheit und Wesenserkenntnis Hand in Hand geht und von Anbeginn damit verschmolzen ist, ihm großen Eindruck machten, kannte seinerseits nichts Lieberes als den Umgang mit jenem, so daß sie unzertrennliche Freunde wurden. Allerdings war in der Zuneigung eines jeden für den anderen auch einiger Spott enthalten, insofern als Nanda sich über Schridamans hellen Schmer, dünne Nase und richtige Rede, Schridaman dagegen über Nanda's Ziegenna-

sigkeit und nette Popularität sich unterderhand auch wieder etwas lustig machte. Aber diese Art innere Spötterei ist meistens in Vergleichung und Unruhe einschlägig und bedeutet einen Tribut an das Ich- und Mein-Gefühl, welches dem weiter daraus erwachsenden Maya-Verlangen nicht im geringsten Abbruch tut.

2

Es geschah nun aber zur lieblichen, von Vogellärm durchtönten Jahreszeit des Frühlings, daß Nanda und Schridaman zusammen eine Fußreise taten über Land, ein jeder aus besonderem Anlaß. Nanda hatte von seinem Vater Garga den Auftrag erhalten, ein Quantum Roherz einzuhandeln von einer gewissen Gruppe tiefstehender, nur mit Schilf geschürzter Leute, die gewohnt und geschickt waren, solches aus dem Eisenstein zu schmelzen, und mit denen Nanda zu reden wußte. Sie wohnten in Kralen, einige Tagesreisen westlich von der Heimat der Freunde, unweit des städtischen Kuruksheta, das seinerseits etwas nördlich vom volkreichen Indraprastha am Strome Djamna gelegen ist, und wo Schridaman zu tun hatte. Denn er sollte bei einem dortigen Geschäftsfreunde seines Hauses, der ebenfalls ein auf der Stufe des Hausvaters verharrender Brahmane war, eine Partie bunter Gespinste, die die Frauen daheim aus feinem Faden gewoben, mit möglichstem Vorteil eintauschen gegen Reis-Stampfer und eine Art besonders praktischer Feuerhölzer, an denen zu ›Wohlfahrt der Kühe‹ Knappheit eingetreten war.
Als sie nun schon einen Tag und einen halben gereist waren, unter Menschen auf Landstraßen wie auch allein durch Wälder und Einöden, wobei jeder seine Wegelast auf dem Rücken trug: Nanda einen Kasten mit Betelnüssen, Kaurimuscheln und auf Bastpapier aufgetragenem

Alta-Rot zum Schminken der Fußsohlen, womit er das Roherz der Tiefstehenden zu bezahlen gedachte, und Schridaman die in ein Rehfell eingenähten Gespinste, die aber Nanda aus Freundschaft auch zuweilen noch aufhuckte, kamen sie an einen heiligen Badeplatz Kâlî's, der Allumfangenden, der Mutter aller Welten und Wesen, die Vischnu's Traumtrunkenheit ist, am Flüßchen ›Goldfliege‹, das fröhlich wie eine losgelassene Stute aus der Berge Schoß kommt, dann aber seinen Lauf mäßigt und an heiliger Stelle sanft mit dem Strome Djamna zusammenfließt, der seinerseits an überheiliger Stelle in die ewige Ganga mündet, – diese aber mündet vielfach ins Meer. Zahlreiche Badeplätze, hochberühmt, die alle Befleckung tilgen, und wo man, das Wasser des Lebens schöpfend und im Schoße untertauchend, Wiedergeburt empfängt, – viele solche säumen die Ufer und Mündungsstellen der Ganga, und wo andere Flüsse sich in die irdische Milchstraße ergießen, auch wo wieder andere sich mit diesen verbinden, wie ›Goldfliege‹, das Töchterchen Schneeheims, mit der Djamna tut, überall dort findet man bestimmt solche Stätten der Reinigung und Vereinigung, bequem gemacht für jedermann zu Opfer und Kommunion, versehen mit heiligen Stufen zum Einstieg, daß nicht der Fromme ohne Form und Weihe durch Lotos und Uferschilf muß in den Schoß patschen, sondern würdig hinabschreiten kann, zu trinken und sich zu begießen.

Der Badeplatz nun, auf den die Freunde stießen, war keiner der großen und vielbeschenkten, von denen die Wissenden Wunderwirkungen auskünden und zu denen Vornehme und Geringe (allerdings zu verschiedenen Stunden) sich in Scharen drängen. Er war ein kleiner, stiller und heimlicher, an keinem Zusammenfluß, sondern irgendwo schlecht und recht an ›Goldflieges‹ Ufer gelegen, das hügelig anstieg einige Schritte vom Flußbett und auf dessen Höhe ein kleiner, bloß hölzerner und schon etwas baufälliger, aber recht bildreich geschnitzter Tempel der Herrin aller Wünsche und Freuden mit einem buckelig ausladenden Turm über der Cella stand. Auch die zum Schoße leitenden Stufen waren hölzern und schadhaft, aber zum würdigen Einstieg waren sie hinreichend.

Die Jünglinge äußerten einander ihr Vergnügen, auf diese Stätte gestoßen zu sein, die Gelegenheit zu Andacht, Erfrischung und schattiger Rast auf einmal gewährte. Es war schon sehr heiß um die Tagesmitte; frühzeitig drohte im Frühling der schwere Sommer, und seitwärts vom Tempelchen zog auf der Uferhöhe Gebüsch und Gehölz sich hin von Mango-, Tiek- und Kadambabäumen, Magnolien, Tamarisken und Talapalmen, in deren Schutz gut frühstücken und ruhen sein würde. Die Freunde erfüllten zuerst ihre religiösen Pflichten, so gut die Umstände es erlaubten. Kein Priester war da, der ihnen Öl oder geklärte Butter hätte liefern können, die steinernen Lingam-Bilder damit zu begießen, die auf der kleinen, dem Tempel vorgelagerten Terrasse aufgestellt waren. Mit einer dort vorgefundenen Kelle schöpften sie Wasser aus dem Fluß und tätigten damit, das Zugehörige murmelnd, die gute Handlung. Dann stiegen sie, die hohlen Hände zusammengelegt, in den grünlichen Schoß, tranken, übergossen sich sinngemäß, tauchten und dankten, verweilten auch zum bloßen Vergnügen noch etwas länger als geistlich notwendig im Bade und bezogen danach, den Segen der Vereinigung in allen Gliedern spürend, ihren erkorenen Rastplatz unter den Bäumen.

Hier teilten sie ihr Reise-Mahl miteinander wie Brüder, teilten es, obgleich jeder das Seine hätte essen können und einer auch nichts anderes hatte als der andere. Wenn Nanda einen Gerstenfladen brach, so reichte er dem Schridaman die eine Hälfte hinüber, indem er sagte: »Da, mein Guter«, und wenn Schridaman eine Frucht zerteilt hatte, gab er mit denselben Worten dem Nanda die Hälfte

davon. Schridaman saß seitlich beim Essen in dem hier noch ganz frischgrünen und unversengten Grase, die Knie und Füße neben sich angeordnet; Nanda dagegen hockte auf etwas populäre Art, mit hochgezogenen Knien, die Füße vor sich hingestellt, wie man's nicht lange aushält, wenn man nicht von Geblütes wegen daran gewöhnt ist. Sie nahmen diese Stellungen unbewußt und ohne Überlegung ein, denn wenn sie auf ihre Sitzart achtgehabt hätten, so hätte Schridaman aus Neigung zur Urwüchsigkeit die Knie aufgestellt und Nanda aus gegenteiligem Verlangen seitlich gesessen. Er trug ein Käppchen auf seinem schwarzen, schlichten, noch nassen Haar, ein Lendentuch aus weißer Baumwolle, Ringe um die Oberarme und um den Hals einen mit Bändern zusammengefaßten Kettenschmuck von Steinperlen, in dessen Umrahmung man auf seiner Brust die Locke ›Glückskalb‹ bemerkte. Schridaman hatte ein weißes Tuch um den Kopf gewunden und war in seinen ebenfalls weißbaumwollenen Hemdrock mit kurzen Ärmeln gekleidet, der über seinen gebauschten und hosenartig geschlungenen Schurz fiel, und in dessen Halsausschnitt ein Amulett-Beutelchen an dünner Kette hing. Beide trugen das Zeichen ihres Glaubens in mineralischem Weiß auf die Stirn gemalt.
Als sie gegessen hatten, beseitigten sie die Reste und plauderten. Es war so hübsch hier, daß Fürsten und große Könige es nicht besser hätten haben können. Zwischen den Bäumen, in deren Blattwerk und Blütenbüscheln es sich leise regte, den hohen Calamus- und Bambusstämmen des Abhangs erblickte man das Wasser und die unteren Stufen des Einstiegs. Grüne Schlauch-Girlanden von Schlingpflanzen hingen rings von den Zweigen, die sie anmutig verbanden. Mit dem Zirpen und Trillern unsichtbarer Vögel vermischte sich das Summen der Goldbienen, welche über den Blumen des Grases hin und her schossen und zu dringlichem Besuche bei ihnen einkehr-

ten. Es roch nach Pflanzenkühle und -wärme, sehr stark nach Jasmin, nach dem besonderen Parfüm der Tala-Frucht, nach Sandelholz, außerdem nach dem Senföl, womit Nanda nach der Tauch-Kommunion sich sogleich wieder eingerieben hatte.

»Hier ist es ja wie jenseits der sechs Wogen von Hunger und Durst, Alter und Tod, Leid und Verblendung«, sagte Schridaman. »Außerordentlich friedevoll ist es hier. Es ist, als wäre man aus dem rastlosen Umtriebe des Lebens in seine ruhende Mitte versetzt und dürfte eratmen. Horch, wie lauschig! Ich gebrauche das Wort ›lauschig‹, weil es von der Tätigkeit des Lauschens abstammt, die nur durch die Stille erregt wird. Denn eine solche läßt uns aufhorchen auf alles, was nicht ganz still darin ist und worin die Stille im Traume redet, wir aber hören es auch wie im Traum.«

»Es ist schon so, wie dein Wort sagt«, erwiderte Nanda. »Im Lärm eines Marktes lauscht man nicht, aber lauschig ist auch wieder nur eine Stille, in der es doch dies und das zu belauschen gibt. Ganz still und von Schweigen erfüllt ist nur Nirwâna, darum kann man's nicht lauschig nennen.«

»Nein«, antwortete Schridaman und mußte lachen. »Darauf ist wohl noch keiner verfallen, das Nirwâna lauschig zu nennen. Du aber verfällst gewissermaßen darauf, wenn auch nur verneinenderweise, indem du sagst, daß man es nicht so nennen kann, und dir von allen Verneinungen, die sich darüber aussagen lassen – denn man kann vom Nirwâna ja nur in Verneinungen reden –, die allerdrolligste aussuchst. Du äußerst oft so schlaue Dinge, – wenn man das Wort ›schlau‹ anwenden darf auf etwas, was zugleich richtig und lächerlich ist. Ich habe viel dafür übrig, weil es mir manchmal plötzlich die Bauchdecke vibrieren läßt fast wie beim Schluchzen. Da sieht man, wie verwandt doch Lachen und Weinen sind, und daß es nur

Täuschung ist, wenn wir zwischen Lust und Leid einen Wesensunterschied machen und das eine bejahen, das andere aber verneinen, wo sich doch nur beide gemeinsam gut oder schlimm heißen lassen. Es gibt aber eine Verbindung von Weinen und Lachen, die man noch am ehesten bejahen und gut heißen kann unter den Erregungen des Lebens. Für sie ist das Wort ›Rührung‹ geschaffen, welches nämlich ein heiteres Mitleid bezeichnet, und daß das Vibrieren meiner Bauchdecke dem Schluchzen so ähnlich ist, kommt eben von der Rührung her und daß du mir auch wieder leid tust in deiner Schläue.«
»Warum tue ich dir denn leid?« fragte Nanda.
»Weil du doch eigentlich ein rechtes Kind des Samsâra und der In-sich-Befangenheit des Lebens bist«, erwiderte Schridaman, »und gar nicht zu den Seelen gehörst, die es verlangt, aus dem schrecklichen Ozean von Weinen und Lachen hervorzutauchen, wie Lotosse sich über die Flut erheben und ihre Kelche dem Himmel öffnen. Dir ist ganz wohl in der Tiefe, wimmelnd voll von Gestalten und Masken, die in verschlungenem Wandel wesen, und daß dir wohl ist, das macht, daß einem ebenfalls wohl wird bei deinem Anblick. Nun aber setzest du dir's in den Kopf und läßt dir's nicht nehmen, dich mit dem Nirwâna abzugeben und Bemerkungen zu machen zu seiner Nein-Bestimmung, der Art, es sei nicht lauschig, was eben zum Weinen drollig oder, mit dem hierfür geschaffenen Worte, rührend ist, indem es einem leid tut um dein wohltuendes Wohlsein.«
»Na, höre mal«, erwiderte Nanda, »wie meinst denn du es mit mir? Wenn ich dir leid täte, weil ich in der Verblendung Samsâras befangen bin und kein Geschick zum Lotos habe, das ließe ich mir gefallen. Aber daß ich dir leid tue, gerade weil ich mich doch auch, so gut ich es verstehe, mit dem Nirwâna etwas abzugeben versuche, das könnte mich kränken. Ich will dir sagen: du tust mir auch leid.«

»Warum tue denn nun umgekehrt auch ich dir wieder leid?« fragte Schridaman.

»Weil du zwar die Veden gelesen und von Wesenserkenntnis was abbekommen hast«, versetzte Nanda, »dabei aber der Verblendung sogar leichter und bereitwilliger aufsitzest als solche, die das nicht getan haben. Das ist es, was mir einen Leibkitzel der Rührung erregt, nämlich ein heiteres Mitleid. Denn wo es nur ein bißchen lauschig ist, wie an diesem Ort, da läßt du dich gleich verblenden vom scheinbaren Frieden, träumst dich über die sechs Wogen von Hunger und Durst hinaus und denkst, du bist in des Umtriebes ruhender Mitte. Und dabei ist die Lauschigkeit hier, und daß es so mancherlei zu belauschen gibt in dieser Stille, doch gerade das Zeichen, daß es umtreibt darin mit größter Geschäftigkeit und all deine Friedensgefühle nur Einbildung sind. Diese Vögel girren einander nur zu, um Liebe zu machen, diese Bienen, Libellen und Flugkäfer zucken umher, vom Hunger getrieben, im Grase rumort es heimlich von tausendfachem Lebensstreit, und diese Lianen, die so zierlich die Bäume kränzen, möchten ihnen Odem und Saft abwürgen, um nur selber recht fett und zäh zu werden. Das ist wahre Wesenserkenntnis.«

»Ich weiß es wohl«, sagte Schridaman, »und verblende mich nicht darüber, oder doch nur für den Augenblick und aus freiem Willen. Denn es gibt nicht nur die Wahrheit und Erkenntnis des Verstandes, sondern auch die gleichnishafte Anschauung des menschlichen Herzens, welche die Schrift der Erscheinungen nicht nur nach ihrem ersten, nüchternen Sinn, sondern auch nach ihrem zweiten und höheren zu lesen weiß und sie als Mittel gebraucht, das Reine und Geistige dadurch anzuschauen. Wie willst du zur Wahrnehmung des Friedens gelangen und das Glück des Stillstandes im Gemüte erfahren, ohne daß ein Maya-Bild, welches freilich in sich das Glück und der Friede nicht ist, die Handhabe dazu böte? Das ist dem Menschen erlaubt und gegeben, daß er sich der Wirklichkeit bediene zur Anschauung der Wahrheit, und es ist das Wort ›Poesie‹, welches die Sprache für diese Gegebenheit und Erlaubnis geprägt hat.«

»Ach, so meinst du das?« lachte Nanda. »Demnach, und wenn man dich hört, wär' also die Poesie die Dummheit, die nach der Gescheitheit kommt, und ist einer dumm, so wäre zu fragen, ob er noch dumm ist oder schon wieder. Ich muß schon sagen, ihr Gescheiten macht's unsereinem nicht leicht. Da denkt man, es kommt darauf an, gescheit zu werden, aber eh' man's noch ist, erfährt man, daß es darauf ankommt, wieder dumm zu werden. Ihr solltet uns die neue und höhere Stufe nicht zeigen, damit wir den Mut nicht verlieren, die vorhergehende zu erklimmen.«

»Von mir hast du's nicht gehört«, sagte Schridaman, »daß man gescheit werden muß. Komm, wir wollen uns ausstrecken im sanften Grase, nachdem wir gespeist, und durch das Gezweig der Bäume in den Himmel blicken. Es ist eine so merkwürdige Schauenserfahrung, aus einer Lage, die uns nicht eigentlich aufzublicken nötigt, sondern in der die Augen schon von selbst nach oben gerichtet sind, den Himmel zu betrachten, auf die Art wie Erde, die Mutter, selbst es tut.«

»Siyâ, es sei«, stimmt Nanda zu.

»Siyât!« verbesserte ihn Schridaman nach der reinen und richtigen Sprache; und Nanda lachte über sich und ihn.

»Siyât, siyât!« sprach er nach. »Du Silbenstecher, laß mir mein Messingsch! Wenn ich Sanskrit rede, das klingt wie das Schnüffeln einer jungen Kuh, der man einen Strick durch die Nase gezogen.«

Über diesen urwüchsigen Vergleich lachte nun auch Schridaman herzlich, und so streckten sie sich aus nach seinem Vorschlag und sahen geradeaus zwischen den

Zweigen und wiegenden Blütenbüscheln in die Bläue Vischnu's hinauf, indem sie mit Blätterwedeln die rot-weißen Fliegen, genannt ›Indra-Schützling‹, abwehrten, die von ihrer Haut angezogen wurden. Nanda verstand sich zur ebenen Lage, nicht, weil ihm sonderlich daran gelegen war, den Himmel nach Art der Mutter Erde zu betrachten, sondern nur aus Gefügigkeit. Er setzte sich auch bald wieder auf und nahm, eine Blume im Mund, seine dravidische Hockstellung wieder ein.

»Der Indra-Schützling ist verdammt lästig«, sagte er, indem er die vielen umherschießenden Fliegen als ein und dasselbe Individuum behandelte. »Wahrscheinlich ist er auf mein gutes Senföl erpicht. Es kann aber auch sein, daß er Auftrag hat von seinem Beschützer, dem Elefantenreiter, dem Herrn des Blitzkeils, dem großen Gott, uns zur Strafe zu quälen – du weißt schon wofür.«

»Das sollte nicht dich betreffen«, erwiderte Schridaman, »denn du warst ja unterm Baume dafür, daß Indra's Dankfest vorigen Herbst nach alter, oder sagen wir lieber: nach neuerer Art, den geistlichen Bräuchen gemäß und nach brahmanischer Observanz begangen werde, und kannst deine Hände in Unschuld waschen, daß wir's im Rate dennoch anders beschlossen und Indra den Dienst kündigten, um uns einem neuen, oder vielmehr älteren Dankesdienst zuzuwenden, der uns Leuten vom Dorf gemäßer und unsrer Frömmigkeit natürlicher ist als das Sprüche-Brimborium des brahmanischen Zeremoniells für Indra, den Donnerer, der die Burgen des Urvolkes brach.«

»Allerdings, wie dein Wort sagt, so ist es«, versetzte Nanda, »und mir ist noch immer unheimlich davon in der Seele, denn wenn ich auch unterm Baum meine Meinung abgab für Indra, so fürchte ich doch, daß er sich um solche Einzelheiten nicht kümmert und Gesamthaftung walten läßt für ›Wohlfahrt der Kühe‹, weil er um sein Fest gebracht wurde. Da fällt es den Leuten ein und steigt ihnen auf, ich weiß nicht woher, daß es mit dem Indra-Dank-Dienste nicht mehr das Rechte ist, zum mindesten nicht für uns Hirten und Ackerbürger, sondern daß man auf fromme Vereinfachung sinnen müsse. Was, fragten sie, geht uns der große Indra an? Ihm opfern die vedakundigen Brahmanen unter endlosen Sprüchen. Wir aber wollen den Kühen und Bergen und Waldweiden opfern, weil es unsere echten und angemessenen Gottheiten sind, denn uns ist ganz, als hätten wir es schon früher so gehalten, bevor Indra kam, der den Kommenden voranzog und die Burgen der Ur-Eingesessenen brach, und wenn wir auch nicht mehr recht wissen, wie es zu machen ist, so wird es uns schon aufsteigen, und unser Herz wird es uns lehren. Wir wollen dem Weideberg ›Buntgipfel‹ dienen, hier in der Nähe, mit frommen Bräuchen, die insofern neu sind, als wir sie erst wieder heraufholen müssen aus unseres Herzens Erinnerung. Ihm wollen wir reine Tiere opfern und ihm Spenden bringen von saurer Milch, Blumen, Früchten und rohem Reis. Danach sollen die Scharen der Kühe, mit Herbstblumen bekränzt, den Berg umwandeln, indem sie ihm ihre rechte Flanke zukehren, und die Stiere sollen ihm zubrüllen mit der Donnerstimme regenschwerer Wolken. Das sei unser neu-alter Bergdienst. Damit aber die Brahmanen nichts dagegen haben, werden wir sie speisen zu mehreren Hundert und aus sämtlichen Hürden die Milch zusammentragen, daß sie sich vollschlagen mögen mit Dickmilch und Milchreis, dann werden sie's schon zufrieden sein. – So sprachen einige Leute unter dem Baum, und andere fielen ihnen bei, wieder andere aber nicht. Ich stimmte von Anfang an gegen den Bergdienst, denn ich habe große Furcht und Achtung vor Indra, der die Burgen der Schwarzen brach, und halte nichts vom Heraufholen dessen, wovon man doch nichts Rechtes mehr weiß. Du aber sprachst in reinen und richtigen Worten – ich meine ›richtig‹ in Ansehung der Worte – zugunsten der neuen Festgestaltung und für die Erneuerung des Bergdienstes über Indra's Kopf hinweg, und da verstummte ich. Wenn diejenigen, dachte ich, die in die Schule gegangen sind und vom Wesenswissen was abgekriegt haben, gegen Indra sprechen und für die Vereinfachung, dann haben wir nichts zu sagen und können nur hoffen, daß der große Kömmling und Burgenbrecher ein Einsehen hat und sich mit der Speisung zahlreicher Brahmanen zufriedengibt, so daß er uns nicht mit Regenlosigkeit oder mit maßlosem Regen schlägt. Vielleicht, dachte ich, ist er selbst seines Festes müde und wünscht der Belustigung halber, das Bergopfer und den Umzug der Kühe dafür eingesetzt zu sehen. Wir Einfältigen hatten Ehrfurcht vor ihm, aber vielleicht hat er neuerdings keine mehr vor sich selbst. Ich habe denn auch das heraufgeholte Fest sehr genossen und mit Vergnügen geholfen, die bekränzten Kühe um den Berg zu treiben. Aber noch eben wieder, als du mein Prâkrit verbessertest, und wolltest, daß ich ›Siyât‹ sagte, fiel es mir ein, wie sonderbar es doch ist, daß du in richtigen und geschulten Worten fürs Einfältige redetest.«

»Du kannst mir nichts vorwerfen«, antwortete Schridaman, »denn auf Volkes Art hast du für den Sprüchedienst der Bahmanen geredet. Das freute dich wohl und machte dich glücklich. Ich kann dir aber sagen: Noch weit beglückender ist es, in richtig gebildeten Worten dem Einfachen zugunsten zu reden.«

3

Danach verstummten sie eine Weile. Schridaman lag weiter so und sah in den Himmel hinauf. Nanda hielt seine wackeren Arme um die aufgestellten Knie geschlungen und blickte zwischen den Bäumen und Büschen des Abhangs hin nach dem Badeplatz Kâlî's, der Mutter.

»Pst, Blitzkeil, Wurfring und Wolkendonner!« flüsterte er von einem Augenblick zum anderen und legte den Finger auf seine wulstigen Lippen. »Schridaman, Bruder, sitz leise auf und sieh dir das an! Was dort zum Bade steigt, mein' ich. Mach deine Augen auf, es lohnt der Mühe! Sie sieht uns nicht, aber wir sehen sie.«

Ein junges Mädchen stand an dem einsamen Ort der Vereinigung, im Begriff, ihre Bade-Andacht zu verrichten. Sie hatte Sari und Mieder auf den Stufen des Einstiegs niedergelegt und stand da ganz nackt, angetan nur mit einigem Kettenschmuck an ihrem Halse, mit schaukelnden Ohrringen und einem weißen Bande um ihr reich geknotetes Haar. Die Lieblichkeit ihres Leibes war blendend. Er war wie aus Maya gefertigt und vom reizendsten Farbton, weder zu dunkel noch allzu weißlich, vielmehr wie golden aufgehelltes Erz und herrlich nach Brahma's Gedanken gestaltet, mit süßesten Kinderschultern und wonnig geschwungenen Hüften dazu, die eine geräumige Bauchfläche ergaben, mit jungfräulich starrenden, knospenden Brüsten und prangend ausladendem Hinterteil, sich verjüngend nach oben zum schmalsten, zierlichsten Rücken, der geschmeidig eingebogen erschien, da sie die Lianenarme erhoben und die Hände im Nacken verschränkt hielt, so daß ihre zarten Achselhöhlen sich dunkelnd eröffneten. Das Allereindrucksvollste und dem Gedanken Brahma's Gemäßeste bei alldem war, unbeschadet der verblendenden und die Seele dem Erscheinungsleben gewinnenden Süßigkeit der Brüste, die Verbindung dieses großartigen Hinterteils mit der Schmalheit und Gertenschmiegsamkeit des Elfen-Rückens, hervorgebracht und ermöglicht durch den anderen Gegensatz zwischen dem preisgesangwürdig ausladenden Schwunge der Hüften und der ziersamen Eingezogenheit der Taillengegend darüber. Nicht anders konnte das Himmelsmädchen Pramlotscha gebildet gewesen sein, das Indra zu dem großen Asketen Kandu geschickt hatte, damit er durch seine ungeheure Askese nicht göttergleiche Kräfte sammle.

»Wir wollen uns verziehen«, sagte der aufgesessene Schridaman leise, die Augen auf des Mädchens Erscheinung geheftet. »Es ist nicht recht, daß sie uns nicht sieht und wir sie sehen.«

»Warum denn?« erwiderte Nanda flüsternd. »Wir waren hier zuerst, wo es lauschig ist, und belauschten, was es zu belauschen gibt, da können wir nichts dafür. Wir rühren uns nicht, es wäre ja grausam, wenn wir uns knackend und lärmend davonmachten und sie gewahrte, daß sie gesehen wurde, während sie nicht sah. Ich sehe das mit Vergnügen. Du etwa nicht? Du hast ja schon rote Augen, wie wenn du Rigveda-Verse sagst.«

»Sei still!« ermahnte ihn Schridaman seinerseits. »Und sei ernst! Es ist eine ernste, heilige Erscheinung, und daß wir sie belauschen, ist nur zu entschuldigen, wenn wir es ernsten und frommen Sinnes tun.«

»Na, sicher doch!« antwortete Nanda. »So etwas ist kein Spaß, aber vergnüglich ist's trotzdem. Du wolltest in den Himmel blicken von ebener Erde hinauf. Nun siehst du, daß man aufrecht und geradeaus manchmal erst recht in den Himmel blickt.«

Danach schwiegen sie eine Weile, hielten sich still und schauten. Das goldene Mädchen legte, wie sie selbst vorhin getan, die hohlen Hände zusammen und betete, bevor sie die Vereinigung vornahm. Sie sahen sie ein wenig von der Seite, so daß ihnen nicht entging, wie nicht nur ihr Körper, sondern auch ihr Gesicht zwischen den Ohrgehängen von größter Lieblichkeit war, das Näschen, die Lippen, die Brauen und namentlich die wie Lotosblätter langgeschweiften Augen. Besonders, als sie ein wenig den Kopf wendete, so daß die Freunde schon erschraken, ob sie nicht gar der Belauschung innegeworden sei, konnten sie wahrnehmen, daß nicht etwa diese reizende Körpergestalt durch ein häßliches Antlitz entwertet und seiner Bedeutung beraubt wurde, sondern daß Einheit waltete und die Anmut des Köpfchens diejenige des Wuchses vollauf bestätigte.

»Aber ich kenne sie ja!« raunte Nanda plötzlich, indem er mit den Fingern schnippte. »Diesen Augenblick erkenne ich sie, und nur bis jetzt entging mir ihre Selbstheit. Es ist Sita, des Sumantra Tochter, vom Dorfe ›Buckelstierheim‹ hier in der Nähe. Von dort kommt sie her, sich rein zu baden, das ist ja klar. Wie sollte ich sie nicht kennen? Ich hab' sie zur Sonne geschaukelt.«

»Du hast sie geschaukelt?« fragte Schridaman leise-eindringlich. Und Nanda entgegnete:

»Und ob! Aus Armes Kräften hab' ich's getan vor allem Volk. Im Kleide hätt' ich sie augenblicklich erkannt. Aber wen erkennt man denn nackend gleich! Es ist die Sita von ›Buckelstierheim‹. Dort war ich voriges Frühjahr zum Besuch meiner Tante, und Sonnen-Hilfsfest war gerade, sie aber...«

»Erzähle mir's später, ich bitte dich!« fiel Schridaman ihm ängstlich flüsternd in die Rede. »Die große Gunst, daß wir sie von nahe sehen, ist von der Ungunst begleitet, daß sie uns leichtlich hören könnte. Kein Wort mehr, daß wir sie nicht erschrecken!«

»Dann könnte sie fliehen, und du würdest sie nicht mehr sehen, wovon du doch noch lange nicht satt bist«, neckte ihn Nanda. Aber der andere winkte ihm nur entschieden, zu schweigen, und so saßen sie denn wieder still und sahen Sita von ›Buckelstierheim‹ ihre Badeandacht verrichten. Nachdem sie ausgebetet, sich gebeugt sowie das Antlitz zum Himmel gekehrt, stieg sie behutsam in den Schoß, schöpfte und trank, duckte sich dann in die Flut und tauchte ein bis zum Scheitel, auf den sie die Hand legte, labte sich danach noch eine Weile fort in anmutigem Auftauchen und seitlichem Sich-wieder-Einschmiegen und stieg, als das seine Zeit gehabt, wieder aufs Trockene in tropfend gekühlter Schönheit. Aber auch damit war die Gunst, die den Freunden an diesem Ort gewährt war, noch nicht beendet, sondern nach dem Bade saß die Gereinigte auf den Stufen nieder, um sich von der Sonne trocknen zu lassen, wobei die natürliche Anmut ihres Leibes, im Wahn des Alleinseins gelöst, ihr bald diese, bald jene gefällige Stellung eingab, und erst als auch das seine Zeit gehabt, legte sie gemächlich ihr Kleid wieder an und entschwand die Treppe des Einstiegs hinauf gegen den Tempel.

»Aus ist's und gar ist's«, sagte Nanda. »Jetzt können wir wenigstens wieder reden und uns regen. Es ist auf die Dauer recht langweilig, zu tun, als ob man nicht da wäre.«

»Ich begreife nicht, wie du von Langerweile sprechen magst«, erwiderte Schridaman. »Gibt es denn einen seligeren Zustand, als sich in einem solchen Bilde zu verlieren und nur in ihm noch da zu sein? Den Atem hätte ich einbehalten mögen die ganze Zeit, nicht aus der Furcht, ihres Anblicks verlustig zu gehen, sondern aus der, sie um die Vorstellung ihres Alleinseins zu bringen, um die ich zitterte, und der ich mich heilig verschuldet fühle. Sita, sagtest du, heißt sie? Es tut mir wohl, das zu wissen, es tröstet mich über meine Verschuldung, daß ich sie bei mir mit ihrem Namen ehren kann. Und du kennst sie vom Schaukeln?«

»Aber wie ich dir sage!« versicherte Nanda. »Sie war zur Sonnenjungfrau gewählt worden voriges Frühjahr, als ich in ihrem Dorfe war, und ich hab' sie geschaukelt, der Sonne zu helfen, so hoch in den Himmel, daß man von oben ihr Kreischen kaum hörte. Es verging ja übrigens auch im allgemeinen Gekreisch.«

»Da warst du gut daran«, sagte Schridaman. »Du bist immer gut daran. Offenbar deiner rüstigen Arme wegen hatte man dich zu ihrem Schaukelherrn bestimmt. Ich stelle mir vor, wie sie stieg und ins Blaue flog. Das Flugbild meiner Vorstellung vermischt sich mit dem Standbilde unserer Wahrnehmung, wie sie betend stand und sich in Frömmigkeit neigte.«

»Allenfalls hat sie Ursach'«, erwiderte Nanda, »zum Beten und Büßen, – nicht wegen ihres Tuns, sie ist ein sehr sittsames Mädchen, aber wegen ihrer Erscheinung, für die sie freilich nichts kann und deren sie, streng genommen, doch auch wieder irgendwie schuldig ist. So eine Wohlgestalt, sagt man, ist fesselnd. Warum aber fesselnd? Nun, eben weil sie uns fesselt an die Welt der Wünsche und Freuden und den, der sie sieht, nur tiefer in die Befangenheit Samsâras verstrickt, so daß den Geschöpfen das lautere Bewußtsein ausgeht, genau wie einem der Atem ausgeht. Das ist ihre Wirkung, wenn auch nicht ihre Absicht; aber daß sie sich die Augen so lotosblattförmig verlängert, läßt doch auch wieder auf Absicht schließen. Man hat gut sagen: die Wohlgestalt ist ihr gegeben, sie hat sie nicht willentlich angenommen und hat also nichts zu beten und abzubüßen. Es ist doch so, daß irgendwo kein wahrer Unterschied ist zwischen ›gegeben‹ und ›angenommen‹, das weiß sie auch selbst und betet wohl um Verzeihung, daß sie so fesselnd wirkt. Aber die Wohlgestalt hat sie nun einmal angenommen, – nicht wie man nur etwas annimmt, was einem gegeben wird, sondern von sich aus nahm sie sie an, und daran kann kein frommes Bad etwas ändern: mit demselben verstrickenden Hinterteil ist sie wieder herausgekommen.«

»Du sollst nicht so derb reden«, tadelte Schridaman ihn bewegt, »von einer so zarten und heiligen Erscheinung. Zwar hast du dir vom Wesenswissen einiges beigehen lassen, aber bäurisch kommt's heraus, das laß dir sagen, und der Gebrauch, den du davon machst, läßt klar erkennen, daß du dieser Erscheinung nicht würdig warst, wo doch in unserer Lage alles darauf ankam und davon abhing, ob wir uns ihrer würdig erwiesen und in welchem Geiste wir die Belauschung übten.«

Nanda nahm diese Mißbilligung seiner Rede in aller Bescheidenheit hin.

»Lehre mich also, Dau-ji«, bat er, indem er den Freund mit »Älterer Bruder« anredete, »in welchem Geist du gelauscht hast, und in welchem ich auch hätte lauschen sollen!«

»Sieh«, sagte Schridaman, »alle Wesen haben zweierlei Dasein: eines für sich und eines für die Augen der anderen. Sie sind, und sie sind zu sehen, sind Seele und Bild, und immer ist's sündhaft, sich nur von ihrem Bilde beeindrucken zu lassen, um ihre Seele sich aber nicht zu kümmern. Es ist notwendig, den Ekel zu überwinden, den des räudigen Bettlers Bild uns einflößt. Nicht bei diesem dürfen wir stehenbleiben, wie es auf unsere Augen und anderen Sinne wirkt. Denn was wirkt, ist noch nicht die Wirklichkeit, sondern wir müssen gleichsam dahinter gehen, um die Erkenntnis zu gewinnen, auf die jede Erscheinung Anspruch hat, denn sie ist mehr als Erscheinung, und ihr Sein, ihre Seele gilt es hinter dem Bilde zu finden. Aber nicht nur nicht in dem Ekel sollen wir steckenbleiben, den uns das Bild des Elends erregt, sondern ebensowenig, ja, wohl noch weniger, in der Lust, die das Bild des Schönen uns einflößt, denn auch dieses ist mehr als Bild, obgleich die Versuchung der Sinne, es nur als solches zu nehmen, vielleicht noch größer ist als im Falle des Ekel-Erregenden. Scheinbar nämlich stellt das Schöne gar keine Ansprüche an unser Gewissen und an unser Eingehen auf seine Seele, wie des Bettlers Bild, eben vermöge seines Elends, es immerhin tut. Und doch werden wir schuldig auch vor jenem, wenn wir uns nur an seinen Anblick ergötzen, ohne nach seinem Sein zu fragen, und besonders tief, dünkt mich, geraten wir dabei in seine Verschuldung, wenn nur wir es sehen, aber es uns nicht sieht. Wisse, Nanda, es war eine wahre Wohltat für mich, daß du mir den Namen nennen konntest derer, die wir belauschten, Sita, des Sumantra Tochter; denn so hatte und wußte ich doch etwas von dem, was mehr ist als ihr Bild, da ja der Name ein Stück des Seins und der Seele ist. Aber wie glücklich war ich erst, von dir zu hören, daß sie ein sittsames Mädchen ist, was denn doch heißt, noch besser hinter ihr Bild kommen und sich auf ihre Seele verstehen. Ferner aber heißt es, daß es nur Sitte ist, welche nichts mit der Sittsamkeit zu tun hat, wenn sie sich die Augen lotosblattförmig verlängert, und sich allenfalls ein wenig die Wimpern schminkt, – daß sie es in aller Unschuld tut, in Abhängigkeit ihrer Sittsamkeit von der Gesittung. Hat doch die Schöne auch Pflichten gegen ihr Bild, mit deren Erfüllung sie vielleicht nur den Anreiz zu erhöhen beabsichtigt, ihrer Seele nachzufragen. Wie gern stelle ich mir vor, daß sie einen würdigen Vater, nämlich den Sumantra, und eine besorgte Mutter hat, die sie in Sittsamkeit aufzogen, und vergegenwärtige mir ihr Leben und Wirken als Tochter des Hauses, wie sie das Korn reibt auf dem Steine, am Herde das Mus bereitet oder die Wolle zu feinem Faden spinnt. Denn mein ganzes Herz, das ihrer Belauschung schuldig geworden, verlangt danach, daß ihm aus dem Bilde eine Person werde.«

»Das kann ich verstehen«, entgegnete Nanda. »Du mußt aber bedenken, daß bei mir dieser Wunsch nicht ebenso lebhaft sein konnte, da sie mir ja dadurch, daß ich sie zur Sonne geschaukelt, schon mehr zur Person geworden war.«

»Nur zu sehr«, versetzte Schridaman mit einem gewissen Beben, das seine Stimme bei diesem Gespräch angenommen hatte. »Offenbar nur zu sehr, denn diese Vertraut-

heit, deren du gewürdigt warst – ob mit Recht oder Unrecht, das will ich dahinstellen, denn deiner Arme und überhaupt deines rüstigen Körpers, nicht deines Hauptes und seiner Gedanken wegen warst du ihrer gewürdigt –, diese Vertrautheit scheint sie dir ganz und gar zur stofflichen Einzelperson gemacht und dir den Blick gestumpft zu haben für den höheren Sinn einer solchen Erscheinung, sonst hättest du nicht so unverzeihlich derb von der Wohlgestalt reden können, die sie angenommen. Weißt du denn nicht, daß in aller Weibesgestalt, Kind, Jungfrau, Mutter oder Greisin, sie sich verbirgt, die Allgebärerin, Allernährerin, Schakti, die große Göttin, aus deren Schoß alles kommt, und in deren Schoß alles geht, und daß wir in jeder Erscheinung, die ihr Zeichen trägt, sie selbst zu verehren und zu bewundern haben? In ihrer huldvollsten Gestalt hat sie sich uns offenbart hier am Ufer des Flüßchens ›Goldfliege‹, und wir sollten nicht aufs tiefste ergriffen sein von ihrer Selbstoffenbarung in der Erscheinung, also daß mir in der Tat, wie ich selber bemerke, die Stimme etwas zittert beim Sprechen, was aber zum Teil auch aus Unwillen über deine Redeweise geschieht –?«
»Auch deine Wangen und deine Stirn sind gerötet wie vom Sonnenbrand«, sagte Nanda, »und deine Stimme, obgleich sie zittert, hat einen volleren Klang als gewöhnlich. Übrigens kann ich dir versichern, daß ich auch, auf meine Art, ganz hübsch ergriffen war.«
»Dann verstehe ich nicht«, antwortete Schridaman, »wie du so ungenügend reden und ihr die Wohlgestalt zum Vorwurf machen konntest, mit der sie die Geschöpfe in die Befangenheit verstricke, so daß ihnen der Atem des Bewußtseins ausgehe. Das heißt doch die Dinge mit sträflicher Einseitigkeit betrachten und sich gänzlich unerfüllt zeigen von dem wahren und ganzen Wesen derer, die sich uns im süßesten Bild offenbarte. Denn sie ist Alles und nicht nur Eines: Leben und Tod, Wahn und Weisheit,

Zauberin und Befreierin, weißt du das nicht? Weißt du nur, daß sie der Geschöpfe Schar betört und bezaubert, und nicht auch, daß sie hinausführt über das Dunkel der Befangenheit zur Erkenntnis der Wahrheit? Dann weißt du wenig und hast ein allerdings schwer zu fassendes Geheimnis nicht erfaßt: daß nämlich die Trunkenheit, die sie uns antut, zugleich die Begeisterung ist, die uns zur Wahrheit und Freiheit trägt. Denn dies ist es, daß, was fesselt, zugleich befreit, und daß es die Begeisterung ist, welche Sinnenschönheit und Geist verbindet.«

Nanda's schwarze Augen glitzerten von Tränen, denn er hatte ein leicht bewegliches Gemüt und konnte metaphysische Worte überhaupt kaum hören, ohne zu weinen, besonders aber jetzt nicht, wo Schridamans sonst ziemlich dünne Stimme plötzlich einen so vollen, zu Herzen gehenden Klang angenommen hatte. So schluchzte er etwas durch seine Ziegennase, indem er sagte:

»Wie du heute sprichst, Dau-ji, so feierlich! Ich glaube, noch nie hab' ich dich so gehört; es geht mir sehr nahe. Ich sollte wünschen, daß du nicht fortführest, eben weil es mir gar so nahegeht. Aber sprich doch, bitte, noch weiter von Fessel und Geist und von der Allumfassenden!«

»Da siehst du«, antwortete Schridaman in hoher Stimmung, »welche Bewandtnis es mit ihr hat, und daß sie nicht nur Betörung, sondern auch Weisheit schafft. Wenn meine Worte dir nahegehen, so darum, weil sie die Herrin der flutenreichen Rede ist, diese aber ist verschmolzen mit Brahma's Weisheit. In ihrer Doppelheit müssen wir die Große erkennen, denn sie ist die Zornmütige, schwarz und grauenerregend, und trinkt das Blut der Wesen aus dampfender Schale, aber in einem damit ist sie die Weihe- und Huldvolle, aus der alles Dasein quillt, und die alle Lebensgestalten liebreich an ihren nährenden Brüsten birgt. Vischnu's Große Maya ist sie, und sie hält ihn umfangen, der in ihr träumt; wir aber träumen in ihm. Viele

Wasser münden in die ewige Ganga, diese aber mündet in das Meer. So münden wir in Vischnu's weltträumende Gottheit, die aber mündet in das Meer der Mutter. Wisse, wir sind an eine Mündungsstelle unseres Lebenstraumes mit heiligem Badeplatz gekommen, und dort erschien uns die Allgebärerin, Allverschlingerin, in deren Schoß wir gebadet, in ihrer süßesten Gestalt, um uns zu betören und zu begeistern, mutmaßlich zur Belohnung dafür, daß wir ihr zeugendes Zeichen geehrt und es mit Wasser begossen. Lingam und Yoni – es gibt kein größeres Zeichen und keine größere Stunde des Lebens, als wenn der Berufene mit seiner Schakti das Hochzeitsfeuer umkreist, wenn man ihre Hände mit dem Blumenbande vereint und er das Wort spricht: ›Ich habe sie erhalten!‹ Wenn er sie empfängt aus ihrer Eltern Hand und das Königswort spricht: ›Dies bin ich, das bist du; Himmel ich, Erde du; ich Liedes Weise, du Liedes Wort; so wollen wir die Fahrt tun mitsammen!‹ Wenn sie Begegnung feiern, – nicht Menschen mehr, nicht dieser und jene, sondern das große Paar, er Schiwa, sie Durgâ, die hehre Göttin; wenn ihre Worte irre werden und nicht mehr *ihre* Rede sind, sondern ein Stammeln aus trunkenen Tiefen und sie zu höchstem Leben ersterben im Überglück der Umarmung. Dies ist die heilige Stunde, die uns ins Wissen taucht und uns Erlösung schenkt vom Wahn des Ich im Schoß der Mutter. Denn wie Schönheit und Geist zusammenfließen in der Begeisterung, so Leben und Tod in der Liebe!«
Nanda war gänzlich hingerissen von diesen metaphysischen Worten.
»Nein«, sagte er kopfschüttelnd, während ihm die Tränen aus den Augen sprangen, »wie dir die Göttin Rede hold ist und dich mit Brahma's Weisheit beschenkt, das ist kaum auszustehen, und doch möchte man zuhören unendlich lange. Wenn ich nur ein Fünftel zu singen und zu sagen vermöchte, was dein Haupt erzeugt, da wollte ich mich

lieben und achten in allen meinen Gliedern. Darum bist du mir so nötig, mein älterer Bruder, denn was ich nicht habe, hast du und bist mein Freund, so daß es beinahe ist, als ob ich selber es hätte. Denn als dein Genoß habe ich teil an dir und bin auch etwas Schridaman, ohne dich aber wär' ich nur Nanda, und damit komm' ich nicht aus. Offen sag' ich es: Ich würde die Trennung von dir keinen Augenblick überleben wollen, sondern würde ersuchen, mir den Scheiterhaufen zu rüsten und mich zu verbrennen. Soviel sei gesagt. Nimm dies hier, bevor wir gehen!«
Und er suchte in seinem Reisekram mit seinen dunklen, beringten Händen und zog eine Betelrolle hervor, wie man sie gern nach der Mahlzeit kaut, dem Munde Wohlgeruch zu verleihen. Die übergab er dem Schridaman abgewandten, von Tränen befeuchteten Gesichtes. Denn man verehrt sie einander auch zur Besiegelung des Vertrags und der Freundschaft.


4


Also zogen sie weiter und gingen ihren Geschäften nach auf zeitweise getrennten Wegen; denn als sie zum segelreichen Djamna-Strome gelangt waren und den Schattenriß des städtischen Kuruksheta am Horizonte erblickten, war es an Schridaman, die breite, von Ochsenkarren bedeckte Straße weiter zu verfolgen, um in den drangvollen Gassen der Stadt das Haus des Mannes zu finden, von dem er die Reis-Stampfer und Feuerhölzer erhandeln sollte; an Nanda aber war es, dem schmalen Pfade nachzugehen, der von der Landstraße abzweigte und zu den Kralen der Tiefstehenden führte, die Roheisen zu vergeben hatten für seines Vaters Schmiede. Sie segneten einander beim Abschiednehmen und kamen überein, am dritten Tage zu bestimmter Stunde an dieser Wegesscheide wieder zusammenzutreffen, um nach Besorgung ihrer Angelegenheiten gemeinsam, wie sie gekommen, nach ihrem Heimatdorfe zurückzukehren.

Als nun die Sonne dreimal aufgegangen war, hatte Nanda auf dem Graueselchen, das er auch von den Tiefstehenden erstanden und dem er die Eisenlast aufgeladen, am Punkt des Scheidens und Wiedertreffens etwas zu warten, denn Schridaman verspätete sich um einiges, und als er schließlich auf der breiten Straße mit seinem Warenpack daherkam, waren seine Schritte matt und schleppend, seine Wangen hohl im weichen, fächerförmigen Barte und seine Augen von Trübnis erfüllt. Keine Freude legte er an den Tag, den Kameraden wiederzusehen, und als dieser sich beeilt hatte, ihm die Traglast abzunehmen und sie ebenfalls seinem Grauesel aufzubürden, änderte Schridamans Haltung sich nicht, sondern noch ebenso gebückt und bedrückt, wie er gekommen, ging er an des Freundes Seite hin, seine Rede war kaum mehr als »Ja, ja«, nämlich auch dann, wenn sie »Nein, nein« hätte lauten sollen, wie sie aber auch gelegentlich lautete, nur leider gerade dann, wenn »ja, ja« an der Zeit gewesen wäre, nämlich zu Stunden der Stärkungsrast, wo denn Schridaman erklärte, er möge und könne nicht essen und auf Befragen hinzufügte, daß er auch nicht schlafen könne.

Alles deutete auf eine Krankheit hin, und als es am zweiten Abend der Rückreise unter den Sternen dem besorgten Nanda gelang, ihn ein wenig zum Sprechen zu bringen, gab er nicht nur zu, daß er krank sei, sondern fügte mit verschnürter Stimme bei, daß es sich um eine unheilbare Krankheit, eine Krankheit zum Tode handle, und zwar dergestalt, daß er nicht nur sterben müsse, sondern auch sterben wolle, und daß hier Müssen und Wollen ganz in eins verflochten und nicht zu unterscheiden seien, sondern zusammen einen zwanghaften Wunsch ausmachten,

in welchem das Wollen aus dem Müssen, das Müssen aber aus dem Wollen sich unweigerlich ergäbe. »Wenn es dir mit deiner Freundschaft ernst ist«, sagte er, immer mit jener erstickten und zugleich wild bewegten Stimme, zu Nanda, »so erweise mir den letzten Liebesdienst und schichte mir die Scheiterhütte, daß ich mich hineinsetze und im Feuer verbrenne. Denn die unheilbare Krankheit verbrennt mich von innen her und unter solchen Qualen, daß die verzehrende Feuersglut mich dagegen wie linderndes Öl und wie ein Labebad anmuten wird in heiligen Fluten.«
›Ja, ihr großen Götter, wo will es mit dir hinaus!‹ dachte Nanda, als er dies hören mußte. Es ist aber zu sagen, daß er, obgleich ziegennasig und seiner Verkörperung nach eine nette Mitte bildend zwischen den Tiefstehenden, von denen er sein Eisen gekauft, und dem Brahmanen-Enkel Schridaman, sich dieser schwierigen Lage löblich gewachsen zeigte und vor des Freundes erkrankter Überlegenheit nicht den Kopf verlor, sondern diejenige Überlegenheit nutzte, welche ihm, dem Nicht-Erkrankten, unter diesen Umständen zufiel, indem er sie treulich in den Dienst seiner Freundschaft für den Erkrankten stellte und, unter Zurückhaltung seines Schreckens, zugleich nachgiebig und vernünftig zu ihm zu reden wußte.
»Sei versichert«, sagte er, »daß ich, wenn wirklich die Unheilbarkeit deiner Krankheit, wie ich nach deiner Versicherung allerdings wohl nicht zweifeln darf, sich herausstellen sollte, nicht zögern werde, deine Anweisung auszuführen und dir die Scheiterhütte zu bauen. Sogar werde ich sie groß genug machen, daß ich, nachdem ich sie angezündet, selbst neben dir Platz habe; denn die Trennung von dir gedenke ich nicht eine Stunde zu überleben, sondern werde mit dir zusammen ins Feuer gehen. Gerade deswegen aber und weil die Sache auch mich so stark angeht, mußt du vor allem mir sagen, was dir fehlt, und mir deine Krankheit nennen, wäre es eben auch nur, damit

ich die Überzeugung von ihrer Unheilbarkeit gewinne und unsere gemeinsame Einäscherung zurüste. Du mußt zugeben, daß diese Rede recht und billig ist, und wenn schon ich bei meinem beschränkten Verstande ihre Richtigkeit einsehe, wieviel mehr mußt dann du, der Klügere, sie billigen. Wenn ich mich an deine Stelle versetze und einen Augenblick mit deinem Kopfe zu denken versuche, als säße er auf meinen Schultern, so kann ich gar nicht umhin, mir darin zuzustimmen, daß meine – ich will sagen: deine Überzeugung von der Unheilbarkeit deiner Krankheit der Prüfung und Bestätigung durch andere bedarf, bevor man so weittragende Entschlüsse faßt, wie du sie im Sinne hast. Darum sprich!«
Der hohlwangige Schridaman wollte lange nicht mit der Sprache herauskommen, sondern erklärte, die tödliche Hoffnungslosigkeit seines Leidens bedürfe keines Beweises und keiner Erörterung. Schließlich aber, nach vielem Drängen, bequemte er sich, indem er eine Hand über die Augen legte, um während seiner Rede den Freund nicht ansehen zu müssen, zu folgendem Bekenntnis.
»Seit wir«, sagte er, »jenes Mädchen nackt, aber sittsam, die du einmal zur Sonne geschaukelt, Sita, des Sumantra Tochter, am Badeplatze der Dewi belauscht, hat sich der Keim eines Leidens um sie, das sowohl ihrer Nacktheit wie ihrer Sittsamkeit gilt und in beidem zusammen seinen Ursprung hat, in meine Seele gesenkt und seitdem ein stündliches Wachstum erfahren, so daß es alle meine Glieder bis in die feinsten Verzweigungen ihrer Fibern durchdrungen, mir die Geisteskräfte ausgezehrt, mich des Schlafes und jeder Eßlust beraubt hat und mich langsam, aber sicher zugrunde richtet.« Dieses Leiden, fuhr er fort, sei darum ein Leiden zum Tode und hoffnungslos, weil seine Heilung, nämlich die Erfüllung der in des Mädchens Schönheit und Sittsamkeit gründenden Wünsche, unausdenkbar und unvorstellbar und von überschwenglicher

Art sei, kurz, über das den Menschen Zustehende weit hinausgehe. Es sei klar, daß, wenn ein Mensch von Glückswünschen heimgesucht würde, an deren Erfüllung, so sehr sie zur Bedingung seines Fortlebens geworden sei, nur ein Gott überhaupt denken dürfe, er zugrunde gehen müsse. »Wenn ich«, so schloß er, »sie nicht habe, Sita, die Rebhuhnäugige, die Schönfarbene mit den herrlichen Hüften, so werden meine Lebensgeister sich von selbst verflüchtigen. Darum richte mir die Feuerhütte, denn nur in der Glut ist Rettung vor dem Widerstreit des Menschlichen und Göttlichen. Wenn du aber mit mir hineinsitzen willst, so tut es mir zwar leid um deine Jugend und um dein frohes, mit der Locke gezeichnetes Wesen, aber auch wieder recht soll es mir sein; denn ohnedies trägt der Gedanke, daß du sie geschaukelt hast, sehr zu dem Brande in meiner Seele bei, und nur ungern würde ich jemanden, dem dies vergönnt war, auf Erden zurücklassen.«

Nachdem er solches vernommen, brach Nanda zu Schridamans tiefernst-verständnislosem Erstaunen in unendliches Gelächter aus, indem er abwechselnd den Freund umarmte und auf seinen Beinen am Platze herumtanzte und sprang.

»Verliebt, verliebt, verliebt!« rief er. »Und das ist das Ganze! Und das ist die Krankheit zum Tode! Ist das ein Spaß! Ist das eine Gaudi!« Und er fing an zu singen:

»Der weise Mann, der weise Mann,
Wie würdig war sein Sinnen!
Nun ist's um seinen Witz getan,
Erleuchtung floh von hinnen.

Ach, eines Mägdleins Augenspiel
Tät ihm den Kopf verdrehen.
Ein Affe, der vom Baume fiel,
Kann nicht verlorener sehen.«

Danach lachte er wieder aus vollem Halse, die Hände auf den Knien, und rief:

»Schridaman, Bruder, wie froh bin ich, daß es weiter nichts ist, und daß du vom Scheiterhaufen nur faselst, weil deines Herzens Strohhütte Feuer gefangen! Die kleine Hex' stand zu lange im Pfad deiner Blicke, da hat dich Kama, der Gott, mit dem Blumenpfeile getroffen, denn was uns das Summen von Honigbienen schien, das war das Schwirren seiner Sehne, und Rati hat es dir angetan, des Lenzes Schwester, die Liebeslust. Das ist ja alles ganz gewöhnlich und lustig-alltäglich und geht über das, was dem Menschen zusteht, um gar nichts hinaus. Denn wenn es dir vorkommt, als ob an die Erfüllung deiner Wünsche ein Gott überhaupt nur denken dürfte, so liegt das eben nur an der Innigkeit deiner Wünsche und daran, daß sie zwar von einem Gotte, nämlich Kama, ausgehen, daß sie ihm aber keineswegs zukommen, sondern daß er sie dir hat zukommen lassen. Ich sage es nicht aus Lieblosigkeit, sondern nur, um dir den liebe-entzündeten Sinn etwas zu kühlen, daß du dein Ziel gewaltig überschätzest, wenn du meinst, nur Götter, aber nicht Menschen hätten ein Anrecht darauf, – wo doch nichts menschlicher und natürlicher ist, als daß es dich verlangt, in diese Furche zu säen.« (So drückte er sich aus, weil Sita ›die Furche‹ heißt.) »Aber auf dich«, fuhr er fort, »paßt wahrhaftig der Spruch: ›Am Tag ist die Eule blind, bei Nacht die Krähe. Wen aber die Liebe verblendet, der ist blind bei Tag und Nacht.‹ Diesen Lehrsatz halte ich dir darum vor, damit du dich darin wiedererkennst und dich darauf besinnst, daß die Sita von Buckelstierheim gar keine Göttin ist, obgleich sie dir in ihrer Nacktheit am Badeplatze der Durgâ so erscheinen mochte, sondern ein ganz gewöhnliches, wenn auch ausnehmend hübsches Ding, das lebt wie andere, Korn reibt, Mus kocht und Wolle spinnt und Eltern hat, die sind wie andere Leut', wenn auch Sumantra, der

Vater, noch von ein bißchen Kriegerblut zu sagen weiß in seinen Adern – weit ist's nicht her damit oder allzu weit her! Kurz, es sind Leute, mit denen sich's reden läßt, und wozu hast du einen Freund wie deinen Nanda, wenn er sich nicht auf die Bein' machen sollt und diese ganz gewöhnliche und tunliche Sache für dich einfädeln, daß du zu deinem Glücke kommst? Nun? He? Was, du Dummkopf? Statt uns die Gluthütte zu richten, wo ich neben dir hinhocken wollt', will ich dir helfen, dein Ehehaus zimmern, darin du mit deiner Schönhüftigen wohnen sollst!«

»Deine Worte«, antwortete Schridaman nach einem Stillschweigen, »enthielten viel Kränkendes, von dem, was du sangest, ganz abgesehen. Denn kränkend ist es, daß du meine Wunschpein gewöhnlich und alltäglich nennst, wo sie doch über meine Kräfte geht und im Begriffe ist, mir das Leben zu sprengen, und man ein Verlangen, das stärker ist als wir, das heißt: zu stark für uns, mit vollem Recht als dem Menschen unzukömmlich und nur als eines Gottes Sache bezeichnet. Aber ich weiß, daß du es gut mit mir meinst und mich trösten möchtest, und darum verzeihe ich dir die populäre und unwissende Art, wie du dich über meine Todeskrankheit ausgedrückt hast. Nicht nur sogar, daß ich dir verzeihe, sondern deine letzten Worte, und daß du für möglich zu halten scheinst, was du mir damit als möglich darstelltest, haben mein Herz, das sich schon in den Tod zu ergeben gedachte, zu neuem, heftigem Lebensschlage angetrieben – nur durch die Vorstellung der Möglichkeit, durch den Glauben daran, dessen ich nicht fähig bin. Zwar ahnt mir augenblicksweise, daß Unbetroffene, die sich in einer anderen Verfassung befinden als ich, die Sachlage klarer und richtiger möchten beurteilen können. Dann aber mißtraue ich sogleich wieder jeder anderen Verfassung als der meinen und glaube nur dieser, die mich auf den Tod verweist. Wie wahrscheinlich ist es

allein schon, daß die himmlische Sita als Kind bereits eine Ehe eingegangen ist und demnächst schon dem mit ihr herangewachsenen Gatten vereint werden soll, – ein Gedanke von so gräßlicher Flammenqual, daß gar nichts anderes als die Flucht in die kühlende Scheiterhütte übrigbleibt!«
Aber Nanda versicherte ihm bei seiner Freundschaft, daß diese Befürchtung vollkommen hinfällig und Sita tatsächlich durch keine Kinderehe gebunden sei. Ihr Vater Sumantra habe sich einer solchen widersetzt, aus dem Hauptgrunde, weil er sie nicht der Schmach des Witwenstandes aussetzen wollte im Fall, daß der Eheknabe vorzeitig stürbe. Hätte sie doch auch gar nicht zur Schaukel-Jungfrau erwählt werden können, wenn sie ein vermähltes Mädchen gewesen wäre. Nein, Sita sei frei und verfügbar, und bei Schridamans guter Kaste, seinen häuslichen Verhältnissen und seiner Beschlagenheit in den Veden bedürfe es nur seines formellen Auftrages an den Freund, die Sache in die Hand zu nehmen und die Verhandlungen von Haus zu Haus zu beginnen, um einen glücklichen Ausgang so gut wie gewiß zu machen.
Bei der Wiedererwähnung des Schaukel-Vorkommnisses hatte es leidend in Schridamans einer Wange gezuckt, aber er erwies sich dem Freunde doch dankbar für seine Hilfsbereitschaft und ließ sich von Nanda's unerkranktem Verstande nach und nach vom Todesverlangen zu dem Glauben bekehren, daß die Erfüllung seiner Glückwünsche, nämlich die Sita als Gattin in seine Arme zu schließen, nicht außer dem Bereich des Faßlichen und einem Menschen Zukömmlichen liege, indem er allerdings dabei blieb, daß Nanda, wenn die Werbung fehlschlüge, ihm unweigerlich mit seinen wackeren Armen die Brandhütte zu rüsten habe. Das versprach Garga's Sohn ihm mit beschwichtigenden Worten, redete aber vor allem und

Schritt für Schritt die vorgezeichnete Prozedur der Werbung mit ihm ab, bei der Schridaman ganz zurückzutreten und nur des Erfolges zu warten hatte: wie also Nanda fürs erste einmal dem Bhavabhûti, Schridamans Vater, die Gedanken des Sohnes eröffnen und ihn bestimmen sollte, mit des Mädchens Eltern die Verhandlungen aufzunehmen; wie dann auch Nanda als Stellvertreter des Freienden und als Brautwerber sich zu Bukkelstierheim einfinden und durch seine Freundesperson die weitere Annäherung zwischen dem Paare vermitteln würde.

Wie aber gesagt, so getan. Bhavabhûti, der Wânidja aus Brahmanenblut, war erfreut über die Mitteilungen, die der Vertraute seines Sohnes ihm machte; Sumantra, der Kuhzüchter kriegerischer Abkunft, zeigte sich nicht ungehalten über die von ansehnlichen Geschenken begleiteten Vorschläge, die man ihm unterbreitete; Nanda sang im Hause der Freiung das Lob des Freundes in populären, aber überzeugenden Tönen; es nahm auch der Gegenbesuch von Sita's Eltern zu ›Wohlfahrt der Kühe‹, bei dem sie des Werbers Rechtschaffenheit prüften, einen förderlichen Verlauf; und wie unter solchen Schritten und Handlungen die Tage vergingen, lernte das Mädchen in Schridaman, dem Kaufmannssohn, von weitem den ihr bestimmten Herrn und Gemahl zu sehen. Der Ehevertrag ward aufgesetzt und seine Unterfertigung mit einem gastfreien Mahl und dem Austausch glückverheißender Gaben gefeiert. Der Tag der Vermählung, unter sternkundigem Beirat sorgfältig erlesen, kam näher, und Nanda, der wußte, daß er herankommen würde, ungeachtet daß Schridamans Vereinigung mit Sita auf ihn angesetzt war, was Schridaman hinderte, an sein Erscheinen zu glauben, lief als Hochzeitsbitter umher, um Magen und Freunde dazu zu laden. Er war es auch, der, als man im Innenhofe des Brauthauses unter Spruchlesungen des Hausbrahmanen aus Fladen getrockneten Kuhmistes den Stoß zum Hochzeitsfeuer schichtete, mit seinen wackeren Armen das Beste tat.

So kam der Tag, wo Sita, die ringsum Schöngliedrige, den Leib mit Sandel, Kampfer und Kokos gesalbt, mit Geschmeide geschmückt, im Flittermieder und Wickelkleid, den Kopf in eine Schleierwolke gehüllt, den ihr Beschiedenen erstmals erblickte (während er sie bekanntlich zuvor schon erblickt hatte) und ihn zum ersten Male bei Namen nannte. Es ließ die Stunde zwar auf sich warten, nahm aber endlich dennoch Gegenwart an, wo er das Wort sprach: »Ich habe sie erhalten«; wo er sie unter Reis- und Butteropfern empfing aus ihrer Eltern Hand, sich Himmel nannte und Erde sie, des Liedes Weise sich selbst und sie des Liedes Wort und zum Gesange händeklatschender Frauen dreimal mit ihr den lodernden Stoß umwandelte, worauf er sie mit einem Gespanne weißer Stiere und festlich geleitet heimführte in sein Dorf und in seiner Mutter Schoß.

Da gab es der glückverheißenden Riten noch mehr zu erfüllen, sie gingen ums Feuer auch hier, mit Zuckerrohr speiste er sie, den Ring ließ er in ihr Gewand fallen, zum Festmahl saßen sie nieder mit Sippen und Freunden. Als sie aber gegessen und getrunken hatten, auch noch mit Wasser der Ganga und Rosenöl waren besprengt worden, geleiteten alle sie zu dem Gemach, das den Namen erhalten hatte ›Gemach des glücklichen Paares‹, und wo das Blumenbett für sie aufgeschlagen war. Dort nahm unter Küssen, Scherzen und Tränen jedermann von ihnen Abschied – Nanda, der immer mit ihnen gewesen war, noch ganz zuletzt auf der Schwelle.

## 5

Möchten doch nur die Lauschenden nicht, verführt durch den bisher so freundlichen Gang dieser Geschichte, der Fanggrube der Täuschung anheimgefallen sein über ihren wahren Charakter! Während wir schweigen, hat sie einen Augenblick ihr Gesicht abgewandt, und wie sie es euch wieder zuwendet, ist es dasselbe nicht mehr: es ist zu einer gräßlichen Maske verzerrt, einem verstörenden, versteinernden oder zu wilden Opfertaten hinreißenden Schrekkensantlitz, wie Schridaman, Nanda und Sita es auf der Reise erblickten, welche sie... Aber eins nach dem anderen.

Sechs Monate waren verflossen, seit Schridamans Mutter die schöne Sita als Tochter auf den Schoß genommen und diese ihrem schmalnasigen Gatten den Vollgenuß ehelicher Lust gewährte. Der schwere Sommer war hingegangen, auch schon die Regenzeit, die den Himmel mit Wolkenfluten, die Erde aber mit frisch aufsprießenden Blumen bedeckt, wollte sich enden, fleckenlos war das Gezelt und herbstlich blühte der Lotos, als die Jungvermählten im Gespräch mit ihrem Freunde Nanda und unter Zustimmung von Schridamans Eltern eine Reise beschlossen zu Sita's Eltern, die ihre Tochter, seit sie den Mann umarmte, nicht mehr gesehen und sich zu überzeugen wünschten, wie ihr die Ehelust anschlüge. Obgleich Sita seit kurzem Mutterfreuden entgegensah, wagten sie die Wanderung, die nicht weit und bei abkühlendem Jahre nicht sehr beschwerlich war.

Sie reisten in einem überdachten und verhangenen, von einem Zebu-Ochsen und einem einhöckrigen Kamel gezogenen Karren, und Nanda, der Freund, lenkte das Gespann. Vor dem Ehepaar saß er, das Mützchen schief auf dem Kopf, und ließ die Beine baumeln, zu achtsam auf den Weg und Schritt, wie es schien, als daß er sich viel nach denen im Wagen hätte umwenden mögen, mit ihnen zu plaudern. Ein und das andere Wort sprach er zu den Tieren, begann auch von Zeit zu Zeit wohl sehr laut und hell ein Lied zu singen, – worauf jedoch jedesmal schon nach den ersten Tönen die Stimme ihm einschrumpfte und zum Summen wurde, ausgehend in ein still gesprochenes Hüh oder Hott. Seine Art aber, aus bedrängter Brust heftig loszusingen, hatte etwas Erschreckendes, und das rasche Zurückgehen der Stimme wiederum auch.

Hinter ihm die Eheleute saßen in Schweigen. Da sie ihn eben vor sich hatten, wäre ihr Blick, wenn sie ihn geradeaus richteten, in Nanda's Nacken gegangen, und das taten zuweilen die Augen der jungen Frau, indem sie sich langsam aus ihrem Schoße erhoben, um nach kurzem Verweilen sehr rasch in diesen zurückzukehren. Schridaman vermied diese Aussicht ganz und gar, indem er das Gesicht seitlich gegen das hängende Sackleinen wendete. Gern hätte er mit Nanda den Platz gewechselt und selber kutschiert, um nicht, wie neben ihm seine Frau, den bräunlichen Rücken mit dem Wirbelgrat, den beweglichen Schulterblättern vor sich zu haben. Doch ging das nicht an, da jene Anordnung, die er sich zur Erleichterung wünschte, auch wieder nicht das Rechte gewesen wäre. – So zogen sie still ihre Straße dahin, dabei aber ging allen dreien der Atem rasch, als wären sie gelaufen, und Röte äderte das Weiße ihrer Augen, was immer ein schweres Zeichen ist. Gewiß, ein Mann von Sehergabe hätte schwarze Fittiche über ihrem Gefährte schattend mitziehen sehen.

Mit Vorliebe zogen sie unterm Fittich der Nacht, will sagen vor Tag, in den frühesten Morgenstunden, wie man es wohl tut, um die Sonnenlast des hohen Tages zu meiden. Sie aber hatten dafür ihre eigenen Gründe. Da nun in ihren Seelen Verirrung wohnte und Dunkelheit Verirrung begünstigt, so nahmen sie ohne ihr Wissen die Gelegenheit wahr, die Verirrung ihres Inneren im Räumlichen darzustellen und verirrten sich in der Gegend. Nanda nämlich lenkte den Ochsen und das Kamel nicht an dem Punkte von der Straße zur Seite ab, wo es nötig gewesen wäre, um nach Sita's Heimatdorf zu gelangen, sondern, entschuldigt durch den mondlosen, nur von Sternen erhellten Himmel, tat er es an irriger Stelle, und der Weg, den er einschlug, war bald kein Weg mehr, sondern nur noch eine dergleichen vortäuschende Lichtung zwischen Bäumen, die anfangs einzeln gestanden hatten, dann aber sich mehrten, und die ein dichter Wald ihnen entgegensandte, um sie einzufangen und ihnen bald auch die Lichtung aus den Augen zu bringen, der sie gefolgt waren und die sie zur Rückkehr hätten benutzen können.

Unmöglich war es, zwischen den umringenden Stämmen und auf dem weichen Boden des Waldes mit ihrem Gefährte noch vorwärts zu kommen, und sie gestanden einander zu, sich verfahren zu haben, ohne sich zuzugestehen, daß sie eine Lage herbeigeführt hatten, die der Verfahrenheit ihrer Gemüter entsprach; denn Schridaman und Sita, hinter dem lenkenden Nanda, hatten nicht etwa geschlafen, sondern es offenen Auges zugelassen, daß jener sie in die Irre fuhr. Es blieb ihnen nichts übrig, als an der Stelle, wo sie waren, ein Feuer zu machen, um mit mehr Sicherheit gegen reißende Tiere den Aufgang der Sonne zu erwarten. Als dann der Tag in den Wald schien, untersuchten sie die Umgebung nach verschiedenen Seiten, ließen das ausgeschirrte Gespann einzeln gehen und schoben unter großen Mühen den Reisekarren in die Kreuz und Quere, wo immer das Tiek- und Sandelholz Durchlaß gewährte, zum Rande des Dschungels, wo eine allenfalls fahrbare buschige Steinschlucht sich ihnen auftat, von der Nanda mit Bestimmtheit erklärte, daß sie sie auf den rechten Weg zum Ziele bringen müsse.

Wie sie nun in schiefer Fahrt und unter Stößen den Schluchtweg verfolgten, kamen sie zu einem aus dem Felsen gehauenen Tempel, den sie als ein Heiligtum der Dewi, Durgâ's, der Unnahbaren und Gefahrvollen, Kâlî's, der dunklen Mutter, erkannten; und einem Zuge seines Inneren folgend, gab Schridaman den Wunsch zu erkennen, auszusteigen und der Göttin seine Verehrung zu bezeigen. »Ich will nur eben nach ihr schauen, anbeten und in wenigen Augenblicken wiederkehren«, sagte er zu seinen Begleitern. »Wartet ihr hier unterdessen!« Und er verließ den Wagen und stieg zur Seite die rauhen zum Tempel führenden Stufen hinan.

So wenig wie jenes Mutterhaus am lauschigen Badeplatz des Flüßchens ›Goldfliege‹ war dieses hier eins von den großen; doch war es mit reicher Frömmigkeit ausgemeißelt nach Pfeilern und Bildschmuck. Der wilde Berg wuchtete über dem Eingang herab, gestützt von Säulen, die fauchende Pardeltiere bewachten, und bemalte Schildereien waren rechts und links, wie auch zu seiten des inneren Zutritts, aus den Flächen des Felsens gemetzt: Gesichte des Lebens im Fleisch, wie es aus Knochen, Haut, Sehnen und Mark, aus Samen, Schweiß, Tränen und Augenbutter, Kot, Harn und Galle zusammengeschüttet, behaftet mit Leidenschaft, Zorn, Wahn, Begierde, Neid und Verzagen, mit Trennung von Liebem, Bindung an Unliebes, Hunger, Durst, Alter, Kummer und Tod, unversieglich durchströmt vom süßen und heißen Blutstrom, in tausend Gestalten sich leidend genießt, sich wimmelnd verschlingt und ineinander sich wandelt, wo denn im fließend-allerfüllenden Gewirr des Menschlichen, Göttlichen, Tierischen ein Elefantenrüssel den Arm eines Mannes abzugeben, ein Eberkopf aber an die Stelle zu treten schien von eines Weibes Haupt. – Schridaman achtete des Gebildes nicht und glaubte es nicht zu sehen: aber wie beim Zwischendurchgehen seine von Rot durchzogenen Augen es streiften, ging es doch, Zärtlichkeit, Schwindel und Mitleid erregend, in seine Seele ein, sie vorzubereiten auf den Anblick der Mutter.

Halbdunkel herrschte im Felsenhaus; nur von oben her durch den Berg fiel Tageslicht ein in die Versammlungshalle, die er zuerst durchschritt, in die niedriger eingesenkte Torhalle, die sich daran schloß. Da tat sich ihm durch eine tiefe Tür, in der Stufen hinabführten abermals, der Mutterleib auf, der Schoß des Hauses.

Er erbebte am Fuße der Stufen und taumelte auf sie zurück, die Hände gegen die beiden Lingam-Steine zu seiten des Eintritts gespreizt. Das Bild der Kâlî war grauenerregend. Schien es seinen rotgeäderten Augen nur so, oder hatte er die Zornmütige in so triumphierend gräßlicher Gestalt noch nie und nirgends erblickt? Aus einem Rahmenbogen von Schädeln und abgehauenen Händen und Füßen trat das Idol in Farben, die alles Licht an sich rafften und von sich schleuderten, im glitzernden Kronenputz, geschürzt und bekränzt mit Gebein und Gliedmaßen der Wesen, im wirbelnden Rad seiner achtzehn Arme aus der Felswand hervor. Schwerter und Fackeln schwang die Mutter ringsum, Blut dampfte in der Hirnschale, die eine ihrer Hände zum Munde führte, Blut breitete sich zu ihren Füßen aus, – in einem Kahn stand die Entsetzenerregende, der auf dem Meere der Lebensflut, auf einem Blutmeere schwamm. Wirklicher Blutgeruch aber schwebte, Schridamans dünnrückige Nase streifend, ältlich-süßlich in der stockenden Luft der Berghöhle, des unterirdischen Schlachthauses, in dessen Boden klebrig starrende Rinnen zum Abfluß des Lebenssaftes enthaupteter schnell ausblutender Tiere eingelassen waren. Tierköpfe mit offenen, verglasten Augen, vier oder fünf, vom Büffel, vom Schwein und von der Ziege, waren pyramidenförmig auf dem Altar vor dem Bilde der Unentrinnbaren zusammengestellt, und ein Schwert, das zu ihrer Halsschlachtung gedient, scharfschneidend, blank, wenn auch von getrocknetem Blute fleckig ebenfalls, lag seitlich davon auf den Fliesen.

Schridaman starrte mit einem Grausen, das von Augenblick zu Augenblick zur Begeisterung anschwoll, in das wild glotzende Antlitz der Opferheischenden, der Todbringend-Lebenschenkenden, und auf den Wirbel ihrer Arme, der auch ihm den Sinn in trunkenes Kreisen versetzte. Er drückte die geballten Hände gegen seine gewaltsam gehende Brust, und ungeheuerliche Schauer, kalt und heiß, überfluteten ihn einer nach dem anderen und rührten, zu äußerster Tat mahnend, zur Tat gegen sich selbst und für den ewigen Schoß, sein Hinterhaupt, seine Herzgrube und sein in Jammer erregtes Geschlecht an. Seine schon blutleeren Lippen beteten:

»Anfangslose, die vor allen Entstandenen war! Mutter ohne Mann, deren Kleid niemand hebt! Lust- und schreckensvoll Allumfangende, die du wieder einschlürfst alle Welten und Bilder, die aus dir quillen! Mit vielen Opfern lebender Wesen verehrt dich das Volk, denn dir gebührt das Lebensblut aller! Wie sollte ich deine Gnade nicht finden zu meinem Heil, wenn ich mich selbst dir zum Opfer bringe? Ich weiß wohl, daß ich dadurch nicht dem Leben entkomme, ob es auch wünschenswert wäre. Aber laß mich wieder eingehen durch die Pforte des Mutterleibes in dich zurück, daß ich dieses Ichs ledig werde und nicht mehr Schridaman bin, dem alle Lust verwirrt ist, weil nicht er es ist, der sie spendet!«

Sprach diese dunklen Worte, griff das Schwert auf dem Boden und trennte sich selbst das Haupt vom Rumpf. –

Das ist schnell gesagt, auch war es nicht anders als schnell zu tun. Und doch hat hier der Überliefernde nur einen Wunsch: es möchte nämlich der Lauscher die Aussage nicht gleichmütig-gedankenlos hinnehmen als etwas Gewohntes und Natürliches, nur weil es so oft überliefert ist und in den Berichten als etwas Gewöhnliches vorkommt, daß Leute sich selber den Kopf abschnitten. Der Einzelfall ist nie gewöhnlich: das Allergewöhnlichste für den Gedanken und die Aussage sind Geburt und Tod: wohne aber einer Geburt bei oder einem Sterben und frage dich, frage die Kreißende oder den Abscheidenden, ob das etwas Gewöhnliches ist! Die Selbstenthauptung, so oft sie berichtet sein mag, ist eine fast untunliche Tat, zu deren gründlicher Ausführung eine ungeheure Begeisterung und eine furchtbare Versammlung aller Lebens- und Willenskräfte auf den Punkt der Vollbringung gehört; und daß Schridaman mit den gedankensanften Augen und den wenig wackeren brahmanischen Kaufmannsarmen sie hier vollendete, sollte nicht wie etwas Gewohntes, sondern mit fast ungläubigem Staunen hingenommen werden.

Genug nun freilich, daß er das grause Opfer im Handumdrehen tätigte, so daß hier sein Haupt mit dem sanften Bart um die Wangen und dort sein Körper lag, der das weniger wichtige Zubehör dieses edlen Hauptes gewesen war, und dessen beide Hände noch den Griff des Opferschwertes umklammert hielten. Aus dem Rumpf aber stürzte das Blut mit großer Gewalt, um dann in den schrägwandigen Rinnen, die den Boden durchzogen und nur ein geringes Gefälle hatten, langsam gegen die unter dem Altar ausgehobene Grube zu schleichen, – sehr ähnlich dem Flüßchen ›Goldfliege‹, das erst wie ein Füllen aus Himawants Tor gerannt kommt, dann aber stiller und stiller seinen Weg zur Mündung dahingeht.

Kehren wir nun aus dem Mutterschoß dieses Felsenhauses zurück zu den draußen Wartenden, so dürfen wir uns nicht wundern, sie in anfangs stummer, dann aber auch gesprächsweise ausgetauschter Nachfrage nach Schridaman zu finden, der doch nur zu kurzer Huldigung hatte eintreten wollen, aber so lange nicht wiederkehrte. Die schöne Sita, hinter Nanda sitzend, hatte längere Zeit abwechselnd in seinen Nacken und in ihren Schoß geblickt und sich so still verhalten wie er, der seine Ziegennase und populären Wulstlippen immer vorwärts gegen das Gespann gewandt hielt. Schließlich aber begannen beide auf ihren Sitzen hin und her zu rücken, und nach aber einer Weile wandte der Freund sich mit einem Entschluß nach der jungen Ehefrau um und fragte:
»Hast du eine Idee, warum er uns warten läßt und was er so lange dort treibt?«
»Ich kann es nicht ahnen, Nanda«, versetzte sie, genau mit der süß schwingenden und klingenden Stimme, die zu vernehmen er sich gefürchtet hatte, und sogar, daß sie überflüssigerweise seinen Namen hinzufügen würde, hatte er im voraus gefürchtet, obgleich es nicht weniger unnötig war, als wenn er gesagt hätte: »Wo bleibt denn nur Schridaman?« statt einfach zu fragen: »Wo bleibt er nur?«
»Ich kann es mir«, fuhr sie fort, »längst nicht mehr denken, lieber Nanda, und wenn jetzt du dich nicht nach mir umgewandt und mich gefragt hättest, so hätte ich, höchstens ein wenig später, von mir aus die Frage an dich gerichtet.«
Er schüttelte den Kopf, teils aus Verwunderung über des Freundes Säumen, teils auch zur Abwehr des Überflüssigen, das sie immer sagte; denn zu sagen: »umgewandt« hätte völlig genügt, und die Hinzufügung »nach mir«,

obgleich selbstverständlich richtig, war unnötig bis zur Gefährlichkeit – gesprochen beim Warten auf Schridaman mit süß schwingender, leicht unnatürlicher Stimme.
Er schwieg aus Furcht, auch seinerseits mit unnatürlicher Stimme zu sprechen und sie vielleicht dabei mit ihrem Namen anzureden, wozu er nach ihrem Beispiel eine gewisse Versuchung empfand; und so war sie es, die nach kurzer Pause den Vorschlag machte:
»Ich will dir etwas sagen, Nanda, du solltest ihm nachgehen und dich nach ihm umsehen, wo er bleibt, und ihn mit deinen kräftigen Armen rütteln, wenn er sich im Gebete vergessen hat – wir können nicht länger warten, und es ist auffallend sonderbar von ihm, uns hier sitzen und bei steigender Sonne die Zeit versäumen zu lassen, wo wir durch die Verirrung ohnedies schon verspätet sind und meine Eltern vielleicht schon allmählich anfangen, sich Sorge um mich zu machen, denn sie lieben mich über alles. Geh also, bitte, und hole ihn, Nanda! Selbst wenn er noch nicht kommen möchte und sich etwas wehrt, so bringe ihn her! Du bist ja stärker als er.«
»Gut, ich will gehen und ihn holen«, erwiderte Nanda, – »natürlich im Guten. Ich brauche ihn nur an die Zeit zu erinnern. Übrigens war es meine Schuld, daß wir den Weg verloren, und sonst niemandes. Ich hatte schon selbst daran gedacht, ihm nachzugehen, und meinte nur, es sei dir vielleicht ängstlich, hier ganz allein zu warten. Aber es ist nur auf wenige Augenblicke.«
Damit ließ er sich vom Lenkerbrett hinab und ging hinauf in das Heiligtum.
Und wir, die wir wissen, welcher Anblick ihn erwartet! Wir müssen ihn begleiten durch die Versammlungshalle, wo er noch nichts ahnte, und durch die Torhalle, wo ebenfalls noch volle Unwissenheit ihn einhüllte, und endlich hinab in den Mutterschoß. Nun ja, da strauchelte und taumelte er, einen dumpfen Ausruf des Entsetzens auf sei-

nen Lippen, und hielt sich mit Mühe fest an den Lingam-Steinen, ganz so wie Schridaman es getan, aber nicht des Bildes wegen tat er es, das jenen erschreckt und furchtbar begeistert hatte, sondern vor dem grausen Anblick am Boden. Da lag sein Freund, das wachsfarbene Haupt mit gelöstem Kopftuch vom Rumpfe getrennt, und sein Blut schlich auf geteilten Wegen gegen die Grube.

Der arme Nanda zitterte wie ein Elefantenohr. Er hielt sich die Wangen mit seinen dunklen, beringten Händen, und zwischen seinen volkstümlichen Lippen preßte sich halb erstickt der Name des Freundes hervor, wieder und wieder. Vorgebeugt tat er hilflose Bewegungen gegen den zerteilten Schridaman am Boden, denn er wußte nicht, an welchen Teil er sich wenden, welchen er umfangen, zu welchem er reden sollte, zum Körper oder zum Haupt. Für dieses entschied er sich endlich, da es immer so entschieden die Hauptsache gewesen war, kniete hin zu dem Bleichen und sprach, das ziegennasige Gesicht von bitterm Weinen verzogen, darauf ein, indem er immerhin auch eine Hand auf den Körper legte und sich gelegentlich auch an diesen wandte.

»Schridaman«, schluchzte er, »mein Lieber, was hast du getan, und wie konntest du's nur über dich gewinnen und dies vollbringen mit deinen Händen und Armen, eine so schwer auszuführende Tat! Es war doch nicht deine Sache! Aber was niemand dir zugemutet hätte, das hast du geleistet! Immer habe ich dich bewundert im Geiste, nun muß ich dich jammervoll bewundern auch von Leibes wegen, weil du dies Allerschwerste vermocht! Wie muß es ausgesehen haben in dir, daß du es schafftest! Welchen Opfertanz müssen Großherzigkeit und Verzweiflung, Hand in Hand, in deiner Brust vollführt haben, daß du dich schlachtetest! Ach, wehe, wehe, getrennt das feine Haupt vom feinen Leibe! Noch sitzt der zarte Schmer in seiner Gegend, aber er ist um Sinn und Bedeutung gebracht, da die Verbindung fehlt mit dem edlen Haupt! Sage, bin ich schuld? Bin ich etwa schuld an deiner Tat durch mein Sein, wenn auch nicht durch mein Tun? Siehe, ich denke dir nach, da mein Kopf noch denkt, – du hättest vielleicht nach der Wesenskunde diese Unterscheidung gemacht und die Schuld durch das Sein für wesentlicher erklärt als die durch das Tun. Aber was kann der Mensch mehr tun, als das Tun vermeiden? Ich habe geschwiegen soviel wie möglich, um nicht etwa auch mit girrender Stimme zu sprechen. Ich habe nichts Überflüssiges gesagt und nicht ihren Namen hinzugefügt, wenn ich zu ihr redete. Ich selbst bin mein Zeuge und sonst freilich niemand, daß ich auf nichts eingegangen bin, wenn sie sticheln wollte auf dich zu meinen Gunsten. Aber was nützt das alles, wenn ich schuld bin einfach durch mein Dasein im Fleische? In die Wüste hätte ich gehen sollen und als Einsiedler strenge Observanzen erfüllen! Ich hätte es tun sollen, ohne daß du zu mir redetest, zerknirscht will ich's zugeben; aber soviel kann ich sagen zu meiner Entlastung, daß ich es bestimmt getan hätte, wenn du zu mir gesprochen hättest! Warum hast du nicht zu mir gesprochen, liebes Haupt, als du noch nicht gesondert dalagst, sondern auf deinem Leibe saßest? Immer haben unsere Häupter miteinander geredet, deins klug und meins simpel, aber wo es ernst und gefährlich wurde, da schwiegst du! Nun ist es zu spät, und du hast nicht gesprochen, sondern gehandelt großherzig grausam und mir vorgeschrieben, wie ich zu handeln habe. Denn das hast du wohl nicht geglaubt, daß ich hinter dir zurückstehen würde, und daß einer Tat, die du mit deinen zarten Armen vollbracht, meine prallen sich weigern würden! Oft habe ich dir gesagt, daß ich die Trennung von dir nicht zu überleben gedächte, und als du mir in deiner Liebeskrankheit befahlst, dir die Feuerhütte zu rüsten, da erklärte ich dir, daß ich sie, wenn überhaupt, dann für zweie rüsten und mit dir einhocken würde. Was jetzt zu gesche-

hen hat, das weiß ich längst, wenn ich auch jetzt erst dazu komme, es klar aus dem Getümmel meiner Gedanken herauszulösen, und schon gleich als ich hier hereinkam und dich liegen sah – dich, das heißt den Leib da und das Haupt nebenbei, – da war Nanda's Urteil sofort gesprochen. Ich wollte mit dir brennen, so will ich auch mit dir bluten, denn etwas anderes bleibt mir überhaupt nicht übrig. Soll ich etwa hinausgehen, um ihr zu melden, was du getan, und aus den Schreckensschreien, die sie ausstoßen wird, ihre heimliche Freude herauszuhören? Soll ich umhergehen mit beflecktem Namen und die Leute reden lassen, wie sie mit Bestimmtheit reden werden, nämlich: ›Nanda, der Bösewicht, hat sich an seinem Freunde vergangen, hat ihn aus Gier nach seinem Weibe ermordet‹? Das denn doch nicht! Das nimmermehr! Ich folge dir, und der ewige Schoß trinke mein Blut mit deinem!«
Dies gesagt, wandte er sich vom Haupte zum Körper, löste den Schwertgriff aus den schon erstarrenden Händen und vollstreckte mit seinen wackeren Armen aufs gründlichste das sich selbst gesprochene Urteil, so daß sein Körper, um diesen zuerst zu nennen, quer über denjenigen Schridamans fiel und sein netter Kopf neben den des Freundes rollte, wo er mit verdrehten Augen liegenblieb. Sein Blut aber ebenfalls quoll erst wild und geschwinde hervor im Entspringen und schlich dann langsam durch die Rinnen zur Mündungsgrube.

7

Unterdessen saß Sita, die Furche, draußen allein in ihrem Wagenzelt, und die Zeit wurde ihr um so länger, als kein Nacken mehr vor ihr war, in den sie blicken konnte. Was, während sie sich einer alltäglichen Ungeduld überließ, mit diesem Nacken geschehen war, ließ sie sich nicht träumen, – es sei denn, daß dennoch in ihrem Innersten, tief unter dem zwar lebhaften, aber doch nur einer Welt harmloser Denkbarkeiten zugehörigen Unmut, der sie mit den Füßen strampeln und trampeln ließ, die Ahnung von etwas Fürchterlichem sich regte, woraus ihr Wartenmüssen sich erklärte, wozu aber Ungeduld und Ärger keine passenden Verhaltungsweisen bildeten, weil es einer Ordnung von Möglichkeiten angehörte, bei der es gar nichts zu strampeln und zu trampeln gab. Mit einer heimlichen Aufgeschlossenheit der jungen Frau für Vermutungen dieser Art ist zu rechnen, weil sie seit einiger Zeit in Zuständen und Erfahrungen gelebt hatte, die, um nur soviel zu sagen, einer gewissen Verwandtschaft mit jener übermäßigen Ordnung nicht entbehrten. Aber in dem, was sie vor sich selber äußerte, kam dergleichen nicht vor.

›Es ist doch nicht zu sagen und kaum zu ertragen!‹ dachte sie. ›Diese Männer, einer ist wie der andere, man sollte keinem vor dem andern den Vorzug geben, denn Verlaß ist auf keinen. Der eine läßt einen mit dem anderen sitzen, so daß er, ich weiß nicht, was, dafür verdient hätte, und schickt man den anderen, so sitzt man allein. Und das bei steigender Sonne, da durch die Verirrung schon soviel Zeit verlorengegangen! Nicht viel fehlte, so führe ich vor Ärger aus der Haut. Es ist doch im ganzen Bereich vernünftiger und zulässiger Möglichkeiten keine Erklärung und keine Entschuldigung dafür zu finden, daß erst der eine ausbleibt, und dann der, der ihn holen soll, auch. Das Äußerste, was ich denken kann, ist, daß sie in Streit und Kampf geraten sind, weil Schridaman so am Gebete hängt, daß er nicht von der Stelle mag, und Nanda ihn zwingen will, zu kommen, dabei aber aus Rücksicht auf meines Mannes Zartheit nicht seine volle Kraft aufzubieten wagt; denn wenn er wollte, so könnte er jenen ja auf seinen Armen, die sich wie Eisen anfühlen, wenn man gelegentlich daran streift, zu mir heraustragen wie ein

Kind. Das wäre demütigend für Schridaman, und doch hat die Kränkung des Wartenmüssens mich dem Wunsch schon sehr nahe gebracht, daß Nanda so handelte. Ich will euch etwas sagen: ihr verdienet, daß ich die Zügel nähme und allein zu meinen Eltern führe, – wenn ihr endlich herauskämt, so wäre die Stätte leer. Wäre es nicht so ehrlos, ohne Mann und Freund dort anzukommen, weil beide einen haben sitzen lassen, ich führte stracks den Gedanken aus. So aber bleibt mir nichts anderes übrig (und der Augenblick dazu ist nun ganz entschieden gekommen), als selbst aufzustehen, ihnen nachzugehen und nachzusehen, was in aller Welt sie treiben. Kein Wunder, daß mich armes, schwangeres Weib etwas Ängstlichkeit ankommt vor dem Ungewöhnlichen, das hinter ihrem rätselhaften Benehmen stecken muß. Aber die schlimmste unter den Denkbarkeiten ist ja schließlich, daß sie aus irgendwelchen Gründen, die ein anderer sich ausdenken mag, in Streit geraten sind, und daß der Hader sie festhält. Dann werde ich mich ins Mittel legen und ihnen schon die Köpfe zurechtsetzen.‹

Damit stieg auch die schöne Sita vom Wagen, machte sich, indes ihr die Hüften in dem gewundenen Kleide wogten, auf den Weg zum Mutterhause, – und stand fünfzig Atemzüge später vor der gräßlichsten der Bescherungen.

Sie warf die Arme empor, die Augen traten ihr aus den Höhlen, und von einer Ohnmacht entseelt, sank sie lang hin zu Boden. Allein was half ihr das? Die gräßliche Bescherung hatte Zeit, zu warten, wie sie gewartet hatte, während Sita ihrerseits zu warten vermeinte; sie blieb beliebig lange dieselbe, und als die Unglückliche wieder zu sich kam, war alles wie zuvor. Sie versuchte aufs neue in Ohnmacht zu fallen, was ihr aber dank ihrer guten Natur nicht gelang. So kauerte sie auf den Steinen, die Finger in ihrem Haare vergraben, und starrte auf die abgesonderten

Köpfe, die überkreuz liegenden Leiber und all das schleichende Blut.

»Ihr Götter, Geister und großen Asketen«, flüsterten ihre bläulichen Lippen, – »ich bin verloren! Beide Männer, gleich alle beide – mit mir ist's aus! Mein Herr und Gatte, der mit mir ums Feuer ging, mein Schridaman mit dem hochgeachteten Haupt und dem immerhin warmen Leibe, der mich die Lust lehrte, so gut ich sie eben kenne, in heiligen Ehenächten – getrennt das verehrte Haupt von seinem Körper, dahin und tot! Dahin und tot auch der andere, Nanda, der mich schaukelte und mich ihm warb, – blutig getrennt der Körper von seinem Haupt – da liegt er, die Locke ›Glückskalb‹ noch auf der fröhlichen Brust, – ohne Kopf, was ist's nun damit? Ich könnte ihn anrühren, ich könnte die Kraft und Schönheit seiner Arme und Schenkel berühren, wenn mir danach zumute wäre. Aber mir ist nicht; der blutige Tod setzte eine Schranke zwischen ihn und diesen Mutwillen, wie früher Ehre und Freundschaft es taten. Sie haben einander die Köpfe abgeschlagen! Aus einem Grunde, den ich mir nicht länger verhehle, ist ihr Zorn aufgeflammt wie Feuer, in das man Butter gießt, und sie sind in so furchtbaren Streit geraten, daß es zu dieser Wechseltat kam – ich seh's mit Augen! Es ist aber nur ein Schwert da – und Nanda hält es? Wie konnten die Wütenden mit nur einem Schwerte kämpfen? Schridaman hat, aller Weisheit und Milde vergessen, zum Schwerte gegriffen und dem Nanda den Kopf abgehauen, worauf dieser – aber nein! Nanda hat aus Gründen, die mich überrieseln in meinem Elend, den Schridaman geköpft, und darauf hat dieser – aber nein – aber nein! Höre doch auf zu denken, es kommt nichts dabei heraus als die blutige Finsternis, die ohnedies schon da ist, und nur das eine ist klar, daß sie gehandelt haben wie wüste Männer und nicht einen Augenblick meiner gedachten. Das heißt, meiner gedachten sie schon, um mich Arme ging es ja bei ihrem gräßlichen Mannestun, und das überrieselt mich gewissermaßen; aber nur in bezug auf sich selbst gedachten sie meiner, nicht in bezug auf mich und darauf, was aus mir werden würde – das kümmerte sie so wenig in ihrer Raserei, wie es sie jetzt kümmert, wo sie stille daliegen ohne Kopf und es mir überlassen, was ich nun anfange! Anfange? Hier gibt's nur zu enden und gar nichts anzufangen. Soll ich als Witwe durchs Leben irren und den Makel und Abscheu tragen der Frau, die ihres Herrn so schlecht gepflegt, daß er umkam? So steht's um eine Witwe schon ohnehin, aber welchen Makel wird man mir erst anheften, wenn ich allein in meines Vaters und meines Schwiegervaters Haus komme? Nur ein Schwert ist vorhanden, sie können sich nicht wechselweise damit umgebracht haben, mit einem Schwert kommen zweie nicht aus. Aber eine dritte Person ist übrig, und das bin ich. Man wird sagen, ich sei ein zügelloses Weib und hätte meinen Gatten und seinen Wahlbruder, meinen Schwager, ermordet, – die Beweiskette ist schlüssig. Sie ist falsch, aber sie ist schlüssig, und unschuldig wird man mich brandmarken. Nicht unschuldig, nein, es hätte noch Sinn und wäre der Mühe wert, sich zu belügen, wenn nicht alles zu Ende wäre, so aber hat es keinen Sinn. Unschuldig bin ich nicht, bin es schon lange nicht mehr, und die Zügellosigkeit angehend, so ist schon etwas daran, – viel, viel sogar ist daran; nur nicht gerade so, wie die Leute meinen werden, und also gibt es denn eine irrtümliche Gerechtigkeit? – Der muß ich zuvorkommen und muß mich selber richten. Ich muß ihnen folgen – nichts anderes in aller Welt bleibt mir übrig. Das Schwert kann ich nicht handhaben mit diesen Händchen, die zu klein und ängstlich sind, um den Körper zu zerstören, zu dem sie gehören, und der schwellende Lockung ist um und um, aber aus Schwäche besteht. Ach, es ist schade um seinen Liebreiz, und doch muß er ebenso starr und sinnlos werden

wie diese hier, daß er hinfort weder Lust erwecke noch
Lüsternheit leide. Das ist es, was unbedingt sein muß,
möge auch dadurch die Zahl der Opfer auf viere steigen.
Was hätte es auch vom Leben, das Witwenkind? Ein
Krüppel des Unglücks würde es ohne Zweifel, würde sicherlich blaß und blind, weil ich erblaßte vor Kummer in
der Lust und die Augen schloß vor dem, der sie spendete.
Wie ich's anfange, das haben sie mir überlassen. Seht
denn, wie ich mir zu helfen weiß!«
Und sie raffte sich auf, taumelte hin und her, strauchelte
die Stufen hinauf und lief, den Blick in die Vernichtung
gerichtet, durch den Tempel zurück ins Freie. Es stand ein
Feigenbaum vor dem Heiligtum, mit Lianen behangen.
Von den grünen Schläuchen ergriff sie einen, machte eine
Schlinge daraus, legte sie sich um den Hals und war in
genauem Begriff, sich darin zu erwürgen.

8

In diesem Augenblick geschah eine Stimme zu ihr aus den
Lüften, die unzweifelhaft nur die Stimme Durgâ-Dewi's,
der Unnahbaren, Kâlî's, der Dunklen, die Stimme der
Weltenmutter selbst sein konnte. Es war eine tiefe und
rauhe, mütterlich-resolute Stimme.
»Willst du das wohl augenblicklich sein lassen, du dumme
Ziege?« so ließ sie sich vernehmen, »es ist dir wohl nicht
genug, das Blut meiner Söhne in die Grube gebracht zu
haben, daß du auch noch meinen Baum verunzieren und,
was eine ganz hübsche Ausprägung meiner Wesenheit
war, deinen Leib zum Rabenfraße machen willst mitsamt
dem lieben, süßen, warmen kleinwinzigen Lebenskeim,
der darin wächst? Hast du etwa nicht gemerkt, du Pute,
daß es dir ausgeblieben ist, und daß du in der Hoffnung
bist von meinem Sohn? Wenn du nicht bis drei zählen

kannst auf unserem Gebiet, dann hänge dich auf allerdings, aber nicht hier in meinem Revier, es sieht ja aus, als sollte das liebe Leben auf einmal zugrunde gehen und aus der Welt kommen, nur deiner Albernheit wegen. Ich habe die Ohren voll sowieso von der Salbaderei der Denker, das menschliche Dasein sei eine Krankheit, die ihre Ansteckung durch die Liebeslust weitertrage auf neue Geschlechter, – und du Närrin stellst mir hier solche Tänze an. Zieh den Kopf aus der Schlinge, oder es gibt Ohrfeigen!«

»Heilige Göttin«, antwortete Sita, »gewiß, ich gehorche. Ich höre deine Wolkendonnerstimme und unterbreche natürlich sofort meine verzweifelte Handlung, da du es befiehlst. Aber dagegen muß ich mich verwahren, daß ich mich nicht einmal auf meinen Zustand verstünde und nicht gemerkt hätte, daß du mir's hast stillstehen lassen und mich gesegnet hast. Ich dachte nur, daß es ohnedies blaß und blind und ein Krüppel des Unglücks sein würde.«

»Sei so gut und laß das meine Sorge sein! Erstens ist es ein dämlicher Weibs-Aberglaube, und zweitens muß es auch blasse und blinde Krüppel geben in meinem Getriebe. Rechtfertige dich lieber und gestehe, warum das Blut meiner Söhne mir zugeflossen ist dort drinnen, die beide in ihrer Art ausgezeichnete Jungen waren! Nicht als ob ihr Blut mir nicht angenehm gewesen wäre, aber ich hätte es gern noch eine Weile in ihren braven Adern gelassen. Rede also, aber sage die Wahrheit! Du kannst dir denken, daß mir ohnehin jedwedes Ding offenbar ist.«

»Sie haben einander umgebracht, heilige Göttin, und mich haben sie sitzen lassen. Sie sind in heftigen Streit geraten um meinetwillen und haben mit ein und demselben Schwert einander die Köpfe –«

»Unsinn. Es kann wirklich nur ein Frauenzimmer so hochgradigen Unsinn schwätzen! Sie haben sich mir selber einer nach dem anderen in männlicher Frömmigkeit zum Opfer gebracht, damit du's weißt. Warum aber haben sie das getan?«

Die schöne Sita begann zu weinen und antwortete schluchzend:

»Ach, heilige Göttin, ich weiß und gestehe, daß ich schuldig bin, aber was kann ich dafür? Es war solch ein Unglück, wenn auch ein unvermeidliches wohl, also ein Verhängnis, wenn es dir recht ist, daß ich es so ausdrücke« (hier schluchzte sie mehrmals hintereinander), »– es war so ein Unheil und Schlangengift für mich, daß ich zum Weibe wurde aus dem schnippisch verschlossenen und noch nichts wissenden Mädchen, das ich war und das in Frieden seines Vaters Herdfeuer speiste, bevor es den Mann erkannte und in deine Geschäfte eingeführt wurde, – das war für dein fröhliches Kind, als hätt' es Tollkirschen gegessen, – verändert ist es seitdem um und um, und die Sünde hat Gewalt über seinen erschlossenen Sinn mit unwiderstehlicher Süßigkeit. Nicht, daß ich mich zurückwünsche in die fröhliche, schnippische Unerschlossenheit, welche Unwissenheit war, – das kann ich nicht, nicht einmal das ist einem möglich. Ich weiß nur, daß ich den Mann nicht kannte in jener Vorzeit und ihn nicht sah, daß er mich nicht kümmerte und meine Seele frei war von ihm und von jener heißen Neugier nach seinen Geheimnissen, so daß ich ihm Scherzworte zuwarf und keck und kühl meines Weges ging. Hat je der Anblick von eines Jünglings Brust mich in Verwirrung gestürzt oder hat's mir das Blut in die Augen getrieben, wenn ich auf seine Arme und Beine sah? Nein, das war mir wie Luft und Nichts dazumal und focht meine Keckheit und Kühle nicht so viel an, denn ich war unerschlossen. Ein Junge kam mit einer Plattnase und schwarzen Augen, bildsauber von Gestalt, Nanda von ›Wohlfahrt der Kühe‹, der schaukelte mich zur Sonne im Fest, und es machte mir keinerlei Hitze. Von der streichenden Luft wurde mir heiß, aber sonst von nichts, und zum Dank gab ich ihm einen Nasenstüber. Dann kehrte er wieder als Freiwerber für Schridaman, seinen Freund, nachdem dessen Eltern und meine einig geworden. Da war es vielleicht schon etwas anders, mag sein, das Unglück wurzelt in jenen Tagen, als er warb für den, der mich als Gatte umfangen sollte, und der noch nicht da war; nur jener war da.

Er war immer da, vor der Hochzeit und während derselben, als wir ums Feuer schritten und nachher auch. Tags, meine ich, war er da, aber natürlich nicht nachts, wenn ich mit seinem Freunde schlief, Schridaman, meinem Gemahl, und wir Begegnung hielten als das göttliche Paar, wie es zum ersten Male auf dem Blumenbett in der Nacht unserer Hochzeit geschah, wo er mich aufschloß mit Mannesmacht und meiner Unerfahrenheit ein Ende setzte, indem er mich zum Weibe machte und mir die schnippische Kühle der Vorzeit nahm. Das vermochte er, wie denn nicht, er war ja dein Sohn, und er wußte auch die Liebesvereinigung recht hold zu gestalten – nichts dagegen und nichts davon, daß ich ihn nicht geliebt, geehrt und gefürchtet hätte – ach, gewiß, ich bin nicht so ausgeartet, beste Göttin, daß ich meinen Herrn und Gatten nicht hätte lieben und namentlich fürchten und ehren sollen, sein fein-feines, wissendes Haupt, worin der Bart so sanft wie die Augen nach Stern und Lid, und den zugehörigen Körper. Nur mußt' ich mich immer fragen in meiner Hochachtung vor ihm, ob es eigentlich seine Sache gewesen, mich zum Weibe zu machen und meine kecke Kühle den süßen und furchtbaren Ernst der Sinne zu lehren – immer war mir's, als käm's ihm nicht zu, sei seiner nicht würdig und stände ihm nicht zu Haupt, und immer, wenn sein Fleisch sich erhob gegen mich in den Nächten der Ehe, war mir's wie eine Beschämung für ihn und eine

Erniedrigung seiner Feinheit – eine Scham und Erniedrigung aber damit zugleich auch für mich, die Erweckte. Ewige Göttin, so war es. Schilt mich, strafe mich, ich, dein Wesen, bekenne dir in dieser entsetzlichen Stunde ohne Rückhalt, wie sich's verhielt, eingedenk, daß dir ohnehin jedwedes Ding offenbar ist. Die Liebeslust stand Schridaman, meinem edlen Gemahl, nicht zu Haupt, und nicht einmal zu seinem Körper, der dabei, wie du zugeben wirst, die Hauptsache ist, wollte sie passen, so daß er, der nun jammervollerweise getrennt ist vom zugehörigen Haupt, die Liebesvereinigung nicht so gut zu gestalten wußte, daß mein ganzes Herz daran gehangen hätte, indem er mich zwar zu seiner Lust erweckte, sie aber nicht stillte. Erbarme dich, Göttin! Die Lust deines erweckten Wesens war größer als sein Glück, und sein Verlangen größer als seine Lust.
Am Tag aber und auch abends noch, vor Schlafengehen, sah ich Nanda, den Ziegennasigen, unseren Freund. Ich sah ihn nicht nur, ich betrachtete ihn, wie die heilige Ehe mich Männer zu betrachten und zu prüfen gelehrt hatte, und die Frage schlich sich in meine Gedanken und meine Träume, wie wohl er die Liebesvereinigung zu gestalten wissen würde und wie mit ihm, der bei weitem so richtig nicht spricht wie Schridaman, die göttliche Begegnung sich abspielen würde, statt mit diesem. Auch nicht anders, du Elende, du Lasterhafte, Unehrerbietige gegen deinen Gemahl! So sagte ich mir. Es ist immer dasselbe, und was wird denn schon Nanda, der nichts weiter als nett ist nach Gliedern und Worten, während dein Herr und Gemahl geradezu bedeutend genannt werden darf, was wird denn er weiter daraus zu gestalten wissen? Aber das half mir nichts; die Frage nach Nanda und der Gedanke, wie doch die Liebeslust ihm müsse ganz ohne Beschämung und Erniedrigung zu Haupt und Gliedern stehen, also daß er der Mann sei, mein Glück mit meiner

Erwecktheit ins gleiche zu bringen, – das saß mir in Fleisch und Seele wie die Angel dem Fische im Schlund, und war an kein Herausziehen zu denken, denn die Angel war widerhakig.
Wie sollte ich die Frage nach Nanda mir aus dem Fleisch und der Seele reißen, da er immer um uns war, und Schridaman und er nicht ohne einander sein konnten, ihrer Verschiedenheit wegen? Immer mußte ich ihn sehen am Tage und mir ihn erträumen statt Schridamans für die Nacht. Wenn ich seine Brust sah, mit der Locke ›Glückskalb‹ gezeichnet, seine schmalen Hüften und sein ganz kleines Hinterteil (während meines so groß ist; Schridaman aber bildet nach Hüften und Hinterteil ungefähr die Mitte zwischen Nanda und mir), so verließ mich die Fassung. Wenn sein Arm den meinen berührte, so sträubten sich die Härchen meiner Poren vor Wonne. Wenn ich gedachte, wie das herrliche Paar seiner Beine, auf dem ich ihn gehen sah und deren untere Schenkel mit schwarzen Haaren bewachsen sind, mich umklammern möchten im Liebesspiel, so riß ein Schwindel mich hin und vor Zärtlichkeit tropften mir die Brüste. Immer schöner wurde er mir von Tag zu Tag, und ich begriff nicht mehr die unglaubliche Unerwecktheit, in der ich mir aus ihm und dem Senfölgeruch seiner Haut so gar nichts gemacht hatte zu der Zeit, als er mein Schaukelherr war: Wie der Gandharvenfürst Citraratha erschien er mir nun in überirdischem Reiz, wie der Liebesgott in allersüßester Gestalt, voll Schönheit und Jugend, sinnberückend und mit himmlischem Schmuck geziert, mit Blumenketten, Düften und allem Liebreiz, – Vischnu, auf die Erde herabgestiegen in Krischna's Gestalt.
Darum, wenn Schridaman mir nahe war in der Nacht, so erblaßte ich vor Kummer, daß er es war und nicht jener, und schloß die Augen, um denken zu können, daß mich Nanda umarmte. Daran aber, daß ich zuweilen nicht um-

hinkonnte, in der Lust den Namen dessen zu lallen, von dem ich gewünscht hätte, daß er sie mir bereitete, nahm Schridaman wahr, daß ich Ehebruch trieb in seinen sanften Armen. Denn ich rede leider auch aus dem Schlaf und habe gewiß vor seinen schmerzlich berührten Ohren Traumesäußerungen getan, die ihm alles verrieten. Das schließe ich aus der tiefen Traurigkeit, in der er umherging, und daraus, daß er abließ von mir und mich nicht mehr berührte. Nanda aber rührte mich auch nicht an, – nicht, weil er nicht versucht dazu gewesen wäre – er war schon versucht, er war sicher versucht, ich lasse es nicht auf mir sitzen, daß er nicht höchlichst versucht gewesen wäre! Aber aus unverbrüchlicher Treue zu seinem Freunde bot er der Versuchung die Stirn, und auch ich, glaube mir, ewige Mutter, wenigstens will ich es glauben, – auch ich hätte ihm, wenn seine Versuchung wäre zum Versuch geworden, aus Ehrerbietung vor dem Gattenhaupt streng die Wege gewiesen. So aber hatte ich gar keinen Mann, und wir alle drei befanden uns in entbehrungsreicher Lage.

Unter solchen Umständen, Mutter der Welt, traten wir die Reise an, die wir meinen Eltern schuldeten, und kamen auf versehentlichen Wegen zu deinem Hause. Nur ein bißchen, sagte Schridaman, wolle er bei dir absteigen und dir im Vorübergehen seine Verehrung bezeigen. In deiner Schlachtzelle aber hat er, von den Umständen bedrängt, das Grauenvolle getan und seine Glieder des verehrten Hauptes, oder besser gesagt, sein hochgeachtetes Haupt der Glieder beraubt und mich in den elenden Witwenstand versetzt. Aus kummervollem Verzicht hat er's ausgeführt und in guter Meinung gegen mich, die Verbrecherin. Denn, große Göttin, verzeih mir das Wahrwort: nicht dir hat er sich zum Opfer gebracht, sondern mir und dem Freunde, damit wir fortan im Vollgenusse der Sinnenlust die Zeit verbringen könnten. Nanda aber, der ihn suchen ging, wollte das Opfer nicht auf sich sitzen lassen und hat sich gleichfalls den Kopf von den Krischna-Gliedern gehackt, so daß sie nun wertlos sind. Wertlos aber, ja tief unterwertig ist damit auch mein Leben geworden, und ich bin ebenfalls so gut wie geköpft, nämlich ohne Mann und Freund. Die Schuld an meinem Unglück muß ich wohl meinen Taten in einem früheren Dasein zuschreiben. Wie aber kannst du dich nach alldem wundern, daß ich entschlossen war, meinem gegenwärtigen ein Ende zu setzen?«

»Du bist eine neugierige Gans und nichts weiter«, sagte die Göttin mit Wolkendonnerstimme. »Es ist ja lächerlich, was du dir in deiner Neugier aus diesem Nanda gemacht hast, dessen ganzes Drum und Dran nicht mehr als normal ist. Mit solchen Armen und auf solchen Beinen laufen mir Söhne millionenweise herum, du aber machtest dir einen Gandharven aus ihm! Es ist im Grunde rührend«, fügte die göttliche Stimme hinzu und wurde milder. »Ich, die Mutter, finde die Fleischeslust im Grunde rührend und bin der Meinung, daß man im ganzen zuviel davon hermacht. Aber freilich, Ordnung muß sein!« Und die Stimme wurde urplötzlich wieder rauh und polternd. »Ich bin zwar die Unordnung, aber gerade deshalb muß ich mit aller Entschiedenheit auf Ordnung halten und mir die Unverletzlichkeit der Ehe-Einrichtung ausbitten, das laß dir gesagt sein! Alles ginge ja drunter und drüber, wenn ich nur meiner Gutmütigkeit folgte. Mit dir aber bin ich mehr als unzufrieden. Du richtest mir hier dies Kuddel-Muddel an und sagst mir zudem noch Ungezogenheiten. Denn du gibst mir zu verstehen, nicht mir hätten meine Söhne sich zum Opfer gebracht, so daß ihr Blut mir zufloß, sondern der eine dir und der zweite dem ersten. Was ist das für ein Ton? Laß einmal einen Mann sich den Kopf abhauen – nicht nur die Kehle spalten, sondern sich richtig nach dem Opfer-Ritus den Kopf abschneiden – noch dazu einen Belesenen, wie dein Schridaman, der sich nicht einmal in der Liebe besonders geschickt ausnimmt, – ohne daß er die dazu nötige Kraft und Wildheit aus der Begeisterung schöpfte, die ich ihm einflößte! Ich verbitte mir also deinen Ton, ganz abgesehen davon, ob etwas Wahres an deinen Worten ist oder nicht. Denn das Wahre daran mag sein, daß hier eine Tat mit gemischten Beweggründen vorliegt, was sagen will: eine unklare Tat. Nicht ganz ausschließlich um meine Gnade zu finden, hat mein Sohn Schridaman sich mir zum Opfer gebracht, sondern tatsächlich auch aus Kummer um dich, ob er sich darüber auch im klaren war oder nicht. Und das Opfer des kleinen Nanda war ja nur die unausbleibliche Folge davon. Darum spüre ich geringe Neigung, ihr Blut anzunehmen und es bei dem Opfer bleiben zu lassen. Wenn ich nun das Doppelopfer zurückerstattete und alles wiederherstellte, wie es war, würde ich dann erwarten dürfen, daß du dich in Zukunft anständig aufführst?«

»Ach, heilige Göttin und liebe Mutter!« rief Sita unter Tränen. »Wenn du das vermöchtest und könntest die furchtbaren Taten rückgängig machen, so daß du mir Mann und Freund zurückgäbest und alles beim alten wäre, – wie wollte ich dich da segnen und selbst meine Traumesworte beherrschen, damit der edle Schridaman keinen Kummer mehr hätte! Unbeschreiblich dankbar wollte ich dir sein, wenn du es fertigbrächtest und stelltest alles wieder her, wie es war! Denn wenn es auch sehr traurig geworden war vorher, so daß ich, als ich in deinem Schoß vor der entsetzlichen Bescherung stand, klar und deutlich erkannte, daß es gar nicht anders hätte ausgehen können, so wäre es doch wundervoll, wenn es deiner Macht gelänge, den Ausgang aufzuheben, so daß es das nächste Mal einen besseren nehmen könnte!«

»Was heißt ›vermöchtest‹ und ›fertigbrächtest‹?« erwiderte die göttliche Stimme. »Du zweifelst hoffentlich nicht, daß das meiner Macht eine Kleinigkeit ist! Mehr als einmal im Hergang der Welt habe ich es bewiesen. Du dauerst mich nun einmal, obgleich du es nicht verdienst, mitsamt dem blassen und blinden Keimchen in deinem Schoß, und die beiden Jungen dort drinnen dauern mich auch. Sperr also deine Ohren auf und hör, was ich dir sage! Du läßt jetzt diesen Schlingstengel in Ruh' und machst, daß du zurückkommst in mein Heiligtum vor mein Bild und zu der Bescherung, die du angerichtet. Dort spielst du nicht die Zimperliche und fällst nicht in Ohnmacht, sondern du nimmst die Köpfe beim Schopf und passest sie den armen Rümpfen wieder auf. Wenn du dabei die Schnittstellen mit dem Opferschwerte segnest, die Schneide nach unten, und beide Male meinen Namen anrufst – du magst Durgâ oder Kâlî sagen oder auch einfach Dewi, darauf kommt es nicht an –, so sind die Jünglinge wiederhergestellt. Hast du mich verstanden? Nähere die Köpfe den Leibern nicht zu schnell, trotz der starken Anziehungskraft, die du zwischen Kopf und Rumpf spüren wirst, damit das vergossene Blut Zeit hat, zurückzukehren und wieder eingeschlürft zu werden. Das geht mit Zauberschnelligkeit, aber einen Augenblick Zeit will es immerhin haben. Ich hoffe, du hast zugehört? Dann lauf! Aber mach deine Sache ordentlich und setze ihnen nicht die Köpfe verkehrt auf in deiner Huschlichkeit, daß sie mit dem Gesicht im Nacken herumlaufen und das Gespött der Leute werden! Mach! Wenn du bis morgen wartest, ist es zu spät.«

9

Die schöne Sita sagte gar nichts mehr, sie sagte nicht einmal »Danke«, sondern tat einen Satz und lief, so schnell ihr Wickelkleid es nur erlaubte, zurück in das Mutterhaus.

Sie lief durch die Versammlungshalle und durch die Torhalle und in den heiligen Schoß und machte sich vor dem schrecklichen Angesicht der Göttin mit fiebriger, fliegender Geschäftigkeit ans vorgeschriebene Werk. Die Anziehungskraft zwischen Köpfen und Rümpfen war nicht so stark, wie man nach den Worten der Dewi hätte erwarten sollen. Spürbar war sie, aber nicht so gewaltig, daß sie eine Gefahr für die rechtzeitige Rückkehr des Blutes, die Rinnen hinauf, gebildet hätte, die sich während der Annäherung mit Zauberschnelligkeit und unter einem lebhaft schmatzenden Geräusche vollzog. Unfehlbar taten dabei der Schwertsegen und der göttliche Name, den Sita mit gepreßtem Jubel sogar dreimal in jedem Fall ausrief, ihre Wirkung: – mit befestigten Köpfen, ohne Schnittmal und Narbe erstanden vor ihr die Jünglinge, sahen sie an und sahen an sich hinunter; oder vielmehr: indem sie das taten, sahen sie aneinander hinunter, denn um an sich selbst hinunterzusehen, hätten sie zueinander hinübersehen müssen – dieser Art war ihre Herstellung.

Sita, was hast du gemacht? Oder, was ist geschehen? Oder was hast du geschehen machen in deiner Huschlichkeit? Mit einem Worte (und um die Frage so zu stellen, daß sie die fließende Grenze zwischen Geschehen und Machen gebührend wahrnimmt): Was ist dir passiert? Die Aufregung, in der du handeltest, ist begreiflich, aber hättest du nicht trotzdem ein wenig besser die Augen aufmachen können bei deinem Geschäft? Nein, du hast deinen Jünglingen die Köpfe nicht verkehrt aufgesetzt, daß ihnen das Gesicht im Nacken stände – dies passierte dir keineswegs. Aber, – sei denn herausgesagt, was dir begegnete, sei die verwirrende Tatsache denn bei Namen genannt, das Unglück, das Malheur, die Bescherung, oder wie ihr alle drei nun geneigt sein mögt, es zu nennen, – du hast dem einen den Kopf des anderen aufgepaßt und festgesegnet: den Kopf des Nanda dem Schridaman – wenn man dessen

Rumpf ohne die Hauptsache eben noch als Schridaman bezeichnen konnte – und das Haupt des Schridaman dem Nanda, wenn der kopflose Nanda noch Nanda war, – kurzum, nicht als die, die sie waren, erstanden dir Gatte und Freund, sondern in verwechselter Anordnung: du gewahrst Nanda – wenn derjenige Nanda ist, der seinen populären Kopf trägt – in dem Hemdrock, dem Hosenschurz, die Schridamans feinen und speckigen Körper umhüllen; und Schridaman – wenn die Figur so bezeichnet werden darf, die mit seinem milden Haupte versehen ist – steht vor dir auf Nanda's wohlschaffenen Beinen, die Locke ›Glückskalb‹ im Rahmen der Steinperlenkette auf ›seiner‹ breiten und bräunlichen Brust!
Welch eine Bescherung – als Folge der Übereilung! Die Geopferten lebten, aber sie lebten vertauscht: der Leib des Gatten mit dem Haupt des Freundes, des Freundes Leib mit dem Haupte des Gatten. Was Wunder, daß minutenlang der Felsenschoß widerhallte von den staunenden Ausrufungen der drei? Der mit dem Nanda-Kopf betastete, indem er die ihm zugehörigen Glieder untersuchte, den Leib, der einst dem edlen Haupte des Schridaman nebensächlich angehört hatte; und dieser, Schridaman nämlich (dem Haupte nach), prüfte voller Betroffenheit als seinen eigenen den Körper, der in Verbindung mit Nanda's nettem Kopf die Hauptsache gewesen war. Was die Urheberin dieser neuen Anordnung betraf, so eilte sie unter Rufen des Jubels, des Jammers, der Verzeihung heischenden Selbstanklage von einem zum anderen, umhalste abwechselnd beide und warf sich ihnen zu Füßen, um ihnen unter Schluchzen und Lachen die Beichte ihrer Erlebnisse und des ihr unterlaufenen Versehens abzulegen.
»Vergebt mir, wenn ihr könnt!« rief sie. »Vergib du mir, bester Schridaman« – und sie wandte sich mit Betonung an dessen Haupt, indem sie den damit verbundenen

Nanda-Körper geflissentlich übersah –; »vergib auch du mir, Nanda!« – und wieder redete sie zu dem betreffenden Haupt empor, indem sie es trotz seiner Unbedeutendheit als die Hauptsache und den damit verbundenen Schridaman-Leib auch jetzt als gleichgültiges Anhängsel betrachtete. »Ach, ihr solltet es über euch gewinnen, mir zu vergeben, denn wenn ihr der gräßlichen Tat gedenkt, die ihr in euerer vorigen Verkörperung über euch gewannt, und der Verzweiflung, in die ihr mich dadurch stürztet; wenn ihr bedenkt, daß ich in vollem Begriffe war, mich zu erwürgen, und dann ein sinnberaubendes Gespräch mit der Wolkendonnerstimme der Unnahbaren selbst hatte, so müßt ihr verstehen, daß ich bei der Ausführung ihrer Befehle nicht meine volle Urteilskraft und Geistesgegenwart beisammen hatte, – es schwamm mir vor den Augen, ich erkannte nur undeutlich, wessen Haupt und Glieder ich unter den Händen hatte, und mußte es dem guten Glück überlassen, daß sich das Rechte zum Rechten finde. Die halbe Wahrscheinlichkeit sprach dafür, daß ich das Rechte traf, und genau ebensoviel dagegen – da hat sich's nun so gefügt, und ihr habt euch so gefügt, denn wie konnte ich wissen, ob die Anziehungskraft zwischen Häuptern und Gliedern das rechte Maß hatte, da sie ja deutlich und kräftig vorhanden war, wenn sie auch vielleicht bei anderer Zusammenfügung noch stärker gewesen wäre. Auch die Unnahbare trifft einige Schuld, denn sie hat mich nur verwarnt, euch nicht die Gesichter in den Nacken zu setzen, so daß ich darauf wohl achtgab; daß es sich fügen könnte, wie sich's gefügt, daran hat die Erhabene nicht gedacht! Sagt, seid ihr verzweifelt über die Art eures Erstehens und flucht ihr mir ewig? Dann will ich hinausgehen und die Tat vollenden, in der die Anfangslose mich unterbrach. Oder seid ihr geneigt, mir zu vergeben, und haltet ihr für denkbar, daß unter den Umständen, wie das blinde Ungefähr sie gefügt, ein neues und besseres Leben zwischen uns

dreien beginnen könnte, – ein besseres, meine ich, als möglich gewesen wäre, wenn nur der vorige Zustand sich wiederhergestellt hätte, der einen so traurigen Ausgang nahm und nach menschlichem Ermessen einen ebensolchen wieder hätte nehmen müssen? Das sage mir, kraftvoller Schridaman! Das laß mich wissen, edel gestalteter Nanda!«
Wetteifernd im Verzeihen neigten die vertauschten Jünglinge sich zu ihr, hoben sie auf, der eine mit den Armen des anderen, und alle drei standen weinend und lachend umschlungen in inniger Gruppe, wobei zweierlei mit Gewißheit zutage trat. Erstens erwies sich, daß Sita ganz recht getan, die Erstandenen nach ihren Häuptern anzureden; denn nach diesen ging es, nach den Köpfen bestimmten sich unzweifelhaft die Ich- und Meingefühle, und als Nanda fühlte und wußte sich derjenige, der das volkstümliche Haupt des Sohnes Garga's auf schmalen und hellen Schultern trug; als Schridaman gebärdete sich mit Selbstverständlichkeit jener, dem auf prächtigen, dunklen Schultern das Haupt des Brahmanenenkels saß. Zum zweiten aber wurde klar, daß beide wirklich der Sita wegen ihres Versehens nicht zürnten, sondern großes Vergnügen an ihrer neuen Verfassung hatten.
»Vorausgesetzt«, sagte Schridaman, »daß Nanda sich des Körpers nicht schämt, der ihm zuteil geworden, und Krischna's Brustlocke nicht allzu sehr vermißt, was mir schmerzlich wäre, – von mir kann ich nur sagen, daß ich mich als den glücklichsten der Menschen fühle. Immer habe ich mir solche Leiblichkeit gewünscht, und wenn ich die Muskeln meiner Arme prüfe, auf meine Schultern blicke und an meinen prächtigen Beinen heruntersehe, so überkommt mich unbezähmbare Freude, und ich sage mir, daß ich fortan ganz anders, als bisher, den Kopf hoch tragen werde, erstens im Bewußtsein meiner Kraft und Schönheit, und zweitens, weil die Neigungen meines

Geistes jetzt mit meiner Körperbeschaffenheit in Einklang stehen werden, so daß es nichts Unzukömmliches und Verkehrtes mehr haben wird, wenn ich der Vereinfachung zugunsten rede und unterm Baume den Umzug der Kühe um den Berg ›Buntgipfel‹ anstelle des Sprüchedienstes befürworte, denn es steht mir an, und das Fremde ist mein worden. Liebe Freunde, hierin liegt unzweifelhaft eine gewisse Traurigkeit, daß das Fremde nun mein geworden und kein Gegenstand des Verlangens und der Bewunderung mehr ist, außer daß ich mich selbst bewundere, und daß ich nicht mehr den anderen diene, indem ich den Bergdienst statt des Indra-Festes empfehle, sondern dem, was ich selber bin. Ja, ich will es zugeben, diese gewisse Traurigkeit, daß ich nun bin, wonach mich verlangte, sie ist vorhanden. Aber sie wird vollkommen in den Hintergrund gedrängt durch den Gedanken an dich, süße Sita, der mir weit vor dem an mich selber geht, nämlich durch den Gedanken an die Vorteile, die dir aus meiner neuen Beschaffenheit erwachsen, und die mich im voraus unaussprechlich stolz und glücklich machen, so daß ich, was an mir liegt, dieses ganze Wunder nur mit den Worten segnen kann: Siyâ, es sei!«
»Du könntest wirklich ›Siyât‹ sagen nach der richtigen Rede«, sprach nun Nanda, der bei den letzten Worten seines Freundes die Augen niedergeschlagen hatte, »und deinen Mund nicht von deinen bäurischen Gliedern beeinflussen lassen, um die ich dich wahrhaftig nicht beneide, denn allzu lange waren sie mein. Auch ich, Sita, bin dir im geringsten nicht böse, sondern sage ›Siyât‹ zu diesem Wunder ebenfalls, denn immer habe ich mir einen solchen feinen Leib gewünscht, wie er nun mein ist, und wenn ich in Zukunft Indra's Sprüchedienst gegen die Vereinfachung verteidigen werde, so wird mir das besser als vormals zu Gesichte stehen, oder doch wenigstens zu Leibe, der dir, Schridaman, eine Nebensache gewesen sein mag,

aber mir ist er die Hauptsache. Ich wundere mich keinen Augenblick, daß unsere Köpfe und Leiber, wie du, Sita, sie zusammenfügtest, eine so starke Anziehungskraft auf einander spüren ließen, denn in dieser Anziehungskraft gab sich die Freundschaft kund, die Schridaman und mich verband, und von der ich nur wünschen kann, es möchte ihr durch das Geschehene kein Abbruch geschehen. Das eine aber muß ich sagen: Mein armer Kopf kann nicht umhin, für den Leib zu denken, der ihm zuteil geworden, und seine Rechte wahrzunehmen, und darum bin ich erstaunt und betrübt, Schridaman, über die Selbstverständlichkeit einiger Worte, mit denen du vorhin auf Sita's eheliche Zukunft anspieltest. Sie wollen mir nicht zu Haupt, denn keine Selbstverständlichkeit scheint es mir zu geben, sondern eine große Frage, und mein Kopf beantwortet sie anders, als sie der deine zu beantworten scheint.«
»Wieso!« riefen Sita und Schridaman wie aus einem Munde.
»Wieso?« wiederholte der feingliedrige Freund. »Wie könnt ihr nur fragen? Mir ist mein Leib die Hauptsache, und darin denke ich nach dem Sinn der Ehe, in der auch der Leib die Hauptsache ist, denn mit ihm werden Kinder gezeugt und nicht mit dem Kopf. Ich möchte den sehen, der mir bestreitet, daß ich der Vater des Früchtchens bin, das Sita im Schoße trägt.«
»Aber nimm doch deinen Kopf zusammen«, rief Schridaman, indem er die kräftigen Glieder unwillig regte, »und besinne dich auf dich selbst! Bist du Nanda, oder wer bist du?«
»Ich bin Nanda«, erwiderte jener, »aber so wahr ich diesen Gattenleib mein eigen nenne und von ihm Ich sage, so wahr ist die ringsum schöngliedrige Sita mein Weib und ihr Früchtchen ist mein Erzeugnis.«
»Wirklich?« erwiderte Schridaman mit leise bebender Stimme. »Ist es das? Ich hätte das nicht zu behaupten ge-

wagt, als dein gegenwärtiger Leib noch der meine war und bei Sita ruhte. Denn nicht er war es, wie aus ihrem Flüstern und Lallen zu meinem unendlichen Leide hervorging, den sie in Wahrheit umarmte, sondern der, den ich nunmehr mein eigen nenne. Es ist nicht schön von dir, Freund, daß du an diese schmerzlichen Dinge rührst und mich zwingst, sie zur Sprache zu bringen. Wie magst du in dieser Weise auf deinem Kopfe bestehen, oder vielmehr auf deinem Leibe, und so tun, als seist du ich geworden, ich aber du? Es ist doch klar, daß, wenn hier eine solche Vertauschung stattgefunden hätte und du Schridaman geworden wärest, Sita's Mann, ich aber wäre Nanda geworden –, daß in diesem Falle gar keine Vertauschung vorläge, sondern alles wäre beim alten. Das glückliche Wunder besteht doch gerade darin, daß nur eine Vertauschung von Häuptern und Gliedern sich unter Sita's Händen vollzogen hat, an der unsere maßgebenden Häupter sich freuen, und die vor allem der schönhüftigen Sita Freude zu machen bestimmt ist. Indem du dich, unter hartnäckiger Berufung auf deinen Eheleib, zu ihrem Gatten aufwirfst, mir aber die Rolle des Ehefreundes zuweist, legst du eine tadelnswerte Ichsucht an den Tag, denn nur auf dich und deine vermeintlichen Rechte, nicht aber auf Sita's Glück und auf die Vorteile bist du bedacht, die ihr aus der Vertauschung erwachsen sollen.«

»Vorteile«, versetzte Nanda nicht ohne Bitterkeit, »auf die du stolz zu sein gedenkst, so daß sie ebensogut deine Vorteile sind und deine Ichsucht zutage liegt. Sie ist auch schuld daran, daß du mich so fälschlich verstehst. Denn in Wahrheit berufe ich mich gar nicht auf den Gattenleib, der mir zugefallen, sondern auf meinen gewohnten und selbsteigenen Kopf, den du selbst für maßgebend erklärst und der mich auch in Verbindung mit dem neuen und feineren Leibe zum Nanda macht. Ganz unrichtigerweise stellst du es so hin, als wäre ich nicht mindestens so sehr wie du auf Sita's Glück und Vorteil bedacht. Wenn sie mich ansah in letzter Zeit und zu mir sprach mit süßschwingender und klingender Stimme, die ich mich fürchtete zu vernehmen, weil die Gefahr groß war, daß ich mit verwandter Stimme darauf erwiderte, so blickte sie mir ins Gesicht – in die Augen blickte sie mir, indem sie mit den ihren darin zu lesen suchte, und nannte mich ›Nanda‹ und ›lieber Nanda‹ dabei, was mir überflüssig scheinen wollte, aber es war nicht überflüssig, wie mir nun klar ist, sondern von höchster Bedeutsamkeit. Denn es war der Ausdruck dafür, daß sie nicht meinen Leib meinte, der an und für sich diesen Namen nicht verdient, wie du selbst am besten beweisest, indem du dich auch in seinem Besitz nach wie vor Schridaman heißest. Ich habe ihr nicht geantwortet oder kaum das Notwendigste, um nicht auch ins Schwingende und Klingende zu fallen, habe sie nicht ebenfalls bei Namen genannt und meine Augen vor ihr verborgen, damit sie nicht darin lesen könne – alles aus Freundschaft für dich und aus Ehrfurcht vor deiner Gattenschaft. Aber nun, da dem Haupt, in dessen Augen sie so tief und fragend blickte und zu dem sie ›Nanda‹ und ›lieber Nanda‹ sagte, auch noch der Gattenleib zugefallen und dem Gattenleibe der Nandakopf, – nun hat sich die Lage denn doch von Grund aus zu meinen und Sita's Gunsten verändert. Zu ihren vor allem! Denn gerade wenn wir ihr Glück und ihre Zufriedenheit allem voranstellen, so sind doch gar keine reineren und vollkommeneren Verhältnisse denkbar, als wie ich sie nun darstelle.«

»Nein«, sagte Schridaman, »ich hätte so etwas nicht von dir erwartet. Ich habe befürchtet, daß du dich meines Leibes schämen möchtest, aber mein ehemaliger Leib könnte sich ja deines Kopfes schämen, in solche Widersprüche verwickelst du dich, indem du einmal den Kopf und einmal den Körper als das Ehewichtigste hinstellst, genau, wie es dir paßt! Immer warst du ein bescheidener Junge, und nun auf einmal erklimmst du den Gipfel der Anmaßung und Selbstgefälligkeit, indem du deine Verhältnisse für die reinsten und vollkommensten der Welt erklärst, um Sita's Glück zu verbürgen, wo doch auf der flachen Hand liegt, daß ich es bin, der ihr die bestmöglichen, das heißt: die zugleich glücklichsten und beruhigendsten Bedingungen zu bieten hat! Aber es hat gar keinen Zweck und keine Aussicht, noch weiter Worte zu wechseln. Hier steht Sita. Sie soll sagen, wem sie gehört, und Richterin sein über uns und ihr Glück.«

Sita blickte verwirrt von einem zum anderen. Dann barg sie ihr Gesicht in den Händen und weinte.

»Ich kann es nicht«, schluchzte sie. »Zwingt mich, bitte, nicht, mich zu entscheiden, ich bin nur ein armes Weib, und es ist mir zu schwer. Anfangs freilich schien es mir leicht, und so sehr ich mich meines Mißgriffs schämte, so war ich doch glücklich darüber, besonders, da ich euch glücklich sah. Aber eure Reden haben mir den Kopf verrückt und das Herz gespalten, so daß die eine Hälfte der anderen erwidert, wie ihr euch erwidert. In deinen Worten, bester Schridaman, ist viel Wahres, und dabei hast du noch nicht einmal geltend gemacht, daß ich doch nur mit einem Gatten nach Hause kommen kann, der deine Züge trägt. Aber auch Nanda's Ansichten gehen mir teilweise nahe, und wenn ich mich erinnere, wie traurig und bedeutungslos sein Körper mir war, als er keinen Kopf mehr hatte, so muß ich ihm recht darin geben, daß ich doch auch, und vielleicht in erster Linie sein Haupt meinte, wenn ich wohl einmal ›lieber Nanda‹ zu ihm sagte. Wenn du aber von Beruhigung sprichst, lieber Schridaman, von Beruhigung im Glücke, so ist es doch eine große und furchtbar schwer zu beantwortende Frage, was meinem Glücke mehr Beruhigung gewähren kann: der Gattenleib oder das Gattenhaupt. Nein, quält mich nicht; ich bin ganz außerstande, eueren Streit zu schlichten, und habe kein Urteil darüber, wer von euch beiden mein Gatte ist!«

»Wenn es so steht«, sagte Nanda nach einem ratlosen Stillschweigen, »und Sita sich nicht entscheiden und zwischen uns richten kann, dann muß das Urteil von dritter oder richtig gesagt: vierter Seite kommen. Als Sita vorhin erwähnte, daß sie nur mit einem Manne heimkehren kann, der Schridamans Züge trägt, da dachte ich in meinem Sinn, daß sie und ich eben nicht heimkehren, sondern in der Einsamkeit leben würden, falls sie ihr beruhigtes Glück in mir, ihrem leiblichen Gatten, finden sollte. Mir liegt der Gedanke an Einsamkeit und Wildnis schon lange nahe, denn wiederholt ging ich mit der Absicht um, ein Waldeinsiedel zu werden, wenn Sita's Stimme mir angst machte um meine Freundestreue. Darum suchte ich die Bekanntschaft eines Asketen voll Selbstbezwingung, Kamadamana mit Namen, damit er mir Anweisungen gäbe über das Leben im Menschenleeren, und besuchte ihn im Dankakawalde, wo er lebt und wo es ringsum viele Heilige gibt. Von Hause aus heißt er einfach Guha, hat sich aber den asketischen Namen Kamadamana beigelegt, mit dem er genannt sein will, soweit er überhaupt jemandem gestattet, ihn anzureden. Seit vielen Jahren lebt er im Dankakawalde nach strengen Observanzen von Baden und Schweigen und ist, glaube ich, seiner Verklärung schon nicht mehr fern. Zu diesem Weisen, der das Leben kennt und es überwunden hat, wollen wir reisen, wollen ihm unsere Geschichte erzählen und ihn zum Richter einsetzen über Sita's Glück. Er soll entscheiden, wenn ihr's zufrieden seid, wer von uns beiden ihr Gatte ist, und sein Spruch soll gelten.«

»Ja, ja«, rief Sita erleichtert, »Nanda hat recht, machen wir uns auf zu dem Heiligen!«

»Da ich einsehe«, sagte Schridaman, »daß hier ein sachliches Problem vorliegt, das nicht aus unserer Mitte, sondern nur durch äußeren Spruch gelöst werden kann, so stimme auch ich dem Vorschlag zu und bin bereit, mich dem Urteil des Weisen zu unterwerfen.«

Da sie denn in diesen Grenzen einig waren, so verließen sie miteinander das Mutterhaus und kehrten zu ihrem Gefährt zurück, das noch immer drunten im Hohlweg auf sie wartete. Hier warf gleich die Frage sich auf, wer von den Männern den Fahrer und Lenker abgeben sollte; denn das ist eine leibliche Sache und eine Sache des Kopfes zugleich, und Nanda wußte den Weg zum Dankakawalde, der zwei Tagesreisen weit war, er hatte ihn im Kopf; nach seiner Körperbeschaffenheit aber war Schridaman besser zum Führen der Zügel geeignet, weshalb ja auch Nanda bisher dies Amt versehen hatte. Er überließ es nun aber dem Schridaman, indem er sich mit Sita hinter ihn setzte und ihm die Wege einsagte, die er fahren sollte.

10

Der regengrüne Dankakawald, zu dem unsere Freunde am dritten Tage gelangten, war stark bevölkert mit Heiligen; doch war er groß genug, um einem jeden hinlängliche Abgeschiedenheit und ein Stück grausiger Menschenleere zu bieten. Es wurde den Wallfahrern nicht leicht, sich von Einsamkeit zu Einsamkeit zu Kamadamana, dem Bezwinger der Wünsche, durchzufragen. Denn die Einsiedler rings wollten einer vom andern nichts wissen, und jeder beharrte auf seinem Eindruck, daß er allein sei im weiten Walde und vollkommene Menschenleere ihn umgebe. Es waren Heilige verschiedenen Grades, welche die Einsamkeiten bewohnten: teils solche, die die Lebensstufe des Hausvaters zurückgelegt hatten und nun, zuweilen sogar in Gesellschaft ihrer Frauen, den Rest ihres Lebens einer mäßigen Betrachtsamkeit widmeten, teils aber auch sehr wilde und zu letzter Vergeistigung entschlossene Yogin, welche die Hengste ihrer Sinne so gut wie gänzlich gezügelt hatten und, indem sie ihr Fleisch durch Entziehung und Zufügung bis aufs Messer bekämpften, in der Erfüllung schonungsloser Gelübde das Grimmigste leisteten. Sie fasteten ungeheuer, schliefen im Regen nackt auf der Erde und trugen bei kalter Jahreszeit nur nasse Kleider. Bei Sommerhitze dagegen nahmen sie zwischen vier Feuerbränden Platz zur Verzehrung ihres irdischen Stoffes, der teils von ihnen troff, teils in dörrender Glut dahinschwand und den sie zusätzlicher Züchtigung unterwarfen, indem sie sich tagelang am Boden hin und her rollten, unausgesetzt auf den Fußspitzen standen oder sich in rastloser Bewegung hielten dadurch, daß sie in steter und rascher Abwechslung aufstanden und niedersaßen. Trat bei solchen Gepflogenheiten ein Siechtum sie an, das die Aussicht auf nahe Verklärung eröffnete, so machten sie sich auf zur letzten Pilgerfahrt in gerader Richtung gegen Nordosten, sich nährend nicht länger von Kräutern und Knollen, sondern nur noch von Wasser und Luft, bis der Leib zusammenbrach und die Seele sich mit Brahman vereinigte.

Heiligen der einen wie auch der anderen Art begegneten die Bescheidsuchenden auf ihrer Wanderung durch die Parzellen der Abgeschiedenheit, nachdem sie ihr Gefährt am Rande des Büßer-Waldes bei einer Einsiedlerfamilie zurückgelassen, welche dort, nicht ganz ohne Berührung mit der äußeren Menschenwelt, ein vergleichsweise lockeres Leben führte. Schwer, wie gesagt, wurde es den dreien, die Menschenleere aufzutreiben, in der Kamadamana hauste; denn hatte auch Nanda schon früher einmal den Weg durchs Weglose zu ihm gefunden; so hatte er's doch mit anderem Körper getan, was seine Ortserinnerung und Findigkeit einschränkte. Die Baum- und Höhlenbewohner aber drinnen im Walde stellten sich unwissend oder waren es wirklich, und nur mit Hilfe der Weiber einiger ehemaliger Hausväter, die ihnen hinter den Rücken ihrer Herren aus Gutherzigkeit die Richtung deuteten, gelangten sie, nachdem sie noch einen ganzen Tag gesucht und in der Wildnis genächtigt, glücklich in des Heiligen Revier, wo sie denn seinen weißgetünchten Kopf mit aufgeflochtenem Haarwulst und seine zum Himmel gereckten Arme, die dürren Zweigen glichen, aus einem sumpfigen Wassertümpel ragen sahen, worin er, den Geist in eine Spitze gesammelt, wer weiß wie lange schon, bis zum Halse stand.

Ehrfurcht vor der Glutgewalt seiner Askese bewahrte sie davor, ihn anzurufen; vielmehr warteten sie geduldig, daß er seine Übung unterbräche, was aber, sei es, weil er sie nicht bemerkte, sei es auch eben, weil er sie sehr wohl bemerkt hatte, noch lange nicht geschah. Wohl eine Stunde noch hatten sie in scheuer Entfernung vom Saum des Wasserloches zu warten, ehe er daraus hervorkam, ganz nackt, Bart- und Leibeshaare mit tropfendem Schlamm behangen. Da sein Körper des Fleisches bereits so gut wie ledig war und nur noch aus Haut und Knochen bestand, so hatte es mit seiner Blöße sozusagen nichts auf sich. Indem er sich den Wartenden näherte, kehrte er mit einem Besen, den er vom Ufer aufgenommen, den Grund, wo er ging, was, wie sie wohl verstanden, geschah, damit er nicht irgendwelche Lebewesen, die dort heimlich vorkommen mochten, unter seinen Tritten vernichte. Nicht so mild erwies er sich anfangs gegen die ungebetenen Gäste, sondern erhob im Näherkommen drohend den Besen gegen sie, so daß leicht unterdessen durch ihre Schuld zu seinen Füßen etwas nicht Wiedergutzumachendes hätte geschehen können, und rief ihnen zu:

»Fort, Gaffer und Tagediebe! Was habt ihr zu suchen in meiner Menschenleere!«

»Besieger der Wünsche, Kamadamana«, antwortete

Nanda voller Bescheidenheit, »vergib uns Bedürftigen die Kühnheit unserer Annäherung! Der Ruhm deiner Selbstbezwingung hat uns hergelockt, aber hergetrieben haben uns die Nöte des Lebens im Fleische, in denen du, Stier unter den Weisen, uns Rat und gültiges Urteil spenden sollst, wenn du die Herablassung haben willst. Sei doch so gut und erinnere dich meiner! Schon einmal hab' ich mich zu dir getraut, um deiner Unterweisung teilhaftig zu werden über das Leben im Menschenleeren.«

»Es mag sein, daß du mir bekannt vorkommst«, sagte der Klausner, indem er ihn unter dem drohenden Gestrüpp seiner Brauen mit seinen tief in den Höhlen liegenden Augen betrachtete. »Wenigstens deinen Zügen nach mag das der Fall sein, deine Gestalt aber scheint in der Zwischenzeit eine gewisse Läuterung erfahren zu haben, die ich wohl deinem damaligen Besuch bei mir zuschreiben darf.«

»Es hat mir sehr wohlgetan«, erwiderte Nanda ausweichend. »Aber die Veränderung, die du an mir wahrnimmst, hat noch einen anderen Zusammenhang und gehört zu einer Geschichte voller Not und Wunder, die eben die Geschichte von uns drei Bedürftigen ist. Sie hat uns vor eine Frage gestellt, die wir von uns aus nicht lösen können, so daß wir notwendig deinen Bescheid und Urteilsspruch brauchen. Uns wundert, ob deine Selbstbezwingung wohl so groß ist, daß du es über dich gewinnst, uns anzuhören.«

»Sie sei es«, antwortete Kamadamana. »Niemand soll sagen, daß sie so groß nicht gewesen wäre. Wohl war es mein erster Antrieb, euch zu verscheuchen aus meiner Menschenleere, aber auch das war ein Trieb, den ich verneine, und eine Versuchung, der ich zu widerstehen gewillt bin. Denn ist es Askese, die Menschen zu meiden, so ist es eine noch größere, sie bei sich aufzunehmen. Ihr könnt mir glauben, daß euere Nähe und der Lebensdunst, den ihr mit euch bringt, sich mir schwer auf die Brust legt und mir unliebsam die Wangen erhitzt, wie ihr sehen könntet ohne die Aschentünche, mit der ich mir schicklicherweise das Gesicht bestrichen. Aber ich bin bereit, eueren dunstigen Besuch zu bestehen, besonders noch aus dem Grunde, weil, wie ich schon lange bemerkt habe, zu euerer Dreizahl ein Frauenzimmer gehört, des Wuchses, den die Sinne herrlich nennen, lianenschlank mit weichen Schenkeln und vollen Brüsten, o ja, o pfui. Ihre Leibesmitte ist schön, ihr Gesicht reizend und rebhuhnäugig, und ihre Brüste, um es noch einmal auszusprechen, sind voll und steil. Guten Tag, du Weib! Nicht wahr, wenn die Männer dich sehen, so sträuben sich ihnen die Haare an ihrem Leibe vor Lust, und euere Lebensnöte sind zweifellos dein Werk, du Fanggrube und Lockspeise. Sei gegrüßt! Die Jungen da hätte ich wohl zum Teufel gejagt, aber da du mit ihnen bist, meine Teuere, so bleibt doch nur da, bleibt doch nur ja, so lange ihr wollt – mit wirklicher Zuvorkommenheit lade ich euch ein zu mir vor meinen hohlen Baum und werde euch mit Jujubenbeeren bewirten, die ich in Blättern gesammelt, nicht um sie zu essen, sondern um darauf zu verzichten und angesichts ihrer erdige Knollen zu mir zu nehmen, da denn dieses Gebein von Zeit zu Zeit immer noch einmal geatzt sein muß. Aber euere Geschichte, von der gewiß ein erstickender Lebensdunst auf mich ausgehen wird, werde ich anhören – Wort für Wort werde ich ihr lauschen, denn niemand soll den Kamadamana der Furchtsamkeit zeihen. Zwar ist es schwer, zwischen Unerschrockenheit und Neugier zu unterscheiden, und die Einflüsterung, ich wolle euch nur lauschen, weil ich hungrig und lüstern geworden sei in meiner Menschenleere nach dunstenden Lebensgeschichten, will abgewiesen sein nebst der weiteren Einflüsterung, daß die Abweisung und Ertötung des Einwandes eben nur um der Neugier willen geschehe, so daß eigent-

lich diese es sei, die ertötet werden müsse, – aber wo bliebe dann die Unerschrockenheit? Es ist genau wie mit den Jujubenbeeren. Auch ihretwegen versucht mich wohl der Gedanke, daß ich sie mir hinstelle – nicht sowohl als Gegenstand des Verzichtes, als um meine Augenweide daran zu haben, – worauf ich unerschrocken entgegne, daß in der Augenweide ja gerade die Versuchung beruht, sie zu essen, und daß ich mir das Leben also zu leicht machen würde, wenn ich sie mir nicht hinstellte. Dabei will freilich der Verdacht ertötet sein, daß ich diese Entgegnung nur ersinne, um eben doch des leckeren Anblicks teilhaftig zu werden, – wie ich ja auch, wenn ich die Beeren zwar nicht selber esse, aber sie euch zu essen gebe, doch meinen Genuß darin finde, sie euch prepeln zu sehen, was in Anbetracht des trügerischen Charakters der Welt-Vielfalt und des Unterschiedes von Ich und Du beinahe dasselbe ist, als ob ich sie selber äße. Kurzum, die Askese ist ein Faß ohne Boden, ein unergründlich Ding, weil sich die Versuchungen des Geistes darin mit den sinnlichen Versuchungen vermischen, und ein Stück Arbeit ist es damit wie mit der Schlange, der zwei Köpfe nachwachsen, wenn man ihr einen abschlägt. Aber so ist es gerade recht, und die Hauptsache bleibt die Unerschrockenheit. Darum kommt nur mit, ihr dunstiges Lebensvolk beiderlei Geschlechts, kommt nur immer mit zu meiner Baumeshöhle und erzählt mir Lebensunrat soviel ihr wollt, – zu meiner Kasteiung will ich euch anhören und dabei die Einflüsterung ertöten, ich täte es zu meiner Unterhaltung – es kann gar nicht genug zu ertöten geben!«
Nach diesen Worten führte der Heilige sie, immer sorgsam mit dem Besen vor sich kehrend, eine Strecke weit durch das Dickicht zu seiner Heimstätte, einem mächtigen und sehr alten Kadambabaum, der noch grünte, obgleich er klaffend hohl war, und dessen erdig-moosiges Inneres Kamadamana sich zum Hause erwählt hatte, nicht

um darin Schutz zu finden gegen die Witterung, denn dieser gab er seine Verkörperung immerwährend preis, indem er die Hitze durch Feuerbrände, die Kälte aber durch Nässe unterstützte, – sondern nur um zu wissen, wohin er gehörte, und um, was er brauchte an Wurzeln, Knollen und Früchten zur Atzung, an Brennholz, Blumen und Gras zur Opferstreu, in dem Hohlraum aufzubewahren.

Hier hieß er seine Gäste sich niedersetzen, welche, wohl wissend, daß sie nur ein Gegenstand der Askese waren, sich immerfort der größten Bescheidenheit befleißigten, und gab ihnen, wie er versprochen, die Jujubenbeeren zu essen, die sie nicht wenig erquickten. Er selbst nahm währenddessen eine asketische Stellung ein, welche man die Kajotsarga-Stellung nennt: mit unbeweglichen Gliedern, straff abwärts gerichteten Armen und durchgedrückten Knien, wobei er nicht nur seine Finger, sondern auch seine Zehen auf eine eigentümliche Art zu teilen wußte. Und so, den Geist in eine Spitze gesammelt, blieb er auch stehen in seiner Blöße, mit der es nichts auf sich hatte, während der prächtig gestaltete Schridaman, dem seines Hauptes wegen dies Amt zugefallen war, die Geschichte vortrug, die sie hierher geführt, da sie in einer Streitfrage gipfelte, die nur von außen, von einem Könige oder einem Heiligen geschlichtet werden konnte.

Er erzählte sie der Wahrheit gemäß, wie wir sie erzählt haben, zum Teil mit denselben Worten. Die Streitfrage klarzustellen, hätte es allenfalls genügt, daß er nur ihre letzten Stadien erzählt hätte; aber um dem Heiligen in seiner Menschenleere etwas zu bieten, berichtete er sie von Anfang an, genau wie es hier geschehen, mit der Darlegung beginnend von Nanda's und seiner eigenen Daseinsform, der Freundschaft zwischen ihnen und ihrer Reise-Rast am Flüßchen ›Goldfliege‹, fortschreitend zu seiner Liebeskrankheit, Freiung und Ehe, indem er das

Zurückliegende, wie Nanda's Schaukelbekanntschaft mit der reizenden Sita, an schicklicher Stelle einwob und nachholte und anderes, wie die bitteren Erfahrungen seiner Ehe, nur traurig durchblicken ließ und zart zu verstehen gab, – nicht so sehr zu seiner eigenen Schonung, da sein ja nun die wackeren Arme waren, die Sita geschaukelt, und sein der Lebensleib, von dem sie in seinen ehemaligen Armen geträumt, als aus Rücksicht auf Sita, der dies alles nicht angenehm sein konnte, und die denn auch, solange die Erzählung dauerte, das Köpfchen mit ihrem gestickten Tuche verhüllt hielt.

Der kräftige Schridaman erwies sich dank seinem Kopfe als ein guter und kunstreicher Erzähler. Selbst Sita und Nanda, denen doch alles genau bekannt war, hörten ihre Geschichte, so schrecklich sie war, gern noch einmal aus seinem Munde, und es ist anzunehmen, daß auch Kamadamana, obgleich er sich in seiner Kajotsarga-Stellung nichts anmerken ließ, davon gefesselt war. Nachdem der Berichterstatter seine und Nanda's grause Tat, die Begnadigung Sita's durch die Göttin und ihren verzeihlichen Mißgriff beim Wiederherstellungswerk geschildert, kam er denn also zum Schluß und zur Fragestellung.

»So und so«, sagte er, »dem Gattenhaupt wurde der Freundesleib, dem Gattenleib aber das Freundeshaupt zuteil. Sei so gut und befinde kraft deiner Weisheit über unseren verworrenen Zustand, heiliger Kamadamana! Wie du entscheidest, so wollen wir's bindend annehmen und uns danach einrichten, denn wir selber können's nicht ausmachen. Wem gehört nun dieses ringsum schöngliedrige Weib, und wer ist rechtens ihr Mann?«

»Ja, das sage uns, Überwinder der Wünsche!« rief auch Nanda mit betonter Zuversicht, während Sita nur hastig ihr Tuch vom Kopfe zog, um ihre Lotosaugen in großer Erwartung auf Kamadamana zu richten.

Dieser tat seine Finger und Zehen zusammen und seufzte

tief. Danach nahm er seinen Besen, kehrte sich ein Plätzchen am Boden frei von verletzlicher Kreatur und saß zu seinen Gästen nieder.

»Uf!« sagte er. »Ihr drei seid mir die Rechten. Ich war wohl auf eine lebensdunstige Geschichte gefaßt gewesen, aber die eure qualmt ja nur so aus allen Poren der Tastbarkeit, und zwischen meinen vier Feuerbränden zur Sommerszeit ist besser auszuhalten als in ihrem Brodem. Wäre nicht meine Aschenschminke, ihr könntet die rote Hitze sehen, die sie mir auf den anständig abgezehrten Wangen entzündet hat, oder vielmehr auf den Knochen darüber, beim asketischen Zuhören. Ach, Kinder, Kinder! wie den Ochsen, der mit verbundenen Augen die Ölmühle dreht, treibt es euch um das Rad des Werdens, wobei ihr noch ächzt vor Inbrunst, ins zuckende Fleisch gestachelt von den sechs Mühlknechten der Leidenschaften. Könnt ihr's nicht lassen? Müßt ihr äugen und züngeln und speicheln, vor Begierde schwach in den Knien beim Anblick des Trug-Objekts? Nun ja, nun ja, ich weiß es ja! Der Liebesleib, von bitterer Lust betaut, – gleitendes Gliedwerk unter fettiger Seidenhaut, – der Schultern holdes Kuppelrund, – schnüffelnde Nas', irrender Mund, – die süße Brust, geschmückt mit Sternen zart, – der schweißgetränkte Achselbart, – ihr Weidetrifte ruheloser Hände, – geschmeidiger Rücken, atmender Weichbauch, schöne Hüft' und Lende, – der Arme Wonnedruck, der Schenkel Blust, – des Hinterfleisches kühle Doppellust, – und, von dem allen gierig aufgebracht, – das Zeugezeug in schwül unflätiger Nacht, – das man sich voll Entzücken zeigt, – einand' damit zum siebenten Himmel geigt – und dies und das und hier und da, – ich weiß es ja! Ich weiß es ja...«

»Aber das wissen wir ja alles schon selbst und ganz von allein, großer Kamadamana«, sagte Nanda, einige unterdrückte Ungeduld in der Stimme. »Willst du nicht so gut sein, zum Schiedsspruch zu kommen und uns zu belehren, wer Sita's Mann ist, daß wir es endlich wissen und uns danach richten?«

»Der Spruch«, erwiderte der Heilige, »der ist so gut wie gefällt. Es liegt ja auf der Hand, und ich wundere mich, daß ihr nicht soweit Bescheid wißt in Ordnung und Recht, daß ihr einen Schiedsrichter braucht in einer so klar sich selbst entscheidenden Sache. Die Lockspeise da ist selbstverständlich die Frau dessen, der des Freundes Haupt auf den Schultern trägt. Denn bei der Trauung reicht man der Braut die rechte Hand; die aber gehört zum Rumpf; und der ist des Freundes.«

Mit einem Jubelruf sprang Nanda auf seine fein gebildeten Füße, indessen Sita und Schridaman gesenkten Kopfes stille sitzen blieben.

»Das ist aber nur der Vordersatz«, fuhr Kamadamana mit erhobener Stimme fort, »auf welchen der Nachsatz folgt, der ihn überhöht, übertönt und mit Wahrheit bekrönt. Wartet gefälligst!«

Damit stand er auf und begab sich zur Baumeshöhle, holte ein rauhes Gewandstück, einen Schurz aus dünner Borke daraus hervor und bekleidete damit seine Blöße. Dann sprach er:

»Gemahl ist, der da trägt des Gatten Haupt.
Kein Zweifel ist an diesem Spruch erlaubt.
Denn wie das Weib der Wonnen höchste ist und
                            Born der Lieder,
So ist das Haupt das höchste aller Glieder.«

Da war es denn an Sita und Schridaman, die Köpfe zu heben und beglückt einander anzublicken. Nanda aber, der sich schon so sehr gefreut, äußerte mit kleiner Stimme:
»Aber du hast es vorher doch ganz anders gesagt!«
»Was ich zuletzt gesagt habe«, erwiderte Kamadamana, »das gilt.«

So hatten sie ihren Bescheid, und der verfeinerte Nanda durfte am allerwenigsten dagegen murren, da er selbst es angeregt hatte, den Heiligen zum Schiedsmann zu bestellen, – ganz abgesehen von der untadelig galanten Begründung, die dieser seinem Spruche gegeben.

Alle drei verneigten sich vor Kamadamana und schieden von seiner Heimstätte. Als sie aber schweigend miteinander wieder ein Stück durch den regengrünen Dankakawald gegangen waren, hielt Nanda seine Füße an und verabschiedete sich von ihnen.

»Viel Gutes!« sagte er. »Ich gehe nun meiner Wege. Eine Menschenleere will ich mir suchen und ein Wald-Einsiedel werden, wie ich's schon früher vorhatte. In meiner gegenwärtigen Verkörperung fühle ich mich ohnedies für die Welt etwas zu schade.«

Die beiden konnten seinen Entschluß nicht tadeln; auf eine leicht betrübte Weise waren sie einverstanden und erwiesen sich freundlich gegen den Scheidenden wie gegen einen, der den kürzeren gezogen hat. Schridaman klopfte ihm ermutigend die vertraute Schulter und riet ihm aus alter Anhänglichkeit und einer Fürsorge, wie ein Wesen sie selten dem anderen widmet, seinem Körper keine übertriebenen Observanzen zuzumuten und nicht zuviel Knollen zu essen, denn er wisse, daß eine so einförmige Kost ihm nicht bekomme.

»Laß das meine Sache sein«, antwortete Nanda abweisend, und auch als Sita ihm tröstliche Worte spenden wollte, schüttelte er nur bitter traurig den ziegennasigen Kopf.

»Nimm dir's nicht zu sehr zu Herzen«, sagte sie, »und bedenke immer, daß ja im Grunde nicht viel fehlt und du wärest es selbst, der nun das Lager der Ehelust mit mir teilen wird in gesetzlichen Nächten! Sei gewiß, daß ich, was dein war, in die süßeste Zärtlichkeit hüllen werde von oben bis unten und ihm die Freude verdanken will mit

Hand und Mund auf so erlesene Art, wie nur immer die ewige Mutter mich's lehren wird!«
»Davon habe ich nichts«, erwiderte er eigensinnig. Und sogar als sie ihm heimlich zuflüsterte: »Manchmal will ich mir auch deinen Kopf hinzuträumen«, blieb er dabei und sagte wieder nur traurig-störrig: »Davon habe ich auch nichts.«
So gingen sie voneinander, einer und zwei. Aber Sita kehrte nochmals zu dem einen um, als er schon ein Stück weggegangen war, und schlang die Arme um ihn.
»Lebe wohl«, sagte sie. »Du warst doch mein erster Mann, der mich erweckte und mich die Lust lehrte, so gut ich sie eben kenne, und was der dürre Heilige auch dichten und richten mag von Weib und Haupt, das Früchtchen unter meinem Herzen ist doch von dir!«
Damit lief sie zurück zum wacker beleibten Schridaman.

## 11

Im Vollgenusse der Sinnenlust verbrachten Sita und Schridaman nun die Zeit an ihrer Stätte ›Wohlfahrt der Kühe‹, und kein Schatten trübte vorerst den wolkenlosen Himmel ihres Glückes. Das Wörtchen »vorerst«, welches allerdings als eine leichte, ahnungsvolle Trübung über diese Klarheit läuft, ist unsere Hinzufügung, die wir außer der Geschichte sind und sie berichten; jene, die in ihr lebten und deren Geschichte es war, wußten von keinem »Vorerst«, sondern lediglich von ihrem Glück, das beiderseits ungemein zu nennen war.
Wirklich war es ein Glück, wie es sonst auf Erden kaum vorkommt, sondern dem Paradiese angehört. Das gemeine Erdenglück, die Befriedigung der Wünsche, die der großen Masse der menschlichen Geschöpfe unter den Bedingungen der Ordnung, des Gesetzes, der Frömmig-

keit, des Sittenzwanges zuteil wird, ist beschränkt und mäßig, nach allen Seiten eingegrenzt von Verbot und unvermeidlichem Verzicht. Notbehelf, Entbehrung, Entsagung ist das Los der Wesen. Unser Verlangen ist grenzenlos, seine Erfüllung karg begrenzt, und sein drängendes »Wenn doch nur« stößt an allen Enden auf das eherne »Geht nicht an«, das trockene »Nimm vorlieb« des Lebens. Einiges ist uns gewährt, verwehrt das meiste, und gemeinhin bleibt es ein Traum, daß das Verwehrte eines Tages das Zeichen der Gewährung trüge. Ein paradiesischer Traum, – denn darin eben müssen die Wonnen des Paradieses bestehen, daß dort das Erlaubte und das Verbotene, die hienieden so sehr zweierlei sind, in eins zusammenwachsen und das schöne Verbotene die geistige Hauptesbkrone des Erlaubten trägt, das Erlaubte aber noch zum Überfluß den Reiz des Verbotenen gewinnt. Wie sollte der darbende Mensch sich sonst das Paradies vorstellen?

Genau dieses Glück nun, das man überirdisch nennen darf, hatte ein launisches Geschick dem ehelichen Liebespaar zugespielt, das nach ›Wohlfahrt‹ zurückgekehrt war, und sie genossen es in trunkenen Zügen – vorerst. Gatte und Freund waren zweierlei gewesen für Sita, die Erweckte, – nun waren sie eins worden, was sich glückseligerweise so vollzogen hatte – und ja auch gar nicht anders hatte vollziehen können –, daß das Beste von beiden und was in der Einheit eines jeden die Hauptsache gewesen war, sich zusammengefunden und eine neue, alle Wünsche erfüllende Einheit gebildet hatte. Nächtlich, auf gesetzlichem Lager, schmiegte sie sich in die wackeren Arme des Freundes und empfing seine Wonne, wie sie es sich früher an des zarten Gatten Brust nur mit geschlossenen Augen erträumt hatte, küßte jedoch zum Dank das Haupt des Brahmanenenkels, – die begünstigste Frau der Welt, denn sie war im Besitz eines Gemahls, der, wenn man so sagen darf, aus lauter Hauptsachen bestand.

Wie vergnügt und stolz war nicht aber auch seinerseits der verwandelte Schridaman! Niemand brauchte sich Sorge zu machen, daß seine Verwandlung dem Bhavabhûti, seinem Vater, oder seiner Mutter, deren Name nicht vorkommt, weil sie überhaupt eine bescheidene Rolle spielte, oder sonst einem Mitgliede des brahmanischen Kaufmannshauses oder den übrigen Bewohnern des Tempeldorfes anders als angenehm aufgefallen wäre. Der Gedanke, daß bei der günstigen Veränderung seiner Leiblichkeit etwas nicht mit rechten, soll heißen: nicht mit natürlichen Dingen zugegangen sein möchte (als ob noch dazu die natürlichen Dinge die einzig rechten wären!), hätte leichter aufkommen können, wenn der entsprechend veränderte Nanda ihm noch zur Seite gewesen wäre. Dieser aber war dem Gesichtskreis entrückt und ein Wald-Einsiedel geworden, wozu er früher schon manchmal die Absicht kundgegeben; seiner Veränderung, die mit der seines Freundes allerdings vielleicht auffallend zusammengewirkt hätte, ward niemand gewahr, und nur Schridaman bot sich den Blicken dar – in einer bräunlichen Kräftigung und Verschönerung seiner Glieder, die man mit gelassenem Beifall einer männlichen Reifung durchs Eheglück zuschreiben mochte, soweit sie überhaupt in die Augen fielen. Denn es versteht sich, daß Sita's Eheherr fortfuhr, sich nach den Gesetzen seines Kopfes zu kleiden und nicht in Nanda's Lendentuch, Armringen und Steinperlenschmuck herumging, sondern nach wie vor in dem bauschigen Hosenschurz und dem baumwollenen Hemdrock erschien, die immer seine Tracht gewesen. Was sich aber hier vor allem bewährte, war die entscheidende und keinen Zweifel zulassende Bedeutung des Hauptes für die Selbstheit einer Menschenperson in den Augen aller. Man lasse doch nur einmal einen Bruder,

Sohn oder Mitbürger durch die Türe hereinkommen, seinen wohlbekannten Kopf auf den Schultern, und fühle sich, selbst wenn mit seiner übrigen Erscheinung nicht alles in der gewohnten Ordnung wäre, des geringsten Zweifels fähig, daß dieses Einzelwesen etwa nicht der betreffende Bruder, Sohn oder Mitbürger sein könnte!
Wir haben der Lobpreisung von Sita's Eheglück den ersten Platz eingeräumt, wie auch Schridaman sogleich nach seiner Verwandlung den Gedanken an die Vorteile, die seiner Eheliebsten daraus erwüchsen, allem übrigen vorangestellt hatte. Sein Glück aber, wie sich versteht, entsprach vollkommen dem ihrigen und trug auf dieselbe Weise Paradiescharakter. Nicht genug kann man die Lauschenden auffordern, sich in die unvergleichliche Lage eines Liebhabers zu versetzen, der in tiefer Verzagtheit von der Geliebten abließ, weil er gewahr werden mußte, daß sie sich nach anderer Umarmung sehnte, und der nun, er selbst, ihr das zu bieten hat, wonach sie so sterblich verlangte. Indem man auf sein Glück die Aufmerksamkeit lenkt, fühlt man sich versucht, es noch über das der reizenden Sita zu stellen. Die Liebe, die Schridaman zu Sumantra's goldfarbenem Kinde ergriffen hatte, nachdem er sie im frommen Bade belauscht, – eine Liebe, so feurig-ernst, daß sie für ihn, zu Nanda's populärer Erheiterung, die Gestalt einer Krankheit zum Tode und der Überzeugung, sterben zu müssen, angenommen hatte, – diese heftige, leidende und im Grunde zartsinnige Ergriffenheit also, entzündet durch ein reizendes Bild, dem er jedoch sogleich die Würde der Person zu wahren bestrebt gewesen war, – kurzum, diese, aus der Vermählung von Sinnenschönheit und Geist geborene Begeisterung war, wie sich versteht, eine Sache seiner gesamten Selbstheit, – vor allem und in wesentlichem Betracht aber doch eine Sache seines brahmanischen, von der Göttin Rede mit Gedanken-Inbrunst und Einbildungskraft begabten Hauptes

gewesen, welchem der ihm anhängende milde Körper, wie das in der Ehe deutlich geworden sein mochte, keine ganz ebenbürtige Gesellschaft dabei geleistet hatte. Nun aber ist man dringlich aufgefordert, das Glück, die Genugtuung einer Selbstheit nachzufühlen, der zu solchem feurig-fein und tief-ernst veranlagten Haupt ein heiter-populärer Leib, ein Leib einfältiger Kraft gegeben wurde, welcher für die geistige Leidenschaft dieses Hauptes voll und ganz einzustehen geschaffen ist! Es ist ein zweckloser Versuch, sich die Wonnen des Paradieses, also etwa das Leben im Götterhain ›Freude‹, anders vorzustellen als im Bilde dieser Vollkommenheit.
Selbst das trübende »Vorerst«, das dort oben freilich nicht vorkommt, macht insofern keinen Unterschied zwischen hier und dort, als es ja nicht dem Bewußtsein des Genießenden, sondern nur dem des geistig Obwaltenden, dem erzählenden Bewußtsein angehört und also nur eine sachliche, keine persönliche Trübung mit sich bringt. Und doch ist zu sagen, daß es sich bald, sehr früh auch schon ins Persönliche einzuschleichen begann, ja eigentlich von Anfang an auch hier seine irdisch einschränkende und bedingende, vom Paradiesischen abweichende Rolle spielte. Es ist zu sagen, daß die schönhüftige Sita einen Irrtum begangen hatte, als sie den gnädigen Befehl der Göttin in der Weise ausgeführt hatte, wie es ihr passiert war – einen Irrtum nicht nur, soweit sie ihn aus blinder Hast, sondern auch soweit sie ihn etwa nicht ganz allein aus blinder Hast so ausgeführt hatte. Dieser Satz ist wohl bedacht und will wohl verstanden sein.
Nirgends tut der welterhaltende Zauber der Maya, das Lebens-Grundgesetz des Wahns, des Truges, der Einbildung, das alle Wesen im Banne hält, sich stärker und foppender hervor als im Liebesverlangen, dem zärtlichen Begehren der Einzel-Geschöpfe nach einander, das so recht der Inbegriff und das Musterbeispiel alles Anhangens,

aller Umfangenheit und Verstrickung, aller das Leben hinfristenden, zu seiner Fortsetzung verlockenden Täuschung ist. Nicht umsonst heißt die Lust, des Liebesgottes gewitzigte Ehegesellin – nicht umsonst heißt diese Göttin ›Die mit Maya Begabte‹; denn sie ist es, welche die Erscheinungen reizend und begehrenswert macht, oder vielmehr sie so erscheinen läßt: wie ja denn auch in dem Worte »Erscheinung« das Sinn-Element bloßen Scheines schon enthalten ist, dieses aber wieder mit den Begriffen von Schimmer und Schönheit nahe zusammenhängt. Lust, die göttliche Gauklerin, war es gewesen, die den Jünglingen am Badeplatz der Durgâ, besonders aber dem begeisterungswilligen Schridaman, Sita's Leib so schimmernd schön, so ehrfurchtgebietend-anbetungswürdig hatte erscheinen lassen. Man muß aber nur beobachten, wie froh und dankbar die Freunde damals gewesen waren, als die Badende das Köpfchen gewandt hatte und sie gewahr worden waren, daß auch dieses lieblich war nach Näschen, Lippen, Brauen und Augen, so daß nicht etwa die süße Figur durch ein häßlich Gesicht um Wert und Bedeutung gebracht würde, – nur hieran muß man zurückdenken, um innezuwerden, wie sehr versessen der Mensch nicht etwa erst auf das Begehrte, sondern auf das Begehren selber ist; daß er nicht nach Ernüchterung, sondern nach Rausch und Verlangen trachtet und nichts mehr fürchtet, als enttäuscht, das heißt: der Täuschung enthoben zu werden.

Nun gebt aber acht, wie die Sorge der jungen Leute, daß nur auch ja das Frätzchen der Belauschten hübsch sein möchte, die Abhängigkeit des Körpers nach seinem Maya-Sinn und -Wert von dem Kopfe beweist, dem er zugehört! Mit Recht hatte Kamadamana, der Bezwinger der Wünsche, das Haupt für der Glieder höchstes erklärt und darauf seinen Schiedsspruch gegründet. Denn in der Tat ist das Haupt bestimmend für die Erscheinung und den Liebeswert auch des Leibes, und es ist wenig gesagt, daß dieser ein anderer ist, verbunden mit einem anderen Haupt, – nein, laßt nur einen Zug, ein Ausdrucksfältchen des Antlitzes ein anderes ein, und das Ganze ist nicht mehr dasselbe. Hier lag der Irrtum, den Sita im Irrtum beging. Sie pries sich glücklich, diesen begangen zu haben, weil es ihr paradiesisch schien – und vielleicht im voraus so erschienen war, – den Freundesleib im Zeichen des Gattenhauptes zu besitzen: aber sie hatte nicht vorbedacht, und ihr Glück wollte es vorerst nicht wahrhaben, daß der Nanda-Leib in Einheit mit dem schmalnäsigen Schridaman-Haupt, seinen gedankensanften Augen und dem milden, fächerförmigen Bart um die Wangen nicht mehr derselbe, nicht länger Nanda's fröhlicher Leib, sondern ein anderer war.

Ein anderer war er sofort und vom ersten Augenblick an nach seiner Maya. Nicht aber von dieser nur ist hier die Rede. Denn mit der Zeit – der Zeit, die Sita und Schridaman vorerst im Vollgenusse der Sinnenlust, in unvergleichlichen Liebesfreuden verbrachten – wurde der begehrte und gewonnene Freundesleib (wenn man Nanda's Leib im Zeichen von Schridamans Haupt noch als den Leib des Freundes bezeichnen kann, da ja nun eigentlich der ferne Gattenleib zum Freundesleib geworden), – mit der Zeit also, und zwar in gar nicht langer Zeit, wurde der vom verehrten Gattenhaupt gekrönte Nanda-Leib auch an und für sich und von aller Maya ganz abgesehen ein anderer, indem er sich unter dem Einfluß des Hauptes und seiner Gesetze nach und nach ins Gattenmäßige wandelte.

Das ist gemeines Geschick und das gewöhnliche Werk der Ehe: Sita's schwermütige Erfahrung unterschied sich in diesem Punkte nicht sehr von derjenigen anderer Frauen, die auch binnen kurzem in dem bequemen Gemahl den ranken und feurigen Jüngling nicht wiedererkennen, der

um sie freite. Das Üblich-Menschliche war hier aber besonders betont und begründet.
Der maßgebliche Einfluß des Schridaman-Hauptes, der schon darin zutage trat, daß Sita's Eheherr seinen neuen Leib wie den früheren, und nicht im Nanda-Stil, kleidete, bekundete sich auch in der Weigerung, seine Poren, wie Nanda immer getan, mit Senföl zu tränken: denn er konnte, von Hauptes wegen, diesen Geruch durchaus nicht an sich selber leiden und mied das Kosmetikum, was gleich eine gewisse Enttäuschung für Sita bedeutete. Eine leichte Enttäuschung war es für sie vielleicht sogar, daß Schridamans Haltung beim Sitzen am Boden, wie kaum gesagt werden muß, nicht vom Körper, sondern von seinem Kopf bestimmt wurde, und daß er also die populäre Hockstellung, die Nanda gewohnheitsmäßig eingenommen, verschmähte und seitlich saß. Das alles aber waren nur Kleinigkeiten des Anfangs.
Schridaman, der Brahmanenenkel, fuhr auch mit dem Nanda-Leib fort zu sein, was er gewesen, und zu leben, wie er gelebt hatte. Er war kein Schmied noch Hirt, sondern ein Wânidja und eines Wânidjas Sohn, der seines Vaters würdigen Handel betreiben half und ihm bei zunehmender Mattigkeit seines Erzeugers bald selber vorstand. Nicht führte er den schweren Hammer, noch weidete er das Vieh auf dem Berge ›Buntgipfel‹, sondern kaufte und verkaufte Mull, Kampfer, Seide und Zitz, auch Reis-Stampfer und Feuerhölzer, die Leute von ›Wohlfahrt der Kühe‹ damit versehend, wobei er zwischenein in den Veden las; und gar kein Wunder denn, so wunderbar sonst die Geschichte lauten mag, daß Nanda's Arme bald an ihm ihre Wackerkeit einbüßten und dünner wurden, seine Brust sich verschmälerte und entstraffte, einiger Schmer sich wieder ans Bäuchlein versammelte, kurzum, daß er mehr und mehr ins Gattenmäßige fiel. Sogar die Locke ›Glückskalb‹ ging ihm aus, nicht ganz, aber schütter

wurde sie, so daß sie kaum noch als Krischna-Zeichen erkennbar war: Sita, sein Weib, stellte es mit Wehmut fest. Doch soll nicht geleugnet werden, daß mit der tatsächlichen und nicht bloß mayamäßigen Umprägung, die sich selbst auf den Farbton der Haut erstreckte, welche heller wurde, auch eine Verfeinerung und, wenn man will, eine Veredelung verbunden war – das Wort in einem teils brahmanen-, teils kaufmannmäßigen Sinne verstanden –; denn kleiner und feiner wurden seine Hände und Füße, zarter die Knie und Knöchel, und alles in allem: der fröhliche Freundesleib, in seiner früheren Zusammengehörigkeit die Hauptsache, wurde zum milden Anhängsel und Zubehör eines Hauptes, für dessen edelmütige Impulse er bald nicht mehr in paradiesischer Vollkommenheit einstehen mochte und konnte, und dem er nur noch mit einer gewissen Trägheit Gesellschaft dabei leistete.

Dies Sita's und Schridamans eheliche Erfahrung nach den allerdings unvergleichlichen Freuden des Honigmondes. Sie ging nicht so weit, daß nun etwa wirklich und gänzlich der Nanda-Leib sich in den des Schridaman zurückverwandelt hätte, so daß alles beim alten gewesen wäre, das nicht. In dieser Geschichte wird nicht übertrieben, sondern vielmehr betont sie die Bedingtheit der körperlichen Verwandlung und ihre Beschränkung aufs allerdings Unverkennbare, um Verständnisraum zu schaffen für die Tatsache, daß es sich um eine Wechselwirkung zwischen Haupt und Gliedern handelte und auch das die Ich- und Mein-Gefühle bestimmende Schridamanhaupt Veränderungen der Anpassung unterlag, die sich dem Natursinn aus dem Säfte-Zusammenhang von Haupt und Körper, der Wesenserkenntnis aber aus höheren Zusammenhängen erklären mögen.

Es gibt eine geistige Schönheit und eine solche, die zu den Sinnen spricht. Einige aber wollen das Schöne ganz und gar der Sinnenwelt zuteilen und das Geistige grundsätzlich davon absondern, so daß sich die Welt in Geist und Schönheit gegensätzlich aufgespalten erwiese. Darauf beruht denn auch die vedische Väterlehre: »Zweierlei Seligkeit nur wird in den Welten erfahren: durch dieses Leibes Freuden und in erlösender Ruhe des Geistes.« Aus dieser Seligkeitslehre aber geht schon hervor, daß sich das Geistige zum Schönen keineswegs in derselben Weise gegensätzlich verhält wie das Häßliche, und daß es nur bedingtermaßen mit diesem ein und dasselbe ist. Das Geistige ist nicht gleichbedeutend mit dem Häßlichen oder muß es nicht sein; denn es nimmt Schönheit an durch Erkenntnis des Schönen und die Liebe zu ihm, die sich als geistige Schönheit äußert und aus dem Grunde mitnichten eine ganz fremde und hoffnungslose Liebe ist, weil nach dem Anziehungsgesetz des Verschiedenen auch das Schöne seinerseits nach dem Geistigen strebt, es bewundert und seiner Werbung entgegenkommt. Diese Welt ist nicht so beschaffen, daß darin der Geist nur Geistiges, die Schönheit aber nur Schönes zu lieben bestimmt wäre. Sondern der Gegensatz zwischen den beiden läßt mit einer Deutlichkeit, die sowohl geistig wie schön ist, das Weltziel der Vereinigung von Geist und Schönheit, das heißt der Vollkommenheit und nicht länger zwiegespaltenen Seligkeit erkennen; und unsere gegenwärtige Geschichte ist nur ein Beispiel für die Mißlichkeiten und Fehlschläge, unter denen nach diesem Endziel gestrebt wird.

Schridaman, des Bhavabhûti Sohn, hatte versehentlich zu einem edlen Haupt, das heißt einem solchen, in dem sich die Liebe zum Schönen ausdrückte, einen schönen und wackeren Leib erhalten; und da er Geist besaß, war ihm gleich so gewesen, als liege etwas wie Traurigkeit darin, daß das Fremde nun sein geworden und kein Gegenstand der Bewunderung mehr war, – mit anderen Worten: daß er nun selber war, wonach ihn verlangt hatte. Diese ›Traurigkeit‹ bewährte sich leider in den Veränderungen, denen auch sein Kopf im Zusammenhang mit dem neuen Leib unterlag, denn es waren solche, wie sie an einem Haupte vor sich gehen, das durch den Besitz des Schönen der Liebe zu diesem und damit der geistigen Schönheit mehr oder weniger verlustig geht.

Die Frage steht offen, ob dieser Vorgang sich nicht auf jeden Fall, auch ohne den Leibestausch und rein auf Grund des ehelichen Besitzes der schönen Sita vollzogen hätte: wir wiesen auf den Einschlag von Allgemeingültigkeit in diesem Geschick, das durch die besonderen Umstände nur verstärkt und zugespitzt wurde, ja schon hin. Auf jeden Fall ist es für den Lauscher mit sachlich beobachtendem Natursinn nur interessant, für die schöne Sita aber war es schmerzlich und ernüchternd zu bemerken, wie ihres Gemahles einst so feine und schmale Lippen im Barte satter und voller wurden, ja, sich nach außen kehrten und der Wulstigkeit nahe kamen; wie seine Nase, ehemals dünn wie Messersschneide, an Fleischigkeit zunahm, ja eine unleugbare Neigung zeigte, sich zu senken und ins Ziegenmäßige zu fallen, und seine Augen den Ausdruck einer gewissen stumpfen Fröhlichkeit annahmen. Es war auf die Dauer ein Schridaman mit verfeinertem Nanda-Leib und vergröbertem Schridaman-Kopf; es war nichts Rechtes mehr mit ihm. Der Vortragende ruft auch darum, und darum besonders das Verständnis der Hörer für die Empfindungen auf, die Sita bei diesem Vorgang erfüllten, weil sie gar nicht umhinkonnte, aus den Veränderungen, die sie an ihrem Gatten beobachtete, auf entsprechende Veränderungen zu schließen, die sich unterdessen an der Gesamtperson des fernen Freundes vollzogen haben mochten.

Wenn sie des Gattenleibes gedachte, den sie in nicht gerade überseliger, aber heiliger und erweckender Brautnacht umfangen, und den sie nicht mehr, oder wenn man will, da er nun der Freundesleib war, noch immer nicht besaß –, so zweifelte sie nicht, daß die Maya des Nanda-Leibes auf jenen übergegangen –, sie zweifelte nicht, wo jetzt die Locke ›Glückskalb‹ anzutreffen war. Mit aller Bestimmtheit vermutete sie aber auch, daß dem treuherzigen Freundeshaupt, das nun den Gattenleib krönte, eine Verfeinerung zuteil geworden sein müsse, wie sie derjenigen des vom Gattenhaupte gekrönten Freundesleibes entsprach; und gerade diese Vorstellung, mehr noch als die andere, rührte sie tief und ließ ihr bald bei Tag und Nacht und selbst in ihres Eheherrn mäßigen Armen keine Ruhe mehr. Der einsam verschönte Gattenleib schwebte ihr vor, wie er im Zusammenhang mit dem armen, verfeinerten Freundeshaupt auf eine geistige Weise unter der Trennung von ihr litt; und ein sehnsüchtiges Mitleid mit dem Fernen wuchs in ihr auf, so daß sie die Augen schloß in Schridamans ehelicher Umarmung und in der Lust vor Kummer erbleichte.

12

Als ihre Zeit gekommen war, gebar Sita dem Schridaman ihr Früchtchen, ein Knäblein, das sie Samadhi, will sagen: ›Sammlung‹ nannten. Man schwenkte einen Kuhschweif über dem Neugeborenen, um Unheil von ihm abzuwehren, und tat Mist von der Kuh auf seinen Kopf zu verwandtem Zweck – alles, wie es sich gehört. Die Freude der Eltern (wenn dieses Wort ganz am Platze ist) war groß, denn der Knabe war weder blaß noch blind. Aber sehr hellfarbig war er allerdings von Haut, was mit der mütterlichen Abstammung aus Kshatriya- oder Kriegerblut zusammenhängen mochte, und war dazu, wie sich allmählich herausstellte, in hohem Grade kurzsichtig. In dieser Weise erfüllen sich Wahrsagungen und alte Volksüberzeugungen: Sie erfüllen sich andeutungsweise und etwas verwischt; man kann behaupten, sie seien eingetroffen, und kann es auch wieder bestreiten.

Seines kurzen Gesichtes wegen wurde Samadhi später auch Andhaka, das ist: ›Blindling‹ genannt, und dieser Name gewann allmählich die Oberhand über den ersten. Es verlieh aber diese Eigenschaft seinen Gazellenaugen einen weichen und einnehmenden Schimmer, so daß sie noch schöner waren als Sita's Augen, denen sie übrigens glichen; wie denn überhaupt der Knabe keinem der beiden Väter, sondern aufs allerentschiedenste seiner Mutter glich, die ja auch der klare und eindeutige Teil seiner Herkunft war, weshalb wohl seine Gestaltwerdung sich auf sie angewiesen gefühlt hatte. Demnach war er bildhübsch, und sein Gliederbau erwies sich, sobald nur die krumme Zeit der besudelten Windeln vorüber war und er sich ein wenig streckte, vom reinsten und kräftigsten Ebenmaß. Schridaman liebte ihn wie sein eigenes Fleisch und Blut, und Abdankungsgefühle, die Neigung, nun dem Sohn das Dasein zu überlassen und in ihm zu leben, zeichneten sich in seiner Seele ab.

Die Jahre aber, in denen Samadhi-Andhaka sich lieblich herausmachte an seiner Mutter Brust und in seiner Hängewiege, waren eben die, in denen die geschilderte Umprägung Schridamans nach Haupt und Gliedern sich abspielte und die seine Gesamtperson dermaßen ins Gattenmäßige wandelten, daß Sita es nicht mehr aushielt und das Mitleid mit dem fernen Freund, in dem sie den Erzeuger ihres Knäbleins sah, überstark in ihr wurde. Der Wunsch, ihn wiederzusehen, wie er seinesteils nach dem Gesetz der Entsprechung geworden sein mochte, und ihm ihr reizendes Früchtchen vorzustellen, damit auch er seine Freude an ihm habe, erfüllte sie ganz und gar, ohne daß sie doch dem Gattenhaupt Mitteilung davon zu machen wagte. Darum, als Samadhi vier Jahre alt war, schon anfing, überwiegend Andhaka zu heißen, und, wenn auch nur

trippelnd, laufen konnte, Schridaman sich aber gerade auf einer Geschäftsreise befand, beschloß sie, auf und davon zu gehen, um, was es auch kosten möge, den Einsiedel Nanda ausfindig zu machen und ihn zu trösten.
Eines Morgens im Frühjahr, noch vor Tag, bei Sternenschein, legte sie Wanderschuhe an, nahm einen langen Stab in die Hand, ergriff mit der anderen die ihres Söhnchens, dem sie sein Hemdchen aus Kattun von Kalikat angezogen, und schritt, einen Beutel mit Wegzehrung auf dem Rücken, ungesehen und auf gut Glück mit ihm davon aus Haus und Dorf.
Die Tapferkeit, mit der sie die Beschwerden und Fährlichkeiten dieser Wanderschaft bestand, legt Zeugnis ab für die entschiedene Dringlichkeit ihres Wunsches. Auch mochte ihr Kriegerblut, so verdünnt es war, ihr dabei zustatten kommen, und gewiß tat das ihre Schönheit sowie die ihres Knaben, denn jeder machte sich ein Vergnügen daraus, einer so liebreizenden Pilgerin und ihrem glanzäugigen Begleiter weiterzuhelfen mit Rat und Tat. Den Leuten sagte sie, daß sie auf der Fahrt und Suche sei nach dem Vater dieses Kindes, ihrem Mann, der aus unüberwindlicher Neigung zur Wesensbetrachtung ein Wald-Einsiedel geworden sei, und dem sie seinen Sohn zuführen wolle, damit er ihn belehre und segne; und auch dies stimmte die Menschen weich, ehrerbietig und gefällig gegen sie. In Dörfern und Weilern bekam sie Milch für ihren Kleinen, fast immer bekam sie ein Nachtlager für sich und ihn in Scheunen und auf den Erdbänken der Feuerstätten. Oft nahmen Jute- und Reisbauern sie auf ihren Karren mit für weite Strecken, und bot sich keine solche Gelegenheit des Fortkommens, so schritt sie unverzagt, das Kind bei der Hand, an ihrem Stabe, im Staube der Landstraße, wobei Andhaka zwei Schritte machte auf einen von ihren und nur ein ganz kurzes Stück der Straße mit seinen schimmernden Augen vor sich sah. Sie aber sah weit hinaus in

die zu erwandernde Ferne, das Ziel ihrer mitleidigen Sehnsucht unverrückt vor Augen.

So erwanderte sie den Dankakawald, denn sie vermutete, daß der Freund sich dort eine Menschenleere gesucht habe. Aber an Ort und Stelle erfuhr sie von den Heiligen, die sie befragte, daß er nicht da sei. Viele konnten oder wollten ihr eben nur dieses sagen; aber einige Einsiedler-Frauen, die den kleinen Samadhi herzten und fütterten, lehrten sie guten Herzens ein Weiteres, nämlich, wo er denn sei. Denn die Welt der Zurückgezogenen ist eine Welt wie eine andere, in der man Bescheid weiß, wenn man dazu gehört, und in der es viel Klatsch, Bemängelung, Eifersucht, Neugier und Überbietungsbegierde gibt, und ein Klausner weiß sehr wohl, wo ein anderer haust und wie er's treibt. Darum konnten jene guten Weiber der Sita verraten, daß der Einsiedel Nanda seine Stätte nahe dem Flusse Gomati oder dem ›Kuhfluß‹, sieben Tagereisen von hier gegen Süden und Westen, aufgeschlagen habe, und es sei eine herzerfreuende Stätte, mit vielerlei Bäumen, Blumen und Schlingpflanzen, voll von Vogelruf und Tieren in Rudeln, und das Ufer des Flusses trage Wurzeln, Knollen und Früchte. Alles in allem habe Nanda den Ort seiner Zurückgezogenheit wohl etwas zu herzerfreuend gewählt, als daß die strengeren Heiligen seine Askese ganz ernst zu nehmen vermöchten, zumal da er außer Baden und Schweigen keine nennenswerten Observanzen befolge, sich schlecht und recht von den Früchten des Waldes, dem wilden Reis der Regenzeit und gelegentlich sogar von gebratenen Vögeln nähre und eben nur das betrachtsame Leben eines Betrübten und Enttäuschten führe. Was den Weg zu ihm betreffe, so sei er ohne besondere Beschwerden und Anstände, ausgenommen den Engpaß der Räuber, die Tigerschlucht und das Schlangental, wo man allerdings achtgeben und sein Herz in beide Hände nehmen müsse.

So unterwiesen, schied Sita von den hilfreichen Weibern des Dankakawaldes und setzte voll neu belebter Hoffnung nach gewohnter Art ihre Reise fort. Glücklich bestand sie sie von Tag zu Tag, und vielleicht waren es Kama, der Gott der Liebe, im Bunde mit Schri-Lakschmi, der Herrin des Glücks, die ihre Schritte behüteten. Unangefochten legte sie den Engpaß der Räuber zurück; die Tigerschlucht lehrten freundliche Hirten sie zu umgehen; und im Tal der Vipern, das unvermeidlich war, trug sie den kleinen Samadhi-Andhaka die ganze Zeit auf dem Arm.

Aber als sie zum Kußfluß kam, führte sie ihn wieder an der Hand, mit ihrer anderen den Wanderstab aufsetzend. Es war ein tauschimmernder Morgen, an dem sie dort anlangte. Eine Weile schritt sie am blumigen Ufer hin und wandte sich dann, ihrer Belehrung gemäß, landeinwärts über die Flur gegen einen Waldstrich, hinter dem eben die Sonne emporstieg und der von den Blüten der roten Aschoka und des Kimschukabaumes wie Feuer leuchtete. Ihre Augen waren geblendet vom Morgenglanz, als sie sie aber mit ihrer Hand beschattete, unterschied sie am Waldesrand eine Hütte, mit Stroh und Rinde gedeckt, und dahinter einen Jüngling im Bastkleide und mit Gräsern gegürtet, der mit der Axt etwas am Gezimmer besserte. Und als sie sich noch mehr näherte, gewahrte sie, daß seine Arme wacker waren wie die, die sie zur Sonne geschaukelt, daß aber dabei seine Nase auf eine nicht ziegenmäßig zu nennende, sondern sehr edle Art gegen die nur mäßig gewölbten Lippen abfiel.

»Nanda!« rief sie, und das Herz war ihr hochrot vor Freude. Denn er erschien ihr wie Krischna, der vom Safte kraftvoller Zärtlichkeit überströmt. »Nanda, schau her, es ist Sita, die zu dir kommt!«

Da ließ er sein Beil fallen und lief ihr entgegen und hatte die Locke ›Glückskalb‹ auf seiner Brust. Mit hundert

Willkommens- und Liebesnamen nannte er sie, denn er hatte sich sehr nach ihrer Ganzheit gesehnt mit Leib und Seele. »Kommst du endlich«, rief er, »du Mondmilde, du Rebhuhnäugige, du ringsum Feingliedrige, Schönfarbene du, Sita, mein Weib mit den herrlichen Hüften? In wieviel Nächten hat mir geträumt, daß du so zu dem Ausgestoßenen, Einsamen übers Gebreite kämest, und nun bist du's wirklich und hast den Räubersteg, den Tiger-Dschungel und das Schlangental bestanden, die ich geflissentlich zwischen uns legte aus Zornmut über den Schicksalsspruch! Ach, du bist eine großartige Frau! Und wer ist denn das, den du mit dir führst?«

»Es ist das Früchtchen«, sagte sie, »das du mir schenktest in erster heiliger Ehenacht, als du noch nicht Nanda warst.«

»Das wird nicht besonders gewesen sein«, sagte er. »Wie heißt er denn?«

»Er heißt Samadhi«, antwortete sie, »aber mehr und mehr nimmt er den Namen Andhaka an.«

»Warum das?« fragte er.

»Glaube nicht, daß er blind ist!« erwiderte sie. »Er ist es sowenig, wie man ihn bleich nennen kann trotz seiner weißen Haut. Aber sehr kurz von Gesicht ist er allerdings, so daß er keine drei Schritt weit sehen kann.«

»Das hat seine Vorteile«, sagte Nanda. Und sie setzten den Knaben ein Stückchen weit weg von der Hütte ins frische Gras und gaben ihm Blumen und Nüsse zum Spielen. So war er beschäftigt, und was sie selber spielten, umfächelt vom Duft der Mangoblüten, der im Frühling die Liebeslust mehrt, und zum Getriller des Kokils in den bestrahlten Wipfeln, lag außerhalb seines Gesichtskreises. –

Ferner erzählt die Geschichte, daß das Ehe-Glück dieser Liebenden nur einen Tag und eine Nacht dauerte, denn noch hatte die Sonne sich nicht abermals über den rotblühenden Waldstrich erhoben, an dem Nanda's Hütte lehnte, als Schridaman dort anlangte, dem es bei der Rückkehr in sein verwaistes Haus sogleich klar gewesen war, wohin seine Frau sich gewandt. Die Hausgenossen zu ›Wohlfahrt der Kühe‹, die ihm mit Zagen das Verschwinden Sita's meldeten, hatten wohl erwartet, daß sein Zorn aufflammen werde wie ein Feuer, in das man Butter gießt. Das aber geschah nicht, sondern er hatte nur langsam genickt wie ein Mann, der alles vorher gewußt, und nicht nachgesetzt war er seinem Weibe in Wut und Rachbegier, sondern hatte sich zwar ohne Rast, aber auch ohne Hast nach Nanda's Einsiedelei auf den Weg gemacht. Denn wo diese gelegen war, hatte er längst gewußt und es nur vor Sita verborgen gehalten, um das Verhängnis nicht zu beschleunigen.

Sachte kam er und gesenkten Hauptes geritten auf seinem Reisetier, einem Yak-Ochsen, stieg ab unterm Morgenstern vor der Hütte und störte nicht einmal die Umarmung des Paares drinnen, sondern saß und wartete, daß der Tag sie löse. Denn seine Eifersucht war nicht von alltäglicher Art, wie sie gemeinhin schnaubend erlitten wird unter gesonderten Wesen, sondern sie war durch das Bewußtsein geläutert, daß es sein eigener ehemaliger Leib war, mit dem Sita die Ehe wieder aufgenommen hatte, was man ebensowohl einen Akt der Treue wie einen solchen des Verrates nennen konnte; und die Wesenserkenntnis lehrte ihn, daß es im Grunde ganz gleichgültig war, mit wem Sita schlief, mit dem Freunde oder mit ihm, da sie es, mochte auch der eine weiter nichts davon haben, immer mit ihnen beiden tat.

Daher die Unüberstürztheit, mit der er die Reise zurückgelegt, und die Ruhe und Geduld, mit denen er vor der Hütte sitzend den Aufgang des Tages erwartete. Daß er bei alldem nicht gewillt war, den Dingen ihren Lauf zu lassen, lehrt die Fortsetzung der Geschichte, der zufolge

Sita und Nanda, als sie beim ersten Sonnenstrahl, während der kleine Andhaka noch schlief, aus der Hütte traten, Handtücher um die Hälse gehängt, da sie beabsichtigten, im nahen Flusse zu baden, und den Freund und Gatten gewahrten, der mit dem Rücken zu ihnen saß und sich bei ihrem Herauskommen nicht umwandte, – sie vor ihn traten, ihn in Demut begrüßten und in der Folge ihren Willen ganz mit dem seinen vereinigten, indem sie als notwendig anerkannten, was er unterwegs über sie alle drei zur Lösung ihrer Wirrnis beschlossen.

»Schridaman, du mein Herr und verehrtes Gattenhaupt!« sagte Sita, indem sie sich tief vor ihm verneigte. »Sei gegrüßt und glaube nicht, daß dein Eintreffen uns entsetzlich und unwillkommen ist! Denn wo zwei von uns sind, wird immer der dritte fehlen, und so vergib mir, daß ich's nicht aushielt mit dir und es mich in übermäßigem Mitleid zum einsamen Freundeshaupt zog!«

»Und zum Gattenleib«, antwortete Schridaman. »Ich vergebe dir. Und auch dir vergebe ich, Nanda, wie du deinerseits mir vergeben magst, daß ich auf den Spruch des Heiligen pochte und Sita für mich nahm, indem ich nur meinen Ich- und Mein-Gefühlen Rechnung trug, mich um die deinigen aber nicht kümmerte. Zwar hättest du es ebenso gemacht, wenn der Endspruch des Heiligen nach deinem Sinne gelautet hätte. Denn in dem Wahn und der Sonderung dieses Lebens ist es das Los der Wesen, einander im Lichte zu stehen, und vergebens sehnen die Besseren sich nach einem Dasein, in dem nicht das Lachen des einen des anderen Weinen wäre. Allzusehr habe ich auf meinem Kopf beharrt, der sich deines Leibes erfreute. Denn mit diesen nun etwas gemagerten Armen hattest du Sita zur Sonne geschaukelt, und in unserer neuen Sonderung schmeichelte ich mir, ich hätte ihr alles zu bieten, wonach sie verlangte. Aber die Liebe geht aufs Ganze. Darum mußt' ich's erleben, daß unsere Sita auf deinem

Kopfe beharrte und mir aus dem Hause ging. Wenn ich nun glauben könnte, sie werde in dir, mein Freund, ihr dauerndes Glück und Genüge finden, so würde ich meiner Wege ziehen und das Haus meines Vaters zu meiner Wildnis machen. Aber ich glaube es nicht; sondern wie sie sich vom Gattenhaupt überm Freundesleib nach dem Freundeshaupt sehnte überm Gattenleib, so wird ganz bestimmt ein mitleidiges Sehnen sie ergreifen nach dem Gattenhaupt überm Freundesleib, und ihr wird keine Ruhe und kein Genüge beschieden sein, denn der ferne Gatte wird immer zum Freunde werden, den sie liebt, ihm wird sie unser Söhnchen Andhaka bringen, weil sie in ihm dessen Vater erblickt. Mit uns beiden aber kann sie nicht leben, da Vielmännerei unter höheren Wesen nicht in Betracht kommt. Habe ich recht, Sita, mit dem, was ich sage?«

»Wie dein Wort es ausspricht, so ist es leider, mein Herr und Freund«, antwortete Sita. »Mein Bedauern aber, das ich in das Wörtchen ›leider‹ fasse, bezieht sich nur auf einen Teil deiner Rede, nicht etwa darauf, daß der Greuel der Vielmännerei für eine Frau wie mich nicht in Betracht kommt. Dafür habe ich kein ›leider‹, sondern bin stolz darauf, denn von seiten meines Vaters Sumantra fließt noch einiges Kriegerblut in meinen Adern, und gegen etwas so Tiefstehendes wie die Vielmännerei empört sich alles in mir: In aller Schwäche und Wirrnis des Fleisches hat man doch seinen Stolz und seine Ehre als höheres Wesen!«

»Ich habe es nicht anders erwartet«, sagte Schridaman, »und du magst versichert sein, daß ich diese von deiner Weibesschwäche unabhängige Gesinnung von Anfang an in meine Überlegungen einbezogen habe. Da du nämlich nicht mit uns beiden leben kannst, so bin ich gewiß, daß dieser Jüngling hier, Nanda, mein Freund, mit dem ich das Haupt tauschte, oder den Körper, wenn man will, –

daß er mit mir darin übereinstimmt, daß auch wir nicht leben können, sondern daß uns nichts übrigbleibt, als unsere vertauschte Sonderung abzulegen und unser Wesen wieder mit dem Allwesen zu vereinigen. Denn wo das Einzelwesen in solche Wirrnis geraten, wie in unserem Fall, da ist es am besten, es schmelze in der Flamme des Lebens wie eine Spende Butter im Opferfeuer.«

»Mit vollem Recht«, sagte Nanda, »Schridaman, mein Bruder, rechnest du auf meine Zustimmung bei deinen Worten. Sie ist unumwunden. Ich wüßte auch wirklich nicht, was wir noch im Fleische zu suchen hätten, da wir beide unsere Wünsche gebüßt und bei Sita geruht haben. Mein Leib durfte sich ihrer erfreuen im Bewußtsein deines Hauptes und der deine im Bewußtsein des meinen, wie sie sich meiner erfreute in deines Hauptes Zeichen und deiner im Zeichen des meinen. Unsere Ehre aber mag als gerettet gelten, denn ich habe nur dein Haupt mit deinem Leibe betrogen, was gewissermaßen dadurch wettgemacht wird, daß Sita, die Schönhüftige, meinen Leib mit meinem Haupt betrog; davor aber, daß ich, der ich dir doch einst die Betelrolle verehrte zum Zeichen der Treue, dich mit ihr betrogen hätte als Nanda nach Haupt und Gliedern, davor hat glücklicherweise Brahma uns bewahrt. Trotzdem kann es so mit Ehren nicht weitergehen, denn für Vielmännerei und Weibergemeinschaft sind wir denn doch zu hochstehende Leute: Sita gewiß und ebenso gewiß du, selbst noch mit meinem Leibe. Aber auch ich, besonders mit deinem. Darum stimme ich dir unumwunden zu in allem, was du von Einschmelzung sagst, und erbiete mich, uns mit diesen in der Wildnis erstarkten Armen die Scheiterhütte zu rüsten. Du weißt, daß ich mich schon früher dazu erboten habe. Du weißt auch, daß ich stets entschlossen war, dich nicht zu überleben und dir ohne Zögern in den Tod gefolgt bin, als du dich der Göttin zum Opfer gebracht hattest. Betrogen aber habe ich dich erst, als mein Gattenleib mir ein gewisses Recht darauf gab und Sita mir den kleinen Samadhi brachte, als dessen leiblichen Vater ich mich zu betrachten habe, indem ich dir gern und mit Respekt die Vaterschaft dem Haupte nach zugestehe.«

»Wo ist Andhaka?« fragte Schridaman.

»Er liegt in der Hütte«, antwortete Sita, »und sammelt im Schlafe Kraft und Schönheit für sein Leben. Es war an der Zeit, daß wir auf ihn zu sprechen kamen, denn seine Zukunft muß uns wichtiger sein als die Frage, wie wir uns mit Ehre aus dieser Wirrnis ziehen. Beides aber hängt nahe zusammen, und wir sorgen für seine Ehre, indem wir für unsere sorgen. Bliebe ich, wie ich wohl möchte, allein bei ihm zurück, wenn ihr ins Allwesen zurückkehrt, so würde er als elendes Witwenkind durchs Leben irren, von Ehre und Freude verlassen. Nur wenn ich dem Beispiel der edlen Satis folge, die sich dem Leib des toten Gatten gesellten und mit ihm ins Feuer des Scheiterhaufens eingingen, so daß man ihrem Andenken Steinplatten und Obelisken setzte auf den Verbrennungsplätzen, – nur wenn ich ihn mit euch verlasse, wird sein Leben ehrenvoll sein, und die Gunst der Menschen wird ihm entgegenkommen. Darum fordere ich, des Sumantra Tochter, daß Nanda die Feuerhütte für dreie rüste. Wie ich das Lager des Lebens mit euch beiden geteilt, so soll auch das Glutbett des Todes uns drei vereinen. Denn auch auf jenem schon waren wir eigentlich immer zu dritt.«

»Nie«, sagte Schridaman, »habe ich etwas anderes von dir erwartet, sondern von vornherein den Stolz und Hochsinn in Rechnung gestellt, die dir neben der Fleischesschwäche innewohnen. Im Namen unseres Sohnes danke ich dir für dein Vorhaben. Um aber Ehre und Menschenstolz aus den Wirrnissen, in die uns das Fleisch gebracht, wahrhaftig wiederherzustellen, müssen wir sehr auf die Form der Wiederherstellung achten, und in dieser Beziehung weichen meine Gedanken und Entwürfe, wie ich sie auf der Reise entwickelt, von den euren ab. Mit dem toten Gemahl äschert die stolze Witwe sich ein. Du aber bist keine Witwe, solange auch nur einer von uns beiden am Leben ist, und es ist sehr die Frage, ob du zur Witwe würdest, indem du mit uns Lebenden einsäßest in die Gluthütte und mit uns stürbest. Darum, um dich zur Witwe zu machen, müssen Nanda und ich uns töten, womit ich meine: wir müssen einander töten; denn ›uns‹ und ›einander‹ ist beides der richtigen Rede gemäß in unserem Fall und ist ein und dasselbe. Wie Hirsche um die Hirschkuh müssen wir kämpfen mit zwei Schwertern, für die gesorgt ist, denn sie hängen meinem Yak-Ochsen am Gurt. Aber nicht, damit einer siege und überlebe und die schönhüftige Sita davontrage, dürfen wir es tun: damit wäre nichts gebessert, denn immer wäre der Tote der Freund, nach dem sie sich in Sehnsucht verzehren würde, so daß sie erblaßte in den Armen des Gatten. Nein, sondern beide müssen wir fallen, ins Herz getroffen einer vom Schwert des anderen, – denn nur das Schwert ist des anderen, nicht aber das Herz. So wird es besser sein, als wenn jeder das Schwert gegen die eigene gegenwärtige Sonderung kehrte; denn mir scheint, unsere Häupter haben kein Recht zum Todesbeschluß über den einem jeden anhängenden Leib, wie auch wohl unsere Leiber kein Recht hatten zur Wonne und Ehelust unter fremden Häuptern. Zwar wird es ein schwerer Kampf sein, insofern eines jeden Haupt und Leib davor auf der Hut werden sein müssen, nicht für sich selbst und um Sita's Alleinbesitz zu kämpfen, sondern auf das Doppelte bedacht, den tödlichen Streich zu führen und zu empfangen. Aber schwerer, als sich den Kopf abzuschlagen, was wir doch beide geleistet und über uns gewonnen haben, wird die doppelseitige Selbsttötung auch nicht sein.«

»Her mit den Schwertern!« rief Nanda. »Ich bin bereit zu

diesem Kampf, denn es ist die rechte Art für uns Rivalen, diese Sache auszutragen. Es ist gerecht, denn bei der Aneignung unserer Leiber durch unsere Häupter sind unser beider Arme ziemlich gleich stark geworden: die meinen zarter an dir, die deinen stärker an mir. Mit Freuden werde ich dir mein Herz bieten, weil ich dich mit Sita betrog, das deine aber werde ich durchstoßen, damit sie nicht in deinen Armen erblasse um meinetwillen, sondern als Doppelwitwe sich uns im Feuer geselle.«
Da auch Sita sich einverstanden erklärte mit dieser Ordnung der Dinge, durch die, wie sie sagte, ihr Kriegerblut sich angesprochen fühle, weshalb sie sich denn auch nicht vom Kampfe beiseite drücken, sondern ihm, ohne mit der Wimper zu zucken, beiwohnen wolle, – so trug denn sogleich dies Todestreffen sich zu vor der Hütte, in der Andhaka schlief, auf dem blumigen Anger zwischen dem Kuhfluß und dem rotblühenden Waldstrich, und beide Jünglinge sanken in die Blumen, ein jeder getroffen in des anderen Herz. Ihr Leichenbegängnis aber gestaltete sich, weil das heilige Ereignis einer Witwenverbrennung damit verbunden war, zu einem großen Fest, und Tausende strömten zusammen auf dem Verbrennungsplatz, um zu beobachten, wie der kleine Samadhi, genannt Andhaka, als nächster männlicher Anverwandter, sein kurzes Gesicht nahe hinhaltend, die Fackel legte an den aus Mango- und wohlriechenden Sandelklötzen errichteten Scheiterhaufen, dessen Fugenfüllung aus trockenem Stroh man reichlich mit zerlassener Butter begossen hatte, damit er rasch und gewaltig Feuer fange, und in welchem Sita von ›Buckelstierheim‹ zwischen dem Gatten und dem Freunde ihr Unterkommen gefunden hatte. Das Scheiterhaus loderte himmelhoch, wie man es selten gesehen, und sollte die schöne Sita eine Weile geschrien haben, weil Feuer, wenn man nicht tot ist, entsetzlich weh tut, so wurde ihre Stimme vom Gellen der Muschelhörner und

rasselndem Trommellärm übertönt, so daß es so gut war, als hätte sie nicht geschrien. Die Geschichte aber will wissen, und wir wollen ihr glauben, daß die Glut ihr kühl gewesen sei in der Freude, mit den Geliebten vereinigt zu sein.

Sie bekam einen Obelisken an Ort und Stelle zum Gedenken ihres Opfers, und was von den Gebeinen der drei nicht völlig verbrannt war, wurde gesammelt, mit Milch und Honig begossen und in einem Tonkrug geborgen, den man in die heilige Ganga versenkte.

Ihrem Früchtchen aber, Samadhi, der bald nur noch Andhaka hieß, ging es vortrefflich auf Erden. Berühmt durch das Brandfest, als Sohn einer Denkstein-Witwe genoß er das Wohlwollen aller, das durch seine wachsende Schönheit bis zur Zärtlichkeit verstärkt wurde. Mit zwölf Jahren bereits glich seine Verkörperung einem Gandharven nach Anmut und lichter Kraft, und auf seiner Brust begann die Locke ›Glückskalb‹ sich abzuzeichnen. Sein Blindlingstum indessen, weit entfernt, ihm zum Nachteil zu gereichen, behütete ihn davor, allzusehr im Körper zu leben, und hielt seinen Kopf zum Geistigen an. Den Siebenjährigen nahm ein vedakundiger Brahmane in seine Hut, bei dem er die richtig gebildete Rede, Grammatik, Astronomie und Denkkunst studierte, und nicht älter als zwanzig war er schon Vorleser des Königs von Benares. Auf einer herrlichen Palastterrasse saß er, in feinen Kleidern, unter einem weißseidenen Sonnenschirm, und las dem Fürsten mit einnehmender Stimme aus heiligen und profanen Schriften vor, wobei er das Buch sehr dicht vor seine schimmernden Augen hielt.

# DAS GESETZ

I

Seine Geburt war unordentlich, darum liebte er leidenschaftlich Ordnung, das Unverbrüchliche, Gebot und Verbot.

Er tötete früh im Auflodern, darum wußte er besser als jeder Unerfahrene, daß Töten zwar köstlich, aber getötet zu haben höchst gräßlich ist, und daß du nicht töten sollst.

Er war sinnenheiß, darum verlangte es ihn nach dem Geistigen, Reinen und Heiligen, dem Unsichtbaren, denn dieses schien ihm geistig, heilig und rein.

Bei den Midianitern, einem rührig ausgebreiteten Hirten- und Handelsvolk der Wüste, zu dem er aus Ägypten, dem Lande seiner Geburt, fliehen mußte, da er getötet hatte (das Nähere sogleich), machte er die Bekanntschaft eines Gottes, den man nicht sehen konnte, der aber dich sah; eines Bergbewohners, der zugleich unsichtbar auf einer tragbaren Lade saß, in einem Zelt, wo er durch Schüttel-Lose Orakel erteilte. Den Kindern Midians war dieses Numen, Jahwe genannt, ein Gott unter anderen; sie dachten sich nicht viel bei seinem Dienst, den sie nur zur Sicherheit und für alle Fälle mitversahen. Es war ihnen eingefallen, daß unter den Göttern ja auch vielleicht einer sein könnte, den man nicht sah, ein Gestaltloser, und sie opferten ihm nur, um nichts zu versäumen, niemanden zu kränken und sich von keiner möglichen Seite her Unannehmlichkeiten zuzuziehen.

Mose dagegen, kraft seiner Begierde nach dem Reinen und Heiligen, war tief beeindruckt von der Unsichtbarkeit Jahwe's; er fand, daß kein sichtbarer Gott es an Heiligkeit mit einem unsichtbaren aufnehmen könne, und staunte, daß die Kinder Midians fast gar kein Gewicht legten auf eine Eigenschaft, die ihm unermeßlicher Implikationen voll zu sein schien. In langen, schweren und heftigen Überlegungen, während er in der Wüste die Schafe des Bruders seines midianitischen Weibes hütete, erschüttert von Eingebungen und Offenbarungen, die in einem gewissen Fall sogar sein Inneres verließen und als flammendes Außen-Gesicht, als wörtlich einschärfende Kundgebung und unausweichlicher Auftrag seine Seele heimsuchten, gelangte er zu der Überzeugung, daß Jahwe kein anderer sei als El 'eljon, der Einzig-Höchste, El ro'i, der Gott, der mich sieht, – als Er, der immer schon ›El Schaddai‹, ›der Gott des Berges‹, geheißen, als El 'olam, der Gott der Welt und der Ewigkeiten, – mit einem Wort, kein anderer als Abrahams, Jizchaks und Jakobs Gott, der Gott der Väter, will sagen: der Väter der armen, dunklen, in ihrer Anbetung schon ganz konfusen, entwurzelten und versklavten Sippen zu Haus in Ägyptenland, deren Blut von Vaters Seite in seinen, des Mose, Adern floß.

Darum und dieser Entdeckung voll, mit schwer beauftragter Seele, aber auch bebend vor Begierde, das Geheiß zu erfüllen, brach er seinen vieljährigen Aufenthalt bei den Kindern Midians ab, setzte seine Frau Zipora, ein recht vornehmes Weib, da sie eine Tochter Reguels, des Priesterkönigs in Midian, und die Schwester seines herdenbesitzenden Sohnes Jethro war, auf einen Esel, nahm auch seine zween Söhne, Gersom und Elieser, mit und kehrte in sieben Tagereisen durch viele Wüsten gen Westen nach Ägyptenland zurück, das heißt in das brachige Unterland, wo der Nil sich teilt und wo, in einem Distrikte, der Kos, beziehungsweise auch Goschem, Gosem und Gosen hieß, das Blut seines Vaters wohnte und fronte.

Dort begann er sogleich, wo er ging und stand, in den Hütten und auf den Weide- und Arbeitsplätzen, diesem

Blute seine große Erfahrung auseinanderzusetzen, wobei er eine bestimmte Art hatte, mit gestreckten Armen seine Fäuste zu beiden Seiten des Körpers bebend zu schütteln. Er benachrichtigte sie, daß der Gott der Väter wiedergefunden sei, daß er sich ihm, Moscheh ben 'Amram, zu erkennen gegeben habe am Berge Hor in der Wüste Sin, aus einem Busch, der brannte und nicht verbrannte, daß er Jahwe heiße, was zu verstehen sei als: »Ich bin der ich bin, von Ewigkeit zu Ewigkeit«, aber auch als wehende Luft und als ein großes Tosen; daß er Lust habe zu ihrem Blut und unter Umständen einen Bund der Erwählung aus allen Völkern mit ihm zu schließen bereit sei, vorausgesetzt nämlich, daß es sich ihm in völliger Ausschließlichkeit verschwöre und eine Eidgenossenschaft aufrichte zum alleinigen, bildlosen Dienste des Unsichtbaren.
Hiermit drang er bohrend in sie und bebte mit den Fäusten dazu an außerordentlich breiten Handgelenken. Und doch war er nicht ganz aufrichtig mit ihnen, sondern hielt hinterm Berge mit mehrerem, was er meinte, ja mit dem Eigentlichen, aus Furcht, sie kopfscheu zu machen. Von den Implikationen der Unsichtbarkeit, also der Geistigkeit, Reinheit und Heiligkeit, sagte er ihnen nichts und wies sie lieber nicht darauf hin, daß sie als verschworene Diener des Unsichtbaren ein abgesondertes Volk des Geistes, der Reinheit und Heiligkeit würden zu sein haben. Aus Sorge verschwieg er es, sie zu erschrecken; denn sie waren ein so elendes, bedrücktes und in der Anbetung konfuses Fleisch, seines Vaters Blut, und er mißtraute ihnen, obgleich er sie liebte. Ja, wenn er ihnen verkündete, daß Jahwe, der Unsichtbare, Lust zu ihnen habe, so deutete er dem Gotte zu und trug in ihn hinein, was möglicherweise auch des Gottes war, zugleich aber mindestens auch sein eigen: Er selbst hatte Lust zu seines Vaters Blut, wie der Steinmetz Lust hat zu dem ungestalten Block, woraus er feine und hohe Gestalt, seiner Hände Werk, zu

metzen gedenkt, – daher die bebende Begier, die ihn, zugleich mit großer Seelenbeschwernis durch das Geheiß, bei seinem Aufbruch von Midian erfüllt hatte.

Womit er aber ebenfalls noch zurückhielt, das war des Geheißes zweite Hälfte; denn es war doppelt gewesen. Nicht nur dahin, daß er den Sippen die Wiederentdeckung des Vätergottes und seine Lust zu ihnen verkünde, hatte es gelautet, sondern zugleich dahin, daß er sie aus dem ägyptischen Diensthause hinausführen solle ins Freie und durch viele Wüsten ins Land der Verheißung, das Land der Väter. Dieser Auftrag war dem der Verkündigung eingängig und unzertrennbar mit ihm verschränkt. Gott – und Befreiung zur Heimkehr; der Unsichtbare – und die Abschüttelung des Joches der Fremde, das war ein und derselbe Gedanke für ihn. Dem Volke aber sprach er noch nicht davon, weil er wußte, daß sich aus dem einen das andere ergeben werde, und auch, weil er hoffte, das zweite auf eigene Hand bei Pharao, dem König Ägyptens, auszuwirken, dem er gar nicht so ferne stand.

Sei es nun aber, daß dem Volk seine Rede mißfiel – denn er sprach schlecht und stockend und fand öfters die Worte nicht –, oder daß es beim bebenden Schütteln seiner Fäuste die Implikationen der Unsichtbarkeit sowohl wie des Bundesangebots ahnte und merkte, daß er es zu anstrengenden und gefährlichen Dingen verlocken wollte, – es verhielt sich mißtrauisch, halsstarrig und ängstlich gegen sein Bohren, sah nach den ägyptischen Stockmeistern hin und sprach zwischen den Zähnen:

»Was stößest du Worte? Und was für Worte sind's, die du stößt? Es hat dich wohl einer zum Obersten oder zum Richter gesetzt über uns? Wir wüßten nicht, wer.«

Das war ihm nicht neu. Er hatte es früher schon von ihnen gehört, bevor er nach Midian floh.

2

Sein Vater war nicht sein Vater, und seine Mutter war seine Mutter nicht, – so unordentlich war seine Geburt. Ramessu's, des Pharao's, zweite Tochter ergötzte sich mit dienenden Gespielinnen und unterm Schutze Bewaffneter in dem königlichen Garten am Nil. Da wurde sie eines ebräischen Knechtes gewahr, der Wasser schöpfte, und fiel in Begierde um seinetwillen. Er hatte traurige Augen, ein Jugendbärtchen ums Kinn und starke Arme, wie man beim Schöpfen sah. Er werkte im Schweiß seines Angesichts und hatte seine Plage; für Pharao's Tochter aber war er ein Bild der Schönheit und des Verlangens, und sie befahl, daß man ihn zu ihr einlasse in einen Pavillon; da fuhr sie ihm mit dem kostbaren Händchen ins schweißnasse Haar, küßte den Muskel seines Armes und neckte seine Mannheit auf, daß er sich ihrer bemächtigte, der Fremdsklave des Königskindes. Als sie's gehabt, ließ sie ihn gehen, aber er ging nicht weit, nach dreißig Schritten ward er erschlagen und rasch begraben, so war nichts übrig von dem Vergnügen der Sonnentochter.

»Der Arme«, sagte sie, als sie's hörte. »Ihr seid auch immer so übergeschäftig. Er hätte schon stillgeschwiegen. Er liebte mich.« Danach aber wurde sie schwanger, und nach neun Monaten gebar sie in aller Heimlichkeit einen Knaben, den legten ihre Frauen in ein verpichtes Kästlein aus Rohr und verbargen dasselbe im Schilf am Rande des Wassers. Da fanden sie's dann und riefen: »O Wunder, ein Findling und Schilfknabe, ein ausgesetztes Kindlein! Wie in alten Mären ist es, genau wie mit Sargon, den Akki, der Wasserschöpfer, im Schilfe fand und aufzog in der Güte seines Herzens. Immer wieder kommt dergleichen vor! Wohin nun mit diesem Fund? Das Allervernünftigste ist, wir geben ihn einer säugenden Mutter von schlichtem Stand, die übrige Milch hat, daß er als ihr und ihres redlichen Mannes Sohn erwachse.« Und sie händigten das Kind einem ebräischen Weibe ein, die brachte es hinab in die Gegend Goson zu Jochebed, dem Weibe Amrams, von den Zugelassenen, eines Mannes aus Levi's Samen. Sie säugte ihren Sohn Aaron und hatte übrige Milch; darum, und weil ihrer Hütte heimlich zuweilen Gutes zukam von oben herab, zog sie das unbestimmte Kind mit auf in der Güte ihres Herzens. So wurden Amram und Jochebed sein Elternpaar vor den Menschen und Aaron sein Bruder. Amram hatte Rinder und Feld, und Jochebed war eines Steinmetzen Tochter. Sie wußten aber nicht, wie sie das fragliche Knäblein nennen sollten; darum gaben sie ihm einen halb ägyptischen Namen, will sagen: die Hälfte eines ägyptischen. Denn öfters hießen die Söhne des Landes Ptach-Mose, Amen-Mose oder Ra-Mose und waren als Söhne ihrer Götter genannt. Den Gottesnamen nun ließen Amram und Jochebed lieber aus und nannten den Knaben kurzweg Mose. So war er ein ›Sohn‹ ganz einfach. Fragte sich eben nur, wessen.

3

Als einer der Zugelassenen wuchs er auf und drückte sich aus in ihrer Mundart. Die Vorfahren dieses Blutes waren einst, zur Zeit einer Dürre, als »Hungernde Beduinen von Edom«, wie Pharao's Schreiber sie nannten, mit Erlaubnis der Grenzbehörden ins Land gekommen, und der Distrikt Gosen, im Niederland, war ihnen zur Weidenutzung angewiesen worden. Wer da glaubt, sie hätten umsonst dort weiden dürfen, der kennt ihre Wirte schlecht, die Kinder Ägyptens. Nicht nur, daß sie steuern mußten von ihrem Vieh, und zwar daß es drückte, sondern alles, was Kräfte hatte bei ihnen, mußte auch Arbeitsdienst leisten. Fronwerk bei den mancherlei Bauten, die in einem solchen Lande, wie Ägypten es ist, immer im Gange sind. Besonders aber seit Ramessu, seines Namens der Zweite, Pharao war zu Theben, wurde ausschweifend gebaut, das war seine Lust und seine Königswonne. Verschwenderische Tempel baute er über das ganze Land, und drunten im Mündungsgebiet ließ er nicht nur den lange vernachlässigten Kanal erneuern und sehr verbessern, der den östlichen Nilarm mit den Bitterseen und so das große Meer mit dem Zipfel des Roten Meeres verband, sondern er richtete auch zwei ganze Magazin-Städte am Lauf des Kanals auf, genannt Pitom und Ramses, und dazu wurden die Kinder der Zugelassenen, diese Ibrim, ausgehoben, daß sie Ziegel büken, schleppten und rackerten im Schweiß ihrer Leiber unterm ägyptischen Stock.

Dieser Stock war mehr nur das Abzeichen von Pharao's Aufsehern, sie wurden nicht unnötig damit geschlagen. Auch hatten sie gut zu essen bei ihrer Fron: viel Fisch aus dem Nilarm, Brot, Bier und Rindfleisch recht wohl zur Genüge. Demungeachtet aber paßte und schmeckte die Fron ihnen wenig, denn sie waren Nomadenblut, mit der Überlieferung frei schweifenden Lebens, und stündlich geregelte Arbeit, bei der man schwitzte, war ihnen im Herzen fremd und kränkend. Sich aber über ihren Mißmut zu verständigen und eines Sinnes darüber zu werden, waren diese Sippen zu locker verbunden und ihrer selbst nicht hinlänglich bewußt. Seit mehreren Geschlechtern in einem Übergangslande zeltend zwischen der Väterheimat und dem eigentlichen Ägypten, waren sie von gestaltloser Seele, ohne sichere Lehre und schwankenden Geistes; hatten vieles vergessen, einiges halbwegs aufgenommen, und eines rechten Mittelpunktes ermangelnd trauten sie ihrem eigenen Gemüte nicht, auch nicht dem Ingrimm, der darin war, über die Fron, an dem aber Fisch, Bier und Rindfleisch sie irremachten.

Mose nun, angeblich des Amram Sohn, hätte, als er dem

Knabenalter entwuchs, wohl ebenfalls für Pharao Ziegel streichen müssen. Das geschah aber nicht, sondern der Jüngling wurde von seinen Eltern genommen und nach Ober-Ägypten in ein Schulhaus gebracht, so ein sehr feines Internat, wo die Söhne syrischer Stadtkönige zusammen mit einheimischen Adelssprossen erzogen wurden. Da wurde er hingetan; denn seine leibliche Mutter, Pharao's Kind, die ihn ins Schilf geboren, ein zwar lüsternes, aber nicht gemütloses Ding, hatte sein gedacht um seines verscharrten Vaters willen, des Wasserziehers mit Bärtchen und mit den traurigen Augen, und wollte nicht, daß er bei den Wilden bleibe, sondern zum Ägypter gebildet werde und ein Hofamt erlange, in halber, verschwiegener Anerkennung seiner göttlichen Halbblütigkeit. So lernte denn Mose, gekleidet in weißes Leinen und eine Perücke auf dem Kopf, Stern- und Länderkunde, Schriftkunst und Recht, war aber nicht glücklich unter den Gecken des vornehmen Internats, sondern ein Einsamer unter ihnen, voller Abneigung gegen die ganze ägyptische Feinheit, aus deren Lust er entsprungen war. Das Blut des Verscharrten, der dieser Lust hatte dienen müssen, war stärker in ihm als sein ägyptisch Teil, und in seiner Seele hielt er es mit den armen Gestaltlosen daheim in Gosen, die nicht Mut hatten zu ihrem Ingrimm, hielt es mit ihnen gegen den lüsternen Dünkel des Mutterblutes.

»Wie ist doch dein Name?« fragten ihn wohl die Genossen vom Schulhause.

»Mose heiße ich«, antwortete er.

»Ach-Mose oder Ptach-Mose?« fragten sie.

»Nein, nur Mose«, erwiderte er.

»Das ist ja dürftig und ausgefallen«, sagten die Schnösel, und er ergrimmte, daß er sie hätte erschlagen und verscharren mögen. Denn er verstand, daß sie mit solchen Fragen nur in seiner Umregelmäßigkeit stochern wollten, die in schwankenden Umrissen allen bekannt war. Hätte er doch selbst nicht gewußt, daß er nur eine diskrete Frucht ägyptischen Vergnügens war, wenn es nicht allgemeine, ob auch meistens nur ungenaue Kenntnis gewesen wäre – bis zu Pharao hinaus, dem die Schäkerei seines Kindes so wenig verborgen geblieben war wie dem Mose die Tatsache, daß Ramessu, der Bauherr, sein Lüsternheits-Großvater war, von schnöden, mörderischen Vergnügens wegen. Ja, Mose wußte dies und wußte auch, daß Pharao es wisse, und hatte ein drohendes Nicken bei dem Gedanken, in der Richtung von Pharao's Thron.

4

Als er zwei Jahre unter den Stutzern gelebt hatte des thebanischen Schulhauses, hielt er es nicht mehr aus, entwich bei Nacht über die Mauer und wanderte heim nach Gosen zum Vatergeblüt. Unter dem strich er bitteren Angesichts herum und sah eines Tages, am Kanal, nahe den Neubauten von Ramses, wie ein ägyptischer Aufseher einen der Fronenden, der wohl lässig gewesen war oder widerspenstig, mit seinem Stocke schlug. Erbleichend und mit lodernden Augen stellte er den Ägypter zur Rede, der ihm statt aller Antwort das Nasenbein einschlug, so daß Mose eine Nase mit gebrochenem, flach eingetriebenem Knochen hatte sein Leben lang. Er entriß aber dem Aufseher den Stock, holte fürchterlich aus und zertrümmerte dem Mann den Schädel, daß er tot war auf der Stelle. Nicht einmal umgeblickt hatte er sich, ob auch niemand es sah. Es war aber ein einsamer Ort und kein Mensch sonst in der Nähe. So verscharrte er den Erschlagenen ganz allein, denn den er verteidigt, der hatte das Weite gesucht; und es war ihm, als sei ihm nach Erschlagen und Verscharren schon immer zu Sinne gewesen.
Seine lodernde Tat blieb verborgen, zum mindesten den

Ägyptern, die nicht herausbekamen, wo ihr Mann geblieben war, und Jahr und Tag verging über die Tat. Mose fuhr fort, zwischen seines Vaters Leuten umherzustreifen, und mischte sich auf eigentümlich herrische Art in ihre Händel. Einst sah er zwei fronende Ibrim miteinander zanken, und wenig fehlte, daß sie zu Tätlichkeiten schritten. »Was zankt ihr und wollt gar noch raufen?« sprach er zu ihnen. »Seid ihr nicht elend und verwahrlost genug, daß lieber Blut sollte halten zu Blut, statt einander die Zähne zu blecken? Der da hat unrecht, ich hab's gesehen. Er gehe nach und bescheide sich, ohne daß der andere sich überhebe.«

Wie es aber geschieht, so waren plötzlich die beiden vereint gegen ihn und sprachen: »Was redest du in unsere Sachen?« Besonders der, dem er unrecht gegeben, war äußerst patzig und sprach ganz laut: »Das ist denn doch wohl der Gipfel! Wer bist du, daß du deine Ziegennase in Dinge steckst, die dich nichts angehen? Aha, Moscheh bist du, des Amram Sohn, aber damit ist wenig gesagt, und weiß niemand recht, wer du bist, du selber auch nicht. Neugierig sind wir, zu erfahren, wer dich zum Meister und Richter gesetzt hat über uns. Willst du mich vielleicht auch erwürgen, wie du damals den Ägypter erwürgt und verscharrt hast?«

»Still doch!« machte Mose erschrocken und dachte: Wie ist das herausgekommen? Des Tages noch sah er ein, daß seines Bleibens nicht war im Lande, und ging über die Grenze, wo sie nicht fest war, bei den Bitterseen, durch die Watten. Durch viele Wüsten des Landes Sinai wanderte er und kam nach Midian, zu den Minäern und ihrem Priesterkönig Reguel.

5

Als er von dort zurückkehrte, seiner Gottesentdeckung und seines Auftrages voll, war er ein Mann auf der Höhe der Jahre, stämmig, mit gedrückter Nase, vortretenden Backenknochen, einem geteilten Bart, weitstehenden Augen und breiten Handgelenken, wie man besonders sah, wenn er, was oft geschah, grübelnd Mund und Bart mit der Rechten bedeckte. Von Hütte zu Hütte ging er und von Fronplatz zu Fronplatz, schüttelte die Fäuste zu seiten seiner Schenkel und sprach von dem Unsichtbaren, dem zum Bunde bereiten Gotte der Väter, obgleich er im Grunde nicht sprechen konnte. Denn er war stockend gestauten Wesens überhaupt und neigte in der Erregung zum Zungenschlag, war aber außerdem so recht in keiner Sprache zu Hause und suchte in dreien herum beim Reden. Das aramäische Syro-Chaldäisch, das sein Vaterblut sprach und das er von seinen Eltern gelernt, war überdeckt worden vom Ägyptischen, das sich in dem Schulhause hatte aneignen müssen, und dazu kam das midianitische Arabisch, das er solange in der Wüste gsprochen. So brachte er alles durcheinander.

Sehr behilflich war ihm sein Bruder Aaron, ein hochgewachsener, sanfter Mann mit schwarzem Bart und schwarzen Ringellocken im Nacken, der seine großen, gewölbten Augenlider gern fromm gesenkt hielt. Ihn hatte er in alles eingeweiht, hatte ihn ganz für den Unsichtbaren und sämtliche Implikationen gewonnen, und da Aaron aus seinem Barte heraus salbungsvoll-fließend zu reden verstand, so begleitete er Mose meistens auf seinen Werbe-Wegen und sprach statt seiner, allerdings etwas gaumig und ölig und nicht hinreißend genug, so daß Mose durch begleitendes Fäusteschütteln mehr Feuer hinter seine Worte zu bringen suchte und ihm oft auch holterdiepolter auf aramäisch-ägyptisch-arabisch ins Wort fiel.

Aarons Weib hieß Eliseba, die Tochter Amminadabs; sie war auch mit vom Schwure und von der Propaganda, sowie eine jüngere Schwester Mose's und Aarons, Mirjam, ein begeistertes Weib, das singen und pauken konnte. Besonders aber war Mose einem Jüngling geneigt, der seinerseits mit Leib und Seele zu ihm, seiner Verkündigung und seinen Plänen stand und ihm nicht von der Seite wich. Eigentlich hieß er Hosea, der Sohn des Nun (das ist ›Fisch‹), vom Stamme Ephraim. Aber Mose hatte ihm den Jahwe-Namen Jehoschua, auch kurzweg Joschua, verliehen, und den trug er nun mit Stolz, – ein gerade stehender, sehniger junger Mensch mit einem Krauskopf, vortretendem Adamsapfel und einem bestimmt eingezeichneten Faltenpaar zwischen seinen Brauen, der bei der ganzen Sache seinen eigenen Gesichtspunkt hatte: nicht so sehr den religiösen nämlich, als den militärischen; denn für ihn war Jahwe, der Vätergott, vor allem der Gott der Heerscharen, und der an seinen Namen geknüpfte Gedanke des Entweichens aus diesem Diensthause fiel für ihn zusammen mit der Eroberung neuen und eigenen Siedelgrundes für die ebräischen Sippen, – folgerichtigerweise, denn irgendwo mußten sie wohnen, und kein Land, verheißen oder nicht, würde ihnen geschenkt werden.

Joschua, so jung er war, hatte alle einschlägigen Fakten in seinem gerade und fest blickenden Krauskopf und besprach sie unaufhörlich mit Mose, seinem älteren Freunde und Herrn. Ohne über die Mittel zu einer genauen Volkszählung zu verfügen, hatte er veranschlagt, daß die Stärke der in Gosen zeltenden und in den Zwing-Städten Pitom und Ramses wohnenden Sippen, einschließlich ihrer als Sklaven über das weitere Land verstreuten Glieder, alles in allem ungefähr zwölf- oder dreizehntausend Köpfe betrug, was eine waffenfähige Mannschaft von ungefähr dreitausend ausmachte. Die Zahlen sind später ohne Maß übertrieben worden, aber Joschua wußte sie annähernd richtig, und er war wenig zufrieden damit. Dreitausend Mann war keine sehr schreckliche Streitmacht, selbst wenn man damit rechnete, daß, war man einmal unterwegs, allerlei verwandtes Blut, das im Wüsten umherschweifte, sich diesem Kerne zur Landgewinnung anschließen würde. Größere Unternehmungen konnte man, gestützt nur auf solche Macht, nicht ins Auge fassen; sich damit ins verheißene Land hineinzuschlagen, war untunlich. Joschua sah das ein, und darum trachtete er nach einem Ort im Freien, wo das Geblüt sich erst einmal festsetzen – und wo man es, unter leidlich günstigen Umständen, erst noch eine Weile seinem natürlichen Wachstum überlassen könnte, welches, wie Joschua seine Leute kannte, zweieinhalb aufs Hundert und auf jedes Jahr betrug. Nach einem solchen Hege- und Heckplatz, wo mehr Waffenkraft anwachsen könnte, schaute der Jüngling aus und beriet sich oft mit Mose darüber, wobei es sich erwies, daß er überraschend klar überblickte, wie Ort und Ort in der Welt zueinander lagen und eine Art von Karte der interessierenden Gebreite nach Strecken, Tagemärschen und Wasserstellen im Kopfe hatte, sowie besonders noch nach der Streitbarkeit der Bewohner.

Mose wußte, was er an seinem Joschua hatte, wußte wohl, daß er ihn würde nötig haben, und liebte seinen Eifer, obgleich dessen unmittelbare Gegenstände ihn wenig beschäftigten. Mund und Bart mit der Rechten bedeckend hörte er den strategischen Auslassungen des Jünglings zu, indem er dabei an anderes dachte. Für ihn bedeutete Jahwe zwar ebenfalls den Auszug, aber nicht sowohl den Kriegszug zur Landgewinnung, sondern den Auszug ins Freie und in die Absonderung, daß er all dies ratlose, zwischen den Gesittungen schwankende Fleisch, diese zeugenden Männer, milchenden Weiber, sich versuchenden Jünglinge, rotznäsigen Kinder, seines Vaters

Blut, für sich habe irgendwo draußen im Freien, ihnen den heilig-unsichtbaren Gott, den reinen, geistigen, einprägen, ihnen denselben zum sammelnden, formenden Mittelpunkt setzen könne und sie bilden möge zu seinem Gebilde, zu einer von allen Völkern verschiedenen, Gott gehörigen, durch das Heilige und Geistige bestimmten Volksgestalt, ausgezeichnet vor allen anderen durch Scheu, Unterlassung, Gottesfurcht, das wollte sagen: Furcht vor dem Gedanken der Reinheit, zügelnde Satzung, welche, da der Unsichtbare eigentlich der Gott aller Welt war, zukünftig alle binden, aber für sie zuerst erlassen und ihr strenges Vorrecht sein sollte unter den Heiden.

Dies war Mose's Lust zum Vaterblut, Bildnerlust, die ihm eines war mit des Gottes Gnadenwahl und Bundesgewilltheit; und da er dafür hielt, daß die Gestaltung in Gott allen Unternehmungen vorangehen müsse, die der junge Joschua im Kopfe hatte, ferner auch, daß Zeit dafür nötig sei, freie Zeit draußen im Freien, – so war's ihm nicht unlieb, daß es mit Joschua's Plänen noch haperte, und daß sie sich an der unzulänglichen Zahl von waffenfähiger Mannschaft stießen. Joschua brauchte Zeit, daß erst noch auf natürlichem Wege das Volk sich mehre, – übrigens auch dazu, daß er älter würde, er selbst, um sich zum Feldherrn aufwerfen zu dürfen; und Mose brauchte Zeit für das Bildungswerk, nach dem er in Gott begierig war. So stimmten sie überein unter verschiedenen Gesichtspunkten.

6

Unterdessen aber war der Beauftragte nebst seinen nächsten Anhängern, dem beredten Aaron, Eliseba, Mirjam, Joschua und einem gewissen Kaleb, der des Joschua gleichaltriger Busenfreund war, auch ein starker, einfacher, tapferer junger Mann, – unterdessen waren diese alle nicht einen Tag müßig, die Botschaft Jahwe's, des Unsichtbaren, und seines ehrenden Bundesangebots unter den Ihren zu verbreiten und gleichzeitig deren Bitterkeit über die Arbeit unterm ägyptischen Stock zu schüren, den Gedanken der Abschüttelung dieses Jochs und den der Auswanderung unter ihnen aufzubringen. Jeder übte es auf seine Art: Mose selbst mit stockenden Worten und unter Fäusteschütteln, Aaron in gaumig fließender Rede, Eliseba schwatzhaft überredend, Joschua und Kaleb kommandomäßig, in kurz angebundenen Losungen, und Mirjam, die bald ›die Prophetin‹ genannt wurde, tat es in höherem Ton, mit Paukenbegleitung. Auch fiel ihre Predigt nicht auf steinigen Boden; der Gedanke, sich Mose's bundeslustigem Gott zu verschwören, sich dem Bildlosen zum Volke zu weihen und unter ihm und seinem Verkünder ins Freie zu ziehen, schlug Wurzel unter den Sippen und begann, ihren einigenden Mittelpunkt zu bilden, – dies noch besonders, weil Mose versprach, oder doch in hoffnungsreiche Aussicht stellte, daß er an oberster Stelle, durch Verhandlungen, die Erlaubnis zu ihrer aller Auszug aus Ägyptenland erlangen werde, so daß dieser sich nicht in der Form gewagten Aufstandes werde vollziehen müssen, sondern nach gütlicher Übereinkunft vonstatten gehen könnte. Sie kannten, wenn auch ungenau, seine halb-ägyptische Schilfgeburt, wußten von der feinen Erziehung, die er zeitweise genossen, und von dunklen Beziehungen zum Hof, über die er verfügte. Was sonst ein Grund des Mißtrauens gegen ihn und der Ablehnung gewesen war, nämlich seine Halbblütigkeit, und daß er mit einem Fuß im Ägyptischen stand, wandelte sich jetzt in eine Quelle des Zutrauens und verlieh ihm Autorität. Gewiß, wenn einer, so war er der Mann, vor Pharao zu stehen und ihre Sache zu führen. Und so beauftragten sie ihn mit dem Versuch, bei Ramessu, dem Bau- und Zwingherrn, ihre Entlassung ins Freie zu erwirken, – ihn und seinen Milchbruder Aaron, denn diesen gedachte er mitzunehmen, erstens, weil er selbst nicht zusammenhängend zu sprechen vermochte, Aaron dies aber konnte, dann aber auch, weil dieser über gewisse Kunststücke gebot, mit denen man bei Hofe zu Ehren Jahwe's Eindruck zu machen hoffte: Er konnte eine Brillenschlange, indem er sie im Nacken drückte, stocksteif machen, warf er den Stock aber zu Boden, so ringelte er sich und »verwandelte sich in eine Schlange«. Weder Mose noch Aaron rechnete damit, daß Pharao's Magiern dieses Wunder auch bekannt sei, und daß es also nicht als erschreckender Beweis für Jahwe's Macht würde dienen können.

Überhaupt hatten sie kein Glück – es sei vorweggenommen –, so listig sie, dem Beschluß eines mit den Jünglingen Joschua und Kaleb gehaltenen Kriegsrates gemäß, die Sache anstellten. Beschlossen war nämlich worden, den König nur um die Erlaubnis zu bitten, daß die ebräischen Leute sich sammelten und drei Tage weit über die Grenze ins Wüste zögen, um dort draußen dem Herrn, ihrem Gott, der sie gerufen habe, ein Opferfest zu feiern und dann zur Arbeit zurückzukehren. Man erwartete kaum, daß Pharao sich von dieser Finte blenden lassen und glauben werde, sie würden zurückkehren. Es war nur eine mildere, höflichere Form, das Gesuch der Freilassung vorzubringen. Aber der König wußte ihnen keinen Dank dafür.

Erfolg allerdings hatten die Brüder darin, daß sie überhaupt in das Große Haus und vor Pharao's Stuhl gelangten, und zwar nicht nur einmal, sondern bei zäh andauernder Verhandlung wieder und wieder. Hierin hatte Mose seinen Leuten nicht zuviel versprochen, denn er fußte darauf, daß Ramessu sein heimlicher Lüsternheits-Großvater war, und darauf, daß beide wußten, daß jeder es wisse. Damit hatte Mose ein starkes Druckmittel in der Hand, und wenn es auch niemals ausreiche, dem König die Zusage zum Auszuge abzugewinnen, so machte es Mosen doch ernstlich verhandlungsfähig und verschaffte ihm ein übers andere Mal Zutritt zu dem Gewaltigen, da dieser ihn fürchtete. Zwar ist die Furcht eines Königs gefährlich, und Mose spielte die ganze Zeit ein gewagtes Spiel. Er war mutig – wie mutig er war, und welchen Eindruck er den Seinen machte, werden wir baldigst sehen. Leicht konnte Ramessu ihn still erwürgen und verscharren lassen, damit endlich wirklich nichts mehr übrig sei von seines Kindes Sinnengrille. Die Prinzessin aber bewahrte nem Stündchen ein süßes Angedenken und wollte nun einmal nicht, daß ihrem Schilfknaben ein Leid geschehe, – in ihrem Schutze stand er, wie undankbar er ihre Fürsorge, ihren Erziehungs- und Förderungsplänen auch begegnet war.

So durften Mose und Aaron vor Pharao stehen, aber die Opferferien im Freien, zu denen angeblich ihr Gott die Ihren berief, schlug er ihnen rundweg ab. Es nützte nichts, daß Aaron in salbungsvollem Zusammenhang redete und Mose leidenschaftlich dazu die Fäuste an seinen Schenkeln schüttelte. Es half auch nichts, daß Aaron seinen Stab in eine Schlange verwandelte, denn Pharao's Magier machten stehenden Fußes dasselbe, dadurch beweisend, daß dem Unsichtbaren, in dessen Namen die beiden redeten, keine überragende Macht zukomme und daß Pharao die Stimme dieses Herrn nicht hören müsse. »Aber unseren Sippen wird Pestilenz oder Schwert widerfahren, wenn wir nicht drei Tagesreisen hinziehen in die Wüste und dem Herrn ein Fest bereiten«, sagten die Brüder. Aber der König antwortete: »Das geht uns nicht nahe. Ihr seid zahlreich genug, mehr als zwölftausend Köpfe, und könnt eine Abminderung wohl vertragen, sei es durch Pestilenz oder Schwert oder harte Arbeit. Du, Mose und Aaron, ihr wollt nichts, als den Leuten gewähren und sie feiern heißen von ihrem schuldigen Dienst. Das kann ich nicht dulden und will's nicht gewähren. Ich habe mehrere unerhörte Tempel in Arbeit und will außerdem noch eine dritte Magazin-Stadt bauen, außer Pitom und Ramses, zu diesen noch obendrein, dazu brauche ich eurer Leute Arme. Ich danke für den geläufigen Vortrag, und dich, Mose, entlasse ich wohl oder übel sogar in besonderen Gnaden. Aber kein Wort weiter von Wüstenferien!«

Damit war diese Audienz beendet, und es war nicht nur nichts Gutes dabei herausgekommen, sondern entschieden Böses kam nachträglich dabei heraus. Denn Pharao, verletzt in seiner Baubegier und unmutig darüber, daß er Mose nicht wohl erwürgen konnte, da sonst seine Tochter ihm einen Auftritt gemacht hätte, gab Order aus, daß man die Gosen-Leute härter mit Arbeit drücke als bisher und nicht den Stock spare, wenn sie säumig wären; zu schaffen solle man ihnen geben, daß ihnen die Besinnung schwinde und alle müßigen Gedanken vergingen an Wüstenfeste für ihren Gott. Und so geschah es. Die Fron wurde härter von einem Tag auf den andern dadurch, daß Mose und Aaron vor Pharao geredet hatten. Zum Beispiel wurde den Leuten das Stroh für die Ziegel nicht mehr geliefert, die sie zu brennen hatten, sondern selbst mußten sie in die Stoppeln gehen, das nötige Stroh zu sammeln, ohne daß darum die Zahl der beizustellenden Ziegel herabgesetzt worden wäre, sondern erfüllt werden mußte die Zahl, sonst tanzte der Stock auf den armen Rücken. Vergebens wurden die ebräischen Obmänner, die man über das Volk gesetzt, bei den Behörden wegen Überforderung vorstellig. Die Antwort war: »Ihr seid müßig, müßig seid ihr, darum schreit ihr und sprecht ›Wir wollen ausziehen und opfern‹. Es bleibt dabei: Selber das Stroh beschafft und dabei die gleiche Zahl Ziegel.«

7

Für Mose und Aaron war es keine kleine Verlgenheit. Die Obmänner sprachen zu ihnen: »Da habt ihr's, und das haben wir nun vom Bunde mit eurem Gott und von Mose's Beziehungen. Nichts habt ihr erreicht, als daß ihr unseren Geruch stinkend gemacht habt vor Pharao und seinen Knechten, und habt ihnen das Schwert in die Hand gegeben, uns damit umzubringen.«

Darauf war schlecht antworten, und Mose hatte schwere Stunden mit dem Gott des Dornbusches unter vier Augen, wo er ihm vorhielt, wie er, Mose, gleich dagegen gewesen sei, daß ihm dies aufgetragen werde, und gleich gebeten habe, wen immer sonst, nur ihn nicht zu senden, da er nicht ordentlich reden könne. Der Herr aber habe ihm geantwortet, Aaron sei ja beredt. Der habe nun freilich das Wort geführt, aber viel zu ölig, und es habe sich gezeigt, wie verkehrt es sei, eine solche Sache zu übernehmen, wenn man selbst eine schwere Zunge habe und andre rednerisch für sich eintreten lassen müsse. Aber der Gott tröstete und strafte ihn aus seinem Inneren und antwortete ihm von da, er solle sich seines Kleinmuts schämen; seine Entschuldigungen seinen reine Ziererei gewesen, denn im Grunde habe er selbst auf die Sendung gebrannt, weil er nämlich ebenso große Lust zu dem Volk und seiner Gestaltung habe wie er, der Gott, ja, daß seine eigene Lust von der des Gottes gar nicht zu unterscheiden, sondern einerlei sei mit ihr: Gotteslust sei es, was ihn zum Werke getrieben, und er solle sich schämen, an ihr beim ersten Mißerfolg zu verzagen.

Dies ließ sich Moses gesagt sein, um so mehr, als man im Kriegsrat mit Joschua, Kaleb, Aaron und den begeisterten Weibern zu dem Beschluß gelangte, daß die verstärkte Bedrückung, so böses Blut sie mache, genau betrachtet kein schlechter Anfangserfolg sei; denn böses Blut schaffe sie nicht nur gegen Mose, sondern vorzüglich auch gegen die Ägypter und werde das Volk nur empfänglicher machen für den Ruf des Retter-Gottes und den Gedanken des Auszuges ins Freie. So war es auch: die Gärung wegen des Strohs und der Ziegel wuchs unter den Fronenden, und der Vorwurf, Mose habe ihren Geruch stinkend gemacht und ihnen nur geschadet, trat zurück hinter dem Wunsch, Amrams Sohn möchte doch wieder seine Beziehungen spielen lassen und neuerdings für sie hineingehen zu Pharao.

Das tat er, jetzt nicht mehr zusammen mit Aaron, sondern allein, mochte es mit seiner Zunge gehen, wie es wollte; die Fäuste schüttelte er vor dem Stuhl und verlangte in stockenden, stürzenden Worten den Auszug der Seinen ins Freie unter dem Namen von Opferferien in der Wüste. Nicht *einmal* tat er so, sondern wohl zehnmal, denn Pharao konnte ihm den Zutritt zu seinem Stuhl nicht wohl verweigern, zu gut waren Mose's Beziehungen. Ein Kampf entspann sich zwischen dem König und ihm, zäh und gedehnt, der zwar nie dazu führte, daß jener in Mose's Ansinnen willigte, wohl aber dazu, daß man eines Tages die Gosen-Leute mehr aus dem Lande stieß und trieb, als daß man sie daraus entlassen hätte, nur froh schließlich, sie los zu sein. Über diesen Kampf und die Druckmittel, welche dabei auf den hartnäckig widerstrebenden König ausgeübt wurden, hat es viel Gerede gegeben, das nicht jedes Hintergrundes entbehrt, doch aber stark den Charakter der Ausschmückung trägt. Man spricht von zehn Plagen, die Jahwe eine nach der anderen über Ägypten verhängt habe, um Pharao mürbe zu machen, indem er zugleich dessen Herz absichtlich gegen Mose's Anliegen verstockte, um der Gelegenheit willen, mit immer neuen Plagen seine Macht zu beweisen. Blut, Frösche, Ungeziefer, Gewild, Grind, Seuche, Hagel, Heuschrecke, Finsternis und Sterben der Erstgeburt, so heißen diese zehn Plagen, und etwas Unmögliches ist an keiner von

ihnen; nur fragt es sich, ob sie, die letzte ausgenommen, mit der es eine undurchsichtige, nie wirklich aufgeklärte Bewandtnis hat, zum Endergebnis wesentlich beitrugen. Der Nil nimmt unter Umständen eine blutrote Färbung an, sein Wasser wird vorübergehend untrinkbar und die Fische sterben. Das kommt so gut vor, wie daß die Frösche des Sumpfes sich über Gebühr vermehren oder die Propagation der immer vorhandenen Läuse sich der Heimsuchung annähert. Auch gab es der Löwen noch viele, sowohl am Rande der Wüste schweifend wie in den Dschungeln lauernd der toten Stromarme, und wenn die Zahl der reißenden Anfälle stieg auf Mann und Vieh, so mochte man's wohl eine Plage nennen. Wie häufig sind nicht Krätze und Grind in Ägyptenland, und wie leicht fahren nicht aus der Unsauberkeit böse Blattern auf und schwären pestilenzialisch im Volke? Meist ist der Himmel blau dortzulande, und desto tieferen Eindruck muß ein seltenes heftiges Unwetter machen, bei dem das niederfahrende Feuer der Wolken sich mit dem derben Greise des Hagels vermischt, der die Saaten schlägt und Bäume zerdrischt, ohne daß eine bestimmte Absicht damit verbunden wäre. Die Heuschrecke ist ein nur allzu bekannter Gast, und gegen ihr Massen-Anrücken hat der Mensch mancherlei Scheuch- und Absperrungsmittel erfunden, über welche die Gier denn doch wohl obsiegt, so daß ganze Gebreite abgefressener Kahlheit verfallen. Und wer einmal die ängstlich-düstere Stimmung erfahren hat, die eine kosmisch verschattete Sonne auf Erden verbreitet, begreift recht wohl, daß ein lichtverwöhntes Volk einer solchen Finsternis den Namen der Plage gibt.
Damit aber ist die Zahl der berichteten Übel erschöpft, denn das zehnte, das Sterben der Erstgeburt, gehört eigentlich nicht in diese Zahl, sondern bildet eine zweideutige Begleiterscheinung des Auszuges selbst, unheimlich zu untersuchen. Die anderen mochten sich teilweise oder

– auf einen größeren Zeitraum verteilt – sämtlich ereignen: man hat ihre Namen doch mehr oder weniger nur als schmuckhafte Umschreibungen für ein einziges Druckmittel anzusehen, dessen sich Mose gegen Ramessu bediente, nämlich einfach immer nur für die Tatsache, daß Pharao sein Lüsternheits-Großvater war, und daß Mose es in der Hand hatte, dies an die große Glocke zu hängen. Mehr als einmal war der König nahe daran, diesem Drucke zu unterliegen; zum mindesten machte er große Zugeständnisse. Er willigte darein, daß die Männer hinauszögen zum Opferfest, die Weiber, Kinder und Herden aber sollten zurückbleiben. Mose nahm das nicht an: Mit jung und alt, mit Söhnen und Töchtern, Schafen und Rindern müsse man ziehen, denn es gelte ein Fest des Herrn. Da bewilligte Pharao auch Weiber und Brut, und nahm nur das Vieh aus, das sollte zum Pfande bleiben. Aber Mose fragte dagegen, woher sie denn Schlacht- und Brandopfer nehmen sollten zum Fest, wenn ihnen das Vieh fehle? Nicht eine Klaue, verlangte er, dürfe dahinten bleiben, – wodurch recht klar wurde, daß es sich nicht um Urlaub, sondern um Auszug handelte.

Wegen der Klauen kam es zwischen der ägyptischen Majestät und Jahwe's Beauftragtem zu einer letzten stürmischen Szene. Mose hatte während der ganzen Verhandlung große Geduld bewährt, doch ebenso wie diese lag fäusteschüttelnder Zornmut in seiner Natur. Es kam dahin, daß Pharao es auf alles ankommen ließ und ihn buchstäblich aus dem Saale jagte: »Fort«, rief er, »und hüte dich, mir je noch einmal vor die Augen zu kommen. Wo doch, so sollst du des Todes sterben.« Da wurde Mose, der eben noch hoch erregt gewesen, vollkommen ruhig und antwortete nur: »Du hast es gesagt. Ich gehe und will dir nicht mehr vor die Augen kommen.« Woran er dachte bei diesem furchtbar gelassenen

Abschied, war nicht nach seinem Sinn. Aber Joschua und
Kaleb, die Jünglinge, nach deren Sinne war es.

8

Dies ist ein dunkles Kapitel, in halben, verhüllten Worten
nur abzufassen. Es kam ein Tag, besser gesagt: eine Nacht,
eine arge Vesper, wo Jahwe umging, oder sein Würgengel,
und die letzte, zehnte Plage über die Kinder Ägyptens,
oder doch einen Teil von ihnen, das ägyptische Element
unter den Bewohnern von Gosen sowie der Städte Pitom
und Ramses, verhängte, indem er diejenigen Hütten und
Häuser, deren Pfosten zu seiner Verständigung mit Blut
bestrichen waren, ausließ und verschonend an ihnen vor-
überging.
Was tat er? Er stellte ein Sterben an, das Sterben der Erstge-
borenen des ägytischen Elements, womit er manchen
heimlichen Wünschen entgegenkam und manchem
Zweitgeborenen zu Rechten verhalf, die ihm sonst vorenthalten geblieben wären. Die Unterscheidung zwischen
Jahwe und seinem Würgengel will wohl vermerkt sein: sie
hält fest, daß nicht Jahwe selbst es war, der umging, sondern eben sein Würgengel, – richtiger gesagt wohl eine
ganze, vorsorglich zusammengestellte Schar von solchen.
Will man die vielen aber auf eine Einzelerscheinung zu-
rückführen, so spricht vieles dafür, sich Jahwe's Würgengel als eine starke Jünglingsfigur mit Krauskopf, vortretendem Adamsapfel und bestimmt gefalteten Brauen
vorzustellen, als einen Engelstyp jenes Schlages, der jederzeit froh ist, wenn es mit nutzlosen Verhandlungen ein
Ende hat und zu Taten geschritten werden kann.
An Vorbereitungen zu entschiedenen Taten hatte es während der zähen Verhandlungen Mose's mit Pharao nicht
gefehlt: Für Mose selbst hatten sie sich darauf beschränkt,

daß er, in Erwartung schwerer Ereignisse, Weib und Söhne unterderhand nach Midian, zu seinem Schwager Jethro zurückgeschickt hatte, um nicht bei dem Kommenden mit der Sorge um sie belastet zu sein. Joschua aber, dessen Verhältnis zu Mose unverkennbar demjenigen des Würgengels zu Jahwe ähnelt, hatte nach seiner Art gehandelt und, da er nicht die Mittel und auch noch nicht das Ansehen besaß, die dreitausend waffenfähigen Blutsgenossen unter seinem Befehl auf Kriegsfuß zu bringen, wenigstens eine Rotte daraus erlesen, bewaffnet, exerziert und in Zucht gebannt, so daß für den Anfang etwas damit zu leisten war.

Die Vorgänge von dazumal sind in Dunkel gehüllt, – in das Dunkel jener Vesper-Nacht, die in den Augen der Kinder Ägyptens eine Festnacht war für das fronende Blut, das unter ihnen lebte. Wie es schien, wollte dies Blut sich schadlos halten für das verwehrte Opferfest in der Wüste durch ein mit Schmauserei verbundenes Lampen- und Gottesfest an Ort und Stelle, und sogar goldene und silberne Gefäße hatte es sich dazu von der ägyptischen Nachbarschaft ausgeliehen. Unterdessen aber, oder statt dessen, ereignete sich jenes Umgehen des Würgengels, das Sterben der Erstgeburt in allen Wohnungen, die nicht der Ysopbüschel mit Blut gezeichnet hat, diese Heimsuchung, die eine so große Verwirrung, einen so plötzlichen Umsturz der Rechts- und Anspruchsverhältnisse mit sich bringt, daß von einer Stunde zur anderen den Moseleuten der Weg aus dem Lande nicht mehr offensteht, sondern sie geradezu auf ihn gedrängt werden und ihn für die Ägypter nicht schnell genug einschlagen können. Tatsächlich scheint es, daß die Zweitgeborenen weniger eifrig waren, den Tod derer zu rächen, an deren Stelle sie rückten, als die Urheber ihrer Erhöhung zum Verschwinden anzuspornen. Die Einkleidung lautet: Diese zehnte Plage habe endlich Pharao's Stolz gebrochen, so daß er Mose's Vater-

blut aus der Knechtschaft entlassen habe. Er schickte den Entwichenen jedoch sehr bald eine verfolgende Heeresabteilung nach, die nur wunderbarerweise verunglückte.
Sei dem wie ihm sei, auf jeden Fall nahm die Auswanderung die Gestalt der Austreibung an, und die Hast, mit der diese geschah, ist in der Einzelheit festgehalten, daß niemand Zeit hatte, sein Brot für die Reise zu säuern; mit unaufgegangenen Not-Fladen nur konnte man sich versehen, woraus dann Mose dem Volk einen Fest- und Gedenkbrauch machte für alle Zeiten. Im übrigen war man, so groß wie klein, zum Aufbruch völlig bereit gewesen. Die Lenden gegürtet, hatte man, während der Würgengel umging, bei gepackten Karren gesessen, die Schuhe schon an den Füßen, den Wanderstab in der Hand. Die goldenen und silbernen Gefäße, die man von den Landeskindern entliehen, nahm man mit.
Meine Freunde! Beim Auszuge aus Ägypten ist sowohl getötet wie auch gestohlen worden. Nach Mose's festem Willen sollte es jedoch das letzte Mal gewesen sein. Wie soll sich der Mensch auch der Unreinheit entwinden, ohne ihr ein letztes Opfer zu bringen, sich einmal noch gründlich dabei zu verunreinigen? Mose hatte den fleischlichen Gegenstand seiner Bildungslust, dies formlose Menschentum, seines Vaters Blut, nun im Freien, und Freiheit war ihm der Raum der Heiligung.

9

Die Wandermasse, sehr viel geringer nach ihrer Kopfzahl, als legendäre Ziffern es wahrhaben sollen, aber schwierig genug zu handhaben, zu leiten und zu versorgen, eine hinlänglich schwere Schulterlast für den, der die Verantwortung für ihr Los, ihr Fortkommen im Freien trug, schlug den Weg ein, der sich von selber ergab, wenn man, aus guten Gründen, die nördlich der Bitterseen beginnenden ägyptischen Grenzbefestigungen vermeiden wollte: er führte durch das Salzseengebiet, in das der größere, westliche der beiden Arme des Roten Meeres ausläuft, welche das Sinailand zur Halbinsel machen. Mose kannte diese Gegend, da er sie auf seiner Flucht nach Midian und von dort zurückkehrend passiert hatte. Besser als dem jungen Joschua, der nur abgezogene Karten im Kopfe hatte, war ihm ihre Beschaffenheit vertraut, die Natur dieser schilfigen Watten, die die zeitweilig offene Verbindung der Bitterseen mit dem Meerbusen bildeten und durch die man unter Umständen trockenen Fußes das Sinailand gewinnen konnte. Ging nämlich ein starker Ostwind, so boten sie, bei zurückgetriebenem Meere, einen freien Durchgang, – und in dieser Verfassung fanden die Flüchtigen, dank Jahwe's begünstigender Fügung, das Schilfmeer vor.

Es waren Joschua und Kaleb, die in der Menge die Nachricht verbreiteten, Mose habe unter Anrufung des Gottes seinen Stab über die Wasser gehalten und sie dadurch bewogen, zurückzutreten und dem Volke den Weg freizugeben. Wahrscheinlich hatte er das auch getan und war mit feierlicher Gebärde in Jahwe's Namen dem Ostwinde zu Hilfe gekommen. Jedenfalls konnte der Glaube des Volkes an seinen Führer um so mehr eine Stärkung brauchen, als dieser Glaube gerade hier, und hier zuerst, auf eine schwere Belastungsprobe gestellt wurde. Denn hier war es ja, wo Pharao's Heeresmacht, Mann und Wagen, grimme Sichelwagen, die man nur zu gut kannte, die Auswanderer einholte und um ein Haar ihrer Wanderung zu Gott ein blutiges Ende gesetzt hätte.

Die Kunde ihrer Annäherung, von Joschua's Nachhut ausgegeben, erregte äußersten Schrecken und wildes Verzagen im Volke. Sofort schlug die Reue darüber, daß man »diesem Mann Mose« gefolgt war, in hellen Flammen auf, und jenes Massen-Murren erhob sich, das sich zu Mose's Gram und Bitternis bei jeder Schwierigkeit wiederholen sollte, in die man danach noch geriet. Die Weiber zeterten, die Männer fluchten und schüttelten ganz ähnlich die Fäuste an ihren Schenkeln, wie Mose es in der Erregung zu tun pflegte. »Warum nicht Gräber in Ägypten«, hieß es, »darin wir friedlich zu unserer Stunde hätten eingehen können, wären wir zu Hause geblieben?« Auf einmal war Ägypten »Zu Hause«, da es doch sonst eine Fron-Fremde gewesen war. »Es wäre uns ja besser, den Ägyptern zu dienen, als in der Wildnis durchs Schwert zu verderben!« So hörte Mose es tausendfach, und es verbitterte ihm sogar die Rettung, die überwältigend war. Er war »der Mann Mose, der uns aus Ägypten geführt hat«, – was Lobpreisung bedeutete, solang' alles gut ging. Ging's aber schlecht, so wechselte es sofort die Färbung und meinte murrenden Vorwurf, dem der Gedanke der Steinigung niemals ferne war.

Nun denn, es ging, nach kurzer Beänstigung, beschämend und unglaubwürdig gut hier zur Stelle. Mose stand sehr groß da durch ein Gotteswunder und war »der Mann, der uns aus Ägypten geführt hat« – nun wieder anders herum gemeint. Das Geblüt wälzt sich durch die trockengelegten Watten, ihm nach die ägyptische Wagenmacht. Da stirbt der Wind, die Flut kehrt zurück, und gurgelnd verderben Mann und Roß in verschlingenden Wassern.

Der Triumph war beispiellos. Mirjam, die Prophetin, Aarons Schwester, sang paukend den Weibern im Reigen vor: »Singet dem Herrn – eine herrliche Tat – Roß und Mann – hat er ins Meer gestürzt.« Sie hatte es selbst gedichtet. Man muß es sich mit Paukenbegleitung denken.

Das Volk war tief ergriffen. Die Worte »mächtig, heilig, schrecklich, löblich und wundertätig« hörten nicht auf, von seinen Lippen zu kommen, und es war unklar, ob sie der Gottheit galten, oder Mosen, dem Gottesmann, von dem man annahm, daß sein Stab die ersäufende Flut über die Macht Ägyptens gebracht habe. Die Verwechslung lag immer nahe. Wenn gerade das Volk nicht murrte, hatte Mose stets seine liebe Not, zu verhindern, daß es ihn selber für einen Gott, für den hielt, den er verkündete.

10

Das war im Grunde so lächerlich nicht, denn was er den Armseligen zuzumuten begann, ging über alles Menschengewöhnliche und konnte kaum im Kopf eines Sterblichen entstanden sein. Der Mund blieb einem dabei offenstehen. Sogleich nach Mirjams Singetanz verbot er jeden weiteren Jubel über den Untergang der Ägypter. Er verkündete: Jahwe's obere Scharen selbst seien im Begriffe gewesen, in das Siegeslied einzustimmen, aber der Heilige habe sie angelassen: »Wie, meine Geschöpfe versinken im Meer, und ihr wollt singen?« Diese kurze, aber erstaunliche Geschichte brachte er in Umlauf. Er fügte hinzu: »Du sollst dich des Falles deines Feindes nicht freuen; nicht sei dein Herz froh über sein Unglück.« Es war das erste Mal, daß dergestalt das ganze Gehudel, zwölftausend und einige hundert Köpfe, die dreitausend Waffenfähigen eingeschlossen, mit Du angesprochen wurde, dieser Redeform, die ihre Gesamtheit umfaßte und zugleich das Auge auf jeden einzelnen, Mann und Weib, Greis und Kind, richtete, einen jeden wie mit dem Finger vor der Brust traf. »Du sollst kein Freudengeschrei machen über den Fall deines Feindes.« Das war hochgradig unnatürlich! Aber sichtlich hing diese Unnatur mit der Unsichtbarkeit des Gottes Mose's, der unser Gott sein wollte, zusammen. Den Bewußteren unter dem braunen

Gehudel fing es zu dämmern an, was es meinte, und wie
Unheimlich-Anspruchsvolles es damit auf sich hatte, sich
einem unsichtbaren Gotte verschworen zu haben.
Man war im Sinailande, und zwar in der Wüste Sur, einem
unholden Gelände, das man nur verlassen würde, um in
ein ebenso beweinenswertes, die Wüste Paran, zu gelangen. Warum diese Wüsten verschiedene Namen hatten,
war unerfindlich; sie stießen dürr aneinander und war
alles dasselbe steinige, in toten Hügeln hinlaufende, wasser- und fruchtlose Fluchgebreite, drei Tage lang und vier
und fünf. Mose hatte gut getan, das ihm beim Schilfmeer
erwachsene Ansehen ungesäumt zu jener übernatürlichen
Einschärfung zu benutzen: alsbald schon wieder war er
»dieser Mann Mose, der uns aus Ägypten geführt« – das
hieß: »ins Unglück gebracht hat«, und lautes Murren
schlug an sein Ohr. Nach dreien Tagen wurde das mitgenommene Wasser schmal. Tausende dürsteten, die unerbittliche Sonne zu Häupten und unter den Füßen die bare
Trostlosigkeit, ob es nun diejenige noch der Wüste Sur
oder schon die der Wüste Paran war. »Was sollen wir trinken?« Sie riefen es laut, ohne Zartgefühl für das Leiden des
Führers an seiner Verantwortlichkeit. Er wünschte, ganz
allein nichts zu trinken – nie wieder etwas zu trinken zu
haben, wenn nur sie etwas gehabt hätten, damit er nicht
hören müßte: »Warum hast du uns lassen aus Ägypten
ziehen?« Allein zu leiden ist leichte Qual im Vergleiche
mit der, für solches Gehudel aufkommen zu müssen, und
Mose war ein sehr geplagter Mensch, blieb es auch alle
Zeit – geplagt über alle Menschen auf Erden.
Sehr bald denn auch gab es nichts mehr zu essen, denn wie
lange hatten die eilig mitgenommenen Flachbrote wohl
reichen können? »Was sollen wir essen?« Auch dieser Ruf
erscholl nun, weinend und schimpfend, und Mose hatte
schwere Stunden mit Gott unter vier Augen, wo er ihm
vorhielt, wie hart es von ihm gewesen sei, die Last dieses

ganzen Volkes auf ihn, seinen Knecht, zu legen. »Hab' ich denn all das Volk empfangen und geboren«, fragte er, »daß du zu mir sagen magst: ›Trag es in deinen Armen!‹ Woher soll ich Speise nehmen, daß ich all diesem Volk gebe? Sie weinen vor mir und sprechen: ›Gib uns Fleisch, daß wir essen!‹ Ich kann allein soviel Volk nicht tragen, es ist mir zu schwer. Und willst du so mit mir tun, so erwürge mich lieber, daß ich mein Unglück und ihres nicht sehen müsse!«

Und Jahwe ließ ihn nicht ganz im Stich. Die Tränkung angehend, so machten sie den fünften Tag, auf einer Hochebene, über die sie zogen, eine Quelle aus, mit Bäumen daran, die übrigens auch unter dem Namen ›Quelle Mara‹ auf der Karte verzeichnet war, die Joschua im Kopfe trug. Zwar schmeckte ihr Wasser widerlich, dank unzuträglicher Beisätze, was bittere Enttäuschung und weit hinrollendes Murren hervorrief. Aber Mose, erfinderisch gemacht durch die Not, setzte eine Art von Filter-Vorrichtung ein, die die üblen Beimengungen, wenn nicht ganz, so doch zum guten Teil zurückhielt, und verrichtete so ein Quell-Wunder, das das Gezeter in Beifallsjauchzen verwandelte und seinem Ansehen sehr auf die Füße half. Das Wort »der uns aus Ägypten geführt hat« nahm gleich wieder eine rosigere Färbung an.

Was aber die Speisung betraf, so geschah gleichfalls ein Wunder, über das zunächst freudiges Staunen herrschte. Denn es erwies sich, daß große Strecken der Wüste Paran mit einer Flechte bedeckt waren, die man essen konnte, der Manna-Flechte, einem zuckrigen Gefilz, rund und klein, wie Koriandersamen zu sehen und wie Bedellion, das sehr verderblich war und übel zu riechen begann, wenn man es nicht gleich aß, sonst aber, zerrieben, zerstoßen und als Aschenkuchen bereitet, eine recht leidliche Notspeise gab, beinahe wie Semmel mit Honig schmeckend, so fanden einige, und andere fanden: wie Ölkuchen.

So war das erste, günstige Urteil, das aber nicht vorhielt. Denn bald, schon nach einigen Tagen, waren die Leute des Mannas satt und müde, sich damit zu sättigen; als einzige Nahrung widerstand es sehr rasch und stieß ihnen auf zum Ekel, so daß sie klagten: »Wir gedenken der Fische, die wir in Ägypten umsonst aßen, der Kürbisse, Pheben, Lauchs, Zwiebeln und Knoblauchs. Nun aber ist unsere Seele matt, denn unsere Augen sehen nichts denn Man.«
So hörte es Mose mit Schmerzen, nebst der Frage natürlich: »Warum hast du uns lassen aus Ägypten ziehen?« Was er Gott fragte, war: »Wie soll ich tun mit dem Volk? Sie mögen kein Manna mehr. Du sollst sehen, es fehlt nicht weit, so werden sie mich noch steinigen.«

11

Davor war er allerdings so ziemlich geschützt durch Jehoschua, seinen Jüngling, und die riesige Mannschaft, die dieser sich schon zu Gosen herangezogen hatte und die den Befreier umringte, sobald bedrohliches Murren aufkam im Pöbelvolk. Es war eine kleine Mannschaft von Jugendlichen vorderhand, mit Kaleb als Leutnant, aber Joschua wartete nur auf eine Gelegenheit, sich als Feldherr und Vorkämpfer auszuweisen, um alle Waffenfähigen, die ganzen dreitausend, seinem Befehl zu verpflichten. Er wußte auch, daß diese Gelegenheit bevorstand.
Mose hatte viel an dem Jüngling, den er auf Gottes Namen getauft; er wäre ohne ihn manchmal ganz verloren gewesen. Er war ein geistlicher Mann, und seine Männlichkeit, stämmig und stark wie sie war, mit Handgelenken, breit wie die eines Steinmetzen, war eine geistliche, in sich gewandte, von Gott gehemmte und heftig befeuerte Männlichkeit, den äußeren Dingen fremd, ums Heilige nur besorgt. Mit einer Art von Leichtsinn, der in ei-

gentümlichem Gegensatz stand zu der grübelnden Nachdenklichkeit, in der er Mund und Bart mit der Hand zu bedecken pflegte, war all sein Denken und Trachten darauf beschränkt gewesen, seines Vaters Geblüt in der Absonderung für sich allein zu haben, um es zu bilden und ungestört aus der heillosen Masse, die er liebte, eine heilige Gottesgestalt zu metzen. Um die Gefahren der Freiheit, die Schwierigkeiten der Wüste und um die Frage, wie soviel Pöbelvolk heil durch sie hindurchzubringen sei, ja auch nur, wohin er räumlich mit jenen wollte, hatte er sich wenig oder gar nicht bekümmert und sich mitnichten auf praktische Führerschaft vorbereitet. Nur froh konnte er darum sein, Joschua an seiner Seite zu haben, der nun gerade wieder die geistliche Männlichkeit in Mosen verehrte und ihm seine stracke, ganz aufs Äußere gerichtete Jung-Männlichkeit unbedingt zur Verfügung stellte.

Ihm war es zu danken, daß man überhaupt in der Wildnis zielgerecht von der Stelle und nicht verderblich darin herumirrte. Er bestimmte die Marschrichtung nach den Gestirnen, berechnete die Tagesmärsche und sorgte dafür, daß man in erträglichen, manchmal freilich nur eben noch erträglichen Abständen zu Wasserstellen gelangte. Daß man die rundliche Bodenflechte essen könne, hatte er ausgemacht. Mit einem Wort: er sorgte für das Führeransehen des Meisters und dafür, daß das Wort »– der uns aus Ägypten geführt hat«, wenn es zum Murren geworden war, wieder löblichen Sinn annahm. Das Ziel hatte er klar im Kopfe und steuerte ihm an der Hand der Sterne, im Einverständnis mit Mose, auf kürzestem Wege zu. Denn beide waren ja darin einig, daß man ein erstes Ziel, eine feste, wenn auch vorläufige Unterkunft brauche, einen Aufenthalt, wo sich leben ließe und wo man Zeit gewönne, sogar viel Zeit: teils (nach Joschua's Gedanken) damit das Volk sich hecke und ihm, dem Heranreifenden, eine stärkere Anzahl Waffenfähiger stelle, teils (nach Mose's Gedanken) damit er vor allem einmal das Gehudel zu Gott bilde und etwas Heilig-Anständiges, ein reines Werk, dem Unsichtbaren geweiht, daraus haue, – wonach ihm Geist und Handgelenke verlangten.

Das Ziel nun war die Oase Kadesch. Wie nämlich an die Wüste Sur stieß, so stieß an diese südlich die Wüste Sin, – aber nicht überall und nicht unmittelbar. Denn irgendwo dazwischen lag die Oase Kadesch, vergleichsweise eine köstliche Ebene, ein grünes Labsal im Wasserlosen, mit drei starken Quellen und einer Anzahl kleinerer noch obendrein, lang eine Tagesreise und eine halbe breit, mit frischer Weide bedeckt und Ackerboden, ein lockender Landstrich, tierreich und fruchtreich und groß genug, eine Kopfzahl wie diese zu beherbergen und zu ernähren.

Jehoschua wußte von dem anziehenden Ländchen, es war bestens verzeichnet auf der Karte, die er im Kopfe hatte. Auch Mose wußte davon, aber daß man darauf lossteuerte und sich Kadesch zum Ziel nahm, war Joschua's Veranstaltung. Seine Gelegenheit – hier war sie. Eine solche Perle wie Kadesch lag selbstverständlich nicht ohne Besitzer da. Sie war in festen Händen, – in nicht allzu festen, hoffte Joschua. Wollte man sie haben, so mußte man darum kämpfen mit dem, der sie hatte, und das war Amalek.

Ein Teil des Stammes der Amalekiter hielt Kadesch in Besitz und würde es verteidigen. Joschua machte Mosen klar, daß Krieg sein, daß eine Schlacht sein müsse zwischen Jahwe und Amalek, und wenn ewige Feindschaft zwischen ihnen daraus erwachsen sollte von Geschlecht zu Geschlecht. Die Oase müsse man haben; sie sei der gegebene Raum des Wachstums sowohl wie der Heiligung.

Mose war sehr bedenklich. Für ihn war es eine der Implikationen der Unsichtbarkeit Gottes, daß man seines Nächsten Haus nicht begehren solle, und er hielt es seinem Jüngling vor. Aber dieser antwortete: Kadesch sei nicht Amaleks Haus. Er wisse nicht nur im Raume Bescheid, sondern auch in den Vergangenheiten, und er wisse, daß Kadesch ehemals schon – er konnte freilich nicht sagen, wann – von ebräischen Leuten, nahverwandtem Blut, Nachkommen der Väter, bewohnt gewesen sei, die von den Amalekitern versprengt worden seien. Kadesch sei ein Raub, und einen Raub dürfe man rauben.

Mose bezweifelte das, aber er hatte seine eigenen Gründe dafür, daß Kadesch eigentlich Jahwe-Gebiet sei und denen zukomme, die mit Jahwe im Bunde waren. Nicht nur seiner natürlichen Reize wegen hieß Kadesch, wie es hieß, nämlich ›Heiligtum‹. Gewissermaßen war es ein Heiligtum des midianitischen Jahwe, den Mose als den Gott der Väter erkannt hatte. Nicht weit davon, gegen Osten und gegen Edom, lag, in einer Zeile mit anderen Bergen, der Berg Horeb, den Mose von Midian aus besucht und an dessen Hang der Gott sich ihm im brennenden Busch offenbart hatte. Horeb, der Berg, war der Sitz Jahwe's, – einer zum mindesten. Sein ursprünglicher Sitz, wußte Mose, war der Berg Sinai, im Gebirge des tiefen Mittags. Aber zwischen Sinai und Horeb, der Stätte von Mose's Beauftragung, bestand eine enge Beziehung eben dadurch, daß Jahwe auf beiden saß: man konnte sie gleichsetzen, man konnte den Horeb auch Sinai nennen, und Kadesch hieß, wie es hieß, weil es, mit einiger Freiheit gesprochen, zu Füßen des heiligen Berges lag.

Darum willigte Mose in Joschua's Vorhaben und ließ ihn seine Vorbereitungen treffen für den Waffengang Jahwe's mit Amalek.

Die Schlacht fand statt, sie ist eine historische Tatsache. Es war eine sehr schwere, hin und her wogende Schlacht, aber Israel ging siegreich daraus hervor. Diesen Namen nämlich, Israel, das heißt: ›Gott führt Krieg‹, hatte Mose vor der Schlacht dem Geblüt zur Stärkung verliehen, mit der Erläuterung, es sei ein sehr alter Name, der nur in Vergessenheit geraten sei; schon Jakob, der Erzvater, habe ihn sich errungen und auch die Seinen damit genannt. Es tat dem Geblüt sehr wohl; so lose seine Sippen zusammengehangen hatten, sie hießen nun alle Israel und kämpften vereint unter diesem geharnischten Namen, in Schlachtreihe gebracht und angeführt von Joschua, dem feldherrlichen Jüngling, und Kaleb, seinem Leutnant.

Die Amaliker waren nicht im Zweifel gewesen über den Sinn der Ännäherung des Wandervolkes; solche Annäherungen haben immer nur *einen* Sinn. Ohne den Angriff auf die Oase abzuwarten, waren sie in hellen Haufen daraus hervorgekommen in die Wüste, größer an Zahl als Israel, auch besser bewaffnet, und in hochaufwirbelndem Staub, Getümmel und Feldgeschrei entspann sich der Kampf, ungleich auch deshalb, weil Joschua's Leute vom Durst geplagt waren und seit vielen Tagen nichts anderes als Man zu essen gehabt hatten. Dafür hatten sie Joschua, den gerade blickenden Jüngling, der ihre Bewegungen leitete, und hatten Mose, den Gottesmann.

Dieser hatte sich zu Beginn des Gemenges, zusammen mit Aaron, seinem Halbbruder, und mit Mirjam, der Prophetin, auf einen Hügel zurückgezogen, von dem aus man die Walstatt überblickte. Seine Männlichkeit war nicht die des Krieges. Vielmehr war es seine priesterliche Sache – und alle stimmten ohne Bedenken mit ihm überein, daß nur dies seine Sache sein könne –, mit erhobenen Armen den Gott anzurufen in befeuernden Worten, wie etwa: »Steh auf, Jahwe der Myriaden, der Tausende Israels, daß deine Feinde zerstieben, daß deine Hasser fliehen vor deinem Angesicht!«

Sie flohen nicht und sie zerstoben nicht, oder taten beides vorderhand doch nur örtlich und ganz vorübergehend; denn wohl war Israel wütig vor Durst und Überdruß am Manna, aber der Myriaden Amaleks waren mehr, und sie drangen nach kurzer Entmutigung immer wieder vor, zuweilen bis in gefährliche Nähe des Aussichtshügels. Es stellte sich aber unzweideutig heraus, daß immer, solange Mose die Arme betend zum Himmel erhoben hielt, Israel siegte, ließ er aber die Arme sinken, so siegte Amalek. Darum, weil er aus eigener Kraft nicht unausgesetzt die Arme hochhalten konnte, unterstützten ihn Aaron und Mirjam beiderseits in den Achselhöhlen und faßten auch seine Arme an, daß sie oben blieben. Was das aber heißen will, mag man daran ermessen, daß die Schlacht vom Morgen bis an den Abend währte, in allwelcher Zeit Mose seine schmerzhafte Stellung einhalten mußte. Da sieht man, wie schwer die geistliche Männlichkeit es hat auf ihrem Gebetshügel, – wohl wahrlich schwerer als die, die drunten dreinhauen darf im Getümmel.

Auch war es den ganzen Tag lang nicht durchzuführen; die Beistehenden mußten zuweilen für den Augenblick des Meisters Arme herunterlassen, was aber immer sogleich die Jahwe-Streiter viel Blut und Bedrängnis kostete. Da hißten jene die Arme wieder, und aus dem Anblick schöpften die drunten frischen Mut. Hinzu kam die Feldherrngabe Jehoschua's, um einen günstigen Ausgang der Schlacht herbeizuführen. Er war ein planender Kriegsjüngling, mit Einfällen und Absichten, der Manöver erdachte, die völlig neu waren, bis dato ganz unerhört, wenigstens in der Wüste; dazu ein Befehlshaber, der den Nerv hatte, eine zeitweilige Preisgabe von Gelände ruhig mitanzusehen. Er versammelte seine beste Kraft, eine

Auswahl, die Würgengel, am rechten Flügel des Feindes, drückte entschieden auf diesen, drängte ihn ab und war siegreich an dieser Stelle, während freilich indessen die Hauptmacht Amaleks gegen Israels Reihen in großem Vorteil war und ihnen in stürmischem Vordrang viel Raum abgewann. Vermittelst des Durchbruchs jedoch an der Flanke gelangte Jehoschua in Amaleks Rücken, so daß dieser sich gegen ihn wenden, zugleich aber die fast schon geschlagene, doch wieder ermutigt vorgehende Hauptmacht Israels bekämpfen mußte, so daß Kopflosigkeit bei ihm die Oberhand gewann und er an seiner Sache verzagte. »Verrat!« rief er. »Es ist alles verloren! Hofft nicht mehr zu siegen! Jahwe ist über uns, ein Gott von unergründlicher Tücke!« Und unter dieser verzweifelten Losung ließ Amalek sich das Schwert entsinken und wurde niedergemacht.

Nur wenigen der Seinen gelang die Flucht nach Norden, wo sie sich mit dem Hauptstamm vereinigten. Israel aber bezog die Oase Kadesch, die sich als durchzogen von einem breiten, rauschenden Bach, bestanden mit Nutzsträuchern und Fruchtbäumen und von Bienen, Singvögeln, Wachteln und Hasen erfüllt erwies. Die in den Dorflagern zurückgelassenen Kinder Amaleks vermehrten die Zahl seines eigenen Nachwuchses. Die Weiber Amaleks wurden Israels Weiber und Mägde.

13

Mose, obgleich ihn noch lange die Arme schmerzten, war ein glücklicher Mann. Daß er ein sehr geplagter blieb, über alle Menschen auf Erden, wird sich erweisen. Vorderhand aber war er sehr glücklich über den günstigen Gang der Dinge. Die Auswanderung war gelungen, Pharao's rächende Macht im Schilfmeer versunken, die Wüstenfahrt gnädig vonstatten gegangen und die Schlacht um Kadesch mit Jahwe's Hilfe gewonnen worden. Groß stand er da vor seines Vaters Geblüt, im Ansehen des Erfolges, als »der Mann Mose, der uns aus Ägypten geführt hat«, und das war es, was er brauchte, um sein Werk beginnen zu können, das Werk der Reinigung und Gestaltung im Zeichen des Unsichtbaren, des Bohrens, Wegsprengens und Formens in Fleisch und Blut, wonach er begehrte. Glücklich war er, dies Fleisch abgesondert im Freien für sich zu haben in der Oase mit Namen ›Heiligtum‹. Sie war seine Werkstatt.

Er zeigte dem Volke den Berg, der unter anderen Bergen im Osten von Kadesch hinter der Wüste zu sehen war: Horeb, den man auch Sinai nennen mochte, buschig bewachsen zu zwei Dritteln hinauf und oben kahl, den Sitz Jahwe's. Daß er es war, schien glaubhaft, denn es war ein eigentümlicher Berg, ausgezeichnet von seinen Geschwistern durch eine Wolke, die, niemals weichend, dachförmig über seinem Gipfel lag und tags grau erschien, nachts aber leuchtete. Dort, hörte das Volk, an dem buschigen Hange des Berges, unterhalb des felsigen Gipfels, hatte Jahwe zu Moses aus dem brennenden Dornstrauch geredet und ihn beauftragt, sie aus Ägypten zu führen. Sie hörten es mit Furcht und Zittern, die bei ihnen noch die Stelle von Ehrfurcht und Andacht einnahmen. Wirklich pflegten sie alle, auch die bärtigen Männer, mit den Knien zu schlottern wie wilde Memmen, wenn Mose ihnen den Berg mit der Dauerwolke zeigte und sie bedeutete, daß der Gott dort saß, der Lust zu ihnen hatte und ihr alleiniger Gott sein wollte, und Mose schalt sie, die Fäuste schüttelnd, ob dieses ordinären Gebarens und ließ es sich angelegen sein, sie mit Jahwe mutig-vertrauter zu machen, indem er ihm auch mitten unter ihnen, zu Kadesch selbst, eine Stätte errichtete.

Denn Jahwe hatte eine bewegliche Gegenwart, – das hing,

wie so manches andere, mit seiner Unsichtbarkeit zusammen. Er saß auf dem Sinai, er saß auf dem Horeb, – nun schuf ihm Mose, kaum daß man sich zu Kadesch in den Dorflagern der Amalekiter ein wenig eingerichtet, ein Heim daselbst, ein Zelt in der Nähe des eigenen, das er das Begegnungs- oder Versammlungszelt, auch wohl die Stiftshütte nannte, und worin er heilige Gegenstände unterbrachte, die eine Handhabe zur Verehrung des Bildlosen boten. Vorwiegend waren es Dinge, die Mose nach der Erinnerung dem Kult des midianitischen Jahwe entnahm: eine Art von Kasten vor allem, mit Tragestangen, auf welchem nach Mose's Aussage – und er mußte es wissen – die Gottheit unsichtbar thronte, und die man würde mit ins Feld hinausnehmen und vor sich hertragen können zum Kampf, wenn etwa Amalek anrücken und Rache zu nehmen versuchen sollte. Ein eherner Stab mit Schlangenkopf, auch die Eherne Schlange genannt, war bei der Lade verwahrt, zum Andenken an Aarons gutgemeintes Kunststück vor Pharao, doch mit dem Nebensinn, daß es zugleich auch der Stab sein sollte, den Mose ausgereckt hatte über das Schilfmeer, daß es sich teile. Besonders noch aber barg das Jahwe-Zelt auch das sogenannte Ephod, die Schüttel-Tasche, aus der, als Ja oder Nein, Recht oder Unrecht, Gut oder Böse, die Orakel-Lose ›Urim und Tummim‹ sprangen, wenn man gezwungen war, in einer schweren Streitfrage, den Menschen unlösbar, unmittelbar Jahwe's Schiedsgericht anzurufen.

Meist nämlich richtete Mose selbst, an Jahwe's Statt, in allerlei Streit- und Rechtsfragen, die sich unter den Leuten aufwarfen. Es war sogar das erste, was er zu Kadesch tat, daß er eine Gerichtsstelle einrichtete, wo er an bestimmten Tagen Streitfragen schlichtete und Recht sprach: dort, wo die stärkste Quelle entsprang, die immer schon Me-Meriba, das ist: ›Prozeßwasser‹, geheißen hatte, dort sprach er Recht und ließ es heilig erfließen, wie das Wasser der Erde entquoll. Bedenkt man aber, daß es insgesamt zwölftausendfünfhundert Seelen waren, die seiner alleinigen Gerechtsame unterstanden, so ermißt man, was für ein geplagter Mann er war. Denn um so mehr Rechtsuchende drängten sich immer zu seinem Quellensitze, als das Recht dem verlassenen und verlorenen Geblüt etwas ganz Neues war und es bisher kaum gewußt hatte, daß es so etwas gäbe, – da es denn nun erfuhr erstens, daß das Recht mit der Unsichtbarkeit Gottes und seiner Heiligkeit ganz unmittelbar zusammenhänge und in ihrem Schutze stehe, zweitens aber, daß es auch das Unrecht umfasse, was das Pöbelvolk lange Zeit nicht begreifen konnte. Denn es dachte, wo Recht erflösse, da müsse jeder recht bekommen, und wollte anfangs nicht glauben, daß einer zu seinem Recht kommen könne auch dadurch, daß er zu seinem Unrecht kam und mit langer Nase abziehen mußte. Ein solcher bereute dann wohl, daß er die Sache nicht lieber mit seinem Streitpartner nach früherer Art vermittelst eines Steins in der Faust ausgemacht habe, wodurch sie vielleicht einen anderen Ausgang genommen hätte, und lernte nur mühsam von Mose, daß dies gegen die Unsichtbarkeit Gottes gewesen wäre, und daß niemand mit langer Nase abzöge, der unrecht bekommen habe von Rechtes wegen; denn das Recht sei gleich schön und würdevoll in seiner heiligen Unsichtbarkeit, ob es einem nun recht oder unrecht gäbe.

So mußte Mose nicht allein Recht sprechen, sondern auch Recht lehren noch dazu und war sehr geplagt. Er hatte ja selbst im thebanischen Internat das Recht gelernt, die ägyptischen Gesetzrollen und den Codex Hammurapi's, des Königs am Euphrat. Das half ihm zur Urteilsklärung in vielen vorkommenden Fällen, so zum Beispiel, wenn ein Ochs einen Mann oder Weib zu Tode gestoßen hatte, so war der Ochse zu steinigen, und sein Fleisch sollte nicht gegessen werden, der Herr des Ochsen aber war unschuldig, ausgenommen der Ochse wäre bekanntermaßen schon immer stößig gewesen und der Herr habe ihn schlecht verwahrt: dann sei auch dessen Leben verwirkt, außer, er könne es ablösen mit dreißig Silberschekeln. Oder, wenn jemand eine Grube eröffnete und deckte sie nicht ordentlich zu, so daß ein Ochs oder Esel hineinfiel, so sollte der Herr der Grube den Mann des Schadens mit Geld versöhnen, das Aas aber sollte ihm gehören. Oder was sonst noch vorkam an Körperverletzung, Sklavenmißhandlung, Diebstahl und Einbruch, Flurschädigung, Brandlegung und Mißbrauch von Anvertrautem. In allen diesen Fällen und hundert anderen fand Mose das Urteil, in Anlehnung an Hammurapi, gab recht und unrecht. Aber es waren für *einen* Richter der Fälle zu viele, der Quellensitz war überlaufen, untersuchte der Meister das einzelne Vorkommnis nur einigermaßen treulich, so ward er nicht fertig, mußte vieles zurückstellen, Neues kam immer hinzu, und er war geplagt über alle Menschen.

14

Darum war es ein großes Glück, daß sein Schwager Jethro, von Midian, ihn zu Kadesch besuchte und ihm einen guten Rat erteilte, auf den er von selbst, seiner gewissenhaften Eigenmächtigkeit wegen, nicht gekommen wäre. Mose hatte nämlich bald nach der Ankunft in der Oase nach Midian hinabgeschickt zu seinem Schwäher, daß dieser ihm sein Weib Zipora und seine beiden Söhne zurücksende, die er ihm während der ägyptischen Tribulationen ins Zelt gegeben hatte. Jethro aber kam freundlicherweise selbst, ihm Weib und Söhne persönlich zu überhändigen, ihn zu umarmen, sich bei ihm umzusehen und von ihm zu hören, wie alles gegangen sei.

Er war ein beleibter Scheich, heiter blickend, mit ebenen, gewandten Gebärden, ein Weltmann, eines entwickelten, gesellschaftlich wohl geübten Volkes Fürst. Sehr festlich empfangen, kehrte er ein bei Mose, in dessen Hütte, und vernahm nicht ohne Erstaunen, wie einer seiner Götter, und gerade der Bildlose unter ihnen, sich an Mose und den Seinen so außerordentlich bewährt und wie er gewußt habe, sie von der Ägypter Hand zu erretten.

»Wer hätte es gedacht!« sagte er. »Er ist offenbar größer, als wir vermuteten, und was du mir erzählst, legt mir die Befürchtung nahe, daß wir seiner bisher zu lässig gepflegt haben. Ich will dafür sorgen, daß er auch bei uns zu höheren Ehren kommt.«

Auf den nächsten Tag wurden öffentliche Brandopfer anberaumt, wie Mose sie selten veranstaltete. Nicht übertrieben viel hielt er von Opfern; sie seien nicht wesentlich, sagte er, vor dem Unsichtbaren, und opfern täten die anderen auch, die Völker der Welt. Jahwe aber spreche: »Auf meine Stimme hört vor allen Dingen, das ist: auf die meines Knechtes Mose, dann werd' ich euer Gott sein und ihr mein Volk.« Diesmal aber gab es Schlacht- und Brandopfer, für Jahwe's Nase sowohl als auch zur Feier von Jethro's Ankunft. Und wieder am nächsten Tag, schon früh am Morgen, nahm Mose seinen Schwäher mit zum Prozeßwasser, damit er einer Gerichtssitzung beiwohne und sähe, wie Mose saß, das Volk zu richten. Das stand um ihn herum von Morgen bis Abend, und war keine Rede von Fertigwerden.

»Nun bitte ich dich um alles, Herr Schwager«, sagte der Gast, als er mit Mose von der Stätte hinwegging, »was machst du Mann dir für Plage! Sitzest allein, und alles Volk steht um dich herum bis Abend! Warum tust du denn das?«

»Ich muß doch«, antwortete Mose. »Das Volk kommt zu mir, daß ich richte zwischen einem jeglichen und seinem

Nächsten und zeige ihnen Gottes Recht und seine Gesetze.«

»Aber Bester, wie kann man so ungeschickt sein!« sagte Jethro wieder. »Regiert man denn so, und muß sich ein Herrscher so schinden, daß er alles allein macht? Du müdest dich ab, daß es ein Jammer ist, und kannst kaum aus den Augen sehen, bist auch deiner Stimme verlustig vom Richten. Dazu ist das Volk nicht weniger müde. So fängt man doch das nicht an, du kannst auf die Länge nicht alle Geschäfte allein ausrichten. Es ist ja das gar nicht nötig, – höre auf meine Stimme! Wenn du das Volk vor Gott vertrittst und vor ihn bringst die großen Geschäfte, die alle angehen, so ist das völlig genug. Sieh dich aber um«, sagte er mit bequemen Bewegungen, »unter deinem Gehudel nach rechtlichen Leuten, ein bißchen angesehen, und setze sie über das Volk: über tausend, über hundert, ja über fünfzig und zehn, daß sie sie richten nach dem Recht und nach den Gesetzen, die du dem Volk gestellt. Und nur wo eine große Sache ist, die sollen sie an dich bringen, alle geringen aber erledigen sie, – du brauchst davon gar nichts zu wissen. Ich hätte auch mein Bäuchlein nicht und wäre gar nicht abkömmlich gewesen, dich zu besuchen, wenn ich dächte, von allem wissen zu müssen, und es treiben wollte wie du.«

»Aber die Richter werden Geschenke nehmen«, antwortete Mose schwermütig, »und die Gottlosen recht haben lassen. Denn Geschenke machen die Sehenden blind und verkehren die Sache des Gerechten.«

»Weiß ich auch«, erwiderte Jethro. »Weiß ich ganz gut. Aber etwas davon muß man in Kauf nehmen, wenn nur Recht gesprochen wird überhaupt und eine Ordnung ist, werde sie auch etwas verwickelter durch Geschenke, das macht nicht soviel. Siehe, die da Geschenke nehmen, das sind gewöhnliche Leut', aber das Volk besteht auch aus gewöhnlichen Leuten, darum hat es Sinn fürs Gewöhnliche, und wird ihm das Gewöhnliche gemütlich sein in der Gemeinde. Dazu aber, ist einem seine Sache verkehrt worden vom Richter über zehn, weil er vom Gottlosen genommen hat, so soll er den Dienstweg einschlagen und den Rechtsweg verfolgen; er soll den Richter aufrufen über fünfzig und den über hundert und schließlich den über tausend, – der bekommt am allermeisten Geschenke und hat darum einen freieren Blick, bei dem wird er schon Recht finden, wenn's ihm nicht vorher zu langweilig geworden ist.«

So äußerte Jethro sich, mit ebenen Gebärden, die einem das Leben erleichtern, wenn man sie nur sah, und zeigte, daß er eines entwickelten Wüstenvolkes Priesterkönig war. Schwermütig hörte Moses ihm zu und nickte. Er hatte die bestimmbare Seele des einsamen, geistlichen Mannes, der nachdenklich nickt zu der Klugheit der Welt und einsieht, daß sie wohl recht haben mag. Auch befolgte er wirklich den Rat des gewandten Schwähers – es war ganz unumgänglich. Er setzte Laienrichter ein, die an der großen Quelle und an den kleineren Recht einfließen ließen nach seinen Belehrungen und die alltäglichen Fälle beurteilten (wenn etwa ein Esel in eine Grube gefallen war); und nur die Kapital-Fälle kamen an ihn, den Priester Gottes, über die ganz großen aber entschieden die heiligen Lose.

So war er nicht länger über Gebühr in die Geschäfte verstrickt, sondern bekam die Arme frei für das weitere Bildungswerk, das er an dem ungestalteten Volksleib zu tun gedachte, und für das ihm Joschua, der strategische Jüngling, die Werkstatt erstritten, nämlich die Oase Kadesch. Zweifellos war das Recht ein wichtiges Beispiel für die Implikationen der Unsichtbarkeit Gottes, aber doch nur ein Beispiel, und eine gewaltige, lange, in Zorn und Geduld zu bewältigende Arbeit würde es sein, aus den ungebärdigen Horden nicht nur ein Volk zu bilden wie andere mehr, dem das Gewöhnliche gemütlich war, sondern ein außergewöhnliches und abgesondertes, eine reine Gestalt, aufgerichtet dem Unsichtbaren und ihm geheiligt.

## 15

Das Geblüt merkte bald, was es heißen wollte, einem zornig-geduldigen, dem Unsichtbaren verantwortlichen Werkmann gleich Mosen in die Hände gefallen zu sein, und merkte, daß jene unnatürliche Weisung, es sei jedes Freudengeschrei zu unterlassen über des Feindes Ersaufen, nur ein Anfang gewesen war – und zwar ein vorwegnehmender Anfang, der schon weit im Gebiet der Reinheit und Heiligkeit lag und viele Voraussetzungen hatte, die zu erfüllen waren, ehe man dahin gelangte, eine solche Forderung nicht als völlig unnatürlich zu empfinden. Wie es aussah in dem Gehudel, und wie sehr es ein bloßer Rohstoff war aus Fleisch und Blut, dem die Grundbegriffe der Reinheit und Heiligkeit abgingen; wie sehr Mose von vorn anfangen und ihnen das Früheste beibringen mußte, das merkt man den notdürftigen Vorschriften an, mit denen er daran herumzuwerken, zu meißeln und zu sprengen begann – nicht zu ihrem Behagen; der Klotz ist nicht auf des Meisters Seite, sondern gegen ihn, und gleich das Früheste, was zu seiner Formung geschieht, kommt ihm am allerunnatürlichsten vor.
Immer war Mose unter ihnen, bald hier, bald da, bald in diesem und bald in jenem Dorflager, gedrungen, mit seinen weitstehenden Augen und seiner plattgetriebenen Nase, schüttelte die Fäuste an breiten Handgelenken und rüttelte, mäkelte, krittelte und regelte an ihrem Dasein, rügte, richtete und säuberte daran herum, indem er die Unsichtbarkeit Gottes dabei zum Prüfstein nahm, Jahwe's, der sie aus Ägypten geführt hatte, um sie sich zum

Volk zu nehmen, und der heilige Leute an ihnen haben wollte, heilig, wie Er es war. Vorläufig waren sie nichts als Pöbelvolk, was sie schon dadurch bekundeten, daß sie ihre Leiber ins Lager entleerten, wo es sich treffen wollte. Das war eine Schande und eine Pest. Du sollst außen vor dem Lager einen Ort haben, wohin du zur Not hinauswandelst, hast du mich verstanden? Und sollst ein Schäuflein haben, womit du gräbst, ehe du dich setzest; und wenn du gesessen hast, sollst du's zuscharren, denn der Herr, dein Gott, wandelt in deinem Lager, das darum ein heilig Lager sein soll, nämlich ein sauberes, damit Er sich nicht die Nase zuhalte und sich von dir wende. Denn die Heiligkeit fängt mit der Sauberkeit an, und ist diese Reinheit im Groben aller Reinheit gröblicher Anbeginn. Hast du das aufgefaßt, Ahiman, und du Weib Naemi? Das nächste Mal will ich bei jedem ein Schäuflein sehen, oder der Würgengel soll über euch kommen!
Du sollst sauber sein und dich viel mit lebendigem Wasser baden um der Gesundheit willen; denn ohne die ist keine Reinheit und Heiligkeit, und Krankheit ist unrein. Denkst du aber, Pöbelei ist gesünder denn saubere Sitte, so bist du ein Blödian und sollst geschlagen sein mit Gelbsucht, Feigwarzen und Drüsen Ägyptens. Übst du nicht Sauberkeit, so werden böse schwarze Blattern auffahren und Keime der Pestilenz gehen von Blut zu Blut. Lerne unterscheiden zwischen Reinheit und Unreinheit, sonst bestehst du nicht vor dem Unsichtbaren und bist nur Pöbel. Darum, wenn ein Mann oder Weib einen fressenden Aussatz hat und einen bösen Fluß am Leibe, Grind oder Krätze, die sollen unrein sein und nicht im Lager gelitten werden, sondern hinausgetan sein draußen davor, abgesondert in Unreinheit, wie der Herr euch abgesondert hat, daß ihr rein wäret. Und was ein solcher angerührt hat, und worauf er gelegen, und der Sattel, worauf er ge-

ritten, das soll verbrannt werden. Ist er aber rein worden in der Absonderung, so soll er sieben Tage zählen, ob er auch wirklich rein ist, und sich gründlich mit Wasser baden, dann mag er wiederkommen.
Unterscheide! sage ich dir, und sei heilig vor Gott, sonst kannst du nicht heilig sein, wie ich dich haben will. Du ißt ja alles durcheinander, ohne Wahl und Heikligkeit, wie ich sehen muß, das ist mir ein Greuel. Du sollst aber das eine essen und das andere nicht, und sollst deinen Stolz haben und deinen Ekel. Was da die Klauen spaltet und wiederkäut unter den Tieren, das magst du essen. Was aber wiederkäut und hat Klauen, spaltet sie aber nicht, wie das Kamel, das sei euch unrein, und sollt's nicht essen. Wohlgemerkt, das gute Kamel ist nicht unrein als Gottes lebendiges Geschöpf, aber als Speise schickt es sich nicht, sowenig als wie das Schwein, das sollt ihr auch nicht essen, denn es spaltet die Klauen wohl, wiederkäut aber nicht. Darum unterscheidet! Alles, was Flossen und Schuppen hat in den Wassern, das mögt ihr essen, aber was ohne solche darin herumschlüpft, das Molchgezücht, das ist zwar auch von Gott, aber als Speise soll es euch eine Scheu sein. Unter den Vögeln sollt ihr verschmähen den Adler, den Habicht, den Fischaar, den Geier und ihresgleichen. Dazu alle Raben, den Strauß, die Nachteule, den Kukkuck, das Käuzlein, den Schwan, den Uhu, die Fledermaus, die Rohrdommel, den Storch, den Reiher und Häher sowie die Schwalbe. Ich habe den Wiedehopf vergessen, den sollt ihr auch vermeiden. Wer wird das Wiesel essen, die Maus, die Kröte oder den Igel? Wer ist so pöbelhaft, die Eidechse, den Maulwurf und die Blindschleiche zu verzehren oder sonst irgend etwas, was da auf Erden schleicht und auf dem Bauche kreucht? Ihr tut es aber und macht eure Seele zum Scheusal! Wen ich noch einmal eine Blindschleiche essen sehe, mit dem will ich abfahren, daß er's nicht wieder tut. Denn er stirbt zwar nicht dran, und

es ist nicht schädlich, ist aber schimpflich, und euch soll vieles schimpflich sein. Darum sollt ihr kein Aas essen, das ist auch noch schädlich.

So machte er ihnen Speisevorschriften und schränkte sie ein in Dingen der Nahrung, aber nicht nur in diesen. Ebenso tat er es in Dingen der Lust und Liebe, denn auch darin ging es bei ihnen drunter und drüber nach rechter Pöbelart. Du sollst die Ehe nicht brechen, sagte er ihnen, denn sie ist eine heilige Schranke. Weißt du aber auch, was das sagen will, die Ehe nicht brechen? Hundert Einschränkungen bedeutet es mit Rücksicht auf Gottes Heiligkeit und nicht nur, daß du deines Nächsten Weib nicht begehren sollst, das ist das wenigste. Denn du lebst im Fleisch, bist aber dem Unsichtbaren verschworen, und die Ehe ist der Inbegriff aller Reinheit im Fleisch vor Gottes Angesicht. Darum sollst du nicht ein Weib nehmen und die Mutter dazu, um nur ein Beispiel zu nennen. Das schickt sich nicht. Und sollst nie und nimmer bei deiner Schwester liegen, daß du ihre Scham siehst und sie deine, denn es ist eine Blutschande. Nicht einmal bei deiner Tante sollst du liegen, das ist weder ihrer würdig noch deiner, und sollst davor zurückschrecken. Wenn ein Weib ihre Krankheit hat, sollst du sie scheuen und nicht herantreten an den Brunnen ihres Blutes. Wenn aber einem Mann was Schamhaftes zustößt im Schlaf, der soll unrein sein bis zum nächsten Abend und sich fleißig mit Wasser baden.

Ich höre, du hältst deine Tochter zur Hurerei an und nimmst Hurengeld von ihr? Tu das nicht mehr, denn beharrst du darauf, will ich dich steinigen lassen. Was fällt dir ein, beim Knaben zu schlafen wie beim Weibe? Das ist ein Unding und Völkergreuel, und sollen beide des Todes sterben. Treibt aber einer es mit dem Vieh, sei es ein Mann oder Weib, die sollen nun vollends ausgerottet sein und erwürgt werden mitsamt dem Vieh.

Man stelle sich ihre Bestürzung vor über all die Einschränkungen! Sie hatten zunächst das Gefühl, daß überhaupt vom lieben Leben beinahe nichts übrigbleibe, wenn man all dies befolgte. Er sprengte mit dem Meißel an ihnen herum, daß die Stücke flogen, und das war sehr wörtlich zu nehmen, denn mit den Ahnungen, die er auf die schlimmsten Überschreitungen der Schranken setzte, war es kein Spaß, und hinter seinen Verboten standen der junge Joschua und seine Würgengel.

»Ich bin der Herr, euer Gott«, sagte er, auf die Gefahr hin, daß sie ihn wirklich selbst dafür hielten, »der euch aus Ägyptenland geführt und abgesondert hat von den Völkern. Darum sollt ihr auch absondern das Reine vom Unreinen und nicht den Völkern nachhuren, sondern mir heilig sein. Denn ich, der Herr, bin heilig und habe euch abgesondert, daß ihr mein wäret. Das Allerunreinste ist, sich um irgendeinen Gott zu kümmern, außer um mich, denn ich heiße ein Eiferer. Das Allerunreinste ist, sich ein Bild zu machen, sehe es nun aus wie ein Mann oder Weib, ein Ochs oder Sperber, ein Fisch oder Wurm, denn damit ist man schon abtrünnig von mir, auch wenn das Bild mich vorstellen soll, und könnte ebensogut mit seiner Schwester schlafen oder mit einem Vieh, das liegt ganz nahe dabei und ergibt sich gar bald daraus. Hütet euch! Ich bin unter euch und sehe alles. Hurt einer den Tier- und Totengöttern Ägyptens nach, dem will ich's eintränken. Ich will ihn in die Wüste jagen und ihn absondern wie einen Auswurf. Insgleichen wer da dem Moloch opfert, an den ihr, wie ich wohl weiß, auch noch eine Erinnerung habt, daß er ihm seine Kraft verbrennt, der ist ein Übel, und übel will ich mit ihm verfahren. Darum sollst du deinen Sohn oder deine Tochter nicht durchs Feuer gehen lassen nach blöder Völkerart, noch achten auf Vogelflug und -schrei, noch munkeln mit Wahrsagern, Tagewählern und Zeichendeutern, noch die Toten befragen und nicht Zauber treiben mit meinem Namen. Ist einer ein Schurke und führt dabei meinen Namen im Munde zur Zeugenschaft, der führt ihn am allerunnützlichsten, ich will ihn fressen. Aber Zauber und Völkergreuel ist es bereits, sich Male zu stechen, sich kahl zu scheren über den Augen und sich das Gesicht zu zerschneiden aus Trauer um einen Toten, – ich will's nicht dulden.«

Wie groß war die Bestürzung! Nicht einmal Trauerschnitte sollten sie sich machen und sich nicht ein bißchen tätowieren. Sie merkten, was es auf sich hatte mit der Unsichtbarkeit Gottes. Es bedeutete große Einschränkung, mit Jahwe im Bunde zu sein; da aber hinter Mose's Verboten der Würgengel stand und sie nicht gern in die Wüste gejagt werden wollten, so kam ihnen das, was er verbot, bald fürchterlich vor, – anfangs nur im Zusammenhang mit der Strafe; diese aber verfehlte nicht, die Sache zu einem Übel zu stempeln, bei dessen Begehung einem übel zumute war, der Strafe nicht einmal mehr zu gedenken.

Halte dein Herz im Zaum, sagte er ihnen, und wirf nicht dein Auge auf eines anderen Habe, daß du sie haben möchtest, denn leicht bringt dich das dazu, sie ihm zu nehmen, sei es durch heimliche Entwendung, was eine Feigheit ist, oder indem du ihn totschlägst, was eine Roheit ist. Jahwe und ich wollen euch weder feig noch roh, sondern die Mitte davon sollt ihr sein, nämlich anständig. Habt ihr soviel begriffen? Stehlen ist schleichendes Elend, aber zu morden, sei es aus Wut oder Gier, oder gieriger Wut, oder wütender Gier, das ist eine lodernde Untat, und wer sie begeht, gegen den will ich mein Anlitz setzen, daß er nicht weiß, wo er sich bergen soll. Denn er hat Blut vergossen, da doch das Blut eine heilige Scheu und ein großes Geheimnis ist, mir eine Altargabe und eine Versöhnung. Blut sollt ihr nicht essen und kein Fleisch, wenn es im Blute ist, denn es ist mein. Wer nun aber gar beschmiert ist mit eines Menschen Blut, dessen Herz soll an kaltem Entsetzen kranken, und ich will ihn jagen, daß er vor sich selber davonläuft bis ans Ende der Welt. Sagt Amen dazu!

Und sie sagten Amen, in der Hoffnung noch, daß mit dem Mord eben nur Tötung gemeint sei, zu dem nicht gar viele Lust hatten, oder doch nur gelegentlich. Aber es stellte sich heraus, daß Jahwe dem Wort einen so weiten Sinn gab wie dem Ehebruch, und alles mögliche darunter verstand, so daß Mord und Totschlag sehr früh begannen: bei jeder Verletzung des anderen durch Falschheit und Übervorteilung, wozu doch fast alle Lust hatten, floß schon sein Blut. Sie sollten nicht fälschlich handeln untereinander, nicht gegen jemanden aussagen als Lügenzeuge, rechtes Maß brauchen, rechte Pfunde und rechten Scheffel. Es war höchst unnatürlich, und vorderhand war es nur die natürliche Furcht vor Strafe, die einen Schein von Natürlichkeit warf auf Gebot und Verbot.

Daß man seinen Vater und seine Mutter ehren solle, wie Mose verlangte, hatte ebenfalls einen weiteren Sinn, als man im ersten Augenblick gleich vermutete. Wer die Hand erhob gegen seine Erzeuger und ihnen fluchte, – nun ja, mit dem wollte er abfahren. Aber die Ehrerbietung sollte sich auf die erstrecken, die seine Erzeuger auch nur hätten sein können. Vor einem grauen Haupte sollst du aufstehen, die Arme kreuzen und dein dummes Haupt neigen, verstehst du mich? So will es der Gottesanstand. – Der einzige Trost war, daß, da der Nächste einen nicht erschlagen durfte, man Aussichten hatte, ebenfalls alt und grau zu werden, so daß dann die anderen vor einem aufstehen mußten.

Zuletzt aber zeigte sich, daß Alter ein Gleichnis war für das Alte im allgemeinen, für alles, was nicht von heute und gestern war, sondern von weither kam, das fromm Überlieferte, den Väterbrauch. Dem sollte man Ehre erweisen und Gottesfurcht. So sollst du meine Feiertage

heiligen, den Tag, da ich dich aus Ägypten führte, den Tag der ungesäuerten Brote, und immer den Tag, da ich von der Schöpfung ruhte. Meinen Tag, den Sabbat, sollst du nicht mit Arbeitsschweiß verunreinigen, ich verbiete es dir! Denn ich habe dich aus dem ägyptischen Diensthause geführt, mit mächtiger Hand und mit ausgestrecktem Arm, wo du ein Knecht warst und ein Arbeitstier, und mein Tag soll der Tag deiner Freiheit sein, die sollst du feiern. Sechs Tage lang sollst du ein Ackerer sein, oder ein Pflugmacher, oder ein Topfdreher, oder ein Kupferschmied, oder ein Schreiner, aber an meinem Tag sollst du ein rein Gewand anlegen und gar nichts sein, außer ein Mensch, und deine Augen aufschlagen zum Unsichtbaren. Du warst ein geschundener Knecht in Ägyptenland – gedenke dessen bei deinem Gehaben gegen die, die fremd sind unter dir, die Kinder Amaleks zum Beispiel, die dir Gott in die Hände gab, und schinde sie nicht! Sieh sie an wie dich selbst und gib ihnen gleiches Recht, oder ich will dreinfahren, denn sie stehen in Jahwe's Schutz. Mache überhaupt nicht einen so dummdreisten Unterschied zwischen dir und den anderen, daß du denkst, du allein bist wirklich und auf dich kommt's an, der andere aber ist nur ein Schein. Ihr habt das Leben gemeinsam, und es ist nur ein Zufall, daß du nicht er bist. Darum liebe nicht dich allein, sondern liebe ihn gleicherweise und tue mit ihm, wie du wünschen würdest, daß er mit dir täte, wenn er du wäre! Seid lieblich miteinder und küßt die Fingerspitzen, wenn ihr einander vorübergeht, und neigt euch mit Lebensart und sprecht den Gruß: »Sei heil und gesund!« Denn es ist ebenso wichtig, daß jener gesund ist, wie daß du es bist. Und ist's auch nur äußere Lebensart, daß ihr so tut und küßt die Fingerspitzen, so gibt euch die Gebärde doch etwas ins Herz von dem, was darin sein soll gegen euren Nächsten. – Sagt Amen zu alledem!
Und sie sagten Amen.

16

Mit dem Amen aber war wenig getan, – sie sagten es nur, weil er der Mann war, der sie mit Glück aus Ägypten geführt, Pharao's Wagen versenkt und die Schlacht um Kadesch gewonnen hatte, und bis ihnen leidlich, oder auch scheinbar nur, in Fleisch und Blut übergegangen war, was er sie lehrte und ihnen auferlegte, die Schranken, Gebot und Verbot, das dauerte lange, und ein gewaltiges Stück Arbeit war es, dessen er sich unterwunden: aus dem Gehudel dem Herrn ein heiliges Volk aufzurichten, eine reine Gestalt, die da bestände vorm Unsichtbaren. Im Schweiß seines Angesichts werkte er daran zu Kadesch, seiner Werkstatt, indem er seine weitstehenden Augen überall hatte, – metzte, sprengte, formte und ebnete an dem unwilligen Klotz mit zäher Geduld, mit wiederholter Nachsicht und öfterem Verzeihen, mit loderndem Zorn und strafender Unerbittlichkeit, und wollte doch oft verzagen, wenn sich das Fleisch, in dem er arbeitete, so widerspenstig und vergeßlich-rückfällig erwies, wenn wieder die Leute mit dem Schäuflein zu graben versäumten, Blindschleichen aßen, mit ihrer Schwester schliefen oder auch mit dem Vieh, sich Male stachen, mit Wahrsagern hockten, auf Diebstahl schlichen und einander totschlugen. »O Pöbelvolk!« sagte er zu ihnen. »Ihr werdet sehen, der Herr wird einmal plötzlich über euch kommen und euch vertilgen.« Zum Herrn selbst aber sagte er: »Was soll ich machen mit diesem Fleisch, und warum hast du deine Gnade von mir genommen, daß du mir aufhalst, was ich nicht tragen kann? Lieber will ich einen Stall ausmisten, der sieben Jahre nicht Wasser und Spaten gesehen, und ein Dschungel lichten mit bloßen Händen zum Fruchtfeld, als daß ich dir hieraus eine reine Gestalt errichte. Wie komme auch ich dazu, das Volk in den Armen zu tragen, als ob ich's geboren hätte? Ich bin ihm nur halb verwandt, von

Vaters Seite. Darum, so bitte ich dich, laß mich meines Lebens froh sein und schenk mir die Aufgabe, sonst aber erwürge mich lieber!«

Aber Gott antwortete ihm aus seinem Inneren mit so deutlicher Stimme, daß er's mit Ohren hörte und aufs Angesicht fiel:

»Gerade weil du ihnen nur halb verwandt bist, von seiten des Verscharrten, bist du der Mann, sie mir zu bearbeiten und sie mir aufzurichten zum heiligen Volk. Denn stecktest du mitten darin und wärst recht einer von ihnen, so sähst du sie nicht und könntest nicht Hand an sie legen. Außerdem ist das alles nur Ziererei, daß du wehklagst vor mir und willst dich losbitten vom Werke. Denn du siehst wohl, daß es schon anschlägt bei ihnen, und hast ihnen schon ein Gewissen gemacht, daß ihnen übel zumute ist, wenn sie Übles tun. Darum stelle dich nicht vor mir, als hättest du nicht die größte Lust zu deiner Plage! Es ist meine Lust, die du hast, Gotteslust ist es, und ohne sie würde dir das Leben zum Ekel, wie Manna dem Volk, schon nach wenigen Tagen. Nur wenn ich dich erwürge, freilich, dann könntest du ihrer entraten.«

Das sah der Geplagte ein, nickte mit dem Kopf zu Jahwe's Worten, während er auf dem Angesicht lag, und stand wieder auf zu seiner Plage. Er war aber ein geplagter Mann nicht nur als Bildner des Volkes, sondern Plage und Kummer reichten in sein Familienleben hinein: Da gab es Ärger, Scheelsucht und Zank um seinetwillen, und war kein Friede in seiner Hütte, – durch seine Schuld, wenn man wollte; denn seine Sinne waren Ursach' des Ungemachs, – die waren erregt vom Werk und hingen an einer Mohrin, an der bekannten Mohrin.

Man weiß, daß er damals mit einer Mohrin lebte, außer mit seinem ersten Weibe Zipora, der Mutter seiner Söhne, – mit einer Person vom Lande Kusch, die schon als Kind nach Ägypten gelangt war, unter dem Geblüte in Gosen gelebt und sich dem Auszuge angeschlossen hatte. Zweifellos hatte sie schon manchen Mann erkannt, und dennoch nahm Mose sie an sich als Bettgenossin. In ihrer Art war sie ein prachtvolles Stück, mit Bergesbrüsten, rollendem Augenweiß, Wulstlippen, in die sich im Kuß zu versenken ein Abenteuer sein mochte, und einer Haut voller Würze. Mose hing gewaltig an ihr um seiner Entspannung willen und konnte nicht von ihr lassen, obgleich er dabei die Gegnerschaft seines ganzen Hauses zu tragen hatte: nicht nur seines midianitischen Weibes und ihrer Söhne, sondern besonders auch die seiner Halbgeschwister Mirjam und Aaron. Zipora nämlich, die viel von dem ebenen Weltsinn ihres Bruders Jethro hatte, fand sich noch leidlich mit der Rivalin ab, besonders da diese ihren weiblichen Triumph über sie verbarg und sich sehr unterwürfig gegen sie hielt; sie behandelte die Mohrin mehr mit Spott als mit Haß und begegnete auch dem Mose eher ironisch in dieser Sache, als daß sie ihrer Eifersucht hätte die Zügel schießen lassen. Die Söhne aber, Gersom und Elieser, die zu Joschua's riesiger Schar gehörten, besaßen des Sinnes für Zucht zuviel, daß sie sich empörerisch gegen den Vater hätten stellen mögen; man merkte ihnen nur an, daß sie sich ärgerten und schämten seinetwillen.

Ganz anders lagen die Dinge bei Mirjam, der Prophetin, und Aaron, dem Salbungsvollen. Ihr Haß auf die Bett-Mohrin war giftiger als der der anderen, weil er mehr oder minder ein Auslaß war für eine tiefere und allgemeinere Mißgunst, die sie gegen Mose verband: Seit längerem schon hatten sie begonnen, ihm sein nahes Verhältnis zu Gott, sein geistliches Meistertum, seine persönliche Erwähltheit zum Werk zu neiden, die sie großenteils für Einbildung hielten; denn sie erachteten sich für ebenso gut, ja besser als ihn und sagten untereinander: »Redet denn der Herr allein durch Mose? Redet er nicht auch durch uns? Wer ist dieser Mann Mose, daß er sich so über uns erhoben hat?« – Dies lag dem Anstoß zugrunde, den sie an seinem Verhältnis zur Mohrin nahmen, und immer, wenn sie dem Bruder, zu seinem Leide, keifend mit Vorwürfen zusetzten von wegen der Leidenschaft seiner Nächte, bildeten diese nur den Ausgangspunkt für weitere Anklagen: bald kamen sie ab davon auf das Unrecht, das ihnen geschehe durch seine Größe.

So waren sie einst, als der Tag sich neigte, bei ihm in der Hütte und quälten ihn, wie ich sagte, daß sie ihn zu quälen pflegten: die Mohrin hier und die Mohrin da, und daß er an ihren schwarzen Brüsten hinge, und welch ein Skandal es sei, welche Schmach für Zipora, sein erstes Weib, und welche Bloßstellung für ihn selbst, der doch beanspruche, ein Gottesfürst zu sein und Jahwe's alleiniges Mundstück auf Erden...

»Beanspruche?« sagte er. »Was Gott mir auferlegt hat zu sein, das bin ich. Wie häßlich aber von euch, wie gar sehr häßlich, daß ihr mir meine Lust mißgönnt und die Entspannung an meiner Mohrin Brüsten! Denn es ist keine Sünde vor Gott, und ist kein Verbot unter allen Verboten, die er mir eingab, daß man bei einer Mohrin nicht liegen solle. Nicht, daß ich wüßte.«

Ei, ja, sagten sie, er suche sich die Verbote aus nach eigenem Geschmack und werde wohl nächstens noch aufstellen, daß es geradezu geboten sei, bei Mohrinnen zu liegen, denn er halte sich ja für Jahwe's alleiniges Mundstück. Dabei seien sie, Mirjam und Aaron, Amrams, des Levi-Enkels, echte Kinder, er aber sei doch nur ein Findling aus dem Schilf und solle ein wenig Demut lernen, denn daß er so auf der Mohrin bestände, ungeachtet des Ärgernisses, daraus spreche auch nur sein Stolz und Dünkel.

»Wer kann für seine Berufenheit?« sagte er. »Und wer

kann dafür, daß er auf den brennenden Dornbusch stößt? Mirjam, ich habe immer deine prophetischen Gaben geschätzt und nie geleugnet, daß du es wohl kannst auf der Pauke...«

»Warum hast du mir dann meine Hymne ›Roß und Mann‹ verboten?« fragte sie, »und mir untersagt, den Weibern vorzupauken im Reigen, weil angeblich Gott es seinen Scharen verwiesen habe, über den Untergang der Ägypter zu jubeln? Das war abscheulich von dir!«

»Und dich, Aaron«, fuhr der Bedrängte fort, »habe ich als Hohen Priester beim Stiftszelte angestellt und dir die Lade, das Ephod und die Eherne Schlange untergeben, daß du ihrer wartest. So schätze ich dich.«

»Das war das wenigste, was du tun konntest«, versetzte Aaron, »denn ohne meine Beredsamkeit hättest du nie das Volk für Jahwe gewonnen, bei der Blödheit deines Mundes, noch sie zum Auszug bewogen. Du aber nennst dich den Mann, der uns aus Ägypten geführt hat. Wenn du uns aber schätzest und dich nicht dünkelhaft über die echten Geschwister erhebst, warum hörst du denn nicht auf unsere Worte und verstockst dich gegen die Mahnung, daß du den ganzen Stamm in Gefahr bringst mit deiner Schwarzbuhlerei? Denn dieselbe ist ein gallenbitterer Trank für Zipora, dein midianitisch Weib, und ganz Midian stößest du damit vor den Kopf, also daß Jethro, dein Schwäher, uns noch mit Krieg überziehen wird, alles um deiner schwarzen Grille willen.«

»Jethro«, sagte Mose mit großer Selbstbeherrschung, »ist ein ebener, weltläufiger Herr, der wohl verstehen wird, daß Zipora – geachtet sei ihr Name! – einem hoch geplagten und schwer beauftragten Manne wie mir nicht mehr die nötige Entspannung zu bieten hat. Die Haut meiner Mohrin aber ist wie Zimmet und Nelkenöl in meiner Nase, an ihr hängt mein ganzer Sinn, und darum bitte ich euch, liebe Freunde, gönnt sie mir doch!«

Aber das wollten sie nicht. Sie heischten keifend, daß er sich nicht nur von der Mohrin trennen und sie seines Bettes verweisen solle, sondern daß er sie auch ohne Wasser hinaus in die Wüste stieße.

Da schwoll die Zornesader hoch auf, und heftig begann er mit den Fäusten zu beben an seinen Schenkeln. Bevor er jedoch den Mund öffnen konnte zu einer Erwiderung, geschah ein ganz anderes Beben, – Jahwe schritt ein, er setzte sein Angesicht gegen die hartherzigen Geschwister und nahm sich seines Knechtes Mose an, daß sie's nimmer vergaßen. Etwas Entsetzliches und nie Dagewesenes geschah.

## 17

Die Grundfesten bebten. Die Erde stieß, schütterte und schlingerte unter ihren Füßen, daß sie sich auf ihnen nicht halten konnten, sondern alle drei hin und her taumelten in der Hütte, deren Tragepfeiler wie von Riesenfäusten geschüttelt wurden. Es wankte aber die Feste nicht nur nach einer Seite, sondern auf ganz verzwickte und schwindlichte Weise nach allen zugleich, so daß es ein Grauen war, und in einem damit geschah ein unterirdisches Brüllen und Poltern und von oben und außen ein Schall wie von einer starken Posaune, noch dazu anderes Dröhnen, Donnern und Prasseln. Es ist sehr seltsam und eigentümlich beschämend, wenn man eben im Begriffe war, in Zorn auszubrechen, der Herr aber nimmt's einem vom Munde und bricht selber aus – viel mächtiger, als man hätte ausbrechen können, und schüttelt die Welt, da man nur seine Fäuste hätte schütteln können.

Mose war noch am wenigsten schreckensbleich, denn jederzeit war er auf Gott gefaßt. Aber mit Aaron und Mirjam, den Schreckensbleichen, stürzte er aus dem Hause: da sahen sie, daß die Erde ihr Maul aufgetan hatte, und ein großer Riß klaffte dicht vor der Hütte, der war sichtlich für Mirjam und Aaron bestimmt gewesen und hatte sie nur um ein paar Ellen verfehlt, sonst hätte sie beide die Erde verschlungen. Und sahen: der Berg im Morgen hinter der Wüste, Horeb oder Sinai, – ja, was begab sich mit Horeb, und was ging vor mit dem Berge Sinai! Ganz und gar stand der in Rauch und Flammen, schleuderte glühende Brocken zum Himmel mit fernem Knallgetöse, und Feuerbäche liefen an seinen Seiten hinunter. Sein Qualm, darin es blitzte, verdunkelte die Sterne über der Wüste, und ein langsamer Aschenregen fing an, auf die Oase Kadesch niederzugehen.

Aaron und Mirjam fielen auf ihre Stirnen, denn der ihnen zugedachte Riß hatte sie sehr entsetzt, und die Offenbarung Jahwe's am Berge belehrte sie, daß sie zu weit gegangen waren und törlich gesprochen hatten. Aaron rief:

»Ach, mein Herr, dieses Weib, meine Schwester, hat häßlich gefaselt, nimm doch meine Fürbitte an und laß die Sünde nicht auf ihr bleiben, womit sie sich versündigt hat an dem Gesalbten des Herrn!«

Und Mirjam schrie auch zu Mose und sprach:

»Herr, man konnte nicht törlicher reden, als mein Bruder Aaron getan. Vergib ihm doch, und laß die Sünde nicht auf ihm bleiben, damit nicht Gott ihn verschlinge, weil er dich so lose mit deiner Mohrin geneckt!«

Mose war nicht ganz sicher, ob wirklich Jahwe's Kundgebung den Geschwistern galt und ihrer Lieblosigkeit, oder ob es sich nur so traf, daß er eben jetzt an ihn seinen Ruf ergehen ließ, damit er wegen des Volks und des Bildungswerks mit ihm rede, – denn solches Rufs war er stündlich gewärtig. Er ließ sie aber bei ihrer Annahme und antwortete:

»Ihr seht es. Fasset aber Mut, Kinder Amrams, ich will ein gutes Wort für euch einlegen droben bei Gott auf dem

Berge, wohin er mich ruft. Denn nun sollt ihr sehen, und alles Volk soll sehen, ob euer Bruder entnervt ist von schwarzer Buhlschaft, oder ob Gottesmut in seinem Herzen wohnt wie in keinem sonst. Auf den feurigen Berg will ich gehen, ganz allein, empor zu Gott, daß ich seine Gedanken vernehme und furchtlos mit dem Fürchterlichen verkehre auf du und du, fern von den Menschen, aber in ihrer Sache. Denn längst schon weiß ich, daß Er alles, was ich sie gelehrt zu ihrer Heiligung vor Ihm, dem Heiligen, ins Bündige bringen will und ins Ewig-Kurzgefaßte, damit ich's herniedertrage zu euch von Seinem Berge und das Volk es besitze im Stiftszelt, mit der Lade zusammen, dem Ephod und der Ehernen Schlange. Lebt wohl! Ich kann euch verderben in Gottes Aufruhr und in den Feuern des Berges, – das mag wohl sein, ich muß damit rechnen. Kehre ich aber wieder, so bringe ich euch aus Seinen Dornen das Ewig-Kurzgefaßte herab, Gottes Gesetz.«
Wirklich war dies sein fester Vorsatz, auf Leben und Tod hatte er's beschlossen. Denn um das Gehudel, das halsstarrige, immer rückfällige, in Gottesgesittung zu bannen und sie die Gebote fürchten zu lassen, war gar nichts wirksamer, als daß er sich bar und allein in Jahwe's Schrecken emporgetraute, auf den speienden Berg, und ihnen von da das Diktat herniedertrüge, – dann, dachte er, würden sie's halten. Darum, als sie von allen Seiten zu seiner Hütte gelaufen kamen, mit den Knien schlotternd ob dieser Zeichen und um des zerreißenden Wankens der Erde willen, das sich noch einmal und zweimal abgeschwächt wiederholte, verwies er ihnen das ordinäre Schlottern und sprach ihnen anständige Fassung zu: Gott rufe ihn, sagte er, um ihretwillen, und er wolle zu Jahwe steigen, oben auf den Berg, und ihnen, will's Gott, etwas mitbringen. Sie aber sollten nach Hause gehen und sich sämtlich auf einen Auszug vorbereiten: heiligen sollten

sie sich und ihre Kleider waschen und sich ihrer Weiber
enthalten, denn morgen sollten sie ausziehen aus Kadesch
in die Wüste, näher dem Berge, und sollten ihm gegenüber ein Lager aufschlagen und da auf ihn warten, bis er
vom furchtbaren Stelldichein zu ihnen zurückkäme und
ihnen vielleicht etwas mitbrächte.

So geschah es, oder doch ähnlich. Denn Mose hatte, nach
seiner Art, nur daran gedacht, daß sie ihre Kleider wü-
schen und sich den Weibern nicht nahten, Joschua ben
Nun aber, der strategische Jüngling, gedachte dessen, was
sonst noch nötig war für solchen Volksausflug, und
sorgte mit seiner Schar für alles Erforderliche, was mitzunehmen war an Wasser und Zehrung für Tausende in der
Wüste; ja auch für einen Verbindungsdienst sorgte er zwischen Kadesch und dem Lager draußen gegen den Berg.
Kaleb, seinen Leutnant, ließ er mit einer Polizeiabteilung
zu Kadesch bei denen zurück, die nicht mitziehen konnten
oder wollten. Die anderen aber, als der dritte Tag gekommen und alle Zurüstung getroffen war, zogen aus mit
Karren und Schlachttieren dem Berge entgegen, eine Ta-
gereise und noch eine halbe weit: da machte Joschua ihnen
ein Gehege, noch in gemessener Entfernung von Jahwe's
qualmendem Sitz, und verbot ihnen streng in Mose's Namen, daß keiner sich solle beikommen lassen, auf den
Berg zu steigen, noch auch nur dessen Fuß zu berühren:
dem Meister allein sei es vorbehalten, so nahe zu Gott zu
gehen; auch sei es lebensgefährlich, und wer den Berg an-
rühre, der solle gesteinigt oder mit dem Bogen erschossen
werden. Leicht ließen sie sich's gesagt sein, denn Pöbelvolk hat gar keine Lust, allzu nahe zu Gott zu gehen, und
für den gemeinen Mann sah der Berg nicht im mindesten
einladend aus, weder am Tage, wo Jahwe in einer dicken,
von Blitzen durchzuckten Wolke auf ihm stand, noch gar
bei Nacht, wo diese Wolke glühte und der ganze Gipfel
dazu.

Joschua war außerordentlich stolz auf den Gottesmut seines Herrn, der schon am ersten Tag, vor allem Volk, allein und zu Fuß, am Wanderstab, nur ausgerüstet mit einer irdenen Flasche, ein paar Wecken und einigem Werkzeug: Haue, Meißel, Spachtel und Stichel, sich auf den Weg zum Berge gemacht hatte. Sehr stolz war der Jüngling auf ihn, und glücklich über den Eindruck, den solche heilige Kühnheit auf die Menge machen mußte. Aber auch besorgt war er um den Verehrten und hatte ihn sehr gebeten, sich doch ja nicht zu unmittelbar nahe an Jahwe heranzutrauen und sich vor der heißen Schmelzbrühe zu hüten, die an den Seiten des Berges herunterlief. Im übrigen, hatte er gesagt, werde er ihn schon dann und wann dort oben besuchen und bei ihm nach dem Rechten sehen, damit es dem Meister in Gottes Wildnis nicht am Nötigsten fehle.

18

Mose also durchschritt am Stabe die Wüste, die weitstehenden Augen auf den Berg Gottes gerichtet, der wie ein Ofen rauchte und öfters spie. Der Berg war eigentümlich gestaltet: mit umlaufenden Rissen und Einschnürungen, die ihn in verschiedene Stockwerke zu teilen schienen und hinaufführenden Wegen glichen, solche aber nicht waren, sondern eben nur Abstufungen mit gelben Rückwänden. Den dritten Tag langte der Berufene über Vorhöhen an des Berges rauhen Fuß: da begann er hinaufzusteigen, die Faust um den Wanderstab geschlossen, den er vor sich her setzte, und stieg ohne Weg und Steg, durch geschwärztes, verbrühtes Gebüsch hindurch, manche Stunde lang Schritt vor Schritt immer höher in Gottes Nähe, so weit, wie eben ein Mensch es vermochte, denn allmählich benahmen die schweflich nach heißen Metallen riechenden Dämpfe, von denen die Luft erfüllt war, ihm den Atem, und Husten befiel ihn. Aber bis zur obersten Einschnürung und Terrasse kam er, unter dem Gipfel, wo man einen weiten Blick auf die kahle, wilde Gebirgskette zu beiden Seiten und hinaus in die Wüste bis gegen Kadesch hatte. Auch das Gehege des Volks sah man näherbei klein in der Tiefe sich abzeichnen.

Hier fand der hustende Mose eine Höhle in der Bergwand, mit vorspringendem Felsdach, das ihn schützen konnte gegen geschleuderte Brocken und rinnende Brühe: darin nahm er Wohnung und richtete sich ein, um nach kurzem Verschnaufen das Werk in Angriff zu nehmen, das Gott ihm befahl, und das ihn unter beschwerlichen Umständen – denn die Metalldämpfe lagen ihm immer beengend auf der Brust und verliehen selbst dem Wasser einen Schwefelgeschmack – nicht weniger als vierzig Tage und vierzig Nächte hier oben festhalten sollte.

Warum aber so lange? Müßige Frage! Das Ewig-Kurzgefaßte, das Bündig-Bindende, Gottes gedrängtes Sittengesetz galt es zu befestigen und in den Stein Seines Berges zu graben, damit Mose es dem wankelnden Pöbelvolk, seines verscharrten Vaters Blut, herniedertrage in das Gehege, wo sie warteten, und es unter ihnen stehe, von Geschlecht zu Geschlecht, unverbrüchlich, eingegraben auch in ihre Gemüter und in ihr Fleisch und Blut, die Quintessenz des Menschenanstandes. Gott befahl ihm laut aus seiner Brust, zwei Tafeln zu hauen aus dem Berg und das Diktat hineinzuschreiben, fünf Worte auf die eine und fünf auf die andere, im ganzen zehn Worte. Die Tafeln zu schaffen, zu glätten und zu einigermaßen würdigen Trägern des Ewig-Kurzgefaßten zu machen, war keine Kleinigkeit; für den einsamen Mann, mochte er auch die Milch einer Steinmetzentochter getrunken und breite Handgelenke haben, war es ein vielem Mißlingen ausgesetztes Stück Arbeit, das von den vierzig Tagen allein ein Viertel in Anspruch nahm. Die Beschriftung aber war ein

Problem, dessen Lösung die Zahl der Bergtage Mose's leicht sogar auf über vierzig hätte bringen können.

Denn wie sollte er schreiben? Im thebanischen Internat hatte er sowohl die schmuckhafte Bildschrift Ägyptens nebst ihrer geläufigen Zurichtung wie auch das keilig-heilige Dreiecksgedränge vom Euphrat erlernt, in welchem die Könige der Welt auf Tonscherben ihre Gedanken tauschten. Er hatte dazu bei den Midianitern die Bekanntschaft eines dritten Bedeutungszaubers aus Augen, Kreuzen, Käfern, Bügeln und verschieden gestalteten Schlangenlinien gemacht, der, im Sinailande gebräuchlich, mit Wüsten-Ungeschick den Bildern Ägyptens abgesehen war, dessen Marken aber nicht ganze Worte und Ding-Ideen, sondern nur Teile von solchen, offene Silben bezeichneten, die zusammenzulesen waren. Keine dieser drei Methoden der Gedankenbefestigung wollte ihm passen, – aus dem einfachen Grunde nicht, weil eine jede an die Sprache gebunden war, die sie bedeutungsweis' redete, und weil Mose sich vollkommen darüber im klaren war, daß er unmöglich und nimmermehr das Zehn-Worte-Diktat auf babylonisch, ägyptisch oder im Sinai-Beduinen-Jargon würde zu Stein bringen können. Das konnte und durfte allein in der Sprache des Vatergeblütes, der Mundart geschehen, die es redete, und in der er es sittlich bearbeitete, – ob sie's nun würden ablesen können oder nicht. Und wie sollten sie's ablesen, da man es schon gleich gar nicht schreiben konnte und ein Bedeutungszauber für ihre Rede schlechterdings nicht zur Hand war?

Inbrünstig wünschte Mose einen solchen herbei, – nämlich einen, den sie bald, recht bald würden ablesen können, also einen, den Kinder, wie sie waren, in wenigen Tagen würden lernen können, folglich auch einen, der in wenigen Tagen, mit Hilfe von Gottes Nähe, auszudenken und zu erfinden war. Denn ausgedacht und erfunden mußte die Schriftart sein, da sie nicht vorhanden war.

Was für eine drängende und gedrängte Aufgabe! Er hatte sie im voraus gar nicht erwogen, hatte nur ›Schreiben‹ gedacht und nicht bedacht, daß man so ohne weiteres gar nicht schreiben könne. Sein Kopf glühte und rauchte davon wie ein Ofen und wie der Gipfel des Berges, befeuert vom inbrünstig volkstümlichen Wunsche. Ihm war, als gingen ihm Strahlen vom Kopfe, als träten ihm Hörner oben aus der Stirn vor wünschender Anstrengung und einfacher Erleuchtung. Er konnte nicht Zeichen für alle Worte erfinden, deren das Blut sich bediente, oder für Silben, aus denen sich seine Worte zusammensetzten. War auch der Wortschatz gering derer dort unten im Gehege, zu viele Marken würden es sein, daß man sie schüfe in gemessenen Bergtagen, und vor allem auch, daß man sie rasch möchte lesen lernen. Darum machte er's anders, und Hörner standen ihm ab von der Stirn vor Stolz auf den Gotteseinfall. Er sammelte die Laute der Sprache, die mit den Lippen, mit Zunge und Gaumen und mit der Kehle gebildet wurden, indem er die wenigen leer tönenden davon absonderte, die, von jenen eingefaßt, abwechselnd in den Worten vorkamen und von ihnen erst zu Worten gemacht wurden. Auch der umgebenden Geräuschlaute waren es nicht übermäßig viele, kaum zwanzig; und wenn man ihnen Zeichen verlieh, die zum Hauchen und Fauchen, zum Mummeln und Rummeln, zum Platzen und Schmatzen nach Übereinkunft aufforderten, so konnte man sie, unter Aussparung der Grundlaute, die sich von selbst aus ihnen ergaben, zu Worten und Dingbildern zusammenfügen, – zu jedem beliebigen, zu allen, die es gab, nicht nur in der Sprache des Vaterbluts, sondern in allen Sprachen, – man hätte sogar ägyptisch und babylonisch damit schreiben können.

Ein Gotteseinfall. Eine Idee mit Hörnern. Sie sah demjenigen ähnlich, von dem sie kam, dem Unsichtbaren und Geistigen, dessen die Welt war, und der, obgleich er sich das Blut dort unten besonders erlesen, der Herr auf Erden war allenthalben. Sie war auch höchst angemessen ihrem nächsten und dringendsten Zweck, für den und aus dem sie geboren war: dem Text der Tafeln, dem bündig-bindenden. Denn wohl war dieser zunächst gemünzt auf das Blut, das Mose aus Ägypten geführt, weil Gott und er gemeinsam Lust zu ihm hatten; wie aber mit der Handvoll Zeichen notfalls die Worte aller Sprachen der Völker geschrieben werden konnten, und wie Jahwe der Gott der Welt war allenthalben, so war auch, was Mose zu schreiben gedachte, das Kurzgefaßte, von solcher Art, daß es als Grundweisung und Fels des Menschenanstandes dienen mochte unter den Völkern der Erde – allenthalben.

So probierte denn Mose feurigen Kopfes in loser Anlehnung an die Marken der Sinailaute Zeichen aus an der Felswand für die lallenden, prallenden und knallenden, die zischenden und gischenden, schnurrenden und murrenden Laute mit seinem Stichel, und als er die Sigel in einer gewissen Gefälligkeit wohl unterschieden beisammen hatte, – siehe, da konnte man die ganze Welt damit schreiben, das, was da Raum einnahm, und was keinen Raum einnahm, das Gemachte und das Gedachte, – reinweg alles.

Und er schrieb, will sagen: er stichelte, meißelte und spachtelte in den splittrigen Stein der Tafeln, die er mühsam zuerst gemacht, und mit deren Erstellung diejenige der Buchstaben schon Hand in Hand gegangen war. Daß aber dies alles vierzig Tage dauerte, darüber kann es kein Wundern geben.

Ein paarmal kam Joschua, sein Jüngling, zu ihm hinauf, um ihm Wasser und Fladen zu bringen, ohne daß das Volk es gerade zu wissen brauchte; denn es dachte, Mose lebe dort oben von Gottes Nähe und seinem Gespräch allein, und aus strategischen Gründen wünschte Joschua es bei dieser Annahme zu lassen. Darum waren seine Besuche nur kurz und geschahen bei Nacht.

Mose aber saß vom Aufgang des Tageslichtes über Edom bis zu seinem Erlöschen hinter der Wüste und werkte. Man muß ihn sich vorstellen, wie er dort oben saß, mit bloßem Oberleib, die Brust mit Haaren bewachsen und von sehr starken Armen, die er wohl von seinem mißbrauchten Vater hatte, – mit seinen weitstehenden Augen, der eingeschlagenen Nase, dem geteilten, ergrauenden Bart, und, an einem Fladen kauend, zuweilen auch hustend von den Metalldämpfen des Berges, im Schweiße seines Angesichts die Tafeln behaute, abmeißelte, glattscheuerte, wie er vor den an die Felswand gelehnten kauerte und sorglich im Kleinen schuftend seine Krähenfüße, diese alles vermögenden Runen in die Flächen einsenkte, nachdem er sie mit dem Stichel vorgezeichnet.

Er schrieb auf eine Tafel:

Ich, Jahwe, bin dein Gott; du sollst vor mir keine anderen Götter haben.
Du sollst dir kein Gottesbild machen.
Du sollst meinen Namen nicht liederlich führen.
Meines Tages gedenke, daß du ihn heiligst.
Ehre deinen Vater und deine Mutter.

Und auf die andere Tafel schrieb er:

Du sollst nicht morden.
Du sollst nicht ehebrechen.
Du sollst nicht stehlen.
Du sollst deinem Nächsten nicht Unglimpf tun als ein Lügenzeuge.
Du sollst kein begehrliches Auge werfen auf deines Nächsten Habe.

Dies war es, was er schrieb, unter Auslassung der tönenden Leerlaute, die sich von selbst verstanden. Und immer war ihm dabei, als stünden ihm Strahlen gleich einem Paar Hörner aus dem Stirnhaar hervor.

Als Joschua das letzte Mal auf den Berg kam, blieb er ein wenig länger, zwei ganze Tage; denn Mose war noch nicht fertig mit seiner Arbeit, und sie wollten zusammen hinuntergehen. Der Jüngling bewunderte aufrichtig, was sein Meister geleistet, und tröstete ihn ob einiger Lettern, die trotz aller aufgewandten Liebe und Sorgfalt zu Mose's Kummer zersplittert und unkenntlich waren. Aber Joschua versicherte ihm, daß der Gesamteindruck dadurch keinen Abtrag leide.

Was Mose zuletzt noch tat in Joschua's Anwesenheit, war, daß er die vertieften Buchstaben mit seinem Blute ausmalte, damit sie sich besser hervorhöben. Kein anderer Farbstoff war zur Hand, womit es zu leisten wäre; so stach er sich mit der Stichel in den Arm und wischte das tröpfelnde Blut in die Lettern, daß sie rötlich leuchtend im Steine standen. Als die Schrift trocken war, nahm Mose unter jeden Arm eine Tafel, gab seinen Stab, an dem er gekommen war, dem Jüngling zu tragen, und so stiegen sie miteinander vom Berge Gottes herab, dem Gehege des Volkes zu, gegenüber dem Berg in der Wüste.

19

Als sie nun in gewisse Nähe des Lagers gekommen waren, in entfernte Hörweite, drang ein Geräusch zu ihnen, dumpf, mit Gequiek, wovon sie sich keine Rechenschaft zu geben wußten. Mose war es, der es als erster hörte, aber es war Joschua, der es zuerst zur Sprache brachte.

»Hörst du den seltsamen Krach da«, fragte er, »den Tumult, das Getöse? Da ist was los, meiner Meinung nach, eine Rauferei, ein Handgemenge, wenn ich nicht irre. Und es muß heftig und allgemein sein, daß man's hört bis hierher. Ist es, wie ich denke, so ist's gut, daß wir kommen.«

»Daß wir kommen«, antwortete Mose, »ist jedenfalls gut, aber soviel ich unterscheide, ist das keine Schlägerei und kein Raufgemenge, sondern eine Lustbarkeit und etwas wie ein Singetanz. Hörst du nicht höheres Gejohle im Dumpfen und Paukenkrach? Joschua, was ist in die gefahren? Laß uns ausschreiten!«

Damit nahm er seine beiden Tafeln höher unter die Achseln und schritt schneller aus mit dem kopfschüttelnden Jehoschua. »Ein Singetanz... Ein Singetanz...«, wiederholte er immer nur beklommen und schließlich in offenem Schrecken; denn daß man es mit keiner Balgerei zu tun hatte, bei der einer oben lag und der andere unten, sondern mit einem Gaudium in Einigkeit, litt bald keinen Zweifel mehr, und fragte sich nur, was für eine Art von Einigkeit das war, in der sie jodelten.

Auch das fragte sich bald nicht mehr, wenn es sich je gefragt hatte. Die Bescherung war fürchterlich. Als Mose und Joschua das hohe Balkentor des Lagers durcheilten, bot sie sich ihnen dar in schamloser Unzweideutigkeit. Das Volk war los. Es hatte alles abgeworfen, was Mose ihnen heiligend auferlegt, die ganze Gottesgesittung. Es wälzte sich in haarsträubender Rückfälligkeit.

Gleich hinter dem Tor war ein freier Platz, von Hütten frei, der Versammlungsplatz. Da ging es zu, da trieben sie es, da wälzten sie sich, da feierten sie eine elende Freiheit. Vor dem Singetanz hatte alles sich vollgefressen, man sah es auf den ersten Blick, überall trug der Platz die Spuren der Schlachtung und Völlerei. Und wem geopfert, geschlachtet, sich vollgeschlagen? Da stand's. Inmitten der Blöße auf einem Stein, einem Altar-Sockel stand es, ein Bild, ein Machwerk, ein Götzenunfug, ein güldenes Kalb.

Es war kein Kalb, es war ein Stier, der richtige, ordinäre Fruchtbarkeitsstier der Völker der Welt. Ein Kalb heißt es nur, weil es nicht mehr als mäßig groß war, eher klein, auch mißgegossen und lächerlich gestaltet, ein ungeschickter Greuel, aber als Stier allerdings nur allzugut zu erkennen. Um das Machwerk herum ging ein vielfacher Ringelreigen, wohl ein Dutzend Kreise, von Männern und Weibern Hand in Hand, zu Cymbelgeläut und Paukenknall, die Köpfe verdrehten Auges im Nacken, die Knie zum Kinn geschleudert, mit Kreischen, Röhren und krasser Huldigung der Gebärden. Verschieden herum ging es, *ein* Schandringel immer nach rechts, der andere nach links; im Innern aber des Wirbels, vorm Kalbe, sah man Aaron hopsen, in dem langen Ärmelkleid, das er als Verweser der Stiftshütte trug, und das er hochgerafft hatte, damit er seine langen, haarigen Beine schleudern könnte. Und Mirjam paukte den Weibern vor.

Dies war nur die Reigenrose ums Kalb. Aber ringsherum in der Freiheit ereignete sich das Zubehör; es ist hart, zu gestehen, wie das Volk sich entblödete. Einige aßen Blindschleichen. Andere lagen bei ihrer Schwester und das öffentlich, dem Kalbe zu Ehren. Wieder andere saßen da einfach und leerten sich aus, des Schäufleins uneingedeckt. Man sah Männer dem Stier ihre Kraft verbrennen. Irgendwo tachtelte einer seine leibliche Mutter rechts und links.

Bei diesem entsetzlichen Anblick schwoll Mosen die Zornesader zum Platzen. Hochroten Angesichts, schlug er sich, die Ringe des Reigens zerreißend, der taumelnd zum Stillstand kam und dessen Verüber mit betretenem Grinsen glotzten, da sie den Meister erkannten, geraden Wegs zum Kalbe durch, dem Kerne, der Quelle, der Ausgeburt des Verbrechens. Hoch hob er die eine Gesetzestafel mit gewaltigen Armen und schmetterte sie nieder auf das

lachhafte Biest, daß es in den Beinen zusammenknickte, schlug wieder und aber zu mit solcher Wut, daß zwar auch die Tafel in Stücke ging, das Machwerk aber bald eine formlose Masse war; schwang dann die zweite Tafel und gab dem Greuel den Rest, zermalmte ihn gänzlich, und, da die zweite noch heil war, zerschmetterte er sie mit einem Hieb am steinernen Sockel. Da stand er mit bebenden Fäusten und stöhnte aus tiefster Brust:
»Du Pöbelvolk, du gottverlassenes! Da liegt, was ich dir herniedergetragen von Gott und was Er für dich geschrieben mit eigenem Finger, daß es dir ein Talisman sei gegen die Misere der Unbildung! Da liegt's in Scherben bei deines Abgottes Trümmern! Was fang' ich nun an mit dir vor dem Herrn, daß er dich nicht fresse?«
Und sah Aaron, den Springer, bei sich stehen, mit niedergeschlagenen Augen und öligen Löckchen im Nacken, lang und blöde. Den nahm er vorn am Gewand und schüttelte ihn und sprach:
»Wo kommt der güldene Belial her, der Unflat, und was hat das Volk dir getan, daß du es in solches Verderben stößest, wo ich auf dem Berge bin, und böckelst ihm selber vor im Luderreigen?«
Aaron aber antwortete:
»Ach, lieber Herr, laß deinen Zorn über mich nicht ergrimmen und auch über meine Schwester nicht, wir mußten weichen. Du weißt, daß dies Volk böse ist, es hat uns gezwungen. Verzogst du doch allzulange und bliebst auf dem Berg eine Ewigkeit, so dachten wir alle, du kämst nicht mehr. Da sammelte sich das Volk wider mich und schrie: ›Niemand weiß, was aus diesem Mann Mose geworden ist, der uns aus Ägypten geführt hat. Er kommt nicht mehr. Wahrscheinlich hat ihn das Maul des Berges verschlungen, womit er speit. Auf, mache uns Götter, die vor uns hergehen können, wenn Amalek kommt! Wir sind ein Volk wie ein anderes und wollen eine Ausgelas-

senheit haben vor Göttern, die wie andere Leute Götter sind!‹ – So sprachen sie, Herr, denn, mit Verlaub gesagt, sie glaubten, sie wären dich los. Sage aber, was hätte ich machen sollen, da sie sich wider mich sammelten? Ich befahl ihnen an, mir alle ihre güldenen Ohrringe zu bringen von ihren Ohren, die schmolz ich im Feuer und machte eine Form und goß das Kälblein, ihnen zum Gott.«

»Ganz unähnlich gegossen war's auch noch«, warf Mose verächtlich ein.

»Es eilte so sehr«, erwiderte Aaron, »denn schon den nächsten Tag, das ist heute, wollten sie ihre Ausgelassenheit haben von herzhaften Göttern. Darum händigte ich ihnen das Gegossene ein, dem du alle Ähnlichkeit doch nicht absprechen solltest, und sie freuten sich und sprachen: ›Das sind deine Götter, Israel, die dich aus Ägypten geführt haben.‹ Und wir bauten einen Altar davor, und sie brachten Brandopfer und Dankopfer und aßen, und danach spielten und tanzten sie etwas.«

Mose ließ ihn stehen und schlug sich wieder zurück durch die aufgelösten Glieder des Reigens zum Tore hin, da stellte er sich unters Borkenkreuz mit Jehoschua und rief aus aller Macht:

»Her zu mir, wer dem Herrn angehört!«

Da kamen viele zu ihm, die gesunden Herzens waren und es nicht gern getrieben hatten, und Joschua's Waffenjugend sammelte sich um die beiden.

»Ihr Unglückseligen«, sagte Mose, »was habt ihr getan, und wie soll ich nun eure Sünde versühnen vor Jahwe, daß er euch nicht verwirft als ein unverbesserlich halsstarrig Volk und frißt euch auf? Macht euch einen güldenen Belial, sobald ich den Rücken drehe! Schmach über euch und mich! Seht ihr die Trümmer da, ich meine nicht die des Kalbes, die hole die Pest, ich meine die anderen? Das ist die Gabe, die ich euch verhieß und euch herniederbrachte, das Ewig-Kurzgefaßte, der Fels des Anstandes. Die zehn Worte sind's, die ich bei Gott für euch schrieb in eurer Sprache, und schrieb sie mit meinem Blut, mit dem Blut meines Vaters, mit eurem Blute schrieb ich sie. Nun liegt das Mitgebrachte in Scherben.«

Da weinten viele, die es hörten, und war ein großes Schluchzen und Schneuzen auf dem Lagerplatz.

»Es wird sich vielleicht ersetzen lassen«, sagte Mose. »Denn der Herr ist geduldig und von großer Barmherzigkeit und vergibt Missetat und Übertretung – und läßt niemand ungestraft«, donnerte er plötzlich, indem ihm das Blut zu Kopfe schoß und die Ader ihm wieder zum Platzen schwoll, »sondern heim suche ich, sagte er, die Missetat bis ins dritte und vierte Glied als der Eiferer, der ich bin. Hier wird ein Gericht gehalten werden«, rief er, »und eine blutige Reinigung verordnet sein, denn mit Blut war's geschrieben. Ausgemacht sollen die Rädelsführer sein, die da zuerst nach güldenen Göttern geschrien und frech behauptet haben, das Kalb habe euch aus Ägypten geführt, wo ich allein es getan habe – spricht der Herr. Die sollen des Würgengels sein, und soll nicht die Person dabei angesehen werden. Zu Tode soll man sie steinigen und mit Geschoß erschießen, und wären's dreihundert! Die anderen aber sollen allen Schmuck von sich tun und trauern, bis ich wiederkehre – denn ich will wieder hinaufgehen auf Gottes Berg und sehen, was ich allenfalls noch für dich ausrichten kann, halsstarrig Volk!«

20

Mose wohnte den Hinrichtungen nicht bei, die er des Kalbes wegen angeordnet hatte, sie waren des stracken Jehoschua's Sache. Er selbst war wieder auf dem Berg, vor seiner Höhle unter dem rumorenden Gipfel, während das

Volk trauerte, und blieb abermals vierzig Tage und vierzig Nächte allein in den Dünsten. Warum aber wieder so lange? Die Antwort lautet: Nicht nur, weil Jahwe ihn anwies, die Tafeln noch einmal zu machen und das Diktat aufs neue hineinzuschreiben; denn damit ging es ein wenig schneller diesmal, da er schon Übung hatte und vor allem die Schrift schon besaß. Sondern auch, weil er mit dem Herrn, bevor dieser die Erneuerung gewährte, einen langen Kampf zu bestehen hatte, ein Ringen, bei dem Zornmut und Barmherzigkeit, Werkmüdigkeit und Liebe zum Unternommenen einander das Feld streitig machten, und bei dem Mose viel Überredungskunst und klugen Appell aufbieten mußte, um Gott davon abzuhalten, daß er den Bund für gebrochen erkläre und sich nicht nur von dem halsstarrigen Pöbelvolk lossage, sondern es auch zerscheitere, wie Mose in loderndem Zorn mit den Tafeln des Gesetzes getan.

»Ich will nicht vor ihnen herziehen«, sagte Gott, »um sie ins Land der Väter zu führen, bitte mich nicht darum, ich kann mich auf meine Geduld nicht verlassen. Ich bin ein Eiferer und lodere, und du sollst sehen, eines Tages kenne ich mich nicht mehr und fresse sie unterwegen auf.«

Und er bot Mosen an, er wolle das Volk, das nun einmal mißgegossen sei wie das güldene Kalb und an dem nichts zu bessern sei, – unmöglich könne man sich's zum heiligen Volk aufrichten, sondern nichts bleibe übrig, als es zusammenzuschlagen, – er bot ihm an, Israel, wie es da sei, zu zerschmettern und auszutilgen, ihn selbst aber, Mosen, zum großen Volk zu machen und mit ihm im Bunde zu leben. Was Mose aber nicht wollte, sondern: »Nein, Herr«, sagte er, »vergib ihnen ihre Sünde; wo nicht, so tilge mich auch aus deinem Buch, denn ich will's nicht überleben und kein heilig Volk werden für meine Person statt ihrer.«

Und er nahm Gott bei der Ehre und sprach: »Stelle dir, Heiliger, das doch vor: Wenn du dies Volk nun tötest wie einen Mann, so werden die Heiden sagen, die das Geschrei vernähmen: ›Pah! Der Herr konnte mitnichten dies Volk ins Land bringen, das er ihnen geschworen hatte, er war's nicht imstande; darum hat er sie geschlachtet in der Wüste.‹ Willst du dir das nachsagen lassen von den Völkern der Welt? Darum laß nun die Kraft des Herrn groß werden und sei gnädig der Missetat dieses Volkes nach deiner Barmherzigkeit!«

Namentlich dies Argument war es, womit er Gott überwand und ihn zur Vergebung bestimmte, wenn auch noch immer mit Einschränkung nur, denn die Verkündigung wurde ihm allerdings, daß von diesem Geschlechte keiner das Land der Väter sehen solle, außer Joschua und Kaleb. »Eure Kinder«, entschied der Herr, »will ich hineinbringen. Aber die jetzt über zwanzig sind ihres Alters, die sollen das Land nicht mehr sehen, sie sind mit ihren Leibern der Wüste verfallen.«

»Gut, Herr, es soll gut sein«, antwortete Mose. »Dabei wollen wir's lassen.« Denn da der Bescheid mit seinen und Joschua's eigenen Absichten wohl übereinstimmte, argumentierte er nicht weiter dagegen. »Laß mich nun die Tafeln erneuern«, sagte er, »daß ich den Menschen dein Kurzgefaßtes herniederbringe. Am Ende war es ganz gut, daß ich die ersten im Zorn zerschmetterte. Es waren ohnedies ein paar ungeratene Lettern darin. Ich will dir nur gestehen, daß ich unterhand daran dachte, als ich sie zerscheiterte.«

Und wieder saß er, von Joschua heimlich getränkt und geatzt, und metzte und meißelte, schrubbte und glättete, – saß und schrieb, mit dem Handrücken manchmal die Stirn wischend, griffelnd und spachtelnd die Schrift in die Tafeln, – die wurden besser sogar als das erstemal. Danach strich er wieder die Lettern mit seinem Blute aus und stieg hinab, das Gesetz unter den Armen.

Israel aber ward angesagt, daß es die Trauer beenden und seinen Schmuck wieder anlegen solle, – ausgenommen die Ohrringe natürlich: die waren zu bösem Zwecke vertan. Und alles Volk kam vor Mose, daß er ihm das Mitgebrachte überhändigte, die Botschaft Jahwe's vom Berge, die Tafeln mit den zehn Worten.

»Nimm sie hin, Vaterblut«, sagte er, »und halte sie heilig in Gottes Zelt, was sie aber besagen, das halte heilig bei dir im Tun und Lassen! Denn das Bündig-Bindende ist es und Kurzgefaßte, der Fels des Anstandes, und Gott schrieb's in den Stein mit meinem Griffel, lapidar, das A und O des Menschenbenehmens. In eurer Sprache hat er's geschrieben, aber in Sigeln, mit denen man notfalls alle Sprachen der Völker schreiben kann; denn Er ist der Herr allenthalben, darum ist sein das ABC, und seine Rede, möge sie auch an dich gerichtet sein, Israel, ist ganz unwillkürlich eine Rede für alle.

In den Stein des Berges metzte ich das ABC des Menschenbenehmens, aber auch in dein Fleisch und Blut soll es gemetzt sein, Israel, so daß jeder, der ein Wort bricht von den zehn Geboten, heimlich erschrecken soll vor sich selbst und vor Gott, und soll ihm kalt werden ums Herz, weil er aus Gottes Schranken trat. Ich weiß wohl, und Gott weiß es im voraus, daß seine Gebote nicht werden gehalten werden; und wird verstoßen werden gegen die Worte immer und überall. Doch eiskalt ums Herz soll es wenigstens jedem werden, der eines bricht, weil die doch auch in sein Fleisch und Blut geschrieben sind und er wohl weiß, die Worte gelten.

Aber Fluch dem Menschen, der da aufsteht und spricht: ›Sie gelten nicht mehr.‹ Fluch ihm, der euch lehrt: ›Auf, und seid ihrer ledig! Lügt, mordet und raubt, hurt, schändet und liefert Vater und Mutter ans Messer, denn so steht's dem Menschen an, und sollt meinen Namen preisen, weil ich euch Freiheit verkündete.‹ Der ein Kalb auf-

richtet und spricht: ›Das ist euer Gott. Zu seinen Ehren tuet dies alles und dreht euch ums Machwerk im Luderreigen!‹ Er wird sehr stark sein, auf goldnem Stuhl wird er sitzen und für den Weisesten gelten, weil er weiß: Das Trachten des Menschenherzens ist böse von Jugend auf. Das aber wird auch alles sein, was er weiß, und wer nur das weiß, der ist so dumm wie die Nacht, und wäre ihm besser, er wäre nie geboren. Weiß er doch von dem Bunde nichts zwischen Gott und Mensch, den keiner brechen kann, weder Mensch noch Gott, denn er ist unverbrüchlich. Blut wird in Strömen fließen um seiner schwarzen Dummheit willen, Blut, daß die Röte weicht aus den Wangen der Menschheit, aber sie kann nicht anders, gefällt muß der Schurke sein. Und will meinen Fuß aufheben, spricht der Herr, und ihn in den Kot treten, – in den Erdengrund will Ich den Lästerer treten hundertundzwölf Klafter tief, und Mensch und Tier sollen einen Bogen machen um die Stätte, wo Ich ihn hineintrat, und die Vögel des Himmels hoch im Fluge ausweichen, daß sie nicht darüber fliegen. Und wer seinen Namen nennt, der soll nach allen vier Gegenden speien und sich den Mund wischen und sprechen: ›Behüte!‹ Daß die Erde wieder die Erde sei, ein Tal der Notdurft, aber doch keine Luderwiese. Sagt alle Amen dazu!«
Und alles Volk sagte Amen.

# DIE BETROGENE

In den zwanziger Jahren unseres Jahrhunderts lebte in Düsseldorf am Rhein, verwitwet seit mehr als einem Jahrzehnt, Frau Rosalie von Tümmler mit ihrer Tochter Anna und ihrem Sohne Eduard in bequemen, wenn auch nicht üppigen Verhältnissen. Ihr Gatte, Oberstleutnant von Tümmler, war ganz zu Anfang des Krieges, nicht im Gefecht, sondern auf ganz sinnlose Weise durch einen Automobilunfall, doch konnte man trotzdem sagen: auf dem Felde der Ehre, ums Leben gekommen, – ein harter Schlag, in patriotischer Ergebung hingenommen von der damals erst vierzigjährigen Frau, die nun für ihre Kinder des Vaters, für sich selbst aber eines heiteren Gemahls entbehren mußte, dessen öftere Abweichungen von der Richtschnur ehelicher Treue nur das Merkmal überschüssiger Rüstigkeit gewesen waren.
Rheinländerin von Geblüt und Mundart, hatte Rosalie die Jahre ihrer Ehe, zwanzig an der Zahl, in dem gewerbefleißigen Duisburg verbracht, wo von Tümmler garnisonierte, war aber nach dem Verlust des Gatten mit der achtzehnjährigen Tochter und dem um zwölf Jahre jüngeren Söhnchen nach Düsseldorf übergesiedelt, teils um der schönen Parkanlagen willen, die diese Stadt auszeichnen (denn Frau von Tümmler war eine große Naturfreundin), teils weil Anna, ein ernstes Mädchen, der Malerei zuneigte und die berühmte Kunstakademie zu besuchen wünschte.
Seit einem Jahrzehnt bewohnte die kleine Familie in einer ruhigen mit Linden bepflanzten, nach Peter von Cornelius benannten Villenstraße ein gartenumschlossenes, mit dem etwas verjährten, aber behaglichen Mobiliar im Stil von Rosaliens Vermählungszeit ausgestattetes Häuschen, das einem kleinen Kreis von Verwandten und Freunden,

darunter Professoren der Maler- und auch der medizinischen Akademie, dann ein und das andere Ehepaar aus industrieller Sphäre, öfters zu anständig aufgeräumten, nach Landesart auch gern ein wenig weinseligen Abendfeiern gastlich offenstand.

Frau von Tümmler war gesellig von Anlage. Sie liebte es, auszugehen und in den ihr gesteckten Grenzen ein Haus zu machen. Ihre schlichte und heitere Gemütsart, ihre Herzenswärme, von der ihre Liebe zur Natur ein Ausdruck war, erwarben ihr allgemeine Zuneigung. Nicht groß von Person, die Figur aber wohlerhalten, mit schon stark ergrautem, reichlichem, welligem Haar und feinen, wenn auch etwas alternden Händen, auf deren Rücken gar zu viele und große, sommersprossenähnliche Hautverfärbungen sich mit den Jahren hervorgetan hatten (eine Erscheinung, gegen die noch kein Mittel gefunden ist), wirkte sie jugendlich kraft eines Paars prächtiger, lebendiger brauner Augen, die, genau von der Farbe geschälter Kastanien, aus einem fraulich lieben Gesicht von den angenehmsten Zügen leuchteten. Einer kleinen Neigung zur Nasenröte, die sich gerade in Gesellschaft, bei angeregter Stimmung, geltend machte, suchte sie durch ein wenig Puder abzuhelfen – unnötigerweise, da sie sie nach allgemeinem Urteil herzig kleidete.

Im Frühling geboren, ein Maienkind, hatte Rosalie ihr fünfzigstes Wiegenfest mit ihren Kindern und zehn oder zwölf Hausfreunden, Damen und Herren, an blumenbestreuter Tafel in einem mit bunten Lampions geschmückten Wirtsgarten vor der Stadt bei Gläserklang und teils gemütvollen, teils scherzhaften Toastsprüchen begangen und war fröhlich gewesen mit den Fröhlichen – nicht ganz ohne Anstrengung; denn seit längerem schon, und so gerade an diesem Abend, litt ihr Wohlbefinden unter organisch-kritischen Vorgängen ihrer Jahre, dem stockenden, bei ihr unter seelischen Widerständen sich vollziehenden

Erlöschen ihrer physischen Weiblichkeit. Es schuf ihr ängstliche Wallungen, Unruhe des Herzens, Kopfweh, Tage der Schwermut und einer Reizbarkeit, die ihr auch an jenem Festabend einige der zu ihren Ehren gehaltenen launigen Herrenreden als unleidlich dumm hatte erscheinen lassen. Sie hatte deswegen leicht verzweifelte Blicke mit ihrer Tochter getauscht, bei der es, wie sie wußte, keiner besonderen Disposition zur Unduldsamkeit bedurfte, um dergleichen Bowlenhumor albern zu finden.

Sie stand auf sehr herzlichem, vertrautem Fuß mit diesem Kinde, das ihr, dem Sohne an Jahren so weit voran, zu einer Freundin geworden war, vor der sie auch mit den Nöten ihres Übergangszustandes nicht schweigsam zurückhielt. Anna, jetzt neunundzwanzig, bald dreißig schon, war unverheiratet geblieben, was Rosalie aus einfachem Egoismus, weil sie die Tochter lieber als Hausgenossin und Lebensgefährtin behielt, als sie einem Manne abzutreten, nicht ungern sah. Höher gewachsen als ihre Mutter, hatte Fräulein von Tümmler dieselben kastanienfarbenen Augen wie jene, – und dieselben doch nicht, da ihnen die naive Lebendigkeit der mütterlichen fehlte, ihr Blick vielmehr von sinnender Kühle war. Anna war mit einem Klumpfuß geboren, der, in ihrer Kindheit einmal ohne nachhaltigen Erfolg operiert, sie immer von Tanz und Sport, eigentlich von aller Teilnahme an jugendlichem Leben ausgeschlossen hatte. Eine ungewöhnliche Intelligenz, in der Anlage gegeben, verstärkt durch die Benachteiligung, mußte aufkommen für das Versagte. Sie hatte mit Leichtigkeit, bei nur zwei oder drei privaten Unterrichtsstunden am Tage, das Gymnasium absolviert, die Reifeprüfung bestanden, dann aber keine Wissenschaft weiter verfolgt, sondern sich der bildenden Kunst, zunächst der Plastik, hierauf der Malerei zugewandt und dabei schon als Schülerin eine höchst geistige, die bloße

Naturnachahmung verschmähende, den Sinneseindruck ins streng Gedankliche, abstrakt Symbolische, oft ins kubisch Mathematische transfigurierende Richtung eingeschlagen. Frau von Tümmler betrachtete die Bilder ihrer Tochter, in denen sich das Hochentwickelte dem Primitiven, das Dekorative dem Tiefsinnigen, ein sehr verfeinerter Sinn für Farbenkombinationen dem Asketischen der Gestaltung vereinte, mit betrübter Hochachtung.
»Bedeutend, sicher bedeutend, liebes Kind«, sagte sie. »Professor Zumsteg wird es schätzen. Er hat dich in dieser Malweise bestärkt und hat das Auge und den Verstand dafür. Man muß das Auge und den Verstand dafür haben. Wie nennst du es?«
»Bäume im Abendwind.«
»Das gibt doch einen Wink dafür, wohin deine Absichten gingen. Sollten diese Kegel und Kreise auf grau-gelbem Grunde die Bäume – und diese eigentümliche Linie, die sich spiralförmig aufwickelt, den Abendwind vorstellen? Interessant, Anna, interessant. Aber guter Gott, mein Kind, die liebe Natur, was macht ihr aus ihr! Wolltest du doch ein einzig Mal dem Gemüt etwas bieten mit deiner Kunst, etwas fürs Herz malen, ein schönes Blumenstilleben, einen frischen Fliederstrauß, so anschaulich, daß man seinen entzückenden Duft zu spüren meinte, bei der Vase aber stünden ein paar zierliche Meißener Porzellanfiguren, ein Herr, der einer Dame eine Kußhand zuwirft, und alles müßte sich in der glänzend polierten Tischplatte spiegeln...«
»Halt, halt, Mama! Du hast ja eine ausschweifende Phantasie. Aber so kann man doch nicht mehr malen!«
»Anna, du wirst mir nicht einreden wollen, daß du etwas Herzerquickendes dieser Art nicht malen könntest, bei deiner Begabung.«
»Du mißverstehst mich, Mama. Es handelt sich nicht

darum, ob ich es könnte. Man kann es nicht. Der Stand von Zeit und Kunst läßt es nicht mehr zu.«
»Desto trauriger für Zeit und Kunst! Nein, verzeih, mein Kind, ich wollte das nicht so sagen. Wenn es das fortschreitende Leben ist, das es verhindert, so ist keine Trauer am Platze. Im Gegenteil wäre es traurig, hinter ihm zurückzubleiben. Ich verstehe das vollkommen. Und ich verstehe auch, daß Genie dazu gehört, sich eine so vielsagende Linie wie deine da auszudenken. Mir sagt sie nichts, aber ich sehe ihr deutlich an, daß sie vielsagend ist.«
Anna küßte ihre Mutter, indem sie die Palette und den nassen Pinsel in ihren Händen weit von ihr abhielt. Und Rosalie küßte sie auch, in der Seele froh darüber, daß die Tochter in ihrem zwar abgezogenen und, wie ihr schien, abtötenden, aber doch handwerklich-praktischen Tun, im Malerkittel, Trost und Ausgleich fand für vielen Verzicht.

Wie sehr ein hinkender Gang dem anderen Geschlecht die sinnliche Teilnahme an einer Mädchenerscheinung verkümmert, hatte Fräulein von Tümmler früh erfahren und sich dagegen mit einem Stolz gewappnet, der nun wieder, wie es so geht, in Fällen, wo trotz ihrem Gebrechen die Neigung eines jungen Mannes sich ihr hatte zuwenden wollen, sie durch kalt abweisenden Unglauben entmutigt und im Keim erstickt hatte. Einmal, bald nach vollzogenem Aufenthaltswechsel, hatte sie geliebt – und sich ihrer Leidenschaft qualvoll geschämt, da sie der körperlichen Schönheit des jungen Mannes galt, eines Chemikers von Ausbildung, nach dessen Sinn es gewesen war, die Wissenschaft möglichst bald zu Geld zu machen, so daß er es nach Ablegung des Doktorexamens schnell zu einer ansehnlich-einträglichen Position in einer Düsseldorfer chemischen Fabrik gebracht hatte. Seine bräunliche Mannes-

pracht, bei einem offenen, auch die Männer gewinnenden Wesen und soviel Tüchtigkeit, war Gegenstand der Schwärmerei aller Mädchen und Frauen der Gesellschaft, der Verhimmelung durch Gänse und Puten; und Anna's schnödes Leid war es nun gewesen, zu schmachten, wo alle schmachteten, und sich durch ihre Sinne zu einem Allerweltsgefühl verurteilt zu finden, für dessen Tiefe sie vor sich selbst vergebens um Eigenwürde kämpfte.
Übrigens unterhielt Dr. Brünner (so hieß der Herrliche), gerade weil er sich als praktischen Streber kannte, eine gewisse korrigierende Neigung zum Höheren und Aparten und bemühte sich eine Zeitlang unverhohlen um Fräulein von Tümmler, plauderte in Gesellschaft mit ihr über Literatur und Kunst, raunte ihr mit seiner einschmeichelnden Stimme abschätzig-mokante Bemerkungen zu über diese und jene seiner Verehrerinnen und schien einen Bund mit ihr schließen zu wollen gegen die ihn lüstern belästigende, durch kein Gebrechen verfeinerte Durchschnittlichkeit. Wie es um sie selber stand, und welche qualvolle Beglückung er ihr durch die Verspottung anderer Frauen bereitete, davon schien er keine Ahnung zu haben, sondern nur Schutz zu suchen und zu finden in ihrer intelligenten Nähe vor den Beschwernissen verliebter Nachstellung, deren Opfer er war, und um ihre Achtung zu werben eben dafür, daß er Wert legte auf diese Achtung. Die Versuchung, sie ihm zu gewähren, war groß und tief gewesen für Anna, obgleich sie wußte, daß ihr nur daran lag, ihre Schwäche für seinen Mannesreiz damit zu beschönigen. Zu ihrem Entsetzen hatte sein Werben angefangen, nach wirklicher Werbung, nach Wahl und Antrag auszusehen, und Anna mußte sich immer gestehen, daß sie ihn rettunglos geheiratet hätte, wenn es zum entscheidenden Wort gekommen wäre. Dieses blieb aber aus. Ihn sich hinwegsetzen zu lassen über ihren Körperschaden und dazu noch über ihre bescheidene Mitgift,

hatte sein Ehrgeiz nach dem Höheren nicht zugereicht. Er hatte sich bald von ihr gelöst und eine reiche Fabrikantentochter aus Bochum geehelicht, in deren Stadt und väterliches Chemikaliengeschäft er denn auch zum Jammer der Düsseldorfer Frauenwelt und zu Anna's Erleichterung verzogen war.

Rosalie wußte von diesem schmerzlichen Erlebnis ihrer Tochter und hätte davon gewußt, auch wenn diese damals nicht eines Tages, in einer Anwandlung hemmungsloser Ergießung, an ihrem Busen über das, was sie ihre Schmach nannte, bittere Tränen vergossen hätte. Frau von Tümmler besaß, obgleich sonst nicht sehr klug, einen ungewöhnlichen, nicht etwa boshaften, sondern rein sympathetischen Scharfblick für alles weibliche Leben, das seelische und das physische, für alles, was die Natur dem Weibe auferlegt hat, so daß ihr in ihrem Kreise nicht leicht ein Vorgang und Zustand dieses Bezirks entging. Sie erkannte an einem vermeintlich unbeobachteten Vorsichhinlächeln, einem Erröten oder einem Aufglänzen der Augen, welches Mädchen für welchen jungen Mann eingenommen war, und berichtete der vertrauten Tochter, die nichts davon wußte und kaum davon wissen wollte, über ihre Wahrnehmungen. Instinktweise, zu ihrem Vergnügen oder Bedauern, war ihr bekannt, ob eine Frau in ihrer Ehe Zufriedenstellung fand oder es daran fehlte. Eine Schwangerschaft stellte sie mit Sicherheit im alleranfänglichsten Stadium fest, wobei sie, wohl weil es sich um Erfreulich-Natürliches handelte, in den Dialekt fiel und sagte: »Da is wat am kommen.« Es freute sie, zu sehen, daß Anna dem jungen Bruder, der die oberen Gymnasialklassen besuchte, gern bei seinen Schulaufgaben half; denn vermöge einer so naiven wie treffenden psychologischen Gewitztheit erriet sie die Genugtuung, die dieser überlegene Dienst am Männlichen der Verschmähten bewußt oder unbewußt bereitete.

Man kann nicht sagen, daß sie an dem Sohn, einem lang aufgeschossenen Rotkopf, der dem verstorbenen Vater ähnlich sah und übrigens für die humanistischen Studien wenig veranlagt war, sondern vielmehr vom Brücken- und Wegebau träumte und Ingenieur werden wollte, besonderen Anteil genommen hätte. Eine kühle, nur obenhin und mehr der Form wegen sich erkundigende Freundlichkeit war alles, was sie ihm entgegenbrachte. Der Tochter dagegen, der hing sie an, ihrer einzigen wirklichen Freundin. Bei Anna's Verschlossenheit hätte man das Vertrauensverhältnis zwischen den beiden einseitig nennen können, wenn nicht die Mutter ohnehin alles von ihres gehemmten Kindes Seelenleben, der stolzen und bitteren Resignation dieser Seele gewußt und daraus das Recht und die Schuldigkeit abgeleitet hätte, sich ihr ebenfalls rückhaltlos aufzuschließen.

Ohne Empfindlichkeit, mit gutem Humor, nahm sie dabei so manches liebevoll-nachsichtige, auch wehmütig-spöttische, sogar etwas gepeinigte Lächeln der töchterlichen Freundin in den Kauf und ließ sich, selbst gütig, gern gütig behandeln, zum Lachen bereit über die eigene Herzenseinfalt, die sie ja doch für das Glücklich-Rechte hielt, so daß sie zugleich über sich selbst und über Anna's verzogene Miene lachte. So war es oft, besonders wenn sie ihrer Naturinnigkeit die Zügel schießen ließ, für die sie das geistige Mädchen immerfort zu gewinnen trachtete. Es ist nicht zu sagen, wie sie den Frühling liebte, *ihre* Jahreszeit, in der sie geboren war, und die ihr, so behauptete sie, von jeher ganz persönlich geheime Ströme von Gesundheit und Lebenslust zugeführt habe. Beim Locken der Vögel in den lind gewordenen Lüften verklärte sich ihr Gesicht. Im Garten die ersten Krokus und Märzenbecher, das Sprießen und Prangen der Hyazinthen und Tulpen in den Rabatten am Haus freute die Gute zu Tränen. Die lieben Veilchen an ihren Wegen ins Land, das gelb erblühende Ginster- und

Forsythiengebüsch, der Rot- und Weißdorn, der Flieder gar, und wie die Kastanien ihre Kerzen aufsteckten, weiße und rote, – die Tochter mußte es alles mit ihr bewundern und in ihr Entzücken einstimmen: Rosalie holte sie aus ihrer zum Atelier eingerichteten Nordstube, von ihrem abstrakten Handwerk, und willig lächelnd legte Anna den Kittel ab und begleitete die Mutter stundenlang; denn sie war überraschend gut zu Fuß, und wenn sie in Gesellschaft ihr Hinken durch möglichste Sparsamkeit der Bewegung verbarg, so ging sie doch, wenn sie frei und beliebig stampfen durfte, mit großer Ausdauer.

Die Baumblüte, wenn die Chausseen poetisch wurden, die heimatliche Landschaft um ihre Spazierwege sich in weiße und rosige, fruchtverheißende Lieblichkeit kleidete – was für eine bezaubernde Jahreszeit! Von den Blütenkätzchen der hohen Silberpappeln, die den Wasserlauf säumten, wo sie oft gingen, stäubte es schneeig auf sie hinab, trieb im Winde, bedeckte den Boden; und Rosalie, die auch dies entzückend fand, wußte genug Botanik, um die Tochter belehren zu können, daß die Pappelbäume »zweihäusige« Gewächse seien, bei denen die einen nur eingeschlechtig männliche, die anderen nur weibliche Blüten tragen. Sie sprach auch gern von Windbestäubung, will sagen: vom Liebesdienste des Zephirs an den Kindern der Flur, seinem gefälligen Hintragen des Blütenstaubes auf die keusch wartende weibliche Narbe, – eine Art der Befruchtung, die ihr besonders anmutig schien.

Die Rosenzeit war ihre ganze Wonne. Sie zog die Königin der Blumen an Stöcken in ihrem Garten, schützte sie sorgfältig, mit gebotenen Mitteln, gegen fressende Raupen, und immer standen, solange die Glorie nur währte, auf den Etagèren und Tischchen ihres Boudoirs Sträuße von wohlerquickten Rosen, knospenden, halb- und vollerblühten, roten namentlich (denn weiße sah sie nicht gern), von eigener Zucht oder Gaben der Aufmerksam-

keit von Besucherinnen, denen ihre Passion bekannt war. Sie konnte lange, mit geschlossenen Augen, ihr Gesicht in solchem Strauße bergen und, wenn sie es wieder daraus erhob, versichern, das sei Götterduft; als Psyche sich mit der Lampe über den schlafenden Amor beugte, habe sein Hauch, hätten seine Locken und Wangen ihr Näschen gewiß mit diesem Wohlgeruch erfüllt; es sei Himmelsarom, und sie zweifle nicht, daß man als seliger Geist dort oben in Ewigkeit Rosenduft atmen werde. – Dann werde man sich, war Anna's skeptische Bemerkung dazu, sehr bald bis zu dem Grade an ihn gewöhnt haben, daß man ihn überhaupt nicht mehr spüren werde. Aber Frau von Tümmler verwies ihr die Altklugheit. Was sie da vorbringe, könne man ja, wenn man spotten wolle, von der ganzen Seligkeit sagen, und unbewußtes Glück sei Glück nichtsdestoweniger. Es war eine der Gelegenheiten, wo Anna der Mutter einen Kuß zärtlicher Nachsicht und Versöhnung gab, worauf sie zusammen lachten.
Fabrizierte Riechstoffe, Parfüms, gebrauchte Rosalie niemals, nur ausgenommen ein wenig erfrischendes Kölnisches Wasser von J. M. Farina, gegenüber dem Jülichsplatz. Aber was die Natur unserem Geruchssensorium an Holdheit, Süßigkeit, würziger Bitternis, auch an Schwülem, Berauschendem zu bieten hat, das liebte sie aus der Maßen und nahm es tief und dankbar, mit der sinnlichsten Andacht auf. An einem ihrer Spazierwege gab es einen Abhang, eine gestreckte Bodenfalte und untiefe Schlucht, auf ihrem Grunde dicht bewachsen mit Jasmin- und Faulbaumgesträuch, von dem an feuchtwarmen, zum Gewitter neigenden Junitagen ganze Schwaden, Wolken erwärmten Wohlgeruchs beinahe betäubend emporquollen. Anna, obgleich sie leicht Kopfschmerzen davon bekam, mußte die Mutter immer wieder dorthin begleiten. Rosalie atmete den schwer aufwallenden Brodem mit bewunderndem Genuß, blieb stehen,

ging weiter, verweilte wieder, beugte sich über den Hang und seufzte: »Kind, Kind, wie wundervoll! Das ist der Atem der Natur, das ist er, ihr süßer Lebenshauch, sonnerhitzt und getränkt mit Feuchte, so weht er uns wonnig aus ihrem Schoße zu. Genießen wir ihn in Verehrung, die wir auch ihre lieben Kinder sind.«

»Wenigstens du, Mama«, sagte Anna, indem sie den Arm der Schwärmerin nahm und sie hinkend weiterzog. »Mich mag sie weniger und verursacht mir diesen Druck in den Schläfen mit ihrem Duftgebräu.«

»Ja, weil du deinen Kopf gegen sie setzest«, antwortete Rosalie, »und ihr nicht huldigst mit deinem Talent, sondern dich mit ihm über sie erheben willst, sie zum bloßen Gedankenthema machst, wie du selber dich rühmst, und deine Sinneseindrücke Gott weiß wohin überträgst, ins Kalte. Ich achte es, Anna, aber an Stelle der lieben Natur würde ich es euch ebenfalls übelnehmen.« Und sie schlug ihr ernstlich vor: wenn sie schon auf Abstraktheit versessen sei und durchaus übertragen sein müsse, so solle sie doch einmal versuchen, Düfte in Farben auszudrücken.

Auf diesen Gedanken kam sie zur Zeit der Lindenblüte, gegen den Juli, – dieser denn doch für sie nun wieder einzig lieblichen Zeit, wenn ein paar Wochen lang die Alleebäume draußen bei offenen Fenstern das ganze Haus mit dem unbeschreiblich reinen und milden Geruchszauber ihres späten Flors erfüllten und das entzückte Lächeln überhaupt nicht von Rosaliens Lippen wich. Da sagte sie denn: »Das solltet ihr malen, euch künstlerisch daran versuchen! Ihr wollt die Natur ja nicht ganz und gar aus der Kunst vertreiben, sondern geht immerhin von ihr aus bei eueren Abstraktionen und braucht das Sinnliche zu seiner Vergeistigung. Nun, der Duft ist, wenn ich so sagen darf, sinnfällig und abstrakt zugleich, man sieht ihn nicht, ätherisch spricht er uns an, und der Versuch müßte euch reizen, das unsichtbar Beglückende dem Augensinn zu überliefern, auf dem doch schließlich die Malkunst beruht. Auf! Wo habt ihr eure Palette? Mischt das Beseligende darauf und tragt's auf die Leinwand als farbiges Glück, das ihr dann ›Lindenduft‹ etikettieren mögt, damit der Beschauer weiß, worauf ihr hinauswolltet.«

»Liebste Mama, du bist erstaunlich!« erwiderte Fräulein von Tümmler. »Problemstellungen denkst du dir aus, auf die kein Malprofessor verfällt! Aber weißt du auch, daß du eine ausgepichte Romantikerin bist mit deiner synästhetischen Vermischung der Sinne und deiner mystischen Wandlung von Düften und Farben?«

»Ich verdiene wohl deinen gelehrten Spott.«

»Nein, du verdienst keinen Spott«, sagte Anna mit Innigkeit.

Aber auf einem Spaziergang im hohen August, am Nachmittag, bei großer Hitze, kam ihnen etwas Sonderbares vor, das an Spott gemahnte. Zwischen Wiesenland und dem Rand eines Gehölzes gehend, fühlten sie sich plötzlich von Moschusduft angerührt, fast unmerklich leise erst, dann stärker. Rosalie war es, die ihn zuerst erschnupperte und mit einem »Ah! Woher das?« ihre Wahrnehmung aussprach; aber gleich mußte die Tochter ihr zustimmen: Ja, da war so ein Geruch, und zwar von der Klasse des Moschusparfüms – unverkennbar. Zwei Schritte genügten, um sie seiner Quelle ansichtig zu machen, die widerwärtig war. Es war, am Wegesrand, ein in der Sonne kochendes, mit Schmeißfliegen dicht besetztes und von ihnen umflogenes Unrathäufchen, das sie lieber gar nicht genauer betrachteten. Auf kleinem Raum waren da Tierexkremente, oder auch menschliche, mit faulig Pflanzlichem zusammengekommen, und der weit schon verweste Kadaver irgendeines kleinen Waldgeschöpfs war auch wohl dabei. Kurz, fieser konnte nichts sein als dies brütende Häufchen; seine üble, die Schmeißfliegen zu

Hunderten anziehende Ausdünstung aber war in ihrer zweideutigen Übergänglichkeit und Ambivalenz schon nicht mehr Gestank zu nennen, sondern ohne Zweifel als Moschusgeruch anzusprechen.
»Komm weiter«, sagten die Damen gleichzeitig, und Anna, stärker den Fuß schleppend beim neuen Ansatz zum Gehen, hängte sich bei der Mutter ein. Eine Weile schwiegen sie, als ob sie den wunderlichen Eindruck bei sich verarbeiten müßten. Dann sagte Rosalie:
»Da sieht man's, ich habe doch Moschus nie gemocht, noch Bisam, was wohl dasselbe ist, und verstehe nicht, wie man sich damit parfümieren mag. Zibet, glaube ich, gehört auch dahin. Es riecht ja auch keine Blume und Blüte so, sondern in der Naturgeschichtsstunde haben wir es gehabt, daß manche Tiere es absondern aus gewissen Drüsen, Ratten, Katzen, die Zibetkatze, das Moschustier. Erinnerst du dich: In Schillers ›Kabale und Liebe‹ kommt ein Männchen vor, so eine Schranze, höchst läppisch, von dem es heißt, daß er mit großem Gekreisch hereinkommt und einen Bisamgeruch über das ganze Parterre verbreitet. Wie habe ich immer lachen müssen über die Stelle!«
Und sie erheiterten sich. Rosalie konnte noch immer ihr warmes, vom Herzen aufquellendes Lachen haben, auch damals, als die organischen Anpassungsschwierigkeiten ihrer Jahre, die stockende, dorrende Rückbildung ihres Weibtums ihr körperlich und seelisch zu schaffen machten. In der Natur hatte sie zu der Zeit einen Freund, ganz nahe bei ihrem Heim, in einem Winkel des Hofgartens (die Straße ›Malkasten‹ führte dorthin). Es war ein alter, einzeln stehender Eichbaum, knorrig verkrüppelt, mit zum Teil bloßliegenden Wurzeln, einem gedrungenen Stamm, der sich schon in geringer Höhe in knotige Äste teilte, dicke und davon abzweigende dünne. Der Stamm war hohl da und dort, mit Zement plombiert, – die Park-

verwaltung tat etwas für den hundertjährigen Burschen; aber mancher Ast war schon abgestorben und brachte kein Laub mehr zustande, sondern griff kahl und verkümmert in die Luft; andere dagegen, einzelne nur, aber bis hoch hinauf, begrünten im Frühling sich noch mit den immer heiliggehaltenen, zackig gebuchteten Blättern, aus welchem man Siegeskränze flicht. Rosalie sah das gar zu gern, verfolgte um die Zeit ihres Geburtstages das Keimen, Sprießen und Sichentfalten des Laubes an den Zweigen und Zweiglein des Baumes, zu denen noch Leben drang, teilnehmend von Tag zu Tag. Nahe bei ihm, auf einer Bank am Rande der Wiese, wo er stand, nahm sie mit Anna Platz und sagte:
»Wackerer Alter! Kannst du's ohne Rührung sehen, wie der sich hält und es immer noch treibt? Sieh dir die Wurzeln an, die armdicken, holzigen, wie die breithin sich ans Erdreich klammern und fest im Nährenden ankern. Hat manchen Sturm erlebt und wird noch manchen überleben. Der fällt nicht um. Hohl, zementiert, und zu voller Belaubung reicht es nicht mehr. Aber kommt seine Zeit, da steigen die Säfte ihm hoch – nicht überall hin, aber er bringt's fertig, ein bißchen zu grünen, und man achtet es und schont seine Tapferkeit. Siehst du da oben das dünne Ausläuferchen mit seinen Blattknospen im Winde nicken? Rund herum will's nicht mehr recht, aber das Zweiglein da macht den Ehrenretter.«
»Gewiß, Mama, es ist achtenswert, wie du sagst«, entgegnete Anna. »Aber wenn es dir recht ist, möchte ich nun doch lieber nach Hause gehen. Ich habe Schmerzen.«
»Schmerzen? Sind es deine – aber ja, liebes Kind, wie konnte ich das vergessen! Ich mache mir Vorwürfe, dich mitgenommen zu haben. Gaffe den Alten an und achte nicht darauf, daß du dich vorbeugst beim Sitzen. Verzeih! Nimm meinen Arm, und wir gehen.«

Fräulein von Tümmler litt von jeher an heftigen Leibschmerzen, wenn ihre Regel im Anzuge war, – es hatte nichts auf sich damit, war nur eine längst gewohnte, auch von ärztlicher Seite als solche angesprochene konstitutionelle Unannehmlichkeit, die nun einmal in den Kauf zu nehmen war. So konnte die Mutter denn auch, auf dem kurzen Heimweg, geruhig tröstend, gutgemeint erheiternd und übrigens, ja dies besonders, mit Neid darüber zu der Geplagten sprechen.

»Weißt du noch«, sagte sie, »wie es schon gleich das erste Mal so war, als es dir jungem Dinge zuerst geschah und du so erschrakst, ich aber dich aufklärte, daß das nur natürlich und notwendig sei und erfreulich, ja eine Art von Ehrentag, weil sich daran zeige, daß du nun zum Weibe gereift seist? Du hast Leibweh zuvor, gut, das ist lästig und nicht unbedingt nötig, ich habe nie welches gehabt, aber es kommt vor, ich kenne außer dir noch zwei, drei Fälle, wo Schmerzen sind, und ich denke mir: Schmerzen, à la bonne heure, die sind bei uns Frauen was anderes als sonst wohl in der Natur und bei den Männern, die haben keine, außer nur, sie sind krank, und dann geben sie furchtbar an, auch Tümmler tat das, dein Vater, sobald er irgendwo Schmerzen hatte, obgleich er doch Offizier war und den Heldentod gestorben ist. Unser Geschlecht verhält sich da anders, leidet Schmerzen geduldiger, wir sind Dulderinnen, sozusagen zum Schmerz geboren. Denn vor allem kennen wir ja den natürlichen und gesunden Schmerz, den gottgewollten und heiligen bei der Geburt, der etwas ganz und gar Weibliches ist, den Männern erspart oder vorenthalten. Die dummen Männer entsetzen sich wohl vor unserem halb bewußtlosen Schreien und machen sich Vorwürfe und halten sich den Kopf, und bei allem Schreien lachen wir sie im Grunde aus. Als ich dich zur Welt brachte, sechsunddreißig Stunden, und Tümmler lief die ganze Zeit in der Wohnung herum und hielt sich

den Kopf, aber es war doch ein großes Lebensfest, und ich schrie auch nicht selbst, *es* schrie, es war eine heilige Ekstase der Schmerzen. Bei Eduard späterhin war es nicht halb so schlimm, aber für einen Mann wär's immer noch übergenug gewesen, die Herren Männer, die würden sich schönstens bedanken. Siehst du, Schmerzen, die sind gewöhnlich das Warnungssignal der immer wohlmeinenden Natur, daß eine Krankheit sich im Körper entwickelt, – holla, heißt es, da ist was in Unordnung, tu gleich etwas dagegen, nicht sowohl gegen die Schmerzen, als gegen das, was damit gemeint ist. Es kann auch bei uns so sein und diese Meinung haben, gewiß. Aber, wie du ja weißt, dein Leibweh da, vor der Regel, das ist nicht von dieser Meinung und warnt dich vor nichts. Eine Spielart von Weibesschmerzen ist das und darum ehrwürdig, so mußt du es nehmen, als weiblichen Lebensakt: Immer, solange wir Weib sind, kein Kind mehr und noch keine unfähige Alte, immer wieder ist da ein verstärktes strotzendes Blutleben unseres mütterlichen Organs, wodurch die liebe Natur es vorbereitet, das befruchtete Ei aufzunehmen, und wenn eines da ist, wie es ja schließlich auch in meinem langen Leben nur zweimal in großem Abstande der Fall war, dann bleibt es aus, das Monatliche, und wir sind in gesegneten Umständen. Himmel, wie ich freudig erschrak, als es mir ausblieb das erste Mal, vor dreißig Jahren! Das warst du, mein liebes Kind, mit der ich da gesegnet war, und ich weiß noch, wie ich es Tümmler anvertraute und errötend meinen Kopf an seinen lehnte und ganz leise sagte: ›Robert, es ist an dem, alle Anzeichen sprechen dafür, und bei mir, da is wat am kommen‹...«
»Liebe Mama, tu mir die einzige Liebe und sprich nicht so rheinisch, es irritiert mich im Augenblick.«
»Oh, verzeih, Herzenskind, das ist gewiß das letzte, was ich beabsichtige, daß ich dich auch noch irritiere. Es ist nur, daß ich damals in meiner glückseligen Verschämtheit

wirklich zu Tümmlern so sagte. Und dann: wir sprechen ja von natürlichen Dingen, nicht wahr, und Natur und Dialekt, die haben für mein Gefühl was miteinander zu tun, wie Natur und Volk miteinander zu tun haben, – wenn es Unsinn ist, so verbessere mich, du bist soviel klüger als ich. Ja, klug bist du und stehst als Künstlerin mit der Natur nicht auf bestem Fuß, sondern mußt sie ins Geistige übertragen, in Kubusse und Spiralen, und da wir schon davon sprechen, wie eins mit dem andern zu tun hat, so möchte ich wohl wissen, ob das nicht zusammenhängt, dein stolzes, geistreiches Verhalten zu der Natur – und daß sie gerade dir diese Leibschmerzen macht bei der Regel.«

»Aber Mama«, sagte Anna und mußte lachen. »Mich schiltst du geistreich und stellst selber ganz unerlaubt geistreiche Theorien auf!«

»Wenn ich dich ein bißchen gaudiere damit, Kind, soll die einfältigste Theorie mir recht sein. Was ich aber sagte von redlichen Weibesschmerzen, damit meine ich es ganz ernst und tröstlich. Sei nur froh und stolz mit deinen dreißig Jahren, daß du in voller Blüte stehst deines Blutes. Glaube mir: ich wollte beliebige Leibwehen gern in Kauf nehmen, wenn es mir noch ginge wie dir. Aber leider will es mir nicht mehr so gehen, immer spärlicher und unregelmäßiger geschah es mir, und seit zwei Monaten schon ist es überhaupt nicht mehr eingetreten. Ach, es geht mir nicht mehr nach der Weiber Weise, wie es in der Bibel heißt, ich glaube, von Sara, ja, von Sara, bei der dann ein Fruchtbarkeitswunder geschah, aber das ist wohl nur so eine fromme Geschichte, wie sie heutzutage nicht mehr geschieht. Wenn es uns nicht mehr geht nach der Weiber Weise, dann sind wir eben kein Weib mehr, sondern nur noch die vertrocknete Hülle von einem solchen, verbraucht, untauglich, ausgeschieden aus der Natur. Mein liebes Kind, das ist sehr bitter. Bei den Männern, da

braucht es, glaube ich, ihr Leben lang nicht zu enden. Ich kenne welche, die lassen mit Achtzig noch keine Frau in Ruh', und Tümmler, dein Vater, war auch so einer, – wie habe ich dem durch die Finger sehen müssen, als er schon Oberstleutnant war! Was sind auch fünfzig Jahre für einen Mann? Ein bißchen Temperament vorausgesetzt, hindern die ihn noch lange nicht, den Schwerenöter zu machen, und mancher hat Glück mit grauen Schläfen bei ganz jungen Mädchen. Aber uns Frauen sind alles in allem fünfunddreißig gesetzt für unser Blut- und Weibesleben, für unser Vollmenschentum, und wenn wir fünfzig sind, da sind wir ausgedient, da erlischt unsere Fähigkeit, zu gebären, und vor der Natur sind wir bloß noch Gerümpel.«
Auf diese Worte von naturfrommer Härte antwortete Anna anders, als manche Frau zu Recht wohl geantwortet hätte. Sie sagte aber:
»Wie du doch sprichst, Mama, und wie du die Würde schmähst und zu verschmähen scheinst, die der älteren Frau gebührt, wenn sie ihr Leben erfüllt hat und von der Natur, die du doch liebst, in einen neuen und milden Stand überführt wird, einen Würdenstand höherer Liebenswürdigkeit, worin sie den Menschen, Nächsten und Ferneren, so viel noch zu geben, zu sein vermag. Die Männer, du willst sie beneiden, weil ihr Geschlechtsleben ungenauere Grenzen hat als das weibliche. Aber ich zweifle, ob das gar so achtbar, ob es ein Grund ist zum Neide, und jedenfalls haben alle gesitteten Völker immer der Matrone die ausgesuchteste Ehrerbietung entgegengebracht, haben sie geradezu heiliggehalten, und heilighalten wollen wir dich in deiner lieben, reizenden Alterswürde.«
»Liebste« – und Rosalie zog die Tochter an sich im Gehen –, »du sprichst so schön und klug und überlegen, trotz deiner Schmerzen, über die ich dich trösten wollte, und nun tröstest du deine törichte Mutter ob ihrer unwürdigen Kümmernisse. Aber es ist recht schwer mit der

Würde und mit dem Abschied, mein liebes Kind, recht schwierig schon für den Körper allein, sich in seinen neuen Stand zu finden, das bringt viel Plage an und für sich schon. Und wenn da nun auch noch ein Gemüt ist, das von Würde und vom verehrten Matronenstande noch gar nicht viel wissen will und in Widerspruch steht zur Vertrocknung des Körpers, – da ist es schwierig erst recht. Die Anpassung der Seele an die neue Körperverfassung, die ist das schwierigste.«

»Gewiß, Mama, ich verstehe das wohl. Aber sieh doch, Körper und Seele, die sind ja eins; das Psychische ist nicht weniger Natur als das Physische; die Natur schließt auch jenes ein, und dir braucht nicht bange zu sein, daß dein Seelisches lange sich disharmonisch verhalten kann zur natürlichen Wandlung des Körpers. Du mußt es dir so denken, daß das Seelische nur eine Ausstrahlung ist des Körperlichen, und wenn die liebe Seele glaubt, ihr falle die allzu schwere Aufgabe zu, sich dem veränderten Körperleben anzupassen, so wird sie bald merken, daß sie gar nichts zu tun hat, als dieses gewähren und auch an ihr sein Werk tun zu lassen. Denn es ist der Körper, der sich die Seele schon bildet nach seinem Stande.«

Fräulein von Tümmler wußte, warum sie das sagte, denn um die Zeit, als die vertraute Mutter zu ihr sprach, wie oben, war daheim schon öfters ein neues Gesicht zu sehen, eines mehr als bisher, und verlegenheitsträchtige Entwicklungen hatten sich angebahnt, die Anna's stiller, besorgter Beobachtung nicht entgingen.

Das neue Gesicht, herzlich wenig bemerkenswert, wie Anna fand, nicht eben vom Geiste gezeichnet, gehörte einem jungen Mann namens Ken Keaton, einem etwa vierundzwanzig Jahre alten, vom Kriege herübergeführten Amerikaner, der sich seit einiger Zeit in der Stadt aufhielt und in einem und dem anderen Hause englischen

Unterricht erteilte oder auch nur zu englischer Konversation von reichen Industriellendamen gegen Honorar herangezogen wurde. Davon hatte Eduard, seit Ostern in Oberprima, gehört und seine Mutter recht sehr um die Gunst gebeten, sich von Mr. Keaton einige Male die Woche, nachmittags, ins Englische einführen zu lassen. Denn das Gymnasium bot ihm zwar eine Menge Griechisch und Latein und glücklicherweise auch hinlänglich viel Mathematik, aber kein Englisch, welches ihm doch für seine Zukunftsziele sehr wichtig schien. Sobald er schlecht und recht mit dem langweiligen Humanismus zu Rande gekommen sein würde, wollte er das Polytechnikum beziehen und, so plante er, später zu weiterer Ausbildung nach England oder auch gleich ins Dorado der Technik, nach den Vereinigten Staaten gehen. Darum war er froh und dankbar, daß die Mutter, aus Achtung vor der Klarheit und Entschiedenheit seiner Willensrichtung, ihm seinen Wunsch bereitwillig erfüllte, und die Arbeit mit Keaton, montags, mittwochs und samstags, machte ihm großes Vergnügen, ihrer Zweckmäßigkeit halber und dann weil es spaßig war, eine neue Sprache so ganz aus den Anfangsgründen, wie ein Abc-Schütz, zuerst an Hand einer kleinen ›primer‹, will sagen einer Kinderfibel, zu lernen: Vokabeln, ihre oft abenteuerliche Rechtschreibung, ihre höchst wunderliche Aussprache, die Ken dem Schüler, indem er das l auf mehr als rheinische Art im Halse bildete, und das r am Gaumen ungerollt tönen ließ, in so gedehnter Übertriebenheit vormachte, als wollte er seine eigene Muttersprache ins Komische ziehen. »Scrr-ew the top on!« sagte er. »I sllept like a top.« »Alfred is a tennis play-err. His shoulders are thirty inches brr-oaoadd.« Eduard konnte über Alfred, den breitschultrigen Tennisspieler, über den noch so manches Rühmliche, unter Verwendung von möglichst viel »though« und »thought« und »taught« und »tough« ausgesagt wurde, die ganzen anderthalb Unterrichtsstunden lachen, machte aber sehr gute Fortschritte, gerade weil Keaton gar kein gelernter Lehrer war und eine völlig lockere Methode verfolgte, will sagen: alles aufs Gelegentliche abstellte und unbekümmert drauflos praktizierend, mit slang-Geschwätz und nonsense den Schüler, der sich nichts Besseres wünschte, in seine bequeme und humoristische, weltläufige Sprache hineinzog.

Frau von Tümmler, angelockt von der in Eduards Zimmer herrschenden Vergnügtheit, kam manchmal zu den jungen Leuten herüber und nahm etwas teil an der fröhlichen Kurzweil, lachte herzlich mit über Alfred, the tennis play-err, und fand eine gewisse Ähnlichkeit zwischen ihm und dem jungen Privatlehrer ihres Sohnes, besonders was die Schultern betraf, die auch bei diesem von stattlicher Breite waren. Übrigens hatte Ken dichtes blondes Haar, ein nicht sonderlich hübsches, aber auch nicht unangenehmes, harmlos freundliches Jungengesicht, das dank einem Anfluge angelsächsischen Gepräges denn doch hier nicht ganz gewöhnlich wirkte, und war vorzüglich gewachsen, was sich trotz seiner lockeren, weiten Kleidung ersehen ließ, jugendlich kräftig, mit langen Beinen und schmalen Hüften. Sehr anständige Hände hatte er auch, mit einem nicht zu schmuckhaften Ring an der linken. Sein einfaches, völlig ungezwungenes, aber nicht unmanierliches Wesen, sein drolliges Deutsch, das sein Mund ebenso unverleugbar englisch formte wie die französischen und italienischen Brocken, die er wußte (denn er war in mehreren europäischen Ländern gewesen) – dies alles gefiel Rosalien sehr; namentlich seine große Natürlichkeit nahm sie für ihn ein; und dann und wann, schließlich beinahe regelmäßig, lud sie ihn nach dem Unterricht, ob sie diesem nun beigewohnt hatte oder nicht, zum Abendessen ein. Zum Teil beruhte ihr Interesse für ihn darauf, daß sie gehört hatte, er habe viel Glück bei Frauen.

Mit diesem Gedanken musterte sie ihn und fand das Gerücht nicht unbegreiflich, obgleich es ihr nicht ganz gefallen wollte, daß er, wenn er beim Essen und Sprechen ein wenig aufstoßen mußte, die Hand vor den Mund legte und »Pardon me!« sagte, was manierlich gemeint war, aber auf den Zwischenfall ganz unnötig aufmerksam machte.

Ken war, wie er bei Tische erzählte, in einer kleinen Stadt eines östlichen Staates geboren, wo sein Vater in wechselnden Berufen tätig gewesen war, einmal als broker, einmal als Leiter einer Tankstelle, und im realestate business hatte er zeitweise auch etwas Geld gemacht. Der Sohn hatte die High School besucht, wo man, wenn man ihm glauben sollte – »nach europäischen Begriffen«, wie er respektvoll hinzufügte –, überhaupt nichts lernte, und war dann, ohne erst viel zu fragen, eben um noch etwas zu lernen, in Detroit, Michigan, in ein College eingetreten, wo er sich das Studium durch seiner Hände Arbeit, als Geschirrwäscher, Koch, Speisenträger, Campus-Gärtner verdient hatte. Frau von Tümmler fragte ihn, wie er sich denn dabei die weißen, man könne sagen: herrschaftlichen Hände habe bewahren können, und er antwortete, bei grober Arbeit habe er immer Handschuhe getragen, kurze Polohemdärmel wohl, oder auch gar nichts am Oberkörper, aber Handschuhe. Das täten viele oder die meisten Arbeiter drüben, Bauarbeiter etwa, damit sie keine schwieligen Proletarierpfoten bekämen, sondern Hände behielten wie Advokatenschreiber, mit einem Ring daran.

Rosalie lobte den Brauch, aber Keaton meinte: Brauch? Das Wort sei zu gut dafür, und einen »Brauch«, im Sinne alter europäischer Volksbräuche – er pflegte »continental« für »europäisch« zu sagen –, könne man es nicht nennen. So ein alter deutscher Volksbrauch zum Beispiel, wie der der »Lebensrute« – daß nämlich die Burschen in der Weihnachts- und der Osterzeit die Mädchen und auch wohl Vieh und Bäume mit frischen Birken- und Weidengerten schlügen, oder »pfefferten« oder »fitzten«, wie sie es nannten, wobei es auf Gesundheit und Fruchtbarkeit abgesehen sei, – ja das sei ein Brauch, ein urtümlicher, und das gefalle ihm. »Schmackostern« heiße das Pfeffern oder Fitzen im Frühjahr.

Tümmlers wußten gar nichts vom Schmackostern und wunderten sich über Kens Beschlagenheit im Volkstümlichen. Eduard lachte über die Lebensrute, Anna zog ein Gesicht, und nur Rosalie zeigte sich, ganz in Übereinstimmung mit dem Gaste, entzückt davon. Der sagte, das sei allerdings was anderes als Handschuhe beim Arbeiten, und so etwas könne man lange suchen in Amerika, schon weil es dort Dörfer nicht gäbe und die Bauern gar keine Bauern seien, sondern Unternehmer wie alle anderen und keinerlei Bräuche hätten. Überhaupt ließ er, obgleich so unverwechselbar amerikanisch nach seinem ganzen Habitus, geringe Anhänglichkeit merken an sein großes Heimatland. »He didn't care for America«, er machte sich nichts daraus, ja fand es mit seiner Dollarjagd und Kirchengängerei, seiner Erfolgsbigotterie und kolossalen Durchschnittlichkeit, vor allem aber mit seinem Mangel an historischer Atmosphäre eigentlich greulich. Natürlich habe es eine Geschichte, aber das sei nicht »history«, sondern bloß eine kurze, platte success story. Gewiß habe es, außer seinen enormen Wüsten, schöne und großartige Landschaften, aber es sei »nichts dahinter«, während in Europa bei allem so viel dahinter sei, besonders hinter den Städten mit ihrer tiefen historischen Perspektive. Die amerikanischen Städte – he didn't care for them. Sie seien gestern hingestellt und könnten morgen ebensogut wieder weggenommen werden. Die kleinen seien stumpfsinnige Nester, von denen eines genau aussehe wie das andere, und die großen aufgeplusterte, grausame Ungeheuer mit Museen voll aufgekauften »continentalen« Kulturgutes. Aufgekauft sei ja besser, als wenn es gestohlen wäre, aber *viel* besser nicht, denn was von 1400 und 1200 nach Christo sei, das sei an gewissem Ort doch so gut wie gestohlen.

Man lachte über Kens pietätlose Redereien und tadelte ihn auch deswegen, aber er entgegnete, es sei gerade Pietät, was ihn so reden lasse, nämlich der Respekt vor der Perspektive und vor der Atmosphäre. Ganz frühe Geschichtszahlen, 1100, 700 nach Christo, die seien seine Passion und sein hobby, und in Geschichte sei er auf dem College immer am besten gewesen – in Geschichte und in athletics. Es habe ihn schon längst nach Europa gezogen, wo die frühen Geschichtszahlen zu Hause seien, und bestimmt hätte er sich auch ohne Krieg, auf eigene Hand, als Matrose oder Tellerwäscher, herübergearbeitet, um nur historische Luft zu atmen. Aber der Krieg sei ihm freilich wie gerufen gekommen, und 1917 habe er sich gleich zur army gemeldet und während des trainings immer gefürchtet, der Krieg möge zu Ende gehen, bevor sie ihn hinüberbrächten. Gerade war er dann doch noch vor Torschluß in der Pferche eines Truppentransports hergelangt, nach Frankreich, und war wirklich noch ins Gefecht gekommen, nahe Compiègne, wobei er denn auch eine Verwundung davongetragen hatte, gar keine ganz leichte, so daß er wochenlang im Hospital habe liegen müssen. Es war eine Nierenverletzung gewesen, und nur eine seiner Nieren arbeitete jetzt noch, was ihm aber völlig genügte. Immerhin, sagte er lachend, sei er etwas wie ein Invalide und beziehe auch eine kleine Invalidenpension, die ihm mehr wert sei als die zerschossene Niere.

Vom Invaliden habe er wirklich gar nichts, stellte Frau von Tümmler fest, und er erwiderte: »Nein, gottlob, only a little cash!«

Aus dem Hospital entlassen, hatte er den Dienst quittiert,

war »honorably discharged« worden, mit einer Tapferkeitsmedaille, und war für unbestimmte Zeit in Europa geblieben, wo er es wundervoll fand und wo er in frühen Geschichtszahlen schwelgte. Die französischen Kathedralen, die italienischen Campaniles, Palazzi und Galerien, die Schweizer Ortschaften, ein Platz wie Stein am Rhein, das sei ja most delightful indeed. Und der Wein überall, die bistro's in Frankreich, die Trattorien in Italien, die gemütlichen Wirtshäuser in der Schweiz und in Deutschland, ›zum Ochsen‹, ›zum Mohren‹, ›zum Sternen‹, – wo gebe es so etwas drüben? Da gebe es gar keinen Wein, sondern nur drinks, Whisky und Rum und keinen kühlen Schoppen Elsässer oder Tiroler oder Johannisberger am eichenen Tisch in der historischen Trinkstube, oder in einer Geißblattlaube. Good heavens! Die in Amerika, die wüßten überhaupt nicht zu leben.

Deutschland! Das war sein Lieblingsland, obgleich er wenig weit darin vorgedrungen war und eigentlich nur die Ortschaften am Bodensee und dann, dies allerdings sehr genau, das Rheinland kannte. Das Rheinland mit seinen lieben, lustigen Leuten, so aimable, besonders wenn sie ein bißchen »knüll« seien; mit seinen altehrwürdigen Städten voller Atmosphäre, Trier, Aachen, Koblenz, dem heiligen Köln, – man solle nur einmal versuchen, eine amerikanische Stadt »heilig« zu nennen – Holy Kansas City, haha! Der Goldschatz, gehütet von den Nixen des Missouri-River, hahaha – Pardon me! Von Düsseldorf und seiner langen Geschichte seit den Merowingern wußte er mehr, als Rosalie und ihre Kinder zusammengenommen, und sprach vom Hausmeier Pippin, von Barbarossa, der die Kaiserpfalz von Rindhusen erbaut, und von der Salierkirche in Kaiserswerth, wo Heinrich IV. als Kind zum König gekrönt wurde, von Albert vom Berg, Jan Wellem vom Palatin und von viel anderem noch wie ein Professor.

Rosalie sagte denn auch, er könne ja ebensogut Geschichtsunterricht erteilen wie englischen. Da wäre die Nachfrage zu gering, erwiderte er. Oh, nicht doch, gab sie zur Antwort. Sie selbst zum Beispiel, die durch ihn recht gewahr werde, wie wenig sie wisse, würde gleich Stunden bei ihm nehmen. »A bit fainthearted« würde er sein, gestand er; und da äußerte sie etwas mit Empfindung Beobachtetes: Es sei im Leben so seltsam und gewissermaßen schmerzlich, daß Zaghaftigkeit herrsche zwischen Jugend und Alter. Die Jugend sei scheu vor dem Alter, weil sie von seiner Würde kein Verständnis für ihren grünen Lebenszustand erwarte, und das Alter scheue die Jugend, weil es sie, eben als Jugend, in tiefster Seele bewundere, es aber seiner Würde schuldig zu sein glaube, diese Bewunderung hinter Spott und falscher Herablassung zu verbergen.

Ken lachte vergnügt und beifällig. Eduard meinte, die Mama rede ja wie ein Buch, und Anna sah ihre Mutter forschend an. Diese war recht lebhaft in Mr. Keatons Gegenwart, leider sogar manchmal etwas geziert; sie lud ihn oft ein und betrachtete ihn, selbst wenn er hinter der Hand »Pardon me« sagte, mit einem Ausdruck mütterlicher Rührung, welcher Anna, die trotz der Europaschwärmerei des jungen Menschen, seiner Passion für Jahreszahlen wie 700 und seiner Kenntnis sämtlicher Altbierkneipen Düsseldorfs, nichts an ihm fand, etwas fragwürdig im Punkte der Mütterlichkeit erschien und ihr wenig behaglich war. Zu oft erkundigte Frau von Tümmler sich, wenn Mr. Keatons Gegenwart bevorstand, mit nervöser Besorgnis bei ihr, ob auch ihre Nase gerötet sei. Sie war es, obgleich Anna es beruhigend bestritt. Und war sie es nicht im voraus, so rötete sie sich doch ungewöhnlich stark beim Zusammensein mit dem Jungen. Dann aber schien die Mutter nicht mehr daran zu denken.

Anna sah recht: Rosalie hatte begonnen, sich an den jugendlichen Präzeptor ihres Sohnes zärtlich zu verlieren, ohne dem raschen Aufkeimen dieser Neigung Widerstand zu leisten, vielleicht ohne ihrer recht gewahr zu werden und jedenfalls ohne sich um ihre Geheimhaltung sonderlich zu bemühen. Merkmale, die ihrer weiblichen Beobachtung bei jeder anderen nicht entgangen wären: ein girrendes und überentzücktes Lachen bei Kens Plaudereien, ein inniges Blicken und dann Sichverbergen der glänzender gewordenen Augen, schien sie bei sich selbst für unbemerkbar zu halten – wenn sie nicht trotzte auf ihr Gefühl und zu stolz darauf war, um ein Hehl daraus zu machen.

Ganz deutlich wurde der gequälten Anna die Lage der Dinge an einem sehr sommerlich warmen Septemberabend, als Ken zu Tische geblieben war und Eduard nach der Suppe, der großen Hitze wegen, um die Erlaubnis bat, seine Jacke abzulegen. Die jungen Leute, hieß es, möchten sich doch keinen Zwang auferlegen, und so folgte Ken dem Beispiel seines Schülers. Er machte sich nicht das geringste daraus, daß er, anders als Eduard, der ein farbiges Hemd mit langen Manschettenärmeln trug, seine Jacke einfach über sein weißes, ärmelloses Trikothemd gezogen hatte und nun also seine bloßen Arme zeigte, – sehr ansehnliche, runde, kräftige, weiße junge Arme, die es ganz glaubhaft machten, daß er auf dem College in »athletics« ebenso gut gewesen war wie in Geschichte. Die Erschütterung, die ihr Anblick der Hausfrau zufügte, war er sicher weit entfernt zu bemerken, und auch Eduard hatte kein Auge dafür. Aber Anna beobachtete diese Erschütterung mit Pein und Erbarmen. Rosalie, fieberhaft sprechend und lachend, war abwechselnd wie mit Blut übergossen und erschreckend bleich, und ihre entweichenden Augen kehrten nach jeder Flucht, unbändig angezogen, zu diesen Armen zurück, um für selbstvergessene Sekunden mit einem Ausdruck tiefer sinnlicher Trauer darauf zu verweilen.

Anna, erbittert über Kens primitive Harmlosigkeit, der sie nicht einmal völlig traute, machte, sobald es sich irgend rechtfertigen ließ, auf die nun doch durch die offene Glastür vom Garten hereindringende Abendkühle aufmerksam und empfahl, vor Erkältung warnend, das Wiederanlegen der Jacken. Aber Frau von Tümmler beendete den Abend fast unmittelbar nach Tische. Sie schützte Migräne vor, verabschiedete sich von dem Gast auf eine gewisse fliegende Weise und zog sich in ihr Schlafzimmer zurück. Auf ihre Ottomane hingestreckt, das Gesicht mit den Händen bedeckt und wieder noch im Kissen verborgen, machte sie sich, überwältigt von Scham, Schrecken und Wonne, das Geständnis ihrer Leidenschaft.

›Großer Gott, ich liebe ihn ja, liebe ihn, wie ich nie geliebt, ist das denn zu fassen? Bin ich doch zur Ruhe gesetzt, von der Natur in den milden, würdigen Matronenstand überführt. Ist es da nicht ein Gelächter, daß ich noch Wollust pflegen soll, wie ich es tue in meinen verschreckten, wonnevollen Gedanken bei seinem Anblick, beim Anblick seiner Götterarme, von denen umschlossen zu sein mich wahnsinnig verlangt, seiner herrlichen Brust, die ich in Jammer und Begeisterung unter dem Trikot sich abzeichnen sah? Bin ich eine schamlose Alte? Nein, nicht schamlos, denn vor ihm schäme ich mich, vor seiner Jugend, und weiß nicht, wie ich ihm begegnen und ihm in die Augen, die schlichten, freundlichen Knabenaugen blicken soll, die sich von mir keines heißen Gefühls versehen. Ich aber bin mit der Lebensrute geschlagen, er selbst, der Nichtsahnende, hat mich damit gefitzt und gepfeffert, Schmackostern hat er mir angetan! Warum mußte er davon sprechen in seiner Jugendfreude an altem Volksbrauch? Nun läßt der Gedanke an seine weckenden Rutenstreiche mein ganzes Inneres überströmt, überschwemmt sein von schamvoller Süßigkeit. Ich begehre ihn – habe ich denn je schon begehrt? Tümmler begehrte mich, als ich jung war, und ich ließ mir's gefallen, willigte in sein Werben, nahm ihn zur Ehre in seiner Stattlichkeit, und wir pflegten der Wollust auf sein Begehren. Diesmal bin ich's, die begehrt, von mir aus, auf eigene Hand, und habe mein Auge auf ihn geworfen wie ein Mann auf das junge Weib seiner Wahl – das machen die Jahre, mein Alter macht es und seine Jugend. Jugend ist weiblich und männlich das Verhältnis des Alters zu ihr, aber nicht froh und zuversichtlich in seinem Begehren, sondern voll Scham und Zagen vor ihr und der ganzen Natur, seiner Untauglichkeit wegen. Ach, viel Leiden steht mir bevor, denn wie kann ich hoffen, daß er sich mein Begehren gefallen läßt, und wenn gefallen, daß er willigt in mein Werben, wie ich in Tümmlers. Ist er ja doch auch kein Mädchen mit seinen festen Armen, – nichts weniger als das, sondern ein junger Mann, der selbst begehren will und, so sagt man, viel Glück darin hat bei Frauen. Frauen hat er, so viel er will, hier in der Stadt. Meine Seele windet sich und schreit auf bei dem Gedanken vor Eifersucht. Er macht englische Konversation mit Louise Pfingsten in der Pempelforter Straße und mit der Lützenkirchen, Amélie Lützenkirchen, deren Mann, der Topffabrikant, dick, kurzatmig und faul ist. Louise ist überlang von Statur und hat einen schlechten Haaransatz, ist aber erst achtunddreißig und kann süße Augen machen. Amélie ist nur wenig älter und hübsch, sie ist leider hübsch, und der Dicke läßt ihr jede Freiheit. Ist es möglich, daß sie in seinen Armen liegen, oder doch eine von ihnen, wahrscheinlich Amélie, kann aber auch gleichzeitig sein die lange Louise, – in diesen Armen, nach deren Umschlingung mich mit einer Inbrunst verlangt, die ihre dummen Seelen nicht aufbringen? Daß sie seines heißen Atems, seiner Lippen, seiner Hände genießen, die ihre Formen liebkosen? Meine Zähne, diese noch so guten, wenig ausgebesserten Zähne knirschen, ich knirsche mit ihnen, da ich es denke. Auch meine Formen sind besser, der Liebkosung seiner Hände würdiger, als ihre, und welche Zärtlichkeit hätte ich ihm bereit, welche unsägliche Hingabe! Sie aber sind fließende Brunnen und ich ein versiegter, dem keine Eifersucht mehr zukommt. Eifersucht, quälende, zehrende, knirschende! Habe ich einmal nicht, auf der Gartenpartie bei Rollwagens, dem Maschinen-Rollwagen und seiner Frau, wo er mit eingeladen war, – habe ich nicht mit meinen Augen, die alles sehen, einen raschen Austausch von Blick und Lächeln zwischen ihm und Amélie aufgefangen, der fast unzweifelhaft auf Heimlichkeit deutete? Damals schon zog sich mein Herz zusammen in schnürendem Schmerz, doch ich verstand es nicht und dachte nicht, daß es Eifersucht sei, weil ich mich ihrer nicht mehr für fähig erachtete. Aber ich bin's, nun verstehe ich es und leugne es mir nicht ab, sondern juble ob meiner Schmerzen, die da in wunderbarer Disharmonie stehen zur Wandlung des Körpers. Das Seelische nur eine Ausstrahlung des Körperlichen, sagt Anna, und dieses bildet sich schon die Seele nach seinem Stande? Anna weiß viel, Anna weiß gar nichts. Nein, ich will nicht sagen, daß sie nichts weiß. Sie hat gelitten, sinnlos geliebt und schamvoll gelitten, und so weiß sie manches. Aber daß die Seele mit dem Körper zusammen in den milden, ehrwürdigen Matronenstand überführt wird; das weiß sie falsch, denn sie glaubt nicht an Wunder, weiß nicht, daß die Natur die Seele kann wunderbar aufblühen lassen, wenn es schon spät ist, ja zu spät ist, – aufblühen in Liebe, Begehren und Eifersucht, wie ich es in seliger Qual erfahre. Sara, die Greisin, hörte es hinter der Tür der Hütten, was ihr noch zugedacht war, und lachte. Dafür zürnte ihr Gott und sprach: Warum lachet deß Sara? Ich, ich will nicht gelacht haben. Ich will glauben an das Wunder meiner Seele und Sinne, will das Naturwunder verehren meines schmerz- und schamhaften Seelenfrühlings, und meine Scham soll nur der Begnadung gelten durch diese späte Heimsuchung...‹

So Rosalie, für sich allein, an jenem Abend. Nach einer Nacht voll auffahrender Unruhe und einigen Stunden tiefen Morgenschlafs war ihr erster Gedanke beim Erwachen der an die Leidenschaft, mit der sie geschlagen, gesegnet war, und der sich zu verweigern, die sittlich von sich zu weisen ihr nicht einmal in den Sinn kam. Die liebe Frau war begeistert von der überlebenden Fähigkeit ihrer Seele, zu blühen in süßem Leide. Fromm war sie nicht besonders und ließ Gott, den Herrn, aus dem Spiel. Ihre Frömmigkeit galt der Natur und ließ sie bewundern und hochhalten, was diese, gleichsam gegen sich selbst, in ihr wirkte. Ja, gegen die natürliche Schicklichkeit war es, dies Aufblühen ihrer Seele und Sinne, beglückend zwar, doch ermutigend nicht und wollte verhehlt und verschwiegen sein vor aller Welt, sogar vor der vertrauten Tochter, besonders aber vor ihm, dem Geliebten, der nichts ahnte und nichts ahnen durfte; denn wie durfte sie mutig die Augen aufschlagen zu seiner Jugend?

So kam in ihr Verhalten zu Keaton ein gesellschaftlich völlig absurdes Etwas von Unterwürfigkeit und Demut, das Rosalie trotz allem Stolze auf ihr Gefühl nicht daraus zu verbannen vermochte, und das auf den Sehenden, auf Anna also, peinvoller wirkte als alle anfängliche Lebhaftigkeit und Überheiterkeit des Gebarens. Schließlich sah sogar Eduard, und es gab Augenblicke, wo die Geschwister, über ihre Teller geneigt, sich auf die Lippen bissen, während Ken, vom verlegenen Schweigen verständnislos angerührt, fragend um sich blickte. Rat und Aufklärung suchend stellte Eduard bei Gelegenheit seine Schwester zur Rede.

»Was ist mit Mama?« fragte er sie. »Mag sie Keaton nicht

mehr?« Und da Anna schwieg, setzte der junge Mensch verzogenen Mundes hinzu: »Oder mag sie ihn zu gern?«
»Was fällt dir ein«, war die verweisende Antwort. »Das sind nicht Dinge für Jungen. Nimm deinen Anstand zusammen und erlaube dir keine unzukömmlichen Wahrnehmungen!« Es folgte noch: Soviel könne er sich pietätvollerweise sagen, daß die Mutter, wie alle Frauen einmal, durch eine Periode dem Wohlbefinden abträglicher Schwierigkeiten zu gehen habe.
»Sehr neu und lehrreich für mich!« meinte der Primaner ironisch. Aber die Erläuterung sei ihm zu allgemein. Die Mutter quäle sich auf spezielle Art, und auch sie selbst, die sehr verehrte Schwester, sei ja offensichtlich gequält, – von ihm, dem dummen Jungen, hier nicht zu reden. Vielleicht könne der dumme Junge sich nützlich machen, indem er die Entfernung seines allzu netten Lehrers anrege. Er habe genug von Keaton profitiert, könne er der Mutter sagen, und dieser möge wieder einmal »honorably discharged« werden.
»Tu das, lieber Eduard«, sagte Anna; und er tat es.
»Mama«, sagte er, »ich denke, wir können nun mit den Englischstunden und mit den laufenden Ausgaben dafür, die ich dir zugemutet habe, ein Ende machen. Eine gute Grundlage ist dank deiner Generosität mit Mr. Keatons Hilfe gelegt, und durch etwas private Lektüre kann ich dafür sorgen, daß sie sich nicht verliert. Im übrigen lernt niemand wirklich eine fremde Sprache zu Hause, außerhalb des Landes, wo alle sie reden, und wo man ganz auf sie angewiesen ist. Bin ich einmal in England oder Amerika, so wird mir nach der Vorbereitung, die du mir gegönnt hast, das Weitere schon mühelos anfliegen. Jetzt nähert sich, weißt du, allmählich das Abitur, und dabei prüft niemand mich im Englischen. Dagegen muß ich sehen, daß ich in den alten Sprachen nicht durchrassele, und dazu

gehört Konzentration. So ist wohl der Augenblick da, meinst du nicht?, Keaton recht schönen Dank zu sagen für seine Bemühungen und ihn freundlichst davon zu entbinden.«

»Aber Eduard«, entgegnete Frau von Tümmler rasch, ja anfänglich mit einiger Hast. »Was du da sagst, überrascht mich, und ich kann nicht sagen, daß ich es billige. Wohlverstanden, es ist zartfühlend von dir, daß du mir weitere Ausgaben für diesen Zweck ersparen möchtest. Aber der Zweck ist gut, er ist für dein späteres Leben, wie es dir vorschwebt, von Wichtigkeit, und so steht es nicht mit uns, daß wir für deine sprachliche Ausbildung nicht aufkommen könnten, so gut wie früher für Anna's Studium auf der Akademie. Ich begreife nicht, warum du bei deinem Vorsatz, dir die Kenntnis des Englischen zu erobern, auf halbem Wege stehenbleiben willst. Man könnte sagen, lieber Junge, nimm's mir nicht übel, daß du mir gerade damit schlecht für meine Bereitwilligkeit danken würdest. Dein Abitur – gewiß, das ist eine ernste Sache, und ich verstehe, daß du für die alten Sprachen, mit denen dir's nun einmal sauer wird, noch tüchtig wirst büffeln müssen. Aber die Englischstunden, ein paarmal die Woche, – du wirst nicht behaupten wollen, Eduard, daß die dir nicht eher zur Erholung und wohltätigen Zerstreuung dabei dienen werden, als daß sie eine zusätzliche Anstrengung bedeuteten. Außerdem – und nun laß mich aufs Persönliche, Menschliche kommen – steht Ken, wie er genannt wird, steht also Herr Keaton zu unserem Hause doch längst nicht mehr in dem Verhältnis, daß man zu ihm sagen könnte: Sie sind nun überflüssig – und ihm so einfach den Laufpaß geben. So einfach erklären: Der Mohr kann gehen. Er ist zu einem Hausfreund, gewissermaßen zu einem Glied der Familie geworden und wäre mit Recht verletzt von solcher Abfertigung. Uns allen würde er fehlen, besonders Anna, glaube ich, wäre verstimmt, wenn

er nicht mehr käme und unsere Mahlzeiten belebte durch seine intime Kenntnis der Düsseldorfer Geschichte, uns nicht mehr vom Jülich-Klevischen Erbfolgestreit erzählte und vom Kurfürsten Jan Wellem, der auf dem Marktplatz steht. Auch du würdest ihn vermissen und sogar ich. Kurz, Eduard, dein Vorschlag ist gut gemeint, seine Ausführung aber weder notwendig noch auch recht möglich. Wir lassen am besten alles beim alten.«
»Wie du meinst, Mama«, sagte Eduard und berichtete der Schwester von seinem Mißerfolg, die ihm erwiderte:
»Ich dachte es mir, mein Junge. Mama hat die Situation im Grunde richtig gekennzeichnet, und ich hatte ähnliche Bedenken wie sie, als du mir deinen Schritt bei ihr ankündigtest. Soweit jedenfalls hat sie ja recht, daß Keaton ein angenehmer Gesellschafter ist und wir sein Wegbleiben alle bedauern würden. Mach also nur weiter mit ihm.«
Eduard sah der Sprechenden ins Gesicht, das sich nicht bewegte, zuckte die Achseln und ging. Ken erwartete ihn gerade in seinem Zimmer, las ein paar Seiten Emerson oder Macaulay mit ihm, dann eine amerikanische Mystery Story, die für die letzte halbe Stunde Stoff zum Schwatzen gab, und blieb zum Abendessen, wozu er längst nicht mehr eigens gebeten wurde. Sein Bleiben nach dem Unterricht war zur stehenden Einrichtung geworden, und Rosalie hielt Rat an den Wochentagen ihres unzukömmlichen und furchtsamen, von Schmach getrübten Glücks mit Babette, der Wirtschafterin, über das Menü, ließ Gutes anrichten, sorgte für einen gehaltvollen Pfälzer oder Rüdesheimer, bei dem man nach dem Essen im Wohnzimmer noch eine Stunde zusammenblieb, und dem sie über ihre Gewohnheit zusprach, um den unvernünftig Geliebten mutiger anblicken zu können. Oft aber auch machte der Wein sie müde und ver-

zweifelt, und dann kämpfte sie einen verschieden ausgehenden Kampf, ob sie bleiben und unter seinen Augen leiden oder sich zurückziehen und in der Einsamkeit um ihn weinen sollte.

Da mit dem Oktober die gesellschaftliche Saison begonnen hatte, sah sie Keaton auch außer ihrem Hause, bei Pfingstens in der Pempelforter Straße, bei Lützenkirchens, bei Oberingenieur Rollwagen in größerem Kreise. Sie suchte und mied ihn dann, floh die Menschengruppe, der er sich zugesellt hatte, wartete in einer anderen mechanisch plaudernd darauf, daß er zu ihr käme und ihr Aufmerksamkeit erwiese, wußte immer, wo er war, erlauschte im Gewirr der Stimmen die seine und litt entsetzlich, wenn sie Anzeichen heimlichen Einverständnisses wahrzunehmen glaubte zwischen ihm und Louise Pfingsten oder Amélie Lützenkirchen. Obgleich der junge Mann außer seinem guten Körperbau, seiner vollkommenen Unbefangenheit und freundlichen Schlichtheit des Geistes nichts Sonderliches zu bieten hatte, war er beliebt und gesucht in diesem Kreise, profitierte vergnüglich von der deutschen Schwäche für alles Ausländische und wußte recht wohl, daß seine Aussprache des Deutschen, die kindlichen Wendungen, deren er sich dabei bediente, sehr gefielen. Übrigens sprach man gern englisch mit ihm. Kleiden mochte er sich, wie er wollte. Er verfügte über keinen evening dress; aber ohnehin hatten die gesellschaftlichen Sitten sich seit Jahren gelockert, weder in der Theaterloge noch bei Abendgesellschaften war der Smoking mehr strikte Vorschrift, und auch bei Gelegenheiten, wo die Mehrzahl der Herren ihn trug, war Keaton im gewöhnlichen Straßenanzug, seiner losen, bequemen Tracht, der gegürteten braunen Hose, braunen Schuhen und grauer, wolliger Jacke willkommen.

So bewegte er sich zwanglos in den Salons, machte sich

angenehm bei den Damen, mit denen er Englisch trieb, und bei solchen, von denen er noch dafür gewonnen zu werden wünschte, schnitt sich, nach der Sitte seines Landes, bei Tische das Fleisch zuerst in kleine Stücke, legte dann das Messer quer über den Rand des Tellers, ließ den linken Arm hängen und aß auf, die Gabel mit der Rechten führend, was er sich zubereitet. Bei dieser Gewohnheit blieb er, weil er sah, daß seine Nachbarinnen und der Herr gegenüber sie mit so großem Interesse beobachteten.

Mit Rosalie plauderte er gern, auch abseits, unter vier Augen, – nicht nur weil sie zu seinen Brotgebern und »bosses« gehörte, sondern aus wirklicher Hingezogenheit. Denn während die kühle Intelligenz und die geistigen Ansprüche ihrer Tochter ihm Furcht einflößten, sprach die treuherzige Fraulichkeit der Mutter ihn sympathisch an, und ohne ihre Empfindungen richtig zu deuten (er kam nicht darauf, das zu tun), ließ er sich's wohl sein in der Wärme, die ausging von ihr zu ihm, gefiel sich in ihr und kümmerte sich wenig um dabei vorkommende Merkmale der Spannung, Beklommenheit, Verwirrung, die er als Äußerungen europäischer Nervosität verstand und darum hochachtete. Es kam hinzu, daß, so sehr sie litt, ihre Erscheinung damals ein Neuerblühen, eine Verjüngung ins Auge fallen ließ, über die man ihr Komplimente machte. Immer hatte ihre Gestalt sich ja jugendlich erhalten, aber was auffiel, war der Glanz ihrer schönen braunen Augen, der, mochte er auch etwas fieberhaft Heißes haben, ihr doch reizend zustatten kam, die Erhöhung ihrer Gesichtsfarbe, die sich aus gelegentlichem Erbleichen rasch wiederherstellte, die Beweglichkeit der Züge ihres voller gewordenen Gesichtes bei Gesprächen, die lustig zu sein pflegten und ihr immer die Möglichkeit gaben, eine sich eindrängende Verzerrung ihrer Miene durch ein Lachen zu korrigieren. Man lachte viel und laut bei diesen Geselligkeiten, denn in einmütiger Reichlichkeit sprach man dem Wein und der Bowle zu, und was exzentrisch hätte wirken können in Rosaliens Wesen, ging unter in der allgemeinen, zur Verwunderung wenig aufgelegten Gelöstheit. Wie glücklich war sie aber, wenn es in Kens Gegenwart geschah, daß eine der Frauen zu ihr sagte: »Liebste, Sie sind erstaunlich! Wie entzückend Sie aussehen heute abend! Sie stechen die Zwanzigjährigen aus. Sagen Sie doch, welchen Jungbrunnen haben Sie ausfindig gemacht?« Und wenn der Geliebte dann gar bestätigte: »Rigth you are! Frau von Tümmler is perfectly delightful tonight.« Sie lachte, wobei ihr tiefes Erröten aus der Freude über die empfangene Schmeichelei erklärt werden mochte. Sie sah weg von ihm, aber sie dachte seiner Arme, und wieder fühlte sie dies Überströmt-, Überschwemmtwerden ihres Inneren von ungeheurer Süßigkeit, das ihr so oft jetzt geschah, und das die anderen wohl mit Augen sehen mußten, wenn sie sie jung, wenn sie sie reizend fanden.

Es war an einem dieser Abende, nach dem Auseinandergehen der Gesellschaft, daß sie ihrem Vorsatz untreu wurde, das Geheimnis ihres Herzens, dies unstatthafte und leidvolle, aber berückende Seelenwunder tief bei sich zu bewahren und sich auch der töchterlichen Freundin nicht darüber zu eröffnen. Ein unwiderstehliches Mitteilungsbedürfnis zwang sie, das Versprechen, das sie sich gegeben, zu brechen und sich der klugen Anna anzuvertrauen, nicht nur, weil sie liebend verstehende Teilnahme ersehnte, sondern auch aus dem Wunsch, was die Natur an ihr tat als die menschliche Merkwürdigkeit, die es war, zu intelligenten Ehren zu bringen.

Die beiden Damen waren bei nassem Schneewetter um Mitternacht in einer Taxi-Droschke nach Hause zurückgekehrt. Rosalie fröstelte. »Laß mich«, sagte sie, »liebes Kind, noch für eine halbe Stunde bei dir einkehren, in deinem gemütlichen Schlafzimmer. Mich friert, aber mein

Kopf, der glüht, und an Schlaf, fürchte ich, wird so bald nicht zu denken sein. Wenn du uns einen Tee machtest, zu guter Letzt, ich meine, das wäre nicht schlecht. Diese Rollwagen'sche Bowle setzt einem zu. Rollwagen braut sie selbst, hat aber nicht die glücklichste Hand dabei und gießt einen zweifelhaften Apfelsinenschabau in den Mosel und dann deutschen Sekt. Wir werden morgen wieder alle gehörige Kopfschmerzen, einen bösen hang-over haben. Das heißt, du nicht. Du bist besonnen und trinkst nicht viel. Aber ich vergesse mich beim Plaudern und achte nicht darauf, daß sie mein Glas immer auffüllen, und denke, es ist noch das erste Glas. Ja, mach uns einen Tee, das ist recht. Tee regt an, aber er beruhigt zugleich, und ein heißer Tee, im rechten Augenblick genommen, schützt vor Erkältung. Bei Rollwagens war es überheizt – jedenfalls kam es mir so vor –, und dann draußen das Schlackerwetter. Meldet am Ende gar schon der Frühling sich darin an? Heut mittag im Hofgarten glaubt' ich ihn tatsächlich schon zu erschnuppern. Aber das tut deine närrische Mutter, sobald nur der kürzeste Tag vorbei und das Licht wieder wächst. Eine gute Idee, daß du die elektrische Sonne einschaltest; hier ist die Heizung schon schwach geworden. Mein liebes Kind, du weißt es uns behaglich zu machen und trauliche Umstände herzustellen für ein kleines Gespräch unter vier Augen vor Schlafengehen. Sieh, Anna, ich habe längst den Wunsch nach einer Aussprache mit dir, – zu der du mir, da hast du recht, die Gelegenheit nie vorenthalten hast. Aber es gibt Dinge, Kind, zu deren Aussprache, deren Besprechung es besonders trauliche Umstände braucht, eine günstige Stunde, die einem die Zunge löst...«

»Was für Dinge, Mama? Mit Rahm kann ich nicht aufwarten. Nimmst du ein paar Tropfen Zitrone?«

»Dinge des Herzens, Kind, Dinge der Natur, der wundervollen, der rätselhaften, allmächtigen, die uns zuweilen so

Seltsames, Widerspruchsvolles, ja Unbegreifliches antut. Du weißt es auch. Ich habe, liebe Anna, in letzter Zeit viel an deine einstige – verzeih, daß ich daran rühre –, an deine Affäre von damals mit Brünner denken müssen, an dein Leid, das du mir in einer Stunde, nicht unähnlich dieser, klagtest, und das du in deiner Erbitterung gegen dich selbst sogar eine Schmach nanntest, nämlich des beschämenden Konfliktes wegen, in dem deine Vernunft, dein Urteil mit deinem Herzen lagen, oder, wenn du lieber willst, mit deinen Sinnen.«

»Du verbesserst dich sehr zu Recht, Mama. Herz ist sentimentaler Schwindel. Man soll nicht Herz nennen, was ganz etwas anderes ist. Unser Herz spricht doch wahrhaft nur unter Zustimmung des Urteils und der Vernunft.«

»So magst du wohl sagen. Denn du warst immer für Einheit und hieltest dafür, daß die Natur schon ganz von selbst Harmonie herstellt zwischen Seele und Körper. Aber daß du damals in Disharmonie lebtest, nämlich zwischen deinen Wünschen und deinem Urteil, das kannst du nicht leugnen. Du warst sehr jung zu der Zeit, und vor der Natur brauchte dein Verlangen sich nicht zu schämen, nur vor deinem Urteil, das dieses Verlangen erniedrigend nannte. Es bestand nicht vor ihm, und das war deine Scham und dein Leiden. Denn du bist stolz, Anna, sehr stolz, und daß es einen Stolz geben könnte auf das Gefühl allein, einen Stolz des Gefühls, der leugnet, daß es vor irgend etwas zu bestehen und sich zu verantworten habe – Urteil und Vernunft und sogar die Natur selbst –, das willst du nicht wahrhaben, und darin sind wir verschieden. Denn mir geht das Herz über alles, und wenn die Natur ihm Empfindungen einflößt, die ihm nicht mehr gebühren und einen Widerspruch zu schaffen scheint zwischen dem Herzen und ihr, – gewiß, das ist eine schmerzliche Scham, aber die Scham gilt nur der Unwürdigkeit und ist süßes Staunen, ist Ehrfurcht im Grunde vor der

Natur und vor dem Leben, das ihr am Abgelebten zu wirken gefällt.«

»Meine liebe Mama«, erwiderte Anna, »laß mich vor allem die Ehre zurückweisen, die du meinem Stolz und meiner Vernunft erweist. Die wären kläglich damals dem unterlegen, was du poetisch das Herz nennst, wenn nicht ein gnädiges Schicksal sich ins Mittel gelegt hätte, und wenn ich denke, wohin mein Herz mich geführt hätte, so muß ich Gott danken, daß es nicht nach seinen Wünschen ging. Ich bin die letzte, die einen Stein aufheben dürfte. Aber nicht von mir ist die Rede, sondern von dir, und die Ehre will ich nicht zurückweisen, daß du dich mir eröffnen willst. Denn nicht wahr, das willst du. Deine Worte deuten darauf, nur sind sie dunkel in ihrer Allgemeinheit. Lehre mich, bitte, wie ich sie auf dich zu beziehen und sie zu verstehen habe!«

»Was würdest du sagen, Anna, wenn deine Mutter auf ihre alten Tage von einem heißen Gefühl ergriffen wäre, wie es nur der vermögenden Jugend, der Reife nur und nicht einem abgeblühten Weibtum zukommt?«

»Wozu das Konditionale, Mama? Offenbar steht es so mit dir, wie du sagst. Du liebst?«

»Wie du das sagst, mein süßes Kind! Wie frei und kühn und offen du das Wort aussprichst, das mir so schwer über die Lippen ginge, und das ich tief in mir verschlossen gehalten habe so lange Zeit, nebst allem, was es an schamhaftem Glück und Leid besagt, – es verhehlt habe vor aller Welt und auch vor dir, so streng, daß du eigentlich aus den Wolken fallen müßtest, den Wolken deines Glaubens an die Matronenwürde deiner Mutter! Ja, ich liebe, liebe heiß und begehrend und selig und jammervoll, wie du einst liebtest in deiner Jugend. Vor der Vernunft hält mein Gefühl sowenig stand wie einst das deine, und wenn ich auch stolz bin auf den Seelenfrühling, mit dem mich die Natur wunderbarerweise beschenkt, so leide ich doch, wie du einst littest, und unwiderstehlich trieb es mich, dir alles zu sagen.«

»Meine liebe, gute Mama! So sage mir ruhig alles. Wo es so schwer ist, zu sprechen, da will gefragt sein. Wer ist es?«

»Es muß dir eine erschütternde Überraschung sein, mein Kind. Der junge Freund unseres Hauses. Der Lehrer deines Bruders.«

»Ken Keaton?«

»Er.«

»Er also. Nun gut. Du hast von mir nicht zu fürchten, Mama, daß ich in den Ruf ›Unbegreiflich!‹ ausbreche, obgleich das Menschenart ist. Es ist so billig und dumm, ein Gefühl unbegreiflich zu schelten, in das man sich nicht versetzen kann. Und doch – so sehr ich fürchten muß, dich zu verletzen – verzeih meiner Teilnahme die Frage: Du sprichst von einer Ergriffenheit, die deinen Jahren nicht mehr gebühre, klagst dich an, Gefühle zu hegen, deren du nicht mehr würdig bist. Hast du dich je gefragt, ob er, dieser junge Mensch, deiner Gefühle würdig ist?«

»Er, würdig? Ich verstehe kaum, was du meinst. Ich liebe, Anna. Ken ist das Herrlichste an junger Männlichkeit, was meinen Augen je vorgekommen.«

»Und darum liebst du ihn. Wollen wir nicht versuchen, Ursache und Wirkung die Plätze tauschen zu lassen und sie damit vielleicht richtig zu stellen? Könnte es nicht so sein, daß er dir nur so herrlich erscheint, weil du in ihn... weil du ihn liebst?«

»O Kind, du trennst, was untrennbar ist. In meinem Herzen hier sind meine Liebe und seine Herrlichkeit eines.«

»Aber du leidest, liebste, beste Mama, und so unendlich gern möchte ich dir helfen. Könntest du nicht versuchen, ihn einen Augenblick – nur einen Augenblick, vielleicht wäre schon das dir heilsam – nicht im verklärenden Licht deiner Liebe zu sehen, sondern bei Tageslicht, in seiner

Wirklichkeit, als den netten, ansprechenden – gewiß, ich gebe dir das zu! – ansprechenden Jungen, der er ist, der aber doch zur Leidenschaft, zum Leiden um ihn, an und für sich so wenig Anlaß gibt?«

»Du meinst es gut, Anna, ich weiß. Du möchtest mir wohltun, ich bin überzeugt davon. Aber nicht auf seine Kosten darf das geschehen, nicht, indem du ihm Unrecht tust. Und Unrecht tust du ihm mit deinem ›Tageslicht‹, das ein so falsches, so gänzlich irreführendes Licht ist. Du nennst ihn nett, nennst ihn eben nur ansprechend und willst damit sagen, daß er ein Durchschnittsmensch und nichts Besonderes an ihm ist. Aber er ist ja ein ganz außergewöhnlicher Mensch, dessen Leben ans Herz greift. Bedenke seine schlichte Herkunft, wie er sich mit eiserner Willenskraft durchs College gearbeitet und dabei in der Geschichte und in den Leibesübungen all seine Mitschüler übertraf, wie er dann zu den Fahnen eilte und sich als Soldat so vorzüglich verhielt, daß er am Ende honorably discharged wurde...«

»Verzeih, das wird jeder, der sich nicht geradezu eine Ehrlosigkeit hat zuschulden kommen lassen.«

»Jeder. Immer spielst du auf seine Durchschnittlichkeit an und willst ihn mir damit ausreden, daß du ihn, wenn nicht direkt, so doch andeutungsweise als simpel, als einen einfältigen Jungen hinstellst. Aber du vergißt, daß Einfalt etwas Erhabenes und Siegreiches sein kann, und daß seine Einfalt den großen demokratischen Geist seines weiten Heimatlandes zum Hintergrunde hat...«

»Er mag sein Land ja gar nicht.«

»Darum ist er doch sein echter Sohn, und wenn er Europa liebt, der historischen Perspektive und der alten Volksbräuche wegen, so ehrt ihn auch das und zeichnet ihn aus vor der Mehrzahl. Für sein Land aber hat er sein Blut gegeben. Honorably discharged, sagst du, wird jeder. Aber wird auch jedem eine Tapferkeitsmedaille verliehen, das

Purple heart, zum Zeichen, daß der Heldenmut, mit dem einer sich dem Feinde entgegengeworfen, ihm eine Verwundung, vielleicht eine schwere, eingetragen hat?«

»Ach, liebe Mama, ich glaube, im Kriege erwischt es den einen und den anderen nicht, der eine fällt, und der andere kommt davon, ohne daß das mit der Tapferkeit des einen und des anderen viel zu tun hätte. Wird einem ein Bein abgerissen oder die Niere zerschossen, so ist die Medaille ein Trost und eine kleine Entschädigung für sein Mißgeschick, aber ein Abzeichen besonderer Tapferkeit ist sie meistens wohl nicht.«

»Jedenfalls hat er eine seiner Nieren auf dem Altar des Vaterlandes geopfert!«

»Ja, er hatte dies Mißgeschick. Und gottlob kommt man zur Not mit einer Niere aus. Aber eben nur zur Not, und es ist doch ein Mangel, ein Defekt, der Gedanke daran schränkt die Herrlichkeit seiner Jugend doch etwas ein, und zu dem Tageslicht, in dem man ihn sehen sollte, gehört es, daß er trotz seiner guten – oder sagen wir: normalen – Gestalt körperlich nicht ganz komplett, ein Invalide und kein ganz vollständiger Mensch mehr ist.«

»Du großer Gott, Ken nicht mehr komplett, Ken kein ganzer Mensch! Mein armes Kind, der ist komplett bis zur Herrlichkeit und kann spielend auf eine Niere verzichten – nicht nur nach seiner eigenen Meinung, sondern nach der Meinung aller, der Frauen nämlich, die alle hinter ihm her sind, und bei denen er denn auch wohl sein Vergnügen findet! Liebe, gute, kluge Anna, weißt du denn nicht, warum, hauptsächlich, ich mich dir anvertraut und dieses Gespräch mit dir begonnen habe? Weil ich dich fragen wollte und deine aufrichtige Meinung darüber erfahren, ob er nach deiner Beobachtung und Überzeugung mit Louise Pfingsten ein Verhältnis hat, oder mit Amélie Lützenkirchen, oder vielleicht mit beiden, wozu er durchaus komplett genug wäre! Das ist es, worüber ich im quälendsten Zweifel schwebe, und ich wollte so gern von dir reinen Wein darüber eingeschenkt bekommen, die du die Dinge ruhigeren Blutes, bei Tageslicht sozusagen, betrachten kannst...«

»Arme Herzensmama, wie du dich quälst, wie du leidest! Es tut mir so weh. Nein doch, ich glaube nicht – ich weiß ja wenig von seiner Lebensweise und fühle keinen Beruf, sie auszuforschen –, aber ich glaube nicht und habe nie sagen hören, daß er zu Frau Pfingsten oder Frau Lützenkirchen in den Beziehungen steht, die du argwöhnst. Beruhige dich doch, bitte, darüber!«

»Gebe Gott, gutes Kind, daß du das nicht nur sagst, um mich zu trösten und Balsam auf meine Qual zu träufeln, aus Mitleid! Aber sieh, das Mitleid – obgleich ich es vielleicht sogar bei dir suche – ist ja auch wieder gar nicht am Platze, weil ich ja selig bin in meiner Qual und Scham und voller Stolz auf den Schmerzensfrühling meiner Seele, das bedenke, Kind, wenn ich auch scheinbar um Mitleid bettle!«

»Ich finde nicht, daß du bettelst. Aber das Glück und der Stolz, die sind in solchem Falle doch eng verquickt mit dem Leiden, sie sind mit ihm ein und dasselbe, und solltest du auch kein Mitleid suchen, so kommt es dir doch zu von denen, die dich lieben und dir wünschen, du hättest selber Mitleid mit dir und suchtest dich aus dieser absurden Verzauberung zu befreien... Verzeih meine Worte! Gewiß sind sie falsch, aber ich kann mich nicht sorgen um Worte. Um dich, Liebste, sorge ich mich und nicht erst seit heute, nicht erst seit deinem Geständnis, für das ich dir dankbar bin. Du hast dein Geheimnis mit großer Selbstbeherrschung in dich verschlossen, aber daß es ein solches gab, daß es um dich seit Monaten schon ganz besonders und eigentümlich stand, das konnte doch denen, die dich lieben, unmöglich verborgen bleiben, und sie sahen es mit gemischten Gefühlen.«

»Wen meinst du mit ›sie‹?«

»Ich spreche von mir. Du hast dich in letzter Zeit auffallend verändert, Mama, – das heißt: nicht verändert, ich sage es nicht recht, du bist ja dieselbe geblieben, und wenn ich sage: verändert, so meine ich damit, daß eine Art von Verjüngung über dein Wesen gekommen ist, – was aber auch das rechte Wort wieder nicht ist, denn natürlich kann es sich nicht um eine wirkliche und eigentlich nachweisbare Verjüngung deines lieben Bildes handeln. Aber meinem Auge war es zuweilen, für Augenblicke, auf eine gewisse phantasmagorische Weise, als ob aus deiner lieben Matronengestalt auf einmal die Mama von vor zwanzig Jahren hervorträte, wie ich sie kannte, als ich ein junges Mädchen war, – ja mehr noch, ich glaubte plötzlich dich zu sehen, wie ich dich nie gesehen habe, nämlich so, wie du ausgeschaut haben magst, als du selber ein ganz junges Mädchen warst. Und diese Sinnestäuschung, wenn es eine bloße Sinnestäuschung war, aber es war etwas Wirklichkeit daran, hätte mir doch Freude machen, hätte mir doch vor Vergnügen das Herz hüpfen lassen müssen, nicht wahr? Das tat sie aber nicht, sondern nur schwer machte sie mir das Herz, und gerade in solchen Augenblicken, wo du dich vor meinen Augen verjüngtest, hatte ich furchtbares Mitleid mit dir. Denn zugleich sah ich ja, daß du littest, und daß die Phantasmagorie, von der ich spreche, nicht nur mit deinem Leiden zu tun hatte, sondern geradezu der Ausdruck, die Erscheinung davon war, ein ›Schmerzensfrühling‹, wie du dich eben ausdrücktest. Liebe Mama, wie kommt es, daß du dich so ausdrückst? Es liegt nicht in deiner Art. Du bist ein schlichtes Gemüt, höchst liebenswert; deine Augen gehen gut und klar in Natur und Welt, nicht in Bücher, du hast nie viel gelesen. Du brauchtest bisher nicht Worte, wie Dichter sie bilden, so wehe und kranke Worte, und wenn du es nun dennoch tust, so hat das etwas von –«

»Wovon denn, Anna? Wenn Dichter solche Worte brauchen, so eben, weil sie sie *brauchen*, weil Gefühl und Erleben sie aus ihnen hervortreiben, und so ist es denn auch wohl mit mir, der sie nach deiner Meinung nicht zukommen. Das ist nicht richtig. Sie kommen dem zu, der sie nötig hat, und er kennt keine Scheu vor ihnen, da sie aus ihm hervorgetrieben werden. Deine Sinnestäuschung aber, oder Phantasmagorie, was du nämlich an mir zu sehen glaubtest, das will ich dir erklären. Es war das Werk *seiner* Jugend. Es war das Ringen meiner Seele, es seiner Jugend gleichzutun, um nicht in Scham und Schande vor ihr vergehen zu müssen.«

Anna weinte. Sie hielten einander in den Armen, und ihre Tränen vermischten sich.

»Auch dies«, sagte die Lahme mit Anstrengung, »auch das, was du da sagst, geliebtes Herz, ist dem fremden Wort verwandt, das du brauchtest, und es hat, wie dieses, in deinem Munde etwas von Zerstörung. Diese unselige Anwandlung zerstört dich, sehe es mit Augen, ich höre es deiner Rede an. Wir müssen ihr Einhalt tun, ein Ende machen, dich vor ihr retten, um jeden Preis. Man vergißt, Mama, wenn man nicht mehr sieht. Nur auf einen Entschluß kommt es an, einen rettenden Entschluß. Der junge Mann darf nicht mehr zu uns kommen, wir müssen ihm aufsagen. Das ist nicht genug. Du siehst ihn anderswo in Gesellschaft. Gut, so müssen wir ihn bestimmen, die Stadt zu verlassen. Ich getraue mich, ihn dazu zu bringen. Ich werde freundschaftlich mit ihm reden, ihm vorhalten, er verliege und vertue sich hier, er sei längst fertig mit Düsseldorf und dürfe nicht ewig hier hängenbleiben, Düsseldorf sei nicht Deutschland, das er besser und weiter kennenlernen müsse, München, Hamburg, Berlin, die seien auch noch da und wollten ausprobiert sein, beweglich müsse er sich halten und da und dort eine Weile leben, bevor er, wie es seine natürliche Pflicht sei, in

seine Heimat zurückkehre und einen ordentlichen Beruf ergreife, statt in Europa den invaliden Sprachlehrer zu machen. Ich werde ihm das schon zu Gemüte führen. Und will er nicht und versteift sich auf Düsseldorf, wo er nun einmal seine Verbindungen hat, nun, Mama, dann gehen wir selbst. Dann geben wir das Haus hier auf und siedeln nach Köln oder Frankfurt über oder an einen schönen Ort im Taunus, und du läßt hier zurück, was dich quälte und dich zerstören wollte, und vergissest mit Hilfe des Nicht-mehr-Sehens. Man muß nur nicht mehr sehen, das hilft unfehlbar, denn nicht vergessen können, das gibt es nicht. Du magst es eine Schande nennen, daß man vergißt, aber man tut es, verlaß dich darauf. Und du genießt dann im Taunus die liebe Natur und bist wieder unsere alte, liebe Mama.«
So Anna mit vieler Inständigkeit, aber wie ganz vergebens!
»Halt, halt, Anna, nichts mehr von dem, was du sagst, ich kann es nicht hören! Du weinst mit mir, und deine Sorge ist liebreich, aber was du sagst, deine Anträge, die sind unmöglich und mir entsetzlich. Vertreiben, ihn? Fortziehen, wir? Wohin verirrt sich deine Fürsorge! Du sprichst von der lieben Natur, aber du schlägst ihr ins Gesicht mit deinen Zumutungen, du willst, daß ich ihr ins Gesicht schlage, indem ich den Schmerzensfrühling ersticke, mit dem sie wunderbarerweise meine Seele begnadet! Welche Sünde wäre das, welcher Undank wäre es wohl, welche Treulosigkeit gegen sie, die Natur, und welche Verleugnung des Glaubens an ihre gütige Allmacht! Weißt du noch, – Sara, wie die sich versündigte? Die lachte bei sich hinter der Tür und sprach: ›Nun ich alt bin, soll ich noch Wollust pflegen, und mein Herr auch alt ist?‹ Gott, der Herr, aber sagte empfindlich: ›Warum lachet deß Sara?‹ Meiner Meinung nach lachte sie weniger ihres eigenen versiegten Alters wegen, als weil auch Abraham, ihr

Herr, so sehr alt und wohlbetagt war, schon neunundneunzig. Welcher Frau müßte denn nicht der Gedanke zum Lachen sein, mit einem Neunundneunzigjährigen Wollust zu pflegen, möge auch das Liebesleben der Männer weniger scharf begrenzt sein als das weibliche. Mein Herr aber ist jung, blutjung, und wieviel leichter und lockender muß mir der Gedanke – – Ach, Anna, mein treues Kind, ich pflege Wollust, scham- und gramvolle Wollust in meinem Blute, meinen Wünschen und kann nicht lassen von ihr, kann nicht in den Taunus fliehen, und wenn du Ken überredest, fortzuziehen, – ich glaube, ich würde dich hassen bis in den Tod!«
Die Pein war groß, mit der Anna diese hemmungslosen, berauschten Worte mit anhörte.
»Liebste Mama«, sagte sie mit gepreßter Stimme, »du bist sehr erregt. Was dir not tut jetzt, ist Ruhe und Schlaf. Nimm zwanzig Tropfen Baldrian in Wasser, auch fünfundzwanzig. Dies harmlose Mittel ist oft sehr hilfreich. Und sei versichert, daß ich auf eigene Hand nichts unternehmen werde, was deinem Gefühl entgegen ist. Laß diese Versicherung auch zu deiner Beruhigung dienen, an der mir alles gelegen ist! Wenn ich abschätzig von Keaton sprach, den ich achte als Gegenstand deiner Neigung, obgleich ich ihn verwünschen muß als Ursache deiner Leiden, so wirst du verstehen, daß ich es damit auch nur um deiner Beruhigung willen versuchte. Für dein Vertrauen bin ich dir unendlich dankbar und hoffe, ja glaube fest, daß du dir durch diese Aussprache mit mir das Herz doch etwas erleichtert hast. Vielleicht war diese Aussprache die Voraussetzung für deine Genesung – ich meine: für deine Beruhigung. Dies liebe, frohe, uns allen teuere Herz wird sich wiederfinden. Es liebt unter Leiden – meinst du nicht, daß es, sagen wir: mit der Zeit lernen könnte, leidlos und nach der Vernunft zu lieben? Siehst du, die Liebe –« (Anna sagte dies, indem sie die Mutter sorgsam in ihr Schlafzim-

mer hinüberführte, um ihr dort selbst den Baldrian ins Glas zu träufeln) »die Liebe, was ist sie nicht alles, wie Vielartiges deckt ihr Name, und wie ist sie doch immer die Eine! Die Liebe einer Mutter zu ihrem Sohne etwa – ich weiß, Eduard steht dir nicht besonders nahe –, aber diese Liebe kann sehr innig, sehr leidenschaftlich sein, sie kann sich zart, aber deutlich von der Liebe zu einem Kinde des eigenen Geschlechts unterscheiden und doch keinen Augenblick aus den Schranken der Mutterliebe treten. Wie, wenn du die Tatsache, daß Ken dein Sohn sein könnte, dazu benutztest, die Zärtlichkeit, die du für ihn hegst, aufs Mütterliche abzustellen, sie dir zum Heil im Mütterlichen anzusiedeln?«

Rosalie lächelte unter Tränen.

»Damit das rechte Einvernehmen herrsche zwischen Körper und Seele, nicht wahr?« spottete sie traurig. »Mein liebes Kind, wie ich deine Klugheit in Anspruch nehme, sie strapaziere und mißbrauche! Es ist nicht recht von mir, denn umsonst bemühe ich sie. Das Mütterliche – das ist ja denn auch wohl so etwas wie der Taunus... Rede ich nicht mehr ganz klar? Ich bin todmüde, da hast du recht. Hab Dank, Liebste, für deine Geduld, deine Teilnahme! Dank auch dafür, daß du Ken achtest um dessentwillen, was du meine Neigung nennst. Und hasse ihn nicht zugleich, wie ich dich hassen müßte, wenn du ihn vertriebest! Er ist das Mittel der Natur, an meiner Seele ihr Wunder zu tun!«

Anna verließ sie. Eine Woche verging, während welcher Ken Keaton zweimal bei Tümmlers zu Nacht aß. Das erste Mal war ein älteres Ehepaar aus Duisburg dabei, Verwandte Rosaliens: die Frau war eine Cousine von ihr. Anna, die wohl wußte, daß von gewissen Beziehungen und Gefühlsspannungen fast unabwendbar ein Fluidum von Auffälligkeit ausgeht gerade auf ganz Fernstehende,

beobachtete die Gäste scharf. Sie sah die Cousine ein paarmal verwundert hin und her blicken zwischen Keaton und der Hausfrau, sah einmal sogar ein Lächeln im Schnurrbart des Mannes. An diesem Abend bemerkte sie auch eine Veränderung von Kens Verhalten zu ihrer Mutter, eine neckische Umstellung und Anpassung seiner Reaktionen, und daß er es nicht dulden wollte, wenn sie, mühsam genug, vorgab, sich nicht um ihn zu kümmern, sondern sie nötigte, sich ihm zuzuwenden. – Das andere Mal war sonst niemand zugegen. Frau von Tümmler verstand sich da zu einer skurrilen, ihrer Tochter zugedachten und von jenem Gespräch mit ihr inspirierten Aufführung, mit der sie gewisse Ratschläge Anna's verspottete und zugleich aus der Travestie ihren Nutzen zog. Es hatte sich nämlich herausgestellt, daß Ken letzte Nacht ausgiebig gebummelt, mit ein paar guten Freunden, einem Mal-Eleven und zwei Fabrikantensöhnen, bis in den Morgen hinein eine Altbierreise getan hatte und mit einem gehörigen Brummschädel, einem hang-over ersten Ranges, wie Eduard sagte, der die Sache ausplauderte, zu Tümmlers gekommen war. Beim Abschied, als man einander gute Nacht sagte, sah Rosalie die Tochter einen Augenblick mit erregter Verschmitztheit an, ja, hielt zunächst noch den Blick auf sie gerichtet, während sie schon den jungen Mann am Ohrläppchen faßte und zu ihm sagte:
»Und du, Söhnchen, nimm von Mama Rosalie einen ernsten Verweis und laß dir sagen, daß ihr Haus nur Leuten von gesetzten Sitten und nicht Nachtvögeln und Bierinvaliden offensteht, die kaum noch imstande sind, Deutsch zu sprechen oder nur aus den Augen zu sehen! Hast du's gehört, Taugenichts? Bessere dich! Wenn dich die bösen Buben locken, so folge ihnen nicht und verfahre fortan so wüst nicht mit deiner Gesundheit! Willst du dich bessern, dich bessern?« Immerfort zupfte sie ihn dabei am Ohrläppchen, und Ken gab dem leichten Zuge übertrieben

nach, tat, als sei die Strafe wunder wie schmerzhaft und bog sich recht kläglich grimassierend unter ihrer Hand, wobei er seine hübschen, blanken Zähne entblößte. Sein Gesicht war ganz nahe dem ihren, und in dies nahe Gesicht hinein sagte sie noch:
»Denn tust du's wieder und besserst dich nicht, unartiges Söhnchen, so verweise ich dich aus der Stadt, weißt du das wohl? Ich schicke dich an einen stillen Ort im Taunus, wo zwar die Natur sehr schön ist, es aber keine Versuchungen gibt und du die Bauernkinder im Englischen unterrichten magst. Für diesmal nun schlaf deinen schwarzen Kater aus, Bösewicht!« Und sie ließ von seinem Ohr, nahm Abschied von der Nähe seines Gesichts, sah Anna noch einmal mit bleicher Verschmitztheit an und ging.
Acht Tage später ereignete sich etwas Außerordentliches, das Anna von Tümmler im höchsten Grade erstaunte, ergriff und verwirrte – verwirrte insofern, als sie sich zwar für ihre Mutter darüber freute, dabei aber nicht recht wußte, ob sie es als ein Glück oder Unglück betrachten sollte. Sie wurde um zehn Uhr vormittags durch das Zimmermädchen zur gnädigen Frau gebeten. Da die kleine Familie getrennt frühstückte – Eduard zuerst, dann Anna, die Hausfrau zuletzt –, so hatte sie die Mutter heute noch nicht gesehen. Rosalie lag auf der Chaiselongue ihres Schlafzimmers, mit einer leichten Kaschmirdecke zugedeckt, bläßlich, aber mit gerötetem Näschen. Sie nickte der aufstampfend eintretenden Tochter mit einem Lächeln von etwas gezierter Mattigkeit zu, sagte aber nichts und ließ diese fragen:
»Was gibt es, Mama? Du bist doch nicht krank?«
»O nein, mein Kind, beunruhige dich nicht, das ist keine Krankheit. Ich war sehr versucht, statt dich rufen zu lassen, selbst zu dir hinüberzugehen und dich zu begrüßen. Aber ich bin etwas schonungsbedürftig, etwas darauf an-

gewiesen, mich ruhig zu halten, wie wir Frauen es mitunter sind.«

»Mama! Wie soll ich deine Worte verstehen?«

Da richtete Rosalie sich auf, schlang die Arme um den Hals der Tochter, wodurch sie sie zu sich niederzog, auf den Rand der Chaiselongue, und flüsterte, Wange an Wange mit ihr, an ihrem Ohr, schnell, selig, in einem Atem:

»Triumph, Anna, Triumph, es ist mir wiedergekehrt, mir wiedergekehrt nach so langer Unterbrechung, in voller Natürlichkeit und ganz wie es sich schickt für eine reife, lebendige Frau! Teures Kind, welches Wunder! Was tut die große, gute Natur für ein Wunder an mir und segnet damit meinen Glauben! Denn ich habe geglaubt, Anna, und nicht gelacht, dafür lohnt mir nun die gute Natur und nimmt zurück, was sie mit meinem Körper schon veranstaltet zu haben schien, sie erweist es als Irrtum und stellt die Harmonie wieder her zwischen Seele und Körper, aber auf andere Weise, als du wolltest, daß es geschähe. Nicht so, daß die Seele ergeben den Körper sein Werk an ihr tun und sich von ihm überführen läßt in den würdigen Matronenstand, sondern umgekehrt, umgekehrt, liebes Kind, so, daß die Seele sich als Meisterin erweist über den Körper. Beglückwünsche mich, Liebste, denn ich bin sehr glücklich! Bin ich doch wieder Weib, ein Vollmensch wieder, eine fähige Frau, darf mich würdig fühlen der Mannesjugend, die es mir angetan, und brauche vor ihr nicht mehr im Gefühl der Ohnmacht die Augen niederzuschlagen. Die Lebensrute, mit der sie mich schlug, hat nicht nur die Seele, hat auch den Körper getroffen und ihn wieder zum fließenden Brunnen gemacht. Küsse mich, mein vertrautes Kind, nenne mich glücklich, so glücklich, wie ich es bin, und preise mit mir die Wundermacht der großen und guten Natur!«

Sie sank zurück, schloß die Augen und lächelte selbstgefällig, das Näschen hochrot.

»Liebe, süße Mama«, sagte Anna, zur Mitfreude willig genug und doch beklommenen Herzens, »das ist wirklich ein großes, rührendes Vorkommnis und ein Zeichen für die Prächtigkeit deiner Natur, die sich schon in der Frische deines Gefühls erwies und nun diesem auch noch solche Macht gewährt über dein Körperleben. Du siehst, ich finde mich ganz in deine Auffassung, daß, was dir körperlich widerfahren, das Produkt des Seelischen, deines jugendstarken Gefühles ist. Was ich auch je und je einmal gesagt haben mag über diese Dinge, – für so philiströs darfst du mich nicht halten, daß ich dem Seelischen alle Macht abstritte über das Körperliche und diesem allein das entscheidende Wort ließe in ihrer beider Verhältnis. Daß beide voneinander abhängig sind, soviel weiß ich auch von der Natur und ihrer Einheit. Wie sehr die Seele unterworfen sein mag den Zuständen des Körpers, – was sie ihrerseits auszurichten vermag an ihm, grenzt oft ans Wunderbare, und dein Beispiel dafür ist eines der prächtigsten. Und doch laß mich sagen: dies schöne, heitere Geschehnis, auf das du so stolz bist – und mit Recht, gewiß darfst du stolz darauf sein –, es will mir, wie ich nun einmal bin, einen solchen Eindruck nicht machen wie dir. Ich finde, es ändert nicht viel, meine prächtige Mama, und erhöht nicht wesentlich meine Bewunderung für deine Natur – oder die Natur überhaupt. Ich Lahmfuß und alterndes Mädchen habe wohl Grund, aufs Körperliche nicht gar viel Gewicht zu legen. Deine Gefühlsfrische, im Widerspruch gerade zur Altersverfassung des Körpers, schien mir prächtig genug, Triumph genug – beinahe als ein reinerer Sieg des Seelischen erschien sie mir, als nun dies, daß die Unverwüstlichkeit deines Gemüts organisches Ereignis geworden.«

»Sei du lieber still, mein armes Kind! Was du meine Gefühlsfrische nennst, und woran du dich erlabt haben willst, das hast du mir mehr oder minder unumwunden als Narretei hingestellt, mit der ich mich lächerlich machte, und hast mir geraten, aufs mütterliche Altenteil mich zurückzuziehen, mein Gefühl abzustellen aufs Mütterliche. Ei, dazu wäre es denn doch zu früh gewesen, meinst du das nun nicht auch, Ännchen? Die Natur hat dagegen gesprochen. Sie hat mein Gefühl zu ihrer Sache gemacht und mich unmißverständlich bedeutet, daß es sich nicht zu schämen hat vor ihr und vor der blühenden Jugend, der es gilt. Und du meinst wirklich, das ändert nicht viel?«

»Was ich meine, du liebe, wunderbare Mama, ist nun einmal gewiß nicht, daß ich das Wort der Natur mißachtete. Es ist vor allem nicht, daß ich dir die Freude verkümmern möchte an ihrem Spruch. Du wirst das nicht glauben. Wenn ich meinte, das Geschehene ändere nicht viel, so bezog sich das auf die äußere Wirklichkeit, aufs Praktische sozusagen. Als ich dir riet, dir innig wünschte, du möchtest es über dich gewinnen, es möchte dir nicht einmal schwerfallen, dein Gefühl für den jungen Mann – verzeih, daß ich so kühl von ihm spreche – für unsern Freund Keaton also – einzufrieden ins Mütterliche, da stützte meine Hoffnung sich auf die Tatsache, daß er dein Sohn sein könnte. An dieser Tatsache, nicht wahr, hat sich doch nichts geändert, und sie wird nicht umhinkönnen, das Verhältnis zwischen dir und ihm von beiden Seiten her, von deiner und auch von seiner her zu bestimmen.«

»Und auch von seiner. Du sprichst von beiden Seiten, meinst aber nur seine. Du glaubst nicht, daß er mich anders lieben könnte, als allenfalls wie ein Sohn?«

»Ich will das nicht sagen, liebste, beste Mama.«

»Wie könntest du es auch sagen, Anna, mein treues Kind! Bedenke, du hast das Recht nicht dazu, die nötige Autorität nicht in Liebesdingen. Du hast wenig Scharfblick auf diesem Gebiet, weil du früh resigniertest, mein Herz, und deine Augen wegwandtest von derlei Belangen. Das Geistige bot dir Ersatz fürs Natürliche, das ist gut, wohl dir, es ist schön. Aber wie willst du urteilen und mich verurteilen zur Hoffnungslosigkeit? Du hast keine Beobachtung und siehst nicht, was ich sehe, fängst die Zeichen nicht auf, die mir dafür sprechen, daß sein Gefühl bereit ist, dem meinen entgegenzukommen. Willst du behaupten, daß er in solchen Augenblicken nur sein Spiel mit mir treibt? Hältst du ihn lieber für frech und herzlos, als daß du mir Hoffnung gönntest auf das Einstimmen seines Gefühls in meines? Was wäre so Wunderbares daran? Bei all deiner Distanz zum Liebesleben wird dir nicht unbekannt sein, daß junge Leute sehr oft eine gereifte Weiblichkeit der unerfahrenen Jugend, dem blöden Gänschentyp vorziehen. Da mag wohl ein Heimverlangen nach der Mutter im Spiele sein – wie umgekehrt mütterliche Gefühle mit einfließen mögen in die Leidenschaft einer Frau von Jahren für einen jungen Mann. Wem sag' ich es? Mir ist doch ganz, als hättest du kürzlich selbst gesprächsweise Verwandtes geäußert.«

»Wirklich? Jedenfalls hast du recht, Mama. Ich gebe dir überhaupt recht in allem, was du sagst.«

»Dann darst du mich nicht hoffnungslos nennen, heute dazu, wo die Natur sich zu meinem Gefühl bekannt hat. Du darfst es nicht, trotz meinen grauen Haaren, auf die du, wie mir scheint, die Augen richtest. Ja, ich bin leider recht grau. Es war ein Fehler, daß ich nicht längst begonnen habe, mir das Haar zu färben. Jetzt kann ich nicht plötzlich damit anfangen, obgleich die Natur mich gewissermaßen dazu ermächtigt hat. Aber für mein Gesicht kann ich einiges tun, nicht nur durch Massage, sondern auch durch die Verwendung von etwas Rouge. Ihr Kinder werdet doch keinen Anstoß daran nehmen?«

»Wie sollten wir, Mama. Eduard merkt es gar nicht, wenn

du nur einigermaßen diskret dabei zu Werke gehst. Und ich... finde zwar, daß das Künstliche zu deinem Natursinn nicht recht passen will, aber es ist ja gewiß keine Sünde gegen die Natur, ihr auf so gebräuchliche Weise nachzuhelfen.«

»Nicht wahr? Und es gilt doch, zu verhindern, daß in Kens Gefühlen der Hang zum Mütterlichen eine zu große, eine überwiegende Rolle spielt. Das wäre gegen meine Hoffnung. Ja, liebes, treues Kind, dies Herz – ich weiß, du sprichst und hörst nicht gern vom ›Herzen‹ –, aber mein Herz ist geschwellt von Stolz und Freude, von dem Gedanken, wie so ganz anders ich seiner Jugend begegnen werde, mit wie anderem Selbstvertrauen. Geschwellt ist das Herz deiner Mutter von Hoffnung auf Glück und Leben!«

»Wie schön, liebste Mama! Und wie reizend von dir, daß du mich teilnehmen läßt an deiner Beglückung! Ich teile sie, teile sie von Herzen, du wirst daran nicht zweifeln, auch nicht, wenn ich sage, daß etwas Sorge sich in meine Mitfreude mischt, – das sieht mir ähnlich, nicht wahr? – etwas Bedenklichkeit –, *praktische* Bedenklichkeit, um das Wort zu wiederholen, das ich statt eines besseren schon einmal gebrauchte. Du sprichst von deiner Hoffnung und allem, was dich dazu berechtigt – ich finde, es ist vor allem ganz einfach deine liebenswürdige Person. Aber du unterläßt es, diese Hoffnung näher zu bestimmen und mir zu sagen, worauf sie zielt, worauf sie in der Wirklichkeit des Lebens hinauswill. Hast du die Absicht, dich wieder zu verheiraten? Ken Keaton zu unserem Stiefvater zu machen? Mit ihm vor den Traualtar zu treten? Es mag feig von mir sein, aber da der Unterschied euerer Jahre dem zwischen Mutter und Sohn gleichkommt, fürchte ich etwas das Befremden, das dieser Schritt erregen würde.«

Frau von Tümmler sah ihre Tochter groß an.

»Nein«, antwortete sie, »dieser Gedanke ist mir neu, und

wenn es dich beruhigt, kann ich dich versichern, daß er mir auch fremd ist. Nein, Anna, närrisches Ding, ich habe nicht vor, euch einen vierundzwanzigjährigen Stiefvater zu geben. Wie sonderbar von dir, so starr und fromm von ›Traualtar‹ zu sprechen!«

Anna schwieg, die Augen mit einem Nicken der Lider an ihrer Mutter vorbei ins Leere gerichtet.

»Die Hoffnung«, sagte diese, »wer will sie bestimmen, wie du es verlangst? Die Hoffnung ist die Hoffnung, wie willst du, daß sie sich selbst, wie du es nennst, nach praktischen Zielen frage? Was die Natur an mir getan hat, ist so schön – nur Schönes kann ich davon erwarten, dir aber nicht sagen, wie ich mir denke, daß es kommen, wie sich verwirklichen und wohin führen wird. Das ist die Hoffnung. Sie denkt überhaupt nicht – am wenigsten an den Traualtar.«

Anna's Lippen waren leicht verpreßt. Zwischen ihnen äußerte sie leise, wie unwillkürlich und mit Widerstreben:

»Der wäre ein relativ vernünftiger Gedanke.«

Mit Bestürzung betrachtete Frau von Tümmler die Lahme, die sie nicht ansah, und suchte in ihren Zügen zu lesen.

»Anna!« rief sie gedämpft. »Wie denkst du und wie verhältst du dich? Laß mich gestehen, daß ich dich gar nicht wiedererkenne! Sage, wer ist denn die Künstlerin von uns beiden, – ich oder du? Nie hätte ich gedacht, daß du an Vorurteilslosigkeit so hinter deiner Mutter zurückstehen könntest – und nicht bloß hinter der, sondern auch hinter der Zeit und ihren freieren Sitten? In deiner Kunst bist du so fortgeschritten und betreibst das Allerneueste, so daß ein Mensch von meinem schlichten Verstande mit Mühe nur folgen kann. Aber moralisch scheinst du weiß Gott wann zu leben, Anno dazumal, vor dem Kriege. Wir haben doch jetzt die Republik, wir haben die Freiheit, und die Begriffe haben sich sehr verändert zum Légèren, Ge-

lockerten hin, das zeigt sich in allen Stücken. So ist es jetzt unter den jungen Leuten guter Ton, daß sie das Taschentuch, von dem früher immer nur ein Eckchen in der Brusttasche sichtbar war, lang heraushängen lassen, – wie eine Fahne lassen sie es heraushängen, das halbe Taschentuch, – ganz deutlich ist darin ein Zeichen und sogar eine bewußte Kundgebung republikanischer Auflockerung der Sitten zu erkennen. Auch Eduard läßt so nach der Mode sein Taschentuch hängen, und ich sehe es mit einem gewissen Vergnügen.«
»Du beobachtest sehr hübsch, Mama. Aber ich glaube, dein Taschentuchsymbol ist in Eduards Fall nicht sehr persönlich zu nehmen. Du selbst sagst oft, der junge Mann – ein solcher ist er nachgerade ja schon – habe viel von unserem Vater, dem Oberstleutnant. Es ist im Moment vielleicht nicht ganz taktvoll, daß ich Papas Person in unser Gespräch und in unsere Gedanken bringe. Und doch –«
»Anna, euer Vater war ein vorzüglicher Offizier und ist auf dem Felde der Ehre gefallen, aber ein Junker Leichtfuß war er und ein Mann der Seitensprünge bis ganz zuletzt, das schlagendste Beispiel für die ungenaue Umgrenztheit des männlichen Geschlechtslebens, und unaufhörlich habe ich seinetwegen beide Augen zudrücken müssen. Ich kann es darum nicht als besondere Taktlosigkeit empfinden, daß du auf ihn die Rede bringst.«
»Desto besser, Mama, – wenn ich so sagen darf. Aber Papa war Edelmann und Offizier und lebte bei alldem, was du seine Leichtfüßigkeit nennst, in bestimmten Ehrbegriffen, die mich nicht viel angehen, von denen aber, glaube ich, auf Eduard manches gekommen ist. Nicht nur äußerlich, nach Figur und Gesichtszügen, sieht er dem Vater ähnlich. Unter gewissen Umständen würde er unwillkürlich reagieren wie er.«
»Das heißt – unter was für Umständen?«

»Liebe Mama, laß mich ganz offen sein, wie wir es immer gegeneinander waren! Es ist sehr wohl denkbar, daß Beziehungen, wie sie dir zwischen Ken Keaton und dir vorschweben, völlig in Dunkel gehüllt, der Gesellschaft ganz unbekannt bleiben können. Allerdings habe ich meine Zweifel, ob das bei deiner reizenden Impulsivität, deiner liebenswerten Unfähigkeit, dich zu verstellen und aus deinem Herzen eine Mördergrube zu machen, so ganz gelingen würde. Laß irgendeinen Frechling unserm Eduard spöttische Andeutungen machen, ihm zu verstehen geben, man wisse, daß seine Mutter – nun wie sagt man – einen leichten Lebenswandel führe, und er würde zuschlagen, er würde den Burschen ohrfeigen, und wer weiß, was für polizeiwidrige Dummheiten gefährlicher Art sich aus seiner Ritterlichkeit ergeben würden.«

»Um Gottes willen, Anna, was denkst du dir aus! Du ängstigst mich! Ich weiß, du tust es aus Fürsorge, aber grausam ist sie, deine Fürsorge, grausam wie Kinderurteil über die Mutter...«

Rosalie weinte etwas. Anna war ihr behilflich beim Trocknen ihrer Tränen, indem sie ihr liebevoll die Hand führte, in der sie das Tüchlein hielt.

»Liebste, beste Mama, verzeih! Wie ungern tu' ich dir weh! Aber du – sprich nicht von Kinderurteil! Meinst du, ich würde nicht – nein, nicht mit Duldsamkeit, das klingt schon überheblich – sondern mit Ehrerbietung und zartester Rücksicht dem zusehen, was du nun einmal für dein Glück erachtest? Und Eduard – ich weiß kaum, wie ich auf ihn kam, – nur durch sein republikanisches Taschentuch. Nicht von uns ist die Rede, noch auch nur von den Leuten. Sondern von dir, Mama. Sieh, du nanntest dich vorurteilslos. Aber bist du es wirklich? Wir sprachen von Papa und von gewissen überkommenen Begriffen, in denen er lebte, und gegen die seines Wissens die Seitensprünge nicht verstießen, mit denen er dich betrübte. Daß du sie ihm immer wieder verziehst, kam daher – mache dir das doch klar –, daß du im Grunde derselben Meinung warst, – des Wissens nämlich, daß sie mit eigentlicher Libertinage nichts zu tun hatten. Für die war er nicht geboren und geistig nicht auf sie eingerichtet. Auch du bist das nicht, – höchstens ich, als Künstlerin, bin da aus der Art geschlagen, aber ich bin nun wieder auf andere Weise ungeeignet, von meiner Emanzipation und moralischen Deklassiertheit Gebrauch zu machen.«

»Mein armes Kind«, unterbrach sie Frau von Tümmler, »sprich nicht so traurig von dir!«

»Als ob ich überhaupt von mir spräche«, erwiderte Anna. »Von dir, von dir spreche ich und sorge mich innig um dich. Für dich wäre wirklich Libertinage, was für Papa, den Lebemann, nur Flottheit ganz ohne Widerspruch gegen sich selbst noch gegen das gesellschaftliche Urteil war. Harmonie zwischen Körper und Seele, das ist gewiß eine gute, unentbehrliche Sache, und du bist stolz und glücklich, weil die Natur, deine Natur, dich auf fast wunderbare Weise damit beschenkt hat. Aber Harmonie zwischen Leben und angeborener sittlicher Überzeugung, die ist am Ende noch unentbehrlicher, und wo sie zerrissen ist, da kann nur Zerrissenheit des Gemüts und das heißt: Unglück herauskommen. Ahnt dir nicht, daß das wahr ist? Daß du gegen dich selbst leben würdest, wenn du zu Wirklichkeit machtest, wovon du träumst? Im Grunde bist du, so gut wie Papa es war, an bestimmte Begriffe gebunden, und die Zerstörung dieser Bindung käme der Zerstörung gleich deiner selbst... Ich sage es wie ich es mit Bangigkeit fühle. Warum kommt mir wieder dies Wort auf die Lippen: Zerstörung? Ich weiß, ich habe es in Ängsten schon einmal gebraucht, und empfunden hab' ich es mehr als einmal. Warum muß mir immer zumute sein, als ob diese ganze Heimsuchung, deren beglücktes Opfer du bist, etwas mit Zerstörung zu tun hätte? Ich will dir ein Geständnis machen. Neulich, vor ein paar Wochen, nach unserer Unterredung beim Tee, spät abends bei mir, als du so sehr erregt warst, da war ich versucht, mit Dr. Oberloskamp, der Eduard behandelte, als er die Gelbsucht hatte, und mich einmal, als ich vor Halsentzündung nicht schlucken konnte – du brauchst ja nie einen Arzt –, mit ihm also war ich damals versucht, über dich zu sprechen und über alles, was du mir anvertraut, nur um mir deinetwegen Beruhigung von ihm zu holen. Aber ich verbot es mir dann, sehr bald verbot ich es mir, aus Stolz, Mama, das wirst du verstehen, aus Stolz auf dich und für dich, und weil es mir erniedrigend schien, dein Erleben so einem Medizinmann auszuliefern, bei dem es mit Gottes Hilfe reicht für Gelbsucht und Halsentzündung, aber doch nicht für tieferes Menschenleid. Ich bin der Meinung, daß es Krankheiten gibt, die für den Doktor zu gut sind.«

»Für beides bin ich dir dankbar, mein liebes Kind«, sagte Rosalie, »für die Sorge, die dich trieb, mit Oberloskamp über mich zu reden, und dafür, daß du die Regung verwarfst. Wie willst du denn auch, was du meine Heimsuchung nennst, das Ostern meiner Weiblichkeit und was die Seele an meinem Körper getan, auch nur aufs loseste in Verbindung bringen mit dem Begriff der Krankheit? Ist Glück – Krankheit? Leichtfertigkeit ist es freilich auch nicht, sondern Leben, Leben in Wonne und Leid, und Leben in Hoffnung, – die Hoffnung, über die ich deiner Vernunft keine Auskunft geben kann.«

»Ich verlange keine von dir, liebste Mama.«

»So geh, mein Kind. Laß mich ruhen. Du weißt, ein wenig stille Zurückgezogenheit empfiehlt sich uns Frauen an solchen Ehrentagen.«

Anna küßte die Mutter und verließ aufstampfend das Schlafzimmer. Beide Frauen hingen für sich dem eben gepflogenen Gespräche nach. Anna hatte nicht alles gesagt, noch sagen können, was sie auf dem Herzen hatte. Wie lange, zweifelte sie, würde bei der Mutter, was sie als das »Ostern ihrer Weiblichkeit« pries, diese rührende Wiederbelebung, denn vorhalten? Und Ken, wenn er – es war ganz wahrscheinlich – sich ihr ergab, – wie lange vorhalten würde auch das, wie würde die spät Liebende beständig vor jeder Jüngeren zu zittern haben, wie sehr, vom ersten Tage an, um seine Treue, um seine Achtung sogar? Nur gut noch, daß sie das Glück nicht als Lust und Freude begriff, sondern als Leben mit seinem Leid. Denn viel Leid sah Anna bangend voraus bei dem, was die Mutter erträumte.

Frau Roaslie ihrerseits war von den Vorhaltungen der Tochter tiefer beeindruckt, als sie sich hatte merken lassen. Nicht so sehr von dem Gedanken, daß Eduard unter Umständen für ihre Ehre sein junges Leben möchte in die Schanze zu schlagen haben, – die romantische Vorstellung, obgleich sie darüber geweint hatte, ließ ihr Herz eher höher schlagen. Aber was Anna von Zweifeln an ihrer »Vorurteilslosigkeit«, von Libertinage und der unentbehrlichen Harmonie zwischen Leben und sittlicher Überzeugung geäußert hatte, beschäftigte die gute Seele angestrengt während ihres Ruhetages, und nicht konnte sie umhin, diesen Zweifel Berechtigung, den töchterlichen Vorstellungen ein gut Teil Wahrheit zuzuerkennen. Zwar konnte sie ebensowenig die innigste Freude unterdrücken auf das Wiedersehn mit dem jungen Geliebten unter so neuen Umständen. Aber dem Wort der klugen Tochter von einem Gegen-sich-selbst-leben, dem hing sie grübelnd nach, und woran ihre Seele arbeitete, war, den Gedanken der Entsagung in den des Glückes aufzunehmen. Ja, konnte Entsagung nicht selber Glück sein, wenn sie kein klägliches Müssen war, sondern in Freiheit und in dem Bewußtsein der Ebenbürtigkeit geübt wurde? Rosalie kam zu dem Schluß, daß dem so sein könne.

Ken stellte sich drei Tage nach ihrer großen physiologischen Tröstung wieder bei Tümmlers ein, las und sprach englisch mit Eduard und blieb zur Abendmahlzeit. Die Beglückung durch den Anblick seines netten Jungengesichts, seiner hübschen Zähne, seiner breiten Schultern und schmalen Hüften leuchtete Rosalien aus den lieben Augen, und dieser lebendige Glanz rechtfertigte, so konnte man sagen, die Aufhöhung ihrer Wangen durch etwas künstliches Rot, ohne welches in der Tat die Blässe ihres Gesichts in Widerspruch gestanden haben würde zu jenem frohen Feuer. Sie hatte eine Art, bei der Begrüßung, diesmal und dann jedesmal, wenn Keaton kam, alle acht Tage, seine Hand zu nehmen, durch eine ziehende Bewegung seine Person der ihren nahe zu bringen und ihm dabei ernst, leuchtend und bedeutsam in die Augen zu blicken, daß Anna den Eindruck hatte, sie habe die größte Lust und sei geradezu im Begriff, dem jungen Mann die Erfahrung bekanntzugeben, die sie mit ihrer Natur gemacht. Absurde Befürchtung! Selbstverständlich geschah es nicht, und im Verlauf des Abends dann war das Verhalten der Hausfrau zu dem jungen Gast von einer heiter gefestigten Güte, die sowohl die falsche Mütterlichkeit, mit der sie der Tochter damals einen Streich gespielt, wie auch alle Scham und Zaghaftigkeit, alle peinigende Demut, die es zeitweise entstellt hatten, angenehm vermissen ließ.

Keaton, dem längst zu seinem Vergnügen klar geworden war, daß er, wie er da war, an dieser grauhaarigen, aber reizvollen Europäerin eine Eroberung gemacht hatte, wurde nicht recht klug aus der Veränderung ihres Wesens. Sein Respekt vor ihr, wie sich begreifen läßt, war gesunken durch das Gewahrwerden ihrer Schwäche; die aber hatte es seiner Männlichkeit auch wieder erregend angetan; seine Schlichtheit fühlte sich zu der ihren sympathisch hingezogen, und er fand, daß so prächtige, jugendlich dreinschauende Augen wohl aufkämen für fünfzig Jahre und alternde

Hände. Der Gedanke, ein Liebesverhältnis mit ihr anzufangen, wie er es eine Zeitlang – nicht gerade mit Amélie Lützenkirchen oder Louise Pfingsten, aber mit einer anderen Frau der Gesellschaft, auf die Rosalie gar nicht verfallen war – unterhalten hatte, war ihm keineswegs unvertraut, und wie Anna beobachtet, hatte er begonnen, den Ton, in dem er mit der Mutter seines Schülers verkehrte, wenigstens dann und wann aufs Schäkernd-Herausfordernde zu stellen.

Das wollte dem Guten nun gar nicht mehr recht gedeihen. Trotz dem Händedruck zu Anfang jeder Begegnung, bei dem sie ihn dicht an sich heranzog, so daß ihre Körper sich fast berührten, und trotz dem nahen und tiefen Blick in seine Augen, stieß er bei solchen Experimenten auf eine freundliche, aber entschiedene Würde, die ihn in seine Schranken wies, nichts von dem aufkommen ließ, was er aufkommen zu lassen versuchte, und sein Verhalten sofort zur Unterwürfigkeit ernüchterte. Einleuchten wollte ihm diese wiederholte Erfahrung nicht. Ist sie verliebt in mich oder nicht, fragte er sich und schob die Zurück- und Zurechtweisung auf die Gegenwart ihrer Kinder, der Lahmen und des Primaners. Aber es ging ihm nicht anders, wenn es sich traf, daß er in einem Salonwinkel für einige Zeit mit ihr unter vier Augen war, – und nicht anders, wenn er dann seinen kleinen Vorstößen keinen neckischen, sondern einen ernsthaft zärtlichen und drängenden, sozusagen leidenschaftlichen Charakter verlieh. Er unternahm es einmal, sie mit einem nicht gerollten Gaumen-r, das alle so gern hörten, in heißerem Tone »Rosalie« zu nennen, was, nur als Anrede genommen, nach seinen heimischen Begriffen nicht einmal eine besondere Kühnheit war. Aber, war sie auch einen Augenblick glühend errötet, so hatte sie sich doch fast sofort erhoben, war fortgegangen und hatte ihm diesen Abend weder Wort noch Blick mehr gewährt.

Der Winter, der sich wenig grimm erwiesen, kaum Frost und Schnee und nur desto mehr Regen gebracht hatte, ging dieses Jahr auch noch früh zu Ende. Schon im Februar gab es sonnig durchwärmte Tage, die Frühling atmeten. Winzige Blattknospen wagten sich da und dort am Gesträuch hervor. Rosalie, die die Schneeglöckchen ihres Gartens mit Liebe begrüßt hatte, konnte sich früher als sonst, fast vorzeitig, am Märzenbecher – dann gleich auch am kurzgestielten Krokus erfreuen, der überall in den Vorgärten der Villen und im Hofgarten sproß, und vor dem die Spaziergänger stehenblieben, um ihn einander zu zeigen und sich an seinem bunten Gedränge zu weiden.

»Ist es nicht merkwürdig«, sagte Frau von Tümmler zu ihrer Tochter, »wie er der Herbstzeitlose gleicht? Es ist ja so gut wie dieselbe Blume! Ende und Anfang – man könnte sie verwechseln, so ähneln sie einander, – könnte sich in den Herbst zurückversetzt meinen beim Anblick des Krokus und an Frühling glauben, wenn man die Abschiedsblume sieht.«

»Ja, eine kleine Verwirrung«, antwortete Anna. »Deine alte Freundin, Mutter Natur, hat wohl überhaupt eine anmutige Neigung zur Zweideutigkeit und Mystifikation.«

»Gleich hast du spitze Worte gegen sie auf der Zunge, böses Kind, und wo ich mich verwundere, da spöttelst du. Laß gut sein, du wirst mir mein zärtlich Verhältnis zu ihr, der lieben Natur, nicht wegspotten – am wenigsten jetzt, wo sie im Begriffe ist, meine Jahreszeit heraufzubringen, – ich nenne sie mein, weil doch die Jahreszeit unsrer Geburt uns besonders verwandt ist, und wir sind es ihr. Du bist ein Adventskind und kannst also wahrhaftig sagen, daß deine Ankunft in einem guten Zeichen stand – schon fast in dem des lieben Weihnachtsfestes. Du mußt dich sympathisch angesprochen fühlen von dieser wohl frostigen, aber dem Gedanken nach doch so freudig erwärmten

Periode. Denn wirklich, sympathische Beziehungen sind es nach meiner Erfahrung, in denen wir stehen zu der Jahreszeit, die uns hervorbrachte. Ihre Wiederkehr hat etwas Bestätigendes und Bekräftigendes für unser Leben, etwas Erneuerndes, wie denn also für mich der Frühling es hat, – nicht weil es eben der Frühling ist, oder der Lenz, wie es in Gedichten heißt, eine allgemein beliebte Saison, sondern weil ich persönlich ihm zugehöre und mir ist, als lächelte er ganz persönlich mir zu.«
»Er tut es gewiß, liebste Mama«, erwiderte die Winterliche. »Und sei nur versichert, daß mir dazu kein einziges spitzes Wort auf die Zunge kommen wird!«
Es ist aber zu sagen, daß der Lebensauftrieb, den Rosalie von dem Nahen und Sichentfalten »ihrer« Jahreszeit zu empfangen gewohnt war – oder gewohnt zu sein glaubte –, gerade als sie so sprach, sich nicht recht bewähren wollte. Fast war es, als ob die moralischen Vorsätze, die das Gespräch mit der Tochter ihr eingegeben und an denen sie so getreulich festhielt, ihr gegen die Natur gingen, als ob sie auch damit oder gerade damit »gegen sich lebte«. Ganz dies war der Eindruck, den Anna gewann, und das lahmende Mädchen machte sich Vorwürfe, weil sie die Mutter zu einer Enthaltsamkeit überredet hatte, auf die ihre eigene freie Weltansicht gar nicht bestand, sondern die ihr eben nur für die Seelenruhe der lieben Frau als notwendig erschienen war. Etwas mehr noch: sie verdächtigte sich uneingestandener schlechter Motive. Sie fragte sich, ob sie, die Sinnenglück einmal gramvoll ersehnt, aber nie gekannt hatte, es nicht der Mutter heimlich mißgönnt und sie darum mit allerlei erklügelten Argumenten zur Sittsamkeit angehalten hatte. Nein, sie konnte das nicht von sich glauben, und doch bekümmerte und belastete, was sie sah, ihr Gewissen.
Sie sah, daß Rosalie auf ihren doch so geliebten Spaziergängen rasch ermüdete und daß sie es war, die, zuweilen

unter dem Vorwand irgendeines häuslichen Geschäfts, nach einer halben Stunde schon, oder früher, auf Heimkehr drang. Sie ruhte viel, verlor aber trotz eingeschränkter Bewegung an Körpergewicht, und Anna beobachtete sorgenvoll die Magerkeit ihrer Unterarme, wenn diese einmal vom Kleide frei waren. Man hätte sie neuestens nicht mehr nach dem Jungbrunnen gefragt, aus dem sie getrunken haben müsse. Es sah nicht gut aus unter ihren Augen, bläulich-müde, und das Wangenrot, das sie dem jungen Mann zuliebe und zu Ehren ihrer wiedergewonnenen Vollweiblichkeit auflegte, täuschte schlecht über die gelbliche Blässe ihrer Gesichtsfarbe. Da sie aber Erkundigungen nach ihrem Befinden heiter-wegwerfend mit einem »Was willst du, es geht mir gut« beantwortete, so nahm Fräulein von Tümmler Abstand von dem Gedanken, Dr. Oberloskamp mit der rückgängigen Gesundheit ihrer Mutter zu befassen. Nicht nur Schuldgefühl, auch Pietät wirkte mit bei diesem Verzicht, – dieselbe, die sie in das Wort gefaßt hatte, es gebe Krankheiten, die für den Doktor zu schade seien.

Desto froher war Anna über die Unternehmungslust, das Zutrauen zu ihren Kräften, wie Rosalie sie bei einer kleinen Verabredung an den Tag legte, die eines Abends beim Wein zwischen ihr, ihren Kindern und Ken Keaton, der gerade anwesend war, getroffen wurde. Damals war noch kein voller Monat seit jener wunderbarlichen Mitteilung vergangen, zu der Anna ins Schlafzimmer der Mutter gerufen worden war. Rosalie war lieb und munter wie in alten Tagen an diesem Abend und konnte als Anregerin des Ausflugs gelten, auf den man sich einigte, – wenn man nicht Keaton das Verdienst daran zuschreiben wollte, da er durch historisierende Plauderei zu dem Gedanken hingeführt hatte. Er hatte von allerlei Schlössern und Burgen im Bergischen Land gesprochen, die er vormals aufgesucht, von der Burg an der Wupper, von Bensberg, Ehreshoven, Gimborn, Homburg und Krottorf und fiel dann auf den Kurfürsten Carl Theodor, der im achtzehnten Jahrhundert die Hofhaltung weg von Düsseldorf, nach Schwetzingen, sodann nach München verlegt hatte – kein Hindernis für seinen Statthalter, einen Grafen Goltstein, unterdessen hier allerlei Gärtnerisch-Bauliches von Bedeutung zu unternehmen und auszurichten: Unter ihm war die kurfürstliche Kunstakademie, die erste Anlage zum Hofgarten entstanden. Schloß Jägerhof erbaut worden – und, fügte Eduard hinzu, seines Wissens in denselben Jahren auch das etwas entlegenere Schloß Holterhof beim gleichnamigen Dorfe südlich der Stadt. Natürlich, auch Holterhof, bestätigte Keaton, mußte dann aber zu seiner eigenen Verwunderung bekennen, daß er gerade dies Erzeugnis des späten Rokoko nie mit Augen gesehen, noch auch nur den zugehörigen, bis zum Rhein sich hinziehenden Park, berühmt wie er war, je besucht habe. Frau von Tümmler und Anna hatten sich dort wohl ein und das andere Mal ergangen, waren aber, wie übrigens auch Eduard, nie dazu gekommen, das Innere des reizend placierten Schlosses zu besichtigen.

»Wat et nit all jibt!« sagte die Hausfrau lustig mißbilligend. Es war immer ein Zeichen von Frohmut und Behagen, wenn sie dem Dialekt huldigte. Schöne Düsseldorfer, setzte sie hinzu, seien sie ihr alle vier! Der eine sei überhaupt noch nicht dort gewesen, und die anderen hätten die Räumlichkeiten dieses Bijous von Schloß nicht gesehen, durch die doch jeder Fremde sich führen lasse. »Kinder«, rief sie, »so geht es nicht weiter und darf dabei nicht sein Bewenden haben. Auf zum Ausflug nach Holterhof, wie wir da beisammen sind, gleich in den nächsten Tagen! Es ist so schön jetzt, die Jahreszeit so reizend, und das Barometer steht auf Beständig. Im Park wird es sprießen, er mag in seiner Frühlingsverfassung lieblicher sein als zur

Zeit der Sommerschwüle, als Anna und ich dort spazierten. Ich habe plötzlich geradezu Sehnsucht nach den schwarzen Schwänen, die auf dem Wassergraben im Park – du erinnerst dich, Anna – mit ihren roten Schnäbeln und Ruderfüßen so melancholisch hochmütig dahinglitten. Wie sie ihren Appetit in Herablassung zu kleiden wußten, als wir sie fütterten! Wir wollen Weißbrot mitnehmen für sie... Wartet, heute ist Freitag – am Sonntag wollen wir fahren, ist das abgemacht? Nur der kommt ja für Eduard in Betracht und für Mr. Keaton wohl auch. Zwar werden am Sonntag viele Leut' unterwegs sein, aber mir macht das nichts, ich mische mich gern unters geputzte Volk und genieße mit den Genießenden, bin gern dabei, wo wat jefällig ist – bei Volksfesten draußen vor Oberkassel, wenn es nach Schmalzgebackenem riecht, die Kinder rote Zuckerstangen lutschen und vor einer Zirkusbude so abenteuerlich ordinäre Leute klingeln, tuten und schreien. Das finde ich wundervoll. Anna denkt da anders. Sie findet es traurig. Doch, Anna, das tust du und bist mehr für die vornehme Traurigkeit des schwarzen Schwanenpaars auf dem Wassergraben... Da fällt mir ein, Kinder, wir wollen zu Wasser fahren! Die Überlandfahrt mit der Elektrischen ist ohnehin langweilig. Kein bißchen Wald und kaum freies Feld. Auf dem Wasser ist's lustiger, der Vater Rhein soll uns tragen. Eduard, würdest du dich nach dem Fahrplan der Dampfschiffahrtsgesellschaft umtun? Oder wart, wenn wir's fein machen wollen, so leisten wir's uns und mieten ein Privat-Motorboot für die Fahrt rheinauf. Da sind wir unter uns wie die schwarzen Schwäne... Fragt sich nur, ob wir vor- oder nachmittags losgondeln wollen.«

Man war für den Vormittag. Eduard glaubte zu wissen, daß das Schloß ohnehin nur wenige Stunden in den Nachmittag hinein der Besichtigung offenstehe. Am Sonntagmorgen also. Unter Rosaliens energischem Antrieb war

die Abmachung schnell und fest getroffen. Es war Keaton, der mit dem Chartern des Motorbootes beauftragt wurde. Bei der Pegeluhr, am Rathausufer, der Abfahrtsstelle, wollte man sich früh neun Uhr am übernächsten Tage zusammenfinden.
So geschah es. Der Morgen war sonnig und etwas windig. Am Quai staute sich viel unternehmendes Publikum, das mit Kindern und Fahrrädern den Zutritt zu einem der weißen Dampfer der Köln-Düsseldorfer Schiffahrtslinie erwartete. Für Tümmlers und ihren Begleiter lag das gemietete Motorboot bereit. Sein Führer, ein Mann mit Ringen in den Ohrläppchen, rasierter Oberlippe und einem rötlichen Schifferbart unterm Kinn, half den Damen beim Einsteigen. Man fuhr ab, kaum daß die Gäste auf der Rundbank unter dem auf Stangen ruhenden Verdeck Platz genommen. Das Boot hielt gutes Tempo gegen die Strömung der breiten Wasser, deren Ufer übrigens voller Nüchternheit waren. Der alte Schloßturm, der krumme Turm der Lambertuskirche, die Hafenanlagen der Stadt blieben zurück. Mehr ihresgleichen erschien hinter der nächsten Schleife des Stromes, Lagerschuppen, Fabrikgebäude. Nach und nach wurde es ländlich hinter den vom Ufer in den Fluß hineinragenden Steinmolen. Ortschaften, alte Fischerdörfer, deren Namen Eduard und auch Keaton wußten, lagen im Schutz der Deiche vor flacher Landschaft aus Wiesen, Feldern, Weidenbüschen und Tümpeln. So würde es bleiben, wie oft auch der Strom sich wand, wohl anderthalb Stunden lang, bis zu ihrem Ziel. Aber wie gut, rief Rosalie, hätten sie doch getan, sich für das Boot zu entscheiden, statt den Weg auf greulichen Vorstadtstraßen in einem Bruchteil der Zeit zurückzulegen! Sie schien den elementaren Reiz der Wasserfahrt von Herzen zu genießen. Die Augen geschlossen, sang sie mit halber Stimme irgend etwas Freudiges in den zuweilen fast stürmischen Wind hinein: »O Wasserwind,

ich liebe dich; liebst du mich auch, du Wasserwind?« Ihr verschmälertes Gesicht war sehr lieblich unter dem Filzhütchen mit der Feder darauf, und der grau und rot karierte Mantel aus leichtem Wollstoff, mit Umlegekragen, den sie trug, kleidete sie vorzüglich. Auch Anna und Eduard hatten sich für die Fahrt mit Mänteln versehen, und nur Keaton, der zwischen Mutter und Tochter saß, begnügte sich mit einem grauwollenen Sweater unter seiner Flausjacke. Das Taschentuch hing ihm lang aus der Brusttasche, und mit einer plötzlichen Wendung, die Augen auf einmal offen, stopfte Rosalie es ihm tief in die Tasche hinein.

»Sittsam, sittsam, junger Mann!« sagte sie mit ehrbar verweisendem Kopfschütteln.

Er lächelte: »Thank you« und wollte dann wissen, was für ein song das gewesen sei, den man eben von ihr gehört.

»Song?« fragte sie, »habe ich denn gesungen? Das war ein Singsang und kein song.« Und schon schloß sie wieder die Augen und summte mit kaum bewegten Lippen: »Du Wasserwind, wie lieb' ich dich!«

Dann plauderte sie im Geräusch des Motors und oft gezwungen, ihr Hütchen festzuhalten, das ihr der Wind vom noch reichen, gewellten grauen Haar reißen wollte, – ließ sich darüber aus, wie es weitergehen könnte mit der Rheinfahrt über Holterhof hinaus nach Leverkusen und Köln und weiter von da über Bonn nach Godesberg und Bad Honnef zu Füßen des Siebengebirges. Dort sei es hübsch, in Weinbergen und Obstpflanzungen liege der schmucke Kurort am Rhein, und einen alkalischen Säuerling gebe es da, sehr gut gegen Rheumatismus. Anna sah ihre Mutter an. Sie wußte, daß diese jetzt zuweilen an Kreuzschmerzen litt, und hatte gelegentlich mit ihr einen Kuraufenthalt in Godesberg oder Honnef für den Frühsommer ins Auge gefaßt. Das ein wenig kurzatmige Geplauder in den Wind hinein über den guten Säuerling hatte

etwas Unwillkürliches und ließ Anna vermuten, daß die Mutter auch eben jetzt von dieser ziehenden Beschwerde nicht frei war.
Nach einer Stunde frühstückte man einige Schinkenbrötchen und trank Portwein dazu aus kleinen Reisebechern. Es war halb elf Uhr, als das Boot sich an einen leichten Landungssteg legte, der, für größere Schiffe unbenutzbar, ganz nahe beim Schloß und Park in den Fluß gebaut war. Rosalie entlohnte den Schiffer, denn die Rückfahrt sollte denn doch der Einfachheit halber zu Lande, mit der Straßenbahn, vonstatten gehen. Nicht ganz erstreckte der Park sich bis an den Strom. Sie hatten einen noch ziemlich feuchten Wiesenweg zurückzulegen, ehe alt-herrschaftliche Natur sie aufnahm, wohlgepflegt und gestutzt. Von erhöhtem Rondell mit Ruhebänken in Taxusnischen gingen da- und dorthin Alleen prächtiger Bäume aus, knospend fast alle schon, wenn auch mancher Trieb sich noch in braunblanker Schutzhülle barg, – fein bekieste, oft vom Gezweig überwölbte Wandelwege zwischen manchmal gar vierfach gereihten Buchen, Eiben, Linden, Roßkastanien, hochstämmigen Ulmen. Auch weitergeholte Baumraritäten, einzeln, auf Wiesenplänen, gab es zu sehen, fremdartige Koniferen, farnblättrige Buchen, und Keaton erkannte den kalifornischen Mammutbaum, die Sumpfzypresse mit weichen Atemwurzeln.
Rosalie nahm an diesen Sehenswürdigkeiten kein Interesse. Natur, meinte sie, müsse vertraut sein, sonst spreche sie nicht zum Gemüt. Aber die Parkherrlichkeit schien es ihrem Natursinn überhaupt nicht sehr anzutun. Kaum hie und da an den stolzen Stämmen emporblickend, ging sie schweigsam an Eduards Seite hinter dessen jungem Sprachmeister und der aufstampfenden Anna dahin, die übrigens diese Anordnung durch ein Manöver zu ändern wußte. Sie blieb stehen und rief den Bruder an ihre Seite, um sich bei ihm nach dem Namen des Baumganges, den

sie verfolgten, und dem des geschlängelten Fußpfades zu erkundigen, der ihn durchkreuzte. Denn alle diese Wege hatten althergebrachte Namen, wie ›Fächerallee‹, ›Trompetenallee‹ und so fort. Anna behielt dann im Weitergehen Eduard bei sich und ließ Ken bei Rosalie zurück. Er trug ihren Mantel, den sie abgelegt hatte, da es windstill im Park und viel wärmer war als auf dem Wasser. Mild schien die Frühlingssonne durch das hohe Gezweig, sprenkelte die Wege und spielte auf den Gesichtern, die sie blinzeln machte.

In ihrem hübsch gearbeiteten, knapp ihre jugendlich schlanke Gestalt umschließenden braunen Jackenkleid schritt Frau von Tümmler an Kens Seite und warf dann und wann einen verschleiert lächelnden Blick auf ihren über seinem Arm hängenden Mantel. »Da sind sie!« rief sie und meinte das schwarze Schwanenpaar; denn sie gingen nun an dem von Silberpappeln gesäumten Graben hin, und in gemessener Eile glitten die Vögel bei Annäherung der Besucher auf dem etwas schleimigen Gewässer heran. »Wie schön sie sind! Anna, erkennst du sie wieder? Wie majestätisch sie die Hälse tragen! Wo ist ihr Brot?« – Keaton zog es aus der Tasche, in Zeitungspapier gewickelt, und reichte es ihr. Es war warm von seinem Körper, und sie nahm von dem Brot und aß davon.

»But it is old and hard!« rief er mit einer Bewegung aus, die zu spät kam, ihr Einhalt zu tun.

»Ich habe gute Zähne«, erwiderte sie.

Einer der Schwäne aber, ganz nah ans Ufer stoßend, breitete seine dunklen Schwingen aus und schlug die Luft damit, indem er den Hals vorreckend zornig zu ihnen emporzischte. Man lachte über seine Eifersucht, zugleich etwas erschrocken. Die Vögel kamen dann zu dem Ihren. Rosalie warf ihnen nach und nach die altbackenen Brocken zu, und würdevoll, in unüberstürztem Hinundherschwimmen, nahmen sie sie entgegen.

»Ich fürchte doch«, meinte Anna im Weitergehen, »daß der Böse dir den Raub an seinem Futter nicht leicht vergessen wird. Er markierte vornehme Gekränktheit die ganze Zeit.«

»Warum nicht gar«, antwortete Rosalie. »Er hatte nur einen Augenblick Angst, daß ich ihm alles wegessen würde. Desto besser mußte ihm schmecken, wovon ich mir selbst hatte schmecken lassen.«

Sie kamen zum Schloß, zu dem blanken, kreisrunden Weiher, in dem es sich spiegelte, mit einem Inselchen seitlich darin, auf dem eine einzelne Pappel stand. Auf dem Kiesplatz vor der Freitreppe des in Flügelbogen leicht geschwungenen Bauwerks, dessen beträchtliche Dimensionen in Zierlichkeit aufgelöst schienen und dessen rosa Fassade freilich bröckelte, standen einige Leute, die in Erwartung der Elf-Uhr-Führung sich die Zeit damit vertrieben, die Figuren des Wappengiebels, die zeitvergessene, von einem Engel getragene Uhr darüber, die steinernen Blumengewinde über den hohen weißen Türen mit den Angaben ihrer Handbücher zu vergleichen. Unsere Freunde gesellten sich zu ihnen und sahen wie sie an der reizend geschmückten Feudalarchitektur zu den ovalen Œils-de-bœuf im schieferfarbenen Dachgeschoß empor. Mythologisch leichtgeschürzte Figuren, Pan und seine Nymphen standen auf Sockeln zu seiten der tiefreichenden Fenster, verwitternd wie die vier Sandsteinlöwen, die, grämlich von Miene, die Pranken gekreuzt, Freitreppe und Auffahrt flankierten.

Keaton zeigte sich historisch begeistert. Er fand alles »splendid« und »excitingly continental«. O dear, wenn er an sein prosaisches Land drüben dachte! Da gab es so etwas in aristokratischer Grazie Bröckelndes nicht, denn es hatte an Kurfürsten und Landgrafen gefehlt, die souverän zur eigenen Ehre und der der Kultur ihrer Prachtlust hatten frönen können. Übrigens verhielt er sich auch wieder keck genug gegen die würdig in der Zeit stehengebliebene Kultur, daß er sich zur Erheiterung der Wartenden einem der wachthaltenden Löwen rittlings auf die Kruppe setzte, obgleich die mit einem spitzen Zapfen versehen war, wie manche Spielpferdchen, von denen man den Reiter abnehmen kann. Er faßte den Dorn vor sich mit beiden Händen, tat mit Hi! und On, old chap!, als ob er der Bestie die Sporen gäbe und hätte wirklich kein netteres, jungenhafteres Bild abgeben können in seinem Übermut. Anna und Eduard vermieden es, ihre Mutter anzusehen.

Dann knarrten Riegel, und Keaton beeilte sich, von seinem Reittier herunterzukommen, da der Kastellan, ein Mann mit leer aufgerolltem linken Ärmel und in Militärhosen, kriegsbeschädigter Unteroffizier allem Anschein nach, den man mit diesem stillen Amte getröstet, den Flügel des Mittelportals aufschlug und den Zutritt eröffnete. Er stellte sich im hohen Türrahmen auf, ließ das Publikum an sich vorüber, indem er von einem kleinen Block Entreebilletts abgab, die er mit seiner einzigen Hand gleich auch noch halb durchzureißen verstand. Dabei begann er auch schon zu reden, mit schief gestelltem Mund und heiser verschriener Stimme die auswendig gelernten und hundertmal vorgebrachten Belehrungen herzusagen: Daß der plastische Schmuck der Fassade von einem Bildhauer stammte, den der Kurfürst eigens von Rom herberufen habe; daß Schloß und Park das Werk eines französischen Baumeisters seien, und daß man es mit dem bedeutendsten Rokokobau am Rheine zu tun habe, der allerdings schon Übergänge zum Stil Ludwigs XVI. zeige; daß das Schloß fünfundfünfzig Säle und Zimmer enthalte und 800000 Taler gekostet habe – und so fort.

Das Vestibül atmete vermuffte Kälte. Große, kahnartige Filzpantoffeln standen dort aufgereiht, in die man unter viel Damengekicher zu steigen hatte, zur Schonung der kostbaren Parketts, die wirklich beinahe die Hauptsehenswürdigkeit der Lustgemächer waren, durch welche man dem hersagenden Einarm in unbeholfenem Schlurfen und Gleiten folgte. Verschieden gemustert von Raum zu Raum, bildeten ihre Intarsien in der Mitte Sternformen aller Art und Phantasien von Blumen. Ihre Blankheit nahm wie stilles Wasser die Schatten der Menschen, der geschweiften Prunkmöbel in sich auf, während hohe Spiegel, zwischen goldenen, von Girlanden umschlungenen Säulen und in Goldleisten gefaßten Tapetenfeldern aus geblümter Seide, einander die Bilder der Kristall-Lüster, der zärtlichen Deckengemälde, der Medaillons und Embleme der Jagd und Musik über den Türen wiederholend zuwarfen und trotz so manchem Blindflecken noch immer die Illusion unabsehbarer Raumfluchten erwecken konnten. Rechenschaftsfreie Üppigkeit, unbedingter Wille zum Vergnügen sprachen aus dem Geriesel von Zierlichkeit und goldenem Schnörkelwerk, gehalten, gebunden allein durch den unverbrüchlichen Geschmacksstil der Zeit, die es hervorgebracht. Im runden Bankettsaal, den in Nischen Apoll und die Musen umstanden, wurde das eingelegte Holzwerk des Fußbodens zum Marmor, gleich dem, der die Wände bekleidete. Rosige Putten zogen dort eine gemalte Draperie von der durchbrochenen Kuppel zurück, durch die das Tageslicht fiel, und von deren Galerie, wie der Schloßwart hersagte, einst Musik zu den unten Tafelnden herabgeklungen war.

Ken Keaton führte Frau von Tümmler am Ellbogen. Jeder Amerikaner führt so seine Dame über den Fahrdamm. Unter Fremden, von Anna und Eduard getrennt, hielten sie sich hinter dem Pedell, der heiser, in hölzernem Buchdeutsch seinen Text abspulte und den Leuten vorsprach, was sie sahen. Sie sähen nicht alles, was da sei, war seine Rede. Von den fünfundfünfzig Räumen des Schlosses, sagte er her und fiel nach der Schablone ein wenig ins Höl-

zern-Anzügliche, ohne daß seine Miene mit dem schiefen Mund sich im geringsten auf die Scherzhaftigkeit seiner Worte eingelassen hätte, – lägen nicht alle so ohne weiteres offen. Die Herrschaften von damals hätten viel Sinn fürs Neckische, Geheime und Verborgene gehabt, für Verstecke des Hintergrundes und Gelegenheit bietende Abgelegenheiten, zugänglich durch mechanische Tricks, wie zum Beispiel diesen hier. Und er blieb bei einem Wandspiegel stehen, der sich, dem Druck auf eine Feder gehorchend, beiseite schob und überraschend den Blick auf eine enge Wendeltreppe mit fein durchbrochenem Geländer freigab. An ihrem Fuß, gleich zur Linken, stand auf einem Sockel der armlose Dreiviertelstorso eines Mannes, der, einen Beerenkranz im Haar und geschürzt mit einem nicht authentischen Blattgewinde, etwas zurückgelehnten Oberleibes, über seinem Bocksbart priapisch bewillkommnend ins Leere hinunterlächelte. Es gab Aha's und Oho's. »Und so weiter«, sagte der Führer, wie er es jedesmal sagte, und ließ den Vexierspiegel an seinen Platz zurückkehren. »Oder auch so«, sagte er im Weitergehen und machte, daß ein Feld der Seidentapete, dem nichts anzusehen gewesen war, sich als Geheimtür auftat und einen ins Ungewisse führenden Gang eröffnete, aus dem Moderduft drang. »Das hatten sie gern«, sagte der Einarm. »Andere Zeiten, andere Sitten«, sagte er noch mit sentenziöser Ödigkeit und setzte die Führung fort.
Die Filzkähne waren nicht leicht an den Füßen zu halten. Frau von Tümmler verlor einen der ihren; er fuhr auf dem glatten Boden ein Stück von ihr weg, und während Keaton ihn lachend einfing und ihn niederkniend ihr wieder anlegte, wurden sie von der Besichtigungsgesellschaft überholt. Aufs neue legte er seine Hand unter ihren Ellbogen, aber mit einem verträumten Lächeln blieb sie noch stehen, den in weiteren Gemächern Verschwindenden nachblickend, und, immer von seiner Hand unterstützt,

wandte sie sich zurück und tastete hastig an der Tapete, dort, wo sie sich geöffnet hatte.
»You aren't doing it right«, flüsterte er. »Leave it to me. 't was here.« Er fand die Druckfeder, die Tür gehorchte, und die Moderluft des Geheimganges nahm sie auf, in dem sie einige Schritte vorwärts taten. Es war dunkel um sie. Mit einem aus letzten Tiefen heraufgeholten Seufzer schlang Rosalie die Arme um den Nacken des Jungen, und auch er umfing beglückt ihre zitternde Gestalt. »Ken, Ken«, stammelte sie, das Gesicht an seinem Halse, »ich liebe dich, ich liebe dich, nicht wahr, du weißt es, nicht ganz hab' ich's dir verbergen können, und du, und du, liebst du mich auch, ein wenig, ein wenig nur, sag, kannst du mich lieben mit deiner Jugend, wie die Natur mir gab, dich zu lieben im grauen Haar? Ja? Ja? Deinen Mund, oh, endlich denn deinen jungen Mund, nach dem ich gedarbt, deine lieben Lippen, so, so – – Kann ich küssen? Sag, kann ich's, mein süßer Erwecker? Alles kann ich, wie du. Ken, die Liebe ist stark, ein Wunder, so kommt sie, und tut große Wunder. Küsse mich, Liebling! Nach deinen Lippen hab' ich gedarbt, oh, wie gedarbt, denn du mußt wissen, mein armer Kopf verfiel auf allerlei Klügeleien, wie daß Vorurteilslosigkeit und Libertinage nicht meine Sache seien, und daß mir Zerstörung drohe vom Widerspruch zwischen Lebenswandel und angeborener Überzeugung. Ach, Ken, fast hätte die Klügelei mich zerstört und das Darben nach dir... Das bist du, das bist endlich du, das ist dein Haar, das ist dein Mund, der Atem ist das deiner Nase, die Arme, die Arme umschlingen mich, die ich kenne, das ist deines Leibes Wärme, von der ich kostete, und der Schwan war böse...«
Es fehlte nicht viel, so wäre sie an ihm hingesunken. Er hielt sie und zog sie fort im Gange, der sich ihren Augen ein wenig erhellte. Stufen gingen da vorn hinab vor den offenen Rundbogen einer Tür, hinter der getrübtes Ober-

licht in einen Alkoven fiel, dessen Tapeten mit schnäbelnden Taubenpaaren durchwirkt waren. Eine Art von Causeuse stand da, an der ein geschnitzter Amor mit verbundenen Augen in einer Hand ein Ding hielt wie eine Fackelleuchte. Dort saßen sie nieder im Dumpfen.

»Hu, Totenluft«, schauderte Rosalie an seiner Schulter. »Wie traurig, Ken, mein Liebling, daß wir uns finden müssen hier bei den Abgestorbenen. Im Schoß der guten Natur, umfächelt von ihrem Duft, im süßen Gedünst von Jasmin und Faulbaum, hab' ich geträumt, da hätte es sein, da hätt' ich dich küssen sollen zum erstenmal und nicht in diesem Grabe! Geh, laß, Böser, ich will dir ja gehören, aber im Moder nicht. Morgen komm' ich zu dir, auf deine Stube, morgen vormittag, wer weiß, noch heute abend. Ich richte es ein, ich schlage der klügelnden Anna ein Schnippchen...« Er ließ sich's versichern. Sie fanden ja auch, daß sie zu den anderen müßten, zurück oder vorwärts. Ketaon entschied sich fürs Vorwärts. Durch eine andere Tür verließen sie das tote Lustgemach, ein dunkler Gang war wieder da, der wendete sich, der stieg, und sie gelangten vor eine verrostete Pforte, die unter Kens kräftigem Stemmen und Rütteln schütternd nachgab und außen so dicht mit ledrigem Schlingwerk umwachsen war, daß sie kaum durchdrangen. Himmelsluft wehte sie an. Es rauschte von Wasser; Kaskaden gingen hinter ausgebreiteten Beeten nieder, bestellt mit Blumen des frühen Jahres, gelben Narzissen. Es war der rückwärtige Schloßgarten. Eben näherte sich von rechts die Gruppe der Besucher, schon ohne den Führer, Anna und ihr Bruder zuletzt. Das Paar mischte sich unter die Vorderen, die anfingen, sich gegen die Wasserkünste und in der Richtung des Baumparks zu zerstreuen. Es war richtig, stehenzubleiben, sich umzuschauen, den Geschwistern entgegenzugehen. »Wo wart ihr nur geblieben?« hieß es und: »Das fragen wir euch« und: »Kann man sich so aus den Augen verlieren?« Anna und Eduard wollten sogar umgekehrt sein, um die Abhandengekommenen zu suchen, aber vergebens. »Schließlich konntet ihr nicht aus der Welt gekommen sein«, sagte Anna. »Sowenig wie ihr«, erwiderte Rosalie. Es sah keiner den anderen an.

Zwischen Rhododendronsträuchern umgingen sie die Flanke des Schlosses und kehrten zum vorderen Weiher zurück, dem die Haltestelle der Straßenbahn ganz nahe lag. So langwierig das Schiffen stroman durch die Rheinwindungen gewesen, so rasch ging die Rückfahrt mit der lärmend durch Fabrikbezirke und vorbei an Kolonien von Arbeiterhäusern eilenden elektrischen Tram vonstatten. Die Geschwister tauschten hie und da ein Wort miteinander oder mit der Mutter, deren Hand Anna eine Weile hielt, da sie sie hatte zittern sehen. In der Stadt, nahe der Königsallee, nahm man Abschied. –

Frau von Tümmler kam nicht zu Ken Keaton. Diese Nacht, gegen Morgen, befiel sie schwere Unpäßlichkeit und versetzte das Haus in Schrecken. Das, was sie bei erster Wiederkehr so stolz, so glücklich gemacht, was sie als Wundertat der Natur und hohes Werk des Gefühls gepriesen, erneuerte sich auf eine unheilvolle Weise. Sie hatte die Kraft gehabt, zu klingeln, aber ohnmächtig fanden die Herbeieilenden, Tochter und Magd, sie in ihrem Blut.

Der Arzt, Dr. Oberloskamp, war rasch zur Stelle. Unter seinen Händen zu sich kommend, zeigte sie sich erstaunt über seine Anwesenheit.

»Wie, Doktor, Sie hier?« sagte sie. »Hat Anna Sie wohl bemüht? Aber es geht mir doch nur nach der Weiber Weise.«

»Unter Umständen, meine liebe gnädige Frau, bedürfen diese Funktionen einer gewissen Überwachung«, antwortete der Graukopf. Der Tochter erklärte er mit Entschiedenheit, daß die Verbringung der Patientin, am besten mit Ambulanz, in die gynäkologische Klinik geboten sei. Der Fall fordere genaueste Untersuchung, – die übrigens seine Harmlosigkeit ergeben möge. Durchaus könnten die Metrorrhagien, die erste, von der er nun höre, und diese alarmierendere zweite von einem Myom herrühren, das operativ ohne Schwierigkeit zu beseitigen sei. Bei dem Direktor und ersten Chirurgen der Klinik, Professor Muthesius, werde die Frau Mama sich in der zuverlässigsten Obhut befinden.

Man handelte nach seiner Verfügung – ohne Widerstand von Frau von Tümmlers Seite, zu Anna's stiller Verwunderung. Nur sehr große, fernblickende Augen hatte die Mutter bei allem, was mit ihr geschah.

Die bimanuelle Untersuchung, von Muthesius vorgenommen, ließ einen für das Alter der Patientin viel zu großen Uterus, beim Verfolgen des Eileiters unregelmäßig verdicktes Gewebe und statt eines schon sehr kleinen Ovariums einen unförmigen Geschwulstkörper erkennen. Die Curettage ergab Carcinomzellen, dem Charakter nach vom Eierstock herrührend zum Teil; doch ließen andere nicht zweifeln, daß im Uterus selbst Gebärmutterkrebszellen in voller Entwicklung begriffen waren. Es wies all die Bösartigkeit Zeichen rapiden Wachstums auf.

Der Professor, ein Mann mit Doppelkinn und stark gerötetem Gesicht, in dessen wasserblaue Augen leicht Tränen traten, ohne daß das mit Gemütsbewegung eben zu tun gehabt hätte, erhob den Kopf vom Mikroskop.

»Nenne ich ausgedehnten Befund«, sagte er zu seinem Assistenten, der Dr. Knepperges hieß. »Wir operieren aber doch, Knepperges. Die Totalexstirpation bis zum letzten Bindegewebe im kleinen Becken und zu allem lymphatischen Gewebe kann allenfalls Lebensverlängerung bringen.«

Doch die Eröffnung der Bauchhöhle bot Ärzten und Schwestern im weißen Licht der Bogenlampen ein zu furchtbares Bild, als daß auch nur auf vorübergehende Besserung zu hoffen gewesen wäre. Der Zeitpunkt, sie zu bewirken, war offenbar längst versäumt. Nicht nur, daß alle Beckenorgane bereits vom Verderben befallen waren: auch das Bauchfell zeigte, dem bloßen Auge schon, die mörderische Zellenansiedlung, alle Drüsen des lymphatischen Systems waren carcinomatös verdickt, und kein Zweifel war, daß es Krebszellenherde gab auch in der Leber.
»Nun sehen Sie sich die Bescherung an, Knepperges«, sagte Muthesius. »Wahrscheinlich übertrifft sie Ihre Erwartungen.« Daß sie auch seine eigenen übertraf, ließ er nicht merken. »Unserer edlen Kunst«, fügte er hinzu, in den Augen Tränen, die nichts zu bedeuten hatten, »wird da ein bißchen viel zugemutet. Das kann man nicht alles herausschneiden. Wenn Sie zu bemerken glauben, daß das Zeug auch in beide Harnleiter schon metastatisch hineingewachsen ist, so bemerken Sie recht. Die Urämie kann nicht lange säumen. Sehen Sie, ich leugne gar nicht, daß die Gebärmutter das Freßgezücht selbst produziert. Und doch rate ich Ihnen, meine Vermutung zu übernehmen, daß die Geschichte vom Eierstock ausging, – von unbenützten granulösen Zellen nämlich, die seit der Geburt da manchmal ruhen und nach dem Einsetzen der Wechseljahre durch Gott weiß welchen Reizvorgang zu maligner Entwicklung kommen. Da wird denn der Organismus, post festum, wenn Sie so wollen, mit Estrogenhormonen überschüttet, überströmt, überschwemmt, was zur hormonalen Hyperplasie der Gebärmutter-Schleimhaut mit obligaten Blutungen führt.«
Knepperges, ein hagerer, ehrgeizig-selbstbewußter Mensch, verbeugte sich knapp, mit versteckter Ironie für die Belehrung dankend.

»Also los, ut aliquid fieri videatur«, sagte der Professor. »Das Lebenswichtige müssen wir ihr lassen, so tief hier das Wort in Melancholie getaucht ist.« –

Anna erwartete die Mutter droben im Krankenzimmer, als diese, vom Lift emporgeführt, auf ihrer Tragbahre dorthin zurückkehrte und von Schwestern gebettet wurde. Dabei erwachte sie aus dem nachnarkotischen Schlaf und sprach unklar:

»Anna, mein Kind, er hat mich angezischt.«

»Wer, liebste Mama?«

»Der schwarze Schwan.«

Sie schlief schon wieder. Des Schwans aber gedachte sie noch öfter in den folgenden paar Wochen, seines blutroten Schnabels, des schwarzen Schlags seiner Schwingen. Ihr Leiden war kurz. Das urämische Koma senkte sie bald in tiefe Bewußtlosigkeit, und einer doppelseitigen Lungenentzündung, die sich unterdessen entwickelte, konnte das ermattete Herz nur Tage noch standhalten.

Ganz kurz vor dem Ende jedoch, nur einige Stunden vorher, lichtete sich ihr Geist noch einmal. Sie schlug die Augen auf zu der Tochter, die, Hand in Hand mit ihr, an ihrem Bette saß.

»Anna«, sagte sie und vermochte, ihren Oberkörper etwas weiter zum Bettrand hin, der Vertrauten näher, zu rücken, »hörst du mich?«

»Gewiß höre ich dich, liebe, liebe Mama.«

»Anna, sprich nicht von Betrug und höhnischer Grausamkeit der Natur. Schmäle nicht mit ihr, wie ich es nicht tue. Ungern geh' ich dahin – von euch, vom Leben mit seinem Frühling. Aber wie wäre denn Frühling ohne den Tod? Ist ja doch der Tod ein großes Mittel des Lebens, und wenn er für mich die Gestalt lieh von Auferstehung und Liebeslust, so war das nicht Lug, sondern Güte und Gnade.«

Ein kleines Rücken noch, näher zur Tochter, und ein vergehendes Flüstern:
»Die Natur – ich habe sie immer geliebt, und Liebe – hat sie ihrem Kinde erwiesen.«
Rosalie starb einen milden Tod, betrauert von allen, die sie kannten.

# INHALT

Herr und Hund . . . . . . . . . . . . . . . . . . . 585
Gesang vom Kindchen . . . . . . . . . . . . . . 689
Tristan und Isolde . . . . . . . . . . . . . . . . . 738
Unordnung und frühes Leid . . . . . . . . . . . 748
Mario und der Zauberer . . . . . . . . . . . . . 793
Die vertauschten Köpfe . . . . . . . . . . . . . . 854
Das Gesetz . . . . . . . . . . . . . . . . . . . . 961
Die Betrogene . . . . . . . . . . . . . . . . . . 1038

**WITHDRAWN**
**JUNIATA COLLEGE LIBRARY**

**DATE DUE**

| MAY 0 6 1991 | | | |
|---|---|---|---|
| DEC 1 4 1993 | | | |
| | | | |
| | | | |
| | | | |
| | | | |
| | | | |
| | | | |
| | | | |

PT2625.A44 A15 1987 v.2
Mann, Thomas,
    Samtliche Erzahlungen in
zwei Banden

## JUNIATA COLLEGE LIBRARY

PT2625.A44 A15 1987
Mann, Thomas,
S amtliche Erz ahlu ei B anden
PJUM          ocm19082885

28209200085 1523